担保法判解研究与适用

DANBAOFA PANJIE YANJIU YU SHIYONG

何 志／著

人民法院出版社

图书在版编目（CIP）数据

担保法判解研究与适用/何志著．—北京：人民法院出版社，2010.2

ISBN 978-7-5109-0025-9

Ⅰ.担…　Ⅱ.何…　Ⅲ.①担保法—判例—研究—中国②担保法—法律适用—中国　Ⅳ.D923.25

中国版本图书馆CIP数据核字（2009）第226384号

担保法判解研究与适用

何　志　著

责任编辑　陈燕华

出版发行　人民法院出版社

地　　址　北京市东城区东交民巷27号（100745）

电　　话　（010）67550583（责任编辑）　67550516（出版部）

67550558　67550551（发行部）

网　　址　http://courtpress.chinacourt.org

E－mail　courtpress@sohu.com

印　　刷　北京人卫印刷厂

经　　销　新华书店

开　　本　890×1240毫米　A5

字　　数　705千字

印　　张　25.75

版　　次　2010年2月第1版　2010年2月第1次印刷

书　　号　ISBN 978-7-5109-0025-9

定　　价　58.00元

序

初识何志，是在1997年夏季。蒙王显德副院长安排，我应邀回到家乡的中院——南阳市中级人民法院讲授合同法。何志法官将他的一本专著送与我，我顿感年轻法官何志是“不容易”的，在工作之余撰写既有理论性、又有实践性的专著，实属难得，家乡的法院系统，真是藏龙卧虎。

再见何志，是在2000年冬季，孙宪忠教授、何志法官和我在漯河市政法系统培训班讲课，何志法官主讲担保法。他将新著送与我，我顿感何志法官是“了不得”的，既能讲，又能写，确实不易。

熟识何志后，他不间断地“麻烦”我，让我“穿针引线”，请王利明老师为他审阅了三本书稿并作序。他也不间断地有新著送给我，我顿感法官何志“不得了”，他对担保法、合同法、物权法、侵权责任法、婚姻家庭法、金融法、房地产法等领域都有深入的研究，迄今已有20余部专著问世，可谓著作等身。

这不，何志法官又来“麻烦”我了，让我为他倾心撰写的《担保法判解研究与适用》作序，我不敢接受，但他锲而不舍钻研学术的精神令我感动，我又不能推辞。

该书是何志法官十余年研习担保法的结晶。这期间，他撰写的《担保法审判实务研究》、《担保法司法解释实例释解》多次重印，颇受读者欢迎。《物权法》于2007年10月1日实施以后，该法关于担保物权的规定与《担保法》的规定颇不一致，诸如区分设定担保物权合同是否生效的判断与是否发生担保物权设定法律效果的判断、担保物权标的物范围的扩大、独立担保合同的适用、物保与人保并存的处理、抵押权行使期间、担保物权行使的条件与方式、浮动抵押的增设等等，都是新的内容。何志法官广泛吸收最新理论研究成果，结合司法实践中出现的新问题、新情况，对担保法律制度进行了深入研究，并坚持自己十余年的写作风格，采用判解研究的形式，撰写了集理论与实践于一体的《担保法判解研究与适用》。相信本书的出版，对学术界深入研究担保法律制度具有很重要的参考价值；对实务界适用担保法律制度具有很重要的借鉴意义。

当然，担保法律制度横跨债权法与物权法两个领域，可谓博大精深。虽然担保法理论体系已经完备，但现实生活纷繁复杂，有诸多问题仍值得我们研究，书中有些观点还值得商榷，但瑕不掩瑜，仍不失为一部难得的好书。

在与何志法官多年的交往中，我始终认为他非同一般，作为学术作品的撰写者，其学术研究成果得到了学界的肯定与认可，《物权法判解研究与适用》荣获中国法学会民法学研究会优秀科研成果奖即为例证；作为法学知识的传播者，他多次在河南省法官学院、河南省律师协会、金融系统、部分高校讲授担保法、物权法、合同法、侵权责任法、婚姻法等；作为法官，他能够将所学所想运用于具体案件的裁断，获得了社会的认可，被评为全国首批审判业务专家即为例证。借用古语“路漫漫兮以修远兮，吾将上下而求索”，与何志法官共勉，并期待着何志法官在民商法领域有更多佳作问世。

尊其嘱，寥寥数语，是为序。

王铁*

2009年12月23日

* 王铁，河南南阳人，中国人民大学法学院教授、博士生导师、副院长。

目 录

第一章 担保法总论

第二章 保证担保

第三章　抵押担保

第四章 质押担保

第五章　留置担保

第六章　定金担保

第一章　担保法总论

第一节　担保与担保法

一、引言

担保是市场经济活动中保障债权实现的一项重要法律制度。所谓担保，又称之债权担保、债务担保、债的担保，是指促使债务人履行债务，保障债权人的债权得以实现的法律措施。《中华人民共和国担保法》（下称《担保法》）是一部促使债务人履行债务和保障债权人实现债权的一项法律制度，在民商法律制度中具有重要的地位。

《担保法》自1995年10月1日实施以来，对促进金融流通和商品流通，保障债权的实现，发展社会主义市场经济，起到了重要的作用，它不仅规范了法人、其他组织、自然人在经济交易中的担保行为，而且也为人民法院审理涉及担保纠纷案件提供了法律准绳。然而，司法实践中遇到了许多新情况和新问题，对此，最高人民法院于2000年12月13日发布了《关于审理〈中华人民共和国担保法〉若干问题的解释》（下称《担保法解释》），对指导司法实践和规范经济交往起到了很好地指导作用。自2007年10月1日起实施的《中华人民共和国物权法》（下称《物权法》）对担保物权进行了修订和完善。至此，担保法律制度形成了一套完善的法律体系。但现实生活纷繁复杂，许许多多的新情况、新问题都值得我们去探讨和研究。诸如：

本案担保行为是否为《担保法》所调整[①]

被告张某、王某系原告邮政局的职工，赵某系邮政局聘用的业务代办员，某邮政局根据上级要求招聘劳务人员，必须由当地邮政职工担保方可工作。2004 年 2 月 15 日，由张某为赵某担保向邮政局签订了邮政业务代办员经济担保责任书，内容为：我叫张某，系某市邮政职工，自愿为某邮政支局单位特快款汇业务代办员赵某提供经济担保，并愿意承担赵某代办员在代办邮政业务过程中由于工作疏忽或失误对邮政局所造成的一切经济损失。2005 年，邮政局又根据省局印制的劳务工或委代办人员担保书的格式，由被告王某为赵某担保向邮政局签订了担保书，内容为：在合同或协议期内，我自愿对被担保人在担保期间内所发生的经济纠纷及案件负一切责任。2006 年 12 月至 2007 年 5 月，赵某在邮政局工作期间，私自将 19 户汇款人的 48700 元的汇款据为已有，并外出下落不明，邮政局为此支付了 19 户汇款人的 48700 元后诉至法院，要求确认二被告的担保合同有效，并对赵某所造成的经济损失 48700 元承担保证责任。

上述案例的争议焦点是，担保行为是否属《担保法》所调整的范围，即劳动合同能否适用担保。本文就担保与担保法的有关问题予以探讨。

---

① 案例详见河南省南阳市中级人民法院（2008）南民一终字第 788 号民事裁定。

二、债与债权担保

（一）债

债是民法上的一个基本概念，源于罗马法。优士丁尼大帝之《法学纲要》称："债是依国法使他人为一定给付的法锁（Suris vincucum）。"故亦将债（obligotio）称为"法锁"，意指债权债务关系[①]。因此说，债是特定人与特定人之间得请求为特定行为的法律关系[②]。我国《中华人民共和国民法通则》（下称《民法通则》）第八十四条规定："债是按照合同的约定或者依照法律的规定，在当事人之间产生的特定的权利和义务关系。享有权利的人是债权人；负有义务的人是债务人。债权人有权要求债务人按照合同约定或者按照法律的规定履行义务。"

债作为一种民事法律关系，应当由主体、客体和内容三个基本要素组成：（1）债的主体。即指参与债的法律关系的当事人，包括债权人和债务人。债的主体必须特定化，以此决定债权债务关系为特定当事人之间的法律关系。（2）债的客体。债的客体又称之为债的标的，是指债权债务关系所指向的对象，一般认为包括物、行为、精神成果、权利等。（3）债的内容。即指在当事人之间存在的权利和义务，即债权和债务。债权和债务互相对立，二者相依存而不得彼此单独存在。

债因为一定的法律事实而发生。能够引起债的发生的法律事实，为债的发生原因；实际上，债的发生原因亦为债权的发生原因。立法例一般规定，债因为契约、侵权行为、不当得利、无因管理而发生。我国民法规定债的发生原因有如下五类：（1）合同之债，又称为契约之债，即指依据有效合同所产生的债。（2）侵权行为之债。一般认为，因侵权行为受到损害的人有请求加害人

---

① 周枬：《罗马法原理》，商务印书馆1994年版，第542页。

② 王家福主编：《中国民法学·民法债权》，法律出版社1991年版，第1页。

赔偿损害的权利，加害人有赔偿的义务，这种因侵权行为而产生的权利义务关系即为侵权行为之债。（3）不当得利之债。即指因债务人的不当得利而引起的债权债务关系。（4）无因管理之债。即指没有法律规定或约定的义务而为他人管理事务的行为所支出的必要费用而引起的债权债务关系。（5）因缔约过失所生之债。即指当事人缔结合同过程中具有过失，从而导致相对人遭受损害而产生的债权债务关系。

（二）债权担保

债权担保，既为了保证债权人实现债权，又为了促使债务人履行债务。根据民商法理论，债权担保分为一般担保和特别担保。①

所谓一般担保，是指按照债的法律效力，债务人以其信用和全部财产担保债务履行。一般担保的财产限于债务人的财产，债务人的全部财产为债权人的责任财产。一般担保的标的不是特定债权，而是所有的债权。债的一般担保分为民事责任制度和债的保全制度。民事责任制度，是指民事主体违反民事义务而应承担的法律后果。国家通过民事责任制度的法律强制力，威慑债务人积极履行义务，从而保障债权的实现；债的保全制度，是指债务人或者第三人不当处分财产的行为损害了债权人的利益时，法律允许债权人对债务人或者第三人的行为行使一定的权利，以排除其对债权的危害。即我国《中华人民共和国合同法》（下称《合同法》）第七十三条、第七十四条、第七十五条所规定的债权人的代位权和撤销权制度。

债权的一般担保并非是特别针对某一项债权，债务人完全可

① 《担保法》所规定的保证、抵押、质押、留置、定金称为特别担保，又称为典型担保。与之相对应的有非典型担保，即《担保法》之外的担保形式。非典型担保分为有物的担保内容的非典型担保（包括：按揭、所有权保留、附让与担保内容的证券回购、进口押汇、账户质押和其他）和无物的担保内容的合同型非典型担保（包括：有追索权的应收账款转让、附买回条款的买卖、收费权担保）。读者可参阅曹士兵：《对非典型担保的司法态度》，载《人民法院报》2005年8月31日。

以不断参与新的债的关系，负有数个并存的债务，其财产对所有债权人都为一般担保，当债务人无力偿债或破产时，各债权只能公平清偿，其结果必然导致部分债权人的债权不能实现。为了保障特定债权优先于普通债权清偿，便产生了债权的特别担保。

所谓特别担保，是指债务人或者第三人以特定财产（包括第三人的信誉）担保债的履行，保障债权实现的法律制度。根据《担保法》第二条第二款的规定，特别担保的方式分为：保证、抵押、质押、留置、定金。

三、担保的性质

担保的性质，又称为担保的特征，是指担保所具有的不同于其他民事权利制度的属性。根据传统民法理论和《担保法》的内容，担保具有如下性质：

1. 担保的从属性。所谓担保的从属性，是指债权担保的成立和存在必须以一定的债权关系的存在为前提。债的担保不能离开一定的债权而独立存在。因而从债权方面来说，担保是一种从权利，从债务方面来看，担保是一种从义务。债权担保的从属性表现在三个方面：一是指成立上的从属性；二是指消灭上的从属性；三是指处分上的从属性。成立上的从属性，是指债权担保的成立应以相应的债权的发生和存在为前提，不能脱离开债权债务关系而单独成立。即使是在为将来的范围和内容不十分确定的债权设定的最高额抵押，也不能脱离相应的债权关系。消灭上的从属性，是指债权担保因债权的消灭而解除。债权担保的消灭应以债权的消灭为前提，不能在债权尚存在的情形下，自动解除担保关系。处分上的从属性是指债权担保的转移必须随同债权一起转移，不能与债权分离而单独转移，除非当事人另有特别的约定。

2. 担保的财产性。担保权本质上是一种财产权，反映的是财产关系，而财产权分物权和债权，因此债权担保的财产性可分别表现为债权性和物权性两个方面。如担保中，保证具有债权性，债权人只能请求保证人承担保证责任，而不能直接支配保证人的财产。抵押、质押、留置为担保物权。

3. 担保的补充性。担保人在履行担保责任时，只有在债务人不能履行或没有履行合同义务，并且发生其应当承担的责任时，才发生要求履行担保责任，因此说，担保具有补充性。如依照《担保法》第十七条的规定，一般保证的保证人在主合同纠纷未经审判或者仲裁，并就债务人财产依法强制执行仍不能履行债务前，对债权人可以拒绝承担保证责任。在连带责任保证、抵押、质押、定金的担保人在债务履行期届满，债权人没有得到清偿时，担保人才承担担保责任。

4. 担保的变价性。担保的变价性，又称为价值性、换价性，是从其对担保物的利益要求而言，也是担保之财产性的必然逻辑延伸。物的价值为担保所追求，物的使用价值则不为担保所关注。如在保证中债权人所获得的不过是一种债权性的特殊担保，只有在债务人不履行债务时，才可请求保证人履行担保责任，而不能对保证人的一般财产享有实体上的处分权。在担保物权中，担保物必须为可交易之物，同时，在担保物灭失时，因灭失所得的赔偿金仍可作为担保物，即担保物权的代位性。

5. 担保的不可分性。债权人在全部债权清偿之前，债权债务的部分变化或者担保物的部分变化，不能影响担保债权的整体性。债权的部分因清偿、抵销、混同、转让等原因消灭时，债权人仍然可以担保物的全部主张担保债权。担保物部分消灭时，其余部分仍然可以担保债权的全部。

四、担保的分类

根据不同的分类标准，可将担保作出不同的分类。常见的分类方法如下：

1. 根据担保的方式不同，可将担保分为保证、抵押、质押、留置和定金。《民法通则》、《担保法》是按该种方式进行分类。后文要作详述，此处不再赘述。

2. 根据担保的设定方式不同，可将担保分为约定担保和法定担保。所谓约定担保，是指完全由当事人双方自行约定的担保。约定担保对担保的方式、担保的条件以及担保的范围及担保权的行使等均可由当事人自行约定的。自愿原则为《担保法》的一项基本原则，担保原则上应由当事人自愿约定，所以约定担保是担保的主要形态。我国《担保法》中所规定的保证担保、抵押担保、质押担保、定金担保等担保方式，均为约定担保。所谓法定担保，是指由法律直接规定而不是由当事人约定的担保。典型的法定担保为留置权。留置权是完全由法律直接规定的担保物权，这种担保成立的条件、担保当事人和担保的范围等均由法律规定。

3. 根据担保的标的不同，可将担保分为人的担保和物的担保。所谓人的担保，是指债务人以外的第三人以其财产和信用为债务人提供的担保。人的担保以保证担保为基本形式，在性质上属于债的担保方式，即在债务人不能或没有履行债务时，由担保人代为履行债务或者承担连带清偿责任的担保方式。人的担保既包括法人提供的保证担保，又包括自然人、其他组织所提供的保证担保。所谓物的担保，是指债务人或者第三人以特定的财产为自己或他人债务提供的担保。《担保法》中所规定的抵押、质押、留置等担保方式均为物的担保。定金担保亦属特殊的物的担保，即货币（或称为金钱）担保。

4. 根据担保的范围不同，可以将担保分为部分担保、全额担保和最高额担保。所谓部分担保，是指担保人仅为债务人的部分债务提供的担保。部分担保，在司法实践中，需担保人与债权人在合同中对担保的债权数额作出明确的约定，根据《担保法》第二十一条、第四十六条、第六十七条的规定，若担保人未明确约定为部分担保，则推定担保人为全额担保。所谓全额担保，是指担保人为债务人的全部债务所提供的担保。只要担保人未约定对部分债务提供担保，即为全额担保，担保人明确约定对债务人全部债务提供担保，即按约定。所谓最高额担保，是指担保人为债权人与债务人在一定期间内连续发生的债务在一定限额内所提供的担保。如《担保法》第十四条所规定的最高限额保证，该法

第五十九条所规定的最高额抵押，均为最高额担保。

5. 根据担保的人数不同，可将担保分为一人担保和共同担保。所谓一人担保，是指仅有一个人（法人、其他组织或自然人均可）为债务人提供的担保。一人担保中的“一人”既可以是债务人本人，如抵押人、质押人与债务人为同一人，又可以是债务人以外的第三人为担保人。所谓共同担保，是指两人或两人以上为债务人的同一笔债务提供的担保。如《担保法》第十二条所规定的共同保证即是。共同抵押，《担保法》中未作规定，《担保法解释》第七十五条对共同抵押作了规定。

五、担保法律关系

担保法律关系有广义和狭义之分。广义的担保法律关系涉及三方当事人、三个合同和三个法律关系。三方当事人是债权人、债务人和担保人，债权人是主合同的权利人和担保合同的受益人，债务人是担保合同的委托人和对主合同承担责任，担保人是对担保合同承担责任。三个合同是主合同、担保合同、委托合同[①]。涉及三个法律关系，即债权人与债务人之间的债权债务关系，债务人与担保人之间的委托关系，担保人与债权人之间的担保关系。《担保法》只调整主合同和担保合同的法律关系，不调整委托合同的法律关系。狭义的担保法律关系仅指担保合同法律关系的债权人与担保人两方当事人，是《担保法》调整的重点。担保法律关系既然是一种民事法律关系，同样由主体、内容和客体三部分构成。

（一）担保法律关系的主体

担保法律关系的主体，是指在担保法律关系中享有担保权利，承担担保义务的人，包括债权人、债务人和担保人。《担保

---

① 在司法实践中，债务人与担保人之间的委托合同很少有签订书面合同的，绝大多数为口头形式。因此，不要误认为债务人与担保人之不存在委托合同。

法》对担保人的主体资格作了限制性的规定，担保人应当符合《民法通则》和《担保法》规定的条件。

1. 自然人的担保主体资格。自然人是基于出生这一自然状态而作为民事主体的人。《民法通则》采用了“公民”的概念，而《合同法》第二条将合同的主体表述为“平等主体的自然人、法人、其他组织”，是采用了“自然人”的概念。我国《民法通则》及民法学说中将“公民”和“自然人”两个概念并用[①]。自然人的民事能力包括自然人的民事权利能力和民事行为能力。自然人的担保权利能力，《担保法》未作任何限制，只对自然人的担保行为能力作了限制。我国《民法通则》将自然人的民事行为能力分为无民事行为能力、限制民事行为能力和完全民事行为能力。自然人作为担保人，必须具备完全民事行为能力。限制民事行为能力人提供担保时，则根据《合同法》第四十七条“限制民事行为能力人订立的合同，经法定代理人追认后，该合同有效，但纯获利益的合同或者与其年龄、智力、精神健康状况相适应而订立的合同，不必经法定代理人追认。相对人可以催告法定代理人在一个月内予以追认。法定代理人未作表示的，视为拒绝追认。合同被追认之前，善意相对人有撤销的权利。撤销应当以通知的方式作出”的规定，为效力待定合同。无民事行为能力人所提供的担保无效。

2. 法人的担保主体资格。《民法通则》第三十六条规定：“法人是具有民事权利能力和民事行为能力，依法独立享有民事权利和承担民事义务的组织。”这一规定揭示了法人是社会组织的人格化，确认了法人的主体地位，并且说明了只有那些被法律赋予法人主体资格的社会组织才能成为法人。

《民法通则》第三十七条概括性列举了法人应当具备四个条件：（1）依法成立；（2）有必要的财产或经费；（3）有自己的名称、组织机构和场所；（4）能独立承担民事责任。江平教授将法

① 参见江平主编：《民法学》，中国政法大学出版社2000年版，第99页。

人概括为独立名称、独立意思、独立财产、独立责任是团体独立人格的四大要素，其中独立财产为本，独立名称为表，独立意思为动力，独立责任为其一切民事活动的最终归宿。独立财产与独立责任是法人独立人格的两大基本支柱，而独立责任是独立财产的最终体现①。在司法实践中，我们往往把是否能够独立承担民事责任作为衡量一个企业是否具有法人资格的最终标准。作为民事主体的法人，必须能够独立承担民事责任才能独立地参与民事活动，为自己取得权利、设定义务，并对自己的行为后果承担民事责任。

我国《民法通则》将法人划分为两大类：一类是企业法人；一类是机关、事业单位和社会团体法人。企业法人是指以营利为目的，独立从事商品生产和经营活动的法人。根据我国《民法通则》的规定，依所有制的性质和投资方式，可以将企业法人进一步分为全民所有制企业法人、集体所有制企业法人、私人所有制企业法人和混合所有制企业法人。混合所有制企业法人又可分为国内联营企业法人和外商投资企业法人。外商投资企业法人又可分为中外合资经营企业法人、中外合作经营企业法人、外商独资企业法人。机关、事业单位和社会团体法人又可称为非企业法人，这些法人是不以营利为目的的经济组织。其中，机关法人是指依照法律或行政命令组建的、有独立财政预算经费的各级国家机构，包括国家权力机关法人、国家行政机关法人、国家军事机关法人、国家审判机关法人和国家检察机关法人等。事业单位法人是指从事非营利性的、社会各项公益事业的法人，如学校、医院等。事业单位法人虽然有时也取得一定利益，如文化演出等，但获取盈利并不是事业单位法人本身的目的和宗旨。社会团体法人是由其成员自愿组织的，从事社会公益、文学艺术、宗教等活动的各类法人。如协会、学会等。

在司法实践中，我们往往把是否能够独立承担民事责任作为

① 江平主编：《法人制度论》，中国政法大学出版社1994年版，第32页。

衡量一个企业是否具有法人资格的最终标准。作为民事主体的法人，必须能够独立承担民事责任才能独立地参与民事活动，为自己取得权利、设定义务，并对自己的行为后果承担民事责任。根据《担保法》及其司法解释的规定，下列法人不得为担保人：一是国家机关不得为担保人，但经国务院批准为使用外国政府或者国际经济组织贷款进行转贷的除外；二是学校、幼儿园、医院等以公益为目的的事业单位、社会团体不得为担保人；三是根据《公司法》第六十条的规定，董事、经理不得以公司资产为本公司的股东或者其他个人债务提供担保；四是企业法人的分支机构、职能部门未经法人授权不得为担保人。

3. 其他组织的担保主体资格。其他组织，我国法律对其未作规定。《担保法解释》第十五条将“其他组织”界定为《担保法》第七条规定的其他组织，主要包括：（1）依法登记领取营业执照的独资企业、合伙企业；（2）依法登记领取营业执照的联营企业；（3）依法登记领取营业执照的中外合作经营企业；（4）经民政部门核准登记的社会团体；（5）经核准登记领取营业执照的乡镇、街道、村办企业。

（二）担保法律关系的内容

担保法律关系的内容。即指担保法律关系的主体所享有的权利或者承担的义务即担保合同的主要条款，是确定担保合同当事人享受民事权利、承担民事义务的民事责任的依据。《担保法》第十五条、第三十九条、第六十五条等对担保合同的内容作了明确的规定。

在司法实践中，我们应当明确，合同法的一般原则是合同如果欠缺主要条款不能成立，而担保合同的从属性决定欠缺《担保法》规定的主要条款，不会导致担保合同不成立的法律后果，可以通过下列渠道予以确定：一是当事人协议补正。补正须双方当事人协商一致才能成立；二是根据主合同的内容确定。如担保合同欠缺主债权的种类、数额，可依主合同而确定；三是根据法律规定推定，如保证人李四以保证人身份在一借款合同上签字，则依据《担保法》第十九条之规定，推定李四承担连带保证；依据该法第二十一条之规定，推定李四对全部债务承担责任；依据该法第二十六条之规定，推定李四承担责任的保证期间为6个月。

（三）担保法律关系的客体

担保法律关系的客体，是指担保权利和担保义务所共同指向的对象。详言之：一是保证法律关系的客体为保证行为，保证行为的实质是保证以其全部财产作担保。二是抵押法律关系的客体为担保物权的标的物，必须是法律允许转让的，法律禁止转让的财产，无法实现其交换价值，也无法实现担保的目的，抵押标的物必须具有独立的交换价值并能依法变现。三是质押法律关系的客体为动产和权利。四是留置法律关系的客体为动产。五是定金法律关系的客体为货币。

六、对引言案例的评析

在本案中，形成两种相反的意见：第一种意见认为，邮政局与赵某形成事实上的劳务合同关系，邮政局根据上级的要求，招聘劳务人员必须由当地邮政职工担保方可工作的规定，被告张某、王某自愿为赵某提供经济担保。邮政局与赵某的劳务合同和二被告为赵某的担保依法成立，劳务合同为主合同，担保为从合同。但被告张某于2004年2月为赵某担保后，邮政局又根据省局印制的担保书格式，由被告王某重新签订了担保书，应视为被告张某的担保关系终止。因担保人王某担保赵某在邮政局工作期内所发生的经济纠纷及案件负一切责任。现赵某在邮政局工作期间私自将19户汇款人的48700元据为己有，外出下落不明，邮政局支付19户汇款人的48700元后起诉要求被告王某承担担保责任，赔偿其经济损失48700元的理由正当，予以支持。

第二种意见认为，《劳动部关于贯彻执行〈中华人民共和国劳动法〉若干问题的意见》规定："用人单位与劳动者订立劳动合同时，不得以任何形式向劳动者收取定金，保证金（物）或抵押金（物）”。因此，邮政局在与赵某签订劳动合同时，要求王某、张某签订的担保合同违反劳动法的立法精神及规定。邮政局据此担保合同要求其承担担保责任，于法无据，不予支持。同时，邮政局所诉的担保债权是因赵某涉嫌犯罪产生的，不是在经济流转、运营领域的担保行为，也不是二担保人在签订担保合同时即明确、特定的债权，故本案的担保关系不是我国《担保法》所调整的民事担保，就此引起的债权债务纠纷不属人民法院民事案件受案范围。

本案的情形，在现实生活和司法实践中并不鲜见。[①] 第二种

① 最高人民法院网“典型案例”，供参考：1993 年 11 月 1 日，原告和平支行与被告高延民之子高峰岩签订聘用合同，聘用高峰岩为该行的合同制干部。合同约定：被招收的合同制干部必须按照《合同制干部管理办法》和《合同制干部担保办法》的有关规定，为自己确定经济担保人。1993 年 12 月，高延民在作为聘用合同附件的《合同制干部担保办法》上盖章，同意作高峰岩合同期内的经济担保人。《合同制干部担保办法》第六条规定：担保人有责任教育被担保人严格履行合同，如发生贪污、盗窃、严重违纪等方面问题，担保人应负连带责任。被担保人高峰岩在合同期内将储户存款 23 万元取出后去向不明，经哈尔滨动力区反贪局立案侦查，高峰岩系重大犯罪嫌疑人，并携款潜逃。

哈尔滨市中级人民法院认为，《民法通则》第八十四条规定：“债是按照合同的约定或者依照法律的规定，在当事人之间产生的特定的权利和义务关系”。第八十五条规定：“合同是当事人之间设立、变更、终止民事关系的协议。依法成立的合同，受法律保护。”《担保法》第二条规定：“在借贷、买卖、货物运输、加工承揽等经济活动中，债权人需要以担保方式保障其债权实现的，可以依照本法规定设定担保。”以上规定明确指出，债是按照合同的约定在当事人之间产生的特定权利和义务。担保合同作为从合同，只是对因借贷、买卖、货物运输、加工承揽等主合同发生的债进行担保。这些主合同约定的当然是民事关系。只有依法成立的合同，才受法律保护。

《合同制干部担保办法》第六条规定：担保人有责任教育被担保人严格履行合同，如发生贪污、盗窃、严重违纪等方面问题，担保人应负连带责任。根据这一条规定，本案“担保合同”要求上诉人高延民“担保”的，是高峰岩在被上诉人和平支行工作期间的行为。而和平支行与高峰岩在此期间存在的是单位与职工的内部职务从属关系，不是平等民事主体之间形成的民事关系。高峰岩在此期间实施的贪污、盗窃或者严重违纪等与职责有关的行为，不是应当由民法调整的民事行为。对这些行为，和平支行应当按照刑事法律或者行业纪律的规定去寻求解决。如果把这些应当由刑事法律或者行业纪律解决的问题纳入民法调整，和平支行就会因自己受损的利益已经转嫁到担保人身上，因此怠于追究本单位职工的违法违纪责任，也无需再主动查找本单位存在的制度、纪律方面的问题。综上所述，本案“担保合同”所指向的“主合同”，约定的不是平等主体之间的债权债务，而是企业内部的管理工作。“担保”的内容不是要实现债权人的债权，而是要保证“被担保人”的违法违纪行为不损害企业利益。因此，本案的“担保合同”不符合民法通则和担保法的规定，由此引发的纠纷不应当由民法调整，本案不属于人民法院受理的民事诉讼范围。《中华人民共和国民事诉讼法》第一百零八条第（四）项规定，起诉必须符合“属于人民法院受理民事诉讼的范围和受诉人民法院管辖”的条件。原审受理此案是错误的，应予纠正。根据《最高人民法院关于适用〈中华人民共和国民事诉讼法〉若干问题的意见》第一百八十六条关于“人民法院依照第二审程序审理的案件，认为依法不应由人民法院受理的，可以由第二审人民法院直接裁定撤销原判，驳回起诉”的规定，哈尔滨市中级人民法院于 2001 年 5 月 29 日裁定：驳回和平支行的起诉。

意见的处理是正确的。即王某的保证行为不属于《担保法》所调整的范围，故本案邮政局的起诉不属于《民事诉讼法》所规定的人民法院受理民事案件的范围，应当驳回邮政局的起诉。其理由：

1. 邮政局所起诉的47000元并非是由民事法律关系所产生的债权，而是由赵某涉嫌犯罪行为所产生的债权。《民法通则》第八十四条规定："债是按照合同的约定或者依照法律的规定，在当事人之间产生的特定的权利和义务关系"。第八十五条规定："合同是当事人之间设立、变更、终止民事关系的协议。依法成立的合同，受法律保护。"《担保法》第二条规定："在借贷、买卖、货物运输、加工承揽等经济活动中，债权人需要以担保方式保障其债权实现的，可以依照本法规定设定担保。"《担保法解释》第一条作了扩展，即"由民事关系产生的债权，在不违反法律、法规强制性规定的情况下，以担保法规定的方式设定担保的，可以认定为有效。"以上规定明确指出，债是按照合同的约定在当事人之间产生的特定权利和义务。担保合同作为从合同，只是对因借贷、买卖、货物运输、加工承揽等主合同发生的债进行担保。这些主合同约定的当然是民事关系。只有依法成立的合同，才受法律保护。因此说，本案所生的债权，不为民事之债。

2. 邮政局起诉依据是王某为赵某担保而向其出具的担保书，即"在合同或协议期内，我自愿对被担保人在担保期间内所发生的经济纠纷及案件负一切责任。"在王某出具担保书时，并未明确特定的债权，且实际上在设立担保合同时，也无法得知赵某在邮政局工作期间可能因犯罪行为所产生的债权。因此，王某虽以担保人的身份担保，但该合同所产生的债权非为《担保法》所调整。

3. 赵某被追究刑事责任时，应明确追缴财产，返还给邮政局。若邮政局起诉王某的民事案件，法院支持了诉讼请求，则违反了"一案两立"的法治原则。因此本案不适用《担保法》，涉及到赵某的犯罪行为，邮政局无权向人民法院提起民事诉讼，只能裁定驳回邮政局的起诉。

因此，本案的“担保书”不符合《民法通则》和《担保法》的规定，由此引发的纠纷不应当由民法调整，本案不属于人民法院受理的民事诉讼范围，应当裁定驳回邮政局的起诉。[①]

第二节 担保的基本原则

一、引言

《担保法》第三条规定：“担保活动应当遵循平等、自愿、公平、诚实信用的原则。”我国《合同法》更进一步细化了上述原则，即《合同法》第三条规定：“合同当事人的法律地位平等，一方不得将自己的意志强加给另一方。”该法第四条规定：“当事人依法享有自愿订立合同的权利，任何单位和个人不得非法干预。”该法第五条规定：“当事人应当遵循公平原则确定各方的权利和义务”。该法第六条规定：“当事人行使权利、履行义务应当遵循诚实信用原则。”《担保法》的基本原则，是制定、解释（包括立法解释和司法解释）、应用和研究我国《担保法》的出发点和依据，是民事担保活动主体从事担保活动所应当遵循的基本原则。然而，在现实生活中违背担保的基本原则的案例，不乏其数。诸如：

① 如：A公司录用员工B为财务人员，要求C为B提供工作失误给A带来损失提供担保，A与C签订了担保协议。这不属于《物权法》、《担保法》、《担保法解释》所规定经济运转、运营领域的担保行为，不能适用上述法律规定处理。C所提供的担保更多的属于信用、人格一类的担保，而我国相信法律对这类担保又未作出规定，所以，不能武断地认定这类担保为无效担保，但也不能据此担保人承担责任。参见吴庆宝主编：《最高人民法院专家法官阐释民商裁判疑难问题（续）》，人民法院出版社2008年版，第37页。

抵押人采用欺诈手段获得土地使用证进行抵押无效

1996年6月14日，金域（河南）房地产有限公司（下称金域公司）与漯河市永丰城市信用社（下称永丰信用社）签订了一份抵押贷款合同，约定：永丰信用社借给金域公司1050万元，期限是从1996年6月14日至1997年3月；月利率为10.065‰；金域公司以其位于漯河市源汇区亚克西商场附近的价值为1 560万元的土地使用权及其附着物作为向永丰信用社贷款的抵押。该土地的使用证号为漯国用（96）字第133号，抵押经漯河市土地管理局办理登记手续后生效，至贷款本息全部还清时终止。同年6月13日，金域公司向漯河市土地管理局交纳土地补偿金40万元，评估费1440元，登记费860元。6月14日，金域公司在漯河市土地管理局办理国有土地使用权抵押许可证，永丰信用社遂即按约为金域公司办理借款1 050万元。另悉：金域公司与金水路支行于1994年12月1日签订一份抵押借款合同，约定：借款金额400万元，金域公司应将漯河市源汇区土地管理局颁发的漯国用字（1994）第023号土地使用证交给金水路支行作抵押，抵押价值为1100万元。合同签订后，金水路支行依约向金域公司贷款400万元，金域公司将漯国用字（1994）第023号土地使用证交付给金水路支行留存，但未办理抵押登记手续。借款期限届满，金域公司未能还本付息，金水路支行向郑州中院提起诉讼，该院于1995年10月11日作出经济调解书，并送达生效。该调解书主要内容是：金域房地产公司于1995年10月20日前一次性偿还合作银行金水路支行借款本金、利息、罚息合计497.63万元。逾期由郑州中院拍卖金域公司在漯河市源汇区亚克西商场附近的土地使用权，变价后由金水路支行从中优先受偿本金、利息及违约金合计528.31万元。由于金域公司未按生效的调解书履行义务，金水路支行申请执行，郑州中院于1996年2月6日作出民事裁定，将金域公司位于亚克西商场附近的15000平方米土地予以查封。同日，将执行通知书送达给金域公司，将协助执行通知书、裁定书送达给漯河市源汇区土地管理局。该院于1997年7月15日又作出裁定，裁定拍卖金域公司位于亚克西商场附近的土地使用权，但该裁定未予执行。

金域公司于1996年6月13日将一份编号为漯国用字（1994）第023号国有土地使用证在漯河市土地管理局注销，换发为漯国用（96）字第133号国有土地使用证，其注销的编号漯国用字（1994）第023号国有土地使用证与金域公司抵押给金水路支行的土地使用证发证机关、编号、内容相同，但字迹不同。漯河市源汇区土地管理局否认上述注销的土地使用证系其颁发，金域公司又未能提供合法的办证手续。

借款期限届满后，金域公司仅偿还合同期内利息21.30023万元，本金未还，尚欠合同期内利息61.98856万元。永丰信用社经催要未果，遂向河南省高级人民法院起诉，请求金域公司偿环借款本金、利息及逾期罚息，并请求认定抵押有效。河南省高级人民法院受理后，郑州城市合作银行金水路支行申请作为有独立请求权的第三人参加本案诉讼并请求确认其对金域公司位于亚克西商场附近的15000平方米土地使用权的优先受偿权。

河南高院经审理认为，金域公司与永丰信用社签订的抵押担保贷款合同中关于借款内容应为有效。永丰信用社按约履行了贷款义务，但金域公司未按约履行偿还借款本息的义务，属违约行为，应承担相应的法律责任。永丰信用社请求金域公司偿还借款本息，予以支持。但金域公司向金水路支行的借款未能偿还，郑州中院调解书确认金水路支行对亚克西商场的土地使用权具有优先受偿权，并对该土地使用权进行了查封，金域公司以虚假的土地使用证换取新的土地使用证抵押给永丰信用社，金域公司对此应负全部责任。该抵押不能对抗人民法院对该土地使用权的查封。金水路支行以有独立请求权的第三人参加本案诉讼，请求确认金域公司与永丰信用社之间的抵押无效，其主要理由成立，予以采纳。该院依据《民法通则》第八十九条第一款第（二）项、第一百零六条、《借款合同条例》第十六条、《担保法》第三十五条第二款、第三十七条第（五）项的规定，判决：一、金域公司偿还永丰信用社借款本金1050万元及利息；二、金域公司位于漯河市源汇区亚克西商场的土地使用权变价后由金水路支行优先受偿，其余部分由永丰信用社优先受偿。案件受理费112681元，由金域公司负担。

金域公司不服判决，向最高人民法院提起上诉。

最高人民法院在对本案审理期间，上诉人金域房地产有限公司于1998年7月1日向最高人民法院提出撤回上诉的申请。最高人民法院准予其撤回上诉。

上述案例，抵押人金域公司违反《担保法》（当然是整个民法）所倡导的诚实信用原则，采用欺诈手段，设置抵押。《担保法》第三条规定："担保活动应当遵循平等、自愿、公平、诚实信用的原则。"《担保法》的基本原则，是制定、解释（包括立法解释和司法解释）、应用和研究我国《担保法》的出发点和依据，是民事担保活动主体从事担保活动所应当遵循的基本原则。

二、担保的基本原则之一——平等原则

所谓平等原则，是指在民事活动中的一切当事人的法律地位平等。担保活动中的平等原则渊源于民事基本法的《民法通则》中所确定的"当事人在民事活动中的地位平等"基本原则。平等原则是我国民法首要和核心的原则，反映了民事法律关系的本质特征。

《担保法》中的平等原则与《民事诉讼法》中的平等原则是不同的，《民事诉讼法》中的平等原则，是指当事人享有平等的诉讼权利。它包含三层意思，即当事人双方的诉讼权利与义务平等；当事人双方的诉讼地位平等；人民法院必须保障和便利当事人行使诉讼权利。该原则是宪法规定的"公民在法律面前一律平

等”原则在民事诉讼中的贯彻和体现。

平等原则是民事法律区别于其他部门法的主要标志，是民法所调整的商品关系本质特征和基本要求的集中反映，也是市场经济的客观要求，因此，民事主体在民事活动中需追求平等原则。平等原则在法国、德国、日本、瑞士等国民法以及我国台湾地区民法中未有明文规定，学者称为无须明文规定的合理性原则。①

平等原则在《担保法》中表现为：第一，除法律、法规另有规定或者授权范围有限制外，具有代为清偿债务能力的法人、其他组织或者公民，均可以作为担保人。诸如，《担保法》第八条规定了国家机关不得为保证人，但经国务院批准为使用外国政府或者国际经济组织贷款进行转贷的除外。第九条规定了学校、幼儿园、医院等以公益为目的的事业单位、社会团体不得为保证人。第十条规定了未经授权的企业法人的分支机构、职能部门不得为保证人。第二，担保主体意思自治，意志自由，因而担保各方在担保法律关系的产生、变更和消灭等方面，必须平等协商。第三，不同的担保主体在适用法律上一律平等，具有平等的法律地位，不允许一方凌驾于另一方之上。例如，《担保法》第十一条规定了任何单位和个人不得强令银行等金融机构或者企业为他人提供保证，否则，银行等金融机构或者企业有权拒绝。该条的规定在一定意义上体现了平等原则。

《担保法》的宗旨是为了促进资金融通和商品流通，保障债权实现，发展社会主义市场经济。《担保法》在保护债权人合法权益的同时，也有诸多条款是保护保证人、债务人的，平等地保护债权人、债务人、担保人的合法权益。例如，《担保法》规定了反担保，规定了保证人的先诉抗辩权，保证人免除保证责任的情形，担保人的求偿权等等。

① 马原主编：《中国民法教程》，中国政法大学出版社 1998 年版，第 32 页。

三、担保的基本原则之二——自愿原则

（一）合同自愿原则的含义

所谓合同自愿原则，又称之为合同自由原则、契约自由原则，是指参加民事活动的当事人在法律允许的范围内享有完全的自由，按照自己的自由意思决定缔结合同关系，为自己设定权利或对他人承担义务，任何机关、组织和个人不得非法干预。合同自由原则在现行法上的根据，首先是《民法通则》第四条规定：民事活动应当遵循自愿的原则。其次是《合同法》第四条规定："当事人依法享有自愿订立合同的权利，任何单位和个人不得非法干预。"

合同自由原则不仅是民法的基本原则，也是市场经济的基本原则。没有合同自由，就没有真正的民法和真正的市场经济①。合同自由原则是《合同法》的精髓和灵魂，反映了商品经济的运行规律②。合同自由原则亦是私法自治（意思自治）的核心部分，其实质是合同的成立以当事人的意思表示一致为必要，合同权利义务仅以当事人的意志而成立时，才具有合理性和法律上的效力。根据英国著名的契约法学者阿蒂亚的理论，契约自由的思想应当包括两方面的含义：首先，契约是当事人相互同意的结果；其次，契约是自由的选择。③

在《担保法》上，自愿原则的实质在于充分尊重担保当事人在担保活动中表达的不为法律所禁止的内心真实意愿和选择担保或者不担保、选择相对人、选择担保内容、选择担保方式的自由。自愿原则在《担保法》中的具体体现为：第二条所规定的五

---

① 马原主编：《中国民法教程》，中国政法大学出版社 1998 年版，第 32—33 页。

② 最高人民法院经济庭编著：《合同法解释与适用》，新华出版社 1999 年版，第 21 页。

③ 阿蒂亚著，程正康等译：《合同法概论》，法律出版社 1982 年版，第 5 页。

种担保方式，当事人可根据具体情形选择使用。“担保合同另有约定的，按照约定”的条款最充分体现了私法自治原则，含此条款的有第五条、第二十一条、第二十二条、第二十四条、第四十六条、第六十七条、第六十八条。第十一条作出禁止性的规定“任何单位和个人不得强令银行等金融机构或者企业为他人提供保证”，第三十条规定了保证人不承担民事责任的两种情形，因此，应当说当事人在担保活动中意思表示是否自愿真实，是衡量担保行为是否具有法律效力的重要根据。第十二条规定了共同保证人可自愿约定保证方式，保证份额，第十七条、第十八条规定了保证人可自愿约定保证方式，第二十五条、第二十六条规定了当事人可自愿约定保证期间，未约定按法定6个月计算的原则。

四、担保的基本原则之三——公平原则

所谓公平原则，是指当事人应根据社会公认的公平观念进行民事活动，设定民事权利和义务；司法机关应以公平、正义标准调整当事人之间的利益关系，确定权利的享有和责任的承担。公平是民法的精神，是道德规范在法律上的体现。正如“说自愿原则是对担保当事人在担保活动中对所表答的真实意愿的法律承认，那么，公平原则则是在担保当事人对外表达的意思与其真实意愿不一致的情况下对担保行为后果的一种法律要求”①。与公平原则相反的则是显失公平，而显失公平则是作为可撤销民事行为的原因之一。因此，在担保活动中，各方当事人均应当遵守公平原则。

在《担保法》中，公平原则主要体现在：第五条第二款规定“担保合同被确认无效后，债务人、担保人、债权人有过错的，应当根据其过错各自承担相应的民事责任”，则体现了公平原则（当然也体现了过错原则），也是司法实践中具体处理无效担保合

① 唐德华、奚晓明等编著：《最新担保法条文释义》，人民法院出版社1995年版，第16页。

同的民事责任的法律依据。第四十条规定，订立抵押合同时，抵押权人和抵押人在合同中不得约定在债务履行期限届满抵押权人未受清偿时，抵押物所有权转移为债权人所有，该条款之所以如此规定，是从公平角度出发，保护抵押人的合法权益。第六十六条规定了出质人和质权人在合同中不得约定在债务履行期届满质权人未受清偿时，质物的所有权转移为质权人所有，也是公平原则的体现。

五、担保的基本原则之四——诚实信用原则

所谓诚实信用原则，是指贯穿于民法始终的，在民事活动中维护民事主体利益及社会利益平衡的行为准则，也是司法机关应依据公平、正义精神，兼顾当事人主观状态和社会公平观念进行民事裁判的依据。对诚实信用原则的理解主要有两种观点，即"语义说"和"一般条款说"。"语义说"认为：诚实信用原则要求民事主体在从事民事活动时应该诚实、守信用。而"一般条款说"认为：诚实信用原则性质上属于一般条款，其实质在于立法所未预见的新情况、新问题时，法院可依诚实信用原则行使公平裁量权，直接调整当事人之间的权利义务关系。因"语义说"有望文生义之嫌，且没有考究诚实信用之语源，故并未揭示诚实信用原则的本质内涵。现代学者们大都用"一般条款说"对诚实信用原则予以释义，笔者亦同。

诚实信用原则是合同法中的一项极为重要的原则。在大陆法系，诚实信用原则被奉为现代债权法中的最高指导原则，学者称之为"帝王规则"。该原则起源于罗马法，在罗马法中称为"善意"原则，《法国民法典》第 1134 条规定了"契约应依善意履行之"，即诚实信用。德国民法称之为"诚实和信用"原则，在日本民法中称之为"信义诚实"原则。《瑞士民法典》中也规定了"任何人都必须诚实、信用地行使其权利并履行其义务"。诚实信用原则是我国民法中的基本原则之一，其使用范围及于整个民事活动领域。凡一切民事主体，从事民事活动，均应遵循。

诚实信用原则兼具有道德性规范与法律强制性规范的双重特点，不允许当事人以约定排除其适用。合同约定条款违背诚实信用原则，应为无效。当事人履行合同违背诚实信用原则，使对方受到损害的，应当承担损害赔偿责任。在民事诉讼中，即使当事人未主动援引诚实信用原则，人民法院应当依职权主动予以适用。

我国《担保法》中的诚实信用原则对担保当事人的要求是以善意的心理状态作为签订合同、履行合同的出发点，无论是主合同当事人，还是担保人均应为诚实人之所为，言而有信，恪守信用，遵守交易习惯，尊重社会公众利益，不为欺诈行为，不滥用权利，不规避法律，不曲解合同，在不损害他人利益和社会利益的前提下谋求自身利益。

应当注意的是，诚实信用原则是将道德规范与法律规范合为一体的原则，具有道德调解和法律调解的双重功能，它主要是对人们内心信念的要求，因而其内涵、外延均具有不确定性，是未形成的法规，是白纸规定，是给法官的空白委任状[①]。法官正是基于诚实信用原则而享有自由裁量权，在法无明文规定时依据公平的原则进行裁判，对现实中出现的各种新情况、新问题进行应付和处理，但要防止滥用自由裁量权。

六、对引言案例的评析

在本案中，金域公司与永丰信用社的抵押合同无效。根据合同约定，金域公司将其享有使用权的国有土地抵押给永丰信用社，虽然金域公司办理了抵押登记手续，但所涉的抵押物，在金域公司抵押给永丰信用社之前的 1996 年 2 月 6 日已被郑州中院依法定程序予以查封，金域公司不再享有处分权，显然其已无权设定抵押。正常情况下不可能再办理抵押登记手续，但因金域公

① 蔡章麟：《债权契约与诚实信用原则》，载刁荣华主编：《中国法学论集》，汉林出版社 1971 年版，第 416 页。转引自《法学》1997 年第 4 期。

司以欺诈手段取得了另一土地使用证，才使该土地使用权又设立抵押。违反了《担保法》第三十七条关于依法被查封的财产不得抵押的禁止性规定，因此，该抵押是无效的。

在本案中，金水路支行享有优先受偿权。金水路支行与金域公司签订的抵押借款协议约定，金域公司将其所拥有的土地使用权抵押给金水路支行，虽未办理抵押登记，但郑州中院已生效的民事调解书确定逾期不还，金域公司愿将漯河市源汇区“亚克西商场”土地使用权交郑州中院拍卖，原告金水路支行从中优先得到偿付本金、利息、罚息及违约金共5283100元。该调解书确定了郑州金水路支行的优先受偿权，且该调解书的生效时间先于金域公司与永丰信用社签订抵押担保借款合同的时间。因此，应认定金水路支行具有优先受偿权。

综上，金域公司与永丰信用社签订的借款抵押合同，关于抵押的约定无效，永丰信用社不享有优先受偿权。金水路支行与金域公司签订的借款抵押担保合同，郑州中院生效的调解书确认金水路支行享有优先受偿权，应认定金水路支行具有优先受偿权。原审法院对此的认定和判决正确。

值得注意的是，《担保法》所确立的基本原则属于一般性条款，人民法院在裁判时，一般不应直接援引。在具体裁判案件、适用法律时，应遵循先找《担保法》的具体规定，若没有具体规定，再适用《担保法》的基本原则来处理具体个案。如《最高人民法院关于债务人有多个债权人而将其全部财产抵押给其中一个债权人是否有效问题的批复》（1994年3月26日）：债务人有多个债权人时，而将其全部财产抵押给其中一个债权人，因此丧失了履行其他债务的能力，损害了其他债权人的合法权益，根据《民法通则》第四条（民事活动应当遵循自愿、公平、等价有偿、诚实信用的原则）、第五条（公民、法人的合法的民事权益受法律保护，任何组织和个人不得侵犯）的规定，应当认定该抵押协议无效。当然，依据《担保法解释》第六十九条[①]的规定，在《担保法解释》实施以后，依据“新法优于旧法”的法律适用原则，当属于可撤销民事行为。

第三节 反 担 保

一、引言

《担保法》第四条规定“第三人为债务人向债权人提供担保时，可以要求债务人提供反担保。反担保适用本法担保的规定。”《担保法解释》第二条规定“反担保人可以是债务人，也可以是债务人之外的其他人。反担保方式可以是债务人提供的抵押或者质押，也可以是其他人提供的保证、抵押或者质押。”反担保虽然适用《担保法》关于担保的规定，但是两者仍有一定的区别。

在研究反担保之前，先看一则案例：

本案是否构成反担保[②]

2000年8月12日，李玉兰的朋友杨云松与北京联拓机电公司签订《汽车分期付款购销合同》，约定：杨云松以分期付款的方法在北京联拓机电公司购买“捷达”FV7160GTX型轿车一辆，总价款人民币166000元。根据北京联拓机电公司与中国工商银行九龙山支行（以下简称九龙山支行）联合推出的贷款购车办法，杨云松首期支付车辆总价款的40%（人民币66400元），

① 《担保法解释》第六十九条规定：债务人有多个普通债权人的，在清偿债务时，债务人与其中一个债权人恶意串通，将其全部或者部分财产抵押给该债权人，因此丧失了履行其他债务的能力，损害了其他债权人的合法权益，受损害的其他债权人可以请求人民法院撤销该抵押行为。

② 案例来源于北京法院网：《信贷消费中为消费方提供的担保是对销售方贷款担保的反担保》。

剩余60%款项（人民币99600元）由九龙山支行审查客户资信后，直接划给北京联拓机电公司在支行开设的账户。当日，李玉兰应杨云松的请求在北京联拓机电公司签署了由该公司提供的担保书。担保书中的担保人为李玉兰（甲方），被担保人为杨云松（乙方），主要内容为：根据购车合同及汽车消费信贷合同，若乙方不能按贷款协议之规定偿还所欠银行的本金及利息，或乙方不具备偿还能力时，甲方自愿为乙方承担担保责任，负责偿还乙方所欠银行的所有款项。该担保书作为购车合同的附件，存放在北京联拓机电公司。

2000年8月14日，杨云松在中国平安保险股份有限公司为该车投保，保险期限自2000年8月15日零时起至2001年8月14日24时止。

2000年8月21日，杨云松与九龙山支行签订《中国工商银行北京市分行汽车消费贷款借款合同》，杨云松向该行借款人民币99600元，借款期限为60个月，自2000年8月21日起至2005年8月21日止，按月还本付息。当日，北京联拓机电公司又与该行签订《中国工商银行北京市分行汽车消费贷款保证合同》，北京联拓机电公司为杨云松所签借款合同向该行提供担保，担保方式为连带责任保证。此后杨云松共还贷款金额人民币3152.57元。

2000年10月20日，杨云松酒后驾车且超速行驶，造成车毁人亡，经北京市公安交通管理局朝阳交通支队认定：杨云松负事故全部责任。根据中国平安保险股份有限公司机动车辆保险条款中关于责任免除的规定，驾驶员饮酒造成事故的，保险人不负责赔偿。杨云松死亡后，北京联拓机电公司承担连带保证责任共向九龙山支行支付人民币26418.82元（自2000年10月至2001年10月）。

北京联拓机电公司于2001年9月诉至法院，要求李玉兰承担反担保责任支付车款计人民币93791.95元。李玉兰辩称，作为保证人，我与北京联拓机电公司均系为被保证人杨云松向银行担保。北京联拓机电公司并未向我说明要求我提供的担保为反担保，在我出具的担保书中亦无反担保的意思表示，且我所签担保书系北京联拓机电公司提供的一种格式合同，根据合同法有关规定，应作出不利于提供格式合同一方的解释。因此北京联拓机电公司并不具备债权人的主体资格，请法院驳回其诉讼请求。

法院审理后认为，北京联拓机电公司作为汽车销售方，在为购车人贷款购车向银行提供担保前，为保证其在承担保证责任后自身债权的实现，而根据《担保法》第四条和《担保法解释》第二条的规定，要求债务人（即购车人）或第三人向其提供的担保为反担保。李玉兰提供的担保即属反担保性质的担保。在李玉兰签署的担保书中虽未列明合同相对方，但因该担保书由北京联拓机电公司出具并持有，因此应视其为该担保合同的相对人，亦即北京联拓机电公司系该反担保合同之担保权人，李玉兰则为反担保合同中的担保人。作为一般保证人，在被保证人杨云松不能履行债务时，李玉兰应承担保证责任。北京联拓机电公司作为本担保的保证人，在其承担保证责任（即取得追偿权）后，有权向反担保人追偿。鉴于目前北京联拓机电公司尚未履行全部债务，因此，其只能就已履行部分向李玉兰追偿。对杨云松尚未到期的、北京联拓机电公司未履行的债务，北京联拓机电公司无权要求李玉兰承担保证责任，对北京联拓机电公司此项诉讼请求，不予支持。李玉兰提出的其是向银行担保的主张，因无证据证明，因此不予采信。李玉兰在担保书中对被保证人、保证方式作出承诺并注明该担保书为《分期付款购销合同》的附件，因此李玉兰以该担保书为格式合同，应作出不利于北京联拓机电公司解释的抗辩理由不能成立。据此，依照《担保法》第四条、第十七条第一款、第二十一条、第三十一条的规定，判决：一、李玉兰自本判决生效之日起 7 日内给付北京联拓机电公司人民币 26418.82 元。二、驳回北京联拓机电公司其他诉讼请求。

在上述案例中，李玉兰所提供的担保应当属于反担保。那么，何谓反担保？其担保方式有哪些？反担保的有效成立的条件有哪些？其与原始担保有何关系？其法律效力如何？担保的规则如何在反担保中适用？

二、反担保的法律意义

所谓反担保，是指第三人为债务人向债权人提供担保时，债务人应第三人的要求为第三人所提供的担保，其目的是确保第三人追偿权的实现。反担保也是担保制度的一种，所不同的是，在反担保制度中，主合同的债务人或其以外的人成了担保人，而原合同中的担保人（即第三人）则成了担保权人。

一般认为，第三人为债务人提供的担保为本担保或称为原始担保，或称为原担保，反担保是相对于本担保（即原始担保或原担保）而言的对于债的担保的一种称谓。债务人应为其提供担保的第三人的要求，为第三人提供反担保，有利于促使第三人放心大胆地为债务人提供担保，这样做，既有利于保障第三人因其担保而承担担保责任后顺利实现其追偿权，又有利于担保主债权人利益的实现，还有利于把社会主义市场经济的金融信贷、商品流转，资金融通纳入良性循环的法制轨道。

反担保是在原始担保的基础上而形成的一种新的担保法律关系（笔者下文称为反担保法律关系）。反担保法律关系又是一种特殊的民事法律关系，它除具有民事法律关系的一般特征外，还具有自身的某些特征：

1. 反担保法律关系是一种自愿性的法律关系。反担保的成立应当能够满足债权实现的具体要求。因此，反担保是否成立或以何种形式进行反担保，并不是债务人一方所能简单决定的，必须征得第三人的同意，满足第三人的合理要求才能成立。因此，反担保关系的成立不是一种单方面的行为，而是一种双方或多方的行为，是基于当事人的自愿达成的法律关系。反担保法律关系一经有效成立，即受法律保护，不得随意变更。

2. 反担保法律关系是一种综合性的法律关系。债的担保既可以是债权性的担保（即人的担保）称为保证，又可以是物权性的担保（即物的担保）。尤其在反担保情况下，当事人之间的法律关系更为复杂，更具综合性，即在债务履行期届满前，债权人与债务人之间是主债关系。债务人与第三人之间是担保权利义务关系，第三人与债务人之间是反担保权利义务关系。债务履行期届满，债务人未履行债务，债权人依据担保关系而请求第三人承担担保责任，此时，第三人就取代了债权人的地位，与债务人之间形成追偿的债权债务关系，在债务人未履行偿还义务时，第三人依据反担保关系行使担保权利，确保追偿权的实现。

3. 反担保法律关系是一种从属性的法律关系。反担保的从属性表现在反担保依附于担保而存在，是对从债的担保，担保是反担保存在的前提和基础，如果担保未能有效成立，反担保也就不能成立。具体地说，反担保法律关系的从属性表现在：一是反担保关系在成立上具有从属性，即反担保关系是以原始担保关系的发生和存在为前提，不能离开原始担保关系而单独成立。二是反担保关系在消灭上具有从属性，即反担保关系是以主债务人自愿履行而导致主债权的消灭而消灭，不能在原始担保关系存在的情形下而自动解除反担保关系。三是反担保关系在处分上具有从属性，即反担保关系的转移，须征得第三人的同意才能转移。债务人不得擅自转移。

三、反担保的担保方式

反担保是为债务人担保的第三人为了保护自己的利益而要求债务人提供的担保，是担保活动中普遍采用的方法。关于反担保的方式在《担保法》中尚未明确界定。《担保法》第四条第二款规定："反担保适用本法担保的规定。"该法第二条规定："本法规定的担保方式为保证、抵押、质押、留置和定金。"因此，关于反担保的方式在司法实践和学术界中也存在分歧，对此，《担保法解释》第二条第二款对此作出了明确规定，即"反担保方式可以是债务人提供的抵押或者质押，也可以是其他人提供的保证、抵押或者质押。”

1. 保证反担保。根据《担保法》第四条的规定，可以看出《担保法》并未将反担保中的担保人局限于债务人，而是适用《担保法》关于担保的规定，债务人为确保担保人对自己追偿权的实现，在征得第三人（即担保人）同意的情形下，可以委托其他第三人担保。保证反担保是债务人以外的第三人和原始担保中的担保人约定，当原始担保中的担保人行使追偿权时，由该第三人承担保证责任的反担保方式。根据《担保法》第十六条规定的保证方式有一般保证和连带责任保证，被作为反担保的保证方式同样也有一般保证和连带责任保证。

2. 抵押反担保。抵押反担保，是指债务人或其他第三人不转移对其特定财产的占有而和原始担保中的担保人约定，以该财产作为原始担保中的担保人行使追偿权的担保。根据《担保法》第三十三条的规定，当债务人不履行原始担保的担保人追偿的债务时，原始担保的担保人有权依法将该财产折价或者拍卖、变卖，对该财产的价款有优先受偿权。在实践中，拍卖或变卖抵押物时，一般先由当事人协商处理，当协商不成时，应当通过诉讼途径解决。

3. 质押反担保。质押反担保，是指债务人或其他第三人将其动产或财产权利凭证移交给原始担保中的担保人占有或办理出质登记，将该动产或财产权利作为原始担保中的担保人行使追偿权的担保。当债务人不履行被追偿的债务时，原始担保中的担保人有权依法从该动产或财产权利折价或者拍卖、变卖的价款中优先受偿。

四、反担保有效成立的条件

反担保是一种民事法律关系，仍然适用《担保法》关于担保的规定。因此，反担保活动无疑要遵循民法的基本原则。反担保的有效成立除应当遵循平等、自愿、公平、诚实信用原则外，还应当具备如下条件：

1. 第三人（原始担保中的担保人，以下简称为第三人）已向债权人提供了担保。由反担保的从属性可知，反担保依附于担保而存在，若第三人没有向债权人提供担保，那么，第三人就不能要求债务人向其提供反担保，债务人也不应向第三人提供反担保。因此，只有第三人向债权人提供了担保，方有权要求债务人提供反担保，反担保方能成立。

2. 债务人向第三人提供担保。《担保法》第四条明确规定，只有第三人为债务人向债权人提供了担保，债务人再向第三人提供担保，才能称之为反担保。从前面的分析可知，债务人向第三人所提供的担保，既可以是保证担保，又可以是抵押担保和质押担保，但不能是留置担保和定金担保。

3. 第三人只有为债务人提供了保证担保、抵押担保、质押担保时，才能要求债务人向其提供反担保。在担保法律关系中，只有同时存在三方法律关系主体时，才能产生反担保，在保证担保、抵押担保、质押担保、留置担保、定金担保中，我们知道，留置担保和定金担保的法律关系中，仅存在双务合同的双方法律关系主体，因而不能产生反担保。只有在保证担保、抵押担保、质押担保中，才能同时产生三方法律关系主体，因此，第三人只有提供了这三种担保，才能产生反担保。

4. 反担保须符合法定形式。根据《担保法》第十三条“保证人与债权人应当以书面形式订立保证合同”，第三十八条“抵押人与抵押权人应当以书面形式订立抵押合同”，第六十四条“出质人和质权人应当以书面形式订立质押合同”，第七十九条“……出质人和出质权人应当订立书面合同”的规定，可知，担保合同应当采用书面形式，反担保合同亦应当采用书面形式，依法需要办理登记或移交占有的，应当办理登记手续或移交占有手续。

五、反担保与原始担保的关系

如前所述，反担保是在原始担保关系的基础上形成的新的担保法律关系，反担保的产生是以原担保的产生和存在为前提条件，原担保合同是从属合同，反担保合同更是地地道道的从属合同，主合同的担保人履行的担保责任是作为反担保合同发生责任的根据。反担保与原始担保之间存在着一定的关系，具体表现在如下几方面：

1. 原始担保合同中的担保人以保证担保、抵押担保、质押担保方式为债务人提供了担保，债务人才能应第三人的要求为其提供担保，即债务人方能提供反担保。也就是说，反担保的有效成立和存在要以原始担保为前提，没有原始担保的产生和存在，反担保就是无源之水，无本之木。

2. 原始担保消灭，反担保也随之消灭的情形。既然反担保是以原始担保存在为前提，那么，在主合同因提前履行或如期履行完毕，未发生第三人因债务人的违约而承担担保责任的情况下，担保合同随着主合同的履行而消灭，反担保合同自然也随之消灭。担保合同生效后消灭的主要原因有：主合同的债务人依约履行完毕，致使第三人不承担担保责任；主合同经双方当事人（即债务人和债权人）协商一致而终止履行；主合同因债权人一方违约而被解除；主合同的债权人和债务人协商一致将主合同在未征得第三人同意的情况下，对其主合同的主要内容（如标的、履行期限等）进行变更。上述四种情形，导致原始担保消灭，也必然导致反担保的消灭。但在原始担保中，担保人代替债务人履行了义务，此时，原始担保消灭，反担保并不消灭。

3. 原始担保的存在范围比反担保的存在范围广泛。从上述分析可知，在担保法律关系中，只有同时存在着三方法律关系的主体，即债权人、债务人、担保人，且债务人和担保人不是同一的法律关系主体，才能产生反担保。因此，反担保的存在范围仅限于保证担保、抵押担保、质押担保之中，而原始担保可存在于保证担保、抵押担保、质押担保、留置担保、定金担保之中，显然比反担保的存在范围广泛些。

六、反担保的法律效力

根据《担保法》第四条第二款的规定："反担保适用本法担保的规定。"也就是说，在法律效力问题上，担保的法律效力的规定也适用于反担保。

第三人设立反担保的核心是确保其在承担担保责任后的追偿权的顺利实现。反担保的追偿效力是以发生了第三人为履行担保义务而生效，而原则上担保人（第三人）行使追偿权的范围与担保人（第三人）承担担保责任的范围是一致的。具体包括：

1. 主债权。这里的主债权不是主合同的主债权，而是担保人（第三人）与债权人之间的担保之债。相对于反担保合同之债，担保合同之债则是主债。主债权应包括主合同的债权及利息、违约金、损害赔偿金及实现债权的费用。

2. 利息。这里的利息是指担保人（第三人）履行担保之债后实现求偿权之前的担保之债所生的利息，应属反担保之债的组成部分。

3. 违约金。这里的违约金是指反担保合同的债务人未按合同约定履行债务，依照合同约定或法律规定应向对方支付的一定数额的金钱。违约金可以分为法定违约金和约定违约金两种，以约定违约金为主，以法定违约金为例外。前者是根据法律的直接规定而产生，后者可由当事人在合同中约定，但根据《合同法》第一百一十四条第二款的规定，约定的违约金低于造成的损失的，当事人可以请求人民法院或仲裁机构予以增加；约定的违约金过分高于造成的损失的，当事人可以请求人民法院或仲裁机构予以适当减少。

4. 损害赔偿金。这里的损害赔偿金是指反担保合同的债务人违反合同约定给对方造成的损害赔偿。第三人（担保人）有权获得损害赔偿，其损害赔偿请求权的发生是以损害的实际发生为前提。

5. 实现追偿权的费用。这里的费用是指第三人（担保人）

为实现其追偿权而支付的必要的合理费用。包括诉讼费用、仲裁费用、拍卖费用、催促债务人履行债务或采取必要措施所支付的费用以及其他一切为实现追偿权而支出的合理费用。

七、担保的规则在反担保中的适用[①]

对《担保法》关于“反担保适用本法担保的规定”的规定，不能机械地从字面来理解，而应在把握反担保与担保的同异的基础上探寻其立法精神。基于反担保既具有担保的一般性，又具有自身特殊性，因此，《担保法》关于担保的规定在反担保中的适用，有下述三种情况：

（一）直接适用

由于反担保与担保具有诸多“共同性”，《担保法》关于担保的不少规定可以直接地为反担保“依照执行”。如《担保法》关于担保活动的基本原则、保证人的资格、保证的方式、抵押物的范围与抵押物的登记、权利质押的范围、抵押合同与质押合同的生效、抵押权与质权的消灭等规定即是。

（二）变通适用

反担保与担保具有更多的“共通性”，《担保法》关于担保的大多数规定可供反担保“比照执行”。如进一步分析，可以发现此类情况又有两种情形：

1. 比照《担保法》的规定，仅须变更一下当事人及某些名词的称谓即可。如关于担保的规定中所称的“债权人”、“抵押权人”、“质权人”，在反担保关系中应换指享有追偿权的本担保人；“保证人”、“抵押人”、“出质人”则换指相应的反担保人；“主债权”应更换为追偿权等。经此调整（或仅在观念上换位）后，

---

① 参见刘宝玉主编：《担保法原理精要与实务指南》，人民法院出版社 2008 年版，第 53—55 页。

《担保法》中关于担保的规定绝大多数即准用于反担保。这种情况与前述“直接适用”的情况大体相当。

2. 通用担保的规则，但这些规则在反担保中具有了一些新的内涵或特殊表现。这类规则在比照适用时需要认真分析、准确把握。例如：

(1) 由于反担保合同的从属性具有特殊的表现，故《担保法》第五条的规定适用于反担保时，其精神应是：反担保合同是担保公司的从合同，担保合同无效，反担保合同亦无效。反担保合同另有约定的，按照约定。反担保合同被确认无效后，债务人、反担保人、担保人有过错的，应当根据其过错各自承担相应的民事责任。

(2) 由于反担保合同以担保人的追偿权为担保对象，依《担保法》有关规定的精神，反担保责任的构成条件亦有别于本担保，其构成条件应为：第一，担保合同与反担保合同均依法有效；第二，债务人届期未对担保人因承担担保责任所受之损失予以偿付。

(3) 由于担保对象的不同，反担保的担保范围不能搬用《担保法》关于担保范围的规定，而应根据反担保的担保对象的特点比照《担保法》有关规定的精神另行界定。除反担保合同另有约定的情况外，反担保的范围与担保人对债务人的追偿权的范围相同，具体包括：担保人于担保范围内代债务人向债权人为债务清偿之支出及其他必要花费（如运费、汇费等）；上述支出款额之利息；实现追偿权的费用等。至于有偿担保中担保人要求被担保人支付担保费的权利，在性质上不属于追偿权，故反担保人的担保范围不及于该部分债务（反担保合同另有约定的，从其约定）。

(4) 在反担保中，反担保人亦同样享有抗辩权，然其抗辩权的内容与担保人有所不同。反担保的抗辩权，是指担保人行使追偿权而要求反担保人承担担保责任时，反担保人根据法定及约定事由主张减轻或免除其责任以对抗担保人的追偿权的权利。以保证反担保为例，保证反担保人的抗辩权亦有两类：一是保证反担保人享有的债务人的抗辩权（此时被抗辩者为行使追偿权的担保人，下同），二是保证反担保人单独享有的抗辩权。前者所包括的主要抗辩事由为：担保人承担担保责任时因过失未主张债务人对债权人的抗辩权而作出大于债务人应承担债务范围的清偿；担保人支出非必要的花费。这两种情况，均导致债务人的债务范围扩大，债务人对扩大部分有权于被追偿时为抗辩，反担保人亦同样有权抗辩。后者所包括的主要抗辩事由为：担保人因过失未主张自己独有的抗辩权而承担了应可减免的担保责任（这种情况并未增大债务人的债务范围，因而债务人一般无权抗辩，但由于其加重或扩大了反担保人的责任，故反担保人可予以抗辩）；《担保法》规定的保证人单独享有的其他各项抗辩事由（如保证反担保的保证期间已过的抗辩、追偿权人放弃物的反担保的抗辩、超出反担保的范围的抗辩以及一般保证反担保的先诉抗辩等，均可变通后由保证反担保人主张之）。

（三）不能适用

反担保与担保还具有某些“相异性”，因而《担保法》中的某些规定无法在反担保中适用。如留置与定金两种担保方式及关于其内容的规定，即无从适用于反担保。

八、对引言案例的评析

在本案中，主要涉及下列法律问题：

1. 李玉兰提供的担保应当属于反担保。李玉兰提供的担保是本担保还是反担保直接关系着案件的处理结果。北京联拓机电公司在借款合同中作为第三人，为杨云松向九龙山支行提供担保时，可以要求对自己履行担保义务后所取得的追偿权的实现设立一种保证。从本案的事实可以看出，李玉兰作出保证后，并未在债务人杨云松与债权人九龙山支行签订的贷款借款合同中以保证人的身份签署保证条款或另与九龙山支行签订保证协议，李玉兰单方签署的担保书亦未交予该行，九龙山支行并不知晓李玉兰为杨云松所作的保证。李玉兰只是应北京联拓机电公司的要求及杨云松的请求，在北京联拓机电公司以保证人的身份签署了保证书。该担保书中虽未列明担保权人，但李玉兰单方以书面形式向北京联拓机电公司出具保证书，北京联拓机电公司接受并未提出异议，根据《担保法解释》第二十二条第一款“第三人单方以书面形式向债权人出具担保书，债权人接受且未提出异议的，保证合同成立”的规定，该保证合同成立，北京联拓机电公司应视为该担保合同的相对人，即担保权人。

2. 李玉兰应当履行反担保责任。李玉兰提供的担保为一般保证。根据《担保法》第十七条第二款规定，一般保证的保证人在主合同纠纷未经审判或者仲裁，并就债务财产依法强制执行仍不能履行债务前，对债权人可以拒绝承担保证责任。北京联拓机电公司在要求李玉兰承担保证责任前，应当提供证据证明杨云松无可供履行债务的财产。虽杨云松生前已为车辆投保，但因其酒后驾车超速行驶导致车毁人亡，保险公司不承担保险责任。北京联拓机电公司出具了杨云松未有遗产的证据，李玉兰对此未提出异议。根据《担保法》第十七条第三款的规定，李玉兰作为一般保证人变成了连带责任保证人，应当承担保证责任。

3. 北京联拓机电公司向李玉兰追偿的数额。根据《担保法》第三十一条“保证人承担保证责任后有权向债务人追偿”的规定，北京联拓机电公司作为本担保的保证人，在其向银行承担保证责任后即取得了对债务人或债务人的担保人的追偿权，但追偿的范围只限于其承担的担保责任。鉴于北京联拓机电公司只向银行履行了26418.82元，只能就已履行的部分要求反担保人李玉兰承担保证责任。北京联拓机电公司未履行的债务部分，无权向李玉兰追偿，因此，对北京联拓机电公司要求李玉兰给付超出该公司已履行的债务部分的车款，尚不具备行使追偿权的条件，应当予以驳回。

第四节 担保合同的效力

一、引言

人民法院审理涉及担保合同纠纷案件时，为了正确确定担保人的民事责任，必须正确确认担保合同的效力。诸如：

案例一：企业间借款担保纠纷案

甲公司与乙公司签订借款合同，合同约定，甲公司借给乙公司现金10万元，月息3分，使用期限6个月，到期不还，加倍付息。丙公司为乙公司的担保人，并与甲公司签订了保证合同，约定保证期间为一年，承担保证责任的方式为连带责任保证。借款到期后，乙公司无力偿还，丙公司以甲、乙公司所签订的借款合同因违法而无效，拒绝承担保证责任，甲公司以乙公司、丙公司为共同被告诉至法院。

案例二：该案的保证合同当属无效

1998年12月30日，镇平农行与淀粉厂及安子营乡政府签订了保证担保借款合同。合同约定：淀粉厂向镇平县农行借款67万元，贷款期限自1998年12月30日至1999年10月30日止，用于企业流资。由安子营乡政府农经站担保。合同签订后，三方均在合同上加盖了公章及法定代表人私章。安子营乡时任乡长贺红旗于1997年2月25日在该合同上签署“同意由农经站担保”字样。签约当天，镇平县农行支付了贷款，淀粉厂在借款借据（债权凭证联）借款人栏加盖了企业公章及法定代表人李守军私章。借款到期后，淀粉厂法定代表人李守军于2001年11月21日签收了镇平县农行发出的逾期贷款催收通知单。

法院认为：根据《中华人民共和国担保法》第五条第二款规定“担保合同被确认无效后，债务人、担保人、债权人有过错的，应当根据其过错各自承担相应的民事责任。”本案中，安子营乡政府农经站是乡政府的职能部门，属于国家机关，依法不应当为他人债务提供担保。作为国家机关，理应知悉国家法律，国家机关不能为个人或企业债务提供担保，法律有明确规定，而安子营乡政府仍然为淀粉厂的债务提供担保，对于造成担保合同无效，应当认定其具有过错，因此给债权人造成的损失，安子营乡政府应承担相应的民事责任。镇平县农行作为金融机构，对于法律禁止国家机关做担保也应明知。而其仍然接受此类主体提供的担保，应当认定其自身也存在明显的过错，根据最高人民法院《担保法解释》第七条规定“主合同有效而担保合同无效，债权人无过错的，担保人与债务人对主合同债权人的经济损失，承担连带赔偿责任；债权人、担保人有过错的，担保人承担民事责任的部分，不应超过债务人不能清偿部分的二分之一。”据此，安子营乡政府应承担淀粉厂不能清偿部分的二分之一的责任。安子营乡政府认为农行的诉讼请求已经超过诉讼时效，该抗辩理由不能成立，因为诉讼时效应当自当事人知道或应当知道其权利被侵害的事实时起开始计算。本案按合同约定，安子营乡政府自1998年12月30日至2001年12月30日对债务承担保证责任，据此，安子营乡政府承担保证责任的期间为1998年12月30日至2001年12月30日，在此期间内，安子营乡政府可以随时承担保证责任，债务人也可以随时要求安子营乡政府承担保证责任，此段时间属于除斥期间，不存在计诉讼时效的问题。同时，本案当事人之间的担保合同属于无效合同，基于无效合同行使请求权，只有在合同被确认无效之后，在合同被确认无效之前享有请求权的当事人无法基于合同无效行使财产返还，赔偿损失，承担缔约过失责任等请求权，也无法确认相对人是否存在合同被确认无效后拒绝履行相应义务的事实，因此基于合同无效而产生的请求权，其诉讼时效只能在合同被认定无效出现了义务人拒绝履行义务的情形时才能开始计算，而安子营乡政府主张农行向其行使请求权的诉讼时效期间应从主合同履行期限届满时起算，显然没有依据，况且农行向法院起诉时还没有超过保证合同约定的保证期限这一除斥期间。故安子营乡政府的抗辩理由不能成立，本院不予支持。判决安子营乡政府应就该判决第一条规定的履行期限届满后淀粉厂不能清偿部分的50%承担赔偿责任。①

上述案例，均涉及到担保合同的效力及担保人的民事责任问题。本文就担保合同的效力及无效担保合同的处理予以研究。

二、担保合同的生效

在审判实践中，经常存在将合同成立、有效、生效等相互混淆的问题，其根源是对这些概念的联系与区别认识不清。其实，合同有三对概念：（1）合同的成立与未成立——是以当事人的意思表示是否一致为判断标准。（2）合同的生效与未生效——是以合同是否具备生效要件为判断标准。（3）合同的有效与无效——是司法机关对合同法律价值的判断。合同的生效和有效，皆以合同成立为前提，若合同根本不成立，则谈不上生效或无效的问题。合同成立和生效属于事实判断，合同有效则属于法律价值判断。在合同因所附条件、期限未成就，或者批准、登记等手续未完成的场合，人民法院应尽量促使当事人完成生效条件。在因未办理批准或登记手续等导致合同未生效的场合，诸如违约责任、解决争议的方式等条款，应当认定已经生效。② 如最高人民法院

① 案例参见河南高级人民法院（2002）豫法民一终字第525号民事判决。

② 奚晓明：《充分发挥民商事审判职能作用，为构建社会主义和谐社会提供司法保障——在全国民商事审判工作会议上的讲话》，载奚晓明主编：《民商事审判指导》（2007年第1辑），人民法院出版社2007年版，第55页。

关于国有工业企业以机器设备等财产为抵押物与债权人签订的抵押合同的效力问题的批复（法释〔2002〕14 号）规定：根据《担保法》第三十四条和《最高人民法院关于适用〈中华人民共和国合同法〉若干问题的解释（一）》［下称《合同法解释（一）》］第九条规定的精神，国有工业企业以机器设备、厂房等财产与债权人签订的抵押合同，如无其他法定的无效情形，不应当仅以未经政府主管部门批准为由认定抵押合同无效。

担保合同的生效，根据其生效要件不同，可分为担保合同生效的一般要件和担保合同生效的特殊要件。

担保合同生效的一般要件，是指欲使已成立的担保合同发生完备的法律效力而应当具备的法律条件。合同生效的要件是判断合同是否具备法律效力的标准。我国《民法通则》第五十五条规定了民事法律行为应当具备下列条件：行为人具有相应的民事行为能力；意思表示真实；不违反法律或者社会公共利益。担保合同作为一种典型的民事法律行为，也应当具备《民法通则》所规定的民事行为有效的条件。

担保合同生效的特殊要件，是指由《物权法》、《担保法》及《担保法解释》规定的担保合同发生效力的特殊条件。如为使用外国政府或者国际经济组织贷款进行转贷，由国家机关作为保证人的保证合同，应当报国务院批准。否则，根据《担保法解释》第六条的规定，该保证合同无效。同时，根据《担保法》第十三条，第三十八条和第六十四条的规定，保证合同、抵押合同与质押合同均为要式合同，即担保人与债权人必须签订书面的担保协议。至于“书面”的意义在于作为证据使用还是作为合同成立生效的要件，学界虽有不同认识。笔者认为，合同的书面形式具有证据的效力。合同的书面形式的主要作用在于证明当事人之间的权利义务关系。如果当事人能够证明其相互之间权利义务关系，即使合同没有采用法律规定的形式，其合同的效力也不受影响。如果当事人没有采用法律规定的书面形式，双方就合同的内容发生争议时，在诉讼上应当贯彻“谁主张谁举证”的原则，不能证明自己主张的当事人可能承担败诉的后果。当然，对于法律特别规定的应该进行登记的合同，如果不进行登记将不产生法律特别规定的效力，应该属于合同形式效力的特殊情况。就口头合同而言，一是当事人以口头形式订立的合同，当事人一方已经履行了全部义务或主要义务，另一方已经接受了履行，应当确认口头合同成立并同时生效。二是口头合同有人证或者其他方式证明当事人对合同内容协商一致的，应认定合同成立。三是以口头形式订立的合同，双方当事人对合同的某项条款未协商一致或发生争议时，若该条款是合同的必要条款，当事人对此有异议且尚未履行的，说明双方当事人没有取得意思一致，应当认定合同未成立和未生效；若该条款是合同的非必要条款，当事人对此发生争议，不影响合同的成立。

应当说明的是，根据《担保法》第四十一条的规定，抵押合同自办理抵押登记之日起生效。《物权法》对此规定作出了重大变革，即根据物权变动与其原因行为的区分原则，将抵押合同的效力与是否完成物权登记分离开来，抵押合同只要符合合同的一般生效要件，即发生法律效力。办理抵押登记只是抵押权的设立要件，而与合同的自身效力无关。依据《担保法》第六十四条、第六十七条的规定，质押合同自质物或权利凭证交付之日起生效，依照《担保法》第七十八条、第七十九条的规定，以依法可以转让的股票、商标专用权、专利权、著作权中的财产权出质的，须向主管部门办理出质登记，质押合同自登记之日起生效。根据上述同样的理由，《物权法》中规定，质押合同只要符合法律行为的一般生效要件即发生法律效力，动产的交付、权利凭证的交付或者登记等只是动产质权或权利质权的设立要件。

根据《担保法》第九十条的规定，定金合同为实践性合同，即从定金实际交付之日起生效。

三、主合同有效，担保合同无效的确认

担保合同的无效，是指担保合同因欠缺法律规定的生效要件

而不能发生当事人预期法律后果的情形。担保合同的无效与担保合同的有效存在着实质性的不同。因为前者从本质上讲，是当事人一方或双方所作出的意思表示不真实或违法或欠缺合法性基础，故不能产生担保债权实现的后果，而有效担保合同则是担保人承担担保责任的依据，实现债权担保目的的手段和途径。

我国《担保法》第五条第一款规定："担保合同是主合同的从合同，主合同无效，担保合同无效。担保合同另有约定的，按照约定。"担保合同是以担保主合同债权为目的的，如果主合同债权因主合同无效而不存在，则担保合同也就失去了担保的对象，因而担保合同应随主合同无效而无效。

主合同的无效，应当根据《合同法》第五十二条的规定予以确认，即："有下列情形之一的，合同无效：（一）一方以欺诈、胁迫的手段订立合同，损害国家利益；（二）恶意串通，损害国家、集体或者第三人利益；（三）以合法形式掩盖非法目的；（四）损害社会公共利益；（五）违反法律和行政法规的强制性规定。"同时，我们还应当明确，主合同的部分无效，不会影响担保合同的效力，也就是说，只要主合同的债权不无效，担保合同的效力则不受影响。

四、主合同有效，担保合同无效的确认

担保合同作为一种民事合同，《民法通则》和《合同法》中关于民事行为或合同无效原因而不生法律效力的规定，同样适用于担保合同。根据《民法通则》、《合同法》、《担保法》的有关规定，主合同有效，担保合同无效的情形主要有如下几种：

1. 担保人主体资格不合格而导致担保合同无效。担保人主体资格不合格导致担保合同无效的情形主要有：一是国家机关不得为担保人。否则，担保合同无效。但应当明确的是，国家机关既包括各级党委机关、政府机关、人大机关、政协机关，又包括各级人民法院、人民检察院。二是学校、幼儿园、医院等以公益为目的的事业单位不得为担保人。但是，应当明确的是，这些单

位以其教育设施、医疗卫生设施和其他社会公益设施以外的财产为自身债务设定抵押的，人民法院可以认定抵押有效。[①] 三是企业法人的分支机构、职能部门未经法人授权不得为担保人，否则，担保合同无效。四是无民事行为能力人不得为担保人。五是限制民事行为能力人所提供的担保，非为其法定代理人同意或事后追认，则担保不生效力。六是法人的法定代表人或其他组织的负责人超越权限订立的担保合同，若相对人知道或者应当知道其超越权限，则担保合同无效。否则，担保合同有效。[②]

2. 当事人恶意串通签订的损害国家、集体或第三人利益的担保合同，应为无效合同。《担保法解释》第三十九条规定“主合同当事人双方协议以新贷款偿还旧贷，除保证人知道或者应当知道的外，保证人不承担责任。新贷与旧贷系同一保证人的，不适用前款的规定”，该规定的法律依据即是恶意串通损害第三人利益的合同无效。

3. 一方以欺诈、胁迫的手段，使对方在违背真实意思的情况下签订损害国家利益的担保合同，应为无效合同。但依据《担保法》第三十条第二项的规定，“主合同债权人采取欺诈、胁迫等手段，使保证人在违背真实意思的情况下提供保证的”，保证合同无效。

在司法实践中，主合同债务人采取欺诈、胁迫等手段，使担保人在违背真实意思的情况下提供担保的，担保合同是否有效？根据《担保法解释》第四十条的规定，主合同债务人采取欺诈、胁迫等手段，使保证人在违背真实意思的情况下提供保证的，债权人知道或者应当知道欺诈、胁迫事实的，按照《担保法》第三十条的规定处理，即担保合同无效，担保人不承担民事责任。

4. 担保合同内容违反法律、行政法规强制性规定和社会公共利益的，应为无效担保合同。如《担保法解释》第五条所规定

① 参见《担保法解释》第五十三条的规定。
② 参见《担保法解释》第十一条的规定。

的“以法律、法规禁止流通的财产或者不可转让的财产设定担保的，担保合同无效”。《担保法解释》第六条的规定可谓根据公序良俗原则就对外担保问题作出的司法解释。未经有关主管部门批准的对外担保行为，属于违反公序良俗的行为。就《担保法解释》第六条具体规定来说：该条第二项规定的“担保人为境外机构向境内债权人提供担保的，未经国家有关主管部门或者外汇管理局批准或者登记的”情形，实质上是境外的债务人转嫁风险的一种方式，损害了国家经济利益。第三项规定的“境内机构为外商投资企业注册资本、外商投资企业中的外方投资部分的对外债务提供担保的”情形，实质上是将导致外债风险转移给国内金融机构和企业而加大中方的筹资成本和风险，因直接或者间接地形成中方债务而损害国家经济利益。外商实际上既不出资也不承担风险却取得利益，这既违背了中外合资、中外合作企业法的基本原则，也与公序良俗原则的要求相悖。第四项所规定的“无权经营外汇担保业务的金融机构、无外汇收入的非金融性质的企业法人提供外汇担保的”情形，在没有外国机构和外资企业的等值外汇资产作抵押的证明的前提下，实际上违反了我国外汇管制规定，损害国家金融和外汇管理秩序。第五项规定的“对外担保合同或者主合同进行变更，或者债权人将对外担保合同项下的权利转让”的情形，应视为新的对外担保，必须经担保人同意和外汇管理局批准，否则合同条款的变更将会加重担保人的责任而增加担保风险，担保人可以免责。《担保法解释》运用公序良俗原则作为评判行政规章中的禁止性和强行性规定的重要标准的做法，对于人民法院在合同法实施后应如何对待行政规章中的禁止性、强制性规定问题，无疑颇具启示性的指导意义。[①]

5. 代理人超越代理权限签订担保合同或者以被代理人名义同自己或自己代理的其他人签订担保合同，被代理人不予追认，

① 王闯：《对最高人民法院关于适用〈中华人民共和国担保法〉若干问题的解释的若干理解》，载王利明主编：《民商法司法解释精要》（2000－2003），人民法院出版社2004年版，第55－56页。

也不能构成表见代理的，其担保合同对被代理人不生效力，由行为人承担责任。[①]

五、担保合同无效时担保人的法律责任

（一）无效保证合同的归责原则

《民法通则》第六十一条规定："民事行为被确认为无效或者被撤销的，当事人因该行为取得的财产，应当返还给受损失的一方。有过错的一方应当赔偿对方因此所受的损失，双方都有过错的，应当各自承担相应的责任。"《担保法》第五条第二款规定："担保合同被认定无效后，债务人、担保人、债权人有过错的，应当根据其过错各自承担相应的民事责任。"这些法律的规定，确认了无效担保合同的归责原则是采取了"过错责任原则"。

所谓过错责任原则，是指以行为人主观上的过错为承担民事责任的基本条件的认定责任的准则。按过错责任原则，行为人仅在有过错的情况下，才承担民事责任。没有过错，就不承担民事责任。无效担保合同的民事责任的性质属缔约过失责任，而缔约过失责任也正是以民法上以过错为原则而所要承担的民事责任。

（二）无效担保合同担保人的法律责任

担保合同无效时，只能产生缔约过失责任。根据《民法通则》、《合同法》、《担保法》的有关规定，无效担保合同当事人的缔约过失责任范围的确定取决于债权人因担保合同无效所造成的损失、担保人和债权人对无效合同的过错程度等因素。根据《担保法解释》第七条"主合同有效而担保合同无效，债权人无过错的，担保人与债务人对主合同债权人的经济损失，承担连带赔偿责任；债权人、担保人有过错的，担保人承担民事责任的部分，不应超过债务人不能清偿部分的二分之一"和第八条"主合同无

① 参见《合同法》第四十八条、第四十九条。

效而导致担保合同无效，担保人无过错的，担保人不承担民事责任；担保人有过错的，担保人承担民事责任的部分，不应超过债务人不能清偿部分的三分之一”的规定，无效担保合同担保人的法律责任应按如下情形处理：

1. 主合同无效致使担保无效时担保人的责任，无论主合同的无效应归责于债权人还是债务人，还是双方都有过错，也无论无效的结果导致的是返还原物，还是赔偿损失，担保人无过错的，担保人都不应承担赔偿责任。

2. 主合同有效而担保合同无效时，债权人无过错的，因担保人的无效担保行为造成主合同债权人损失的，担保人应根据其过错与债务人承担连带赔偿责任。该种担保人承担连带赔偿责任的情形，主要是指债务人与担保人违反法律禁止性或强制性规定以及恶意串通欺骗债权人而缔结担保合同的情形。在司法实践中还应注意的是，担保人对债权人的全部损失承担连带赔偿责任。因此，要严格把握该种情形连带责任的适用。

3. 主合同无效而担保合同无效时，担保人明知主合同无效而仍然为其提供担保的，因担保人的无效担保行为造成主合同债权人经济损失的，担保人承担民事责任的部分，不应超过主合同债务人不能清偿部分的三分之一。该种情形，要把握好担保人过错的内涵。此时担保人的过错，并非指担保人在主合同无效上的过错，而是指担保人明知主合同无效仍为之提供担保以及担保人明知主合同无效仍促使主合同成立或为主合同的签订作中介等缔约过错，这也正是担保人不能完全免责的原因。

4. 主合同有效而担保合同无效时，债权人、担保人有过错的，担保人承担责任的部分，不应超过主合同债务人不能清偿部分的二分之一。担保合同被确认无效后，不影响主合同的效力。但是，以提供担保作为主合同生效要件的，担保合同无效时，主合同应确认未生效。担保合同无效或者被撤销后，有过错的一方应当赔偿对方因此所受到的损失，双方都有过错的，应当各自承担相应的民事责任。

（三）无效担保合同的担保人在承担赔偿责任后，担保人是否享有追偿权

《担保法》第三十一条、第五十七条、第七十二条规定了担保人承担担保责任后，有权向债务人追偿。而当担保合同被确认无效后，担保人不承担保证责任，而是承担因缔约过失的赔偿责任。为此，担保人承担赔偿责任后，是否享有追偿权问题，在实践中，有人认为，担保人承担赔偿责任后，不享有追偿权，一是法律没有明确规定，作为特别法的《担保法》对此也未作规定。二是在债务人无任何财产可供执行时，才能执行无效担保人的赔偿责任，此时，何谈追偿权。

我们认为，无效担保合同的担保人在承担了赔偿责任后，享有追偿权。一是法律无禁止性规定，担保合同无效，担保人因过错对债权人承担赔偿责任，是从维护债权人的角度出发。担保人因担保合同无效而承担了赔偿责任，为维护担保人的合法权益，也应当享有追偿权；二是债务人无任何财产可供执行时，执行担保人，无效合同的担保人承担责任后，这种追偿权不能因债务人无财产而消灭，当债务人将来有财产时，担保人可依法行使其追偿权（也应受诉讼时效的限制）；三是担保人承担的责任原本属于债务人的责任，债务人是终极责任人；四是从责任性质上，虽然担保人的责任属于缔约过失责任，担保人的过错是决定其在担保无效时继续承担责任的根据，但这种根据只是确定一定的代偿责任的根据，担保人承担的责任仍有代偿责任的性质。因此，应对无效担保合同的担保人承担赔偿责任的追偿权予以明确规定。《担保法解释》第九条对此作出了明确规定，即“担保人因无效担保合同向债权人承担赔偿责任后，可以向债务人追偿，或者在

承担赔偿责任的范围内，要求有过错的反担保人承担赔偿责任。"[1]

六、"独立担保"的理解与适用[2]

在司法实践中，特别需要注意的是，主合同无效，担保合同一般也无效，这是确认担保合同无效的一般原则。但对于独立担保，[3] 在担保实务及审判实践中，虽然独立担保常以"见单即付的担保"、"见索即付的担保"、"无条件或不可撤销的担保"、"放弃一切抗辩权的担保"乃至"备用信用证"等形式出现，但只有依担保权从属性规则考察独立担保，方能准确界定独立担保。独立性担保与从属性担保相对应，实质在于否定担保权的从属性，故独立担保通常被视为对传统担保制度的彻底"颠覆"，独立担保人的责任亦因此而变得异常严厉并呈现出两个特性：一是不能适用传统担保法律中为担保人提供的各种保护措施，诸如未经担保人书面同意而变更被担保合同场合下担保人的免责规定。二是从属性担保人因主债权合同无效、被撤销、诉讼时效或强制执行期限完成而享有的免责抗辩权，以及一般保证人独有的先诉抗辩权等，独立担保人皆不能行使。

由于独立担保颠覆了经典的担保权从属性规则，并由此产生异常严厉的担保责任，因此实务界对其适用范围存在巨大争议：否定观点认为，《担保法》第五条第一款但书的立法初衷是独立

---

① 有学者认为，《担保法解释》第九条第一款对担保人追偿权的肯认而言，无疑意味着无论是有效担保抑或是无效担保，在担保人的责任归属问题上，确立了主合同债务人的终极责任人之地位，以及担保人的责任向反担保人的转嫁。这可谓首开"承担过错责任之人可以继续追偿"的先河，尤其是其将无效担保合同担保人的责任定性为"缔约过失责任与代偿责任的混合体"，也堪称对传统过错责任理论的某种意义上的"突破"，参见王闯：《对最高人民法院关于适用〈中华人民共和国担保法〉若干问题的解释的若干理解》，载王利明主编：《民商法司法解释精要》（2000—2003），人民法院出版社 2004 年版，第 62 页。

② 参见王闯：《规则冲突与制度创新（上）——以物权法与担保法及其解释的比较为中心而展开》，载《人民法院报》2007 年 6 月 20 日。

③ 关于独立担保，请读者参阅曹士兵：《独立担保案件的处理》，载《人民法院报》2005 年 8 月 3 日。

担保仅适用于涉外经济、贸易、金融等国际性商事交易中，不能适用于国内经济活动，否则将会严重影响甚至根本动摇我国担保法律制度体系。肯定观点认为，独立担保已为两大法系的判例和学理所承认，并与从属性担保制度并列成为现代担保法律制度的两大支柱；《担保法》第五条第一款并未明确规定独立担保仅适用于国际性商事交易中，基于契约自由原则，应允许在国内市场中适用。考虑到独立担保责任的异常严厉性，以及该制度在适用过程中易生欺诈和滥用权利等弊端，尤其是为避免动摇我国担保法律体系的基础，全国人大法工委和最高人民法院在担保法解释论证过程的态度非常明确：独立担保只能在国际商事交易中使用。但因司法解释最后公布稿并未明确该态度，导致实务中仍然存在争论。为此，最高人民法院通过（1998）经终字第 184 号“湖南机械进出口公司、海南国际租赁公司与宁波东方投资公司代理进口合同案”的终审判决，第一次表明否定独立保证在国内适用的立场。但该判决仅否定独立保证之效力，并未否定独立物保的效力。《物权法》第一百七十二条第一款秉承物权法定主义原则，在但书中明确规定“但法律另有规定的除外”，鲜明地表达了当事人不能通过合同约定独立性担保物权的立法态度。至此，对于独立担保的适用范围，立法和司法态度已非常明朗：独立人保在国内不能使用，禁止当事人通过合同约定独立物保。

若当事人在国内市场中约定了独立担保，是否要绝对地认定该约定无效，并判令独立担保人承担缔约过失责任呢？不能一概而论，应以主合同效力状况为标准，区分两种情形而分别处理：

1. 在主债权合同无效的情形下，应按照《担保法》第五条第一款和《物权法》第一百九十二条第一款关于“主债权债务合同无效，担保合同无效”之规定，认定独立担保合同无效，并根据《担保法解释》第七条和第八条之规定，判令担保人承担相应的缔约过失责任。

2. 在主债权合同有效的场合，应运用民法关于“无效民事法律行为效力转换”之原理，通过“裁判解释转换”的方法，否定担保合同的独立性效力，并将其转换为有效的从属性担保合同。即若当事人约定独立保证时，应认定独立保证无效，并将其转换为有效的从属性连带保证；若约定独立的担保物权，应认定独立物保无效，并将其转换为有效的从属性担保物权。之所以如此，理由有三：

（1）法律行为制度是实现私法自治的工具，虽然对无效民事行为的规定属于国家对私法自治的正当干预，但传统民法一方面基于社会公益之考虑而将一部分民事行为归入无效，但另一方面又设计出诸如效力转换规则、区分隔离规则、事后补正规则等无效民事行为复活制度。这一系列辨证精密的民法制度设计表明：传统民法虽不放弃私法自治中的国家干预，却仍尽可能地将法律行为制度的起点和终点置于私法自治理念，尽量使民事行为有效，以贯彻当事人的真实意思表示。就国内市场约定独立担保而言，其不属于违反公序良俗或虚伪意思表示等法律强行规制之情形，法律禁止约定独立担保之目的，在于维护传统担保法之从属性规则。因此只要否定担保的独立性而承认其从属性，即符合法律之目的，从而为无效独立担保向有效从属性担保的转换奠定立法论上的基础。在主债权合同有效的场合，若人民法院强行认定独立担保为绝对无效并判令担保人承担缔约过失责任，不仅明显违背当事人缔约时愿意承担担保责任的真实意思表示和合同预期，而且在一定程度上违反了从属性规则的制度目的。此外，彻底否定独立担保的效力，还容易促使担保人在信誓旦旦地表明愿意承担独立担保责任后，又背信弃义地主张独立担保无效而承担较少的缔约过失责任，显然不利于维护社会诚信和公平正义的理念。

（2）若不采用转换方式，则独立担保被认定无效后，当事人若想实现其担保之初衷，必须再次协商重新缔结担保合同。无疑，这种重新再来的做法明显违背节省交易费用的经济效益理念。

（3）保护交易安全已成为现代民法的重要价值取向，无效独立担保的有效转换，不失为一种体现维护交易安全价值、贯彻社会本位理念的良好方法。此外，尽管物权法基于物权法定原则而禁止当事人约定独立物保，但上述转换无疑可以极大地缓解契约自由原则与物权法定主义之间的紧张关系。

七、对引言案例的评析

（一）对案例一的评析

在案例一中，甲、乙公司所签订的借款合同当属典型的企业之间违法拆借资金情形。同时，在实践中还不少遇到名为联营，实为贷款，即企业法人作为联营的一方向联营体投资，但不参加共同经营，也不承担联营的风险责任，不论盈亏均按期收回本息，均按期收取固定利润。上述情况均违背了《借款合同条例》第二条："本条例适用于实行独立核算的全民、集体所有制企事业单位同银行、信用合作社之间签订的借款合同。"《贷款通则》第六十一条："企业之间不得违反国家规定办理借贷或变相借贷融资业务"的规定。企业间拆借资金违反金融法规，不受法律保护，按最高人民法院司法解释规定，除本金可以返还外，对出资（借）方已经取得或者约定取得的利息予以收缴，对用款方处以相当于银行同期贷款利息相同数额的罚款。因此，在案例一中，甲、乙公司所签订的借款合同为主合同，违反了金融法规，扰乱了金融秩序，当属无效合同，作为丙公司与甲公司所签订的保证合同也因主合同的无效而无效，且借款合同、保证合同均为全部无效。

在案例一中，丙公司是否应承担赔偿责任，赔偿的范围有多大，均值得研究。在过去的司法实践中，"一刀切"的判决丙公司承担赔偿责任的做法，因未区分过错责任，故显然行不通。根据《担保法解释》第八条之规定，丙公司应当知道企业之间不得借款，甲公司不具备贷款人的主体资格，说明丙公司有过错，亦即丙公司明知甲、乙公司的借款合同无效而仍然为其提供担保的，则丙公司承担赔偿责任的部分，不应超过主合同债务人乙公司不能清偿部分的三分之一。

（二）对案例二的评析

就本案来说，争议焦点之一是，安子营乡政府担保无效后是否承担民事责任。对此，一审法院和二审法院的处理意见相反，一审法院抛开了保证合同中所约定的保证期间，直接以超过诉讼时效为由而驳回了镇平县农行要求安子营乡政府承担民事责任的诉讼请求，二审法院以镇平县农行在保证期间内向借款人、保证人提起诉讼，未超过诉讼时效为由，而判令安子营乡政府在主债务人不能清偿的50％范围内承担赔偿责任。笔者认为，二审法院的处理意见是正确的。就本案来说，保证合同无效，应无疑问。问题是保证合同无效后，所约定的保证期间的效力如何，对此，看法不一，主流观点认为，该保证期间有效，而该期间为除斥期间。因此，保证人安子营乡政府的赔偿责任不能免除。

第五节　担保物权合同的生效与担保物权的设立

一、引言

《物权法》第四编“担保物权”规定了抵押权、质权、留置权三种担保物权，是在《担保法》所规定的抵押担保、质押担保、留置担保的基础上进一步修改和完善，增加了可以用作担保的财产的规定，扩大了留置权的适用范围，明确区分了担保物权合同与担保物权的设立。诸如：

案例一：厂房抵押未登记，能否设立抵押权

甲公司与银行签订借款抵押担保合同，甲公司以其价值1000万元的厂房作抵押，为了节约评估费、登记费等费用，甲公司将其厂房的产权证书连同建设用地使用权证书一并交给银行作抵押，该银行给甲公司贷700万元。贷款到期后，甲公司因受全球性金融危机的影响，无力偿还贷款，银行诉至法院，请求甲公司厂房贷款700万元及利息，并以所抵押的厂房和建设用地使用权享有优先受偿权。

案例二：车辆抵押未登记，能否设立抵押权

乙公司与信用社签订借款抵押担保合同，双方约定：信用社给乙公司贷款100万元，乙公司以其自有的三部大型运输车辆作抵押。合同签订后，信用社履行了贷款义务，而借款到期后，乙公司没有偿还贷款。无奈之下，信用社诉至法院，请求判令乙公司偿还贷款及利息，并以抵押的车辆享有优先受偿权。

在上述案例中，均涉及到担保物权合同的生效与担保物权的设立问题，也是司法实践中常见的问题，更是物权法与担保法规定不一致的地方之一。本文就担保物权合同的生效与担保物权的设立，予以论述。

二、担保物权的法律意义

担保物权，是以确保特定债权的实现为目的而于债务人或第三人的特定财产上设定的以支配和取得该特定财产的交换价值为内容的定限物权。该定义表明：担保物权是物权的一种，具有物

权的性质与效力；担保物权是在他人的财产上成立的物权，是他物权、定限物权；担保物权以确保特定债权的实现为目的；担保物权以支配、取得担保财产的交换价值为内容。

担保物权因具有物权性而区别于债权；因标的物的特定性、权利的公示性及实现上的优先性而区别于以及保证、定金等担保方式；因具有在他人财产上设定的特点和内容的定限性而区别于所有权；因具有担保性和价值权性而有别于用益物权。担保物权具有以下法律特征：

1. 价值权性。担保物权的价值权性，又称为变价性或换价性，是指担保物权以支配和取得担保物的变价价值（交换价值）为内容，而不是以对标的物的实体支配为内容。担保物权作为物权的一种，当然也具有支配性，但这种支配性并不体现在支配标的物的实体及其使用价值，而体现在对标的物的处分及其变价价值的支配方面，最为典型的情形是抵押权人并不占有抵押物，却仍得支配物之处分及其所得价款。在债务人届期不履行债务时，担保物权人无论是以拍卖、变卖担保物的价款取偿，还是与担保人协议以担保物折价受偿，均是以担保物的变价价值或交换价值受偿债权的方式。这是担保物权与所有权及用益物权的主要区别，也是其担保债权实现的功能之表现。

2. 从属性。凡是为担保债权的实现而附加的权益，均对所担保的债权具有从属性。担保物权既是为确保债权实现而设立的，自然与所担保的债权形成主从关系，被担保的债权为主权利，担保物权为从权利。担保物权的从属性，可以从设立、移转、效力及消灭几个方面来认识：一是设立上的从属性。表现在担保物权的设定或成立，应以债权的存在为前提，担保物权不能脱离债权关系而单独设立。对此从属性，不能仅从其与债权成立的时序上来看，而主要应从其与债权的主从关系上来看。担保物权中的留置权因其发生条件的固有限制，只能对既存债权成立担保，而抵押权与质权，则既可以担保既存的债权，也可以针对将来的债权或附条件的债权而设定，如最高额抵押权。但是在担保物权实行之际，必须有确定的债权存在，因此，纵使是担保将来的债权，担保物权与被担保的债权之间仍有主从关系。二是处分上的从属性。担保物权原则上因所担保的债权的移转而移转。担保物权虽得因特约而脱离所担保的债权单独归于消灭，却不得脱离债权而单独移转。三是效力上的从属性。是指担保物权的效力决定于所担保的债权，被担保的债权无效的，担保物权原则上也无效。此外，担保物权的效力范围也决定于被担保的债权，担保物权人无权就担保物的变价价值获得大于其债权范围的清偿。四是消灭上的从属性。担保物权因所担保的债权的消灭而消灭。惟在发生债权人与债务人混同等特殊情况下，法律承认抵押权得为所有权人的利益而存在（即成立所有人抵押权），不附随债权的消灭而当然消灭。

3. 优先受偿性。担保物权的优先受偿性，是指当债务人不履行债务或破产时，担保物权人得就担保物之价值优先于其他债权人而受清偿。此乃物权的优先效力在担保物权中的体现，各国担保制度中，莫不承认担保物权的这一品性。正是由于担保物权人得就担保物的价值优先受偿，这种担保才成为比人的担保（保证）更可靠、更优越的担保方式。

4. 不可分性。担保物权人于其全部债权受偿之前，得就担保物的全部行使其权利，担保物的价值变化及债权的变化不影响担保物权的整体性。各国民法均规定了担保物权的不可分性，主要目的在于保障债权的实现。我国《担保法》、《物权法》虽然并未对其作出明确规定，但解释上均予认可。《担保法解释》第七十一条和第七十二条的规定也明确了抵押权的不可分性，并可类推适用于质权、留置权。一是债权之一部分因为债务人的清偿、抵销、提存、免除等行为消灭时，不生担保物权部分消灭的效力，即债权人仍可以对担保物的整体主张担保权。《担保法解释》第七十一条规定了主债权的部分消灭，对抵押权的行使不生影响，这正是担保物权不可分性的典型体现。需要注意的是，债权为分期给付的，其中部分债权已届清偿期而未受清偿时，债权人可就担保物的全部行使拍卖或变卖的权利。如果拍卖部分担保物足以清偿到期债权及债务人应负担费用的，其余部分则应维持原状。如果数项财产从整体上作为担保物，处分其中一项财产便可满足其债权的，其处分行为不得涉及所有财产，这是诚实信用原则的应有之意。[①] 二是担保物的分割或者部分转让或者灭失，对担保物权的行使不发生影响。但保权人仍可以就分割或者剩余担保物主张权利。担保物因继承而被分割为几个继承人所有，担保物因合伙解散而被分割为几个合伙人所有，担保物因企业分立而被分割为几个企业所有，担保物因部分转让而归第三人所有，因某种原因分割（如离婚时作为担保物的婚姻共同财产的分割），或者担保同一债权的数项财产中的一项让与他人，在其上设定的担保物权不受影响，保权人仍然可以就全部债权，对全部担保物行使权利。担保物部分灭失的，其剩余部分仍可担保债权的全部。[②] 我国《担保法解释》第七十一条第二款也规定，抵押物被分割或者部分转让的，抵押权人可以就分割或者转让后的抵押物行使抵押权。三是担保物权所担保的债权被分割或者部分转让的，各债权人可以就其享有的债权份额对担保物行使但保权。即主债权的被分割或者部分转让的，对担保物权的行使不生影响。四是主债务被分割或者部分转让的，担保人仍以其担保物担保数个债务人履行债务。即债务分割时，其担保物权不因此而受影响；债务有一部分被他人承担时，担保物权不因债务之承担而妨碍其存在。但是在免责的债务承担，其担保由第三人提供的，债权人许可债务人转让债务未经担保人书面同意的，担保人对未经其同意转让的债务，不再承担担保责任。

5. 物上代位性。当担保物灭失、毁损而得受赔偿时，担保物权的效力及于担保物的代替物（赔偿金），担保物权人得就该代替物行使其权利。法定债权质的构成应能更好的保护担保权人

---

① 参见史尚宽：《物权法论》，中国政法大学出版社 2000 年版，第 263 页。

② 参见李国光等：《关于适用〈中华人民共和国担保法若干问题的解释〉理解与适用》，吉林人民出版社 2000 年版，第 265 页。

的利益。《担保法解释》中规定的担保物的代位物有保险金、赔偿金和补偿费，而《物权法》中将之扩展于买卖价金。应妥善处理担保物权追及性与代位权的关系。

6. 特定性，是指担保物及其所担保的债权必须是特定的。担保物可以是动产、不动产或财产权利，但由于担保物权是物权、价值权与换价权、支配权，在符合条件时有就担保物为执行的必要，因此，担保物必须是明确而特定的，应与债务人或物上保证人的其他财产区别开来。担保物的特定性原则上要求在担保物权设定时即已特定，传统意义上的不动产抵押权、动产质权、权利质权和留置权等都应该符合此项要求。但近代以来，随着经济的发展，企业融资的需求进一步愈发强烈，而以设定担保物权为手段向银行贷款无疑是其融资的最重要的渠道之一。可一个企业现实存在的担保物在数量和价值上总是有限的，如果不允许将来的可以特定的财产加入到担保物中，恐怕会大大降低企业的融资效率。而且若严格坚持担保物权客体的特定性和固定化，致使担保权人无法处置已设定担保的货物，必然使得企业的经营自由受到很大限制，阻碍其发展，并对银行等金融机构顺利地回收贷款也较为不利；尤其是以动产或应收账款担保贷款的情况下，这种弊端更加明显。为了克服这些缺陷，担保物权的特定性有逐渐缓和的趋势，即立法上不再统一要求担保物在担保物权设定时必须具有特定性，而只需在担保物权实行时能够确定即可。

三、物权行为的无因性与独立性

（一）物权行为的法律意义

物权行为，是指以物权的设立、移转、变更或消灭为目的的法律行为。由此可见，物权行为是法律行为的一种，而法律行为根据其法律效果可分为负担行为和处分行为。负担行为是以发生债权债务为其内容的法律行为，亦称债权行为或债务行为。处分行为是直接使某种权利发生、变更或消灭的法律行为。处分行为包括物权行为和准物权行为。负担行为与物权行为的关系，可分为三种：一是仅存在负担行为而无处分行为。不以物权变动为目的的债权合同，如承揽合同、居间合同等。以物权变动为目的债权合同，在合同未履行的情况下，亦属此类。二是仅存在处分行为而无负担行为。主要为不因债权合同而导致物权变动的情形，如物之所有权的抛弃。三是负担行为与处分行为并存。

德国著名历史法学家萨维尼在1840年所著《当代罗马法制度》一书中系统地阐述了物权行为理论。他认为："以履行买卖合同或其他以所有权移转为目的而为的合同的交付，并不仅仅是一个纯粹的事实是履行行为，而是一个特别的导致所有权移转的'物的'契约"。物权行为的理论基石是：(1)"交付是一种真正的契约"。它包含双方当事人归于移转所有权的意思表示的合意，并以移转物权的意思为移转占有或登记等行为，表现了鲜明的目的性，从而具备了契约的全部构成要件。(2)物权行为的意思表示不同于债的意思表示。它的交付的合意，仅在于产生物权变动，使所有权发生移转，体现物权人支配物和行使处分权利的意志。(3)物权的变动，必须以移转物在于交付或登记等方法进行公示。(4)物权行为追求的法律效果为物权的变动，债权行为的法律效果为债权的变动。物权行为独立于债权行为。正是基于以上阐述，萨维尼抽象概括出物权行为的理论，亦称"抽象物权契约理论"。该理论包括三项基本原则：

1. 分离原则。该原则的基本意义是，德国法将权利主体承担的移转标的物交付义务的法律行为（一般是债权法上的契约或者称为合同），与其完成物权的各种变动的行为作为两个法律行为，前者是原因行为，后者是物权行为，它们分别各自具有独立的意思表示和成立方式。当事人为了物权变动为目的和内容所达成的一致的意思表示，在德国民法中被称为合意，以与债权法中一致的意思表示即合同相互区分。

2. 抽象原则。该原则的基本意义是，物权行为在其效力和结果上不依赖其原因行为而独立成立，即原因行为的无效或者撤销不能导致物的履行行为的当然无效和撤销。抽象原则是根据分离原则进行推理的必然结果。

3. 物权变动的形式主义原则，即公示要件主义原则。该原则的基本意义是，当事人所具有导致物权变动的意思表示通过一定方式向公众表示出来，进而决定该意思表示的法律效力，决定物权是否变动。

萨维尼的物权行为理论问世以后，深受学者们的重视。时值《德国民法典》制定之际，该理论为《德国民法典》的立法者所接受，成为该法典的立法理论基础，因此该理论被称为“德意志法系的特征”。为《德国民法典》所肯定的物权行为无因性原则也对其他国家的民法和理论产生了深远的影响。

（二）物权行为的独立性

所谓物权行为的独立性，是指物权行为与债权行为相互分离且独立于债权行为之外。债权契约仅能使当事人之间产生债权债务关系，而不能发生所有权转移的效果，只有通过物权行为，才能导致所有权的转移。以买卖为例，当事人之间缔结买卖合同的合意是债权行为或债权合同，它仅能使双方当事人负担交付标的物和支付价金的义务。如果要发生标的物和价金所有权转移的效果，则当事人仍需达成移转所有权的合意，同时还要从事登记或交付行为。许多学者认为，物权行为的独立性是物权行为的基本特征，甚至有人认为它是物权法的基本原则。

承认物权行为独立性理论的学者，在简述物权行为与债权行为的关系时认为，物权行为与债权行为可能发生四种不同的联系：一是物权行为与债权行为同时并存。例如在特定物的买卖、赠与、互易等关系中，当事人订立债权合同，必须实施物权行为才能转移所有权。二是债权行为先于物权行为。例如在不特定物的买卖中债权行为仅能产生转移某项不特定物所有权的给付义务，必须嗣后为物权行为才能使某项不特定物的所有权发生实际的转移。三是仅有债权行为而无物权行为，例如雇用。四是仅有物权行为而无债权行为。如抵押的设立、即时买卖、即时赠与等。

（三）物权行为的无因性

根据萨维尼抽象物权契约理论，承认了物权行为的独立性，就要进一步承认物权行为的无因性。原因本应构成法律行为的一部分，使法律行为有因化。但是，为了交易的安全，民法理论和立法经常将原因从特定的法律行为中抽离出去，使原因不成其为法律行为的内容，原因的欠缺或不存在，不影响法律行为的效力。物权行为往往是以债权行为为其原因的，将该原因从物权行为中抽离，不以债权行为的欠缺或不存在而影响物权行为的效力，这就是物权行为无因性原则。例如，在买卖关系中，出卖物交付后，买受人对于接受交付的出卖物即享有了所有权。即使买卖合同因意思表示瑕疵或违反法律而无效或被撤销，买受人的所有权丝毫不受影响。丧失所有权的出卖人只能依不当得利的规定向买受人请求返还。可见，物权行为的无因性并不是说物权行为没有原因，而是指原因被从行为中抽出，不使其成为物权行为的内容。①

四、担保物权合同生效与担保物权设立的区分原则②

物权行为的原因行为与物权变动的区分原则，可谓我国物权法颇具特色的核心规则。该原则在担保物权上的体现即是担保物

---

① 对于物权行为无因性原则，经过学者们一个多世纪的争论，其优点和缺陷均已暴露无遗。依学者的一致见解，该原则的优点主要有以下几点：（1）可以使法律关系明晰，有助于法律的适用；（2）在一定程度上具有保障交易安全的作用。因物权行为不受债权行为的影响，债权行为无效或被撤销，第三人仍能取得标的物的所有权，从而有利于保障交易安全。而反对该原则的观点则认为：（1）该原则人为地割裂了原因行为与结果行为的必然联系，完全是人为的拟制，有违生活常理；（2）依该原则在原因行为无效时原所有权人虽然可以依不当得利的规定向物之取得人请求返还，但不当得利的规定并不足以保护原所有权人的利益。

② 参见王闯：《规则冲突与制度创新——以物权法与担保法及其解释的比较为中心而展开》，载《人民法院报》2007 年 6 月 20 日。

权合同与担保物权变动之区分，此为物权法与担保法的重大区别和冲突之一。

《担保法》第四十一条关于“抵押合同自登记之日起生效”的规定，以及该法第六十四条和第七十六条规定关于“质押合同自交付质物或登记时生效”的规定，混淆了担保物权合同等原因行为与登记、交付等物权变动行为，导致担保实务和审判实践面临相当尴尬的局面，也被法学界称为担保法立法最大的“败笔”。例如，不动产抵押合同签订后，若抵押人违背诚信而拒绝履行抵押的登记义务，则因该抵押权尚未登记而导致抵押合同不能生效，致使债权人无法追究抵押人的违约赔偿责任。为解决该实务困境，担保法解释第五十六条第二款明确采用原因行为与物权变动的区分原则：“法律规定登记生效的抵押合同签订后，抵押人违背诚实信用原则拒绝办理抵押登记致使债权人受到损失的，抵押人应当承担赔偿责任。”以此规制抵押人的失信行为。

《物权法》第十五条是我国民事立法第一次正式明确规定原因行为与物权变动的区分原则：“当事人之间订立有关设立、变更、转让和消灭不动产物权的合同，除法律另有规定或合同另有约定外，自合同成立时生效；未办理物权登记的，不影响合同效力。”同时，该法第十四条规定不动产物权的变动自记载于不动产登记簿时发生效力。第二十三条规定除法律另外规定，动产物权的变动自交付时发生效力。据此，物权法上的区分原则强调并宣示：合同归合同，变动归变动。物权合同等原因行为的效力，应受合同法的调整；物权的设立、变更、转让和消灭等物权变动的效力，则受物权法的规制；原因行为的效力不受物权变动要件的影响。

就物权法理论而言，区分原则可谓我国物权法对德国物权行为理论分解并部分吸纳之后所形成的颇具特色的规则。物权行为理论是德国物权法的核心理论，该理论的核心是物权行为独立性和无因性理论。因我国民法受德国民法影响甚巨，故民法学界自上世纪 80 年代后期就开始围绕着我国民法是否应采纳物权行为理论而展开长期的争论，并形成反对和赞成两大派系；该争论同样体现在物权法的制定过程中。赞成的观点认为，该理论的最大益处在于：物权行为独立性可以使法律关系明晰，物权行为无因性有利于维护交易安全。反对的意见认为，该理论实质上是“对现实生活的凌辱”。虽然就理论的完整性而言，物权行为的独立性和无因性不宜割裂，但为了解决担保法第四十一条等规定造成的理论矛盾和实务困境。争论双方最后形成妥协性共识：物权行为理论的重点在于物权变动与原因行为的区分，以及物权变动应登记和交付为设立或生效要件，而不在于“物权行为”及其“无因性”。这意味着分解了物权行为理论，采纳独立性理论，否定无因性理论，并通过物权公示原则、公信原则和善意取得制度替代物权行为无因性的保障交易安全之功能。与此相应，《物权法》第十五条规定的区分原则体现出对物权行为独立性理论的吸纳，第十四条和第二十三条体现物权变动的效力规则；同时，第六条规定的物权变动公示原则、第十七条规定的不动产物权变动公信原则以及第一百零六条规定的动产和不动产的善意取得制度，体现出对交易安全的保障。

尽管区分原则的规定带有比较浓厚的实用主义色彩，但仍不失为我国物权法上的一次理论创新。区分原则意味着，物权法在理论上并未恪守德国物权法上经典的物权行为理论，而是根据中国国情创设契合现行物权变动法制的物权规则。采纳物权独立性理论的区分原则，不仅能够修正担保法的立法不当，使法律行为和关系更加清晰，而且可以契合现行法制所长期实行的不动产物权登记要件主义，实现保障交易安全之目的。应当看到，区分原则虽然规定在《物权法》第二章第一节“不动产登记”中，但除非法律另有规定（主要指采取书面成立＋登记对抗要件的动产抵押权），该原则同样体现并适用于其他物权变动方面，诸如《物权法》第一百八十七条规定的不动产和不动产物权的抵押权变动，第二百一十二条规定的动产质权变动，第二百二十四条等规定的权利质权变动等。因此，区分原则可谓贯穿物权法中的一条

"红线"，对交易安全的保护作用甚巨；除法律另有规定，该原则应是我们理解和适用物权变动效力规则的基本原则。此外，区分原则的确立，为非典型担保的蓬勃发展提供了充分的空间。在德国、日本等大陆法系国家，非典型担保因其适用便捷、成本交低、方式灵活，故极具生命力并在担保交易方式中独占鳌头。目前，我国审判实务认可的非典型担保包括：金钱担保（押金、保证金等）、账户质押（进出口退税托管账户质押、委托理财经纪账户质押）、收费权质押（公路桥梁、公路隧道或者公路渡口等不动产收益权质押、农村电网改造工程收费权质押）、让与担保（房屋按揭、进口押汇、回租赁、封闭式国债回购等）以及所有权保留等。根据物权法的区分原则，在当事人通过合同创设新型担保物权时，除司法解释有明确规定，在合同效力认定方面，应依契约自由原则，只要不存在《合同法》第五十二条规定的情形，不宜轻易否定非典型担保合同的效力，以满足担保实践的需要。在物权变动效力方面，应依物权法定和物权公示原则，不宜承认非典型担保的物权效力。

五、对引言案例的评析

（一）对案例一的评析

在本案中，甲公司与银行签订借款抵押担保合同，甲公司以其价值1000万元的厂房作抵押，并将其厂房的产权证书连同建设用地使用权证书一并交给银行作抵押，该银行给甲公司贷700万元。一是根据担保物权合同生效与担保物权设立的区分原则，即《物权法》第十五条"当事人之间订立有关设立、变更、转让和消灭不动产物权的合同，除法律另有规定或合同另有约定外，自合同成立时生效；未办理物权登记的，不影响合同效力"的规定，虽未办理抵押权登记，但不影响抵押合同的效力，因此，抵押合同生效，又无其他导致无效的因素，故借款抵押担保合同有效[①]。二是银行能否取得抵押权。根据《物权法》第一百八十七条的规定，以建筑物抵押的，应当办理抵押登记。抵押权自登记时设立。从本案来看，甲公司为了节约费用，将其房屋产权证书、建设用地使用权证书交付与银行，而银行也是“菩萨心肠”，甚至是“法盲”，居然没有要求办理抵押权登记。因此，银行不能取得抵押权，对厂房和建设用地使用权不得享有优先受偿权。

（二）对案例二的评析

在本案中，乙公司与信用社签订借款抵押担保合同，乙公司以其自有的三部大型运输车辆作抵押。根据担保物权合同的生效与担保物权的设立的区分原则，借款抵押担保合同生效，又无导致无效的因素，故依法有效。乙公司以三部大型运输车辆作抵押，根据《物权法》第一百八十八条的规定，以交通运输工具抵押的，抵押权自抵押合同生效时设立；未经登记，不得对抗善意第三人。因此，信用社的抵押权自抵押合同生效时取得，由于没有办理抵押权登记，故该抵押权不具有对抗第三人的效力。

第六节 担保责任的范围

根据《担保法》、《物权法》的有关规定，担保责任的范围包括主债权及其利息、违约金、损害赔偿金、保管担保财产和实现担保物权的费用。当事人另有约定的，按照约定。因此，担保责任的范围属于一种任意性规定，在当事人之间无约定的情况下，按照法定担保责任处理。当事人之间有约定的，按照约定承担担保责任。

---

① 该案如果在《物权法》实施之前判案时，依据《担保法》第四十一条“抵押合同自登记之日起生效”的规定，抵押合同属于未生效。然而，审判实践中却是大量地认定抵押合同无效，实属不当。

一、主债权

主债权又称本债权、原债权。当事人之间之所以设定抵押的权利义务关系，主要是针对他们之间已经形成的主债权债务关系而来的，因此，无论抵押合同中对其是否作明确约定，都应当认为将主债权作为抵押担保的对象，担保合同中对被担保债权未明确约定时，应推定抵押权及于所有的原债权及对抵押权效力所及的原债权的范围应根据抵押合同的约定来决定，依法进行登记的，主债权应以登记的债权额为准。当事人双方对债权进行变更时，应进行变更登记，未经登记，抵押权仅在登记的范围内具有对抗第三人的效力。

二、利息

所谓利息是指由主债权所生的孳息。究竟是指约定利息，还是指法定利息，《担保法》对此未做明确规定。按学理上的见解，此利息应为约定利息，因为法定利息一般是作为金钱债权不履行时的损失规则来适用的，而约定利息则主要是债权人与债务人之间因主债权的产生而约定产生的。①

关于利息问题，在司法实践中，应当注意下列问题：

1. 利息必须为合法的利息，利息率不得超过法定利息率的最高限额，超出部分无效，不得作为抵押担保的债权，应以法定最高利息限额为准。我们知道，金融机构放贷和公民间的借贷利息的规定是不同的，金融机构贷款利息率是原则上不允许约定，而必须按照中国人民银行所规定的贷款利率执行，随着金融市场的放开，各商业银行的贷款利率可在中国人民银行所规定的贷款利率限度内浮动，贷款利率也仅能在所规定的限度内约定。公民间的借款利率是仅以当事人约定为准，当事人约定不明的，按照

---

① 参见孔详俊主编：《担保法例解与适用》，人民法院出版社 1996 年版，第 365—366 页。

《合同法》第二百一十一条之规定，视为不支付利息。当事人约定的利息，其借款利率也不得违反国家有关限制借款利率的规定，根据《最高人民法院关于人民法院审理借贷案件的若干意见》第六条中关于“民间借款的利率可以适当高于银行的利率，但最高不得超过银行同类贷款利率的四倍（包含利率本数）。超出此限度的，超出部分的利息不予保护”的规定，当然也就不能将“超出部分的利息”列入担保债权的范围。

同时，“利息”应作广义解释，除借款债权的利息以外，还应包括其他类似于利息的债权受偿，如租金、使用权及其他定期支付的债权收益。

2. 利息债权必须为所担保的债权所生的利息。利息的金额在抵押权经过登记的情况下，根据登记的利率和计息期计算。未登记的约定利息，抵押权对该约定的利息是否有担保效力，存在着不同认识：一种意见认为，被担保债权的范围，应当经过登记而公示；原本债权约定有利息的，应当登记其利率，仅登记原本债权应付利息而未登记利率的，依照法定利率确定利息。抵押担保的债权利息未登记的，该利息仍属于抵押担保的范围，但对第三人不得主张对抵押物的优先权①。依照日本民法，该利息仍属于抵押权所担保的范围，但利息不得就抵押物优先受清偿，即不得对第三人行使优先权。另一种意见认为，对原本债权约定的利息没有登记的，其利息仅为对债务人的债务，属于无担保的债务，不得就抵押物清偿其利息债权，仅得对债务人另行求偿②。抵押担保的债权利息没有登记的，依照德国民法，及利息属于对债务人的没有担保的债务，不得由抵押物受利息债权的清偿。

从我国《担保法》第四十六条来看，抵押担保的债权范围包括利息，因此，不论债权人是否就债权利息予以抵押担保登记，

① 史尚宽：《物权法论》，中国政法大学出版社 2000 年版，第 276 页。

② 杨与龄：《民法物权》，台湾地区五南图书出版公司 1981 年版，第 167 页。

利息债权应当属于被担保的债权，可以由抵押物受优先清偿[①]。

3. 迟延利息。所谓迟延利息，是指债务已届清偿期后，债务人不履行义务而至债务的履行迟延，在迟延期间发生的利息。迟延利息在借款合同中通常表现为延期归还借款的利息和罚息。对于迟延利息的计算，若债权人和债务人有约定，依照约定的利率计算，即使约定利率高于法定利率，亦同[②]。债务人和债权人没有约定迟延利息计算方法的，依照法定利息率计算。

迟延利息是依照法律规定而发生的利息，与上述基于当事人约定而发生的约定利息不同。对于迟延利息，当事人没有约定，在办理抵押登记时也没有登记的，仍然为抵押权担保的范围[③]。因为依照法律规定而发生的抵押权担保内容，不以登记为生效要件。我国台湾的司法实务认为，“按除契约另有约定外，抵押权所担保者，为原债权，利息，迟延利息及实行抵押权之费用，此为民法第 861 条所明定，又金钱债务虽未约定利息，债权人依该法第 233 条第一项规定，仍得请求迟延利息，因之，迟延利息无须登记即为抵押权效力所及，抵押权人自得就抵押物行使优先受偿之权利。”[④] 我国《合同法》第二百零七条亦明确规定：“借款人未按照约定的期限返还借款的，应当按照约定或者国家有关规定支付逾期利息。”

三、违约金

违约金，是指主债务人不履行或不适当履行主合同时，为违约行为支付的带有惩罚性或者补偿性的金钱，通常亦可区分为约定违约金和法定违约金两种类型。根据现行《合同法》第一百一十四条第二款和第三款之规定，我国《合同法》所规定的违约金

① 参见《中国物权法草案建议稿》第 316 条第 1 款规定：“抵押担保的范围包括主债权和利息。主债权约定有利息的，抵押登记时，应当登记其利率，未登记利率的，按照法定利率确定抵押担保的利息”。社会科学文献出版社 2000 年版。

② 谢在全：《民法物权论》（下册），中国政法大学出版社 1999 年版，第 46 页。

③ 史尚宽：《物权法论》，中国政法大学出版社 2000 年版，第 277 页。

④ 参见我国台湾地区最高法院 1988 年台抗字第 131 号裁定。

具有“以补偿为主、以惩罚为辅”的性质。但无论当事人约定该违约金的性质，也无论该违约金是否过高或过低，只要出现不履行或延迟履行主债务之情形，违约金条款即发生法律效力，因此违约金自然成为担保物权所担保的范围。至于违约金是否过高，则属于担保范围具体数额的确定问题。

四、损害赔偿金

所谓损害赔偿金，是指当事人一方不履行合同义务或者履行合同义务不符合约定，给对方造成损失时所应承担的赔偿金额。在债务人届期未履行之债务而给债权人造成损害从而转化为损害赔偿之债时，该损害赔偿之债与原来的主债权在性质上是同一的，只不过为原来主债权的变型。另外在有些情况下，主债权与损害赔偿之债是同时并存的，都构成所担保的债权。

在司法实践中，应注意两点：

1. 当债务人违约后，债权人未采取适当措施而使损失扩大的，就扩大的损失赔偿金不应列入担保债权范围，且债务人亦不应支付。其法律根据是新《合同法》第一百一十九条“当事人一方违约后，对方应采取适当措施防止损失的扩大；没有采取适当措施致使损失扩大的，不得就扩大的损失要求赔偿。当事人因防止损失扩大而支出的费用，由违约方承担”之规定。

2. 抵押物为第三人的财产时，债务人故意扩大损失的损害赔偿金不应列入担保债权的范围。因为第三人用自己的财产为债务人提供担保是基于对主债务人的信任，第三人应当预见和愿意承担的风险责任限于债务人正常的违约行为，对其故意造成的扩大损失是不愿意也不应该为其担保的。如果把这部分损害赔偿金也列入担保债权的范围，显然违背了第三人的真实意思，也是显失公正的。但遇到这种情况，第三人具有催告债权人及时行使抵押权的义务。如果第三人不履行催告义务的，应视为有共同故意。否则，不利于保护债权人的利益。

五、保管担保财产的费用

《担保法》根据担保物权的不同类型分别规定了不同的担保范围，例如，《担保法》第四十六条规定，抵押担保的范围包括主债权及利息、违约金、损害赔偿金和实现抵押权的费用。《担保法》第六十七条规定质押担保的范围包括主债权及利息、违约金、损害赔偿金、质物保管费用和实现质权的费用。《担保法》第八十三条规定留置权的被担保债权范围包括主债权及利息、违约金、损害赔偿金、留置物保管费用和实现留置权的费用。可见，不同类型的担保物权，其担保范围亦不相同。留置等法定担保与抵押等约定担保的担保范围不同，需转移占有的质押担保与无需转移占有的抵押担保的担保范围亦不相同。通常而言，保管担保财产的费用仅发生在转移担保物占有之担保场合，诸如质押和留置。本法放弃了现行《担保法》那种“区别对待”的立法方式，转而采用“一般规定”的立法方式，在各担保物权分则中不再另行规定担保物权的被担保债权范围，而是在本条通过概括的方式将各种担保物权的担保范围予以整合规定，统一确立了担保物权的被担保债权范围。

六、实现担保债权的费用

实现担保债权的费用，指由于实行担保权而为的支出。此项费用，除当事人另行约定不归债务人负担外，当然包含于被担保债权范围之内。执行法院应由拍卖或变卖之金额中，先行扣除此项费用。如果担保权之实现采取拍卖形式的话，那么实现担保权的费用包括：法院收取的执行费用，拍卖之广告费用，拍卖公司收取之费用以及债权人之申请费用。

根据《担保法》第五十一条之规定，抵押人的行为足以使抵押物的价值减少的，抵押权人有权要求抵押人停止其行为，即抵押权人具有保全抵押物的权利。抵押权人为抵押物的保全行为所支出的费用，应否为抵押担保的债权范围，我国《担保法》未作明确规定。《瑞士民法典》第 808 条第 3 款规定，担保权人为防止担保物价值减少而采取措施所支出的费用，“得请求所有人补偿，担保权人虽未在不动产登记簿上登记，亦有此权利，且优先于任何已登记的权利。”保全抵押物的费用，通说认为，此项费用直接源于保全抵押物的行为，保全行为对抵押权人、抵押人以及其他债权人有利而无害，应当优先于其他债权而优先受偿[①]。因此，笔者认为，保全抵押物费用是为抵押权人利益而发生，应当属于抵押担保的债权范围，为抵押权的效力所及。

第七节　担保物权优先受偿权行使的限制

一、引言

《物权法》第一百七十条规定：“担保物权人在债务人不履行到期债务或者发生当事人约定的实现担保物权的情形，依法享有就担保财产优先受偿的权利，但法律另有规定的除外。”从该条的规定来看，担保物权的法律效力主要体现在享有优先受偿权。担保物权的核心是优先受偿权。在债务人届期不履行债务或者发生约定的实行担保物权情形时，担保物权可以担保财产折价或者从该担保财产变卖、拍卖所得的价款中优先于一般债权人而获得先位清偿。

在法律另有规定的情况下，担保物权人是否优先受偿，应依法律规定。诸如：

案例一：

1999 年 10 月 18 日，亨利公司与万利达公司签订建设工程

① 参见谢在全：《民法物权论》（下册），中国政法大学出版社 1999 年版，第 579 页。

承包合同，约定工程款为240万元（万利达公司先行垫资50万元）。2000年7月5日，双方对工程款决算为268万元，亨利公司已付178万元，尚欠90万元，亨利公司承诺在同年10月18日前付清。2000年2月16日，亨利公司将所承建的办公楼抵押给华兴银行，并办理了抵押登记，贷款150万元，贷款期限为8个月。

2001年3月6日，万利达公司申请人民法院对亨利公司的办公楼依法拍卖，并对拍卖的价款优先受偿。拍卖公告贴出后，华兴银行遂提出异议称亨利公司的办公楼已抵押给我行，其抵押权应优先于优先权，而形成纷争（垫资部分是否有效？万利达公司能否直接申请人民法院拍卖工程价款而优先受偿？承包人的优先受偿权与抵押权的对抗效力如何？请予思考）。

案例二：

甲公司将其所属的厂房出租与乙公司，并签订了为期5年的租赁合同。后甲公司将该厂房抵押给某信用社，取得贷款200万元。在租赁合同期内，信用社为了行使抵押权，而通知乙公司腾出所租赁的厂房。乙公司接到通知后即回复给信用社，一是先租赁后抵押，租赁物厂房的权属变动不影响租赁合同关系。二是依据《合同法》第二百三十条的规定，承租人乙公司依法享有优先购买权（抵押权与租赁权之间有何规定？抵押权与优先购买权的效力如何？请予思考）。

上述案例，其实质是涉及到担保物权的优先受偿权的效力问题，因此，确有必要予以探讨。

二、担保物权优先受偿权受到税收的限制

在担保物权设定人欠税的情况下，国家的税收权优于担保物权。修订后于2001年5月1日施行的《税收征收管理法》第四十五条规定："纳税人欠缴的税款发生在纳税人以其财产设定抵押、质押或者纳税人的财产被留置之前的，税收应当先于抵押

权、质权、留置权执行。”“税务机关应当对纳税人欠缴税款的情况定期予以公告”。第四十六条规定：“纳税人有欠税情形而以其财产设定抵押、质押的，应当向抵押权人、质权人说明其欠税情况，抵押权人、质权人可以请求税务机关提供有关的欠税情况。”由此可见，该规定的立法本旨在于防止欠税人以抵押、质押担保为名恶意转移资产，以维护国家税收的权威性和稳定性。同时，也为抵押权人、质权人、留置权人等担保物权人提供了防范风险的必要信息和手段。

三、担保物权优先受偿权受到职工债权的限制

特定情形下未清偿职工债权将优于担保物权。《企业破产法》第一百零九条规定：“对破产人的特定财产享有担保权的权利人，对该特定财产享有优先受偿的权利。”第一百三十二条规定：“本法施行后，破产人在本法公布之日前所欠职工的工资和医疗、伤残补助、抚恤费用，所欠的应当划入职工个人账户的基本养老保险、基本医疗保险费用，以及法律、行政法规规定应当支付给职工的补偿金，依照本法第一百一十三条的规定清偿后不足以清偿的部分，以本法第一百零九条规定的特定财产优先于对该特定财产享有担保权的权利人受偿。”由此可见，在企业破产的情形下，虽然担保物权可以就破产人的特定财产享有优先受偿权，但对于2006年8月27日《企业破产法》公布前形成的未清偿职工债权，在按照正常清偿顺序无法实现时，则以设定担保的特定财产受偿，此时未清偿的职工债权优于担保物权。该规定是从解决目前我国社会矛盾的角度作出的特别规定，这也是新旧《企业破产法》之间的重要区别之一。

四、担保物权受到优先购买权的限制

《物权法》第一百九十条规定：“订立抵押合同前抵押财产已出租的，原租赁关系不受该抵押权的影响。抵押权设立后抵押财产出租的，该租赁关系受已登记的抵押权的影响。”可见，在同

一财产先出租后设抵押权的场合，“买卖不破租赁”原则，承租人的租赁权不受抵押权的影响。同时，根据现行《合同法》第二百三十条关于“出租人出卖租赁房屋的，应当在出卖之前的合理期限内通知承租人，承租人享有以同等条件优先购买的权利”之规定，承租人对出租财产享有优先购买权。据此可以认为，在担保财产先租赁后抵押的情形下，承租人的优先购买权优于抵押权等担保物权。理由是：

1. 虽然抵押权等担保物权就担保财产享有优先受偿权，包括可以凭借担保物权来优先购买担保财产，但《合同法》第二百三十条所规定的承租人的优先购买权具有其独立的功能和保护目的，其立法目的并非保护承租人的租赁权，而是在于保护承租人获得租赁物所有权的一种机会，承租人的这种机会是《合同法》明确规定予以保护的权益。由此可见，尊重承租人的优先购买权是出租人必须履行的义务，如出租人变卖、作价、拍卖租赁物以实现担保物权时，若其未在合理期限通知承租人，则构成对承租人优先购买权的侵害，承租人可以请求人民法院确认出卖租赁物的合同无效。有鉴于此，抵押人等担保物权人若想取得抵押物，也只有在承租人放弃优先购买权的情况下才能取得。

2. 抵押权等担保物权是优先受偿权，其优先的内容在于抵押物的价值，而非取得抵押物的所有权，而承租人的优先购买权恰恰是以取得所有权为优先的内容。

五、担保物权优先受偿权受到工程款优先受偿权的限制①

我国《合同法》第二百八十六条规定：“发包人未按照约定支付价款的，承包人可以催告发包人在合理期限内支付价款。发包人逾期不支付的，除按照建设工程的性质不宜折价、拍卖的以

---

① 读者详见拙著：《物权法判解研究与适用》，人民法院出版社 2004 年版，第 703—716 页。

外，承包人可以与发包人协议将该工程折价，也可以申请人民法院将该工程依法拍卖。建设工程的价款就该工程折价或者拍卖的价款优先受偿。”该条的规定，确立了建设工程承包人在发包人逾期不支付工程款的情况下，享有对该建造工程的优先受偿权。所谓优先受偿权，又称优先权，是指由法律规定的特种债权人就债务人的全部财产或特定财产优先受偿的权利。优先权制度的确立，旨在破除债权平等原则，赋予特殊债权人以优先于其他债权人而受清偿的权利，以实现债权人之间的实质性平等。优先权是一项极具特殊性的权利，它可以为特定人而设，也可以因特定事而设；可以为债权人的利益而设，亦可为债务人的利益而设。《合同法》第二百八十六条是为特定人建设工程承包人的利益而设定的。当然，该条的规定，并未损害债务人建设工程发包人的利益，公平地保护当事人双方的合法权益。

在工程款优先权与一般抵押权并存的情况下，何者优先，存在分歧。王利明教授认为，如果发包人未按照约定支付工程价款，承包人固然可以请求发包人承担违约责任，但违约责任在许多情况下并不能充分保护承包人的利益，法律才规定承包人的法定抵押权。如果一般抵押权将要优先于法定抵押权而实现，那么法定抵押权设定的目的就不复存在了。梁慧星研究员认为，在发生法定抵押权与约定抵押权并存的情形时，无论约定抵押权发生在前或在后，法定抵押权均应优先于约定抵押权行使。主要理由是：（1）法定权利应当优先于约定权利；（2）从法律政策上考虑，法定抵押权所担保的债权中相当部分是建筑工人的劳动工资，应予优先确保。（3）建设工程是靠承包人付出劳动和垫付资金建造的，如果允许约定抵押权优先行使，则无异于以承包人的资金清偿发包人的债务，等于发包人将自己的欠债转嫁给属于第三人的承包人，违背公平及诚实信用原则。（4）承包人法定抵押权，是法律保护承包人利益而特别赋予的权利，具有保护劳动者利益和鼓励建筑、创造社会财富的政策目的。①

笔者赞同梁慧星先生、王利明先生的观点。最高人民法院于2002年6月20日公布《关于建设工程价款优先受偿权问题的批复》，该司法解释明确规定："人民法院在审理房地产纠纷案件和办理执行案件中，应当依照《中华人民共和国合同法》第二百八十六条的规定，认定建筑工程的承包人的优先受偿权优于抵押权和其他债权。"因此，工程款优先权优先于一般抵押权和其他债权。一并建议，承包人的工程款额实行预先登记制度。虽从优先权的性质来看，此种权利无需登记，因为它本身就是直接依据法律的规定而产生的优先受偿权。但为了保护一般抵押权的利益，使其知悉抵押物状况，建设工程是否拖欠承包人工程款，是否存在法定抵押权。如果其事先知道存在法定抵押权，则一般抵押权人可能不会同意发包人以建设工程作为抵押标的，若一般抵押权人明知而为之，则应认为自愿承担了因法定抵押权优先受偿而使其抵押权不能实现的风险。另一方面，关于工程的费用如果预先没有登记，事后也很容易发生纠纷，更何况如果发包人与承包人恶意通谋故意虚报工程款，从而在承包人的法定抵押权受偿以后，一般抵押权人将会蒙受损害。所以，应将工程款预先予以登记，该登记的工程款也是承包人法定抵押权实现的最高数额。如果实际结算的工程款高于登记数额，则以登记为准。如果低于登记数额，则以实际结算数额为准。其他一般抵押权人可从登记的工程款中预先了解可能发生的法定抵押权。这样，对一般抵押权人和其他债权人更显公平。

六、抵押权优先受偿权受到主债权诉讼时效的限制

《物权法》第二百零二条规定："抵押权人应当在主债权诉讼时效期间行使抵押权；未行使的，人民法院不予保护。"该条规定并未明确规定抵押权的存续期间，而只是规定抵押权的行使期

① 《工程款拖欠引发法律思考》，载《人民法院报》2001年8月20日。

间。由此认为：物权法所规定的行使期限就是抵押权的存续期限，而不是抵押权受到公力保护的期限。即抵押权可以因时间的经过而消灭。抵押权对抵押财产具有权能上的限制，对抵押财产的使用和转让均发生影响，规定抵押权有存续期间，便于担保物的流转，并能充分发挥担保物的使用价值。如果允许抵押权人在任何时候行使抵押权，对于抵押人来说未免过于苛刻。因为抵押人在此情形下处于一种不利益的状态，其义务有一种不确定性。抵押权存在而不行使，不仅不利于物的交易价值和担保秩序的稳定，反而可能会助长抵押权人滥用因物之担保而取得的优势地位，损害债务人的利益。若对抵押权人行使抵押权的期限不进行限制，抵押财产的归属长期处于不确定状态，不利于保护双方当事人的合法权益，也不利于抵押财产效能的发挥。确立抵押权期限制度，促使抵押权人积极地及时行使抵押权，迅速了结债权债务关系，也有利于社会经济秩序的稳定。而且，抵押权人长期怠于行使其权利，法律对之也无特别加以保护的必要，应使抵押权消灭。

抵押权在物上的法定担保权，依据物权法定原则，抵押权的设立、变更和消灭均须由法律规定之，任何人包括当事人不得任意为之。因此，除非有法律明确规定的消灭事由发生，否则抵押权是永续存在的。抵押权即便在一定期限内不行使，也不能发生抵押权消灭的效力。但是，抵押权的永续存在而不行使不利于抵押财产的交易价值和担保秩序的稳定，反而可能会助长抵押权人滥用因财产之抵押而取得的优势地位，损害债务人的利益。抵押人可主张对抵押财产清偿债务之多余部分的权利，特别是抵押权设立时不转移对抵押财产的占有，抵押人需为之保管抵押权的实现又往往求助于法院为之实施。为排除上述怠于行使抵押权之弊端，在权衡抵押权人、抵押人以及其他利害关系人（如非为抵押人的债务人）的利益的基础上，该条规定若抵押权人在一定期间内可行使而不行使其抵押权的，则该权利即不受人民法院保护。这就是关于抵押权行使期间的规定。

在司法实践中，应当注意以下三个问题：

1. 抵押权人应当在主债权诉讼时效期间行使抵押权。本条规定的抵押权行使期间，是与抵押权所担保的主债权挂钩，这个期间即为主债权的诉讼时效期间。如果主债权自受到侵害之日起，债权人一直没有行使权利，我国民法规定的普通诉讼时效为自权利人知道或者应当知道权利受到侵害之日起2年，那么，为主债权担保的抵押权的存续期间与主债权的诉讼时效期间相同。换言之，如果主债权诉讼时效一直没有届满，则抵押权一直存续而不消灭。

除了上述的普通诉讼时效期间，在主债权的诉讼时效期间因法律的特殊规定而长于或者短于2年的，即存在特殊诉讼时效期间，则抵押权的行使期间与该特殊诉讼时效期间相同。

2. 抵押权未及时行使的后果不仅是丧失人民法院的公力保护，而且应当消灭。有观点认为，抵押权人未在主债权诉讼时效期间行使抵押权的，抵押权仍然存在，只是抵押权人丧失了对抵押人的胜诉权。此时，抵押权转变为类似自然债权的一种权利，成为丧失胜诉权的权利。若抵押人在抵押权行使期间届满后自愿履行义务后，又以超过抵押权行使期间为由反悔的，人民法院应不予支持。我们认为，该条采用司法解释的语言进行表达，容易引起误解。若认为抵押权丧失胜诉权，无异于承认抵押权适用诉讼时效制度，这有违民法原理。故应解释为该条参照了《法国民法典》第2180条的规定，抵押权因时效完成而消灭。所以，该条用立法语言表述更为妥当，即“抵押权未在主债权诉讼时效期间行使的，抵押权消灭。”

3. 当事人约定或者登记部门要求登记的抵押权的存续期间不影响抵押权的存续。《担保法解释》第十二条第一款规定“当事人约定的或者登记部门要求登记的担保期间，对担保物权的存续不具有法律约束力”，依据该解释，在当事人约定或登记部门要求登记的担保期间届满后，担保物权继续存在。从《物权法》第二百零二条“抵押权人应当在主债权诉讼时效期间行使抵押权；未行使的，人民法院不予保护”的规定来看，仍然可以得出上述结论。因此说，当事人约定或登记部门要求登记的担保期间没有法律效力，归于无效。其主要理由如下：

（1）就物权法理论而言，根据物权法定原则，当事人不能在物权法之外设定物权，也不能以物权法之外的方式消灭物权。若允许当事人约定担保物权的存续期间，直接与担保物权的物权性质（即物权法定原则）发生冲突。

（2）当事人约定担保物权期间，与担保物权所担保债权清偿的目的不完全吻合。担保物权以担保物的交换价值担保债权的实现，从属于被担保的债权而存在，债权不消灭，担保物权没有单独归于消灭的理由；惟有债权消灭，担保物权始归于消灭。在现实生活中，担保人利用担保物权合同所约定的担保物权期间对抗担保物权人对担保物行使权利，将极大地损害了担保物权制度的功能。

（3）在保证担保的场合，保证人在保证期间内承担保证责任，因为保证为人的担保；而担保物权并非人的担保，是以特定物担保债权受偿，若承认存续期间限制担保物权的效力，将直接降低担保物权的信用①。因此说，当事人约定的或登记部门设置的担保物权期间无效。

第八节 担保人的追偿权

一、引言

在现实生活中，当债权人和债务人以外的第三人为担保人承担担保责任后，或者虽未承担担保责任，但依法律规定，便可依法行使追偿权。诸如下列两则案例：

① 参见《中国物权法草案建议稿》，社会科学文献出版社 2000 年版，第 614 页。

案例一：担保人行使追偿权纠纷案

原告：中国烟草总公司云南省公司（下称云南烟草公司）。

被告：云南天元国际商务集团股份有限公司（下称天元公司）。

1996年8月16日，天元公司与中国建设银行云南省分行昆明市环城西路支行（以下简称建行环西支行）签订了一份《（贷款）保证合同》，约定由天元公司为云南京正农业综合开发有限公司（下称京正公司）向建行环西支行贷款1000万元提供担保，方式为连带责任保证，借款期限自1996年9月12日至1997年9月12日。保证期间自合同生效之日起至借款合同履行期限届满之日后两年止，借款合同展期的，以展期后确定的最终履行期限为届满之日。1996年8月26日，原告云南烟草公司和云南英茂集团股份有限公司（下称英茂公司）以及台湾珑艺公司（下称珑艺公司）向建行昆明市分行出具了一份《提供担保协议书》，承诺以各自在京正公司的股权为该1000万元贷款提供保。1996年9月13日，建行环西支行与京正公司签订两份《借款合同》，借款金额分别为630万元和370万元，期限1年。合同签订后，建行环西支行向京正公司发放了贷款。合同期限届满，经当事人协商，借款展期至1998年9月12日，原告、英茂公司和珑艺公司继续承担连带保证责任。展期届满，京正公司未能按约还款，建行环西支行遂以京正公司及云南烟草公司、英茂公司为被告向法院起诉，要求三被告共同承担法律责任。因京正公司破产，建行环西支行以债权人身份受偿61.8万元，云南省高级人民法院于2000年10月25日作出（2000）云高经终字第243号《民事判决书》，判令原告云南烟草公司和英茂公司连带偿还建行环西支行借款本金人民币938.2万元及利息。该判决生效后，原告和英茂公司履行了判决内容，与另一案的被告共向建行环西支行支付款项 11824572.16 元。为此，原告认为，根据法律规定，作为同是连带共同保证人的被告和珑艺公司，应该承担相应责任，由于珑艺公司下落不明，无法向其主张追偿权，其应承担的保证责任份额应当由现有的三家保证人即原告、英茂公司和被告分担。因原告和英茂公司依据另两案生效判决，已各承担了 3941524.05 元的偿还责任，因此，各保证人应承担的金额为 1970762.025 元，为此，原告诉至法院，请求判令被告承担其保证份额，即偿还原告人民币 1970762.025 元。被告天元公司辩称，其与原告并非连带共同保证人，不应承担保证责任份额，另外，珑艺公司作为共同保证人之一，不能因其下落不明而免除担保责任。

昆明市中级人民法院经一审审理认为，根据被告和建行环西支行签订的《（贷款）保证合同》约定以及云南省高级人民法院作出并已生效的（2000）云高经终字第 243 号《民事判决书》和（2002）云高民二终字第 95 号《民事判决书》确定，原告、被告、英茂公司和珑艺公司同为京正公司向建行环西支行借款 1000 万元的连带共同保证人，原告和英茂公司已经履行判决确定的义务，向建行环西支行承担了保证责任。根据《中华人民共和国担保法》及《最高人民法院关于适用〈中华人民共和国担保法〉若干问题的解释》的规定，连带共同保证的保证人承担了保证责任后，有权要求其他连带责任保证人清偿其应当承担的份额。本案中，基于原告已经承担了保证责任的前提，原告有权要求被告承担其应承担的保证份额，原告对被告的保证追偿权成立。虽然建行环西支行在保证期间内未向被告主张权利，但其已在保证期间内对英茂公司和原告烟草公司提起诉讼。连带共同保证人作为一个整体，当债权人向共同保证人中的任何一个保证人主张权利后，其效力当然及于所有共同保证人，应视为债权人在保证期间向所有的连带保证人主张了权利。本案中，建行环西支行向原告和英茂公司主张权利的行为也应视为向被告主张了权利，不能以此免除被告的保证责任，被告应承担其保证份额。

本案中连带共同保证人为原告、被告、英茂公司和台湾珑艺公司，保证责任本该由四家共同分担，但目前向珑艺公司主张追偿权存在实际困难，珑艺公司应承担的保证责任份额应由现有的三家保证人进行分担，所以，本案被告应承担的保证责任份额为原告已承担份额的二分之一，即1970762元。依照《中华人民共和国担保法》第十二条、《最高人民法院关于适用〈中华人民共和国担保法〉若干问题的解释》第二十条、《最高人民法院关于民事诉讼证据的若干规定》第九条第一款第（四）项的规定，一审法院作出如下判决：由被告云南天元国际商务集团股份有限公司于本判决生效后十日内向原告中国烟草总公司云南省公司支付其应承担的保证份额人民币1970762元。

一审宣判后，原被告双方均未提出上诉，一审判决生效。①

案例二：担保人预先行使追偿权纠纷案

由某农工商公司作担保，某棉纺厂在某市农业发展银行贷款300万元，期限一年，月息0.8厘，保证方式为一般保证，保证责任的范围为300万元本息及罚息。贷款到期后，该棉纺厂因经营管理不善，无力偿债，遂向某市人民法院申请破产。经人民法院审查符合破产条件，便作出裁定宣告其破产。某农业发展银行向保证人农工商公司明示不再申报债权，于是，该农工商公司遂向人民法院申报债权，预先行使追偿权。

上述两个案例，主要是涉及到担保人的追偿权问题。《担保法》对担保人的追偿权作了具体规定，该法第三十一条规定“保证人承担保证责任，有权向债务人追偿。”该法第三十二条规定

① 案例来源于《中国烟草总公司云南公司诉云南天元国际商务集团股份有限公司担保合同案》，载中外民商裁判网。

“人民法院受理债务人破产案件后，债权人未申报债权的，保证人可以参加破产财产分配，预先行使追偿权。”《担保法》第三十一条和第三十二条分别对保证人的追偿权和保证人预先行使追偿权作出了规定。《担保法》第五十七条规定“为债务人抵押担保的第三人，在抵押权人实现抵押权后，有权向债务人追偿”对抵押人（主债务人以外的第三人）的追偿权作出了规定。第七十二条规定“为债务人质押担保的第三人，在质权人实现质权后，有权向债务人追偿”对出质人（主债务人以外的第三人）的追偿权作出了规定。《担保法解释》对担保人追偿权又作了进一步的明确。该解释第二十条第二款规定“连带共同保证的保证人承担保证责任后，向债务人不能追偿的部分，由各连带保证人按其内部约定的比例分担。没有约定的，平均分担。”第四十二条规定“人民法院判决保证人承担保证责任或者赔偿责任的，应当在判决书主文中明确保证人享有担保法第三十一条规定的权利。判决书中未予明确追偿权的，保证人只能按照承担责任的事实，另行提起诉讼。保证人对债务人行使追偿权的诉讼时效，自保证人向债权人承担责任之日起开始计算。”第四十三条规定“保证人自行履行保证责任时，其实际清偿额大于主债权范围的，保证人只能在主债权范围内对债务人行使追偿权。”第四十六条规定“人民法院受理债务人破产案件后，债权人未申报债权的，各连带共同保证的保证人应当作为一个主体申报债权，预先行使追偿权。”第七十五条第三款规定“抵押人承担担保责任后，可以向债务人追偿，也可以要求其他抵押人清偿其应当承担的份额。”

根据《担保法》和《担保法解释》的有关规定，应当从如下方面理解与适用担保人的追偿权。

二、担保人追偿权的法律意义

追偿权是指债权人和债务人以外的第三人代替债务人向债权人履行债务后，依照法律规定，以向债权人履行的债务为债权，向债务人请求赔偿的权利。担保人的追偿权，是指担保人代为主债务人履行债务或承担担保责任后，以债权人的身份在其承担担保责任的限度内请求主债务人赔偿的权利。根据《担保法》的规定，无论是一般保证人，还是连带责任保证人，无论是主债务人以外的抵押人，还是出质人，在按照约定或者法律规定承担担保责任以后均有权在其承担担保责任的范围内，向主债务人追偿，变成了主债务人的债权人。

担保人的追偿权是一种发生于担保人与债务人之间的债权请求权。对此，自罗马法以来的各国立法均有明确规定。如在罗马法上承认保证人在清偿后，有权向债务人请求偿还。《德国民法典》第774条将求偿权视为债权的法定转移，规定“在保证人向债权人为清偿的限度内，债权人对主债务人的债权转移于保证人”。《日本民法典》第350条规定，为担保他人债务而设定质权者，于清偿债务或因债权实行而失其质物所有权时，依有关保证债务的规定，对债务人有求偿权。第372条明文规定：第351条关于质权物上保证人的求偿权的规定准用于抵押权。《担保法》对保证人的追偿权、主债务人以外的第三人为抵押人或出质人时的追偿权均做了明确规定。

从以上立法规定及担保人的追偿权的定义来看，担保人的追偿权有如下法律特征：

1. 担保人的追偿权具有法定性。《担保法》第三十一条、第三十二条、第五十七条、第七十二条均规定了担保人向债权人履行了担保债务后，有权向债务人追偿。这种向债务人追偿的权利是法律赋予的，因此，具有法定性。担保人的追偿权无需担保人和主债务人合意，在担保人与债权人担保合同关系成立前，并不要求担保人与主债务人之间订立有关追偿权内容的协议。担保人行使追偿权，只需依据其向债权人履行了担保债务的证据，就可以直接向债务人请求债权给付或请求司法保护。

2. 担保人的追偿权具有代位性。代位，简单地说就是换位，是债权主体换位。在担保合同关系中，担保人按照合同约定向债权人承担担保责任之后，在债权人和债务人之间就该担保债务归于消灭。与此同时，担保人的身份就发生了变化，从代债务人履行债务而变为代债权人请求实现债权，在担保人与债务人之间形成了新的债权格局。因此，担保人的追偿权具有代位性，又称之为代位权。我们可从如下三个方面进一步理解担保人的追偿权具有代位性：一是担保人的追偿权取得是债权人把其债权转移给了担保人；二是担保人行使追偿权的实质是代替债权人请求债权，用以弥补自己向债权人已经履行的债务；三是担保人取得追偿权的前提条件是依照担保合同约定履行了担保债务，保证人预先行使追偿权是其例外情形。

3. 担保人的追偿权具有债权性。担保之债是从债，担保人的追偿权是一种债权。债权是特定人对特定人请求为或不为特定行为的权利。追偿权也是债权让与，是指在不改变债的内容的前提下，债权人将其债权转给第三人享有。在担保人代替债务人向债权人履行债务后，担保人和债权人之间的担保合同之债以及担保人和债务人之间的委托关系也随之消灭，债权人的权利即转移给担保人，担保人取得了债权人的地位，与债务人之间形成了新的债权债务关系。债权具有给付请求权和债权保护请求权的权能特征，追偿权作为债权也具有上述权能特征，这也正是担保人行使追偿权理论依据的重要方面。

4. 担保人的追偿权与其所担保的债权具有一致性。担保人的追偿权的范围的最大限度就是其所担保的债权范围。此种的债权范围应当是按《担保法》所规定的主债权及利息、违约金、损害赔偿金和实现债权的费用，这也是担保人对全部债权承担担保责任的担保范围（抵押担保人以其抵押物的价值为限度而承担有限担保责任，质押担保人以其质押物的价值为限度而承担有限担保责任）。担保人作为债权人向债务人请求权利最大只能与其向债权人履行担保债务以及履行担保债务过程中必要的费用相等，而不能大于其向债权人履行的担保债务范围。如《担保法解释》第四十三条规定“保证人自行履行保证责任时，其实际清偿额大于主债权范围的，保证人只能在主债权范围内对债务人行使追偿权。”至于担保人向债务人请求因行使追偿权而支出的费用，则应属于债务人对担保人的赔偿范围，而不属于代位追偿范围。

三、担保人追偿权的行使

（一）担保人行使追偿权的条件

担保人承担担保责任之后，有权向债务人追偿。但担保人在行使追偿权时，应当具备下列条件：

1. 担保人已经向债权人承担了担保责任。担保人行使追偿权的前提条件是已经承担了担保责任，在担保范围内清偿了债务，并使债务人的债务全部地或部分地消灭。在抵押担保中，抵押物即可以是主债务人自己的财产，又可以是主债务人以外的第三人的财产，当抵押物是主债务人自己的财产时，主债务人和抵押的担保人是同一个人，自然不存在追偿权问题，只有当抵押人为第三人，并承担了抵押担保责任时，才产生追偿权问题。在质押担保中，出质人为第三人时，在质权人实现质权后，出质人有权向债务人追偿。

担保人在其承担担保责任之前，是否有义务预先通知主债务人，《担保法》未作出明确规定。从世界各国看，存在着两种不同的立法例，以《日本民法典》和《法国民法典》为代表的立法例认为保证人应负此种通知义务；若保证人违反了此类通知义务，主债务人可以其对于债权人的抗辩对抗保证人的追偿权，或者保证人此时不得享有追偿权。以《德国民法典》和《瑞士债务法》为代表的立法例则否认保证人对主债务人负有此种通知义务。我们认为，虽制定《担保法》宗旨是为保护债权的实现，维护商品交易的安全，但并不是说不维护债务人的合法权益，因此，为了最大限度地维护主债务人的利益，使其在担保人承担保证责任之前即可免去对债权人予以清偿债务所做的准备，根据诚实信用原则，非常有必要确认担保人在承担保证责任之前对主债务人的通知义务。

在司法实践中，债权人未起诉主债务人情况下，人民法院判决让负连带责任保证的担保人直接承担还款责任。当担保人仅凭人民法院生效的判决书，而没有承担还款义务的情况下，起诉主债务人，行使追偿权，此时，人民法院应当裁定驳回担保人的起诉，因为此时，担保人尚未取得诉权。

2. 担保人在主债务履行期满之后的诉讼时效内行使追偿权。从我国的民事诉讼角度看，担保人行使追偿权的时间段限制在主债务履行期届满之后的《民法通则》所规定的两年普通诉讼时效内行使。至于担保人在主债务清偿期届满之前，还是在主债务清偿期届满之后，均不影响追偿权的成立。但是，若担保人在主债务清偿期尚未届满之前，未征得主债务人同意情况下而承担了担保责任，此时，担保人不具有程序意义上的诉权，不得在主债务清偿期届满之前向主债务人行使追偿权。若担保人在普通诉讼时效两年届满后，向主债务人行使追偿权，此时，担保人已丧失了实体意义上的诉权，即丧失了胜诉权。

既然，担保人行使追偿权受到两年普通诉讼时效的限制，那么，担保人行使追偿权的诉讼时效从何时起计算，《担保法》对此未作规定，而《担保法解释》第四十二条第二款对保证人行使追偿权的诉讼时效起算作了明确规定，即“自保证人向债权人承担责任之日起计算。”

3. 担保人对于担保责任的承担没有向主债务人赠与的意思表示。赠与是赠与人依法处分自己财产的一种法律行为。若担保人对于担保责任的承担是处于向主债务人赠与的意思表示，即明确告知主债务人是赠与，主债务人也接受赠与。此时，担保人即不享有对主债务人的追偿权。

4. 担保人承担担保责任是没有过错的。担保人承担担保责任是没有过错的，并不是所有的担保人在承担担保责任后，均享有对债务人的追偿权。当担保人在某些情形下有过错时，就不享有追偿权。诸如，主债务人并未违反合同约定，而担保人却支付了合同中约定的违约金；当债务依法不能成立，而担保人因粗疏等过失向债权人单方履行了担保债务。像上述这些因担保人的过错行为导致其财产受到损害，担保人是无权向主债务人行使追偿权的。但是，我们应当明确根据《担保法解释》第九条之规定，担保人因无效担保合同向债权人承担赔偿责任后，可以向债务人追偿。此时，担保人有无过错，均享有追偿权。所以，审判实践中要具体问题具体分析，切莫“一刀切”。

（二）担保人行使追偿权的方式

根据《担保法》的规定，担保人承担担保责任后，有权向债务人追偿，这项权利的内容随着担保的不同情形而有所不同：担保人因债务人的委托而为其债务向债权人担保或代其向债权人清偿债务的，担保人即享有对债务人提起“委任契约相对之诉”的选择，请求债务人返还；若担保人是以便利债务利益为目的的，虽未经债务人委托而向债权人担保或清偿债务且债务人是明知的，担保人亦享有对债务人提起“委任契约相对之诉”的权利，请求债务人返还；若担保人的上述行为，债务人并不知道，担保人即享有对债务人提起“无因管理相对之诉”的权利，请求其返还；若担保人向债权人担保并清偿了债务属违反债务人本意的（如债务人存在赖债心理，不予偿还），担保人仍享有对债务人提起“无因管理相对之诉”的权利，请求其返还。

担保人代替被担保人履行债务后，才可以直接向被担保人要求清偿，被担保人也应当予以清偿。当被担保人不予清偿或拒绝清偿时，担保人可借助司法手段实现其追偿权：一是申请人民法院强制执行。只有在担保人、被担保人共同参加债权人提起的诉讼中，担保人依照生效的法律文书确定的数额履行完担保债务后，要求人民法院按法律文书的内容执行被担保人财产的，才可以直接申请人民法院强制执行。二是向人民法院申请支付令。若担保人未经诉讼即按照担保合同的规定代替被担保人向债权人履行了债务，或者按照生效的法律文书的规定，代替被担保人履行债务后，除要求被担保人清偿代为履行的债务外，还要求给付代为履行的债务利息，数额明确的可以向人民法院申请支付令。三是另行提起诉讼。即担保人履行担保责任后，可依法提起诉讼，要求被担保人清偿。

担保人代替被担保人履行债务后，有权向债务人追偿，但通过何种方式向被担保人追偿，《担保法》未作明确规定。在司法实践中，绝大多数是担保人采用另行提起诉讼的方式实现其追偿权。这样，就会使担保人要经过较长的诉讼期间，支付较高的诉讼费用，才能实现追偿权。对此，根据《担保法解释》第四十二条第一款“人民法院判决保证人承担保证责任或者赔偿责任的，应当在判决书主文中明确保证人享有担保法第三十一条规定的权利。判决书中未予明确追偿权的，保证人只能按照承担责任的事实，另行提起诉讼”之规定，人民法院应当在判决书和调解书中明确担保人对债务人的追偿权，以加强对担保人合法权益的保护，促进经济发展。

（三）担保人行使追偿权的范围

《担保法》对担保人在承担担保责任后向债务人追偿的金额范围未作具体规定，我们认为，可分两种情形处理：

第一种情形，担保人与主债务人之间是委托关系情形下，即前文所述的担保人对债务人提起的是“委托契约相对之诉”时，担保人有权请求债务人偿还以下金额：（1）担保人为清偿主债务或其他免责行为所支出的费用。若担保人的给付额大于主债务人的免责额，则担保人只能就主债务人的免责额予以追偿，若担保人的给付额小于主债务人的免责额，则保证人只能就自己的给付额予以追偿。（2）自免责之日起的法定利息。作为担保人有权请求主债务人偿还免责给付额的利息。（3）其他必要费用。凡是担保人为承担担保责任而支出的必要、合理的费用，均属追偿范围。（4）担保人在承担担保责任过程中因不可归责于自己的事由而蒙受的损失。

第二种情形，担保人与主债务人之间是无因管理关系，即前文所述的担保人对债务人提起的是“无因管理相对之诉”。根据《民法通则》第九十五条规定，没有法定或者约定的义务，为避免他人利益遭受损失而进行管理或者服务的，有权要求受益人偿付由此而支付的必要费用。若担保人承担担保责任后，有利于主债务人，且不违反主债务人明示或可推知的意思表示，则担保人有权向主债务人追偿给付原本、利息及必要费用。若保证人承担担保责任违反了主债务人的意思，则担保责任承担的利益仍然归主债务人，主债务人仅在其享受利益的限度内满足担保人的追偿权。

四、担保人预先行使追偿权

担保人的预先行使追偿权，是指在法律规定的条件下，担保人虽未实际承担担保责任，但可预先行使追偿权，以弥补将来代替债务人向债权人清偿债务所遭受的损失。《担保法》第三十二条明确规定了保证人可以预先行使追偿权，而《担保法》仅规定了抵押担保或质押担保的第三人承担担保责任后，均享有向债务人的追偿权，却未规定抵押担保或质押担保的第三人可以预先行使追偿权，这是立法上的一个缺陷，也使抵押担保或质押担保的第三人在现实生活中预先行使追偿权而无法可依，有碍其预先行追偿权的顺利实现。因此，我们建议法律应同样赋予提供抵押担保或质押担保的第三人，均可享有预先行使追偿权的权利。下文重点探讨一下保证人预先行使追偿权的有关问题：

（一）保证人预先行使追偿权的条件

根据《担保法》第三十二条之规定及结合司法实践，我们认为，保证人预先行使追偿权必须符合下列条件：

1. 人民法院已经受理了债务人破产案件。破产案件的受理，是人民法院对债权人或债务人提出的破产申请进行审查，认为符合受理条件，予以立案的行为。它标志着破产程序的开始。保证人预先行使追偿权必须在人民法院就债务人的破产案件立案之后，否则破产程序不能开始，保证人也无法预先行使追偿权。因此，人民法院受理债务人破产案件是保证人行使预先追偿权的先决条件。

2. 债权人未申报债权。《企业破产法（试行）》第九条第二款、《民事诉讼法》第二百条第二款之规定，债权人向人民法院申报债权的时间是受到限制的，即债权人在收到人民法院通知后一个月内向人民法院申报债权；逾期未申报的，视为放弃债权。但是，债权有保证人担保的，债权人可以不向人民法院申报债权，而直接要求保证人承担保证责任。若债权人向人民法院申报债权，通过破产分配来实现自己的债权，无论其是否从中使债权得到全部实现，对保证人来说，会减少自己的担保风险。因此，债权人未申报债权是保证人预先行使追偿权的实质条件。

3. 保证人尚未实际承担保证责任。若保证人在人民法院受理债务人破产案件之前或之后，代替债务人履行了债务或者承担了责任，那么，保证人就是依法行使追偿权，而非预先行使追偿权。可见，保证人是否承担了保证责任是界定保证人行使追偿权还是预先行使追偿权的根据。

4. 保证人应申报保证债权。在具备上述三个条件之后，保证人可以预先行使追偿权，但必须在法定时间内向人民法院申报其保证债权，才能参加破产财产分配。因此，申报保证债权，是保证人追偿权预先行使的实现条件。

（二）保证人预先行使追偿的方式

保证人预先行使追偿权的方式，只能将保证责任的数额作为一般债权，向人民法院申报，参加破产财产分配，这与保证人行使追偿权的方式是完全不同的。保证人和债务人的其他债权人一样，同样应通过破产程序来实现自己的债权。保证人必须用书面形式向人民法院申报债权，说明债权数额，并提交相应证据。为债权人担保的情况也需一并说明。保证人在破产程序中，享有与其他债权人相同的权利，与其他债权人一样，破产程序对其具有约束力。

特别需要注意的是，在连带责任的共同保证中，人民法院受理债务人破产案件后，债权人未申报债权的，根据《担保法解释》第四十六条的规定，各连带共同保证的保证人应当作为一个主体申报债权，预先行使追偿权。这样，可有效避免各个保证人重复申报债权的现象。

（三）预先行使追偿权的范围

保证人预先行使追偿权应限于其所承担的保证责任的限度内，它一般是根据保证人与主债权人所订立的保证合同中的保证范围加以确定，对此未作约定或约定不明确的，根据《担保法》第二十一条的规定，保证人对主债务人的全部债务承担担保责任。对其保证责任限度之外的，则不会存在预先行使追偿权的问题。

五、主债权已过诉讼时效担保人追偿权的行使

主债权已过诉讼时效的，根据《民法通则》的规定，债务人享有时效完成的抗辩权，债权人对债务人丧失胜诉权。根据《担保法》第二十条的规定，保证人享有债务人的抗辩权，因此当主债权已过诉讼时效的，保证人也享有抗辩权，债权人对保证人也不能胜诉。但抗辩权属于当事人享有的民事权利，法律不限制当事人放弃对抗辩权的行使，所以当债务人或保证人放弃行使时效完成的抗辩权的，债权人又重新获得胜诉权。最高人民法院在1997年和1999年分别制定了两个司法解释，即法复（1997）4号《关于超过诉讼时效期间当事人达成还款协议是否应当受法律保护问题的批复》和法释（1999）7号《关于超过诉讼时效期间借款人在催款通知单上签字或者盖章的法律效力问题的批复》是对债务人放弃时效完成抗辩权的解释。《担保法解释》第三十五条关于“保证人对已超过诉讼时效期间的债务承担保证责任或者提供保证的，又以超过诉讼时效为由抗辩的，人民法院不予支持”的规定，是对保证人放弃行使时效完成抗辩权的规定。然而，当保证人放弃时效完成的抗辩权，而债务人并不放弃该抗辩

权的，保证人在对已过时效的债务承担了责任后，是否享有对债务人的追偿权成为问题。一种意见认为，保证人的追偿权属于“代位求偿权”的范畴，债权人对债务人因诉讼时效完成而不能胜诉，保证人自愿清偿债务后，因被代位的债权没有胜诉权，追偿权是对原债权的代位，则保证人对债务人的追偿权也不能胜诉。另一种意见认为，保证人的追偿权属于债权请求权的性质，应当作为一项单独的新权利对待，不宜归入“代位求偿权”的范畴。该权利因《担保法》第三十一条的规定称为追偿权，其诉讼时效应当单独计算。庭务会议在讨论时一致认为，应当将担保法规定的保证人的追偿权作为一项独立的请求权对待，其诉讼时效应当单独计算。理由：(1) 根据《担保法》的规定，“保证人在承担保证责任后，有权向债务人追偿”，该追偿权性质上属于债权请求权，法律并未限定其性质为“代位求偿权”。该权利诉讼时效的计算，在《担保法解释》第四十二条明确规定，追偿权的诉讼时效“自保证人向债权人承担责任之日起开始计算”。(2) 主债权已过诉讼时效后，债权人对债务人丧失胜诉权，但债务人并不免责，债权本身并不消灭，保证人自愿为债务人清偿债务，属于债权人通过自救的方法实现债权，法律对此不仅不限制，而且该行为还受法律保护。《民法通则》第一百三十八条和《担保法解释》第三十五条均有规定。(3) 从民法公平原则出发，保证人在自愿履行诉讼时效完成的债务后，如果不支持保证人在此种情况下对债务人的追偿权，明显对保证人不公，也实际上是对违背诚实信用行为的鼓励。

物上保证人对已过诉讼时效的债务承担物上担保责任后，是否可以向债务人追偿？对此答案是肯定的。因为根据《担保法解释》第十二条的规定，“担保物权所担保的债权的诉讼时效完成后，担保权人在诉讼时效完成的二年内行使担保物权的，人民法院应当予以支持。”根据该条规定，物上保证人在承担担保责任上不受所担保债权的诉讼时效的影响，物上保证人不享有主债权已过诉讼时效的抗辩权，因此，物上保证人在承担保证责任后，依法取得对债务人的追偿权，该追偿权为独立请求权，诉讼时效单独计算。[①]

六、审判实践中应当注意的几个问题

1. 在保证期间内，人民法院受理债务人破产案件的，债权人既可以向人民法院申报债权，也可以向保证人主张权利。债权人申报债权后在破产程序中未受清偿的部分，保证人仍应当承担保证责任。但应当注意的是，债权人要求保证人承担保证责任的，应当在破产程序终结后 6 个月内提出，否则，保证人有权拒绝承担保证责任。

2. 债权人知道或者应当知道债务人破产，既未申报债权也未通知保证人，致使保证人不能预先行使追偿权的，保证人在该债权在破产程序中可能受偿的范围内免除保证责任。

3. 人民法院受理债务人破产案件后，债权人未申报债权的，各连带共同保证的保证人应当作为一个主体申报债权，预先行使追偿权。按份共同保证的保证人只能以其担保的份额为限度申报债权，预先行使追偿权。

4. 保证人预先行使追偿权的法律后果是保证人参加破产财产的分配，提前实现保证责任。当保证人通过预先行使追偿权后实际得到部分破产财产，而债权人未在《担保法解释》第四十四条所规定的破产程序终结后 6 个月内，要求保证人承担保证责任，保证人的保证责任就得以免除。此时，保证人已取得的破产财产如何处理，法律未作明确规定。我们认为，应根据《民法通则》第九十二条的规定，保证人所取得的财产理应返还。此时，债务人因破产而不存在，根据《企业破产法（试行）若干问题的意见》第七十三条规定处理。也可建议，保证人通过破产程序得到的财产，可不直接交给保证人，应由破产清算组（织）提存。

---

① 李国光主编：《经济审判指导与参考》（第 4 卷），法律出版社 2001 年版，第 80—81 页。

若债权人未在规定期限内向保证人追偿或追偿不能时，应将所提存的财产分配给其他债权人，以保护其他债权人的利益。

5. 在司法实践中，有的审判人员擅自扩大预先行使追偿权的范围，非因债务人破产，保证人没有先承担保证责任而以债权人身份要求其承担保证责任为由向法院起诉的，有的就判决债务人向保证人给付，这是不当的。但从理论上讲，我国《担保法》规定保证人预先行使追偿权只适用于人民法院受理债务人破产案件后，债权人未申报债权这一种情况，不利于保护保证人的利益。在特定情形下，如果保证人不预先行使追偿权，在承担保证责任后其追偿权是很难实现的。《日本民法典》第460条规定："保证人受主债务人的委托而为保证时，其保证人在下列场合，得实现对主债务人行使求偿权：（1）主债务人受破产宣告，而债权人未参加财产分配时；（2）债权已到清偿期时；但在保证契约订立后，债权人许与主债务人的期限，不得已对抗保证人；（3）在债务的清偿期不确定，而其最长期亦不能确定场合，自保证契约订立后经过十年时。"《意大利民法典》第1953条亦规定："在履行之前，为使债务人解除担保义务、或者在没有解除义务时为担保追偿权的实现提供必要担保时，在下列情况下，保证人亦得对债务人提起诉讼：（1）当被起诉履行债务时；（2）当债务人变成无清偿能力时；（3）当债务人负有一定期间内解除保证人保证责任的义务时；（4）当债务因期限届满而可索还时；（5）当主债务没有期限而经过了五年时，但是以不具有在一定期限之前不可消灭的性质为限。"这些规定，都值得我国立法借鉴，从而从立法角度上明确扩大保证人预先行使追偿权的条件。

七、对引言案例的评析

（一）对案例一的评析

1. 本案各保证人承担的是连带共同保证责任。连带共同保证是指为同一债务提供保证的两个以上的保证人对其所保证的债务履行向债权人承担连带责任。连带共同保证不同于连带责任保证，前者指的是同一债务有数个保证人，各保证人对债务的履行承担连带责任，该连带责任发生在各共同保证人之间，与主债务人没有直接关系，其与按份共同保证相对应。后者则是指主债务人与保证人对债务的履行承担连带责任，在债务履行期限届满，主债务人未履行债务时，债权人有权要求主债务人或者保证人履行债务，也可以同时要求主债务人和保证人履行债务，该连带责任发生在保证人与主债务人之间，其与一般保证相对应。本案属典型的连带共同保证，当主债务人京正公司逾期未履行债务时，债权人建行环西支行可以向任何一个、数个或者全部保证人主张权利，连带共同保证人不得以存在多个保证人为由对抗债权人，也不得以各连带共同保证人之间存在着各自承担保证份额的约定为由拒绝履行保证责任。

2. 根据连带债务理论，连带责任保证人之一在承担了超出其应当承担的保证份额后，有权向未承担连带责任的其他共同保证人追偿其应当承担的份额。根据连带债务的基本理论，任何一个债务人在履行了债务之后对于超出其应承担的比例份额都有权利向其他债务人追偿。由于连带共同保证形成的债务是一种连带债务，因此也应该适用该原则。本案原告云南烟草公司根据云南省高级法院（2000）云高经终字第243号判决书内容，已向债权人建行环西支行支付8421416.24元，超过了其应承担的保证份额。虽然我国《担保法》及相关司法解释对“保证人在履行了保证责任之后，对于超出其应当承担的比例份额，是否可以直接向其他连带共同保证人追偿”这一问题未作明确规定，但根据连带债务理论，本案原告在履行了超过其承担份额的保证责任后，有权向未承担保证责任的被告追偿超出其应承担的份额。

3. 连带共同保证人保证追偿的份额问题。如前所述，由于连带共同保证人之间实质是一种连带债务关系，所以在各个保证人内部仍然存在着承担份额的问题。对于各个连带责任保证人之间的承担份额完全取决于保证人之间的约定，若保证人之间对此未作约定，根据民法的公平原则，各担保人承担的份额应当平等。如果保证人中有人缺乏偿还其分担部分的能力，那么其不能偿还的部分应当由承担了保证责任的保证人与其他有资金实力的保证人按比例分担。本案中，由于珑艺公司分担其保证份额存在实际困难，其应承担的保证责任份额由现有的三家保证人进行分担，故本案被告应承担的份额为原告已承担份额的二分之一，即人民币 1970762 元。

4. 生效裁判所确认的事实也是认定本案被告应承担保证责任的重要依据。本案中，虽然被告辩称其与原告并非连带共同保证人，不应承担保证责任份额，另外，珑艺公司作为连带责任保证人之一，不能因其下落不明而免除担保责任。但根据云南省高级法院针对建行环西支行诉本案原告及英茂公司一案所作出的（2000）云高经终字第 243 号判决书内容，不仅赋予了本案原告和英贸公司在其承担保证责任后向其他连带责任保证人予以追偿的权利，同时还明确，由于珑艺公司下落不明，无法向其主张追偿权，其应承担的保证责任份额应由现有的三家保证人承担。对上述生效判决确认的事实，本案被告并未举出相反证据予以推翻，故其抗辩理由不能成立。同理，依照云南省高级法院（2002）云高民二终字第 95 号判决书确认事实及判决内容，由于法院支持了作为连带保证人的英贸公司要求本案被告承担连带保证责任的诉讼请求，即英茂公司对本案被告的保证追偿权成立，故本案原告对本案被告的保证追偿权也应当得到法院的支持和认可。

（二）对案例二的评析

在案例二中，保证人某农工商公司符合预先行使追偿权的条件，即人民法院已经受理了某棉纺厂的破产案件；债权人某市农业发展银行已向保证人明示不申报债权；保证人某农工商公司尚未实际承担担保责任；保证人某农工商公司也向人民法院申报了保证债权。因此，某农工商公司依法享有预先行使追偿的权利，参加破产财产分配，预先实现追偿权，以维护自身的合法权益不受侵害。

第九节 主合同解除后担保人的责任

一、引言

主合同解除后，担保人是否承担担保责任，《担保法》没有规定，而《担保法解释》第十条作出了明确规定，即“主合同解除后，担保人对债务人应当承担的民事责任仍应承担担保责任。但是，担保合同另有约定的除外。”在司法实践中，不乏案例。诸如：

该案担保人是否应当承担责任[①]

上诉人（原审被告）：中国新型建筑材料（集团）公司。

被上诉人（原审原告）：中国信达资产管理公司长沙办事处。

原审被告：湖南建材纸厂。

1991年4月11日，中国人民建设银行南县支行（下称南县建行）与湖南建材纸厂（下称建材纸厂）签订第一份借款合同，约定：借款金额2000万元，借款期限从1991年4月11日至1997年3月31日，具体还款时间与金额为1993年12月3万元、1994年12月300万元、1995年12月600万元，1996年12月900万元、1997年3月197万元，年利率均为9.54%。中国新型建筑材料（集团）公司（下称建材集团）出具了一份担保书，承诺贷款到期后，借款方如未偿清本息，同意在接到南县建行通

① 案例详见最高人民法院（2001）民二终字第68号民事判决书，法公布（2002）第36号，载《最高人民法院公布裁判文书》（二〇〇二年），人民法院出版社2003年版，第339—347页。

知后三个月内代为偿还。该担保书自签发之日起生效，至建材纸厂还清借款本息时失效。1991年11月1日，南县建行与建材纸厂签订第二份借款合同，约定：借款金额623万元，借款期限从1991年11月11日至1997年12月21日，年利率8.28%；如建材纸厂不能按期偿还，由担保单位代为偿还。建材集团在借款合同的担保单位栏加盖了公章。1992年4月11日，南县建行与建材纸厂签订第三份借款合同，约定：借款金额3000万元，借款期限从1992年4月11日至2005年6月20日，具体还款时间为2001年12月598万元、2002年12月634万元、2003年12月672万元、2004年12月712万元、2005年12月384万元，年利率8.28%。建材集团出具了一份担保书，内容与第一份担保书相同。1993年4月11日，南县建行与建材纸厂签订第四份借款合同，约定：借款金额1043万元，借款期限从1993年4月11日至2006年12月20日，具体还款时间与金额为2005年12月371万元、2006年12月672万元，年利率8.28%。建材集团亦出具了一份担保书，约定内容与上述担保书一致。南县建行已按合同约定将四笔贷款共计6666万元全部发放给建材纸厂，其中，第一、二份借款合同均已到还款期限，金额共计2623万元；第三、四份借款合同金额共计4043万元，尚未到约定的还款期限。

另查明，1995年8月9日，南县建行向建材集团发出一份"关于催收建材纸厂基建贷款本息的函"，1998年5月10日，南县建行再次向建材集团发出一份"关于建材纸厂项目贷款本息清收问题的函"，南县建行保存了当日寄出这两封函件的邮政快件收据与特快专递寄件人存根联，作为该函件已寄给建材集团的证据。1999年6月10日，南县建行给建材纸厂发出一份逾期贷款催收通知书，其中包括本案中的四笔借款合同所涉贷款，建材纸厂的法定代表人罗雄辉予以签收。1999年11月29日，南县建行将其对建材纸厂的借款债权本金7466万元（包括本案的6666万元）及其利息转让给中国信达资产管理公司（下称信达公司），同时通知建材集团将担保权利一并转让给信达公司。建材集团在签收该通知的同时声明："只同意承担其中依法未超过保证期间的担保义务。"建材纸厂已被列入2000年全国企业兼并破产第三批审查项目名单，调整方式为破产，拟核销额为1.30亿元。

因建材纸厂始终未能偿还任何贷款，建材集团亦未代为履行，信达公司于2000年7月18日向湖南省高级人民法院提起诉讼，诉请判令建材纸厂与建材集团连带清偿到期贷款本金2623万元、6666万元贷款到期利息40761946.33元（截止到1999年9月20日）、解除尚未到期的4043万元借款合同并由建材纸厂与建材集团连带清偿该项贷款。

湖南省高级人民法院经审理认为，南县建行与建材纸厂所签订的四份借款合同及建材集团所提供的担保均系当事人的真实意思表示，应当认定为有效。建材纸厂于1999年6月签收逾期贷款催收通知书的行为应当视为对已经到期的2623万元贷款债务的重新确认，诉讼时效依法应当重新计算，且建材纸厂在本案诉讼中明确承诺归还上述债务，因而，建材纸厂应当归还已经到期的2623万元贷款。鉴于建材纸厂未按借款合同规定归还已经到期的贷款，且目前处于停产状态，已被列入2000年全国企业兼并破产第三批审查项目名单之中，基本上已经丧失继续履行合同的能力，按照《贷款通则》第六十二条的规定，南县建行可以提前收回尚未到期的贷款。南县建行已将其债权转让给信达公司。对于信达公司要求建材纸厂归还尚未到期的贷款的诉讼请求，该院予以支持。建材集团所提供的担保均约定在建材纸厂未按期清偿借款本息时，由其代为偿还。该保证是对建材纸厂的金钱债务提供担保。由于金钱是一种可代替物，具有高度流通性，对于金钱债务的履行不可能出现客观履行不能的情形。因此，本案代为履行保证中保证人承担赔偿责任的前提条件之一"保证人不能代为履行合同"，在金钱债务的代为履行保证中显然无法成就，保证人不享有先诉抗辩权。因此对于建材集团所提出的本案中的保证属于一般保证，应首先强制执行建材纸厂财产的主张，因缺乏法律依据，该院不予支持。建材集团在建材纸厂拒不履行偿还借款本息的义务时，应当代为偿还。由于建材纸厂的违约行为致使信达公司请求提前收回尚未到期的贷款，具有事实和法律依据，建材集团对于已经到期的贷款亦未履行代为偿还的义务，因而，建材集团对于已经到期和尚未到期的贷款均应承担代为偿还义务，其所主张的期限利益因自身的违约行为应当认定已经丧失。保证合同同时约定“自签发之日起生效至还清全部借款本息时失效”，属于约定不明，保证期间应当确认为主债务履行期届满之日起二年。南县建行从 1995 年 7月给建材集团发出催收通知至 1998 年 5 月再次发出催收通知，其中有 903 万元逾期贷款超过两年未主张权利，信达公司请求建材集团承担该部分贷款的连带保证责任，已经超过诉讼时效，该院不予支持。信达公司提供的特快专递存根可以证明已将 1998 年 5 月的催收通知邮寄给建材集团，建材集团提出自己没有收到该通知，缺乏事实依据，该院不予采信。据此判决：一、解除南县建行与建材纸厂于 1992 年 4 月 11 日、1993 年 4 月 11 日所签订的两份借款合同及建材集团相应所出具的担保；二、建材纸厂偿还信达公司借款本金 6666 万元及利息 40761946.33 元，合计 107421946.33 元。此款限于本判决生效后十日内付清。三、如建材纸厂未能在限期内付清，由建材集团代为偿还借款本金 5763 万元及相应利息。案件受理费 547110 元，财产保全费 537620 元，合计 1084730 元，建材纸厂负担 759311 元，建材集团负担 325419 元。

建材集团不服判决，向最高人民法院提起上诉。

最高人民法院审理后认为，建材纸厂与南县建行、建材集团签订的四份借款担保合同系当事人真实意思表示，内容合法，原审判决认定为合法有效是正确的，当事人应当严格按照合同约定履行各自的义务。债权人南县建行已按约履行了全部贷款义务，但债务人建材纸厂在第一、二份合同还款期限届满后，不履行还款义务，应承担还款及违约责任。第三、四份借款合同虽尚未到期，但由于建材纸厂始终未能按期偿还任何贷款并已濒临破产，被列入2000年全国企业兼并破产第三批审查项目名单，建材纸厂的行为已构成了根本违约，依据《合同法》第九十四条第四款的规定，南县建行有权要求解除尚未到期的第三、四份借款合同。建材集团与南县建行签订的保证合同系本案借款合同的从合同，而南县建行已将上述债权合法转让给信达公司，参照《担保法解释》第十条“主合同解除后，担保人对债务人应当承担的民事责任仍应承担担保责任”的规定，信达公司要求解除合同、提前收贷是符合法律规定的，建材集团关于一审判决判令其偿还未到期的债务缺乏合同及法律依据的上诉理由并不成立，本院不予支持。

本案四个借款担保行为发生在《担保法》实施以前，四份保证合同中均未约定保证责任期限，依据本院1994年《关于审理经济合同纠纷案件有关保证的若干问题的规定》第十一条的规定，建材集团应当在借款合同履行期限届满后两年内承担保证责任。建材集团于1995年8月9日、1998年6月4日两次收到南县建行的催款通知，上诉人虽认为1998年6月4日特快专递寄件人存根联不能有效证明信达公司已在诉讼时效内向上诉人送达了“关于建材纸厂项目贷款本息清收问题的函”，但未提出相应的证据佐证，故原审法院对信达公司有关南县建行向建材集团催款的事实认定是正确的，建材集团以合同的保证期限已经届满、南县建行未及时催款收贷为由，认为其对第一份借款担保合同的保证责任应当解除的上诉理由不能成立，本院不予采纳。上诉人认为原审判决将两年的保证期间认定中断不妥，属对原判决的误解。第一份借款合同中已到期的900万元与197万元两笔贷款，以及第二份借款合同项下的623万元贷款，由于南县建行起诉建材纸厂与建材集团时这三笔款项的诉讼时效并未超过，且在两年的保证期间内南县建行曾向建材集团催收贷款，依据本院1994年《关于审理经济合同纠纷案件有关保证的若干问题的规定》第四条的规定，保证人建材集团对这三笔款项应当承担保证责任。本案四份借款担保合同中建材集团所提供的担保均约定在建材纸厂未按期清偿借款本息时，由其代为偿还，如保证人不自动履约则允许债权人委托有关银行从保证人账户中扣收全部贷款本息，而建材纸厂未能按期还贷、南县建行向建材集团两次催款后，建材集团应当无条件地代建材纸厂偿还贷款，故上述约定应认定为连带责任保证。尽管原审判决第三项的表述是判令建材集团对建材纸厂的债务承担一般保证责任，但其前提是建材纸厂未能在该判决生效后十日内付清所有欠款，这对本案债权人的利益并无损害，且信达公司对此并未提起上诉。因此，本院予以维持。关于上诉人提出的撤销原审法院（2000）湘法经二初字第07—1号民事裁定书的请求，由于该裁定是因财产保全而作出的，依照《民事诉讼法》第一百四十条第一、二款之规定，当事人只能申请复议，不能提起上诉，因此该请求不属于本案二审的范围。综上，建材集团所提上诉理由不能成立，本院不予支持；原审判决认定事实清楚，适用法律也基本正确，判处责任适当，应当予以维持。

上述案例，在主合同借款合同解除后，担保人仍应当承担担保责任。本文结合《合同法》关于合同解除的规定，予以阐述。

二、合同的协议解除

根据《合同法》第九十三条“当事人协商一致，可以解除合同。当事人可以约定一方解除合同的条件。解除合同的条件成就时，解除权人可以解除合同”的规定，当事人双方经过协商，达成一致的意思表示可以导致合同的解除；当事人也可以在合同中约定一方行使解除权的条件，待条件成就时单方解除合同，这就是合同的约定解除。其中，前一种约定解除的情形称为协商解除，后一种约定解除的情形称为约定解除。

1. 协商解除。所谓协商解除，是指合同有效成立后，未履行或未完全履行之前，当事人双方通过协商而解除合同，使合同效力消灭的行为。因协商解除是在合同有效成立后，而非是在合同订立时约定解除，因此又称为事后协商解除。

协商解除的条件是当事人双方协商一致，是将原合同解除的协商一致，也就是在双方之间又重新成立了一个合同，其内容主要是把原来的合同放弃，使基于原合同发生的债权债务归于消灭。学理上又称为反对合同。根据合同自由原则，当事人不仅享有自愿订立合同的权利，同时也享有协商解除合同的权利。不过，协商解除的内容不得违反法律、行政法规的强制性规定，不得违背国家利益和社会公共利益。否则，解除协议无效，当事人仍要按原合同履行义务。

2. 约定解除。所谓约定解除，是指当事人双方在合同中明确约定一定的条件，在合同有效成立后，未履行或未完全履行之前，当事人一方在出现某种情况后享有解除权，并通过解除权的行使消灭合同关系。

3. 协商解除与约定解除的区别。协商解除与约定解除都是通过当事人协商一致的意思表示，使有效存在的合同关系归于消灭的制度，但二者有明显的区别。其区别表现在：一是协商解除是事后约定的解除，它是当事人根据已经发生、需要解除合同的情况而决定解除合同；而约定解除是事前约定的解除，它仅在合同中规定解除合同的条件以及一方享有的解除权。二是协商解除是当事人协商确定合同的解除，它一定能导致合同的解除；约定解除不一定导致真正解除合同，因为解除合同的条件不一定成就，解除合同的条件不成就，合同就不能解除。三是协商解除并非一定要存在一方违约，只要双方当事人愿意，都可以解除合同；约定解除往往约定在一方当事人违约的情况下，另一方当事人享有解除权。四是协商解除是双方解除，这种解除是双方协商的结果；约定解除一般是单方解除，因为行使解除权的常常是一方当事人。

三、合同的法定解除

我国《合同法》第九十四条规定了合同的约定解除的情形，

即：“有下列情形之一的，当事人可以解除合同：（一）因不可抗力致使不能实现合同目的的；（二）在履行期限届满之前，当事人一方明确表示或者以自己的行为表明不履行主要债务的；（三）当事人一方迟延履行主要债务，经催告后在合理期限内仍未履行的；（四）当事人一方迟延履行债务或者有其他违约行为致使不能实现合同目的的；（五）法律规定的其他情形。”具体来说：

1. 因不可抗力导致的合同解除。不可抗力是一种不受当事人意志所支配的、为人力所不能抗拒的力量。与诸多民事制度一样，不可抗力制度起源于罗马法，并在不同程度上为大陆法国家所继受。在英美法国家，英国上诉法院在1903年的克雷尔诉亨利的著名案例中所确立起来的合同目的落空原则，也在一定程度上包含了不可抗力的内容。对不可抗力的界定及其外延范围，各国立法、学说上一直存在争议。根据《民法通则》第一百五十三条的规定，“不可抗力”是指不能预见、不能避免并不能克服的客观情况。按照这种解释，不可抗力首先具有客观性的特点，它是发生在当事人外部的事件，不受当事人意志的支配，单个人的行为不能构成不可抗力；其次，对何种事件能成为不可抗力的确定，则需考虑当事人是否尽到了应有的注意义务的主观因素。凡是基于外来因素发生的，当事人虽尽了最大努力仍不能预见、不能避免并不能克服的事件属不可抗力，而事件的发生虽是客观的，但当事人能够预见而没有预见，或者是未尽最大努力克服或避免的，则不能成立不可抗力。

对不可抗力的具体外延，我国立法上尚无明确规定。根据各国立法及我国学说上的观点，不可抗力主要包括以下几种情形：(1) 自然灾害，如水灾、地震、台风、海啸等。我国法律认为，自然灾害是典型的不可抗力。当然，对作为不可抗力的自然灾害，其具体范围将随着人类对自然灾害的预见能力、避免能力和克服能力的不断提高而逐渐缩小。(2) 政府行为。即当事人订立合同后，因政府发布新的法律和行政法规而导致合同客观上不能履行，为一种不可抗力。而如果仅仅是国家经济政策的调整使客观情势发生巨大变化，致使合同履行将对一方当事人没有意义或者造成重大损害，则属于意外事件由情势变更原则规制。(3) 社会突发事件。如战争等社会事件的突然发生，使原定的合同不能履行。而一般的社会骚乱、罢工等则应归入意外事件领域，主要由情势变更原则进行调整。

因不可抗力导致的合同解除时，除需存在不可抗力外，还需具备因不可抗力致使不能实现合同目的的要件。合同目的主要指双方当事人订立合同的经济目的，即通过合同这种法律手段实现各自的经济利益。当上述不可抗力的出现使订立合同的目的落空时，任何一方当事人均有权解除合同。

2. 因预期违约导致的合同解除。预期违约，又称为先期违约，是英美法的概念，是指合同一方在合同规定的履行时间到来之前毁弃合同。所谓毁弃合同（repudiation of contract），就是否认合同的有效性，或者说，就是明确表示不履行自己承担的合同义务。根据英美法，如果合同的任何一方在合同规定的履行合同的时间到来之前毁弃合同，另一方通常可以将这种毁弃作为现时发生的对合同的重大违反，并立即就毁约方所许诺的履行的整个价值提起诉讼。①

我国《合同法》借鉴英美法系的经验，将预期违约作为合同解除的法定情形。根据《合同法》第九十四条第二款的规定，预期违约的两种表现形态是：一是一方明确表示不履行，即拒绝履行。这是指债务人能够履行债务而违法地作出不履行的意思表示，它是违约的一种形态。二是以自己的行为表明不履行，这是指一方当事人通过自己的行为，让对方当事人有确切的证据预见到，其在履行期限届满时将不履行或者不能履行合同主要义务。

3. 因迟延履行且经催告导致的合同解除。迟延履行，在广义上包括给付迟延（债务人的迟延）和受领迟延（债权人的迟

① 参见王军编著：《美国合同法》，中国政法大学出版社 1996 年版，第 375—376 页。

延）。给付迟延是指债务人在履行期限到来时，能够履行而没有按期履行债务。受领迟延则是指债权人在债务人作出履行时，未能及时接受债务人的履行或没有为债务人履行债务提供必要的协作。《合同法》第九十四条第三款所规定的当为给付迟延。

债务人在履行期限到来后，未履行债务，按照债权人是否需经过催告才能解除合同，可以将履行迟延导致的合同解除分为两种：一是非定期行为履行迟延的合同解除；二是定期行为履行迟延的合同解除。

所谓非定期行为，是指合同约定的履行期限对债权人的利益并无根本影响，债务人的履行迟延不会立即导致债权人主要合同利益落空的行为。对于因非定期行为的合同解除，许多大陆法国家民法典均有明文规定。如《德国民法典》第 326 条第 1 款规定："双务契约中当事人的一方对于应当的给付有迟延时，他方当事人及以意思表示对其履行给付规定适当的期限，告知在期限届至后经拒绝受领给付；期限届至后，一方不及时履行给付，他方将因其不履行而有损害赔偿或解除契约的权利。"

根据《合同法》第九十四条第三款的规定，对于非定期行为的合同解除，必须具备如下要件：一是债务人在履行期届满后未履行义务或债权人未按期接受债务人的履行；二是在履行期到来后，债务人没有履行合同主要义务，或债权人未及时接受主要义务的履行；三是需经债权人催告，债务人在合理期限内仍未履行合同义务。

所谓定期行为，是指合同约定的履行期限对当事人有着至关重要的意义，一旦债务人迟延履行，债权人的重要合同利益立即落空的行为。如春节期间，商店为方便群众过节而订购的年货，如果节日过后才到货，则已经毫无意义，势必会造成商店的合同利益落空。关于定期行为，我国《合同法》中未作明文规定，在司法实践中应把握好适度。

4. 因违约导致的合同解除。合同订立以后，当事人一方不按照合同的约定，履行合同义务，或者当事人一方履行合同义务不符合约定的，即是该当事人违约。违约的形式有很多，包括迟延履行债务、交付的标的物不符合合同规定的质量要求，不按约定的地点履行等。当事人一方有违约行为并不必然导致另一方享有解除权，只有在一方违约致使不能实现合同目的时，另一方才享有解除权。

5. 因法律规定的其他情形导致的合同解除。除上述四种情形外，如果法律另有规定的，当事人可以根据该法律规定，单方解除合同。

四、合同解除的程序

虽有解除原因，不当然发生解除的效力，惟发生解除权。因解除权之的行使，始发生契约之溯及的消灭。解除权行使与否，取决于解除权是否行使。[①] 无论是协议解除，还是法定解除，当解除合同的条件成就后，享有解除权的一方当事人欲使合同解除，尚须经过一定的程序。合同解除的程序有三种，即协议解除的程序、行使解除权的程序和法院裁决的程序。

1. 协议解除的程序。即是当事人双方经过协商同意，将合同解除的程序。其特点是：合同的解除取决于当事人双方意思表示一致，而不是基于当事人一方的意思表示，也不需要有解除权，完全是以一个新的合同解除原合同。它适用于协议解除类型，并且在单方解除中，只要解除权人愿意采取这种程序，法律应予允许并加以提倡。

由于协议解除的程序是采取合同的方式，所以要使合同解除有效成立，也必须有要约和承诺。这里的要约，是解除合同的要约，其内容是要消灭既存的合同关系，甚至包括已经履行的部分是否返还、责任如何分担等问题。它必须是向既存合同的对方当事人发出，并且要在既存合同消灭之前提出。这里的承诺，是解除合同的承诺，是完全同意上述要约的意思表示。

---

① 史尚宽：《债法总论》，中国政法大学出版社 2000 年版，第 548 页。

协议解除是否必须经过法院或仲裁庭的裁判？各国立法的规定不尽一致，主要有三种类型：一是通过法院裁判解除。如《法国民法典》第 1184 条第 3 款规定："解除契约应当向法院请求之，并且法院得视情形给予被告一个期限。"二是解除权人以意思表示通知对方解除，至于是否通过法院裁判，在所不问。如《德国民法典》第 349 条规定："解除合同，应以意思表示向另一方当事人为之。"三是解除的条件具备，合同当然且自动解除。如《日本商法典》第 525 条规定即是。我国《合同法》未对当事人协商解除合同作明确规定，允许当事人选择，经过法院或仲裁机构的裁判，或者直接由双方当事人达成解除原合同的协议。

采取协议解除的程序，何时发生解除的效力？在合同解除需经有关部门批准时，有关部门批准解除的日期即为合同解除的日期。在合同解除不需有关部门批准时，双方当事人协商一致之时就是合同解除的生效之时，或者由双方当事人商定解除生效的日期。

2. 行使解除权的程序。行使解除权的程序必须以当事人享有解除权为前提。解除权，为因解除权者之一方意思表示而使契约之效力溯及的消灭之权利，故为形成权。[①] 解除权按其性质来讲，不需要对方当事人的同意，只需解除权人单方的意思表示，就可以把合同解除。

我国《合同法》第九十六条对行使解除权的程序作了规定，即："当事人一方依照本法第九十三条第二款、第九十四条的规定主张解除合同的，应当通知对方。合同自通知到达对方时解除。对方有异议的，可以请求人民法院或者仲裁机构确认解除合同的效力。法律、行政法规规定解除合同应当办理批准、登记等手续的，依照其规定。"依此规定，当事人在行使其解除权时，应当遵守法定的程序：一是通知对方。当事人约定一方解除合同的条件的，在解除合同的条件成就时，解除权人如果选择解除合

① 史尚宽：《债法总论》，中国政法大学出版社 2000 年版，第 547 页。

同，应当通知对方当事人。发生了法定的情形而使当事人享有解除权的，解除权人如果选择解除合同，同样应当通知对方当事人。在这两种情形下，合同自通知到达对方当事人的时候解除。二是对解除合同存在异议的，可以请求法定的机构解决。当事人一方解除合同的通知到达对方以后，对方不同意解除合同的，可以向人民法院起诉，请求人民法院依法确认解除合同的效力，也可以依据仲裁协议向仲裁机构提出申请，请求仲裁机构确认解除合同的效力。对于人民法院及仲裁机构的有效裁定，当事人必须执行。三是法律、行政法规规定解除合同应当办理批准、登记手续的，应当遵守该特别程序的规定。例如，《中外合资经营企业法》规定，合营企业如发生严重亏损、一方不履行合同和章程规定的义务、不可抗力等，经合营各方协商同意，报请审查批准机关批准，并向国家工商行政管理主管部门登记，可终止合同。不依法报请批准，或者未依法办理登记的，不发生解除合同的效力。

3. 法院裁定的程序。法院是否有权裁判合同的解除，存在分歧：有人认为，法院无权裁判合同解除。契约自由是合同存在的基础，当事人有权决定从事或不从事某种民事法律行为，有权选择民事法律规定的相对人及内容，通过协商一致达成法律规定的条款并自愿受这些条款的约束。法院处于当事人的法律关系之中只是一个公断人的角色。也就是说法院不应不区分情况代替甚至违背当事人的意思作出选择，只应在其中的一方当事人违约或不履行合同时支持守约的另一方当事人。[①] 亦有认为，法院有权裁判合同解除，是指在适用情势变更原则解除合同时，由法院裁决合同解除。由于适用情势变更原则解除合同，当事人无解除行为，只是法院根据案件的具体情况和情势变更原则的法律要件加以裁决。因此，对这种类型的合同解除只能适用法院裁决的程

① 李玫：《谈经济合同的解除及其相关问题》，载《现代法学》1998 年第 1 期，第 111 页。

序。[①] 笔者同意此观点。

五、合同解除权的消灭

我国《合同法》第九十五条规定了解除权的消灭，即："法律规定或者当事人约定解除权行使期限的，期限届满当事人不行使的，该权利消灭。法律没有规定或者当事人没有约定解除的行使期限，经对方催告后在合理期限内不行使的，该权利消灭。"依此规定，在掌握合同解除权的消灭时，应注意下列问题：

1. 法律对某种典型合同解除权的行使期限有明确规定，或者当事人在订约时或事后对解除权的行使期限进行了明确约定的，解除权人在该法定或约定期限内不行使权利的，该解除权消灭。

2. 在法律没有规定，当事人也没有约定解除权的情形下，义务人在法定或约定解除条件成就后，可主动出击，为权利人解除权的行使确定一定的合理期限[②]，并催告解除权人在该期限内行使权利，期限届满解除权人未通知合同解除的，该解除权即归于消灭。

3. 解除权行使的期限，无论是法定期限还是约定期限，在性质上属于除斥期间，即法律规定解除权于存续期间届满当然消灭的期间。除法律另有规定的以外，当事人双方也可以在合同中实现约定一方行使约定解除权的期限，该期限应明确地订入合同的解除权条款中。正如法定解除权和约定解除权可以同时并存一样，在有法律规定的解除期限时，当事人之间可以通过约定解除权行使的期限来改变法定解除期限。从合同自由原则出发，应承认这些约定的效力。

4.《合同法》第九十五条第二款所称的"催告"不同于《合

① 谢怀栻等著：《合同法原理》，法律出版社 2000 年版，第 253 页。

② 此处所称的"合理期限"与《合同法》第二十三条、第六十九条、第九十五条中使用"合理期限"一词系同一意义，是指根据合同的性质、交易的目的和交易习惯所需要的正常时间，对于合理期限要作具体分析，不可一概而论。

同法》第九十四条因迟延履行而解除合同的催告：前者是义务人向解除权人发出的要求其行使解除权的意思表示，后者是解除权人向义务人发出的要求其履行主要债务的意思表示；前者导致解除权的消灭，后者导致解除权的发生。

六、合同解除的法律后果

1. 合同解除的效力。我国《合同法》第九十七条规定："合同解除后，尚未履行的，终止履行；已经履行的，根据履行情况和合同性质，当事人可以请求恢复原状，或者采取其他补救措施，并有权要求赔偿损失。"本条规定了合同解除的效力。合同解除的效力就是合同解除所产生的法律后果。我国《合同法》从实际出发，借鉴国外经验，遵循经济活动高效的原则，对合同解除的效力作了比较灵活的规定，是采取具体问题具体分析的态度来解决合同解除是否具有溯及力。

所谓根据履行情况，是指根据履行部分对债权的影响。如果债权人的利益不是必须通过恢复原状才能得到保护，不一定采用恢复原状。当然如果债务人已经履行的部分，对债权人根本无意义，可以请求恢复原状。

所谓根据合同性质，是指根据合同标的的属性。标的的属性是不可能或者不容易恢复原状的，就不需要恢复原状。这类情况较多地发生在：(1) 以行为为标的的合同。如劳务合同，对于已经履行的劳务，也很难用同样的劳动者和同质量的劳务返还。(2) 以使用标的为内容的连续供应合同。如水、电、气的供应合同，显然对以往的供应不可能恢复原状；租赁合同一方在使用标的后，也不能就已经使用的部分作出返还。(3) 涉及第三人利益的合同。如合同的标的物所有权已经转让给他人，如果返还会损害第三人的利益；解除委托合同，如果允许已经办理的委托事务恢复原状，将使委托人与第三人发生的法律关系失效，使第三人的利益受损。所谓恢复原状，是指当事人应将标的物恢复到订立合同前的状态。恢复原状是合同解除具有溯及力所表现的效力，是双方当事人基于合同发生的债务全部免除的必然结果。

恢复原状只发生于合同部分或者全部履行的情况。如果合同没有开始履行，就谈不上恢复原状的问题，因为合同订立以后的状态和合同订立以前的状态基本一致。恢复原状还要“根据履行情况和合同性质”，这是指从合同的实际情况和标的物的性质来看是否能够恢复到订立合同前的状态。恢复原状的效果因合同标的物的性质不同而有下列不同：（1）在原交付的标的物存在时，自然要返还原物；除返还原物外，还应当补偿因返还原物所支付的费用，如果返还的是能产生孳息的物，孳息应当随主物一起返还。（2）在原物不存在时，如原物是种类物，可以同一种类的物返还。

在有些情况下是不能恢复原状的，例如，原物是特定物而灭失，又如，提供劳务或者使用物品作为合同的给付，在这样的情况下如果合同解除有溯及力，只能采取赔偿损失或者其他补救措施，而不能恢复原状。

2. 合同解除与损害赔偿。我国法律承认合同解除与损害赔偿并存。《民法通则》第一百一十五条规定：“合同的变更或者解除，不影响当事人要求赔偿损失的权利。”我国《合同法》第九十七条规定，合同解除后，当事人有权要求赔偿损失。这样规定，是因为：（1）合同解除不溯及既往的，如果只是使未履行的合同不再履行，不得请求赔偿损失，那么一方当事人因另一方当事人不履行合同或者不适当履行合同受到的损害就无法补救。（2）合同解除溯及既往的，如果只是恢复原状，则非违约方因相信合同能够履行而作准备所支出的人力、物力，以及为恢复原状而支出的费用就得不到补偿。（3）协议解除合同的情况下，一方当事人因解除合同少受了损失，如果受益的一方不赔偿对方当事人因解除合同受到的损害，不符合公平原则。（4）在因第三人的过错致使债务人不能履行而解除合同的情况下，债权人不能直接向第三人主张权利，只能由债务人向第三人要求赔偿，如果债务人取得了第三人的赔偿而又不承担解除合同的赔偿责任，等于取得了双重利益，而债权人却要自己承担责任，还是不公平的，使债权人的利益得不到保障。因此，不能因合同解除而免除债务人应负的赔偿责任。

七、主合同解除后，担保人承担担保责任的要件和范围

1. 主合同解除后，担保人承担担保责任的要件。根据《担保法解释》第十条的规定，担保人承担担保责任的要件为：(1) 债务人应当承担民事责任；(2) 债务人承担的民事责任在担保人的担保范围之内。

主合同解除后，有下列情形之一的，担保人可以不承担担保责任：一是当担保人的担保范围仅是主合同履行后产生的债权和利息，在主合同未履行之前，合同即被当事人协议、按照解约条件或依法解除，因主合同未履行，担保债权没有发生，担保人可以免除承担担保责任。二是合同解除后，债务人自愿对债权人承担补偿责任，而该补偿责任不属于担保人的担保范围之内，担保人不承担担保责任。

2. 主合同解除后，担保人的责任范围。合同解除后，担保人承担的担保责任，其范围以债务人责任范围和担保人原担保合同约定的担保范围为限，担保人的责任相对于主合同未解除而言要小。也就是说，担保人承担的担保责任不能超过债务人应当承担的责任范围，也不能超过担保人应当承担的责任范围。

八、对引言案例的评析

在本案中，借款人建材纸厂在借款合同履行过程中，出现了逾期违约和根本违约行为，作为逾期违约部分，借款人没有履行部分的款项，保证人建材集团应当承担保证责任；作为根本违约部分，借款人建材纸厂已列入破产计划，根本无履约能力，作为贷款人南县建行依法行使《合同法》所赋予的权利，要求解除合同，应予以支持。借款合同解除后，担保人建材集团仍应当承担

担保责任，应无疑问。

第十节 人保与物保并存的担保责任

一、引言

在现实生活中，债权人为了“双保险”，往往同一债权既有保证又有物保，诸如：

本案的担保责任如何承担

中国银行江苏省分行、中国银行无锡分行（下称无锡中行）联合向借款人无锡亚东钢铁有限公司（下称亚东公司）贷款860万美元，用于引进意大利高速线材生产线主要机器设备，由中国银行江苏省分行与亚东公司签订《贷款合同》，而贷款的具体操作包括发放、回收均由无锡中行具体负责。此前的贷款申请阶段，亚东公司及其主要投资者无锡杨市钢铁厂事先分别向贷款人提交了包括以即将进口轧钢机在内的高速线材设备及电控设备、无锡杨市钢铁厂在亚东公司中的股份及其自有财产作为标的物的抵押书；同时，为了该笔贷款，无锡锡兴钢铁联合公司后改制为无锡锡兴钢铁股份有限公司（以下简称锡兴公司）和杨市无锡工业总公司，也分别向贷款人出具了保证担保书。

本案借款到期后，借款人未予归还。无锡中行将该笔债权及所附有的保证担保权利转让给中国东方资产管理公司南京办事处（以下简称南京办事处），并就转让行为通知借款人和保证人，但是没有将原先由借款人及其主要投资人无锡杨市钢铁厂就本案债务所设定的抵押权随同债权一同转移给新债权人。相反，在随后的亚东公司申请破产之前，无锡中行与债务人亚东公司及其主要投资人无锡杨市钢铁厂通过多个以物抵债协议，将原先就本案借款债务所设定的抵押权的财产抵偿了债务人所欠无锡中行的其他债务。南京办事处诉至法院，要求本案债务保证人锡兴公司和杨市无锡工业总公司承担保证责任。

一审法院审理后认为，本案抵押权的设定，是在债务人自愿将其包含部分即将进口机器的全线高速线材设备和电控设备作为抵押物，向债权人出具了抵押书，从而在债务人与债权人之间达成一种抵押担保关系。无锡中行在明知其对亚东公司本案860万美元贷款债权存在抵押权的情况下，既不自己主动行使抵押权，同时在向南京办事处转移债权时，也未将抵押权随同债权一同转移给新债权人。相反，在债务人申请破产之前，与亚东公司及其主要投资者协商一致，将有关抵押财产受偿债务人所欠无锡中行的其他债务，存在着明显的主观恶意，况且本案转移债权并非采取有偿对价方式，且即使采取对价有偿方式转移债权，亚东公司行为所造成的法律后果也应当同样对新债权人有效，否则对保证人而言是不公平的。因为保证人在被要求承担保证责任之前，有权要求债权人必须首先行使对抵押物优先受偿权进行抗辩，原债权人恶意放弃抵押权的行为，且处分和放弃抵押物的价值超过本案债权，从而使本案保证人获得免于承担保证责任的权利。致使南京办事处在取得本案债权时，无法对本案债务的保证人行使追偿权的过错和责任在于无锡中行，但是，新债权人不能以其所取得的债权，并没有附带接受到抵押权，从而直接要求保证人承担担保责任。所有当事人的利益都应受到法律的保护，但必须合法合理。根据《担保法》第二十八条、《担保法解释》第三十八条的规定，判决：一、驳回南京办事处对锡兴股份公司的诉讼请求；二、驳回南京办事处对杨市镇政府的诉讼请求。原审案件受理费由原审原告承担。

一审宣判后，南京办事处提起上诉。

二审法院经审理后认为，一审判决适用法律正确，实体处理准确。根据《民事诉讼法》第一百五十三条第一款第（一）项的规定，判决：驳回上诉，维持原判。[①]

根据上述案例试问：人保和物保并存应当如何处理？

二、人保和物保并存的法律规定及理解

人保与物保的关系是担保法律制度中的重要问题。关于如何安排人保和物保的关系，基本存在三种模式：（1）保证人绝对优待主义，即人保仅对物保以外的被担保债权余额承担保证责任。该模式凸显立法者偏爱保证人的倾向。（2）保证人相对优待主义，即债权人可在人保和物保之间行使选择权。保证人在承担责任之后，不仅可以向债务人求偿，并且可代位行使债权人的担保物权。若因债权人的原因导致保证人可代位行使的担保物权消灭，保证责任亦相应地消灭。（3）平等主义，即债权人可选择行使担保物权或保证债权，已承担责任的担保人可以向其他担保人追偿其应承担的份额。相较而言，保证人绝对优待主义明显不当地损害了物保人的利益。保证人相对优待主义与平等主义的共同之处在于两者均承认债权人的选择权，区别在于相对优待主义否定相互分担责任，而是保证人代位行使担保物权；平等主义则是相互分担责任，可以相互追偿。

《担保法》第二十八条规定“同一债权既有保证又有物的担保的，保证人对物的担保以外的债权承担保证责任。债权人放弃物的担保，保证人在债权人放弃权利的范围内免除保证责任。”《担保法解释》第三十八条规定“同一债权既有保证又有第三人提供物的担保的，债权人可以请求保证人或者物的担保人承担担保责任。当事人对保证担保的范围或者物的担保的范围没有约定或者约定不明的，承担了担保责任的担保人，可以向债务人追偿，也可以要求其他担保人清偿其应当分担的份额。同一债权既

① 案例来源于朱海年：《抵押权未随债权转让保证人如何承担责任》，载《人民法院报》2004年5月30日。

有保证又有物的担保的，物的担保合同被确认无效或者被撤销，或者担保物因不可抗力的原因灭失而没有代位物的，保证人仍应当按合同的约定或者法律的规定承担保证责任。债权人在主合同履行期届满后怠于行使担保物权，致使担保物的价值减少或者毁损、灭失的，视为债权人放弃部分或者全部物的担保。保证人在债权人放弃权利的范围内减轻或者免除保证责任。”《物权法》第一百七十六条规定：“被担保的债权既有物的担保又有人的担保，债务人不履行到期债务或者发生当事人约定的实现担保物权的情形的，债权人应当按照约定实现债权；没有约定或者约定不明确，债务人自己提供物的担保的，债权人应当先就该物的担保实现债权；第三人提供物的担保的，债权人可以就物的担保实现债权，也可以要求保证人承担保证责任。提供担保的第三人承担担保责任后，有权向债务人追偿。”

从我国的法律规定和司法解释来看，《担保法》第二十八条即采取保证人绝对优待主义。《担保法解释》第三十八条第一款修改了《担保法》第二十八条的模式，明确区分债务人提供物保和第三人提供物保两种情形，并分别采取“保证人绝对优待主义”和“平等主义”模式。(1) 在债务人提供物保之场合，采保证人绝对优待主义，绝对限制债权人的选择权，既符合社会通行的公平观念，又可避免不必要的追偿诉讼。(2) 在第三人提供物保的场合，采平等主义模式，承认债权人选择权，在对担保范围没有约定或者约定不明时，不仅承认担保人对债务人的追偿权，而且肯定各担保人之间的相互追偿权。理由在于：因人保和物保所担保的权利人为同一债权人，存在利益维护的一致性，故两者之间并无权利冲突，没有必要权衡人保和物保，理应赋予债权人以选择权。同时，考虑到物上担保人的追偿权乃各国民法之通行做法，故亦予承认。

《物权法》第一百七十六条基本沿袭了《担保法解释》第三十八条第一款的模式，并进而形成“私法自治原则＋保证人绝对优待主义＋平等主义”的模式。尽管两者模式基本相同，皆承认债权人的选择权，但亦存在区别：第一，物权法尊重契约自由，若当事人就人保和物保的关系有明确约定，应遵其约定。第二，担保法解释既承认担保人对债务人的追偿权，也认可担保人之间的相互追偿权；而物权法却未明确规定担保人的相互追偿权。由此引发一个疑问：《物权法》第一百七十六条是否承认各担保人之间的相互追偿权？有观点认为，物权法未明确规定相互追偿权，意在禁止行使相互追偿权。最高人民法院民二庭王闯博士认为，担保人之间的相互追偿权问题，应作肯定性解释。理由有三：（1）虽然人保和物保之间没有相互追偿之契约，但两者皆为债权人提供担保。其中一个担保人承担责任后，将导致其他担保人的责任消灭，这意味着其他担保人由此获得了免除担保责任之利益；若不允许承担责任担保人向其他因此受益的担保人追偿相应份额责任，明显有失公平。（2）若否定相互追偿权，则可能导致债权人滥用选择权，即债权人可能与甲担保人串通，恶意地选择乙担保人承担担保责任，从而免除甲担保人的担保责任，明显有违诚信原则。（3）尽管如何计算和认定其他担保人“应当分担的份额”的确是一个比较复杂的计算题，在数个一般保证、连带保证和抵押权并存的情形中，问题的复杂程度将以几何级增加；但问题的复杂并不意味着应当放弃对问题的求索。虽然从异常复杂的权利交织情形中梳理并抽象出合理的规则，的确存在相当的难度，但我们可以尽量将规则辨析出来；即便无法抽象出完全合理精致的规则，最差的结果也应该是对复杂问题进行简单化的处理，例如依照各担保财产的价值额之比例计算担保份额，或者让各个担保人平均承担担保份额。即便如此，也比否定担保人的相互追偿权之做法更合理、更公平。①

三、第三人提供的物保与人保并存的担保责任

根据《物权法》和《担保法解释》第三十八条规定，当保证

① 参见王闯：《规则冲突与制度创新（上）——以物权法与担保法及其解释的比较为中心而展开》，载《人民法院报》2007年6月20日。

担保与第三人提供的物保并存时，债权人可要求保证人或者担保物人承担担保责任。这虽然解决了担保物人与保证人的各自责任问题，但在司法实践中应当注意下列问题：

1. 债权人可以一并请求保证人与担保物人承担担保责任。同一债权既有保证又有第三人提供物的担保，债权人不仅可以请求保证人或者物的担保人承担担保责任，也可以一并请求保证人与物的担保人承担担保责任，这从《担保法解释》第一百二十八条规定诉讼主体分析可得知，即同一债权既有保证又有物的担保的，当事人发生纠纷提起诉讼的，债权人与保证人、抵押人或者出质人可以作为共同被告参加诉讼。据此，当保证担保与第三人提供的抵押担保并存时，债权人可一并向保证人与抵押人请求承担担保责任。

2. 同一债权既有保证又有第三人提供物的担保时，保证人与担保物人的责任应根据下列情形区别对待：

（1）保证担保与第三人提供的物的担保按份并存时担保人的责任承担。物的担保人与保证人在对同一债务同时或分别提供担保时，并与债权人在合同中明确约定了各自承担的保证责任，则担保物人与保证人按各自担保份额及担保性质向债权人承担担保责任。值得注意的是，债权人要求担保物人或保证人承担保证责任的份额不得超过在担保合同中约定的份额。

在实践中，在保证担保与第三人提供的物的担保并存时，主债务人在向债权人履行部分债务后担保人的责任如何承担？笔者认为，对于主债务人来说，整个主债务是不可分割的，其向主债权人履行的部分债务应从总债务中扣除，担保人的担保份额随总债务的减少而按比例减少，从而相应地按比例减轻各担保人的责任，这样对于担保物人与保证人是公平的，但债权人与主债务人、担保物人、保证人全部协商一致的情况除外。

（2）人保与第三人提供的物保并存，但未约定担保份额或约定不明确时的担保人的责任承担。保证人与担保物人对同一债务同时或分别提供担保时，未约定担保范围的，根据《担保法》规定，保证人对保证担保范围没有约定或约定不明确的，保证人应当对全部债务承担责任；担保物人与债权人未约定担保份额的，从担保物方角度考虑，应理解为其所提供的担保范围以担保物价值为限。《担保法解释》第五十一条也规定抵押人所担保的债权超出其抵押物价值的，超出的部分不具有优先受偿的效力。此规定意味着抵押在未约定抵押担保范围时是以抵押物价值对全部债务承担担保责任。针对此混合担保债权人可以请求保证人或者担保物人按其担保性质分别承担全部担保责任，也可以一并请求保证人与担保物人按其担保性质承担全部担保责任，当然，保证人与担保物人共同承担担保责任的额度以被担保债权总额为限。

对于该共同混合的保证担保与物的担保的追偿问题，《担保法解释》第三十八条规定承担了担保责任的担保人可以向债务人追偿，也可以要求其他担保人清偿其应当分担的份额。一般情况下，双方担保的范围均是被担保债权总额，从而推定为内部之间平均分担，以各自承担二分之一的担保责任为限，担保人对被担保债权人实际所承担的担保份额超过应当承担责任的二分之一部分可向相对方追偿。但由于担保物的价值在不断变化，可能在担保行为发生时担保物的实有价值超过担保债权，之后由于种种原因出现担保物变现价值低于被抵押担保的债权，有人认为如果担保物价值的减少不是由于保证人可免除责任的事由造成的，则担保物人应以减少后的担保物价值承担担保责任，计算其应当承担的责任比例亦应按减少后的担保物价值为准；有人认为在此种情况下仍应按双方提供全额担保处理，推定为内部之间平均分担，担保人对被担保债权人实际所承担的担保份额超过应当承担责任的二分之一部分可向相对方追偿。

四、人保与物保并存且担保人为同一人时的担保责任

第三人与债权人签订保证合同与担保物权合同，约定由其对被担保债权承担保证责任与物权担保责任，此种情况也符合《担保法解释》第三十八条和《物权法》的规定，债权人可以要求第

三人承担保证责任，也可以要求对担保物享有优先受偿权，直到被担保的债权全部清偿完毕止。

五、物保与人保并存时，保证人的免责范围

当主债务人提供的物的担保与保证担保并存时，《担保法》第二十八条第二款规定，债权人放弃物的担保的，保证人在债权人放弃权利的范围内免除保证责任，但该条款未规定债权人怠于行使担保物权，致使担保物的价值减少或者毁损、灭失的，保证人应否相应免除保证责任。当抵押人系主债务人时，为了确保主债务人自己有效履行债务，债权人应积极向主债务人行使权利，适当保护保证人的利益，债权人怠于行使担保物，致使担保物的价值减少或者毁损、灭失的，应当免除保证人的责任，且担保物价值减少或者毁损、灭失的数额就是保证人免除保证责任的范围。根据《担保法解释》第三十八条第三款，债权人在主合同履行期届满后怠于行使担保物，致使担保物的价值减少或者毁损、灭失的，视为债权人放弃部分或者全部物的担保，保证人在债权人放弃权利的范围内减轻或者免除保证责任。

特别值得我们注意的是，债权人放弃的抵押权均应当属于债务人所提供的抵押权，这是与《物权法》第一百九十四条第二款“债务人以自己的财产设定抵押，抵押权人放弃该抵押权、抵押权顺位或者变更抵押权的，其他担保人在抵押权人丧失优先受偿权益的范围内免除担保责任，但其他担保人承诺仍然提供担保的除外”、该法第二百一十八条“质权人可以放弃质权。债务人以自己的财产出质，质权人放弃该质权的，其他担保人在质权人丧失优先受偿权益的范围内免除担保责任，但其他担保人承诺仍然提供担保的除外”和《担保法解释》第三十八条第一款的规定精神相一致的。在第三人提供担保物的情况下，此时人保和物保处于同等地位，债权人有选择行使担保物权还是行使保证债权的权利，如当事人没有特殊约定，两者均有首先清偿全部债务的责任，债权人放弃物保对人保并无实际影响。当担保物为债务人所

提供时，根据《担保法》第二十八条第一款的规定，保证人只对物的担保以外的债权承担保证责任。此时，如果债权人放弃物的担保，使债务人本来可以用来清偿债务的财产而无法再用来清偿，势必加大了保证人保证责任，因此保证人应当在其放弃权利的范围内免责。

六、对引言案例的评析

在本案中，本案原债权人无锡中行没有将本案债权所设定的抵押权随同债权一同转移给新债权人，相反对抵押物进行了放弃或处分以清偿其他债权，该行为不仅违反抵押权与债权并存、不得分离从而进行转为其他债权担保的规定，同时该行为对新债权人亦造成了同样的法律效力，使保证人获得免于承担保证责任的抗辩权利。因此，本案保证人由于债权人的过错，不应承担责任。

第十一节　担保物权竞合的处理

一、引言

所谓担保物权的竞合，是指同一财产上存在数项担保物权且其效力相互冲突的现象。这一概念既表明了数项担保物权并存于一物之上的客观现象，又隐寓了数担保物权之间的效力争优或相斥的冲突关系。担保物权的竞存又称担保物权的竞存、并存等，实际上即为同一财产上存在数个担保物权时的位次排序问题。担保物权的竞存，包括抵押权的竞合、质权的竞合、留置权的竞合及各类担保物权之间的交叉竞合等多种形态，不同权利的竞合其效力关系已有所不同。诸如：

案例一：

甲公司以其价值 2 亿元的厂房和建设用地使用权作抵押，并分别办理了抵押权登记，分别于8月1日、9月1日在建设银行、工商银行贷款8000万元、6000万元。借款到期后，甲公司受金融危机的影响，无力偿还贷款。试问：抵押权人建设银行、工商银行如何进行受偿？

案例二：

2006年2月21日，案外人商行未来支行向法院提出书面异议。称，其于2002年12月25日与被执行人中实公司签订《商品房按揭贷款合作协议书》并约定，商行未来支行为中实公司开发的“欣景苑”房产项目销售提供总额为8000万元的个人住房贷款。中实公司在为购房人办妥房屋所有权证书并办理抵押登记之前，必须承担前期担保责任；担保方式为连带保证担保和按揭贷款总额10%的资金动产质押担保。担保资金账户以中实公司的名义设立，资金用途为专项用于当购房人不能按期偿还贷款和中实公司亦未及时归还借款时，由该支行对该项资金进行扣划偿债；中实公司不得对其擅自使用且该项资金的支付、汇划均受该支行的限制。后中实公司在该支行依约设立尾数为346按揭贷款保证金账户，并按贷款额10%的比例将31万元作为按揭贷款保证金存入该账户。同时，中实公司又在该支行设立尾数为840的按揭贷款保证金账户，继续存入相应的保证资金344.883973万元。上述两个按揭贷款保证金账户设立时，中实公司不能在该支行预留取款印鉴，不能在这两个按揭贷款保证金账户中支取或转出分文款项，该支行亦不向该公司发售任何取款或转账的票据，346及840账户的银行设置科目代码均为25110。西安市商业银行颁布实行的《会计出纳业务操作规范》中规定，房地产企业办理按揭贷款的保证金在“25110其他保证金”科目核算。因被执行人中实公司未按期履行义务，法院依法冻结了中实公司在商行未来支行346存款账户中的存款28.98373万元和840存款账户中的存款344.883973万元。当拟扣划上述款项时，案外人商行未来支行当场提出异议，请求停止扣划措施。并提出：如扣划，则应确保其对上述款项的优先受偿权。①

案例三：

2004年元月，魏明为了解决经营过程中的资金短缺，用自己价值30万元的奥迪轿车作抵押担保，与兴发银行签订了抵押借款合同，由兴发银行贷给魏明20万元，贷款期限3个月。双方在车辆管理部门办理了抵押登记后，兴发银行给魏明发放了贷款20万元。在经营过程中，由于临近春节，资金周转不畅，魏明又将奥迪轿车质押给刘飞，在刘飞处借款10万元。同时，魏明和刘飞约定车辆由刘飞使用，抵借款利息，但必须保证车辆完好无损。刘飞在使用过程中，由于酒后驾车，不慎将车辆撞到护栏上，被拖到宏伟汽修厂进行修理，费用为3万元，刘飞没有支付，宏伟汽修厂将奥迪轿车留置。兴发银行的贷款到期后，向魏明追要借款时，发现抵押物在宏伟汽修厂，便找到魏明、宏伟汽修厂以车抵贷款事宜，协商无果。兴发银行诉至法院，请求法院判令魏明偿还贷款20万元及利息，并对抵押物奥迪轿车享有优先受偿权。刘飞、宏伟汽修厂便以有独立请求权的第三人申请参见诉讼。

上述案例，均涉及到担保物权的竞合问题，本文就担保物权的竞合予以论述。

二、担保物权竞合效力的认定原则

研究担保物权竞合制度，目的在于解决共存于同一担保标的物上数个不同种类的担保物权优先受偿效力的冲突。通过解决这个冲突，使担保物权顺利实现，维护交易安全。解决担保物权的效力冲突，实质上是解决在同一担保标的物上存在数个不同种类的担保物权，各该数个不同种类的担保物权何者为优先受偿的

① 李晓冬、贾文军：《动产质押权利人的优先受偿权》，载《人民法院报》2009年4月3日。

问题。

（一）物权法原理对担保物权竞合效力的影响

担保物权是一种物权，因而具有物权的属性，具有支配权和排他性，担保物权人不仅可以向债务人主张权利，而且可以对抗债务人以外的任何人。但是，担保物权的这种支配权和排他性的程度并不都是等同的和一致的，其效力深受物权法基本原理的影响。表现在：

1. 物权法定原则对担保物权的影响。物权的内容基于物权法定主义，但是物权如果是基于当事人的意思而发生，则称之为意定物权或设定物权。如果不是基于当事人的意思，而是由法律规定直接发生的，则为法定物权。我国《担保法》规定的担保物权中，只有留置权属于法定物权，在与其他担保物权竞合时，留置权的法定物权地位使之较其他担保物权有优先受偿的效力。

2. 物权公示原则对担保物权竞合效力的影响。物权的公示，指物权享有与变动的可取信于社会公众的外部表现方式。自近代以来，关于物权的取得、丧失及变更，各国民法无不实行公示原则。不动产物权以登记和登记变更作为权利享有与变更的公示方法，动产物权以占有作为权利享有的公示方法。我国《担保法》对抵押权采取登记对抗主义，未经登记的抵押物权不能产生对抗第三人的效力。

3. 善意取得制度对担保物权竞合效力的影响。善意取得是指无权处分他人动产的让与人，于不法将其占有的他人的动产进行处分，受让的第三人出于善意而取得该动产的权利。善意取得制度对在质物上设立留置权和在留置物上设立质权以及在质物、留置物上设定抵押权的效力产生一定的影响。

4. 权利在先原则对担保物权竞合效力的影响。权利在先原则是指成立在先的，位序在前，有优先于后成立物权的效力。先成立的物权压制后成立的物权，后成立的物权若有害于先成立的物权，后物权将在先物权实行时被排斥。在无登记的前提下，成立在先原则对竞合的担保物权的效力产生影响。

（二）担保物权竞合的效力认定的基本原则

担保物权竞合效力的认定，一般都从具体的竞合情况进行分析，这能使担保物权竞合效力认定更具操作性，但缺少原则性指导，容易出现不统一。因而在讨论担保物权竞合的效力认定问题时，有必要对其原则性作一些统一，从物权法理论的一般原理出发，将担保物权竞合的效力认定抽象和概括出来。按照上文有关物权法原理对担保物权的影响的分析，我们可以得出担保物权竞合的效力认定原则为：

1. 法定担保物权较其他担保物权有较强的效力。权利依据其产生的原因不同，可以分为法定权利与约定权利。法定权利是最基本的权利，来自法律的直接规定，而约定权利则是当事人按照双方约定而享有的权利。在法律主体行使权利时，应遵循法定权利优先于约定权利的原则。各种担保权利或多或少地都包含着“法定”的成分，但有的是完全法定，应当则是约定与法定的结合。按照其法定成分的多少，各担保权利可以进行如下排列：优先权、留置权、经登记的抵押权、质权、未经登记的抵押权、保证。

2. 公示的担保物权较未公示的担保物权有较强的效力。物权的排他性决定了物权的产生、变更、消灭须坚持公示与公信原则，交付与登记是物权公示的两种方法。质权与留置权以交付标的物作为公示形式，而抵押权的公示方式是登记。经依法登记的抵押权则优先于质权，如《担保法解释》第七十九条第一款规定，同一财产法定登记的抵押权与质权并存时，抵押权人优先于质权人受偿。而抵押权与留置权来说，留置权是法定担保物权，抵押权是约定担保物权，因此《担保法解释》第七十九条第二款规定，同一财产抵押权与留置权并存时，留置权人优先于抵押权人受偿。

3. 善意取得的担保物权有较强的对抗力。

4. 成立在先的担保物权较成立在后的担保物权有次位上的优先效力。

三、抵押权的竞合及其效力

抵押人以同一财产抵押担保两个以上债权的，有两种情况：一是抵押人在抵押物的价值大于所担保债权的情况下就其价值余额部分再设定另一抵押，即所谓的“余额（值）再抵押”，又称“再次抵押”或“复合抵押”。对此，理论上及立法上均一致认可。二是抵押人就抵押物的同一担保价值部分（含部分相同）重复设定另一抵押，即所谓的“重复抵押”。此种情况是否允许，理论上及立法上则有肯定与否定两种不同的态度。我国《担保法》第三十五条规定，“财产抵押后，该财产的价值大于所担保债权的余额部分，可以再次抵押，但不得超出其余额部分”，显然采取的是否定的态度。在《担保法解释》中已肯定了重复抵押的效力，《物权法》亦不再禁止重复抵押。

我国《担保法》和《物权法》根据抵押财产的性质与种类的之不同，规定了依法必须登记的和可自愿登记的两类抵押权，并以登记要件主义为原则，以登记对抗主义为例外。如此，抵押权的竞合，即有登记的抵押权竞合、未登记的抵押权竞合、登记的抵押权与未登记的抵押权竞合三种类型，后两种类型仅可发生于实行登记对抗主义的动产抵押中。

在登记的抵押权竞合时的位次排序问题上，根据《担保法》第五十四条第一项、第二项的规定，遵循两个基本规则：一是“先登记原则”，即抵押权的顺序依登记的先后定之，先登记的优先于后登记的；二是“同时同序原则”，即同时（一般以日为单位）[①] 登记的抵押权，处于同一顺序，抵押物变卖之价款由各抵押权人按债权比例受偿。此外，依照《担保法解释》第五十八条

---

① 《担保法解释》第五十八条第一款规定：“当事人同一天在不同的法定登记部门办理抵押物登记的，视为顺序相同。”

的规定，当事人同一天在不同的法定登记部门办理抵押物登记的，视为顺序相同。若因登记部门的原因致使抵押物进行连续登记的，抵押物第一次登记的日期，视为抵押登记的日期，并依此确定抵押权的顺序。

在贯彻或兼采登记对抗主义的立法上，于抵押权的顺序规定上还会遇到另外两个问题：一是有的登记有的未登记的，抵押权的顺序如何？二是两个以上的抵押权均未登记的，其顺序如何？对于前者，依非登记不得对抗原则的固有精神，同时考虑与先登记原则保持一致，理论上及立法上通采“登记在先”原则，即登记的抵押权优先于未登记的抵押权，我国《担保法》和《物权法》中亦采此原则。对于后者，理论上及立法上则有“成立在先”与“次序同等”两种不同的主张，我国《担保法》第五十四条第二项系采成立在先说，而《担保法解释》第七十六条及《物权法》第一百九十九条第三项采次序等同说。我们赞同后者的规定，因为在物权法理论上，严格说来，仅有抵押合同而未办抵押登记的，真正的具有物权意义的抵押权尚未成立。纵依登记对抗主义之立法，其旨趣也排斥了设定在先原则的适用，“既然非经登记不得对抗，那么，未经公示的先存抵押权便无凭借来主张优先于后位抵押权。如果允许先设定的抵押权优先，就与登记制度的精神背道而驰。”[①] 同时，采行设定在先原则，亦无法防止抵押人与某一个抵押权人串通，虚填或变动签约日期，从而使其取得优先地位并以此对抗他人的抵押权的现象。因此，抵押权未登记的，各抵押权人应按照债权比例受偿。

四、质权的竞合及其效力

质权的竞合，可能有动产质权之间的竞合、权利质权之间的竞合、质权与转质权的竞合三种类别。然在立法及理论上，对质

① 王闯：《动产抵押制度研究》，载梁慧星主编：《民商法论丛》（第3卷），第459页以下。

权之间尤其是动产质权之间得否发生竞合问题，争议颇大。我们认为，对质权的竞合问题，不能一概地肯定或否定，而应区别情况，分别对待。

根据《物权法》的规定，以基金份额、股权、依法可以转让的商标专用权，专利权、著作权中的财产权利和应收账款出质的，出质人与质权人应当订立书面合同并向有关部门办理出质登记，质权自登记之日起设立（《物权法》第二百二十六条、第二百二十七条和第二百二十八条）。这类已登记为成立要件的权利质权，在权利性质和设定要件等方面上，与权利抵押权无实质差异，仅是立法上的归类不同而已。由于其以登记为公示方法，故完全可能并应允许数个经登记的权利质权发生竞合。其顺序的排列，应比照抵押登记的规定以登记的先后为准：先登记的权利质权优先于后登记的权利质权；同时登记的，则处于同一顺序，按债权比例受偿。而以汇票、支票、本票、债券、存款单、仓单、提单等出质的，出质人应当在合同约定的期限内将权利凭证交付质权人，质权自权利凭证交付之日起设立（《物权法》第二百二十四条）。此类权利质权设定要件中的权利凭证之交付，一般无从为重复交付，故也不能发生质权的并存和顺序问题。

同一动产之上，能否设定两个以上的质权并发生质权的竞合，立法及理论上向有两种态度。德国、瑞士、日本等国立法上采肯定说，而多数国家立法上对此未作明确规定，唯在解释上有肯定与否定两种意见。肯定一物数质的立法和学说，是以允许依指示交付的方式设定质权为前提和基础的。所谓指示交付，又称返还请求权之让与，是指动产由第三人占有时，出让人将其对于第三人的返还请求权让与受让人，以代交付。相对于现实交付而言，指示交付与简易交付、占有改定等同为观念交付，是为了交易上的便利而采取的变通交付方法。质权设定中的指示交付，是指“处于所有人间接占有的物，得由所有人将间接占有移转于质权人，并将质权的设定通知占有人以代替移交”（《德国民法典》第 1205 条第 2 款）。据此，出质人即得将已出质之物，依指示交付的方式再行出质，设定后位质权；亦得将已出租、出借或交由他人保管之物的返还请求权让与质权人，并将设定质权之情事通知直接占有人，以代替质物的实际交付，且得依同样的方式再设定后位质权。这样，一物之上即能设定数个质权，并发生质权竞合时的顺位问题。根据我国《担保法》和《物权法》的规定，动产质权设立中的交付，原则上是指现实交付，因而无从发生动产质权的重复设立问题。但《物权法》第二十六条也对指示交付作有规定；《担保法司法解释》第八十八条规定，出质人以间接占有的财产出质的，质押合同自书面通知送达占有人时视为移交，明确肯定了以间接占有方式出质的有效性。在以指示交付的发生设定动产质权的情况下，则亦可能会发生动产质权的竞合现象。发生这种情况时，质权的顺位原则上应依设定的先后定之。

五、抵押权与质权的竞合及其效力

抵押权与质权的竞合是指在同一担保标的物上存在抵押权和质权的情形。抵押权以不转移占有为特征，抵押物的所有人在设立抵押权后，仍然可以对抵押物进行使用、收益，这样，就有可能产生抵押权与其他担保物权的冲突。担保人以担保物为一项债权设定抵押担保后，又以该担保物为另一债权设定质押，这时，就出现了抵押权与质权的竞合。我国《担保法》的规定：可以抵押的财产有：抵押人所有的房屋和其他地上定着物；抵押人所有的机器、交通运输工具和其他财产；抵押人依法有权处分的国有的土地使用权、房屋和其他地上定着物；抵押人依法有权处分的机器、交通运输工具和其他财产；抵押人依法承包并经发包方同意抵押的荒山、荒沟、荒丘、荒滩等荒地的土地使用权；依法可以抵押的其他财产。从上述规定来看，抵押权分为不动产抵押权和动产抵押权两类，其抵押标的物是不动产上产生的用益物权和动产物权，而质权，我国法律不承认不动产质权，只承认动产质押和权利质押两种情况，因此抵押权与不动产质权、抵押权和权利质权不会发生竞合。据此，抵押权与质权的竞合主要表现为两种情况：(1) 在同一动产上先设定抵押权，后设定质权，使先后两个担保物权发生竞合。(2) 在同一动产上先设定质权后又设定抵押权。

抵押权与质权竞合，谁为优先？对此有三种不同学说：一为质权优先说。罗马法上有所谓“同等情况下占有人优先”的原则，根据这一原则，在抵押权与质权同时存在的情况下，质权优先于抵押权。二为抵押权优先说。此说认为抵押权若以登记进行公示，则应取得优先于质权的效力。三为抵押权与质权同效力说。此说认为，抵押权与质权同为担保物权，因而具有相同的法律效力，在抵押权与质权发生了竞合时，根据抵押权与质权设立的先后来决定，设立在先者，其权利优先，同时设立时，二者效力相同，抵押权人与质权人就其债权比例对抵押物变价进行分配。上述三说，都有其合理的一面，趋利避害，对抵押权与质权竞合的效力认定，应作如下区别对待：一是设定质权，又将质物为他人债权设定抵押权的，质权优先于抵押权。究其原因，主要在于质权以对质物的占有为前提，质权人对质物的占有，实质上表明质权已经公示，具有对抗其他人的效力。二是抵押权设定后，又以抵押物为他人债权设立质押，则分别两种情况对待：抵押权未经登记的，若后设质权人为善意，依善意取得制度，善意取得动产的第三人（即质权人）的权利有对抗其他人的效力，质权优先于抵押权；若后设质权人为恶意，则抵押权优先于质权。抵押权已经登记的，依据公示原则，抵押权优先于质权。三是押权与质权同时设立的，从在先权利原则引伸，一般认为二者效力相同，但法定登记的抵押权优先于质权。

六、抵押权与留置权的竞合及其效力

抵押权和留置权的竞合是指在同一担保标的物上，存在抵押权与留置权的情形。我国《担保法》规定，留置是指债权人合法占有债务人的动产，债务人不按照合同约定的期限履行债务的，债权人有权留置该财产，以该财产折价或者以拍卖、变卖该财产的价款优先受偿。从上述规定可见，留置的标的物仅限于动产，不动产不适用留置。即不动产抵押权与留置权不存在发生竞合的问题。但在动产范围内，抵押权与留置权可以发生竞合。主要表现为：(1) 先成立抵押，后设定留置。如抵押人在抵押物上设定抵押权后，将抵押物交第三人修理或者运输，因抵押人未能清偿修理费、运费，该第三人依法将修理、运输的财产留置。(2) 留置物所有人在其财产被留置后，以该留置物为标的向他人设定抵押，使同一标的物上存在两种担保物权。

抵押权与留置权冲突时，何者为优先，有以下二说：一为效力相同说。抵押权与留置权竞合时，根据二者的设立或实行的先后来决定。二为留置权优先说。此说认为留置权的效力优于抵押权，在抵押权与留置权发生竞合时留置权人可以就标的物变价优先于抵押权人而获得清偿，而抵押权在留置权发生的前或后设定或实行，在所不问。按成立在先原则，抵押权与留置权同属担保物权，其效力应以发生的先后来确定，而按物权法定原则，法定物权的效力优于意定物权的效力。抵押权和留置权竞合效力如何确定？留置权应优于抵押权。因为：一是留置权是法定物权，应优于其他物权；二是留置物在两权竞合时被留置权人占有，占有作为动产公示的效力可以对抗第三人；三是留置权人占有留置物，如果强行规定抵押权优先，在实践中会造成抵押权行使的诸多困难，引起更多纠纷。四是留置权担保的债权与留置物有直接关联，留置权的债权的发生，使抵押物增加新的价值，留置权的债权只是这一新增价值的代价，并且这一新增价值原本处于抵押物价值之外，抵押权人不应对此享有优先权。

七、留置权与质权的竞合及其效力

留置权与质权的竞合，是指在同一个担保标的物上，既存在留置权，又存在质权的情形。由于留置权的标的物是动产，而权利质权的标的物是权利，因而留置权与权利质权不发生竞合问题，但是以动产为标的物的动产质权，与留置权的竞合却是经常发生。留置权与质权的竞合主要有两种情形：(1) 留置权人在留置物上再设定质权；(2) 质权人在质物上成立留置权。

质权与留置权都是以占有标的物为其成立权件的，质权与留置权的竞合，实质上是质权人或留置权人处分债务人享有所有权的担保标的物的行为引起的，有两种情况：一是留置权人在留置物上设定质权，二是质权人在质物上设定留置权。不论哪种情况，善意取得制度都对二者竞合的成立起着至关重要的作用。如果后设立的担保物权人取得担保物权为恶意，则行为无效，不能发生质权与留置权竞合的问题。如果后设立的担保物权人取得担保物权为善意，行为有效，发生质权与留置权竞合问题。由于后发生的质权或留置权是前发生的质权或留置权人的行为引起的，前留置权人是后质权关系中的出质人，与质权人形成债权债务关系，前质权人是后留置权人的义务人，因而，在留置权与质权竞合时，后发生的质权或留置权应较前成立的留置权或质权具有优先受偿效力。即：留置权人在留置物上再设定质权的，质权优先于留置权；质权人在质物上设定留置权的，留置权优先于质权。

八、对引言案例的评析

（一）对案例一的评析

在本案中，甲公司将其房产、建设用地使用权分别抵押给建设银行、工商银行，并分别进行了抵押权登记，因此，建设银行、工商银行均取得了抵押权，出现了抵押权竞合的情形。依据《物权法》第一百九十九条“同一财产向两个以上债权人抵押的，拍卖、变卖抵押财产所得的价款依照下列规定清偿：（一）抵押权已登记的，按照登记的先后顺序清偿；顺序相同的，按照债权比例清偿；（二）抵押权已登记的先于未登记的受偿；（三）抵押权未登记的，按照债权比例清偿”的规定，显然，建设银行的抵押权优先于工商银行的抵押权受偿。

（二）对案例二的评析

在本案中，形成两种观点：第一种观点认为，商行未来支行所提异议不能成立。首先，作为协助执行义务人，该支行无权提出异议。其次，其虽与被执行人中实公司签订了商品房按揭贷款合作协议书，约定了被执行人中实公司在其行开立售房专用账户和按揭保证金专户，但法院在向其查询被执行人存款时，其提供了被执行人3个存款账户，且均未注明哪个是按揭贷款保证金专户，3个账户没有质的区别。据此，上述存款应为一般往来资金，可以依法扣划并应向申请执行人新科公司支付。第二种观点认为，案外人商行未来支行所提异议成立。其与被执行人中实公司就开发“欣景苑”住宅小区达成商品房按揭贷款合作协议，并约定中实公司在商行未来支行开立按揭保证金账户。据此，被冻结和拟扣划的上述两个账户中的资金为按揭贷款保证金，依照《《担保法解释》第八十五条“债务人或者第三人将其金钱以特户、封金、保证金等形成特定化后，移交债权人占有作为债权的担保，债务人不履行债务时，债权人可以以该金钱优先受偿。”的规定，异议成立。扣划上述存款时，应确保案外人商行未来支行的优先受偿权。应该说，第二种观点是正确的。346及840账户的设立及运行行为，符合《担保法解释》第八十五条的规定，具有对抗案件申请执行人新科公司债权的效能。《担保法解释》第八十五条规定，债务人或者第三人将其金钱以特户、封金、保证金等形式特定化后，移交债权人占有作为债权的担保，债务人不履行债务时，债权人可以以该金钱优先受偿。本条是对金钱作为特殊动产为质权标的物并优先受偿的效力认定。司法实践中，我们往往面临两个问题：一是对此资金能否冻结和扣划；二是该资金能否对抗申请执行人。本案中，法院核查到被执行人中实公司（开发商）在案外人商行未来支行存有资金，遂进行冻结并拟扣划该资金。此时，该支行当场提出异议，认为中实公司曾同其签订《商品房按揭贷款合作协议书》，并约定中实公司自愿作为购房人 D 的担保人，保证 D 按时向该支行履行还款义务，如 D 违约，则中实公司愿以一定比例的资金（即已被冻结的资金）作为质押担保，并优先向未来支行清偿。未来支行据此请求法院停止扣划措施。此时，就出现案外人商行未来支行的抗辩究竟能否对抗申请执行人新科公司的债权问题。本案被执行人中实公司与案外人商行未来支行的行为符合担保法解释第八十五条的规定，应视为交付和占有行为的成就条件。因此，应当认定 346 及 840 账户为按揭贷款保证金账户，该账户内的资金是具有特定用途的资金，且质押关系成立，并具有对抗案件申请执行人债权的效能。至此，商行未来支行的主体身份又成为动产质押权利人。因此，案外人商行未来支行请求对该资金优先受偿的执行异议成立。

（三）对案例三的评析

魏明的奥迪轿车抵押给兴发银行，并办理了抵押登记，质押给刘飞，并将奥迪轿车交付给刘飞，刘飞将奥迪轿车交于宏伟汽修厂，该厂依法行使留置权。因此，魏明与兴发银行的抵押借款合同、魏明与刘飞的质押借款合同、刘飞与宏伟汽修厂的留置合同，均不违反法律规定，为有效合同。根据《担保法解释》第七十九条“同一财产法定登记的抵押权与质权并存时，抵押权人优先于质权人受偿。同一财产抵押权与留置权并存时，留置权人优先于抵押权人受偿”的规定，宏伟汽修厂的留置权优先于兴发银行的抵押权，兴发银行的抵押权优先于刘飞的质权。魏明的奥迪轿车抵押给兴发银行，并办理了抵押登记，质押给刘飞，并将奥迪轿车交付给刘飞，刘飞将奥迪轿车交于宏伟汽修厂，该厂依法行使留置权。因此，魏明与兴发银行的抵押借款合同、魏明与刘飞的质押借款合同、刘飞与宏伟汽修厂的留置合同，均不违反法律规定，为有效合同。根据《担保法解释》第七十九条“同一财产法定登记的抵押权与质权并存时，抵押权人优先于质权人受偿。同一财产抵押权与留置权并存时，留置权人优先于抵押权人受偿”的规定，宏伟汽修厂的留置权优先于兴发银行的抵押权，兴发银行的抵押权优先于刘飞的质权。

第十二节 工程款优先权与抵押权和购买权竞合的处理

一、建设工程承包人优先受偿权的法律性质

我国《合同法》第二百八十六条规定：“发包人未按照约定支付价款的，承包人可以催告发包人在合理期限内支付价款。发包人逾期不支付的，除按照建设工程的性质不宜折价、拍卖的以外，承包人可以与发包人协议将该工程折价，也可以申请人民法院将该工程依法拍卖。建设工程的价款就该工程折价或者拍卖的价款优先受偿。”该条的规定，确立了建设工程承包人在发包人逾期不支付工程款的情况下，享有对该建造工程的优先受偿权。所谓优先受偿权，又称优先权，是指由法律规定的特种债权人就债务人的全部财产或特定财产优先受偿的权利。优先权制度的确立，旨在破除债权平等原则，赋予特殊债权人以优先于其他债权人而受清偿的权利，以实现债权人之间的实质性平等。优先权是一项极具特殊性的权利，它可以为特定人而设，也可以因特定事而设；可以为债权人的利益而设，亦可为债务人的利益而设。《合同法》第二百八十六条是为特定人建设工程承包人的利益而设定的。当然，该条的规定，并未损害债务人建设工程发包人的利益，公平地保护当事人双方的合法权益。

要正确理解《合同法》第二百八十六条的规定，关键在于正确理解建设工程承包人优先受偿权（下称工程款优先权）的法律性质。关于工程款优先权的法律性质，主要有如下几种代表性的观点：[①]

① 详见《工程款拖欠引发法律思考》，载《人民法院报》2001年8月20日。

第一种观点认为，依据该条的规定，承包人在发包人逾期不支付工程款的情况下，可以对工程进行留置，因此，该权利可以称之为法定留置权。按照民法原理和《担保法》第八十二条的规定，留置权的对象仅限于动产。《合同法》第二百八十六条规定的权利客体是建设工程，属于不动产。另外，留置权本身就是约定的，不存在法定留置权，因此，将本条解释为留置权是错误的。

第二种观点认为，该条规定实际上赋予了建设工程欠款的优先受偿权，而不是法定抵押权。依据我国担保法的有关规定和一般法理逻辑，抵押权不转移占有标的物，建设工程在交付使用前系处于建筑企业的占有控制之下，因此，该条规定的工程拍卖权，不属于法定抵押权。

第三种观点认为，工程款优先权为一种法定抵押权。梁慧星研究员认为，该条从设计、起草、讨论、修改、审议直至正式通过，始终是指法定抵押权。法定抵押权的行使条件是承包人向发包人发出催告通知后经过一个合理期限，而发包人仍未支付。王利明教授认为，该条所规定的法定抵押权，实际上是指承揽人的法定抵押权，它主要是指因为在建筑工程竣工以后，发包人未按照约定支付价款，承揽人对建筑工程可享有法定抵押权，即其工程款可以通过折价、拍卖等方式而获得的价款优先受偿。

2002 年 6 月 11 日公布并实施的《最高人民法院关于建设工程价款优先受偿权问题的批复》（以下简称《批复》）第一条规定："人民法院在审理房地产纠纷案件和办理执行案件中，应当依照《中华人民共和国合同法》第二百八十六条的规定，认定建筑工程的承包人的优先受偿权优于抵押权和其他债权。"从该条规定来看，《批复》实际上没有具体指出承包人的这种优先受偿权是否为法定抵押权或者其他权利①。但肯定了工程款优先权优于抵押权和其他债权，从而明确了以上三种观点所追求的共同答案。

同时，笔者坚持认为，工程款优先权是法定抵押权②，属法定担保物权，它的设定是基于《合同法》第二百八十六条的直接规定，而不允许当事人任意创设，这正是“物权法定原则”的体现。关于法定抵押权的成立，各国立法的规定不尽相同。依德国民法规定，法定抵押权应进行登记，未经登记法定抵押权不得成立。而瑞士法则将法定抵押权区分为公法上的法定抵押权和私法上的法定抵押权，前者不要求登记，当法定的事实出现时，抵押权形成；而对于私法上的法定抵押权则需经登记才能成立。我国台湾地区的法律规定，法定抵押权不经登记就可成立，但承揽人的法定抵押权如发生转让，在转让之前必须进行登记。法国民法中规定的法定抵押权也无须登记。由此可见，以不动产为标的的法定抵押权是否经过登记始生效力，应由法律作出明确规定。我国《合同法》第二百八十六条没有规定登记始生效力，则应视为无须登记就可生效。因此，它是无须登记公示的法定担保物权，与《担保法》所规定的约定担保物权有所不同。

二、建设工程承包人优先受偿权的构成要件

根据《合同法》第二百八十六条和《批复》的规定，并结合有关法律规定，建设工程承包人优先受偿权的构成要件如下：

1. 须建设工程合同所生债权，且为合法有效的债权。根据《合同法》第二百六十九条的规定，建设工程合同是承包人进行

---

① 汪治平：《建设工程价款优先受偿权的若干问题》，载《人民司法》2002年第8期，第5页。亦有学者认为，《批复》实际上采纳了第2种学术观点，并认为，法定抵押权与优先权并没有本质的区别，但在我国将其解释为优先权更合适。见杨永清：《建设工程价款优先受偿权司法解释的理解与适用》，载《判解研究》（2002第3辑），第13页、第21页。

② 详见何志：《合同法分则判解研究与适用》，人民法院出版社2002年版，第420页。

工程建设，发包人支付价款的合同。建设工程合同包括工程勘察、设计、施工合同。则工程款优先权的适用范围是否包括上述三种合同？第一种观点认为，《合同法》第二百八十六条所说的建设工程合同，应当作狭义解释，仅指施工合同，而不包括勘察合同、设计合同。并认为订立总承包合同后，再由总承包人订立分包承包合同、转承包合同，仅总承包人享有法定抵押权，分承包人、转承包人无此权利①。第二种观点认为，从字面解释的角度看，本规定的建设工程的价款，应当包括勘察合同、设计合同的价款。

笔者同意第一种观点。其理由：一是本条的立法初衷是解决长期存在的拖欠工程款问题，拖欠的工程款主要指施工合同的工程款，而这部分工程款大多是建筑工人的工资。二是勘察费、设计费虽也有拖欠，但与施工的工程款相比，已是“小巫见大巫”了。三是从实际和情理来看，建设单位一般具有支付勘察费、设计费的能力，若无此能力，何谈工程建设？

同时，建设工程承包合同所生的债权必须为合法有效的债权，当建设工程承包合同被确认为无效时，建设工程承包人的债权因此而不受法律保护，则不能根据《合同法》第二百八十六条的规定享有优先受偿权。

2. 须债权为承包人依建设工程合同实际支付的费用。根据《批复》第三条的规定，建设工程承包人优先受偿权的价款包括承包人为建设工程应当支付的工作人员的报酬、材料款等实际支付的费用，不包括承包人因发包人违约所造成的损失。该条对《合同法》第二百八十六条规定的工程价款作出了界定。《合同法》第二百八十六条中的“价款”是否包括承包人为建设工程支付的垫资款？分歧较大：有赞成纳入到优先受偿权的范围；有认为不包括垫资款；有认为垫资款已经物化为建筑工程，可以考虑

---

① 梁慧星：《合同法第二百八十六条的权利性质及其适用》，载《山西大学学报》（哲社版）2001 年第 3 期，第 6 页。

其享有优先权，否则不予保护。[①]

垫资款应当纳入到工程款优先权的范围内。其理由：一是虽建设部、国家计委、财政部于1996年6月4日发布《关于严格禁止在工程建设中带资承包的通知》规定，严禁承包人垫资承包，人民法院曾判决垫资部分无效[②]。但我国不是判例法，且根据《合同法》第五十二条的规定，合同只要不违反法律、行政法规的禁止性规定，就应当承认其效力。从法律规定的层次看，《关于严格禁止在工程建设中带资承包的通知》不属于法律、行政法规，至多归为部颁规章，因此不能成为人民法院认定合同条款无效的法律依据；二是垫资款的有效性已经得到司法解释的肯定。自2005年1月1日实施的《最高人民法院关于审理建设工程施工合同纠纷案件适用法律问题的解释》（以下简称《建设工程合同解释》）第六条规定，当事人对垫资和垫资利息有约定，承包人请求按照约定返还垫资及其利息的，应予支持，但是约定的利息计算标准高于中国人民银行发布的同期同类贷款利率的部分除外。当事人对垫资没有约定的，按照工程欠款处理。当事人对垫资利息没有约定，承包人请求支付利息的，不予支持；三是承包人垫资是建筑行业的惯例，也是建筑市场"僧多粥少"的无奈选择。建筑市场垫资比较普遍，发包人要求承包人垫资，如果承包人不带资、垫资也难以承揽到工程，如果不承认垫资有效，不利于保护承包人的合法权益，反而对拖欠工程款的建设方有利，鼓励赖账；四是《批复》第三条并未将垫资款排除之外。因此，垫资款应当纳入到工程款优先权的范围之内；五是建筑市场是开放的，建筑市场的主体可能是本国的企业，也可能是外国的企业，而国际建筑市场是允许垫资的，如果我们认定垫资一律无

---

① 各种观点理由详见杨永清：《建设工程价款优先受偿权司法解释的理解与适用》，载《判解研究》（2002第3辑），第17－19页。

② 最高人民法院（2000）民终字第25号民事判决认为，《建筑施工补充协议书》中垫资40万元的约定违反了不正当竞争的法律规定而无效。载《最高人民法院公布裁判文书》（二〇〇〇年），人民法院出版社2001年版，第366页。

效，违反国际惯例，与国际建筑市场的发展潮流相悖。

3. 须经发包人催告后仍未按照合同约定支付价款。根据《合同法》第二百八十六条规定，发包人未按照约定支付价款的，承包人可以催告发包人在合理期限内支付价款。发包人逾期不支付的，承包人对建设工程享有优先权。此处的“合理期限”，应当从发包人收到催告通知之日起算。此催告通知应当采用书面形式，以免纷争。至于合理期限是多少天，应当视个案的具体情形而定。若承包人未行使催告权，则不能行使优先受偿权。

4. 须不属于“不宜折价、拍卖的”建设工程。此处的“不宜折价、拍卖”的建设工程，当解释为法律禁止的流通物。如公共道路、军事设施、机场、公共图书馆、港口等不能够拍卖，当然也不能成为优先受偿权的标的。

5. 须承包人在法定期间内行使优先受偿权。根据《批复》第四条的规定，承包人行使优先受偿权的期限为6个月。承包人行使优先受偿权的起算点为：自建设工程竣工之日或者建设工程合同约定的竣工之日起计算。已完工工程，自实际竣工之日起计算。对未完成工程（即“半拉子”工程），则从建设工程合同约定的竣工之日起算。同时，《批复》第五条规定，在《合同法》施行后，在《批复》施行前，工程已经竣工或者按照约定已经竣工的，承包人应当在2002年12月27日前行使优先受偿权。

需要特别强调的是，《批复》所规定的6个月的期限，应当为除斥期间，不存在中止、中断和延长的情形。

三、工程款优先权与抵押权和购买权竞合的处理

（一）工程款优先权与一般抵押权的对抗效力

在工程款优先权与一般抵押权并存的情况下，何者优先，存在分歧。王利明教授认为，如果发包人未按照约定支付工程价款，承包人固然可以请求发包人承担违约责任，但违约责任在许多情况下并不能充分保护承包人的利益，法律才规定承包人的法

定抵押权。如果一般抵押权将要优先于法定抵押权而实现，那么法定抵押权设定的目的就不复存在了。梁慧星研究员认为，在发生法定抵押权与约定抵押权并存的情形时，无论约定抵押权发生在前或在后，法定抵押权均应优先于约定抵押权行使。主要理由是：（1）法定权利应当优先于约定权利；（2）从法律政策上考虑，法定抵押权所担保的债权中相当部分是建筑工人的劳动工资，应予优先确保。（3）建设工程是靠承包人付出劳动和垫付资金建造的，如果允许约定抵押权优先行使，则无异于以承包人的资金清偿发包人的债务，等于发包人将自己的欠债转嫁给属于第三人的承包人，违背公平及诚实信用原则。（4）承包人法定抵押权，是法律保护承包人利益而特别赋予的权利，具有保护劳动者利益和鼓励建筑、创造社会财富的政策目的。[①]

笔者赞同梁慧星先生、王利明先生的观点。从《批复》第一条的规定来看，工程款优先权优先于一般抵押权和其他债权。一并建议，承包人的工程款额实行预先登记制度。虽从优先权的性质来看，此种权利无需登记，因为它本身就是直接依据法律的规定而产生的优先受偿权。但为了保护一般抵押权的利益，使其知悉抵押物状况，建设工程是否拖欠承包人工程款，是否存在法定抵押权。如果其事先知道存在法定抵押权，则一般抵押权人可能不会同意发包人以建设工程作为抵押标的，若一般抵押权人明知而为之，则应认为自愿承担了因法定抵押权优先受偿而使其抵押权不能实现的风险。另一方面，关于工程的费用如果预先没有登记，事后也很容易发生纠纷，更何况如果发包人与承包人恶意通谋故意虚报工程款，从而在承包人的法定抵押权受偿以后，一般抵押权人将会蒙受损害。所以，应将工程款预先予以登记，该登记的工程款也是承包人法定抵押权实现的最高数额。如果实际结算的工程款高于登记数额，则以登记为准。如果低于登记数额，则以实际结算数额为准。其他一般抵押权人可从登记的工程款中

① 《工程款拖欠引发法律思考》，载《人民法院报》2001年8月20日。

预先了解可能发生的法定抵押权。这样，对一般抵押权人和其他债权人更显公平。

（二）工程款优先权与消费者权益的对抗效力

在实务中，如果建设工程为商品房，且在竣工之前发包人（开发商）已经分别与消费者订立房屋买卖合同，在发包人拖欠承包费用时，即可能发生承包人的优先受偿权与消费者权利的冲突。根据《批复》第二条“消费者交付购买商品房的全部或者大部分款项后，承包人就该商品房享有的工程价款优先受偿权不得对抗买受人”之规定，按下列情形处理：

1. 消费者已交付房款，并已经办理产权过户登记的情形下，消费者已经取得房屋所有权，就该房屋而言，建设工程承包人的优先受偿权已归于消灭，自不待言。

2. 在开发商尚未交房或虽交房而尚未办理产权过户，但交付了全部或者大部分款项的情形下，该房屋仍属于开发商所有，但建设工程承包人的优先受偿权不能对抗消费者。这是因为，如果允许承包人行使优先受偿权，无异于用消费者的资金清偿开发商的债务，等于开发商将自己的债务转嫁给广大消费者，严重违背特殊保护消费者的法律政策，因此应不允许承包人行使优先受偿权。实质是承包人利益与消费者利益比较，消费者属于生存利益，应当优先，承包人属于经营利益，应退居其次。

3. 理产权过户登记的情形下，建设工程承包人的优先受偿权具有对抗消费者的效力。这是因为，开发商与消费者恶意串通（指未交付房款就办理产权过户情形），损害承包人的利益，或者为保护承包人的权益不受严重侵害（指交付少部分房款，若保护了消费者，就严重损害了承包人利益），此时，承包人的优先受偿权对抗消费者的请求权，这也正是利益权衡的结果。

（三）发包人破产，承包人能否享有优先受偿权

在发包人破产的情况下，承包人能否行使优先受偿权？《批

复》对此未作规定。根据《最高人民法院关于审理企业破产案件若干问题的规定》第七十一条“下列财产不属于破产财产：（四）依照法律规定存在优先权的财产，但权利人放弃优先受偿权或者优先偿付特定债权剩余的部分除外”的规定，在发包人破产情形下，承包人对所建工程享有工程款优先受偿权。

四、建设工程承包人优先受偿权的行使方式

根据《合同法》第二百八十六条的规定，承包人对工程款优先受偿权的行使方式有两种：

1. 协议折价。承包人可以与发包人协议将工程折价，承包人从折价的价款中优先受偿。在司法实务中，应当注意的是协议折价，不得损害其他债权人的利益。若损害了其他债权人利益，则其他债权人可根据《合同法》第七十四条、第七十五条的规定，行使撤销权。

2. 申请人民法院拍卖。承包人申请人民法院拍卖建设工程，并就拍卖的价款优先受偿。① 此与一般抵押权行使方式不同，即一般抵押权人得向人民法院提起诉讼，而不得直接申请拍卖。建设工程承包人向人民法院申请优先受偿权，须提供证明优先受偿权存在及具备执行条件的证据，人民法院受理承包人的申请后，应当通知发包人，发包人对承包人的优先受偿权没有异议的，人民法院方可对建设工程的标的物进行拍卖；发包人对承包人的优先受偿权提出异议的，人民法院应当裁定驳回承包人的申请，由承包人向人民法院提起诉讼，待获得生效胜诉裁决后，再向人民法院申请依法拍卖。

需要特别明确的是，《合同法》第二百八十六条并未排除承

---

① 梁慧星教授认为，《合同法》第二百八十六条的协议折价和也可以直接申请人民法院将该工程依法拍卖。这里规定的不是“提起诉讼”，而是“申请法院拍卖”。立法意图是要改变担保法规定的抵押权行使方式，由“对人诉讼”改为“对物诉讼”。见梁慧星：《合同法第二百八十六条的权利性质及其适用》，载《山西大学学报》（哲社版）2001年第3期，第7页。

包人采用诉讼途径行使优先受偿权，且在审判实践中多采用诉讼方式，但诉讼成本要大些。

五、适用《批复》应当注意的问题

《合同法》第二百八十六条对建设工程承包人优先受偿权仅作了原则性的规定，虽《批复》对其进行了完善，但该项法律制度很好地发挥作用，在实践中，应当注意下列问题：

1. 垫资款及利息应当纳入优先受偿权范围。在适用《批复》时，要与《建设工程合同解释》的有关规定相结合。根据《建设工程合同解释》第六条规定，当事人对垫资和垫资利息有约定，承包人请求按照约定返还垫资及其利息的，应予支持，但是约定的利息计算标准高于中国人民银行发布的同期同类贷款利率的部分除外。当事人对垫资没有约定的，按照工程欠款处理。当事人对垫资利息没有约定，承包人请求支付利息的，不予支持。该解释第十七条规定，当事人对欠付工程价款利息计付标准有约定的，按照约定处理；没有约定的，按照中国人民银行发布的同期同类贷款利率计息。该解释第十八条规定，利息从应付工程价款之日计付。当事人对付款时间没有约定或者约定不明的，下列时间视为应付款时间：（1）建设工程已实际交付的，为交付之日；（2）建设工程没有交付的，为提交竣工结算文件之日；（3）建设工程未交付，工程价款也未结算的，为当事人起诉之日。由上述司法解释可知，垫资款、利息均应当纳入优先受偿权，以充分保护施工人的合法权益。

2. 装修装饰工程款应当纳入优先受偿权的范围。装修装饰工程款是否应当纳入《合同法》第二百八十六条所规定的优先受偿权范围，实践中有不同认识。对此，《最高人民法院关于装修装饰工程款是否厦享有优先受偿权的函复》（〔2004〕民一他字第14号）认为，“装修装饰工程属于建设工程，可以适用《中华人民共和国合同法》第二百八十六条关于优先受偿权的规定，但装修装饰工程的发包人不是该建筑物的所有权人或者承包人与该建筑物的所有权人之间没有合同关系的除外。享有优先权的承包人只能在建筑物因装修装饰而增加价值的范围内优先受偿。”因此说，装修装饰工程款应当纳入优先受偿权的范围。

3. 工程款优先权不得在建设工程承包合同作出放弃的约定。这是因为，建设工程承包人虽在合同中约定放弃工程款优先权，但此权利的放弃损害了大多数建筑工人的利益，故对该约定认定为无效。

第十三节　《担保法》与《物权法》的冲突与处理

一、引言

在现实生活和司法实践中，涌现出大量的涉及担保物权纠纷的案件，该类案件的担保物权设立在物权法实施之前，纠纷发生在物权法实施之后，由于物权法对担保物权的规定与担保法中对担保物权的规定有诸多冲突，适用不同的法律，其处理结果不同。诸如：

本案是适用《担保法》还是适用《物权法》[①]

2003 年 2 月 27 日，南阳市卧龙区农村信用联合社（下称农联社）与黄风朝签订了借款合同一份，合同约定：贷款金额 65000 元，贷款期限自 2003 年 2 月 27 日起至 2004 年 2 月 27 日止，贷款利率 6.6375‰。同日，农联社与黄风朝、张秋杰（系

① 案例来源于河南省南阳市中级人民法院（2008）南民一终字第 836 号民事判决。

黄风朝之妻)、黄欢（黄风朝之子）签订了抵押合同，以三人共同所有的房屋一座（房屋所有权证号：4020426）设定抵押，期限1年，该抵押权在南阳市房屋产权产籍管理处进行了登记备案。合同签订后，农联社于2003年3月10日将贷款65000元交付于黄风朝。借款到期后，黄风朝于2004年3月10日结息5249.16元，偿还本金5000元，下欠本金60000元及利息未付而形成纠纷，农联社于2007年12月7日诉至法院。

在本案中，农联社与黄风朝所签订的借款合同为有效合同。借款到期后，农联社没有证据证明向黄风朝等人主张过权利，本案农联社所诉的债权60000元及利息已经超过诉讼时效，故该项权利不予支持，没有争议。问题的焦点是法律适用问题，即《物权法》有无溯及力问题。我们知道，《物权法》第二百零二条的规定与《担保法解释》第十二条第二款的规定不一致，本案适用《担保法》及其司法解释处理，农联社行使抵押权的诉讼请求就应当得到支持；适用《物权法》的规定，农联社行使抵押权的诉讼请求则不应得到支持。同时，《物权法》的溯及力问题也是司法实践中容易混淆的问题，如《人民法院报》2008年7月15日刊登彭箭所撰写的《本案抵押权是否消灭》一文的案情与本案相同，但该文作者认为适用《物权法》，从而免除抵押人的担保责任。该种观点，颇具代表性，也是对《物权法》溯及力的误读。因此，确有必要对《物权法》的溯及力予以澄清。

二、《担保法》与《物权法》的主要冲突

《物权法》第一百七十八条规定：“担保法与本法的规定不一致的，适用本法。”物权法是调整物权法律关系的基础性法律规范，尤其是第四编“担保物权”是关于担保物权法律关系的一般性规范，是担保物权制度的基本法。但是，现行《担保法》同样也是调整担保法律关系的基础性法律规范，其中有很多关于担保的规定与《物权法》不尽一致，存在诸多不一致之处，其主要冲

突表现在：

1. 关于独立担保的依据的规定不同。《担保法》第五条第一款规定："担保合同是主合同的从合同，主合同无效，担保合同无效。担保合同另有约定的，按照约定。"而本法第一百七十三条规定："担保合同是主债权债务合同的从合同。主债权债务合同无效，担保合同无效，但法律另有规定的除外。"由此可见，《担保法》允许当事人通过合同约定独立担保，而本法禁止当事人自行约定独立担保，而只能依据法律规定。

2. 关于担保权物上代位物范围的规定不同。《担保法》第五十八条规定："抵押权因抵押物灭失而消灭。因灭失所得的赔偿金，应当作为抵押财产。"该规定将抵押权的物上代位仅以抵押物的毁损、灭失而发生的代位物为限。但本法第一百七十五条规定："担保期间，担保财产毁损、灭失或者被征用等，担保物权人可以就获得的保险金、赔偿金或者补偿金等优先受偿。被担保债权的履行期未届满的，也可以提存该保险金、赔偿金或补偿金等。"《担保法解释》第八十条第一款扩展了《担保法》的上述规定，规定："抵押物灭失、毁损或者被征用的情况下，抵押权人可以就该抵押物的保险金、赔偿金或者补偿金优先受偿。"该规定与《物权法》的规定精神相同，将物上代位物的范围予以扩展。

3. 关于人保和物保并存时担保权实行规则的规定不同。《担保法》第二十八条采取"保证人绝对优待主义"，规定："同一债权既有保证又有物的担保的，保证人对物的担保以外的债权承担保证责任。债权人放弃物的担保的，保证人在放弃权利的范围内免除保证责任。"而《物权法》采取保证人绝对优待主义和平等主义的综合模式，规定："被担保的债权既有物的担保又有人的担保，债务人不履行到期债务或者发生当事人约定的是实现担保物权的情形的，债权人应当按照约定实现债权；没有约定或者约定不明确，债务人自己提供物的担保的，债权人应当先就该物的担保实现债权；第三人提供物的担保的，债权人可以就物的担保实现债权，也可以要求保证人承担保证责任。提供担保的第三人承担担保责任后，有权向债务人追偿。”

4. 关于抵押合同生效时间的规定不同。《担保法》第四十一条规定：“当事人以本法第四十二条规定的财产抵押的，应当办理抵押物登记，抵押合同自登记之日起生效。”而《物权法》第一百八十七条规定：“以本法第一百八十条第一款第一项至第三项规定的财产或者第五项规定的正在建造的建筑物抵押的，应当办理抵押登记，抵押权自登记时设立。”可见，同样是登记，《担保法》规定登记是抵押合同的生效条件，而本法规定登记是抵押权的生效条件，两者之区别可谓重大。

5. 关于转质权的规定不同。《担保法》没有规定转质权，《担保法解释》第九十四条仅仅承认承诺转质，否认责任转质；而《物权法》在第二百一十七条规定：“质权人在质权存续期间，未经出质人同意转质，造成质押财产毁损、灭失的，应当向出质人承担赔偿责任”，显然本法明确承认了责任转质，同时也意味着认可承诺转质。

此外，《担保法》与本法在抵押权行使与诉讼时效的关系、抵押物转移制度、最高额抵押的转让、允许设定权利质押标的物的种类等诸多方面，存在不同。

物权法明确地将担保物权作为物权予以规定，并在担保物权的类型、设定、公示方式和效力等方面作出明确的规定。因此，尽管物权法仅规定了《担保法》与《物权法》的冲突时，应当适用本法；但在解释上，《民法通则》关于担保权的规定与《物权法》不一致时，亦应当适用《物权法》。

三、《物权法》与《担保法》冲突的法律适用

《物权法》的担保物权编，一方面吸收甚至是原封照搬了《担保法》及其司法解释关于担保物权的规定，另一方面借鉴国外立法、司法经验，结合我国社会主义市场经济发展的需要，进行制度创新，对《担保法》有关条款予以补充、修改。这就使物

权法自身就形成了比较完整的担保物权制度体系，似无保留担保法关于担保物权诸规定之必要。但鉴于担保法还涵盖有总则及人的担保等担保制度，不宜废止《担保法》。若仅废止担保物权部分，又破坏了《担保法》的完整体系。因此，形成《物权法》担保物权编与《担保法》关于担保物权的规定并存的立法状态。而两个并存的立法诸多的冲突规范如何选择适用，是司法裁判中首先面临的问题。

对《物权法》实施后发生的担保行为如何选择适用法律问题。对于物权法实施后即2007年10月1日后发生的担保行为，物权法与担保法均对其具有约束力，自不待言。但在《物权法》与《担保法》有关规定不一致的情况下，法官必须依据一定的规则选择适用，此乃审判权题中之意。通常情况下，法律选择适用的规则有三：一是“上位法优于下位法”；二是“新法优于旧法”；三是“特别法优于一般法”。我国《立法法》第八十三条明确规定：“同一机关制定的法律、行政法规、地方性法规、自治条例和单行条例，规章，特别规定与一般规定不一致的，适用特别规定；新的规定与旧的规定不一致的，适用新的规定”。显然，就上述三个规则而言，依据后两个规则选择适用法律的前提是，同一立法机关制定的法律规范之间，亦即同位法之间出现不一致的规定的情形。如果非同位法，法律的效力等级存在差别，则没有依据后两个规则之余地。如，某行政法规相对于某法律而言，即使该行政法规有关条款系特别规定，且行政法规相对于某法律属于新法，因二者效力等级不同，亦不能依据“新法优于旧法”、“特别法优于一般法”规则优先适用该行政法规。否则，如果依据“上位法优于下位法”规则，应当适用某法律，而依据后两个规则应当适用某行政法规，其结论是相互矛盾的，仍使法律适用的选择陷入困境。当然，如果虽非同位法，但下位法是基于上位法或上位法立法机关的立法授权制定的，则另当别论。我国立法法所规定的法律规范依次为，法律、行政法规、地方性法规、自治条例和单行条例、规章，上位法与下位法可谓泾渭分明。就物权法与担保法而言，应属同位法，当担保法与物权法规定不一致时，不应依据“上位法优于下位法”规则作出判断，那么，是否可以基于物权法系新法，担保法系旧法，依据“新法优于旧法”规则选择适用物权法呢？这当然是合乎逻辑的思维。但仅意识到这一点是不够的，还应考虑：担保法是否系物权法的特别法，进而依据“特别法优于一般法”规则优先适用担保法呢？担保法关于担保物权的规定，相对于物权法总则及担保物权编的一般规定，应属特别规定。依据特别规定优于一般规定的规则，将得出担保法优于物权法适用的相反结论。简言之，物权法新的一般规定与担保法旧的特别规定不一致，依据选择法律适用的规则仍不能确定如何适用。对此，《立法法》第八十五条明确了解决路径，即于此情形由全国人大常务委员会裁决，若审判实务中果真陷入这种尴尬，启动立法机关裁决程序，将颇费周折。立法者正是预见到了这一点，在《物权法》第一百七十八条规定：担保法与本法的规定不一致的适用本法。寥寥几语干净利落地解决了审判实务中可能面临的选择适用法律的争议和困惑。如果仅仅依据“上位法优于下位法”规则即可对物权法与担保法的适用问题迎刃而解，物权法该规定岂不是多此一举。除担保法之外，海商法，民用航空法亦规定有船舶、航空器抵押权等担保物权问题，相对于物权法而言，亦属于旧的特别规定，在理论上同样面临法律适用选择中的困境。解决的依据，应参照《物权法》第一百七十八条之规定。当然，因物权法关于船舶、航空器抵押之规定与海商法、民用航空法之规定并无二致，实务中不会产生法律适用选择之困惑。

对于物权法实施前发生的担保行为如何选择适用法律问题。法律一般只能适用于生效后发生的事件和行为，不适用于生效前的事件和行为，此所谓“法律不溯及既往”原则。法律溯及力，又称法律溯及既往的效力，是指新的法律颁布后，对它生效以前所发生的事件和行为是否适用的问题。如果适用，就具有溯及力。如果不适用，就没有溯及力。法律一般只能适用于生效后发生的事件和行为，不适用于生效前的事件和行为，即法律不溯及既往的原则。该原则为罗马法以来所公认。如，美国1787年宪法第1条第9款规定："追诉既往的法律不得通过。"法国《人权宣言》第8条规定："除非根据在犯法前已经公布的且系依法施行的法律以外，不得处罚任何人。"1804年《法国民法典》第2条规定："法律仅仅适用于将来，没有追溯力。"但须注意的是，法律不溯及既往原则为司法原则，而非立法原则。立法时根据需要，仍可明定法律有溯及既往的效力。

需特别注意的是，司法解释溯及力与法律的溯及力有所不同。按照最高法院的规定，司法解释有三种形式。一是对某一具体法律的解释，此种司法解释的效力应溯及到所解释的法律实施之时。如担保法是1995年10月1日实施，其司法解释至1999年底颁布，但该司法解释溯及到1995年10月1日后的担保行为；二是对下级法院适用法律问题请示的批复；三是针对某一类民事纠纷的处理规则作出的统一规定。后两种形式司法解释，因是基于对已发生的民事纠纷规定的处理规则，且一般依已经实施的法律的原则规定为依据，因而应溯及既往。

《物权法》第二百四十七条规定："本法自2007年10月1日起施行。"法律的溯及力与法律生效时间相关。由于法律是指导人们行为的标准，只有公布的法律才有可能成为约束人们行为的准则，所以法律不溯及既往原则是绝大多数国家所遵循的法律程序技术原则。一部新的法律施行后，对新法施行前人们的行为判断不得适用新法，而只能沿用旧法。该原则的出发点在于维护法的稳定性和可预期性。我国法律在一般情况下采用"法不溯及既往"的原则，按照《立法法》的规定，法律不具有溯及既往的效力，即新的法律规定不能调整法律生效前已经发生的事实和行为。本条虽然没有明确具体规定《物权法》的溯及力问题，但根据《立法法》的规定及法的一般原则，在没有作出特殊规定的情况下，该法不具有溯及既往的效力，对过去的问题，应当按照当时的规定或者约定处理。同时，《物权法》的颁行并不意味着

《担保法》的废止，因此《物权法》施行后将出现《民法通则》、《担保法》、《物权法》、《海商法》等规定有担保物权内容的诸法并行的局面。因此，在处理《担保法》等法律与《物权法》衔接问题时，人民法院应当坚持“法不溯及既往”的法律原则，凡是发生在《物权法》施行之前的担保物权行为，应当适用《担保法》及其司法解释的规定。

四、《物权法》溯及既往的例外情形

通常情况下，担保行为发生在2007年10月1日前，则使用《担保法》之规定，反之，适用《物权法》。此所谓“法不溯及既往”的法律适用原则。然而，凡事都有例外，此种例外有两种情形：

1. 对《物权法》实施前有关形成担保物权的合同，如果当时的法律规定为无效或未生效，而《物权法》认为有效，则仍适用《物权法》的规定而认定其有效。如《担保法》第四十一条、第四十二条所规定的抵押物设定抵押时，抵押合同自登记时生效。而《物权法》第十五条明确规定，当事人之间订立有关设立、变更、转让和消灭不动产物权的合同，除法律另有规定或者合同另有约定外，自合同成立时生效；未办理物权登记的，不影响合同效力。这就是通常所说的物权法上的不动产物权变动的原因与结果相区分的原则。所谓区分原则，即在发生物权变动时，物权变动的原因与物权变动的结果作为两个法律事实，他们的成立生效依据不同的法律根据的原则。同时，担保物权合同应当适用《合同法》关于合同效力的规定。因此，关于担保物权的合同效力问题，应当适用《物权法》的规定处理。

2. 对于《物权法》实施前的物的担保，《担保法》及其司法解释认为不具有物权效力，而《物权法》却认为其具有物权效力，则不能赋予其具有物权效力。这是由物权法定原则所决定的。物权法定原则，又称物权法定主义，是指物权的种类、内容由法律明确规定，而不能由当事人通过合同任意设定。《物权法》

第五条规定："物权的种类和内容，由法律规定。"由此可知，物权法定原则是物权立法的一项基本原则，在全部物权法的结构体系上处于枢纽地位。如《担保法》未如《物权法》那样规定"浮动抵押担保"，若当事人设定了浮动抵押担保，是否有效？尤其是在该抵押的财产上又同时设定了其他物权担保时，该如何确定其优先性？何况新法的颁布不能破坏原有民事权利构成的法益。

五、《物权法》生效后法律适用冲突的处理

《物权法》第一百七十八条规定"担保法与本法的规定不一致的，适用本法"仅能理解为，"在物权法实施后的担保行为与担保法规定不一致的，适用物权法。"当然，两者一致的话，则不生影响。《物权法》实施后，在处理《担保法》等法律与《物权法》的冲突时，应当按照《立法法》第八十三条与《物权法》第一百七十八条规定的原则和精神，根据"上位法优于下位法"、"新法优于旧法"、"特别法优于一般法"的原则解决法律冲突问题。《民法通则》与《物权法》虽为同位法，但《物权法》是新法；《担保法》与《物权法》虽皆规定有担保物权，但《物权法》是上位法；《物权法》与《海商法》、《民用航空法》虽都规定有船舶、航空器抵押权等担保物权，但《海商法》、《民用航空法》是特别法。

同时，我们应当明确的是，《担保法》中关于担保物权的规定并没有随着《物权法》的颁布而被完全废除，由此《担保法解释》中的担保物权的部分也没有完全被废除。这就要求我们在处理担保物权的相关问题过程中，不仅仅要关注《物权法》，同时也还要注意到《担保法》和《担保法解释》，对于《物权法》没有作出规定的问题，《担保法》和《担保法解释》仍有适用的余地。

六、对引言案例的评析

在本案中，黄风朝、张秋杰、黄欢的房产作抵押，并依法进

行了抵押登记，故该抵押权依法设立。借款合同到期后，仅偿还了利息和部分本金，实属违约行为。由于农联社怠于行使权利，致使本案的主债权超过诉讼时效，故农联社就债权部分丧失胜诉权。由于抵押权有效设立，依据《担保法解释》第十二条第二款“担保物权所担保的债权的诉讼时效结束后的二年内行使担保物权的，人民法院应当予以支持”的规定，虽本案的主债权超过了诉讼时效，但农联社在诉讼时效结束后的二年内仍可行使抵押权，因此，黄风朝、张秋杰、黄欢应当以抵押物为限对所担保的债权承担清偿责任。黄风朝、张秋杰、黄欢辩称本案应当适用《物权法》，由于本案的抵押权设定于 2003 年，虽农联社起诉在《物权法》实施之后，但依据“法不溯及既往”的法律原则，《物权法》对其实施之前的担保物权行为并没有溯及力，故本案应当适用《担保法》及其司法解释的有关规定。

第十四节　诉讼时效的最新规制

一、引言

《最高人民法院关于审理民事案件适用诉讼时效制度若干问题的规定》（下称《规定》），已于 2008 年 8 月 11 日由最高人民法院审判委员会第 1450 次会议通过，于 2008 年 9 月 1 日公布并施行。《规定》共 24 条，在全面梳理现有司法解释规定的基础上，进行科学的修正、整合和完善，分别从诉讼时效总则、起算、中断、中止、效力等方面求同存异，进行了较为系统、全面的规定。

诉讼时效问题，是审判实践中常见的问题。诸如：

债务人抛弃时效利益的法律后果①

1997年11月20日，诸暨市兽药厂与诸暨市财务公司签订了贷款合同一份，约定由财务公司贷给兽药厂人民币35万元，利率为月息12.6‰，借款期限自1997年11月20日起至1998年3月18日止，原诸暨市特种建材厂为兽药厂借款提供连带责任保证，保证期间为主债务到期后两年。合同签订后，财务公司按约向兽药厂发放了借款35万元。借款到期后，兽药厂仅归还借款本金5万元，其余借款本金及利息未按约归还。2007年4月19日，兽药厂负责人魏建浩出具还款计划一份，确认尚欠财务公司等三单位借款本金76.5万元，表示愿意在房子、土地处理中逐步归还。但兽药厂未履行还款义务。财务公司遂诉至诸暨市人民法院，要求兽药厂归还借款本金30万元，并赔偿相应的利息损失。

诸暨市人民法院认为，兽药厂向财务公司借款35万元，原诸暨市特种建材厂提供连带责任保证，兽药厂至今尚欠借款本金30万元及利息，借款人与贷款人均无异议，该事实清楚，应予认定。财务公司无金融业务经营资格，财务公司与兽药厂之间的借款行为，违反了国家金融法规的禁止性规定，其借款行为应视为无效，但财务公司的合法权益依法应予保护。因合同无效，约定的利息条款没有约束力，不能作为赔偿利息损失的依据，应参照中国人民银行有关逾期付款的规定计付。据此判决：一、兽药厂应返还财务公司借款本金30万元，赔偿利息损失应自1997年11月20日起至借款本金返还日止，按每日万分之二点一计付，

① 案例来源于史和新、董伟：《债务人抛弃时效利益后不得反悔或撤回》，载《人民法院报》2007年10月19日。

款限本判决生效之日起10日内付清；二、驳回财务公司其余诉讼请求。案件受理费5927.50元，由兽药厂负担。

兽药厂不服判决提出上诉称：财务公司的起诉已超过诉讼时效，重新出具的“还款计划”不能视为还款协议，是债务人在超出诉讼时效之后对今后自愿履行该还款行为的一种态度表示。请求撤销原判，依法改判，驳回财务公司的一审诉讼请求。

绍兴市中级人民法院经审理认为，本案的争议焦点主要在于诉讼时效超过后，上诉人出具的还款计划能否引起时效利益抛弃的法律后果，以及合同认定无效后，利息损失是否应当赔偿。(1) 依照我国《民法通则》的相应规定，债务人在诉讼时效期间届满后，即获得了诉讼时效的抗辩权，其有权以诉讼时效届满为由对抗债权人的权利主张；但该种抗辩权也可通过一定的方式予以放弃，根据最高人民法院法复〔1997〕4号批复：“超过诉讼时效期间，当事人双方就原债务达成的还款协议，属于新的债权、债务关系。根据《民法通则》第九十条规定的精神，该还款协议应受法律保护”的规定，即是放弃诉讼时效抗辩权的一种形式，而且该种放弃方式一旦作出，则再不能以任何方式加以放弃或撤回。本案中，上诉人在所负债务诉讼时效届满后的2007年4月向被上诉人财务公司出具还款计划，不仅对欠款数额予以确认，而且还言明自己愿意在房子、土地处理过程中逐步归还；被上诉人财务公司接受了该还款计划，应视为双方已就原债务的归还达成了协议，从而在上诉人与被上诉人财务公司间形成了新的债权、债务关系。故本案的诉讼时效可以从上诉人向被上诉人财务公司出具还款计划时重新起算。(2) 因被上诉人财务公司并无金融业务经营资格，故被上诉人财务公司与上诉人间签订的贷款合同应为无效合同。合同无效后，双方当事人因此而取得的财产应返还给对方，本案中，被上诉人财务公司因出借款项而遭受了利息损失，而上诉人却因该合同而获得了相应收益，故上诉人应赔偿被上诉人财务公司因此而受到的损失，原审法院据此而参照中国人民银行有关逾期付款利息的规定计算赔偿数额，并无不当。遂判决：驳回上诉，维持原判。

上述案例，涉及到诉讼时效的有关问题，本文结合《规定》对诉讼时效予以论述。

二、诉讼时效制度的适用范围

诉讼时效制度的适用范围，又称为诉讼时效的客体，即哪些权利应适用诉讼时效。从我国《民法通则》的规定来看，并没有明确规定诉讼时效的适用范围，但并不等于任何权利均可适用诉讼时效，判例和学说一致认为只适用于请求权。[①] 请求权因其基础法律关系不同，大致可分为债权请求权、物权请求权和身份上请求权。《规定》采纳了理论界通行的观点，认为债权请求权以财产利益为内容，不具支配性。若权利人长期怠于行使权利，会使法律关系处于不确定状态，不利于维护社会交易秩序稳定，因此债权请求权适用诉讼时效的规定。债包括合同之债、无因管理之债、不当得利之债和损害赔偿之债，无论何种债的关系，其请求权均适用诉讼时效。

值得我们特别注意的是，《规定》第一条对于支付存款本息请求权、兑付国债、金融债券和向不特定对象发行的企业债券本息请求权以及基于投资关系产生的缴付出资请求权作了除外规定。这是因为前两种请求权的实现关系到社会公共利益的保护，如果适用诉讼时效的规定，则将使民众的切身利益受到损害。缴付出资请求权不适用诉讼时效的规定，否则，有违公司资本充足原则，且不利于对其他足额出资的股东及公司债权人的保护。

三、诉讼时效利益不得预先抛弃

在现实生活和司法实践中，当事人对诉讼时效进行了约定，如“债权人在债权到期后一年内不主张权利的，丧失胜诉权”、

---

① 王利明：《民法总则研究》，中国人民大学出版 2003 年版，第 717 页。

或约定“本债权到期后不受诉讼时效的限制，永远受法律保护”，等等，这些约定是否有效？对此，《规定》第二条作了明确规定，即“当事人违反法律规定，约定延长或者缩短诉讼时效期间、预先放弃诉讼时效利益的，人民法院不予认可。”言外之意，当事人不得预先抛弃时效利益，若作出此约定为无效。

所谓诉讼时效利益，是指抛弃已经过诉讼时效期间的利益，包括诉讼时效进行前、进行中及完成后的抛弃。[①] 我国法律对时诉讼效利益可否抛弃未作规定，《规定》对此作了明确规定。时效完成前，不得预先抛弃时效利益，是通例，且诉讼时效制度为强行性规定。[②] 大陆法系各国均规定，在时效未完成以前不得抛弃。因为，如果允许当事人预先抛弃诉讼时效利益，则诉讼诉讼时效制度等于虚设，有害于社会，故应禁止。在诉讼时效进行前如为抛弃，则抛弃无效。在诉讼时效进行中，如仅对已经过的期间抛弃，则为有效，应视同同意履行，有诉讼时效中断的效力。在诉讼时效完成后，义务人抛弃时效利益，应当有效，如超过诉讼时效后所达成的协议依然受法律保护。诉讼时效利益抛弃后，重新起算诉讼时效。[③]

实践中，抛弃时效利益情形主要有以下几种：一是协议承认。即当事人就诉讼时效届满后的债权债务关系，以协议的方式重新确立一个新的基础关系，发生时效利益抛弃的法律后果。最高法院 1997 年 4 月 16 日发布的（1997）4 号批复中指出：“根据民法通则第九十条规定的精神，对超过诉讼时效期间，当事人双方就原债务达成还款协议的，应当依法予以保护。”二是债权抵销。时效届满，债权本身并不消灭，只要对方的债权发生于己方债权的诉讼时效期间内可发生抵销后果。三是提供担保。《担保法解释》第三十五条规定：“保证人对超过诉讼时效期间的债

① 参见史尚宽：《民法总论》，中国政法大学出版社 2000 年版，第 710 页。

② 何志：《诉讼时效中的疑难问题研究》，载《判解研究》2007 年第 5 期，第 49 页。

③ 王泽鉴：《民法总则》，中国政法大学出版社 2001 年版，第 544 页。

务承担保证责任或者提供保证的，又以超过诉讼时效为由抗辩的，人民法院不予支持。”四是债务履行。时效完成后，债务人向债权人履行债务后，不得以超过诉讼时效为由反悔。五是债务承认。债务人于时效完成后向债权人表示认同其权利之有效存在。这是通过单方意思表示的形式向权利人表示放弃时效抗辩权或愿意继续履行。最高法院在 1999 年 7 月 21 日发布的法释（1999）7 号批复中规定：“对于超过诉讼时效期间，信用社向借款人发出催收到期贷款通知单，债务人在该通知单上签字或盖章的，应当视为对原债务的重新确认，该债权债务关系应受保护。”

诉讼时效利益一旦抛弃，便对债权人、债务人产生一定的法律效力。一是对债权人的效力。债务人放弃时效利益后，即放弃了时效抗辩权，债权人重新取得了债权的胜诉权，其债权受法律强制力保障。对于诉讼时效期间届满后，债务人自愿履行已超过诉讼时效的债务，债权人有权接受，而不因此构成不当得利；债权人有权请求债务人按照双方达成的清偿协议或债务人单方放弃时效利益的意思表示履行债务，并受法律强制力保障。二是对债务人的效力。债务人放弃时效利益后，即放弃了时效抗辩权，其在时效完成后实际履行债务或同意清偿原债务的行为具有法律效力。超过诉讼时效期间，当事人自愿履行后，不得以已超过诉讼时效为由翻悔，否则法律不予支持；债务人与债权人达成的清偿协议或债务人单方放弃时效利益的意思表示，具有法律效力，债务人应按照其履行债务。总之，时效利益一经抛弃，即回复到时效完成前之状态，债务人不得再以时效已经完成为由拒绝给付。

四、诉讼时效制度的援引

诉讼时效届满后，义务人便享有时效利益，但该利益的实现是由当事人主动提出，还是法官主动审查，存在法官依职权主动审查说与当事人主动提出说之争。《规定》第三条规定，当事人未提出诉讼时效抗辩，人民法院不应对诉讼时效问题进行释明及主动适用诉讼时效的规定进行裁判。显然，采纳了当事人主动提出说。

法官无权主动适用，必须由当事人提出后才能进行审查。理由在于：（1）法官不得主动适用时效是大多数国家的立法和判例的通行做法。（2）法院主动适用诉讼时效，是对当事人处分权的过分干预，有违私法自治原则。诉讼时效届满，义务人就取得了一种可以不再履行其义务的利益，权利人如提出请求，义务人可进行有效的抗辩。既然是一种利益，应当尊重私法自治原则，在法律规定的范围内应允许当事人自由处分。（3）法院审查时效以当事人主张时效利益为前提，有利于法律与道德的融合。若义务人行使该项权利，法院应给予审查，以实现诉讼时效制度的目的；若义务人不行使该项权利，可能是基于良心的感召，愿意放弃时效利益，向权利人作出履行，此时如果法院强行适用时效，对权利人作出败诉判决，与诉讼时效制度的宗旨背道而驰。

义务人未提出诉讼时效抗辩，法官应否对诉讼时效问题进行释明？由于由于司法解释采纳了当事人抗辩主义，在义务人无主张诉讼时效抗辩权的意思表示的情形下，如果法官主动对诉讼时效问题进行释明，则无异于提醒和帮助义务人逃债，有违诚实信用的基本原则，也有违法院居中裁判的中立地位。因此，该司法解释规定，当事人一方未提出诉讼时效抗辩，人民法院不应对诉讼时效问题进行释明。

问题是，债务人在一审程序中未就诉讼时效提起抗辩，但在二审程序或再审程序中提出了该项抗辩，二审、再审应否就此展开审查？《规定》第四条明确规定，当事人在一审期间未提出诉讼时效抗辩，在二审期间提出的，人民法院不予支持，但其基于新的证据能够证明对方当事人的请求权已过诉讼时效期间的情形除外。当事人未按照前款规定提出诉讼时效抗辩，以诉讼时效期间届满为由申请再审或者提出再审抗辩的，人民法院不予支持。

在司法实务中，当事人以诉讼时效期间届满为由申请再审或者提出再审抗辩的，应否支持？我们认为，司法解释对诉讼时效抗辩权的行使期间进行了限制性规定。终审判决作出后，当事人之间的权利义务关系已经确定，尤其是在生效判决已被部分或全部执行完毕的情形下，社会交易秩序已经因生效判决的作出趋于确定。如果仍然对义务人基于诉讼时效抗辩权申请再审予以支持，则不利于维护司法程序的安定，也有违诉讼时效制度维护社会秩序稳定的立法目的。因此，法院不应任由义务人突破审级限制，不应对当事人基于诉讼时效抗辩权提出的再审申请予以支持。

五、诉讼时效期间的起算

诉讼时效期间的起算，又称诉讼时效期间的开始，即诉讼时效期间何时开始计算。《民法通则》第一百三十七条规定，诉讼时效期间从知道或者应当知道权利被侵害时起计算。结合《规定》，诉讼时效期间的起算应当注意下列问题：

1. 同一债务分期履行的诉讼时效期间的起算。当事人约定对同一债务分期履行的，给付每一期债务请求权的诉讼时效期间如何起算存在分歧，《规定》第五条规定："当事人约定同一债务分期履行的，诉讼时效期间从最后一期履行期限届满之日起计算。"之所以这样规定，是基于同一债务，从保护债权人合法权益的角度出发，在诉讼时效发生争议时，要作出对债权人有利的解释，即应当从债务人最后一次履行义务的次日，开始计算诉讼时效，而非单独、分别计算各笔债务到期的诉讼时效。值得注意的是，《规定》第五条是对给付分期履行债务中的某一笔债务请求权的诉讼时效期间起算点的规定，而非对给付全部债务请求权的诉讼时效期间起算点的规定，后者当然应从最后一期履行期限届满之日起算诉讼时效期间。该条适用的情形是对同一笔债务约定分期履行。

2. 合同未约定履行期限的诉讼时效期间的起算。依照《规定》第六条的规定，未约定履行期限的合同，依照《合同法》第六十一条、第六十二条的规定，可以确定履行期限的，诉讼时效期间从履行期限届满之日起计算；不能确定履行期限的，诉讼时效期间从债权人要求债务人履行义务的宽限期届满之日起计算，但债务人在债权人第一次向其主张权利之时明确表示不履行义务的，诉讼时效期间从债务人明确表示不履行义务之日起计算。

3. 合同被撤销的诉讼时效期间的起算。依据《合同法》的规定，因重大误解订立的合同、在订立合同时显失公平的或一方以欺诈、胁迫的手段或者乘人之危，使对方在违背真实意思的情况下订立的合同，受损害方有权请求人民法院或者仲裁机构撤销。撤销权属于形成权，即依权利一方的意思表示，可产生撤销合同的法律后果。[①] 合同一旦被撤销即发生溯及力，使合同自始不发生效力。当然，撤销权人自知道或者应当知道撤销事由之日起一年内没有行使撤销权的，该“一年”属于除斥期间，撤销权人自知道或者应当知道撤销事由之日起一年内没有行使撤销权的，该撤销权则归于消灭。因此，《规定》第七条规定，享有撤销权的当事人一方请求撤销合同的，应适用《合同法》第五十五条关于一年除斥期间的规定。对方当事人对撤销合同请求权提出诉讼时效抗辩的，人民法院不予支持。

可撤销合同一旦被撤销，则从合同开始之日即丧失法律效力。因该合同而取得的财产，应予以返还；不能返还或不必返还的，应折价补偿。有过错方给对方造成损失的，应负损害赔偿责任；双方都有过错的，应按各自过错程度承担相应的责任。依据《规定》第七条第三款的规定，返还财产、赔偿损失请求权的诉讼时效期间从合同被撤销之日起计算。

4. 返还不当得利请求权的诉讼时效期间的起算。不当得利是无法律上的原因而受利益，致使他人受到损失的事实。因不当得利而引发的民法上的利益返还请求权制度，该请求权属于债权请求权的范畴，自然适用诉讼时效制度。依据《规定》第八条的

---

① 何志编著：《合同法原理精要与实务指南》，人民法院出版社 2008 年版，第 192 页。

规定，返还不当得利请求权的诉讼时效期间，从当事人一方知道或者应当知道不当得利事实及对方当事人之日起计算。

5. 无因管理产生请求权的诉讼时效期间的起算。无因管理是没有法定或者约定的义务，为避免他人利益受损失而对他人事务予以管理或者提供服务的行为。构成无因管理，必须具备两个要件：一是管理人以他人利益之谋取而管理他人事务；二是管理人没有管理他人事务的法定或者约定义务。若具备无因管理的要件，管理人所支出的费用或损失有权请求偿还。依据《规定》第九条的规定，管理人因无因管理行为产生的给付必要管理费用、赔偿损失请求权的诉讼时效期间，从无因管理行为结束并且管理人知道或者应当知道本人之日起计算。本人因不当无因管理行为产生的赔偿损失请求权的诉讼时效期间，从其知道或者应当知道管理人及损害事实之日起计算。

六、诉讼时效的中断

《民法通则》第一百四十条对诉讼时效中断的事由作了原则性规定，“诉讼时效因提起诉讼、当事人一方提出要求或者同意履行义务而中断。”《规定》在诉讼时效中断的认定上，应当采取宽泛的态度，以充分保护债权人的合法权益。

（一）提起诉讼

权利人提起诉讼，是其自身行使自己权利的最强有力的方式，它打破了权利人不行使权利的事实状态，从而产生时效中断的法律后果，因此，诉讼是中断诉讼时效的一个重要事由。依据《规定》，下列情形引起诉讼时效中断：

1. 起诉。依据《规定》第十二条的规定，只要其向法院提交起诉材料或者口头起诉，就应认定其向法院提出了权利主张，诉讼时效中断，而无需等待法院受理。因此，当事人一方向人民法院提交起诉状或者口头起诉的，诉讼时效期间从提交起诉状或者口头起诉之日起中断。

2. 视同提起诉讼。依据《规定》第十三条的规定，下列事项之一，人民法院应当认定与提起诉讼具有同等诉讼时效中断的效力：（1）申请仲裁；（2）申请支付令；（3）申请破产、申报破产债权；（4）为主张权利而申请宣告义务人失踪或死亡；（5）申请诉前财产保全、诉前临时禁令等诉前措施；（6）申请强制执行；（7）申请追加当事人或者被通知参加诉讼；（8）在诉讼中主张抵销；（9）其他与提起诉讼具有同等诉讼时效中断效力的事项。

3. 其他情形。一是依据《规定》第十四条的规定，权利人向人民调解委员会以及其他依法有权解决相关民事纠纷的国家机关、事业单位、社会团体等社会组织提出保护相应民事权利的请求，诉讼时效从提出请求之日起中断；二是依据《规定》第十五条的规定，权利人向公安机关、人民检察院、人民法院报案或者控告，请求保护其民事权利的，诉讼时效从其报案或者控告之日起中断。上述机关决定不立案、撤销案件、不起诉的，诉讼时效期间从权利人知道或者应当知道不立案、撤销案件或者不起诉之日起重新计算；刑事案件进入审理阶段，诉讼时效期间从刑事裁判文书生效之日起重新计算。

（二）当事人一方提出要求

当事人一方提出要求，是权利人通过一定的方式（口头的或书面的）向义务人提出请求履行义务的意思表示。权利人一方向义务人提出履行义务要求的行为改变了权利人不行使权利的事实状态，是引起诉讼时效中断的一项法定事由。依据《规定》第十条的规定，具有下列情形之一的，产生诉讼时效中断的效力：

1. 当事人一方直接向对方当事人送交主张权利文书，对方当事人在文书上签字、盖章或者虽未签字、盖章但能够以其他方式证明该文书到达对方当事人的。对方当事人为法人或者其他组织的，签收人可以是其法定代表人、主要负责人、负责收发信件的部门或者被授权主体；对方当事人为自然人的，签收人可以是自然人本人、同住的具有完全行为能力的亲属或者被授权主体。

2. 当事人一方以发送信件或者数据电文方式主张权利，信件或者数据电文到达或者应当到达对方当事人的。

3. 当事人一方为金融机构，依照法律规定或者当事人约定从对方当事人账户中扣收欠款本息的。①

4. 当事人一方下落不明，对方当事人在国家级或者下落不明的当事人一方住所地的省级有影响的媒体上刊登具有主张权利内容的公告的，但法律和司法解释另有特别规定的，适用其规定。

（三）一方同意履行义务

一方同意履行，即义务人通过一定方式（口头的或书面的）向权利人作出愿意履行义务的意思表示。义务人同意履行义务，承认权利人权利的存在，因此，诉讼时效中断。依据《规定》第十六条的规定，义务人作出分期履行、部分履行、提供担保、请求延期履行、制定清偿债务计划等承诺或者行为的，应当认定为《民法通则》第一百四十条规定的当事人一方“同意履行义务。”

（四）诉讼时效中断的效力

诉讼时效中断的效力在于使已经经过的时效期间归于无效，重新计算诉讼时效。而诉讼时效中断的派生效力是指是否及于部分债权、连带债权等的效力。依据《规定》，诉讼时效中断的效力及于：

1. 权利人对同一债权中的部分债权主张权利，诉讼时效中断的效力及于剩余债权，但权利人明确表示放弃剩余债权的情形

① 最高人民法院于2001年12月25日（2001）民二他字第2号《关于贷款人从借款人银行账户中扣息行为是否引起诉讼时效中断问题的答复》中指出：根据《民法通则》第一百四十条“诉讼时效因提起诉讼、当事人一方提出要求或者同一履行义务而中断”的规定，债权一方在诉讼时效期间内直接从债务人账户上扣划贷款利息的行为，应属于以自己的行为向债务人主张权利，该扣息行为应引起诉讼时效的中断。

除外。

2. 对于连带债权人中的一人发生诉讼时效中断效力的事由，应当认定对其他连带债权人也发生诉讼时效中断的效力。对于连带债务人中的一人发生诉讼时效中断效力的事由，应当认定对其他连带债务人也发生诉讼时效中断的效力。

3. 债权人提起代位权诉讼的，应当认定对债权人的债权和债务人的债权均发生诉讼时效中断的效力。

七、诉讼时效的中止

诉讼时效的中止，是指在诉讼时效进行至期间的最后6个月内，因法定的客观事由阻碍权利人行使请求权的，暂时停止诉讼时效期间的计算，待阻碍事由消除后，诉讼时效期间继续计算。诉讼时效中止的法定事由包括不可抗力和其他障碍。依据《规定》第二十条的规定，其他障碍包括：（1）权利被侵害的无民事行为能力人、限制民事行为能力人没有法定代理人，或者法定代理人死亡、丧失代理权、丧失行为能力；（2）继承开始后未确定继承人或者遗产管理人；（3）权利人被义务人或者其他人控制无法主张权利；（4）其他导致权利人不能主张权利的客观情形。

在审判实践中，办案法官将“债务人下落不明”认定为债权人不能行使权利的客观事由，是对诉讼时效中止的法定事由的曲解，应当予以纠正。

八、审判实践中应当注意的问题①

（一）一般债权人在媒体上刊登公告，能否引起诉讼时效中断

在司法实践中，四大金融资产管理公司以外的债权人，在全国性媒体上，或者在债务人所在地报纸等媒体上刊登公告，催促

① 参见吴庆宝：《诉讼时效中断的司法认定》，载《人民法院报》2009年2月10日。

债务人履行债务是否可以引起诉讼时效中断？最高人民法院法释（2001）12号、法函（2002）3号等司法解释先后规定，四大金融资产管理公司在全国或省级有影响的报纸上发布有催收内容的债权转让公告或者发布催收公告，可以作为诉讼时效中断的证据。但对其他债权人以在报纸上刊登公告的方式催促债务人履行债务，能否引起诉讼时效中断，没有明确，司法实践对此也有分歧意见：否定的观点认为，通过在报纸上刊登公告的方式向债务人主张债权，无法保证债权人的主张可以到达债务人，因此，刊登公告的行为不能引起诉讼时效中断。而最高人民法院相关司法解释专门针对四大金融资产管理公司作出，不应适用于一般债权人。肯定的观点则认为，债权人通过刊登公告的方式要求债务人履行债务，表明债权人在积极行使权利，并且这种催收方法并无不当。最高人民法院关于四大金融资产管理公司在全国或省级有影响的报纸上发布有催收内容的债权转让公告或者发布催收公告可以作为诉讼时效中断的证据的司法解释，肯定了通过报纸公告催收债务行为的合法性，对其他债权人同样适用。

肯定的观点，应当是正确的。主要基于如下理由：

1. 债权人通过在报纸上刊登公告方式主张债权，表明债权人并没有怠于行使其债权。由于通过报纸刊登公告的方式主张债权成本很高，手续繁琐，一般情况下，只有债务人地址变更、下落不明等以至于债权人无法直接向其主张权利时，债权人迫不得已才会采取这种方式。在债务人下落不明，债权人难以向其主张权利时，还强求债权人必须以确保可以到达债务人的方式主张权利，对债权人显失公平。

在民事诉讼中，在当事人下落不明，无法送达诉讼文书的情况下，法院可以公告方式送达。诉讼中的送达，关系到当事人诉讼权利的保护，无疑非常严格。而债权人主张权利的方式，并不对债务人的权利产生实质性影响，对权利人主张权利的方式也不应规定得比诉讼程序中的送达更严格。

2. 对权利人主张权利的方式要求过分苛刻，将助长债务人逃债的不良风气。目前，我国社会经济活动中诚信缺失，债权人讨债难已成为普遍的社会问题。如对债权人主张权利的方式要求过分苛刻，不仅增加了交易的成本，而且会变相助长债务人想方设法逃废债务的不良风气，不利于维护正常的经济秩序。我国诉讼时效制度的目的在于督促权利人及时行使权利，促进社会经济流转，本身是以牺牲公平为代价追求效率，逃废债务行为的泛滥必将时效制度的效率价值破坏殆尽。

3. 承认公告催收的效力，有利于督促债务人及时履行债务和促进社会诚信。通过媒体催收债务，将债务人不诚信的赖债行为公之于众，有利于形成舆论监督，督促债务人履行债务，也有助于社会诚信体系的建立。

4. 否定公告催收债务作为中断时效证据的做法违背了法律面前人人平等的宪法原则。最高人民法院关于四大金融资产管理公司在报纸上刊登具有催收债权内容的公告可以作为诉讼时效中断的证据的司法解释，虽然针对的是四大金融资产管理公司的催收行为，但司法解释作为法律渊源，具有普遍适用性。上述司法解释，认可了在报纸刊登公告的方式可以作为诉讼时效中断的证据。因此，在其他相同情形中，也应作出同样的判断。认为只有四大金融资产管理公司所刊登催收债权公告才能作为诉讼时效中断的证据，其他情况并不适用的观点，无疑是赋予四大金融资产管理公司法律特权，违背了法律面前人人平等的宪法原则，也与市场经济条件下市场主体的法律地位平等的基本要求背道而驰。

但应明确的是，四大资产公司案件仅指担保法生效之前的合同行为，担保法生效之后的合同行为应当适用半年除斥期间与二年诉讼时效的规定，超过除斥期间或诉讼时效的，即使公示催告，也不能产生诉讼时效中断或再生的效果，除非担保人自愿履行债务。

（二）债权人提供邮政部门出具的邮件、电报收据，以主张其通过邮寄、电报的方式向债务人催收债务问题

司法实践中，经常有当事人为证明其曾向债务人主张权利，提供邮政部门出具的邮寄、电报收据，主张其通过邮寄、电报方式向债务人催收债务，但又无法提供证据证明债务人已经收到邮件或电报。该证据效力如何认定，能否作为认定时效中断的依据，法律没有明确，实践中争议很大。对于这个问题的处理存在四种认识：（1）认为可以认定债权人向债务人主张了权利，引起诉讼时效的中断。（2）认为债权人的举证产生举证责任转移的法律后果，如果债务人不能举证证明邮件电报上没有催收债务内容，则应认定债权人已向债务人主张了权利，引起诉讼时效中断；如债务人举证证明债权人的邮件或电报不存在催收内容，则不发生诉讼时效中断的法律效力。（3）债权人既没有举证证明债务人收到邮件或电报，也不能举证证明邮件或电报内容，按照“谁主张，谁举证”原则，应认定债权人举证不足，不能作为认定时效中断的证据。（4）债权人向债务人电报、信件催收，不等于向保证人催收，因担保法规定，主债务诉讼时效中断，连带责任担保的诉讼时效不中断，故仅以债权人的举证即可证明是否导致对担保人的诉讼时效的中断。

以上问题，既涉及实体法上对债权人主张权利行为的界定，也涉及到程序法上举证责任分配、证据的证明力。我们赞同第二种观点。如果将邮局出具的收据证据效力绝对化，违反了证明规则。从证据效力的角度分析，邮局出具的收据，并非是证明债权人的邮寄或电报内容的直接证据，而是间接证据。这种间接证据具有推定的证明力。所谓推定的证明力，是指首先承认它是真实的，但同时允许另外一方提出相反的证据推翻它。如果另一方向法庭举出了充足的证据，足以证明真实的事实与证据上的相反，这时就推翻了这个证据；如果另一方当事人提不出充分的证据，不能否定它的效力，法院就采纳它。这种证据只能产生举证责任

转移的后果，只有在对方不能举证推翻该证据的情况下才能由其承担举证不能的法律后果，推定举证人的主张成立。所以证据链才能证明待证事实。

第三种情形不仅对债权人要求过于苛刻，同时也违背了举证责任分配中的近距离原则。债权人通过邮寄或电报方式向债务人催收债权，表明债权人积极主张自己的权利。在正常情况下，邮件和电报应可以到达债务人，即使无法到达债务人，责任也不在于债权人，不应由债权人承担不能到达的法律后果。而且，从概率判断，债务人收到催收邮件或电报的可能性远远大于没有收到邮件或电报的可能性。

另外，债权人将邮件或电报发出后，在正常情况下将由债务人收取，债务人作为该证据的持有人，根据举证责任分配规则中的近距离原则，也应由其对邮件和电报的内容负举证责任，而不能强求债权人对由债务人持有证据的内容进行举证。

实践中确实有债务人地址变更、名称变更、邮寄不到，邮政部门将邮件退还，并有退件说明的情形，对此，不能认定对债务人的催收有效。应当由债权人进一步确认债务人、担保人地址等信息的基础上重新催收。

综合以上几方面的理由，如果债权人提供邮政部门出具的邮寄、电报收据以主张其通过邮寄、电报的方式向债务人催收债务的，可以产生举证责任的转移，应由对方举证证明该邮件或电报的内容并非催收债权。如果债务人不能举证，应承担举证不能的后果，推定邮件或电报内容为催收债权。

实际上，只要债权人提供了相关证据，即应认定催收有效。而对连带保证人的催收，只能是直接催收，不能认为向债务人催收就等于向连带保证人催收，故债权人向债务人的催收不能引起对连带保证人催收的诉讼时效中断。而一般保证中，保证人处于第二债务人的地位，向债务人催收即等于向保证人催收，不因未向保证人直接催收而超过诉讼时效。

九、对引言案例的评析

在本案中，涉及下列法律问题：

1. 合同无效情况下诉讼时效的起算。确认之诉不受诉讼时效的限制，已经形成了通说，无论是有效合同还是无效合同的确认之诉，因不涉及到财产的给付内容，故不受诉讼时效的限制。[①] 对无效合同财产返还请求权或损害赔偿请求权的诉讼时效期间从何时起计算问题，存在分歧：（1）从合同载明的履行期限届满后的次日起计算。在合同载明的履行期限届满后，如权利人已经认识到合同无效，可直接提起确认合同无效之诉；如未认识到合同无效，则应依照合同主张权利，虽然主张权利的后果会因合同无效而使该项权利归于无效，但因合同无效将依法产生返还财产、损害赔偿的法定债权，其合法的民事权益仍可实现，故上述请求权的诉讼时效期间应自合同载明的履行期限届满后的次日起计算。（2）从合同被确认无效之日起计算。合同被确认无效后才可能发生财产返还或者损害赔偿请求权，故其请求权应自合同被确认无效之日起计算。（3）从权利人知道或者应当知道权利受到侵害之时起计算。[②] 正是因为合同无效后诉讼时效的起算不能形成通说，《规定》才未作规定。笔者倾向认为，在合同无效的情况下，诉讼时效的起算应当参照合同有效情况下的起算。其理由：在合同未被确认无效的情况下，当事人合理的预期应是合同有效，双方按合同约定期限履行，在合同约定的履行期限届满后，其虽然不应行使因合同无效产生的请求权，但起码其应行使合同有效情形的请求权。如果权利人在合同履行期限届满后，不行使任何请求权，只能说明其怠于行使权利。如果合同无效场合，当事人不受合同约定的履行期限的约束，随时提起请求确认

---

① 吴庆宝主编：《最高人民法院专家法官阐释民商裁判疑难问题》，人民法院出版社 2007 年版，第 208 页。

② 三种观点参见上海市第一中级人民法院：《关于民商事审判中的“时效”疑难问题》，载《人民法院报》2007 年 5 月 23 日。

合同无效的诉讼，相关的请求权随时受到法院的保护，其法律关系长期处于不稳定的状态，与诉讼时效制度的本旨相异。

本案中，债务履行期届满日为1998年3月18日，至2000年3月17日两年诉讼时效期间届满。

2. 时效利益放弃的认定。《规定》第二条作了明确规定诉讼时效利益不得预先抛弃，即“当事人违反法律规定，约定延长或者缩短诉讼时效期间、预先放弃诉讼时效利益的，人民法院不予认可。”言外之意，当事人不得预先抛弃时效利益，若作出此约定为无效。当然，诉讼时效利益在时效进行中或完成后抛弃，则无不可。义务人抛弃时效利益的行为属单方行为，不以权利人同意为条件。抛弃的意思表示形式既可以是明示，也可以是默示，还可以是推定行为。抛弃方法，可以通过契约的形式，也可以通过单方意思表示的形式。在本案中，上诉人兽药厂的法定代表人以书面方式承认债务，并且被上诉人财务公司也予以接受，因此，一、二审法院认定债务人兽药厂已经放弃时效利益是妥当的。

因此，一、二审法院支持财务公司的诉讼请求，既合乎客观实际，也符合法理和法律的规定。[①]

---

① 参见史和新、董伟：《债务人抛弃时效利益后不得反悔或撤回》，载《人民法院报》2007年10月19日。

第二章　保证担保

第一节　保证合同的形式与内容

一、引言

保证合同应当采用书面形式。但第三人向债权人出具担保书或以保证人身份在主合同上签字或者盖章的，保证合同成立。诸如：

本案保证合同是否成立[①]

上诉人（原审被告）：华北电力设备成套公司（以下简称华北电力公司）。

被上诉人（原审原告）：北京国际信托投资公司（对下简称北国投公司）。

被上诉人（原审被告）：北京韩俄式大酒楼有限公司（以下简称韩俄式酒楼）。

---

① 案例详见《北京国际信托投资公司诉韩俄式大酒楼有限公司、华北电力成套设备公司借款合同纠纷上诉案》，载《中华人民共和国最高人民法院公报》1999 年第 4 期。

1993年11月10日，北国投公司证券部与韩俄式酒楼签订BM93第44号委托贷款协议书（格式合同），约定：北国投公司向韩俄式酒楼提供贷款人民币300万元，利率为年息10.8%，贷款手续费0.9%。贷款期限自1993年11月10日起，至1994年2月10日止。如韩俄式酒楼不能按期归还贷款本息，按0.5%计收日罚息。合同保证条款栏中约定，本贷款由华北电力公司出具无条件不可撤销的担保函。借款方不能按期还款时，由担保人连带承担贷款本息罚息及一切有关费用的责任。本协议正本一式三份，受托方（北国投公司）、借款方和担保方各执一份。韩俄式酒楼在借款方栏内签字盖章并注明了开户银行和银行账号；受托方栏除盖有北国投公司证券部公章外，法人代表、开户银行和银行账号项下均为空白；担保人栏内华北电力公司未签字、盖章。韩俄式酒楼向北国投公司提供一份无具体日期的盖有华北电力公司公章的担保函。该担保函称：华北电力公司根据北国投公司和韩俄式酒楼于1993年11月1日（应为10日）签订的BM99第（44）号合同，应韩俄式酒楼的请求，愿为该贷款提供不可撤销的担保函，担保金额人民币300万元，保证期（手写体）“本担保至1994年元月15日为有效期”。本担保函至签字盖章之日起生效，担保函有效期至还清借款方所欠的全部借款本息罚息和一切费用时止。该担保函上有华北电力公司的公章，有“张春元”的署名，并注明了保证人的开户银行为中行北京分行和银行账号019461022，担保函的具体日期空白未填写。

合同订立后，北国投公司没有向华北电力公司核保，即于1993年11月13日向韩俄式酒楼划款人民币300万元。借款期满，韩俄式酒楼未按约定还款付息。北国投公司多次向借款人催要贷款，韩俄式酒楼分别于1995年7月25日、10月30日和1996年1月31日三次向其承诺延期还款，但均未履行。北国投公司从未向华北电力公司追索上述款项。华北电力公司直至一审诉讼才知有此担保。

另查明，韩俄式酒楼的法定代表人白永清同时是大洋公司的董事长。1993年夏，华北电力公司曾与大洋公司的白永清有过三合板业务联系，华北电力公司欲为大洋公司提供借款担保，但因反担保（大洋公司将当时尚未注册的韩俄式酒楼作为反担保，华北电力公司不同意）未商妥，将已盖华北电力公司公章、并有手写体“本担保至1994年元月15日为有效期”的空白“担保函”退给大洋公司，后被白永清变造后用于韩俄式酒楼向北国投公司借款的担保。北国投公司起诉时向一审法院提供的“担保函”复印件与其后来提交的原件不一致，原件上有手写体保证期限，复印件上则没有。经鉴定，“担保函”上法定代表人的签名不是张春元本人的书写。当事人确认“担保函”上保证人的开户银行和银行账号是北国投公司自己的，并非华北电力公司的账户。

北京市第二中级人民法院认为，北国投公司与韩俄式酒楼签订的委托贷款协议实为借款合同，因此双方关于手续费的约定明显违反国家法律规定，应属无效；合同中关于罚款的约定明显过高，应按中国人民银行同期规定的标准执行。因该合同的主要条款并不违反法律规定，故应认定为有效。作为担保人的华北电力公司未能举出出具担保函后不应承担保证责任的相关证据，因此不能免除其担保责任。华北电力公司的辩称不能成立。据此，该院作出判决：一、双方签订的借款合同除手续费条款无效，其他条款均有效，华北电力公司担保亦有效；二、判决书生效后十日内韩俄式酒楼给付北国投公司人民币300万元及其利息和罚息；三、华北电力公司对上述款项承担赔偿责任；四、驳回北国投公司的其他诉讼请求。

华北电力公司上诉称：上诉人从未向北国投公司出具过担保函。“担保函”系原告北国投公司和被告韩俄式酒楼恶意串通，将上诉人欲为大洋公司提供的担保函改头换面移用到北国投公司，因此。本案担保并不成立。

北京市高级人民法院认为，原审法院关于北国投公司与韩俄式酒楼订立的合同性质及其效力的认定，以及对韩俄式酒楼作出的给付北国投公司人民币300万元和利息的判决，于法有据，应予维持。但该院关于华北电力公司担保有效并令其承担赔偿责任的认定和处理，缺乏事实和法律依据。该担保并非华北电力公司的真实意思表示，该公司从未接到韩俄式酒楼的担保请求，也没有为该借款向北国投公司出具过担保函。虽然本案担保函上盖有华北电力公司的印鉴，但不是为了该笔贷款提供担保而盖章的，而是曾为大洋公司借款担保加盖的，且法定代表人张春元的签字是仿冒的。更为明显的是，担保函上保证人的开户银行和银行账号是债权人北国投公司而非华北电力公司的；“担保函”上手写体注明的有效期至1994年元月15日，早于主合同的借款期限不合情理，且借款合同的贷款期限至1994年2月10日届满时，该担保已失效。即使该“担保函”成立，北国投公司在借款合同期限届满后，未经保证人华北电力公司同意，三次向韩俄式酒楼承诺延期还款，依照最高人民法院“关于借款合同双方当事人未经保证人同意达成延期还款协议后保证人是否继续承担担保责任的批复”的规定，亦应免除华北电力公司的担保责任。综上，本案涉及到的担保合同关系，无论是从当事人的意思表示，还是从担保形式和担保约定的内容上看，都是不真实的，且违背我国担保法律制度，因此该担保应认定为无效。华北电力公司不应承担该笔贷款的赔偿责任，其上诉请求成立，本院予以支持。一审判决认定事实和适用法律部分错误，应予纠正。据此，依照《民事诉讼法》第一百五十三第一款第（三）项的规定，于1999年1月27日判决：一、维持原判的第二、第四两项；二、变更原判第一项为北国投公司与韩俄式酒楼签订的借款合同除手续费条款无效外，其他条款均有效；担保合同无效，华北电力公司不承担保证责任；三、撤销原审法院判决第三项。

上述案例，争议焦点是保证合同是否成立。华北电力公司与北国投公司没有签订书面的保证合同，而华北电力公司出具了“担保函”，是否符合《担保法解释》第二十二条的规定，即“第三人单方以书面形式向债权人出具担保书，债权人接受且未提出异议的，保证合同成立。主合同中虽然没有保证条款，但是，保证人在主合同上以保证人的身份签字或者盖章的，保证合同成立”是本案争议的问题所在，即对保证合同形式的理解与适用，本文就保证合同的形式与内容予以阐述、

二、合同形式的效力

根据《合同法》第十条“当事人订立合同，有书面形式、口头形式和其他形式”的规定，合同的形式，可以采用书面形式，也可以采用口头形式，还可以是其他形式。在合同生效要件中，合同的形式究竟效力如何，成为学者及法律实务中争论较多的一个焦点，大致有三种观点：第一种意见认为，法律关于合同形式的规定属于效力性规定。即如果合同不具备法律规定的形式，合同虽然已经成立，但是并不能产生效力。所以，不具备形式要件的合同是不能产生法律拘束力的合同。第二种意见认为，法律关于合同形式的规定属于合同的成立要件。即，如果当事人没有采取书面形式，或者虽然采取书面形式，但未在合同上签字盖章，即使当事人口头上达成了协议，也认为合同根本没有成立，从而谈不上合同能够生效的问题。第三种意见认为，法律对合同形成要件的规定属于合同成立要件还是生效要件，应该根据具体情况加以考察，分不同性质的合同而作出结论。

由于我国法律在不同的部门法律中对法律行为的形式作了规定，因此，需要就法律规定的具体情况加以具体分析。根据《合同法》第十条、第三十六条、第三十七条的规定，笔者认为，合同的书面形式具有证据的效力。合同的书面形式的主要作用在于证明当事人之间的权利义务关系。如果当事人能够证明其相互之间权利义务关系，即使合同没有采用法律规定的形式，其合同的效力也不受影响。如果当事人没有采用法律规定的书面形式，双方就合同的内容发生争议时，在诉讼上应当贯彻“谁主张谁举证”的原则，不能证明自己主张的当事人可能承担败诉的后果。

当然，对于法律特别规定的应该进行登记的合同，如果不进行登记将不产生法律特别规定的效力，应该属于合同形式效力的特殊情况。就口头合同而言，一是当事人以口头形式订立的合同，当事人一方已经履行了全部义务或主要义务，另一方已经接受了履行，应当确认口头合同成立并同时生效。二是口头合同有人证或者其他方式证明当事人对合同内容协商一致的，应认定合同成立。三是以口头形式订立的合同，双方当事人对合同的某项条款未协商一致或发生争议时，若该条款是合同的必要条款，当事人对此有异议且尚未履行的，说明双方当事人没有取得意思一致，应当认定合同未成立和未生效；若该条款是合同的非必要条款，当事人对此发生争议，不影响合同的成立。

三、保证合同的形式

从我国《担保法》第十三条“保证人与债权人应当以书面形式订立保证合同”的规定来看，保证合同应当是书面形式。在现实生活中，保证合同的表现形式是多种多样的，大体有以下四种形式：

1. 保证人与债权人签订书面保证合同，明确约定保证的范围、期限和保证方式等。这是保证合同的典型形式。该合同与一般合同并无不同，其订立过程，也要经过要约、承诺甚至反复要约、最后承诺，其成立规则，应符合合同法的规定。当然，《担保法》第十三条所规定的“应当以书面形式订立保证合同”，一般认为，该规定并非强制性规定，而是倡导性条款，以免“口说无凭”。[①] 在司法实践中，保证合同的当事人在其合同书上摁指印，同样应当认定保证合同有效成立。[②]

2. 保证函。保证人制作书面保证函或者担保书，出具给债权人，明确表示为债务人履行债务承担保证义务的，债权人接受且未提出异议的，保证合同成立。在合同的成立过程中，需经过要约与承诺，且承诺一般为积极行为，消极的默示一般不具有承诺的效力。但是保证合同中的债权人就保证合同本身并不承担的义务，保证合同的成就只给债权人债权的实现带来利益，因此，当债权人接受了保证人的单方承诺，即可视为保证合同成立。

3. 主合同中订有保证条款，保证人在主合同上签字或盖章同意为一方保证的。

4. 主合同虽无保证条款，但保证人在主合同中以保证人的身份并签字或者盖章的。该形式不同于上述的主合同中的保证条

---

① 李国斌：《保证期满口头续保拒绝履行引发诉讼法院判决担保人免责》，载《人民法院报》2008年7月18日。案情及判决：2001年3月25日，经被告雷敏担保，案外人李占向原告宋福借款20000元，约定月利率2分，使用期半年。借款人李占向原告出具“欠条”一份，被告雷敏在担保人处签名，为李占提供借款担保。因李占下落不明，2007年4月4日，原告找到被告要求其承担担保责任，被告当时口头同意继续履行担保责任，后又不履行承诺义务，原告遂于2007年7月4日诉诸法院，请求判令被告偿还担保欠款20000元及约定月利率2分的利息。庭审中，原、被告双方就被告在担保期满后是否应继续履行担保义务存在分歧。原告宋福称，被告于2001年3月25日担保他人向其借款，2007年4月4日，他找到被告要求履行担保责任时，被告同意继续担保，为此，被告应当履行还本付息的担保责任。被告雷敏辩称，从2001年3月25日借款至借款期满后的六个月的担保期限内，原告未向其主张权利，已免除保证责任，所以，不应再承担替借款人还本付息的保证责任。河南省禹州市人民法院审理认为，原告虽然在被告的担保下将款借与他人，但没有有效证据证明其在保证期间内，向被告行使担保权利，也没有在担保期届满后与被告订立新的担保合同，所以被告的担保责任已经免除，遂依法判决驳回原告的诉讼请求。

从作者对本案的案情实事的陈述来看，本案争议的焦点当是2007年4月4日原、被告双方是否形成保证合同，即被告是否承诺继续承担保证责任，如果作出此承诺，则被告应当继续承担保证责任；若没有此承诺，则被告依法免除保证责任。当然，原告对被告双方是否形成口头的保证合同，负有举证责任，应当根据举证的完成情况来分析认定。

② 《最高人民法院关于适用〈中华人民共和国合同法〉若干问题的解释（二）》(下称《合同法解释（二）》第五条规定，当事人采用合同书形式订立合同的，应当签字或者盖章。当事人在合同书上摁手印的，人民法院应当认定其具有与签字或者盖章同等的法律效力。

款，在主合同中即使没有关于保证约定的条款，只要保证人在主合同上以保证人的身份而签字盖章的，也应认定保证合同成立。至于保证范围、保证方式、保证期间等，可以通过法律的规定，依法推定，不能由于无保证内容来否定保证合同的成立。

需要特别说明，保证人必须是以“保证人”的身份而在主合同上签字盖章，其表现形式往往是在主合同的抬头或者尾部有一“保证人”栏，在该栏上，保证人签字或者盖章的，就可以推定其有保证的意思表示，从而认定保证合同成立。反之，如果只是在主合同上签字或者盖章，而没有表明保证人的身份，则不能当然解释为成立了保证合同。

上述情形中，《担保法解释》第二十二条作了明确的规定，即“第三人单方以书面形式向债权人出具担保书，债权人接受且未提出异议的，保证合同成立。主合同中虽然没有保证条款，但是，保证人在主合同上以保证人的身份签字或者盖章的，保证合同成立。”

从《担保法解释》第二十二条的规定来看，以保证人身份担保的，不论是签字还是盖章，均视为保证合同成立，这是保证债权人利益原则的体现。但是具体把握上，当保证人区分为法人或自然人时又有所不同：保证人是个人的，保证人签字或盖章均可以认定为保证合同成立；保证人是法人或其他组织的，一般应由法人的法定代表人、组织的负责人或法定代表人和组织的负责人授权的委托代理人签字，并加盖公章；但如果法人的法定代表人或组织的主要行政负责人签字的，根据《民法通则》第三十八条和《担保法解释》第二十二条的规定，应认定保证合同成立。法人或其他组织只盖公章，没有法定代表人或组织的负责人签字的，也应当认定保证合同已经成立。由此可见，盖章的法律效力是很强的。因此，法人和其他组织应建立工商登记印章制度及公章保存制度，以免被盗用。

四、保证合同的内容

根据《担保法》第十五条的规定，保证合同主要内容应当包括：

1. 被保证的主债权的种类和数额。主债权就债务人和保证人而言即为主债务。被保证的主债务的种类是指债权人和债务人订立的主合同是何种类型的债务，是给付金钱的债务、交付货物的债务、还是提供劳务的债务。主债务的数额是指主合同的标的额。由于保证人在债务人不履行债务时承担保证责任，因此，保证合同应对主债权的种类和数额作出规定，以明确将来的责任。

2. 债务人履行债务的期限。保证合同发生效力的前提是债务人到期不履行债务，因此，在保证合同中明确主债务的履行期限对保证人和债权人来说都至关重要。主债务的期限届满，对保证人来说意味着债权人可以要求连带保证人履行保证义务或一般保证债务的义务；对债权人来说意味着主债务履行不能时对保证人行使权利。特别注意的是，我国《担保法》第十四条规定了最高额保证，约定主债务的履行期限对债权人来说显得更为重要。同时，《担保法解释》第三十三条规定，主合同对主债务履行期限没有约定或者约定不明的，保证期间自债权人要求债务人履行义务的宽限期届满之日起计算。

3. 保证的方式。保证合同对保证方式有明确约定的，按照约定处理，即一般保证或者连带责任保证；对保证方式没有约定或者约定不明确的，根据《担保法》第十九条的规定处理，即按连带责任保证认定。

4. 保证担保的范围。保证合同对保证担保的范围有明确约定的，按约定；对保证担保的范围没有约定或者约定不明确的，根据《担保法》第二十一条的规定，保证人对主债权、利息、逾期罚息、实现债权的费用承担保证责任。

5. 保证的期间。保证合同对保证期间有明确约定的，按照约定（约定无效的除外）处理；没有约定或者约定不明确的，根据《担保法》第二十五条、二十六条的规定，保证期间为法定的6个月。但应当特别注意的是，根据《担保法解释》第三十二条的规定，保证合同约定的保证期间早于或者等于主债务履行期限的，视为没有约定，保证期间为主债务履行期届满之日起六个月。保证合同约定保证人承担保证责任直至主债务本息还清时为止等类似内容的，视为约定不明，保证期间为主债务履行期届满之日起二年。

6. 保证合同双方当事人认为需要约定的其他事项。

在司法实践中，保证合同的内容没有约定或约定不明确、不完善的情形，比比皆是。遇此情形，当事人可以协商补充，如协商不成，则根据《担保法》、《担保法解释》等法律、司法解释的规定处理。如没有约定主债务履行期限的，就易造成对保证人不利的法律后果，则债权人可以随时向债务人主张权利，债务人可以随时履行债务。而作为保证人来说，依据《担保法解释》第三十三条的规定，承担保证责任的保证期间是债权人要求债务人履行义务的宽限期届满之日起计算。

五、对引言案例的评析

在本案中，虽然债权人北国投公司举出华北电力公司的“担保函”，而主张保证人华北电力公司承担保证责任。但本案的关键是保证合同并不成立，则华北电力公司应当免除担保责任。其理由：一是“担保函”虽加盖有华北电力公司印章，但并非为韩俄式酒楼借款提供保证，而是为大洋公司借款提供保证。显然，华北电力公司与北国投公司没有形成借款担保的意思表示。同时，作为300万元人民币的贷款，北国投公司居然不“核保”，马虎到何等程度，实属自吞“苦果”；二是“担保函”上注明了有效期至1994年元月15日，早于北国投公司与韩俄式酒楼借款合同中1994年2月10日届满的借款期限，从另一个侧面，反映了华北电力公司与北国投公司之间就没有形成借款担保的意思表示。

但是，假如该“担保函”是华北电力公司为韩俄式酒楼出具的，其应当的保证期间早于合同的履行期间，根据《担保法解释》第三十二条“保证合同约定的保证期间早于或者等于主债务履行期限的，视为没有约定，保证期间为主债务履行期限届满之日起6个月”的规定，视为没有约定保证期间，则按照法定保证期间6个月计算。

第二节　保证人的保证能力

一、引言

保证人应当是具有代为清偿债务能力的法人、其他组织、自然人，但不具有完全代偿能力而订立保证合同要求免除保证责任的，却屡见不鲜。诸如：

本案被告养殖公司的辩称能否成立

2006年6月，某商业银行与甲公司签订借款合同，由商业银行给甲公司贷款100万元，贷款期限为9个月，贷款为月息6厘。同时，某养殖公司为甲公司提供保证，并与商业银行签订了保证合同，约定：保证责任方式为连带责任保证，保证期间为2年，保证责任范围是甲公司贷款100万元的本金、利息和逾期罚息及实现债权的费用。贷款逾期后，甲公司无力还款。2008年6月，商业银行向甲公司和养殖公司发出催收逾期贷款通知书，甲公司在该通知书上签字并盖章，养殖公司并承诺督促甲公司偿还贷款，若在3个月内不能偿还贷款，愿无条件替甲公司偿还贷款。

后经商业银行多次向借款人和保证人催要无果，商业银行于2009年3月3日向人民法院提起诉讼，请求判令甲公司偿还贷款100万元及利息、罚息，养殖公司负连带责任保证。甲公司没有答辩。养殖公司辩称其在提供保证时，不具有代为清偿能力，违反《担保法》第七条的规定，保证合同无效，应当免除保证责任。

法院审理后认为，商业银行与甲公司签订的借款合同为有效合同。商业银行与养殖公司签订的保证合同，是双方当事人的真实意思表示，并不违反法律、行政法规的禁止性规定，应当为有效合同，保证人养殖公司应当按照保证合同的约定，对借款人甲公司的借款承担连带责任保证。养殖公司辩称违反《担保法》第七条的规定，但该规定是倡导性规定，并不是禁止性规定，且《担保法解释》第十四条明确规定"不具有完全代偿能力的法人、其他组织或者自然人，以保证人身份订立保证合同后，又以自己没有代偿能力要求免除保证责任的，人民法院不予支持。"因此，养殖公司的辩称理由不能成立，不予支持。据此判决：一、甲公司偿还商业银行贷款100万元及利息、罚息；二、养殖公司对上述债务负连带责任保证。

上述案例，养殖公司辩称不具有代为清偿能力而否认保证合同的效力，既是实践中常见的辩称理由，又是司法界和理论界比较有争议的问题，[①] 这主要是对《担保法》第七条"具有代为清偿债务能力的法人、其他组织或者公民，可以作保证人"的规定理解不一所致。但《担保法解释》第十四条作出了明确规定，即"不具有完全代偿能力的法人、其他组织或者自然人，以保证人身份订立保证合同后，又以自己没有代偿能力要求免除保证责任的，人民法院不予支持。"也就是说，保证合同不因保证人没有代为清偿能力而无效。

① 有学者认为，保证人在提供保证时，应当具有代偿的能力，否则，不得成立保证。邹海林、常敏：《债权担保的方式和应用》，法律出版社1998年版，第44页。

二、保证人资格界定

根据《担保法》第七条的规定，保证人的资格范围分为三类：法人、其他组织、自然人。《担保法》对保证人的主体资格作了限制性的规定，保证人应当符合《民法通则》和《担保法》规定的条件。

1. 自然人的保证主体资格。

自然人是基于出生这一自然状态而作为民事主体的人。《民法通则》采用了"公民"的概念，而《合同法》第二条将合同的主体表述为"平等主体的自然人、法人、其他组织"，是采用了"自然人"的概念。我国《民法通则》及民法学说中将"公民"和"自然人"两个概念并用①。自然人的民事能力包括自然人的民事权利能力和民事行为能力。自然人的担保权利能力，《担保法》未作任何限制，只对自然人的担保行为能力作了限制。我国《民法通则》将自然人的民事行为能力分为无民事行为能力、限制民事行为能力和完全民事行为能力。自然人作为担保人，必须具备完全民事行为能力。限制民事行为能力人提供担保时，则根据《合同法》第四十七条规定，为效力待定合同。② 无民事行为能力人所提供的担保无效。

在司法实践中，保证人的保证责任是否及于其配偶？如一则案例：沈某因资金周转不足，向龙某借款 6 万元，借期两个月。沈某向龙某出具了借条一份，陈某在借条上补充签上了担保意见：如沈某到期还不出，由陈某保证归还。龙某申请追加陈某之妻朱某为共同被告，并变更诉讼请求为判令沈某归还借款并支付利息，陈某、朱某承担连带清偿责任。本案的争议焦点是保证人

---

① 参见江平主编：《民法学》，中国政法大学出版社 2000 年版，第 99 页。

② 《合同法》第四十七条规定："限制民事行为能力人订立的合同，经法定代理人追认后，该合同有效，但纯获利益的合同或者与其年龄、智力、精神健康状况相适应而订立的合同，不必经法定代理人追认。相对人可以催告法定代理人在一个月内予以追认。法定代理人未作表示的，视为拒绝追认。合同被追认之前，善意相对人有撤销的权利。撤销应当以通知的方式作出。"

的配偶应否对担保之债承担责任，存在以下两种意见：第一种意见认为，根据《最高人民法院关于适用〈中华人民共和国婚姻法〉若干问题的解释（二）》第二十四条规定，“债权人就婚姻关系存续期间夫妻一方以个人名义所负债务主张权利的，应当按夫妻共同债务处理。但夫妻一方能够证明债权人与债务人明确约定为个人债务，或者能够证明属于婚姻法第十九条第三款规定情形的除外。”陈某与朱某并没有举证证明龙某与陈某约定担保之债为个人债务，也没有举证证明该担保之债属于《婚姻法》第十九条第三款（夫妻对婚姻关系存续期间所得的财产约定归各自所有的，夫或妻一方对外所负的债务，第三人知道该约定的，以夫或妻一方所有的财产清偿。）规定的情形。所以，陈某的担保之债应按夫妻共同债务处理，朱某应承担责任。第二种意见认为，陈某的配偶朱某是否应承担担保责任，应根据担保的具体性质、担保是否为了家庭共同生活或生产经营需要以及朱某对该担保是否知道并且认可等来综合分析认定，不应简单地套用《婚姻法解释（二）》第二十四条的规定。

2. 法人的保证主体资格。

《民法通则》第三十六条规定：“法人是具有民事权利能力和民事行为能力，依法独立享有民事权利和承担民事义务的组织。”这一规定揭示了法人是社会组织的人格化，确认了法人的主体地位，并且说明了只有那些被法律赋予法人主体资格的社会组织才能成为法人。

在司法实践中，我们往往把是否能够独立承担民事责任作为衡量其是否具有法人资格的最终标准。作为民事主体的法人，必须能够独立承担民事责任才能独立地参与民事活动，为自己取得权利、设定义务，并对自己的行为后果承担民事责任。

根据《担保法》及其司法解释的规定，下列法人不得为担保人：

（1）国家机关提供保证的，原则上保证合同无效。国家机关为保证人的，一般情况下，保证合同无效。禁止国家机关担任保证人的原因是：国家机关的主要职责是依法行使其职权，进行日常的公务活动，而不能直接参与经济活动，为他人的债务作保证。而且，国家机关的财产和经费都是国家财政划拨的，这些财产和经费主要是用来维持国家机关的公务活动和日常开支，保障国家机关履行职责。如果允许其作保证人，债务人不履行债务时，国家机关就要承担保证责任，用行政经费来清偿债权人的债务，这必然会影响国家机关正常公务的进行。从这点上讲，国家机关实质上是没有清偿债务的能力。因此，国家机关没有保证人的资格，不得为他人的债务提供保证。但是，国家机关“经国务院批准为使用外国政府或者国际经济组织贷款进行转贷”提供保证的，保证合同有效。

（2）以公益为目的的事业单位法人不得担任保证人。依据《事业单位登记管理暂行条例》第二条第一款的规定，事业单位是指国家为了社会公益目的，由国家机关举办或者其他组织利用国有资产举办的，从事教育、科技、文化、卫生等活动的社会服务组织。其特点是不以营利为目的，而是从事社会公益事业。《担保法》第九条规定，“学校、幼儿园、医院等以公益为目的的事业单位、社会团体不得为保证人。”因为学校、幼儿园、医院等以公益为目的的事业单位，其活动是直接为社会公众服务的，如果因其担任保证人而最终履行保证责任，势必会直接影响社会公共利益。

（3）从事经营活动的事业单位签订的保证合同有效。《担保法解释》第十六条规定，从事经营活动的事业单位、社会团体为保证人的，如无其他导致保证合同无效的情况，其所签订的保证合同应当认定为有效。因此对于事业单位法人可否充任保证人的问题不可一概而论，对那些非公益性的事业单位或者社会团体，依据国家政策允许其从事经营活动，应当认为其有从事保证活动的民事权利能力，可以担保保证人。

（4）企业法人的分支机构、职能部门未经法人授权不得为担保人。

3．其他组织的保证主体资格。

其他组织，我国法律对其未作规定。[①]《担保法解释》第十五条将“其他组织”界定为担保法第七条规定的其他组织，主要包括：（1）依法登记领取营业执照的独资企业、合伙企业；（2）依法登记领取营业执照的联营企业；（3）依法登记领取营业执照的中外合作经营企业；（4）经民政部门核准登记的社会团体；（5）经核准登记领取营业执照的乡镇、街道、村办企业。

三、保证人资格与保证能力

《担保法》第七条对保证人资格作了原则性规定，即“具有代为清偿债务能力的法人、其他组织或者公民，可以作保证人。”由于保证人在债务人不履行债务时，要按约定履行债务或承担责任，所以，保证人应当具有清偿债务的能力，否则，在债务人不履行债务时，无法承担保证责任。

在司法实践中，有些人认为，根据《担保法》第七条的规定将“具有代为清偿的能力”作为保证人承担保证责任的先决条件不利于《担保法》的实施。因为，代为清偿能力是个不确定的概念，一是债权额不同，清偿能力的要求也不同。二是代为清偿能力是个变化的概念，当初有清偿能力并不等于以后也有清偿能力。我们认为，该种观点实际上是将保证人资格与保证人能力混为一谈，事实上，保证人资格的取得与保证人的能力是两个不同的概念。由于保证合同是一种法律行为，所以各国都要求保证人具有民事行为能力。由于保证是保证人担保债务履行的行为，所以各国一般都要求保证人有债务清偿的物质基础，即要求人的担

---

① 《最高人民法院关于适用〈中华人民共和国民事诉讼法〉若干问题的意见》第四十条将“其他组织”界定为：“民事诉讼法第四十九条规定的其他组织，是指合法成立、有一定的组织机构和财产，又不具备法人资格的组织，包括：（1）依法登记领取营业执照的私营独资企业、合伙组织；（2）依法登记领取营业执照的合伙型联营企业；（3）依法登记领取我国营业执照的中外合资经营企业、外资企业；（4）经民政部门核准登记领取社会团体登记证的社会团体；（5）法人依法设立并领取营业执照的分支机构；（6）中国人民银行、各专业银行设在各地的分支机构；（7）中国人民保险公司设在各地的分支机构；（8）经核准登记领取营业执照的乡镇、街道、村办企业；（9）符合本条规定条件的其他组织。”

保的财产化。如《法国民法典》第450条规定，保证人必须有清偿资力。我国的《民法通则》第八十九条规定，保证人要代债务人履行或承担连带责任，因此，也必须具有充分的财产以资清偿。我国《担保法》吸收了《民法通则》的精神，将“具有代为清偿能力”作为充当保证人的资格，既考虑到了我国的国情，又实现了与国际规则的接轨，是应当予以肯定的。

作为保证人的保证资格，要求保证人具有保证能力。即具有代为清偿的能力。保证人在签订保证合同时的能力状况，是初始能力和静态能力，无论是债权人还是保证人都是处在动态的经营活动中，其资产随时发生着变化，这就要求保证人不仅要具有静态的资格，而且还应有动态的保证能力，只有这样才能实现保证合同的设置初衷。然而，在实践中，不具有代为清偿债务能力的保证人提供的保证是否有效的问题，存在着较大的分歧。一种意见认为，保证人不具有代为清偿债务的能力，不能起到保证的作用，也不符合《担保法》第七条的规定，因此，而应当确认为无效协议；另一种意见认为，保证是当事人自愿设立的，债权人有选择保证人的权利，债权人既然同意不具有代为清偿债务能力的人担保，人民法院就不宜确认保证无效。我们认为，后一种意见更有道理。即使保证人不具备完全代偿能力，仍应当以自己的财产承担保证责任。若因为是保证人没有代偿能力而否定保证的效力，实际上是损害了债权人的利益。且保证合同具有自愿性，责任承担具有补充性，保证人的动态保证能力也处在不断变化之中，所以，不具有代为清偿债务能力的保证人提供的保证不能确认为无效保证。为此，《担保法解释》第十四条作出了明确规定，即“不具有完全代偿能力的法人、其他组织或者自然人，以保证人身份订立保证合同后，又以自己没有代偿能力要求免除保证责任的，人民法院不予支持。”

四、对保证人的“清偿能力”的理解

1. 清偿能力不属于民事行为能力范围。民事行为能力的民事主体独立地以自己的行为为自己或者他人取得民事权利和承担民事义务的能力。对民事主体行为能力的限制是针对民事主体主观意识能力和认识能力方面，而并非着眼客观的实际履行能力方面。因而，就自然人而言，无行为能力人或限制行为能力人不能从事保证活动，主要是由于他们因年龄、智力和精神状态方面的因素，不能清楚地认识到从事保证活动所将产生的法律后果，同时也是为了更好地保证他们的权益，而并非是出于他们不具备相应的财产或者履行能力而致。事实上并不能排除许多无行为能力人或限制行为能力人本身拥有一定的财产或履行能力，如继承遗产或接受遗赠的未成年人，以及拥有一定财产的精神病人。

就法人来说，法人的民事行为能力是以法人的团体意志体现的，一般不存在所谓因意思能力限制而不得从事某项民事活动的问题。而且，法人的民事行为能力范围与其民事权利能力范围是一致的，只要其具备了相应的民事权利能力，也就具备了相应的民事行为能力。对其从事某项民事活动的只来自于其民事权利能力方面，而非其民事行为能力方面，亦即对其民事活动的限制只有质的规定性，而无量的规定性，只要法律允许其从事某项民事活动，则无限制其数量范围的必要。具体到保证行为来说，只要行为人具备从事保证活动的权利能力和行为能力，就可以作为保证人，承担保证债务，履行能力不应作为保证人资格的必要条件。

2. 清偿能力属于一种不确定量，不具备清偿能力作为保证人资格要件所要求的确定性。清偿能力本身并不具有确定性，这种不确定性主要表现在以下两个方面：一是相对于不同的债务，清偿能力标准会有所不同。在实践中，保证合同所保证的主债务，并非是一个不变量，随着主债务人的部分履行会相应地减少，因而很难说保证人在订立保证合同之初是否具有相应的清偿能力。二是在不同的时期，清偿能力也会有所不同。就保证人自身资产或履行能力来看，在不同的时期也会有不同的状态。在订立合同之初，可能不具备相应的履行能力，而随着时间的推移，其财产增加或因收回债权的原因使其履行能力增强，而具备了履行保证债务的能力；反之，在订立保证合同之初，保证人可能具有相应的履行能力，此后由于自身经营亏损，濒于倒闭，而丧失了原有的履行能力。由此可见，所谓履行能力本身并不具备科学地衡量保证人的条件的标准所应具备的确定性，以此作为保证人资格的必要条件，进而作为确认保证合同效力的依据，显然缺乏应有的客观性。

3．排除清偿能力作为保证人资格的要件，并不违背保证制度的目的。清偿能力是保证人资格的重要条件，而并非必要条件，缺乏这一条件只是对于保证合同的履行产生一定的影响，甚至不能履行，并不必然导致保证合同无效。法律设立保证制度的作用主要体现在保障交易安全，确保债权人的利益能够实现。因此，从这一目的出发要求保证人具有履行能力无疑是正确的。但是，如果将其绝对化，认定凡不具备履行能力或赔偿能力的人均不能成为保证人，其所订立的保证合同均为无效，则恰恰是与这一目的相悖。因为，即使保证人不具备相应的保证能力，也会或多或少地具备一定的履行能力或赔偿能力，在主债务和保证债务均已成立的情况下，如果因保证人无相应的履行能力而确认保证合同无效，则势必减少了债权人原本可以得到的受偿机会（尽管这种清偿可能是不完全的），实际上是损害了债权人的利益，免除了保证人本应承担的义务。因此，即便保证人无相应的清偿能力，对其所订立的保证合同也不应认定为无效，保证人仍应承担所能够承担的保证责任。

4．不将清偿能力作为保证人资格的要件，有助于促使债权人慎重审查保证人的清偿能力，确保自己债权的实现。主债务人立保（即向债权人提出拟担任保证人的人选）后，债权人应当慎重地审查保证人的清偿能力，对于债权人来说，这是一种权利。如果债权人经过审查认为保证人财产实力和履行能力不足以承担保证责任，可以拒绝同该保证人订立保证合同，而要求主债务人另觅保证人。如果债权人疏于行使此项权利，对保证人不加审查，或者虽经审查却不认真细致，致使与不具备清偿能力的保证人订立了保证合同，可谓一种过失，那么他就自然应当承担可能由此而带来的风险，即当主债务人不履行债务时，保证人亦可能不能完全承担保证债务，因而使自己的债权得不到完全清偿。这种结果足以使债权人认真行使审查保证人的权利。

5.《担保法》中并没有将履行能力作为保证人资格的必要条件。法律或法规上提出要求保证人具有清偿能力是无可厚非的。但是，《担保法》第七条也仅是规定，具有清偿能力的人“可以”担任保证人，但不应将其理解为命令性规范，或者反过来将其理解为一种禁止性的规范，即“不具备清偿能力的人不得作为保证人”。

《担保法解释》第十四条中虽然没有明确地涉及不具有清偿能力的人订立保证合同的效力问题，但其中隐含着这方面的内容，即便没有代偿能力的人签订的保证合同，仍然为有效的保证合同。由此而得出的结论是，其仍应当以自己的财产承担保证责任。这里的“保证责任”，即为有效保证合同的责任，而非过错责任。当然，保证合同因其他原因而无效，保证人也同样不能因所谓“无清偿能力”而免除其应当承担的过错责任。[①]

五、对引言案例的评析

就引言案例来说，养殖公司以不具备清偿能力为由而要求确认保证合同无效，尽而要求免除保证责任。从上述分析和《担保法解释》第十四条的规定来看，养殖公司把《担保法》第七条的规定理解为禁止性规定，显然有失偏颇。因此，司法解释明确规定了保证人以自己没有代为清偿能力要求免除保证责任的，不予支持。所以，养殖公司与商业银行所签订的保证合同为有效合同，保证人养殖公司仍应当按照合同的约定承担保证责任。

---

① 参见李国光等著：《最高人民法院〈关于适用中华人民共和国担保法〉若干问题的解释理解与适用》，吉林人民出版社2000年版，第95—99页。

第三节　国家机关和事业单位提供保证的效力

一、引言

国家机关和以公益为目的的事业单位、社会团体违反法律规定提供担保的，担保合同无效。因此给债权人造成损失的，应当根据其过错各自承担相应的民事责任。诸如：

国家机关保证担保无效纠纷案[①]

1993年，贵州省某铁厂与某铸造厂签订生铁《购销协议》一份，约定某铁厂向某铸造厂供应生铁。某铸造厂在收货后一直未向某铁厂付清全部货款，双方于1997年11月14日签订《偿还欠款协议书》，对欠款的金额及还款方式作了确定。贵州省某监狱以保证人的身份在该协议书上加盖了公章。事后双方又分别于2002年9月5日和2006年4月5日重新签订《还款协议》两份，再次明确欠款的本金为人民币191万元。2008年6月10日，某铁厂将该笔债权转让给原中铁某集团物资有限公司某分公司（下称物资公司），并将债权转让事项通知了债务人和保证人。2008年6月20日，物资公司提起民事诉讼，请求法院依法判令某铸造厂支付尚欠的货款本金人民币191万元及相应的利息；某监狱对上述债务不能清偿部分承担连带赔偿责任。

在上述案例中，债务人铸造厂承担还款责任当无疑问。问题

---

① 案例参见贵阳铁路运输法院朱凤飞：《国家机关担保无效也担责》，载中国法院网。

的关键是作为国家机关的保证人——监狱所提供的保证合同的效力如何？监狱是否应当承担民事责任？

二、国家机关、事业单位提供保证的效力认定

1. 国家机关提供保证的，原则上保证合同无效。国家机关为保证人的，一般情况下，保证合同无效。禁止国家机关担任保证人的原因是，国家机关的主要职责是依法行使其职权，进行日常的公务活动，而不能直接参与经济活动，为他人的债务作保证。同时，国家机关的财产和经费都是国家财政划拨的，这些财产和经费主要是用来维持国家机关的公务活动和日常开支，保障国家机关履行职责。如果允许其作保证人，债务人不履行债务时，国家机关就要承担保证责任，用行政经费来清偿债权人的债务，这必然会影响国家机关正常公务活动的进行。从这点上讲，国家机关实质上是没有清偿债务的能力。因此，国家机关没有保证人的资格，不得为他人的债务提供保证。①

2. 国家机关“经国务院批准为使用外国政府或者国际经济组织贷款进行转贷”提供保证的，保证合同有效。这是国家机关作保证人的效力认定上的一种例外，主要是因为使用外国政府或者国际经济组织借款能否如期归还的问题，涉及到我国对外开放政策的实施和形象问题，如果由一般的企业担保，一旦该企业经营不景气，不能履行担保责任，完全由转贷机构偿还，不但不公平，而且难以承受。这些借款通常用于国家或者地方的重点工程建设，本应由国家或者地方投资，当暂时使用国外资金时，在该项目不能发挥效益的情况下，由政府作为保证人先清偿也是理所当然的。这种保证人通常为政府的财政部门或者计划管理部门。

如何认定“使用外国政府或者组织贷款进行转贷”。这是《担保法》第八条对于国家机关从事担保的例外情形时作出的规

① 全国人大常委会法制工作委员会民法室编著：《中华人民共和国担保法释义》，法律出版社 1995 年版，第 11 页。

定，司法实践中，对于哪些借款属于这一例外存在争议。国家机关担任保证人保证合同有效必须同时满足以下两个要求：一是符合“使用外国政府或者组织贷款进行转贷”的情形。所谓外国政府贷款是指外国政府利用其国库资金为我国提供的贷款。国际经济组织贷款是指国际货币基金组织、世界银行、亚洲开发银行、联合国国际农业发展基金组织等国际经济组织向我国提供的贷款。如果并非外国政府或者国际经济组织贷款而是外国商业银行贷款，即便进行了转借，也不能由国家机关进行保证担保。二是必须经过国务院批准。未经批准之前不能擅自担保，如果不是国务院批准，而只是地方政府的批准则不符合合同有效的情形。

3. 以公益为目的的事业单位法人不得担任保证人。依据《事业单位登记管理暂行条例》[①] 第二条第一款的规定，事业单位是指国家为了社会公益目的，由国家机关举办或者其他组织利用国有资产举办的，从事教育、科技、文化、卫生等活动的社会服务组织。其特点是不以营利为目的，而是从事社会公益事业。《担保法》第九条规定，“学校、幼儿园、医院等以公益为目的的事业单位、社会团体不得为保证人。”因为学校、幼儿园、医院等以公益为目的的事业单位，其活动是直接为社会公众服务的，如果因其担任保证人而最终履行保证责任，势必直接影响社会公共利益。

4. 从事经营活动的事业单位签订的保证合同有效。《担保法解释》第十六条规定，从事经营活动的事业单位、社会团体为保证人的，如无其他导致保证合同无效的情况，其所签订的保证合同应当认定为有效。因此对于事业单位法人可否充任保证人的问题不可一概而论，对那些非公益性的事业单位或者社会团体，依据国家政策允许其从事经营活动，应当认为其有从事保证活动的民事权利能力，可以担保保证人。

---

①　1998 年 10 月 25 日中华人民共和国国务院令第 252 号发布；根据 2004 年 6 月 27 日《国务院关于修改〈事业单位登记管理暂行条例〉的决定》修改。

在司法实践中，可从下列标准判断是否属于从事经营活动的事业单位：一是该单位是否直接从事了经营活动；二是该事业单位虽不直接从事经营活动，但其是否属于企业法人或公司的股东，是否依照股东身份参与企业法人或公司的经营，按照持股比例取得投资收益；三是该事业单位的收费中除行政事业性收费之外，是否还包括经营性收费。如果符合前述标准，则该事业单位可以认定为从事经营活动的事业单位。[①]

三、国家机关、事业单位提供保证无效的民事责任

保证合同被确认为无效合同，保证人应当承担缔约过失责任。在司法实践中，人民法院应当根据《担保法》第五条和《担保法解释》第七条、第八条所规定的过错责任原则和保证人对造成保证合同无效的过错程度，结合影响保证合同无效的因素，正确确定保证人所应承担的缔约过失责任。可分为：（1）保证合同无效，保证人不承担民事责任。根据过错责任的归责原则，行为人无过错的，就无须承担民事责任。保证人对保证合同无效没有任何过错的，则债权人因保证合同无效而产生的损失，保证人不负赔偿责任。（2）保证合同无效，保证人承担相应的赔偿责任。一般来说，主合同有效，保证合同无效，保证人和债权人均有过错时，保证人承担相应的赔偿责任应当减轻，债权人没有过错时，债权人不承担责任，保证人与债务人应全额赔偿债权人的损失。

在国家机关、公益性事业单位、社会团体提供保证时，保证合同无效，保证人是否承担责任，《担保法》没有明确规定，在实践中，有人认为，既然同是不具备保证资格的人提供的担保，保证无效，《担保法》仅对企业法人分支机构提供担保如何承担责任作出规定，而未对国家机关、公益性事业单位、社会团体提供保证如何承担责任作出规定，意味着这些单位提供保证担保无

① 程啸：《保证合同研究》，法律出版社 2006 年版，第 115—116 页。

效后，可以不承担责任。笔者认为，无论是国家机关、公益性事业单位、社会团体、还是企业法人的分支机构，尽管有不同之处，但从法律上讲都是不具有担保资格的组织，在适用法律上应当平等。按照法律规定，这些单位不能作为担保人，不仅债权人应当知道，这些单位更应当知道，明知自己不具有保证人资格而为他人提供担保是有过错的，有过错而不承担责任，不符合《担保法》的立法目的。因此，这些单位为他人提供保证时，保证合同无效，保证人仍应承担缔约过失赔偿责任。由于这些单位不能作为保证人，保证人、债权人都应当知道，双方都有过错，各自按过错责任大小承担相应责任。当不能确定双方责任大小时，对造成的损失应当平均负担。对此，《担保法解释》第三条亦作了明确规定，即“国家机关和以公益为目的的事业单位、社会团体违反法律规定提供担保的，担保合同无效。因此给债权人造成损失的，应当根据担保法第五条第二款的规定处理”。

在司法实践中，保证人是国家机关的内部职能部门时，保证合同无效，保证人是否承担保证责任，也是争议的焦点问题，可分为两种情形：一是内部职能部门提供的保证是经过该国家机关的负责人授权，则保证合同无效后该国家机关应当承担相应的过错责任；二是内部职能部门提供保证时未经过该国家机关的负责人授权或事后追认，则该保证合同无效后该国家机关不承担赔偿责任。如某城市信用社与某工艺厂签订借款合同，由该信用社借给工艺厂款 10 万元，月息 11.25‰，期限 6 个月。在借款申请书和借据正联担保栏处加盖了某乡财政所财务专用章（但无任何人签名）。借款到期后，工艺厂无力偿还，信用社起诉工艺厂、乡政府至法院。此时乡政府及财政所才知道是因为财政所会计私自在借款申请书借据正联担保栏里加盖了财政所财务专用章。该案保证是否有效，乡政府是否承担责任的关键是财政所会计行为的认定，会计既未受到镇长、财政所长的授权，又非执行职务行为，根据《民法通则》第六十六条第一款之规定，会计的行为应属个人行为，保证合同无效，应当追究行为人会计的个人责任。

该案的实质是会计没有代理权所至。[①]

四、对引言案例的评析

在本案中，作为国家机关的某监狱违反国家担保法律的禁止性规定为他人债务提供保证，其保证合同违反了《担保法》第八条“国家机关不得作为保证人”的规定，其保证合同无效。根据《担保法》第五条规定，担保合同被确认无效后，债务人、担保人、债权人有过错的，应当根据其过错各自承担相应的民事责任。

那么，本案的关键有三点：一是作为保证人的某监狱在为他人提供保证时是否存在过错。我们知道，国家机关不得为保证人，这是立法上所明令禁止的，该监狱却有禁不止，明知而为之，是故意，若不知而为之，是过失，故意也好，过失也罢，均是民法上所说的过错。因此说，监狱是存在过错的；二是相应的民事责任的确定，即作为债权人的铁厂是否存在过错。债权人铁厂在选择保证人时应当负有谨慎义务，除了审查保证人的清偿债务能力，还应审查主体是否适格，对担保主体资格没有审查的，则属于主观有过错。因此，铁厂存在过错；三是债权人、保证人如何承担相应的民事责任。从上面的分析来看，本案的保证合同无效，其造成无效的过错不是单方的，而是债权人与保证人均有过错，根据《担保法解释》第七条的规定，主合同有效而担保合

① 最高人民法院于1991年1月30日以法（经）函（1991）8号《关于灵山县公安局对其工作人员擅自以所在单位名义对外提供财产保证，应否承担民事责任问题的答复》作出明确解释，全文如下：

广西壮族自治区高级人民法院：

你院（1990）法经字第34号请示收悉。经研究，答复如下：

广西壮族自治区灵山县公安局属国家行政机关，没有经营权，也不具备保证人的主体资格，无代偿能力。该局干部黄考才违法动用其负责掌管的单位公章，在他人签订的购销汽车合同担保栏内盖章的行为，并非在执行职务。且，黄考才实施这一民事行为，所在单位并不知情，知情后即向债权人申明这是黄个人所为。因此，黄考才利用职务之便，擅自以所在单位名义对外提供财产保证，其行为后果，根据《民法通则》第66条第1款规定，应由黄考才个人自负，并依法追究其责任，灵山县公安局对此不应当承担民事责任。

同无效，债权人、担保人有过错的，担保人承担民事责任的部分，不应超过债务人不能清偿部分的二分之一。因此，本案某监狱应对某铸造厂不能偿还部分的二分之一范围内向物资公司承担赔偿责任。至于保证人监狱是在债务人不能偿还部分的30%内承担责任，还是在40%内承担责任，还是50%内承担责任，完全是法官的自由裁量权，不存在错案的问题。

第四节　企业法人分支机构提供保证的效力

一、引言

企业法人的分支机构未经法人授权不得提供保证，否则，给债权人造成损失的，应当承担一定的赔偿责任；法人授权不明的，对保证合同约定的全部债务承担保证责任。诸如：

本案的分支机构提供的保证合同效力如何①

上诉人（一审被告）：广西浦北制药厂（下称浦北制药厂）。

被上诉人（一审原告）：中国农业银行广西壮族自治区浦北县支行（下称浦北农行）。

一审被告：广西浦北县水果开发总公司建昌水果综合场（下称建昌水果综合场）。

一审被告：广西浦北县水果开发总公司（下称水果开发总公司）。

一审被告：广西裕源药业有限公司（下称裕源药业公司）。

1997年6月26日，中国农业发展银行浦北县支行（以下简

① 广西壮族自治区高级人民法院（2005）桂民二终字第12号民事判决书。

称浦北农发行）与建昌水果综合场、大输液分厂签订了一份（97）浦农发字03号《保证担保借款合同》，约定：由建昌水果综合场向浦北农发行借款100万元，借款月利率为10.35‰，期限自1997年6月26日至2003年6月26日，其中2002年7月还50万元，2003年7月还50万元，借款种类是固定资金，借款用途是种植龙眼、荔枝。大输液分厂作为借款担保人，对债务承担连带清偿责任，保证期间至合同项下贷款本息全部还清为止。合同签订当日，浦北农发行将100万元借款划给了建昌水果综合场。借款到期后，建昌水果综合场没有归还借款本息，尚欠借款本金100万元及其相应利息。1998年5月，根据国务院以及中国人民银行的有关文件规定，中国农业发展银行扶贫、开发等专项贷款业务划归农业银行管理，浦北农发行的该笔债权因此由浦北农行接收。2003年12月16日，浦北农行向一审法院提起本案诉讼。

另查明：建昌水果综合场是经浦北县政府水果生产办公室批准于1997年5月29日成立，其主管单位是水果开发总公司，但未办理任何工商登记手续。大输液分厂是1995年3月25日经工商核准登记成立的浦北制药厂的分支机构，领有营业执照但没有法人资格，其负责人与浦北制药厂的法定代表人均为阮传明，从1997年起因没有参加企业年检，已自行歇业。裕源药业公司原名为广西浦北制药集团裕源药业有限公司，是1997年3月18日由浦北制药厂、四川乐山第二制药厂、广东揭阳市药材有限公司共同出资成立的有限责任公司，经营地址在大输液分厂厂址，领取有企业法人营业执照，2001年3月6日变更企业名称为广西裕源药业有限公司。浦北制药厂原名为浦北县制药厂，成立于1989年6月15日，1992年5月3日变更为广西浦北制药厂，经济性质为股份合作制，领取有企业法人营业执照。

一审法院审理后认为，水果开发总公司作为建昌水果综合场的开办单位，建昌水果综合场没有进行工商登记，不是分支机构，也不是企业的分立，建昌水果综合场作为借款人，不按期偿还借款，其偿还责任只能由其开办单位水果开发总公司承担。水果开发总公司认为建昌水果综合场具有法人资格，能独立承担民事责任，并无事实和法律依据，不予支持。借款合同是经双方协商一致而达成，建昌水果综合场没有法人资格，其实施具体的民事行为，借款合同没有违反法律法规的规定，是有效的。广西浦北制药厂大输液分厂（以下简称大输液分厂）是浦北制药厂的分支机构，其担保行为，虽没有经过其法人的书面许可，但由于其负责人与浦北制药厂的法定代表人是同一人，其作为大输液分厂的代表人签订保证合同时，浦北制药厂的法定代表人同时知晓保证的行为，应认定为浦北制药厂同意大输液分厂的对外提供保证。大输液分厂已于1997年3月18日，在裕源药业公司成立时，已由其开办单位浦北制药厂作为其与他人合股开办的裕源药业公司的财产，也就是已作为裕源药业公司所经营的场所及厂房等，而浦北制药厂与大输液分厂在同年6月20日建昌水果综合场借款时，以大输液分厂的名义为建昌水果综合场借款作连带责任保证，因保证行为导致的民事责任，大输液分厂的财产或投入收益，是承担该民事责任的对象，同时，浦北制药厂作为裕源药业公司的股东，其又是大输液分厂的责任承担者，其股权收益可以作为履行保证责任的财产。对浦北制药厂及裕源药业公司的责任，由于大输液分厂没有法人资格，其财产均由法人浦北制药厂支配，保证有效，其保证责任应由具有法人资格的浦北制药厂承担。浦北农行已于2003年12月8日向法院起诉，即已在主债务履行期限届满前主张了权利，符合《担保法》第二十六条的规定，保证人仍应承担保证责任。裕源药业公司不应对其股东的行为直接承担责任，其在本案中不应承担任何责任。综上，浦北农行依照国务院有关规定接受此笔债权是有效的，其享有追偿的权利。建昌水果综合场没有依约还款，本应承担逾期还款的违约责任，但由于其没有取得营业执照，没有民事行为能力，其责任应由开办单位水果开发总公司承担。浦北制药厂是大输液分厂的责任承担者，可以用其在裕源药业公司的股权收益或股权折价承担责任。依照《民法通则》第八十四条、第一百零八条，《担保法》第十八条、第二十六条的规定，判决：一、水果开发总公司与建昌水果综合场共同偿还浦北农行借款本金100万元及相应利息（利息计算：按照人民银行同期贷款利率分段计算，合同期内依约定，逾期按人民银行逾期贷款利率分段计算至本案生效判决确定的履行期限最后一日止）。二、浦北制药厂对水果开发总公司与建昌水果综合场的上述债务承担连带清偿责任。三、驳回浦北农行对裕源药业公司的诉讼请求。案件受理费19368元，其他诉讼费1937元，由建昌水果综合场和水果开发总公司共同负担。

浦北制药厂不服上述判决，提起上诉。

二审法院认为，本案保证担保借款合同订立于1997年6月26日，但合同约定的履行期限是从1997年6月26日至2003年6月26日，依据《最高人民法院关于适用〈中华人民共和国合同法〉若干问题的解释（一）》［以下简称《合同法解释（一）》］第二条的规定："合同成立于合同法实施之前，但合同约定的履行期限跨越合同法实施之日或者履行期限在合同法实施之后，因履行合同发生的纠纷，适用合同法第四章的有关规定。"故本案应适用《合同法》的有关规定。依据《中华人民共和国合同法》第二条"合同是平等主体的自然人、法人、其他组织之间设立、变更、终止民事权利义务关系的协议"以及第九条"当事人订立合同，应当具有相应的民事权利能力和民事行为能力"的规定，订立合同的主体应当是具有民事权利能力和民事行为能力的法人、自然人或其他组织。《贷款通则》第十七条也规定："借款人应当是经工商行政管理机关（或主管机关）核准登记的企（事）业法人、其他经济组织、个体工商户或具有中华人民共和国国籍的具有完全民事行为能力的自然人。"而《民法通则》所规定的"其他组织"是指依法登记领取营业执照的独资企业、合伙企业、依法登记领取营业执照的联营企业、依法领取营业执照的中外合作经营企业、经民政部门核准登记的社会团体、经核准登记领取营业执照的乡镇、街道、村办企业。故借款人建昌水果综合场虽经浦北县政府水果办公室批准成立，但未办理任何工商登记手续，不符合《合同法》所规定的合同主体资格，亦不具备民事权利能力和民事行为能力，依法不能从事民事行为，其与浦北农发行签订的借款合同属效力待定的合同。由于建昌水果综合场向浦北农发行贷款的行为事先未征得其开办单位水果开发总公司的同意，事后也未得到水果开发总公司的认可，因此该贷款行为依法应确认为无效民事行为，建昌水果综合场与浦北农发行签订的借款合同为无效合同。浦北农行认为建昌水果综合场属于合同法上规定的其他组织，其所签订的借款合同有效，无事实和法律依据，本院不予支持。建昌水果综合场向浦北农发行借款100万元后未予偿还，由于其不具备民事责任能力，依据《民法通则》第五十八条第一款第（一）项的规定，其民事责任应由开办单位水果开发总公司承担。农发行根据国务院和中国人民银行的有关文件规定将扶贫、开发等专项贷款业务划归农业银行管理，浦北农行接收本案债权属政策性划转，与法律上规定的一般债权转让不同，无需通知债务人，故浦北农行依法享有本案债权。水果开发总公司应向浦北农行返还借款本金100万元及借款期间的资金占用费。浦北制药厂上诉认为本案债权转让未通知债务人，浦北农行不具备原告诉讼主体资格的主张，无法律依据，依法应予驳回。由于建昌水果综合场与浦北农发行签订的借款合同无效，依据《担保法》第五条："担保合同是主合同的从合同，主合同无效，担保合同无效"的规定，大输液分厂与浦北农发行签订的保证合同因借款合同的无效而无效。大输液分厂为建昌水果综合场向浦北农发行贷款提供担保，应当对建昌水果综合场的借款主体资格进行审查，其在未审查建昌水果综合场主体资格的情况下，即向浦北农发行提供担保，对借款合同的无效，大输液分厂亦有一定的过错。依据《担保法解释》第八条："主合同无效而导致担保合同无效，担保人无过错的，担保人不承担民事责任；担保人有过错的，担保人承担民事责任的部分，不应超过债务人不能清偿部分的三分之一"的规定，大输液分厂应亦承担相应的民事责任。由于大输液分厂是浦北制药厂的分支机构，且浦北制药厂在1997年3月18日已将大输液分厂作为其财产投资入股到裕源药业公司，并已停止经营至今，根据《担保法解释》第十七条第四款的规定，浦北制药厂依法应对水果开发总公司清偿本案债务不足部分承担三分之一的赔偿责任。浦北制药厂上诉还提出借款合同约定50万元的还款期限为2002年7月，浦北农行于2003年12月提起诉讼已超过诉讼时效。借款合同中已约定借款期限是自1997年6月26日至2003年6月26日，作为一个债权整体，应自合同约定的最后一笔还款期限届满之日起计算诉讼时效，本案主债务的诉讼时效应至2005年6月26日，浦北农行于2003年12月向一审法院提起诉讼，并未超过法定诉讼时效期间。且合同中约定的保证期间是自合同生效之日起至合同项下贷款本息全部还清为止，依据《担保法解释》第三十二条第二款的规定，保证期间视为约定不明，保证期间为主债务履行期限届满之日起二年。因此本案保证期间应自2003年6月26日至2005年6月25日，浦北农行向一审法院起诉要求浦北制药厂承担担保责任，亦未超过法定保证期间。综上，一审判决认定本案保证担保借款合同为有效合同，判决浦北制药厂对本案债务承担连带清偿责任，属适用法律错误，依法应予纠正。建昌水果综合场不具备民事主体资格，亦无民事行为能力和民事责任能力，其债务应由水果开发总公司直接承担。依照《中民事诉讼法》第一百五十三条第一款第（一）、（二）项的规定，判决如下：一、维持钦州市中级人民法院（2004）钦民初字第5号民事判决第三项；二、变更钦州市中级人民法院（2004）钦民初字第5号民事判决第一项为：广西浦北县水果开发总公司向中国农业银行广西壮族自治区浦北县支行返还借款本金100万元及其资金占用费（略）；三、撤销钦州市中级人民法院（2004）钦民初字第5号民事判决第二项；四、广西浦北制药厂对广西浦北县水果开发总公司偿还上述债务不足部分承担三分之一的赔偿责任。

在上述案例中，一审法院和二审法院对借款合同、保证合同的效力认定作出相反的认定，谁是谁非？借款合同涉及到借款人建昌水果综合场的主体问题，保证合同涉及到保证人大输液分厂的主体资格问题，是否为法人授权？同一问题，作出不同评判，肯定有对有错，请读者先作一评判。

关于企业法人的分支机构作为保证人问题，《担保法》第十条规定“企业法人的分支机构、职能部门不得为保证人。企业法人的分支机构有法人书面授权的，可以在授权范围内提供保证。”第二十九条规定“企业法人的分支机构未经法人书面授权或者超出授权范围与债权人订立保证合同的，该合同无效或者超出授权范围的部分无效，债权人和企业法人有过错的，应当根据其过错各自承担相应的民事责任；债权人无过错的，由企业法人承担民事责任。”《担保法解释》第十七条规定“企业法人的分支机构未经法人书面授权提供保证的，保证合同无效。因此给债权人造成损失的，应当根据担保法第五条第二款的规定处理。企业法人的分支机构经法人书面授权提供保证的，如果法人的书面授权范围不明，法人的分支机构应当对保证合同约定的全部债务承担保证责任。企业法人的分支机构经营管理的财产不足以承担保证责任的，由企业法人承担民事责任。企业法人的分支机构提供的保证无效后应当承担赔偿责任的，由分支机构经营管理的财产承担。企业法人有过错的，按照担保法第二十九条的规定处理。”第十八条规定“企业法人的职能部门提供保证的，保证合同无效。债权人知道或者应当知道保证人为企业法人的职能部门的，因此造成的损失由债权人自行承担。债权人不知保证人为企业法人的职能部门，因此造成的损失，可以参照担保法第五条第二款的规定和第二十九条的规定处理。”本文就企业法人分支机构提供保证的有关问题予以研究。

二、企业法人的分支机构与职能部门的区别

1. 企业法人的分支机构与职能部门的区别。企业法人的分

支机构和职能部门，都是企业法人设立的下属单位。企业法人的分支机构领取了营业执照，可以在核准的范围内从事一定的独立的经营活动，如工业企业的分厂、商业企业的分店、金融企业的分行等等。企业法人的职能部门是企业法人的内设机构，并不单独领取营业执照，如工厂的车间、班组，公司的部、处、科等。两者的区别在于是否领取了营业执照。

2. 分支机构与职能部门在担任保证人方面的区别规定。《担保法》第十条第一款规定，企业法人的分支机构、职能部门不得为保证人。应当明确的是，《担保法》对企业法人的职能部门担任保证人规定得比较严格，即在任何情况下，企业法人的职能部门均不得担任保证人，《担保法解释》第十八条的规定也体现了这一立法精神。企业法人的分支机构因其领取了营业执照，可以自己的名义进行民事活动，是相对独立的民事主体。由于企业法人的分支机构不具有独立的法律人格，不具有独立的财产，不能独立承担法律责任，只能在所属法人的宗旨和经营范围内活动。而保证活动属于一种特殊的民事活动，一般不属于企业法人分支机构的日常经营活动。因此，企业法人分支机构从事保证活动，必须经设立其的企业法人的特殊授权。对此，《担保法》第十条第二款、第二十九条作了规定，《担保法解释》第十七条又作了进一步的明确。

三、企业法人“书面授权”的理解

根据《担保法》第十条第二款、《担保法解释》第十七条的规定，企业法人分支机构提供保证时，必须由企业法人的书面授权，明确授予分支机构提供保证的权利，没有书面授权或只有口头授权的，分支机构不得提供保证。

“书面授权”是授权分支机构以企业法人的名义提供保证，还是以分支机构名义提供保证？从《担保法》第十条的规定来看，应当可以解释为分支机构在企业法人书面授权后仍然是以自己的名义对外提供保证担保，该保证是分支机构自己的行为，而不是代理企业法人实施的行为。但这不并排除企业法人授权分支机构以企业法人的名义对外提供保证，这属委托代理的问题，适用代理法的规则即可。

“书面授权”究竟应当是概括授权还是特别授权？对此，认识不一。笔者认为，由于保证活动不是企业法人分支机构的日常经营活动（当然，专业担保公司的分支机构除外），因此，分支机构对外提供保证一般应当经过设立该分支机构的企业法人予以特别授权，但企业法人对分支机构的对外保证予以概括授权，亦无不可。《担保法》第十条第二款并未将“授权”解为“特别授权”，如果企业法人在分支机构的设立登记时即明确其可以提供担保，或企业法人在分支机构设立后，对分支机构对外保证给予概括授权，则分支机构应可以不经企业法人的特别授权即可以自己名义对外提供保证。把握此点对于理解金融机构的分支机构对外提供担保至为重要。我国金融机构的分支机构遍布全国，而金融机构作为法人，其住所一般在北京、上海、深圳等城市，如各分支机构的每项保证活动均需金融机构的特别授权，金融机构将不胜其烦。因此，由金融机构对各分支机构进行授权授信（概括授权），各分支机构在金融机构的授权范围内、授信额度内进行活动，不再需要金融机构的特别授权。《商业银行法》第二十二条第二款规定：“商业银行分支机构不具有法人资格，在总行授权范围内依法开展业务，其民事责任由总行承担。”即属此理。应当注意的是，债权人在接受金融机构分支机构作为保证人时，应审查金融机构的相关授权授信文件，对于超过授信额度的，应由金融机构予以特别授权。

企业法人对其分支机构对外提供保证未作“书面授权”，但对该保证行为予以明确承认，或者以种种行为表示默许的，应如何认定其效力？《担保法》第十条第二款明确规定，企业法人分支机构对外提供担保需有企业法人的书面授权。在制定和讨论担保法司法解释时，鉴于我国《合同法》已经不再将合同的形式要件作为合同是否成立与是否有效的衡量标准，曾考虑不将“书面授权”作为要件加以规定，但考虑到这样规定将直接与《担保法》第十条第二款的规定相冲突，因此，仍采用了《担保法》中的规定。《担保法解释》第十七条第一款因此规定：“企业法人的分支机构未经法人书面授权提供保证的，保证合同无效。”对此，起草司法解释者认为，实践中，如果企业法人的分支机构虽然没有企业法人的书面授权，对外提供了保证，但设立该分支机构的法人予以明确承认，或者以种种行为表示默许，我们认为，在这种情况下，则应当根据新的合同法的有关规定，认定该保证合同成立，如无其他导致合同无效的因素，应认定为有效。[①]

四、企业法人分支机构提供保证的认定及处理

（一）企业法人分支机构提供保证的有效情形。

《担保法》对企业法人分支机构提供保证有所限制，但并非是禁止。对企业法人分支机构提供保证的效力认定是保证合同无效为原则，以有效为例外。其例外情形有如下两种：

1. 企业法人分支机构在企业法人授权范围内提供保证，该保证合同有效。对此，《担保法》第十条第二款作了规定，企业法人的分支机构有法人书面授权的，可以在授权范围内提供保证。因此，该保证有效。

2. 企业法人的分支机构因企业法人书面授权不明而提供保证的，该保证合同有效。分支机构虽在有法人书面授权的情况下，对外提供了保证，但法人的书面授权范围并不明确，如没有说明究竟允许该分支机构对外提供多大数额的保证，发生纠纷后，法人或者其分支机构，往往以法人内部对于分支机构权力的限制，分支机构对外担保的数额已经超过内部授权的范围限制，对债权人进行抗辩。在此种情况下，应当如何认定。当法人授权

① 曹士兵：《中国担保诸问题的解决与展望》，中国法制出版社 2001 年版，第107页。

不明时，一般应当视为无限授权，法人的分支机构应对保证合同约定的全部债务承担保证责任。因此，《担保法解释》第十七条第二款规定，企业法人的分支机构经法人书面授权提供保证的，如果法人的书面授权范围不明，法人的分支机构应当对保证合同约定的全部债务承担保证责任。

（二）企业法人分支机构未经企业法人书面授权而提供保证的，该保证合同无效

《担保法解释》第十七条第一款明确规定，“企业法人的分支机构未经法人书面授权提供保证的，保证合同无效。因此给债权人造成损失的，应当根据担保法第五条第二款的规定处理。”企业法人的分支机构提供保证的，当保证合同无效时，保证人的法律责任，《担保法》第二十九条作出了明确规定：“企业法人的分支机构未经法人书面授权或者超出授权范围与债权人订立保证合同的，该合同无效或者超出授权范围的部分无效，债权人和企业法人都有过错的，应当根据其过错各自承担相应的民事责任；债权人无过错的，由企业法人承担民事责任。”债权人明知或者应当知道企业法人分支机构未经授权或超出授权范围，而仍与之订立保证合同，是有过错的，若债权人明知而为之，是故意；若债权人应知，但由于未尽必要注意而未知情况下而为之，是过失。无论故意，还是过失，债权人应承担一定的责任。企业法人的分支机构未经法人授权或超出授权范围与债权人订立保证合同，其行为本身足以说明，该分支机构本身有过错，但由于分支机构是企业法人的非独立核算的组成部分，其过错就是企业法人的过错，其民事责任应由企业法人承担。在实际执行过程中，应按《担保法解释》第十七条第一款“企业法人的分支机构未经法人书面授权提供保证的，保证合同无效。因此给债权人造成损失的，应当根据担保法第五条第二款的规定处理”的规定进行。

保证合同被确认为无效合同，保证人应当承担缔约过失责

任。在司法实践中，人民法院应当根据《担保法》第五条和《担保法解释》第七条、第八条所规定的过错责任原则和保证人对造成保证合同无效的过错程度，结合影响保证合同无效的因素，正确确定保证人所应承担的缔约过失责任。

（三）分支机构担任保证人时的责任承担。

企业法人的分支机构虽然不具备法人资格，但其具有由自己经营管理的一部分财产，可以相对独立的对外承担民事责任。正因为如此，最高人民法院 1992 年 7 月 14 日发布的《民事诉讼法意见》第四十条规定，赋予企业法人的分支机构以独立的诉讼主体资格。企业法人的分支机构在担任保证人的情况下，也可以独立地进行诉讼，并以自己经营管理的财产对外承担保证责任，但是，当其经营管理的财产不足以承担保证责任或者赔偿责任时，则应由企业法人承担民事责任。

在司法实践中，应当注意的是，企业法人分支机构作为保证人时在执行顺序上的区别。根据《担保法解释》第十七条第三款、第四款的规定，企业法人的分支机构经营管理的财产不足以承担保证责任的，由企业法人承担民事责任；企业法人的分支机构提供的保证无效后应当承担赔偿责任的，由分支机构经营管理的财产承担。企业法人有过错的，按照《担保法》第二十九条的规定处理。

五、企业法人的职能部门提供保证的认定及处理

法人的职能部门是法人为实现自己的目的，履行自己的职能所设立的内部机构，其一般不具有以自己的名义独立地对外从事民事活动的资格，因此，也不能以自己的名义对外订立保证合同。最高人民法院 1994 年发布的《关于审理经济合同纠纷案件有关保证的若干问题的规定》第十八条规定，法人的内部职能部门未经法人同意，为他人提供保证的，保证合同无效，保证人不承担保证责任，但应根据其过错大小，由法人承担相应的赔偿责

任。其中，“未经法人同意，为他人提供保证的，保证合同无效。”反过来，其含义即为，如果经过法人同意，则可以作为保证人，其所订立的保证合同则应当认定为有效。那么，此条规定是否仍然有效？由于《担保法》第十条已经明确规定，企业法人的职能部门不得为保证人，并且没有向对待分支机构那样做出特殊规定，因此，无论是否经过企业法人的特殊授权，企业法人分支机构均不得以自己的名义对外从事保证活动，其所订立的保证合同均认定为无效。

企业法人的职能部门对外提供保证的，保证合同应当认定为无效，保证人（即该职能部门）自然不能承担有效保证合同的保证责任。但并不等于其不承担任何责任，应当根据其过错程度，由设立该职能部门的法人承担相应的赔偿责任。职能部门与分支机构不同；职能部门虽然拥有自己的公章印鉴，但是并不像分支机构那样经过有关部门核准登记，领取自己独立的营业执照，因此，在一般情况下，债权人是比较容易区分对方是否属于职能部门的。如果债权人明知或者应当知道保证人的性质属于职能部门，而仍然与之订立保证合同，该保证合同被认定为无效后，作为保证人的职能部门及设立其的法人，不仅不承担有效保证合同的保证责任，而且不承担任何民事责任，债权人因此而遭受的损失，由债权人自行承担。

在司法实践中，企业法人的职能部门作为保证人时，债权人知道的，则容易认定；债权人应当知道的，则要依据一般正常人的理念去判断，如众人皆知企业的办公室、财务部、人事处等是其职能部门，而非分支机构，债权人否认知道的，在认定上应当推定债权人“应当知道”，而不能认定债权人不知道，去判令企业承担一定的过错责任。

六、对引言案例的评析

在本案中，一审法院和二审法院对借款合同、保证合同的效力认定相反，两种不同处理意见，笔者更倾向一审法院的观点，即认定借款合同、保证合同均有效。其理由：作为借款合同来说，借款人建昌水果综合场虽未进行工商登记，但贷款人已经履行了放款义务；水果开发总公司对建昌水果综合场的借款行为并不否认，应当视为对其的追认行为，因此，应当认定该借款合同为有效合同；作为保证合同来说，保证人大输液分厂虽是浦北制药厂的分支机构，不具备保证人资格，但是大输液分厂的负责人与浦北制药厂的法定代表人是同一人，大输液分厂的保证行为应当认定为浦北制药厂的授权行为，没有必要非“书面授权”不可，因此，应当认定保证合同有效。

由于一审法院和二审法院对合同效力的认定相悖，对本案民事责任承担的处理也就不一致。笔者认为，应当由水果开发总公司承担直接的还款责任，因保证人大输液分厂已经不存在，则由该厂的法人单位浦北制药厂承担连带责任保证。

第五节　保证人的意思表示瑕疵

一、引言

一般来说，保证人为债务人提供保证，是保证人的真实意思表示，是发自内心深处的意愿。然而，由于个中原因导致保证人意思表示瑕疵的情形，并不鲜见。诸如：

本案保证人的意思表示是否真实[①]

原告：正阳县正大农村信用合作社。

被告：李素云。

被告：于宏利。

---

① 案例来源于河南省正阳县人民法院（2003）正民初字第788号民事判决。

1998年10月13日，被告于宏利在其妻李素云不知道的情况下，以李素云为借款人、于宏利为保证人在正阳县城市信用合作社借款15000元，并分别签订借款合同和保证合同各1份，约定借款期限为10个月，借款利率为月息6.3525‰，此款被于宏利用于做生意。借款到期后，被告于宏利于2001年1月13日偿还借款本金500元。2001年5月28日，正阳县城市信用合作社合并入原告正阳县正大农村信用合作社。此借款经原告多次追要，二被告未偿还下欠借款本金14500元及借款利息。

原告诉称：1998年10月13日，被告李素云借原告15000元，双方签订有借款合同1份，并由被告于宏利担保。借款到期后，被告偿还本金500元。原告多次追要，被告未还借款本金14500元及借款利息。为此，原告起诉要求二被告偿还借款本金14500元及利息。

被告李素云辩称：该贷款不是李素云贷的，李素云也没有使用，因此，李素云不应承担偿还责任。

被告于宏利辩称：贷款15000元是事实，是于宏利以李素云的名义贷的，李素云并不知道。此款被于宏利使用，应由于宏利偿还。

法院审理后认为，被告于宏利采用欺诈手段，在其妻李素云不知道的情况下，以李素云为借款人、于宏利为保证人与正阳县城市信用合作社签订借款合同和保证合同借款15000元，于宏利用于做生意，此借款合同和保证合同均属无效合同，被告于宏利应当偿还下欠的借款本金14500元，并赔偿相应的借款利息（略）。被告李素云不承担偿还责任。由于正阳县城市信用合作社已合并入原告正阳县正大农村信用合作社，因此此债权应由原告享有。依照《民法通则》第五十八条、第六十一条、第一百零八条和《担保法》第五条的规定，判决如下：一、被告于宏利于判决生效后5日内偿还原告借款本金14500元，并赔偿原告的借款利息。二、驳回原告要求被告李素云偿还借款的诉讼请求。案件受理费590元，实际费用500元，合计1090元，由被告于宏利承担。

上述案例，借款人和保证人“换位”，看似好笑，但在实践中却颇为常见。[①] 就本案来说，保证人于宏利的意思表示也存在瑕疵，本应该是借款人，却以保证人名义出现，其用心何在？不得而知。

保证合同是诺成性合同，即保证合同要求双方当事人意思表示真实并达成一致，若一方当事人意思表示不真实或双方意思表示不一致，则保证合同无效或者可变更或者不成立。因此，在设立保证合同时，一方当事人的意思表示不真实，则该保证合同无效或被撤销，若属可撤销情形，享有撤销权的当事人未行使撤销权，则该保证合同有效。根据《担保法》第三十条、《担保法解释》第四十条、第四十一条的规定，保证人意思表示瑕疵的情形由四类，本文分别予以阐述。

二、《担保法》第三十条规定保证人免除保证责任的情形

根据《担保法》第三十条的规定，有下列情形之一的，保证合同无效，保证人不承担保证责任：

1. 主合同当事人双方串通，骗取保证人提供保证的，保证合同无效，保证人不承担民事责任。《担保法》第三十条第一款规定了此种情形，即“有下列情形之一的，保证人不承担民事责任：（一）主合同当事人双方串通，骗取保证人提供保证的。”所谓恶意串通，是主合同的当事人（即债权人和债务人）非法串通，共同实施某种行为，以骗取保证人提供保证。根据民法基本原理和《担保法》的规定，保证合同无效，保证人既不承担保证责任，又不承担民事责任，并在因此而受到债权损害的情况下，

① 笔者在《借款人义务主体的确定》中对此类情形作了分析。详见拙著《借款合同判例与实务》，人民法院出版社2005年版，第11—19页。

还有权请求债权人和债务人赔偿。

恶意串通行为构成的要件：一是主合同当事人故意；二是主合同当事人相互串通；三是保证人因受骗而提供保证。诸如在审判实践中，常见的借款担保合同，借款人与贷款人相互串通以贷还贷，虚构借款用途，骗取保证人提供保证，转嫁贷款风险，应当认定保证合同无效，保证人不承担民事责任。①

2. 主合同债权人采取欺诈、胁迫手段，使保证人在违背真实意思的情况下提供保证的，保证合同无效，保证人不承担民事责任。对此，《担保法》第三十条第二款作出了规定。所谓欺诈，

① 以贷还贷涉及保证人保证责任的案例，可谓比比皆是，如：工商银行某支行与华悦公司、空调公司于1995年11月2日签订了一份借款合同。约定银行借给华悦公司人民币800万元用于购房，借款的期限自1995年11月2日至1996年5月7日，月息为10.05‰，空调公司作为借款方的担保单位，在借款方不能履行债务时，连带承担偿还贷款本息的责任。银行以此合同为证据提起诉讼，诉称：自己按约定将款贷给华悦公司，现在借款期限届满，华悦公司未还款，担保方也未能履行担保义务，请求判令华悦公司偿还借款本息，判令空调公司对担保的债务承担连带责任。

一审法院认为，银行与华悦公司、空调公司签订的借款合同主要条款明确，意思表示一致，手续完备，应确认为有效合同。合同期满，华悦公司未履行还款义务，属违约行为，空调公司为借款合同担保，在借款人华悦公司逾期未能履行还款义务的情况下，应按合同约定承担连带责任。法院据此判决：（1）华悦公司偿还银行借款800万元（本金）、利息1163830元，合计9163830元；（2）空调公司对华悦公司以上债务负连带清偿责任。案件受理费、财产保全费计110010元，由银行承担22002元，华悦公司承担55005元，空调公司承担33003元。

空调公司不服一审判决，上诉称：在本案借款合同签订之前，华悦公司已欠银行本息800万元，为此双方恶意串通，采取“借新还旧”的欺骗手法，骗取空调公司为借款合同提供担保，空调公司担保的意思表示不真实，不应承担担保责任。

银行答辩否认“借新还旧”和恶意串通骗取担保。

最高人民法院二审查明：华悦公司于1993年7月至1995年期间，与银行工作人员王某勾结，非法侵占该银行资金800万元。因华悦公司无力偿还，该银行已将该800万元作挂账处理。为挽回损失，银行同意华悦公司补办贷款手续，将华悦公司所欠800万元转为贷款，并要求空调公司提供担保。1995年7月下旬，银行派人与华悦公司人员一道去空调公司核保。双方对空调公司声称贷款用途是为联合建房。空调公司遂同意为该笔借款提供担保。同年11月2日，银行与华悦公司、空调公司签订了本案的这份支票，通过银行内部平账，将银行被华悦公司非法占用而挂账的800万元转为形式上的正常贷款。“贷款”期满后，华悦公司仍无力偿还该800万元欠款本息，银行遂提起诉讼。

最高人民法院认为，本案的合同是以合法形式掩盖非法目的的一份虚假合同，不应受到法律保护。原审判决认定事实不清，适用法律不当，应予纠正。据此判决：一、撤销一审判决；二、驳回银行的诉讼请求。一审案件受理费、财产保全费110010元和二审案件受理费60051元，由银行承担。

是指债权人故意实施某种欺骗保证人的行为，并使保证人陷入错误而提供保证。其构成要件：一是债权人（欺诈一方）处于故意；二是须有债权人欺诈保证人之行为；三是保证人因受欺诈而提供保证。由此可见，债权人采取欺诈、胁迫等手段，而使保证人签订保证合同的，保证合同无效，保证人不承担民事责任。

三、《担保法解释》第四十条规定保证人免除保证责任的情形

主合同债权人知道或应当知道债务人采取欺诈、胁迫手段，使保证人在违背真实意思的情况下提供保证的，保证合同无效，保证人不承担民事责任。对此，《担保法解释》第四十条作出了规定，即："主合同债务人采取欺诈、胁迫等手段，使保证人在违背真实意思的情况下提供保证的，债权人知道或者应当知道欺诈、胁迫事实的，按照担保法第三十条的规定处理。"债权人知道或者应当知道主合同债务人欺诈、胁迫保证人的事实，则保证合同自然归于无效，且保证人因没有过错，故不承担民事责任。但是，在司法实践中，应由保证人负举证责任，即保证人要举证证明债权人知道或者应当知道的事实，没有足够证据予以证明，且债权人否认的，则不予支持，切要防止债务人与保证人串通损害债权人利益。

在主合同债务人采用欺诈、胁迫等手段骗取保证人保证时，保证合同无效，保证人应当承担因缔约过失而负的赔偿责任。这是由于保证人与债务人是委托关系，保证人受了债务人欺诈、胁迫，责任则应由债务人承担，债权人若不知情，债权人不承担责任，不能因为债务人的行为影响债权人的权利实现。在这种情况下，保证合同被撤销，保证人不承担保证责任，应由债务人首先承担清偿责任，债务人清偿责任不足的，由保证人承担赔偿责任。

四、《担保法解释》第四十一条规定保证人负连带赔偿责任的情形

债务人和保证人共同欺骗债权人，债权人可请求人民法院予以撤销，保证人承担连带赔偿责任。对此，《担保法解释》第四十一条作出了规定，即“债务人与保证人共同欺骗债权人，订立主合同和保证合同的，债权人可以请求人民法院予以撤销。因此给债权人造成损失的，由保证人与债务人承担连带赔偿责任。”债务人与保证人共同欺骗债权人的，则债权人享有撤销权，且根据《合同法》第五十五条第一款第（一）项的规定，债权人的撤销权在知道或应当知道的一年内行使，否则，该撤销权消灭，则保证合同亦然有效。

因债权人请求而保证合同被人民法院撤销，保证人和债务人承担连带赔偿责任。《担保法解释》第四十一条的规定，既体现了民事责任过错原则，又坚持了债的基本原理。在司法实践中，我们认为保证合同无效，保证人承担连带赔偿责任主要有以下两种情形：一是主合同的债务人与保证人共同恶意串通、欺骗主合同的债权人，从而订立主合同及保证合同；二是主合同的债务人与保证人共同采取欺诈、胁迫等手段迫使主合同的债权人在违背真实意思表示的情况下，从而订立主合同及保证合同。上述两种情形均导致主合同及保证合同无效或被撤销，且在一般情况下，债权人无过错，保证人和债务人共同侵害了债权人的合法权益，符合共同侵权的一般特征，对债权人因此而造成的损失，保证人与债务人应当承担连带赔偿责任。

在司法实践中，还应当注意的是，《担保法解释》所规定的情形：一是依据《担保法解释》第八条的规定，主合同无效而导致保证合同无效，保证人无过错的，则保证人不承担民事责任；二是依据《担保法解释》第十八条第一款“企业法人的职能部门提供保证的，保证合同无效。债权人知道或者应当知道保证人为企业法人的职能部门的，因此造成的损失由债权人自行承担”的

规定，企业法人的职能部门为保证人时，债权人知道或应当知道的，则保证人企业法人的职能部门不承担民事责任，且提供企业法人的职能部门的行为人也不承担民事责任。

五、对引言案例的评析

在本案中，从借款合同、保证合同来看，借款人是李素云，保证人是于宏利；从合同的履行情况来看，用款人是于宏利，而不是李素云；从李素云的意思表示来看，虽李素云与于宏利是夫妻关系，但作为借款合同、保证合同的民事主体，李素云并没有在借款合同上签字，也没有委托于宏利签约，作为贷款人信用社就无足够的理由相信于宏利构成表见代理，因此，李素云与信用社没有签订合同的意思表示，于宏利以李素云的名义签订的借款合同，属于物权担任，其法律后果只能由行为人于宏利承担。因此说，本案的判决结果与案件的客观事实和法律事实相一致，是正确的。

该案所反映的情形，在信用社系统极为常见，其结果只能是事与愿违，因此，金融机构应当引以为戒，莫把合同当“儿戏”。

第六节 共同保证

一、引言

同一笔债权，有多个保证人，就多了一份“保险”，就构成了共同保证。诸如：

司机王明为了搞汽车运输，于 2002 年 3 月 3 日在某信用社贷款 20 万元，购买一部东风牌货车，借款期限 6 个月，月息 6 厘。在借款时，张伟、杨清为王明提供担保，与信用社签订了借款保证书，在保证书中仅写明张伟、杨清自愿承担连带责任，约定保证期间 2 年。王明在经营过程中，不慎将货车丢失（由于在财产保险公司的保险时间已过，因此不能向保险公司索赔）。借款到期后，王明无力偿还贷款。信用社于 2004 年 4 月 4 日以张伟为被告诉至人民法院，而形成纠纷，请求判令张伟偿还王明借款 20 万元及利息。张伟辩称借款是王明所借，杨清也是保证人，应当把王明、杨清列为共同被告。

法院审理后认为，信用社与王明、张伟、杨清签订的保证借款合同为有效合同，张伟、杨清作为共同保证人，没有约定保证份额，根据《担保法解释》第二十条“连带共同保证的债务人在主合同规定的债务履行期届满没有履行债务的，债权人可以要求债务人履行债务，也可以要求任何一个保证人承担全部保证责任”的规定，任何人都负有对王明的全部债务承担连带保证责任，因此张伟的辩称理由不能成立，不予支持。根据《担保法》第十二条、《担保法解释》第二十条的规定，判决：张伟偿还信用社贷款 20 万元及利息。诉讼费 5500 元，由张伟承担。

上述案例，争议焦点是共同保证中保证人的责任承担问题。《担保法》第十二条规定：“同一债务有两个以上保证人的，保证人应当按照约定的保证份额，承担保证责任。没有约定保证份额的，保证人承担连带责任，债权人可以要求任何一个保证人承担全部保证责任，保证人都负有担保全部债权实现的义务。已承担全部保证责任的保证人，有权向债务人追偿，或者要求承担连带责任的其他保证人清偿其应当承担的份额。”该条是我国对共同保证的主要法律规定。《担保法解释》第十九条、第二十条、第二十一条对共同保证又作了进一步的规定，本文就共同保证的有关问题予以探讨。

二、共同保证的法律意义

根据《担保法》第十二条的规定，共同保证是指两个或两个以上的保证人共同对同一债务所作的保证行为。除非保证合同另有约定外，共同保证人之间应当连带承担保证责任。共同保证也即数人保证，保证人为两人或两人以上，被保证人为同一人，被保证的债务为同一笔。共同保证是相对于一人保证而言的，所谓一人保证，是只有一个人为债务人提供保证，承担保证责任。在前述案例中，张伟、杨清共同为王明贷款提供保证，即属共同保证。

《担保法》第十二条明确规定除保证合同另有约定外，共同保证人之间负连带保证责任。若承认共同保证人的分别利益，共同保证人中一旦有保证人丧失代为履行债务的必要财产，则债权人就该保证人保证的债权部分便不能获得实现。这样，在数人保证情况下，债权人也不能使其债权全部获得清偿，也与债权人要求数人保证的原始初衷不相符。我国《担保法》从侧重保护债权人债权实现的角度出发，原则上规定了共同保证人之间的连带责任保证。

共同保证作为一种特殊保证，仍具有一人保证的基本特征，即：（1）债权性。保证是属于债权性担保，这是保证区别于物权性的抵押、质押之所在，保证是专为担保债权实现而设立，因此以债权的存在为基础和前提。（2）人身性。保证是属人的担保，因而具有一定的人身性特征。（3）从属性。保证是为担保债权而设立，因此有从属性。（4）相对的独立性。保证之债虽从属于主债，但与主债并不是一回事，其本身也具有一定的相对独立性。共同保证除具有一般保证的四个特征外，与一人保证相比，仍有其自身的特征：

1. 共同保证的主体为两个或两个以上的多数人。这里的“多数人”既可以是法人，又可以是自然人。并且必须是数人对于同一人同一笔债务提供的保证，若数人分别就不同的债务作保证，或为数个债务人保证不同的债务，就不能构成共同保证。

2. 共同保证的客体必须是共同保证的行为。保证客体是共同保证人权利和义务所指向的客观对象。保证的客体就是保证行为本身。这是一种特殊的法律行为，而不是主合同债务人履行债务的行为。作为共同保证的客体即保证行为必须是共同保证人的行为。

3. 共同保证的法律关系的复杂性。一人保证中仅存在着主合同债权人、债务人、保证人三方的法律关系，而在共同保证中存在着两方面的法律关系：一是内部法律关系，即共同保证人之间各自担保主债权的份额划分，有部分保证和全部保证之别，这属于保证担保的责任范围问题。二是外部法律关系即共同保证人与主合同债权人、债务人之间关系，这属于保证责任方式问题，即保证人所要承担的是一般保证责任，还是连带责任保证。可见，共同保证与一人保证相比，在法律关系方面多了一层内部法律关系。

4. 各连带共同保证人的保证债务相互没有补充性。根据《担保法》第十二条规定，保证人承担连带责任的，“债权人可以要求任何一个保证人承担全部保证责任，保证人都负有担保全部债权实现的义务”，可以看出，共同保证人之间的连带关系可以包含两层含义：一是数额上的连带。即相对于按份共同保证而言，各个保证人均对全部主债务负责，无权抗辩债权人而不负履行义务。二是履行顺序上的连带。即各个共同保证人无履行顺序之先后之分，均负有首先向债权人履行保证债务的义务，债权人也可以要求任何一个共同保证人首先履行义务。

三、共同保证的分类

（一）按共同保证的有效成立时间进行分类

根据共同保证的有效成立的时间先后不同，笔者将共同保证分为同时共同保证和非同时共同保证。

同时共同保证，是指两个或两个以上的保证人同时对同一债务所做的保证行为。也就是说，共同保证中的保证人同时做出保证行为。比如，甲、乙、丙三人同时与债权人就同一债务签订保证合同或者同时做出承诺保证的行为（诸如同时出具保证函）。在前述案例中，张伟、杨清同时与信用社签订借款保证书，为王明借款 20 万元提供保证，即为同时共同保证。

非同时共同保证，是指两个或两个以上的保证人在不同时间对同一债务所做的保证行为。比如，甲、乙、丙先后就同一债务与债权人分别签订保证合同。该种情形能否构成共同保证，存在着分歧，以《德国民法典》第 769 条为代表的立法对此持肯定态度，以前《苏联民法典》第 240 条为代表的立法则持否定态度，即共同保证数人同时为之者，始负连带责任。而我国《担保法》对非同时共同保证未做出明确规定。我们认为，共同保证在于数个保证人就同一债务而为保证人，共同保证人之间以承担连带责任保证为原则，以承担按份保证为例外（从《担保法》第十二条可以看出这一原则），无需共同保证人之间的意思联络与沟通。因此，多个保证合同是同时成立，还是先后成立，均不影响共同保证的构成，且确认非同时共同保证能够有效成立，既尊重了当事人的意思自治原则，又有利于强化债权人利益的保护。因此，应当对非同时共同保证作出明确的法律规定，以便在实践中有法可依。

上述分类方法，虽我国《担保法》未作明确规定，但从《担保法解释》第十九条“两个以上保证人对同一债务同时或者分别提供保证时，各保证人与债权人没有约定保证份额的，应当认定为连带共同保证。连带共同保证的保证人以其相互之间约定各自承担的份额对抗债权人的，人民法院不予支持”的规定，是对同时共同保证和非同时共同保证持肯认态度。

（二）按共同保证中保证人保证担保的范围和保证方式不同进行分类

根据共同保证中保证人保证担保的范围和保证方式不同可以将共同保证分为：

1. 按份保证的一般保证，即保证人在保证合同中约定有保证份额和承担保证责任的方式为一般保证，保证人仅按照合同约定的保证份额承担一般保证责任，保证人之间不承担连带责任。

诸如：甲、乙、丙三人按份额每人为丁担保100万元债务，丁的总债务为300万元，债务到期，丁仅偿还了180万元后无力清偿。那么，甲、乙、丙应按比例份额各自承担所欠120万元债务的40万元，并且不负连带责任。

2. 按份保证的连带责任保证，即保证人在保证合同中约定保证份额和承担保证责任的方式为连带责任保证，保证人按照合同约定的保证份额承担连带责任保证，保证人之间不负连带责任。如同上例，若债务履行期届满后，丁对300万元债务未履行，此时，债权人根据《担保法》第十八条第二款的规定，可以要求丁履行债务，也可以要求甲、乙、丙在其各自保证担保的100万元范围内承担保证责任，甲、乙、丙之间不负连带责任。

3. 共同保证的一般保证，即保证人在保证合同中未明确约定保证份额，仅约定了承担保证责任的方式为一般保证，当债务人不能履行债务时，债权人可有权要求任何一个保证人承担债务人未履行部分的保证责任，该保证人不得拒绝。该种情况，有人认为，根据《民法通则意见》第一百一十条“保证人为二人以上的，相互之间负连带保证责任”和《担保法》第十二条“没有约定保证份额的，保证人承担连带责任”的规定，保证人对全部债务承担连带责任保证。我们认为，该种观点值得商榷的，《民法通则意见》第一百一十条和《担保法》第十二条所规定的“连带保证责任”，“连带责任”仅指保证人之间是连带责任，而非指保证人与债务人之间的连带责任。在该种情况下，存在两方面的法律关系，在保证人内部法律关系中，保证人保证责任的范围，是根据《担保法》第二十一条第二款“当事人对保证担保的范围没有约定或者约定不明确的，保证人应当对全部债务承担责任”的规定，保证人之间负连带责任。而在外部法律关系中，保证人承担何种保证责任方式，完全取决于保证合同的约定，若明确约定保证人承担一般保证，即共同保证的一般保证。如：甲、乙、丙为丁担保债务300万元，未约定保证份额，仅约定保证方式为一般保证。债务到期后，丁仅履行了100万元债务后无力清偿，此时，债权人可要求甲、乙、丙任何一个人承担尚未履行的200万元债务，该保证人不得拒绝。

4. 共同保证的连带责任保证，即保证人在保证合同中未明确约定保证份额，明确约定了承担保证责任的方式为连带责任保证（未约定保证方式的，推定保证人负连带责任保证），当债务人在债务履行届满没有履行债务时，债权人可以要求债务人履行债务，也可以要求任何一个保证人承担全部保证责任，该保证人不得拒绝。该种情形中，保证人之间承担的是连带责任，保证人对债权人承担的保证方式为连带责任保证。如甲、乙、丙为丁担保债务300万元，未明确每人的保证范围，保证方式为连带责任保证，债务到期后，丁未偿还债务，债权人可要求丁承担300万元债务，也可要求甲、乙、丙中任何一个人承担300万元的保证责任，该保证人不得拒绝。前述案例，即属于典型的共同保证的连带责任保证形式。

四、共同保证的法律效力

共同保证依法成立，即具有法律效力。共同保证的法律效力表现在保证人与债权人之间、共同保证人之间、共同保证人与债务人之间的法律效力。具体如下：

1. 共同保证在保证人与债权人之间的法律效力。共同保证作为一种特殊形态的保证，特殊形态存在于一般形态之中，因共同保证仍适用一人保证的规定。共同保证人与债权人关系表现为：按份保证的一般保证或共同保证的一般保证，共同保证人均享有检索抗辩权；按份保证的连带责任保证或共同保证的连带责任保证，共同保证人不享有检索抗辩权。因连带责任保证侧重于保护债权人利益，一般保证侧重于保护保证人利益。连带责任依法律规定而产生，为此，各国规定也不一致，一种是以一般保证为原则，连带责任保证为例外，即只有保证人明示承担连带责任保证的才承担连带责任保证，否则，保证人承担一般保证。以法国、德国、日本为代表。另一种是以连带责任保证为原则，以一般保证为例外，即只有保证人明示承担一般保证的才承担一般保证责任，否则承担连带责任保证。以英国和我国为代表，如《担保法》第十九条明确规定“当事人对保证方式没有约定或者约定不明确的，按照连带责任承担保证责任。”

2. 共同保证在保证人之间的法律效力。根据《担保法》第十二条的规定，除保证合同中约定有保证份额，保证人承担按份保证责任外，各共同保证人之间负连带责任，适用法律中有关连带债务的规定，每一个保证人均有履行全部保证债务的义务，在一保证人偿付了全部或超过自己应偿付的份额的保证债务后，对其他保证人享有求偿权。在共同保证中，若其中一人的保证合同无效，并不影响其他人保证合同的效力。

3. 共同保证在保证人与主债务人之间的法律效力。保证人在全部或部分偿付了保证债务后，依法享有对主债务人的追偿权。保证人追偿权的范围是以保证人实际承担的保证责任范围和实现追偿权的合理费用为依据。

4. 司法实践中应当注意的问题。在司法实践中，债权人放弃共同保证中的一人或数人保证时，其他保证人应如何承担民事责任，可分为如下几种情形处理：

（1）在按份保证的一般保证中，其他保证人应当按共同保证合同中的约定承担自己应该承担的份额，对债权人放弃的保证人所应承担的份额不再承担责任；

（2）在按份保证的连带责任保证中，其他保证人也仅对自己应当承担的份额负连带责任；

（3）在共同保证的一般保证中，其他保证人仍应当对主债务人不能履行部分承担保证责任，不因债权人放弃有保证人而减轻保证责任；

（4）在共同保证的连带责任保证中，其他保证人仍应当对主债务人没有履行部分承担连带责任。在前两种情形中，债权人放弃一人或数人保证时，对其他保证人不产生任何影响，而债权人放弃一人或数人保证的法律后果是责任自负。在后两种情形中，债权人放弃一人或数人保证时，其他保证人则要承担主债务人不能履行或没有履行部分的保证责任，债权人放弃一人或数人保证的法律后果是其对自己无任何影响，反而加大了其他保证人的保证责任。同时，承担了全部保证责任的保证人仍享有对债权人放弃的其中一人或数人保证人追偿权。

五、审判实践中处理共同保证求偿权的几个问题

《担保法》第十二条对共同保证的求偿权问题作了原则性的规定，无论是按份保证，还是共同保证，已经承担了保证责任的保证人，无论其承担是部分保证责任，还是全部保证责任，都可根据《担保法》第三十一条“保证人承担保证责任后，有权向债务人追偿”的规定，依法向债务人进行追偿。

1. 在按份共同保证中，各共同保证人按照保证合同的约定分别承担保证义务后，有权在其履行义务的范围内，对债务人行使代位求偿权。对此，《担保法解释》第二十一条作出了明确规定，即“按份共同保证的保证人按照保证合同约定的保证份额承担保证责任后，在其履行保证责任的范围内对债务人行使追偿权。”

2. 在保证人之间负连带责任的共同保证中，如果负连带责任的各保证人之间相互约定有各自承担的份额，但未告知或征得债权人的同意，各保证人之间的约定不得对抗债权人，每个保证人对债权人的债权承担保证责任，债权人可向保证人中任何一人提出要求承担全部保证责任。若当其中一个保证人履行了全部保证责任，可按照保证人之间的相互约定各自承担的份额而向债务人或其他保证人行使追偿权，要求其他保证人清偿应当承担的份额。对此，《担保法解释》第二十一条作出了规定，即“连带共同保证的债务人在主合同规定的债务履行期届满没有履行债务的，债权人可以要求债务人履行债务，也可以要求任何一个保证人承担全部保证责任。连带共同保证的保证人承担保证责任后，向债务人不能追偿的部分，由各连带保证人按其内部约定的比例

分担。”

3. 在保证人之间负连带责任的共同保证中，如果负连带责任的各保证人之间没有约定各自应承担的份额，履行了全部保证义务的连带保证人如何行使追偿权。《担保法》第十二条明确规定了约定保证份额的保证人的责任，但对保证合同中未约定保证份额的共同保证各自应承担的责任份额没有作出具体规定。我们认为，由于共同保证人之间实质是一种连带债务关系，在各个保证人内部仍然存在着承担份额的问题，对于各个连带责任保证人之间的承担份额完全取决于保证人之间的约定，保证人之间对此未作约定，各个保证人承担的份额应当均衡分担。理由是，根据民法的平等原则及依据民事责任分担原理，承担民事责任原则分有过错责任原则和无过错责任原则，保证责任的产生对于保证人相互之间不存在主观过错，要求任何一方承担全部保证责任于法无据，且《担保法解释》第二十条也规定“没有约定的，平均分担。”

4. 在保证人之间负连带责任的共同保证中，当其中一个保证人履行了全部保证义务后，在对其他共同保证人就超额履行部分行使求偿权时，如果其他保证人中有不能偿还者时，其不能偿还部分，根据民法的平等原则，由履行了义务的保证人与其他保证人按比例分担。如果主债务人财产不足清偿时，不能偿还的部分，由连带保证人平均分担。

根据《担保法》第十二条的规定，保证人替债务人履行债务后，可以对主债务人行使追偿权，也可以对其他共同保证人行使追偿权，这两种权利保证人可以择一行使，最终结果必然是债务人偿还了保证人所承担的债务，或者是债务人丧失了清偿能力，而由各个保证人根据比例（依照约定或公平原则）分担债务，或者是债务人丧失清偿能力，部分保证人也丧失承担保证责任的能力，由其他有能力的保证人根据比例（依照约定或公平原则）分担债务。比如，在前述案例中，因王明无力偿还借款，才引起信用社提起诉讼，若在执行过程中，张伟将王明所欠信用社借款

20 万元本息全部清偿，即张伟依法享有向王明、杨清追偿的权利，虽张伟和杨清未约定各自所承担保证责任的范围，但张伟可依据民法的公平原则，向杨清追偿其应承担的 20 万元的本息的 50%的保证责任，杨清不得拒绝承担。

5. 承担连带责任保证责任的保证人承担保证责任后，如果向其他保证人行使追偿权，是否受债权人在保证期间内向未承担保证责任的保证人主张过保证责任的影响？我们知道，保证人的追偿权与债权人对保证人的保证责任请求权不同。保证人的追偿权是在其依法履行了保证责任后产生的要求该债务最终分担的一种请求权，该权利的产生以保证人向债权人履行了债务人的债务为前提，其与债权人向保证人主张保证责任的权利是完全不同的权利。因此，债权人是否向保证人主张保证责任，不影响保证人追偿权的行使。保证人追偿权的诉讼时效从该权利产生后并知道可以行使该权利时起算，保证合同约定或者法律规定的保证责任期间对保证人的追偿权不适用。对此，最高人民法院于 2002 年 11 月 23 日以法释〔2002〕37 号作出的《关于已承担保证责任的保证人向其他保证人行使追偿权问题的批复》指出："根据《中华人民共和国担保法》第十二条的规定。承担连带责任保证的保证人一人或数人承担保证责任后，有权要求其他保证人清偿应当承担的份额，不受债权人是否在保证期间内向未承担保证责任的保证人主张过保证责任的影响。"

第七节　最高额保证

一、引言

最高额保证是指保证人对债权人与债务人在一定期间内连续发生的若干债务，在最高限额内承担保证责任的保证。《担保法》第十四条对最高额保证作了规定，即"保证人与债权人可以就单个主合同分别订立保证合同，也可以协议在最高债权额限度内就一定期间连续发生的借款合同或者某项商品交易合同订立一个保证合同。”最高额保证合同的适用，方便了各方当事人，但引起了不少纠纷。诸如：

最高额保证合同纠纷案[①]

上诉人（原审被告）：风神轮胎股份有限公司（下称风神公司）。

被上诉人（原审原告）：中信银行股份有限公司天津分行（下称中信银行）。

原审被告：河北宝硕股份有限公司（下称宝硕公司）。

2005年5月至2005年10月间，中信银行与宝硕公司之间发生四笔融资业务。每笔业务具体的情况如下：（1）2005年5月16日，中信银行与宝硕公司签署了（2005）银贷字第HD0062号《人民币借款合同》，借款金额为人民币2000万元，期限自2005年5月16日至2006年5月15日。合同签订后，中信银行依照合同的约定，足额发放了贷款，但合同到期后，中信银行多次催要，宝硕公司未履行还款义务。（2）2005年6月7日，中信银行与宝硕公司签署了（2005）银贷字第HD0063号《人民币借款合同》，贷款金额为人民币730万元，期限自2005年6月7日至2006年6月6日。合同签订后，中信银行依照合同的约定，足额发放了贷款，但合同到期后，中信银行多次催要，宝硕公司未履行还款义务。（3）2005年10月21日，中信银行与宝硕公司签署了（2005）银贷字第HD0071号《人民币借款合同》，借款金额为人民币2170万元，期限自2005年10月21日至2006年10月20日。合同签订后，中信银行依照合同的约定，足额发放了借款。宝硕公司未能履行偿付利息之义务。

① 案例详见最高人民法院（2007）民二终字第36号民事判决。

(4) 2005年10月25日，中信银行与宝硕公司签署了（2005）银承字第HC0413号《银行承兑汇票承兑协议》，根据协议的约定，中信银行在收取宝硕公司30%计人民币900万元的保证金后，中信银行即对票号为01053169、01053170、01053171共计金额为3000万元的银行承兑汇票予以承兑，票据期限均为2005年10月25日至2006年4月25日。但在票据到期后，宝硕公司未按照协议的约定向中信银行支付剩余70%的票款计人民币2100万元。根据《银行承兑汇票承兑协议》的约定，已形成本金为人民币2100万元的逾期贷款。

2004年6月18日，风神公司与宝硕公司签订《互保合同》，约定互相为对方的银行贷款提供信用担保，担保数额为单笔本金不超过人民币7000万元整，利息不得超过国家规定的利息标准，滞纳金、罚金不得高于本金的千分之五。担保总额不得高于人民币2亿元整。基于上述的互保合同，中信银行与风神公司于2005年5月签署了银保字第HD0062号《最高额保证合同》。风神公司向中信银行承诺，为宝硕公司自2005年5月16日至2006年5月16日期间发生的最高额度为人民币7000万元的授信提供担保。保证方式为连带责任担保。由于宝硕公司和风神公司未能履行还款及担保责任，中信银行于2006年7月11日向风神公司邮寄承担连带责任保证通知函，要求风神公司对上述债务承担连带保证责任。宝硕公司仍拒不偿还欠款，风神公司亦未履行保证责任，中信银行遂诉至天津市高级人民法院，请求判令宝硕公司和风神公司偿付所欠贷款本金7000万元及相应利息。

天津市高级人民法院经审理认为，本案双方争议的焦点是风神公司的保证责任问题，风神公司主张中信银行明知宝硕公司财务状况恶化仍向其发放巨额贷款，并从中骗取风神公司担保，风神公司不应承担担保责任。从本案的实际情形分析，现有证据确实能够证明，宝硕公司的财务状况已经严重恶化，但风神公司并无证据证明中信银行明知的事实，现有证据亦不能证明，中信银行与宝硕公司恶意串通骗取风神公司担保的事实成立。本案风神公司的担保行为是基于其与宝硕公司之间的互保协议而为，其意思表示是真实有效的。在保证人不能够证明债权人与债务人恶意串通骗取保证人担保的前提下，保证人理应按照保证合同的约定履行保证责任。综上，风神公司此项主张缺乏证据予以证明，其主张的事实依据不足，不能成立，该院不予采信。风神公司另外主张的本案部分债务超过最高额担保合同的决算期的问题，从事实上看，本案所有债务形成于最高额担保合同约定的期间之内，并未超出担保合同约定的期间，风神公司的主张属于对最高额保证合同决算期的误解，其主张不能成立。就风神公司主张的本案部分债务是宝硕公司为其下属公司贷款，实际借款人及使用人不是宝硕公司，风神公司不应承担保证责任的问题，经核实，本案的贷款均已转入宝硕公司账户，在转入宝硕公司账户后，宝硕公司有权就相关款项进行支配使用，就风神公司主张的两笔款项转入了宝硕公司下属的两个企业的事实，虽然宝硕公司对此予以证明，但宝硕公司和风神公司并不能举证证明中信银行明知宝硕公司为他人贷款。本案的事实是中信银行与宝硕公司签订了借款合同，且款项直接转入了宝硕公司的账户，故此，风神公司认为宝硕公司不是此两笔贷款的借款人的主张不是事实，该院不予采信。综上，从本案基础事实上分析，本案所涉借款合同、银行承兑汇票协议及最高额担保合同均系当事人之间真实意思之表示且并不违反法律的相关规定，合法有效。合同签订后，中信银行依约履行了合同义务，宝硕公司和风神公司理应履行还款及担保责任，其迟迟不履行的行为已经构成违约，理应向中信银行承担违约责任。该院依照《民法通则》第一百零八条，《合同法》第二百零五条、第二百零六条、第二百零七条，《担保法》第十八条，判决：一、宝硕公司在该判决生效后10日内给付中信银行天津分行本案四份合同项下的本金人民币7000万元及到判决给付之日止的相应利息及罚息（利率按合同及中国人民银行的相关规定执行），逾期按照《中华人民共和国民事诉讼法》第二百三十二条的规定执行；二、风神公司对上述给付事项在7000万元的范围内承担连带给付责任，逾期按照《中华人民共和国民事诉讼法》第二百三十二条的规定执行。案件受理费人民币 360010 元，财产保全费人民币 350520 元由宝硕公司和风神公司负担。

风神公司不服上述民事判决，提起上诉，请求撤销该判决书第二项判决，依法判令风神公司不承担保证责任。

最高人民法院审理后认为，原审判决判令风神公司在《最高额保证合同》约定的最高限额 7000 万元范围内对宝硕公司的债务向中信银行承担连带责任，并未加重风神公司的保证责任。原审判决事实认定清楚，适用法律正确。遂判决如下：驳回上诉，维持原判。二审案件受理费人民币 360010 元由上诉人风神轮胎股份有限公司承担。

上述案例，当事人争议的焦点是对《担保法》第十四条“保证人与债权人可以就单个主合同分别订立保证合同，也可以协议在最高债权额限度内就一定期间连续发生的借款合同或者某项商品交易合同订立一个保证合同”和《担保法解释》第二十三条“最高额保证合同的不特定债权确定后，保证人应当对在最高债权额限度内就一定期间连续发生的债权余额承担保证责任”的规定的理解与适用。本文就最高额保证合同的有关问题予以研究。

二、最高额保证的法律意义

最高额保证是保证形式的一种，有其自身的特点：

1. 最高额保证所保证的是债务可能已经发生，也可能没有发生，最高额保证的生效与被保证的债务是否发生无关。通常，最高额保证成立而所担保的债权还未发生的情况居多，即最高额保证多为未来债权提供保证。

2. 最高额保证所保证的债务为一定期间内连续发生的债务。普通保证所保证的债务通常为确定债务，而最高额保证则是对债务人在一定时期所发生的若干个具有连续性或继续性的债务提供保证，保证范围不受债权笔数的影响。

3. 最高额保证约定有保证人承担保证责任的最高额。最高额保证的保证人对主债务人在一定时期内连续发生的多笔债务提供保证，但其所承担的保证责任以最高额为限。所有发生的债务总额累计可以大于最高额，但保证人仅在最高额度内承担保证责任。

4. 最高额保证所担保的不是多笔债务的简单累加而是债务整体，各个债务的清偿期仅对债务人有意义，并不影响最高额保证人承担保证责任。即最高额保证决算期后，被保证的多笔债务的余额构成最高额保证的保证范围，该范围为一整体，最高额保证人在清偿期对该债务整体随即开始承担保证责任。

区分最高额保证与普通保证的关键在于最高额，最高额保证必须有对最高额的约定，没有最高额的约定，则为普通保证。最高额保证的债务发生期不是最高额保证的成立要件，法律规定没有约定债务发生期的，债务发生期视为在最高额保证人书面终止保证合同时截止，对此后再发生的债务保证人不再承担责任。这是法律规定的推定。如果保证合同约定保证人对一定期间内发生的债务承担保证责任，却没有约定最高限额的，因该保证没有最高额，不符合最高额保证的特点，所以只能将之解释为连续保证。连续保证即对一定期间内发生的债务不限数额连续提供保证。

三、最高额保证的决算期与清偿期

1. 决算期。最高额保证的保证范围在决算期确定。最高额保证合同所约定的被保证债权发生期的截止日，即为最高额保证的决算期，在该期日之前发生的债务，其余额为最高额保证的保证范围，最高额保证的保证人以约定的最高限额为限，承担对债务余额的清偿责任。如果当事人对于决算期没有约定，则根据《担保法》第二十七条“保证人可以随时书面通知债权人终止保证合同，但保证人对于通知到达债权人前所发生的债权，承担保证责任”的规定，保证人的通知到达债权人之日，即应为债权额的决算期。由于最高额保证是对一定期间内连续发生的不特定债务承担保证责任，在此段期间内可能发生多笔债务，多笔债务的总额可能巨大。在确定最高额保证的保证范围时，不应将各笔债务实际发生的累计额作为最高额保证的保证范围。最高额保证的保证范围只是决算期日截止之前实际发生的债务余额。实践中有人认为债权人发放的债务额大于最高限额的属于违约行为，这种认识是错误的。债权人可以向债务人任意发放任意数额的贷款，这是债权人自己的事，因保证人有最高限额的保护，所以保证人的利益不受影响。

2. 清偿期。最高额保证所担保的债务为多笔，各个债务的发生和期满时间都不相同，最高额保证的保证人何时清偿债务由最高额保证的清偿期决定。最高额保证的清偿期是最高额保证合同约定的保证人清偿债务的期间，一般是最高额保证所担保的债务发生截止之日起的一段期间，即决算期后的一段期间。在清偿期内，最高额保证人以最高限额为限，开始清偿决算期前发生的债务余额，清偿对象不再是某笔债务，而是债务整体。

四、最高额保证的担保范围的认定

1. 最高额的确定。《担保法解释》第二十三条规定："最高额保证合同的不特定债权确定后，保证人应当对在最高债权额限度内就一定期间连续发生的债权余额承担保证责任。"在最高额担保中，担保人的责任范围就是"最高债权额限度内的债权余额"。一是债权额的确定应当以决算期为准。最高额保证是对一定期间内连续发生的不特定债权，在承诺的额度范围内提供担保，这一期间的终点，即为债权额的决算期。在最高额保证中，当事人对于期间终点没有约定的情况下，根据《担保法》第二十七条的规定，"保证人可以随时书面通知债权人终止保证合同，但保证人对于通知到达债权人前所发生的债权，承担保证责任。"保证人的通知到达债权人之日，即应为债权额的决算期；二是债权额为决算期后的债权余额。在最高额保证中，在一定期间内连续发生的不特定多笔债权的总额可能相当大，但在确定债权额时，不应将各笔债权实际发生的总额作为最终的债权额，而只应将决算期时的债权余额作为债权额；三是担保人仅应当在其承诺的范围内承担责任。决算期的债权余额范围，并不当然等于担保人应当承担担保责任的范围，在有些情况下，债权余额可能超过担保人在最高额担保合同中所承诺的范围，担保人仅在自己承诺的范围内承担保证责任。①

2. 保证人担保的债权范围是否以本金为限。对此问题存在认识上的分歧。从各国立法来看，多数立法例中规定利息也可以计入最高额。我国学界和实务界应多认为最高额保证所担保的债权范围应当包括主债权本金及其利息、违约金、损害赔偿金等，但当事人另有约定的除外。

3. 最高额保证所担保的债权能否包括已经存在的债权。对此问题理论界有不同的理解。按照传统的担保制度，最高额担保只限于对债务人在将来一定期间内连续发生的不特定债权的担保。但随着最高额担保的理论发展，越来越多的法学家认为，只要当事人双方同意，可以将已存在的债权转入最高额的担保范围。该观点最终被立法者采纳，并将其规定在我国新颁布的物权法中。② 也就是说，如果当事人约定同意最高额担保可以回溯至过去债权的，法律自应尊重当事人的意思自治，其同样适用于最高额保证。

五、最高额保证的保证期间

《担保法》规定，保证合同没有约定保证期间的，保证期间为主债务履行期届满之日起 6 个月。最高额保证因为保证的是多

① 参照李国光、奚晓明、金剑锋、曹士兵著：《最高人民法院关于适用〈中华人民共和国担保法〉若干问题的解释理解与适用》，吉林人民出版社出版，第 123 页。

② 《物权法》第二百零三条第二款规定："最高额抵押权设立前已经存在的债权，经当事人同意，可以转入最高额抵押担保的债权范围。"

笔债务，各债务的履行期不一致，最高额保证合同如果没有约定清偿期的，最高额保证的保证期间就难以确定，司法实践对此问题也感到很棘手。为此，《担保法解释》第三十七条规定：“最高额保证合同对保证期间没有约定或者约定不明的，如最高额保证合同约定有保证人清偿债务期限的，保证期间为清偿期限届满之日起 6 个月。没有约定债务清偿期限的，保证期间自最高额保证终止之日或自债权人收到保证人终止保证合同的书面通知到达之日起 6 个月。”最高额保证是债权人与保证人之间就债务人在一定期间内连续发生的若干笔债务，确定一个最高限额，由保证人在此限额内对债务人履行债务作保证的协议。保证人的责任来自两方面的限制，一是担保数额方面的限制；二是担保期限的限制。当事人在最高额保证合同中，没有约定保证期间，虽然《担保法》第二十七条规定的“保证人依照本法第十四条规定就连续发生的债权作保证，未约定保证期间的，保证人可以随时书面通知债权人终止保证合同，但保证人对于通知到债权人前所发生的债务承担保证责任”，解决了保证人如何终止保证合同的问题，但没有解决此时保证期间应当如何掌握，即债权人应当在什么期限内向保证人主张权利。对此，应从如下方面理解和适用：

1. 最高额保证合同约定有保证人债务清偿期限的，保证期间的确定。《担保法解释》第三十七条规定：“最高额保证合同对保证期间没有约定或者约定不明的，最高额保证合同约定有保证人清偿债务期限的，保证期间为清偿期限届满之日起 6 个月。”一是保证期间适用《担保法》第二十五条第一款、第二十六条第一款的规定，按照 6 个月计算。二是保证期间从最高额保证合同约定的债务清偿期届满之日起开始起算。比如，最高额保证合同约定，保证人对 2005 年 1 月 1 日起至 2005 年 7 月 1 日止这一期间发生的债务承担保证责任，保证人自 2005 年 7 月 1 日起 1 个月内，在最高额范围内，清偿债务人在最高额保证期间发生的债务。该合同约定的自 2005 年 7 月 1 日起的 1 个月即为债务清偿期，保证期间为自 2005 年 8 月 1 日起计算 6 个月。

2. 最高额保证合同没有约定债务清偿期限的，保证期间的确定。《担保法解释》第三十七条规定："没有约定债务清偿期限的，保证期间自最高额保证终止之日或自债权人收到保证人终止保证合同的书面通知到达之日起6个月"。其中，最高额保证的终止日，即最高额保证合同约定的属于保证范围的债务发生的最后期日，即决算期。比如，最高额保证合同约定，最高额保证人对2005年1月1日至2005年7月1日这一期间发生的债务，以最高限额为限承担保证责任，其中约定的2005年7月1日即最高额保证的终止之日。保证期间"自最高额保证终止之日起6个月。"

"债权人收到保证人终止保证合同的书面通知之日"，适用于最高额保证合同没有约定最高额保证终止日期的情形。《担保法》第二十七条规定，在最高额保证合同没有约定最高额保证终止日期的，"保证人可以随时书面通知债权人终止保证合同"。由于保证人终止保证合同的通知到达债权人时便发生了终止保证合同的效力，所以该终止通知到达之日即为最高额保证的终止之日。保证期间的计算为"自债权人收到保证人终止保证合同的书面通知之日起6个月"。

在司法实践中应当注意的是，最高额保证的保证期间也适用《担保法解释》第三十二条第二款的规定，即当最高额保证约定"直到本息还清"一类的不定期保证，保证期间按二年计算，其他"约定不明"的不定期保证，按照《担保法解释》第三十七条计算6个月的保证期间。

六、对引言案例的评析

在本案中，二审讼争的焦点是风神公司是否应当依据《最高额保证合同》为宝硕公司的债务向中信银行承担连带保证责任。可以从以下三个方面进行分析：

1. 关于《担保法解释》第四十条的适用问题。风神公司主张依据《担保法解释》第四十条和《担保法》第三十条的规定免除保证责任，需证明两个事实：一是宝硕公司在与风神公司订立

《互保合同》时存在欺诈，二是中信银行对宝硕公司的欺诈是知道或应当知道的。根据本案查明的事实，首先，宝硕公司在与风神公司订立《互保合同》时，隐瞒真实财务状况，欺骗风神公司签订《互保合同》的事实成立，宝硕公司构成欺诈；其次，中信银行作为与宝硕公司长期合作的贷款银行是知道或者应当知道宝硕公司财务状况的。但是，《担保法解释》第四十条适用于本案的最重要的前提，并不是仅证明宝硕公司存在欺诈以及中信银行知道或应当知道宝硕公司的财务状况，更重要的是证明中信银行在接受风神公司《最高额保证合同》时，知道或者应当知道宝硕公司对风神公司构成欺诈，而如果中信银行在当时即对《互保合同》第七条第5项的内容了解，则构成中信银行知道或者应当知道欺诈存在的前提。与之相关的事实是，中信银行在本案一审起诉时，向原审法院提交了《互保合同》，中信银行陈述该合同系在起诉前从宝硕公司取得，已尽到证据来源的说明义务，在此情形下，举证责任应当由风神公司承担，即风神公司需证明其向中信银行出具《最高额保证合同》时，中信银行知道或者应当知道《互保合同》第七条第5项的内容。本案的《最高额保证合同》是风神公司向中信银行提供的，即便风神公司有权解除与宝硕公司的《互保合同》，也不影响已经成立的《最高额保证合同》的效力。《商业银行法》、《贷款通则》等相关法律法规并未规定商业银行违反贷款中严格审查义务的民事责任，上述规定与中信银行的内部规定，均是从商业银行风险控制角度加以规范，属管理性规范，中信银行即使违反相关规定，亦不影响中信银行与宝硕公司之间的信贷行为的效力和《最高额保证合同》的效力。况且，正是由于风神公司为宝硕公司提供了最高额保证，大大降低了宝硕公司因财务状况恶化而导致的信贷风险程度，才使中信银行继续为宝硕公司提供信贷支持。因此，由于风神公司举证不能，其主张依据《担保法解释》第四十条和《担保法》第三十条之规定，保证人不承担保证责任的主张，欠缺事实要件，不予支持。

2. 关于单笔交易与最高额保证的关系。最高额保证较之普通保证最大的区别就在于其与主债务的关系具有更强的独立性。《担保法》第十四条规定："保证人与债权人可以就单个主合同分别订立保证合同，也可以协议在最高债权额限度内就一定期间连续发生的借款合同或者某项商品交易合同订立一个保证合同。"最高额保证通常是为将来一定期间连续发生的债务提供保证，其中某一笔交易的效力并不影响最高额保证合同的效力。而普通保证则因主合同无效而无效。在最高额保证的情形下，即使主债务无效，基于主债务无效而确定的债务额也要作为最高额保证计算债务余额的基数。最高额保证人的责任是在订立合同时确立的，通过最高额保证期间和最高限额限定保证责任，不因为最高额保证期间发生的债务余额之增加而加重最高额保证人的保证责任。因此，只要是发生在最高额保证期间内，不超过最高限额的债务的余额，最高额保证人均应承担保证责任。

3. 对于 HD0071 号《人民币借款合同》项下 2170 万元贷款，上诉人风神公司是否可以超过《最高额保证合同》决算期为由免予承担保证责任的问题。《担保法解释》第二十三条规定："最高额保证合同的不特定债权确定后，保证人应当对在最高债权额限度内就一定期间连续发生的债权余额承担保证责任。"其规定了最高额保证范围为发生的债权余额，该余额为最高额保证期间已经发生的债权和偿还债务的差额，并非指最高额保证期间已到期的债权余额。从此意义上讲，本案讼争的 2170 万元贷款系发生于最高额保证期间，虽然其到期日超过最高额保证期间，仍应属最高额保证人应当承担保证责任的范围。

第八节　注册资金的保证责任

一、引言

保证人对债务人的注册资金提供保证的，债务人的实际投资与注册资金不符，或者抽逃转移注册资金的，保证人在注册资金不足或抽逃转移注册资金的范围内承担连带责任保证。

为注册资金提供保证应当担责

某信用社和某供销中心于1999年8月18日订立借款合同。合同签订后，贷给供销中心30万元。借款到期后，供销中心歇业，信用社讨债无门，起诉至法院。

供销中心组建（主管）单位为区党史工作委员会（以下简称党史委），党史委属于区委职能部门，行政经费不单列，不具备党政法人主体资格。供销中心于1995年5月4日在进行工商登记注册过程中，党史委为区工商局出具资信证明，证实供销中心具有注册资金138万元，由李金才、吴明聚、刘庄村委投入，其中固定资金98万元（包括三层楼房一座50万元）。1995年5月16日，审计事务所出具审计验证资金证明，对供销中心的注册资金作出了审计验资报告：固定资金98万元（三层楼一座，汽车三台等）。流动资金40万元（自筹），合计138万元。经查明：刘庄村委并未参与供销中心的投资和经营，供销中心只是于1995年4月20日与刘庄村委签订了租用村委三层6间房屋，租期4年。供销中心于1995年底已停用所租房屋，1996年以后没有参加年检，现负债歇业，人员解散，无其他财产。刘庄村委出具资金担保证明："供销中心（公司）注册壹佰叁拾捌万元，情况属实，我单位愿负法律责任"，并加有刘庄村委的印章。供销中心虽领取了《企业法人营业执照》，经济性质登记为集体，而实际党史委（主管单位）未投入资金，也未参与经营，经营资金系李金才、吴明聚投入，并进行经营，且有租赁刘庄村委的三层楼一座50万元作为注册资金不实。

法院审理后认为，供销中心虽名为集体性质的企业法人，而实为李金才、吴明聚两人挂靠于党史委的合伙性质的企业，李、吴在经营中贷款30万元及利息、罚息互负连带清偿责任予以偿还；根据《担保法解释》第二十七条“保证人对债务人的注册资金提供保证的，债务人的实际投资与注册资金不符，或者抽逃转移注册资金的，保证人在注册资金不足或抽逃转移注册资金的范围内承担连带责任保证”的规定，作为供销中心的被挂靠单位党史委和为李金才、吴明聚出具将租用刘庄村委的房屋按50万元作为虚设注册资金的民事责任依法应当由党史委所在的党政法人机关某区委承担；审计事务所为供销中心出具验资报告时，仅凭党史委出具的资信证明和刘庄村委出具的注册资金担保证明，而未查验核实，便将供销中心租赁刘庄村委的房屋作为注册资金，出具不实的验资报告，其过错是明显的，应当在验资不实的50万元范围内承担赔偿责任。根据《民法通则》第一百零六条第二款、《中华人民共和国注册会计师法》第四十二条、《担保法解释》第二十七条的规定，判决：一、由李金才、吴明聚偿还信用社借款30万元及利息、罚息。二、某区委、刘庄村委在注册资金不实的范围内（50万元）承担连带保证责任，审计事务所承担赔偿责任。

上述案例，判决由某区委、刘庄村委在注册资金不实的范围内（50万元）承担连带保证责任，主要依据是《担保法解释》第二十七条的规定，审计事务所承担赔偿责任，主要依据是《中华人民共和国注册会计师法》（下称《注册会计师法》）的规定，同时司法解释对此也作了明确规定。因此，判案的依据是正确的。本文就注册资金及其保证的有关问题予以探讨。

二、注册资金的法律意义

资金是企业所有财产的货币表现，包括货币本身。有人认为资金就是货币，这是不确切的，可以说货币是资金，而资金不但包括货币本身，还包括固定资金，货币以外的其他流动资金。

所谓注册资金，是指国家授予企业法人经营管理的财产或企业法人自有财产的数额体现。除国家另有规定外，企业法人的注册资金与实有资金应当一致。为确保企业申请注册资金数额与其实有数额相一致，企业在申请注册登记时，应向登记主管机关提交注册资金证明一件，包括资金信用证明、验资证明和资金担保三种形式。资金信用证明是财政部门证明全民企业资金数额的文件。验资证明是会计师事务所或审计事务所及其他具有验资资格的机构出具的证明资金真实性的文件。适用于全民、集体、联营、私营企业，企业在申请开业登记、注册资金变更和实际需要时，应当要求企业进行验资并出具验资证明，验资机构进行验资，必须对企业注册资金实际数额、来源、产权、投资方式、实物作价、资金增减等事项据实查验，查验完毕出具验资报告，并有验资机构负责人或主任注册会计师、审计师审查签字并盖公章方能生效，验资机构对所出具的验资证明负有法律责任和经济责任。资金担保是具有法人资格的企业出具的保证被担保人资金真实性的文件。适用于没有主管部门的企业，担保的注册资金的数额不得超过担保人注册资金数额的50%，担保失实时，担保人应承担不真实的担保而产生的经济责任。①

同时，还要明确，注册资本和注册资金不是同一个概念，注册资本是由出资各方认缴的，并向公司或企业主管部门办理成立登记手续时注册在案的资本额。它是企业或有限责任公司对外承担责任的依据和责任限额，未经法定程序不得任意减少或变更。而注册资金随企业实有资金增减而增减。

---

① 《国家工商行政管理局对〈关于被担保的注册资金不实担保人应承担什么责任的请示〉的答复》内容如下：山东省工商行政管理局：你局《关于被担保的注册资金不实担保人应承担什么责任的请示》〔局函（1992）38号〕收悉。经研究，答复如下：《中华人民共和国企业法人登记管理条例施行细则》第三十四条规定："资金担保是具有法人资格的企业出具的保证被担保人资金真实性的文件……担保人承担因不真实的保证而产生的责任。"因此，当被担保人的出资额与其申请的注册资金额相符时，担保人的担保应视为真实保证，当被担保人没有出资行为或出资额低于其中申请的注册资金额时，担保人的担保应视为不真实保证。担保人承担因不真实的保证的责任，仅限于与被担保人的注册资金数额相当的债务，而不能承担被担保人在经营活动中所发生的一切债务。

注册资金的法律特征，既未明确规定，又无统一解释。笔者认为，注册资金的法律特征有：

1. 资金的真实性。即注册资金与企业法人的实有资金相一致，同时，要有资金信用证明、验资证明或者资金担保证明，证明其注册资金的真实存在。

2. 资金的信用性。即注册资金是法人经营活动的物质基础，注册资金有多少便承担多大责任，法人对外的信用程度与其注册资金的多少成正比。

3. 相对稳定性。即企业法人不得抽逃转移资金，隐匿财产逃避债务，因此，在一般情况下，企业法人的注册资金是相对稳定不变的，不得随意增减，如有必要增减，必须具备一定的条件。《企业法人登记管理条例施行细则》中规定：企业法人实有资金比原注册资金数额增加或减少超过20%时，应持资金信用证明或者验资证明，向原登记主管机关申请变更登记。实行股份制的企业法人的注册资金的增减条件更具体、更明确。

4. 最低限额性。即企业法人的注册资金必须达到与其生产经营和服务相适应的资金最低数额。如《企业法人登记管理条例施行细则》中规定：生产性公司注册资金不得少于30万元，以批发业务为主的商业性公司的注册资金不得少于30万元，咨询服务性公司的注册资金不得少于10万元，其他私人企业的注册资金不得少于3万元，国家对企业注册资金数额有专项规定的按规定执行。

5. 资金责任性。即注册资金或投入资本是由国家资本、法人资本、个人资本三部分组成，各方对企业承担的财产责任以投入企业的资本额为限，承担有限责任。企业以其全部法人财产独立承担民事责任。

三、对注册资金担保本质的法理透视

注册资金担保行为，本质上属公法意义上行政领域内的行为，不是契约形式下的担保，其担保行为的民事法律后果当然不是民法上担保的契约责任后果。笔者认为，注册资金不实的情况下，注册资金担保人所要承受的是侵权的民事法律后果，即注册资金担保人要承担因提供虚假担保而给相对人债权造成损害的侵权民事责任。其理由在于：

1. 担保人在提供注册资金担保时应充分预见到自己行为的后果，应避免因自身的行为使得民事行为能力和民事责任能力欠缺（指注册资金不实）的企业得以产生并进而危害其他公民、法人的合法民事权益。为此担保人在向工商登记机关出具担保书前，应认真了解拟设立企业的资金投入情况。正因为担保人依据《企业法人登记条例》有如实出具担保书的法律义务，所以一旦拟设立的企业在注册资金不实的情况下凭担保书骗取登记，则对担保人而言，主观上有提供虚假担保的过错（受欺诈或胁迫情况下的担保应属例外），客观上亦实施了违反法律义务的非法行为。

2. 由担保人的过错担保而产生的企业法人，因自始就缺乏法人的实质要件，在与相对交易主体发生债权债务关系时，履行能力和承担民事责任能力极其有限，由于其表面资信能力的假象，极易使其他民事主体因受欺骗而与之签约，导致债权人的债务一开始便丧失债务人财产的一般担保。这种极可能大量发生的侵害，虽然直接责任人是注册资金不实的企业，但注册资金担保人与这种企业的投资人一样都是始作俑者，因此担保人的主观过错和债权人——注册资金不实的企业的权利人，所受到的权益损害有着一定的因果联系。

3. 有关司法解释采用了侵权行为理论。1996 年 4 月 4 日，《最高人民法院关于会计师事务所为企业出具虚假验资证明应如何处理的复函》[法函（1996）56 号] 中强调了出具验资报告应承担不实、虚假而引起的民事责任。事隔两年，最高人民法院于 1998 年 6 月 26 日以法释（1998）13 号《关于会计师事务所为企业出具虚假验资证明应如何承担责任问题的批复》[①] 对会计师事务所出具虚假验资证明应承担的民事责任作出了明确规定。法函（1996）56号、法释（1998）13号分别是根据《注册会计师法》第四十二条和《民法通则》第一百零六条第二款的规定来确定验资单位的责任，将注册资金担保的责任性质定为侵权责任。《最高人民法院关于审理涉及会计师事务所在审计业务活动中民事侵权赔偿案件的若干规定》（下称《会计师事务所侵权规定》）第一条规定："利害关系人以会计师事务所在从事注册会计师法第十四条规定的审计业务活动中出具不实报告并致其遭受损失为由，向人民法院提起民事侵权赔偿诉讼的，人民法院应当依法受理。"第二条规定："因合理信赖或者使用会计师事务所出具的不实报告，与被审计单位进行交易或者从事与被审计单位的股票、债券等有关的交易活动而遭受损失的自然人、法人或者其他组织，应认定为注册会计师法规定的利害关系人。会计师事务所违反法律法规、中国注册会计师协会依法拟定并经国务院财政部门批准后施行的执业准则和规则以及诚信公允的原则，出具的具有虚假记载、误导性陈述或者重大遗漏的审计业务报告，应认定为不实报告。"第四条规定："会计师事务所因在审计业务活动中对外出具不实报告给利害关系人造成损失的，应当承担侵权赔偿责任，但其能够证明自己没有过错的除外。会计师事务所在证明自己没有过错时，可以向人民法院提交与该案件相关的执业准则、规则以及审计工作底稿等。"第五条规定："注册会计师在审计业务活动中存在下列情形之一，出具不实报告并给利害关系人造成损失

① 此批复内容如下：山东省高级人民法院：你院（1997）鲁法经第78号请示收悉。经研究，答复如下：一、会计师事务所系国家批准的依法独立承担注册会计师业务的事业单位。会计师事务所为企业出具验资证明，属于依据委托合同实施的民事行为。依据《中华人民共和国民法通则》第一百零六条第二款规定，会计师事务所在1994年1月1日之前为企业出具虚假验资证明，给委托人、其他利害关系人造成损失的，应当承担相应的民事赔偿责任。二、会计师事务所与案件的合同当事人虽然没有直接的法律关系，但鉴于其出具虚假验资证明的行为，损害了当事人的合法权益，因此，在民事责任的承担上，应当先由债务人负责清偿，不足部分，再由会计师事务所在其证明金额范围内承担赔偿责任。

的，应当认定会计师事务所与被审计单位承担连带赔偿责任：（一）与被审计单位恶意串通；（二）明知被审计单位对重要事项的财务会计处理与国家有关规定相抵触，而不予指明；（三）明知被审计单位的财务会计处理会直接损害利害关系人的利益，而予以隐瞒或者作不实报告；（四）明知被审计单位的财务会计处理会导致利害关系人产生重大误解，而不予指明；（五）明知被审计单位的会计报表的重要事项有不实的内容，而不予指明；（六）被审计单位示意其作不实报告，而不予拒绝。对被审计单位有前款第（二）至（五）项所列行为，注册会计师按照执业准则、规则应当知道的，人民法院应认定其明知。”

四、注册资金担保的法律责任问题

1. 为开办企业注册资金提供资信证明的单位，应在担保资信证明不实的情况下才承担民事责任，如果资信证明的内容是真实的，则不应承担法律责任。如果资信所证明的事项不真实，就应该在注册资金不真实的范围内承担民事责任，该民事责任系出具资信证明的单位，因提供不真实的资信证明，给相对人债权造成损害的侵权民事责任，该种民事责任不是连带责任，而是民事赔偿责任。出具虚假资信证明的单位承担民事赔偿责任的，并不影响工商行政管理机关依据《企业法人登记管理条例施行细则》第六十七条的规定，进行行政处罚。

2. 为企业注册资金提供担保的单位，应在担保的注册资金不真实的范围内承担民事责任。主要根据是《企业法人登记管理条例施行细则》第三十四条第五款“担保人承担因不真实的保证而产生的责任”的规定。依据该规定，只有当担保的注册资金不真实时，才承担担保责任。为注册资金担保，实际上就是为企业开办时注册资金投入的真实性而为之保证，若投入的注册资金是真实的，则注册资金担保人就不负民事责任，若注册资金到位不真实，则注册资金担保人则要承担因提供虚假担保，而给相对人债权造成损害的侵权民事责任。根据《担保法解释》第二十七条的规定，保证人对债务人的注册资金提供保证的，债务人的实际投资与注册资金不符，或者抽逃转移注册资金的，保证人在注册资金不足或者抽逃转移注册资金的范围内承担连带保证责任。

3. 验资机构提供虚假验资报告是否承担法律责任。虚假验资报告是指验资机构所出具的验资报告中的金额与企业实有资金数额存在着重大差别的验资报告。根据《注册会计师法》、《公司法》等法律、法规规定，注册会计师提供虚假验资报告的法律责任可分为三类：

（1）行政责任。行政责任，指注册会计师违反了法律、法规的有关规定，政府主管部门将依法对其进行行政处罚，包括对会计师事务所给予警告，没收违法所得，罚款，暂停营业，撤销；对注册会计师给予警告，暂停营业和吊销证书。

（2）民事责任。民事责任，是指注册会计师和会计师事务所提供虚假验资报告，给委托人、其他利害关系人造成经济损失的，应当承担相应的民事赔偿责任。《中华人民共和国注册会计师法》第四十二条："会计师事务所违反本法规定，给委托人、其他利害关系人造成损失的，应当依法承担赔偿责任"的规定，民事责任又可分为委托人的责任和对其他利害关系人的责任。其他利害关系人是指因利用了虚假验资报告而受到损失的法人或自然人。如在前述案例中，审计事务所因提供虚假验资报告而给其他利害关系人——信用社造成经济损失，就应负赔偿责任（在验资不实范围内）。

（3）刑事责任。刑事责任，是指会计师事务所和注册会计师在验资时犯有刑法禁止的行为，构成犯罪的，应受到刑事追究。如果注册会计师在验资时由于疏忽大意，没有履行必要的验资程序，致使验资报告存在重大错误，此时，会计师事务所和注册会计师应负行政责任和民事责任。如果注册会计师在验资时明知企业存在重大错报事项，而为了某些利益故意提供虚假验资报告则是欺诈行为，不仅负行政和民事责任，还要负刑事责任。

五、处理注册资金担保责任，应当遵循的几个原则

根据《担保法解释》第二十七条、《会计师事务所侵权规定》第十条："人民法院根据本规定第六条确定会计师事务所承担与其过失程度相应的赔偿责任时，应按照下列情形处理：（一）应先由被审计单位赔偿利害关系人的损失。被审计单位的出资人虚假出资、不实出资或者抽逃出资，事后未补足，且依法强制执行被审计单位财产后仍不足以赔偿损失的，出资人应在虚假出资、不实出资或者抽逃出资数额范围内向利害关系人承担补充赔偿责任。（二）对被审计单位、出资人的财产依法强制执行后仍不足以赔偿损失的，由会计师事务所在其不实审计金额范围内承担相应的赔偿责任。（三）会计师事务所对一个或者多个利害关系人承担的赔偿责任应以不实审计金额为限"和有关执行的司法解释，在实践中，处理注册资金担保责任，应当遵循如下几个原则：

1. 坚持法人独立承担民事责任的原则。要严格执行法人制度，凡在实际上具备了《民法通则》第三十七条、第四十一条规定的企业法人条件，有自己独立的法人财产权和独立承担财产责任的企业法人，应当按《民法通则》的规定，以该企业法人所有或者经营管理的财产承担有限责任。除法律、法规有明确规定或当事人约定的外，不能追究其他法人的连带责任。

2. 坚持投资单位以出资额为限承担有限责任原则，即坚持投资单位在注册资金范围内承担有限民事责任原则投资主体的多元化，既有国家、法人投资，又有个人、外商投资，哪一方投资不到位或对投资估价过高，都对企业法人的经营活动产生一定的影响，影响到法人的经济效益，损坏了其他投资单位经济利益，也会影响到法人到期债务的按时清偿，因此，投资不到位或估价过高的一方要对其足额出资的各方承担违约责任，并及时补交其差额，投资各方对补交其差额部分负连带责任，这样，既让出资不足的违约方承担不利的法律后果，又加大了投资各方的责任，

会大大减少投资不实情况的发生。

3. 坚持在抽逃、转移资金、隐匿财产范围内承担有限责任原则。诸多法律、法规都明确规定：抽逃、转移资金、隐匿财产逃避债务的行为属违法行为，应责令其企业法人补足抽逃、转移的资金，追回隐匿的财产，并对该企业法人进行行政处罚。由此可见，企业法人的注册资金一经投入企业，投资者对其即失去了支配权，投资者凭借投入资金，享有经营决策权和收益分配权，投资者不得在法人终止经营、清偿债务前抽逃所投入的资金。在现实生活中，抽逃资金的行为绝大多数发生在严重亏损的企业中，投资者见企业亏损严重，便损害债权人的利益，抽回“老本金”。若形成诉讼，应当将法人和投资者列为共同诉讼人，由投资者在抽逃资金范围内承担还债的连带责任，若在承担连带责任后，该投资者并无追偿权，视为补足其投资。同样，法律明令禁止企业法人转移资金、隐匿财产、逃避债务，因为，这些行为虽维护了法人既得利益，却严重损害了债权人利益，应当予以禁止。根据资金（财产）流到何处追到何处的原则，应当将转移的资金、隐匿的财产追回偿债。《最高人民法院关于执行工作若干问题的规定（试行）》（下称《执行规定》）第八十条规定“被执行单位财产清偿债务，如果其开办单位对其开办时投入的注册资金不实或抽逃注册资金，可以裁定变更或追加其开办单位为被执行人，在注册资金不实或抽逃注册资金的范围内，对申请执行人承担责任。”这便是执行中最明确的法律依据。

当然，《担保法解释》第二十七条规定，在注册资金具有保证人时，保证人应当承担相应的责任的情形有两种：一是债务人的实际投资与注册资金不符。此处的“债务人”实际上是指被投资人，即因投资而建立起来的新企业。“实际投资与注册资金不符”是指投资者对其投资没有足额到位；二是债务人抽逃转移资金。

4. 坚持开办单位或主管单位在注册资金不实范围内承担有限责任原则。根据《企业法人登记管理条例施行细则》的规定：

“除国家另有规定外，企业的注册资金应当与实有资金相一致。”最高人民法院 1993 年经济审判工作座谈会纪要中提到“注册资金不实的，由开办单位在注册资金不实范围内承担责任”。上述规定为在注册资金不实范围内承担有限责任提供了法律依据。同时，《执行规定》第八十条亦作了明确规定。

在司法实践中，注册资金不实的现象屡见不鲜，开办单位或主管单位在注册资金不实范围内重复承担民事责任的现象也并不少见，如甲企业开办了具备法人条件的乙企业，但甲企业出具资金信用证明时，虚报注册资金 30 万元，造成注册资金不实，乙企业因欠债被起诉后，将甲、乙企业作为共同被告，A 法院执行了甲企业 30 万元的财产，B、C、D 等法院都分别来执行了甲企业的 30 万元财产。这样以来，甲企业因出具了注册资金不实的 30 万元而被执行了 120 万元，显然，严重损害了甲企业的合法权益，也于法无据。因此，甲企业应当依法履行抗辩权，主动向人民法院说明被执行情况，以免重复执行，损害其合法权益。对此种现象，《执行规定》第八十二条作了禁止性规定，即“人民法院不得裁定开办单位重复承担责任”。

5. 坚持在验资机构注册资金不实范围内承担赔偿责任的原则。在现实经济生活中，验资机构在没有认真核实出资人出资是否属实情况下，便不负责任地出具了不实的验资报告或者虚伪的资金证明，造成有些企业领取了《企业法人营业执照》，而实际上注册资金不实，并给债权人造成损失的，理应承担民事责任。

第九节　保证方式

一、引言

所谓保证方式，是指保证人依法律规定或当事人约定承担责任的方式。根据《担保法》第十六条之规定，保证方式分为一般保证和连带责任保证。保证方式是保证人承担保证责任的根据，本不复杂，但由于在现实生活中，人们约定保证人承担责任的方式不规范，使其复杂起来。诸如：

本案的保证方式如何确定[①]

上诉人（原审被告）：北京市京工房地产开发总公司（下称京工公司）。

被上诉人（原审原告）：中信实业银行（下称中信银行）。

北京市第二中级人民法院经审理查明：1994 年 11 月 10 日，原告中信银行与金辉公司、被告京工公司签订（94）银贷字第 305 号贷款协议（下称“305 协议”），约定：中信银行向北京金辉灯饰工程有限公司（下称金辉公司）提供贷款 50 万美元，用于购买原材料；本贷款采用浮动利率，年利率为每次提款日前两个银行工作日中国银行公布的一年期六个月浮动美元贷款利率上浮 5%，以后每年 6 月 20 日与 12 月 20 日各调整一次；金辉公司应自第一次提款之日起，每年 6 月 20 日与 12 月 20 日用美元现汇向中信银行支付应付利息；本贷款自签约之日起至 1995 年 11 月 10 日期满；金辉公司未能按本协议约定的时间还本付息，中信银行有权加收相当于原定利率 20%的罚息；京工公司作为担保方，同意当金辉公司违约时，在接到中信银行书面索偿通知 15 天内，代金辉公司用现金或现汇偿还全部应付款项。“305 协议”签订后，原告中信银行按约履行了放贷义务。1995 年 11 月 10 日借款期限届满，金辉公司未按期偿还借款本金及利息，被告京工公司亦未履行保证义务。1996 年 5 月 13 日，中信银行致函京工公司，要求京工公司履行保证责任。同年 5 月 23 日，京工公司回函称：贵行致我公司的函件收悉，我司的责任已解除，

① 案例详见《中信实业银行诉北京市京工房地产开发总公司保证合同纠纷案》，载《中华人民共和国最高人民法院公报》2002 年第 6 期。

请贵行主张诉讼权利。原告中信银行是于1996年6月21日向法院起诉。

北京市第二中级人民法院认为，原告中信银行与金辉公司、被告京工公司签订的“305协议”，不违反国家法律、法规的规定，是当事人的真实意思表示，应当认定有效。《担保法解释》第一百三十三条第一款规定：“担保法施行以前发生的担保行为，适用担保行为发生时的法律、法规和有关司法解释。”第三款规定：“担保法施行以后因担保行为发生的纠纷案件，在本解释公布施行后尚在一审或二审阶段的，适用担保法和本解释。”《担保法》自1995年10月1日起施行，京工公司的担保行为发生在“担保法”施行前，应当适用当时有效的、最高人民法院发布的《关于审理经济合同纠纷案件有关保证的若干问题的规定》（以下简称《保证规定》）。

《保证规定》第七条规定：“保证合同没有约定保证人承担何种保证责任，或者约定不明确的，视为保证人承担赔偿责任。当被保证人不履行合同时，债权人应当首先请求被保证人清偿债务。强制执行被保证人的财产仍不足以清偿其债务的，由保证人承担赔偿责任。”《担保法》第十七条第一款也规定：“当事人在保证合同中约定，债务人不能履行债务时，由保证人承担保证责任的，为一般保证。”“305协议”中没有约定保证责任，因此被告京工公司应当承担一般保证责任。

《担保法》第十七条第二款规定：“一般保证的保证人在主合同纠纷未经审判或者仲裁，并就债务人财产依法强制执行仍不能履行债务前，对债权人可以拒绝承担保证责任。”这是法律赋予一般保证的保证人享有的先诉抗辩权。《担保法》第十七条第三款同时规定了一般保证的保证人不得行使先诉抗辩权的三种情形，其中之一是：“债务人住所变更，致使债权人要求其履行债务发生重大困难的”。《保证规定》中，对先诉抗辩权问题未作规定，因此本案在解决这个问题时，应参照适用《担保法》的这一规定。由于借款人金辉公司已被吊销企业法人营业执照，其人员也不知去向，致使原告中信银行要求其履行债务发生重大困难，故被告京工公司作为一般保证的保证人，在这种情形下不得行使先诉抗辩权，中信银行有权直接请求京工公司承担保证责任。

《保证规定》第十一条关于债权人在收到保证人的书面请求后1个月内行使诉讼请求权的规定，应当以债权人诉至法院的时间为准。原告中信银行在收到被告京工公司1996年5月23日的回函后，已于同年6月21日提起诉讼，因此中信银行的起诉未超过时效。

“305协议”履行期限届满，金辉公司未按时还款，被告京工公司也未按约定履行保证义务，均属违约行为。原告中信银行起诉请求京工公司偿还借款本金50万美元及利息、罚息，有事实根据和法律依据，应当支持。

综上所述，北京市第二中级人民法院判决：一、原告中信银行与金辉公司、被告京工公司于1994年11月10日签订的（94）银贷字第305号贷款协议有效。二、被告京工公司于本判决生效后10日内，偿还原告中信银行借款本金50万美元及利息、罚息（略）。

一审宣判后，被告京工公司不服，向北京市高级人民法院提出上诉。

北京市高级人民法院二审查明：“305协议”中对保证部分的约定原文是：“保证人同意当借款方违约时，在接到贷款方书面索函通知十五天内，代用现金或现汇偿还全部应付款项，包括逾期罚息及其他费用。如违反本条款规定的义务，则逾期一天，贷款方即对担保人收取相当于全部应付款项0.1%的罚金，直至上述款项全部还清为止。”1997年1月20日，北京市工商行政管理局以京工商处字（1997）439号《处罚决定书》决定：“吊销北京金辉灯饰工程有限公司《中华人民共和国企业法人营业执照》。”金辉公司在营业执照上登记的企业地址是北京市海淀区八里庄北洼村路32号。2002年5月13日，北京市恩济庄派出所出具证明：“本派出所辖区内无北京市海淀区八里庄北洼村路32

号该地址。”金辉公司是中外合资经营企业。中方投资者是北京金宝精细化工新技术公司，投资额为人民币现金设备60%；外方投资者是伟来实业有限公司（香港），投资额为设备美元现金40%。1998年9月18日，金辉公司的中方投资者北京金宝精细化工新技术公司被注销营业执照。除此以外，二审确认了一审认定的其他事实。

北京市高级人民法院审理后认为，“305协议”合法有效。被上诉人中信银行已经依约发放贷款，金辉公司应到期偿还贷款，上诉人京工公司应按照约定承担保证责任。“305协议”于1994年11月10日签订，根据协议实施的借款和担保行为发生在《担保法》施行前，应适用担保行为发生时的法律、法规和司法解释，一审适用《保证规定》处理本案纠纷，是正确的。

“305协议”中没有约定保证方式，对保证期限的起止时间也没有明确界定，属保证责任期限约定不明。《保证规定》第十一条规定：“保证合同中没有约定保证责任期限或者约定不明确的，保证人应当在被保证人承担责任的期限内承担保证责任。”被保证人承担责任的期限，是自其借款期满后的两年。被保证人承担责任的这两年，也是保证人承担保证责任的期间。保证期间是除斥期间，它与诉讼时效不同，不发生中止、中断的问题。本案被保证人金辉公司的借款期满日是1995年11月10日，因此上诉人京工公司承担一般保证责任的期间是从1995年11月11日起至1997年11月10日止的两年内。在此期间，只要作为债权人的被上诉人中信银行向作为保证人的京工公司主张权利，京工公司就应承担保证责任。事实证明，中信银行在1996年5月13日向京工公司主张权利，并于1996年6月21日以京工公司为被告提起诉讼。由此可见，中信银行主张权利，并未超过两年的保证期间。《担保法》第二十五条规定的6个月保证期间，对本案不适用。京工公司上诉称中信银行向其主张权利已超过6个月的保证期间，与法律不符，不予支持，京工公司作为保证人应当承担本案的保证责任。

上诉人京工公司在本案中承担的是一般保证责任，依法享有先诉抗辩权。只要主合同纠纷未经审判或仲裁，并就债务人财产依法强制执行仍不能履行债务前，一般保证的保证人都可以对债权人拒绝承担保证责任。但是，先诉抗辩权在遇到法律规定的情形时，不得行使。本案中，被保证人金辉公司的住所不明、营业执照被吊销，其中方投资者的营业执照也被注销，外方投资者的情况不明。这种情况，使被上诉人中信银行向金辉公司请求清偿债务发生很大困难，符合《担保法》第十七条第三款第（一）项规定的情形。因此，京工公司的先诉抗辩权不得行使。一审认定京工公司不再享有先诉抗辩权，判决其向中信银行承担保证责任，并无不当。

综上，上诉人京工公司的上诉理由不能成立，应当驳回。一审判决认定事实清楚、适用法律正确，应当维持。北京市高级人民法院依照《民事诉讼法》第一百五十三条第一款第（一）项的规定，于2002年5月20日判决：驳回上诉，维持原判。一审案件受理费33909元，财产保全费39304元，二审案件受理费33909元，均由上诉人京工公司负担。

上述案例，虽保证人京工公司负一般保证，但债权人中信银行没有起诉借款人，而直接起诉了保证人京工公司，正是由于一般保证的保证人京工公司行使先诉抗辩权受到了限制，由一般保证变成了连带责任保证。在本案中，涉及到保证方式的认定，保证人享有的权利等等，对此，《担保法》第十六条至第十九条作了规定，《担保法解释》第二十四条、第二十五条又作了进一步的解释。本文就保证方式的有关问题予以研究。

二、保证方式的法律意义

在世界大多数国家中，尤其是大陆法系国家中均将保证方式分为一般保证和连带责任保证，世界各国中对保证方式立法中存在两种情况：一种是以一般保证为原则，以连带责任保证为例外；另一种是以连带责任保证为原则，以一般保证为例外。我国《担保法》所规定的保证方式即是以连带责任保证为原则，以一般保证为例外。而《保证规定》中对保证方式的确认是以一般保证为原则，以连带责任为例外。如《保证规定》第七条规定："保证合同没有约定保证人承担何种保证责任，或者约定不明，视为保证人承担赔偿责任。当被保证人不履行合同时，债权人应当首先请求被保证人清偿债务。强制执行被保证人的财产仍不足以清偿其债务的，由保证人承担赔偿责任。"该条即为一般保证的推定。而《担保法》第十九条规定："当事人对保证方式没有约定或者约定不明确的，按照连带责任保证承担保证责任。"该条即为连带责任保证的推定。由此可见，两者是大相径庭。在保证方式上采用不同的原则，实际上是反映了侧重保护债权人利益，还是侧重保护保证人利益的立法价值取向。那么，从《担保法》对保证方式的立法规定来看，是侧重保护债权人的利益。

由于《保证规定》和《担保法》对保证人的保证方式规定不一致，所以确认保证方式时，必须要以保证行为的设定时间而认定保证方式。①

三、一般保证

（一）一般保证的含义及法律特征

根据《担保法》第十七条第一款的规定，所谓一般保证，是

① 《最高人民法院关于涉及担保纠纷案件的司法解释的适用和保证责任方式认定问题的批复》(法释〔2002〕38号)认为：一、最高人民法院法发〔1994〕8号《关于审理经济合同纠纷案件有关保证的若干问题的规定》，适用于该规定施行后发生的担保纠纷案件和该规定施行前发生的尚未审结的第一审、第二审担保纠纷案件。该规定施行前判决、裁定已经发生法律效力的担保纠纷案件，进行再审的，不适用该《规定》。《中华人民共和国担保法》生效后发生的担保行为和担保纠纷，适用担保法和担保法相关司法解释的规定。二、担保法生效之前订立的保证合同中对保证责任方式没有约定或者约定不明的，应当认定为一般保证。保证合同中明确约定保证人在债务人不能履行债务时始承担保证责任的，视为一般保证。保证合同中明确约定保证人在被保证人不履行债务时承担保证责任，且根据当事人订立合同的本意推定不出为一般保证责任的，视为连带责任保证。在本批复施行前，判决、裁定已经发生法律效力的担保纠纷案件，当事人申请再审或者按审判监督程序决定再审的，不适用本批复。

指当事人在保证合同中约定，债务人不能履行债务时，由保证人承担保证责任的一种保证方式。构成一般保证必须符合法律规定的条件，即必须是保证人与债权人以书面保证合同的形式明确约定保证的方式为一般保证，根据《担保法》第十九条的规定，当事人对保证方式没有约定或者约定不明确的，则视为连带责任保证。

一般保证是保证责任较轻的一种，具有如下法律特征：一是一般保证是基于当事人的约定而产生的；二是一般保证的保证人承担保证责任的前提是债务人不能履行债务。所谓“不能履行债务”是指债务人在客观上无法履行债务或没有履行债务的能力，而不是指债务人主观上不愿履行或拒绝履行债务；三是一般保证的保证人仅承担补充性的保证责任。在一般保证的法律关系中，主合同的债务人是履行债务的第一顺序人，债务人应当对债务承担责任。保证人则对债务履行处于第二顺序，保证人在债务人不能或者不能完全承担责任时，对债务承担补充责任，即仅在债务人“不能履行债务”的范围内承担保证责任。

（二）一般保证的保证人所享有的先诉抗辩权

根据《担保法》第十七条第二款“一般保证的保证人在主合同纠纷未经审判或者仲裁，并就债务人财产依法强制执行仍不能履行债务前，对债权人可以拒绝承担保证责任”的规定，一般保证的保证人享有先诉抗辩权，又称为检索抗辩权，它是一般保证的保证人所特有的一项权利，也是与连带责任保证人的最主要区别。

先诉抗辩权在性质上属于一种延期的抗辩权，即在债权人要求保证人代为履行时，保证人可以要求债权人先就主债务人的财产诉请强制执行或设有物的担保时先执行担保物权，如债权人没有这样做，保证人可拒绝其清偿要求。这是由保证的从属性和对主债务的补充性决定的，所以只有在债权人已就主债务人的财产诉请执行或担保物权执行后仍不能满足债权清偿时，保证人才不能拒绝债权人的清偿请求。因此，保证人行使先诉抗辩权的直接法律后果是保证人可以暂不承担保证责任。债权人不能以其对保证人的债权对保证债务抵销，间接法律后果是债权人必须起诉主债务人，或者依照与主债务人的仲裁协议申请仲裁机构仲裁。起诉和仲裁后，法院依据判决书，执行债务人的财产，如果债务人的财产足以清偿债务，保证人的保证责任因债务清偿而消灭。若债务人无财产可供执行或者财产被执行但不足清偿时，保证人对没有清偿的债务承担保证责任。

一般保证中，在保证人享有先诉抗辩权的情况下，债权人在没有就债务人财产依法强制执行仍不能履行偿还债务前，就要求保证人承担保证责任，或者在诉讼时仅仅起诉保证人，而没有起诉债务人，上述情形，债权人均无权要求或只起诉保证人承担保证责任。

（三）一般保证的保证人行使先诉抗辩权的限制

先诉抗辩权只有一般保证的保证人才能行使，是一般保证的保证人依法享有的权利，但有下情形之一的，保证人不得行使先诉抗辩权：

1. 债务人住所变更，致使债权人要求其履行债务发生重大困难的。根据《担保法解释》第二十五条的规定，债权人要求债务人履行债务发生的重大困难情形，包括债务人下落不明、移居境外，且无财产可供执行。否则，保证人仍享有先诉抗辩权。在现实生活和司法实践中，经常遇到主债务人在债务即将到期或到期后，为躲避债务而逃之夭夭，下落不明，且无财产可供执行，致使一般保证的保证人丧失先诉抗辩权。

2. 人民法院受理债务人破产案件中，中止执行程序的。人民法院受理债务人的破产案件后，意味着破产程序的开始，债务人的行为便受到破产法的限制，债务人的财产实际上处于冻结状态，债权人无法立即要求债务人清偿债务，加之债务人之所以申请破产，是因为无力清偿到期债务，故债权人无须等到破产程序终结，即可以直接向保证人要求其清偿债务，保证人不得以先诉抗辩权为由不履行保证责任，应当依据保证合同履行保证责任。此时，保证人可根据《担保法》第三十二条的规定，在债权人未向人民法院申报债权的情况下，先向人民法院申报债权，直接参加破产财产的分配，预先行使追偿权。

3. 保证人以书面形式放弃先诉抗辩权。对于保证人自己以书面形式放弃先诉抗辩权的，遵循意思自治，保证人当然丧失该权利。事实上，连带保证责任只不过是在订立保证合同时即抛弃了先诉抗辩权，一般保证则在订立保证合同后，保证人书面放弃先诉抗辩权，法律效力同连带保证责任一样，变成不再享有先诉抗辩权的保证。

在一般保证中，债权人应当充分保护保证人先诉抗辩权的行使，不得限制保证人的此项权利。债权人若想限制，必须使保证人书面放弃或以其积极承担保证责任的行为放弃。

在司法实践中，一般保证的保证人虽未以书面形式放弃先诉抗辩权，但遇到下列两种情况，仍应当视为保证人放弃先诉抗辩权：一种情形是保证合同中约定保证人承担一般保证责任的，保证人在主合同履行期届满后，履行了保证义务的，视为保证人放弃先诉抗辩权，自愿承担连带责任保证，保证人事后反悔的，不予支持。另一种情形是保证合同中约定保证人承担一般保证责任，当债务人没有履行或者不能履行合同的，一经债权人请求，保证人即履行保证义务的，视为放弃先诉抗辩权。上述两种情形均以保证人实际履行保证义务为前提。在担保实践中，若保证人放弃先诉抗辩权采取了口头形式，但债权人不能对此予以举证，则应视为保证人没有放弃该项权利。

四、连带责任保证

根据《担保法》第十八条第一款的规定，所谓连带责任保证，是指当事人在保证合同中约定保证人与债务人以债务承担连带责任的一种保证方式。

连带责任保证是责任较重的一种保证方式，当债务履行期届满后债务人没有履行债务的，债权人既可以要求债务人履行债务，也可以要求保证人在其保证范围内履行债务。连带责任保证具有如下法律特征：一是连带责任保证可由当事人在合同中明确约定，若未约定或约定不明确，可视为保证人承担连带责任保证；二是保证人承担保证责任的前提是债务人到期没有履行债务。所谓“没有履行”，既包括债务人因客观原因无法履行，也包括其由于主观过错不履行，即使债务人有履行能力而没有履行债务的义务也包括在内。不管出于何种原因，只要有债务人到期没有履行的状态出现，债权人即可要求保证人承担连带责任。这里的“没有履行”与一般保证中的“不能履行”的区别是很明显的；三是保证人承担连带保证责任。债权人于债务履行期届满，具有选择责任承担者的权利，债务人和保证人均应承担责任。

五、一般保证与连带责任保证的异同

一般保证与连带责任保证属于保证的范畴。同时，它们又是两种不同的保证方式，因此，两者既有共同之处，也有不同之处。

（一）一般保证与连带责任保证的共同点

1. 一般保证和连带责任保证均属于人的担保，二者都具有保证的一般特征。如二者都具有从属性，保证债务随着主债务的产生而产生，随着主债务的消灭而消灭。在保证效力上，二者都是附期限的法律行为，只有当主债务履行期满后债权人才得以行使，主债权让渡及经保证人认可的主合同变更、债务转移都对保证人有效。保证人承担保证责任后，都有权向债务人行使追偿权。

2. 一般保证和连带责任保证的保证人均享有债务人的抗辩权，当债务人放弃债务的抗辩权时，保证人仍然有权抗辩。所谓保证人的抗辩权，是指债权人行使债权时，保证人根据法定事由，对抗债权人行使请求权的权利。抗辩权制度是保证人保护其合法权益的重要保证，我国《担保法》第二十条对此作了明确的规定。

（二）一般保证和连带责任保证的不同点

1. 两者承担责任的具体做法不同。一般保证的保证人只是在主债务人不能履行时，有代为履行的义务，即有补充性；而连带责任保证中的保证人与主债务人为连带债务人，债权人无论选择谁承担履行债务的责任，债务人和保证人都无权拒绝。

2. 连带责任保证中保证人与主债务人的权利义务及责任承担问题适用于连带债务的法律规定。作为一般保证中的保证人与主债务人之间不存在连带债务问题，只是在保证人向债权人履行债务后，保证人对主债务人享有求偿权。

3. 连带责任保证中的保证人无先诉抗辩权，即不能以债权人是否催告主债务人作为是否履行保证义务的抗辩理由；而作为一般保证的保证人则享有先诉抗辩权。

4. 连带责任保证是由法律规定或当事人约定，无规定或约定的，亦按连带责任保证承担；一般保证则由当事人明确约定。

5. 连带责任保证的担保力度较强，对债权人颇为有利，保证人的负担较重，而一般保证的力度相对较弱，保证人的负担相对较轻。

6. 保证期间时效中断的条件不同。《担保法》虽然规定了两种保证方式，在保证人与债权人未约定保证期间的，保证期间均为主债务履行期届满之日起6个月，但对一般保证方式提出了在此期间债权人提出诉讼或仲裁的，保证期间适用时效中断的规定。而连带责任保证期间，只要主债权人在此保证期间内向保证人要求承担保证责任，保证期间的时效就可中断。

六、审判实践中应当注意的问题

1. 一般保证的保证人行使先诉抗辩权的免责情形。在主债权履行期间届满后，当一般保证的保证人向债权人提供了债务人可供执行财产的真实情况，而债权人放弃或怠于行使权利致使该财产不能被执行，必然加重了保证人的风险，损害了保证人的利益。此时，保证人可根据《担保法解释》第二十四条的规定，请求人民法院在其提供可供执行财产的实际价值范围内免除保证责任。这样，保证人的延期履行抗辩权就演变成为一种新的免责抗辩权。

2. 在一般保证中，债权人在保证期间届满前对债务人提起诉讼或申请仲裁的，自判决或仲裁裁判生效之日起的保证合同诉讼时效内，债权人仍有权要求保证人承担保证责任，若没有要求保证人承担保证责任，保证人可免除保证债务。

3. 连带责任保证的保证人不享有先诉抗辩权。债务人债务履行期届满没有履行债务的，债权人可以自主选择由债务人来履行债务还是由保证人在其保证范围内承担保证责任，无论选择谁，债务人或保证人都无权拒绝。连带责任保证具有保证的附从性，即保证合同附从于主合同，若主债务不存在，则连带责任保证也就不存在。

在司法实践中，由于当事人不熟悉法律规定或疏忽大意等情况，没有在保证合同中约定保证方式，或者对保证方式约定不明确的现象相当普遍。有些单位或个人在为他人做保证人时，仅在保证人处盖上单位的印章或者个人签名，有相当多的保证人仅在保证合同或者主合同保证条款上注明“到时债务人不履行债务，由保证人承担保证责任”，或者注明“到时债务人不履行债务，由保证人代为履行债务”。这些对保证方式约定不明或未作约定的情况，引起了大量纠纷的发生。在保证合同中，对保证方式没有约定或约定不明的，根据《担保法》第十九条“当事人对保证方式没有约定或约定不明确的，按照连带责任保证承担保证责任”的规定，对保证方式的认定原则是以连带责任保证为原则，以一般保证为例外。上述情形，均为连带责任保证。因此，当事人在订立保证合同时，应当加强自己的责任意识，对保证方式作出明确约定。

4. 一般保证的诉讼。在一般保证诉讼中，有两种情形：(1) 债权人同时起诉主债务人和保证人。根据《担保法解释》第一百二十五条的规定，一般保证的债权人向债务人和保证人一并提起诉讼的，人民法院可以将债务人和保证人列为共同被告参加诉讼。但是，应当在判决书中明确在对债务人财产依法强制执行后仍不能履行债务时，由保证人承担保证责任。(2) 债权人是否可以单独起诉一般保证人。根据《民事诉讼法意见》第五十三条"债权人仅起诉保证人的，除保证合同明确约定保证人承担连带责任的外，人民法院应当通知被保证人作为共同被告参加诉讼"的规定，从诉讼理论上说，债权人仅起诉一般保证人而不起诉债务人是债权人的权利，人民法院可以根据债权人的诉讼请求进行审判。但考虑到《担保法》规定一般保证人有先诉抗辩权，并规定保证责任有保证期间的要求。所以，债权人仅起诉一般保证人的，人民法院只能驳回其诉讼请求。因此为避免因驳回债权人的诉讼请求而加大诉讼成本，并避免债权人对一般保证人的权利因保证期间的届满而丧失，人民法院应当有权追加主债务人为被告。这样既解决了保证期间的问题，又解决了诉讼成本的问题。我们认为，固守传统诉讼理论，宁愿冒着债权人丧失对一般保证的权利的危险而驳回债权人的诉讼请求，不符合司法的社会效果原则。

5. "不能履行债务"的认定。一般保证的保证人先诉抗辩权的适用涉及"就债务人财产依法强制执行仍不能履行债务"的认定问题。这里的"不能履行债务"就是《担保法解释》第一百三十一条所界定的"不能清偿"的状态。所谓方便执行的财产指清偿直接、变现容易、回收便捷的财产，一般指司法解释列举的存款、现金、有价证券、成品、半成品、原材料、交通工具等动产，但又不限于动产，不排除还有其他方便执行的不动产，如土地、建筑物。但不动产与动产相比变现困难，变现周期长，一般不属于方便执行的财产，因此对不动产是否属于方便执行的财产的判断，由人民法院根据不动产的实际状态，从执行实践出发来进行。企业的设备也是如此。债务人的对外债权一般不属于方便执行的财产。如果债务人有方便执行的财产没有被执行，就不属于“不能清偿”的状态，就不能执行一般保证人或无效担保人的财产。如果债务人方便执行的财产已经执行完毕，即便债务人还有其他难以回收或变现的财产没有被执行，仍属于“不能清偿”的状态，可以执行一般保证人或无效担保人这样一些第二顺序债务人的财产。

6. 连带责任保证人的诉讼地位。作为连带责任而言，债权人可以向任何一个责任人主张权利。因此一般认为，债权人可以同时起诉主债务人和保证人，也可以单独起诉主债务人或保证人。《担保法解释》也是如此予以规定。其第一百二十六条规定："连带责任保证的债权人可以将债务人或者保证人作为被告提起诉讼，也可以将债务人和保证人作为共同被告提起诉讼。”应当说，在连带责任保证中实际存在两个法律关系，一是债权人与主债务人之间的债权债务关系，一是债权人与保证人之间的保证关系。其中，前者是主关系，后者为从关系，从属于主关系而存在。因此在确定从关系时，应先行确定主关系。由此分析，在债权人单独起诉主债务人时，人民法院所审理的是主关系，该主关系的处理不受从关系（保证关系）的影响，保证人自然无须参加诉讼。而在债权人一并起诉主债务人与保证人情形，人民法院则是将主关系和从关系合并进行了审理，在诉讼程序及实体处理上亦不存在障碍。

值得探讨的是债权人单独起诉保证人的，主债务人应否参加诉讼的问题。对此实践中有不同的认识，人民法院的处理思路也不尽统一。有的法院在主债务人未参加诉讼情形直接判令保证人承担保证责任，也有的法院要求必须将主债务追加为共同被告，还有的法院将主债务人作为第三人参加诉讼。而从《担保法解释》的规定看，似乎并不要求主债务人必须参加诉讼。对于该问题，我们认为，由于保证人是从债务人，保证责任从属于主债务而存在，因此，人民法院在确定保证人应否承担保证责任时，必须先行确定主债权债务关系。而在主债务人并非案件当事人的情形下，对主债权债务关系进行确认，则会产生生效裁判对案外人所涉权利义务关系进行处理的法律后果，在诉讼程序上有失妥当。同时，保证人在承担保证责任后还会涉及到对主债务人的追偿问题，案件处理结果显然与主债务人具有法律上的利害关系。我国《民事诉讼法》第五十六条第二款规定："对当事人双方的诉讼标的，第三人虽然没有独立请求权，但案件处理结果同他有法律上的利害关系的，可以申请参加诉讼，或者由人民法院通知他参加诉讼。"因此，在此情形，较为合理的做法是，人民法院可以建议债权人追加主债务人为被告，如果债权人拒绝追加的，人民法院则应通知主债务人作为第三人参加诉讼。

7. 注意区分《担保法》实施前后的法律适用。在《担保法》实施前发生的保证行为，根据"法不溯及既往"的原则，不能适用《担保法》处理，而应适用当时的有关法律规定。目前人民法院审理的许多保证担保案件，往往是十几年前发生的保证行为而引发的纠纷，对于该类案件应适用当时的法律规定处理。《担保法》实施前，对于保证方式的规定见于最高法院 1994 年颁布的《关于审理经济合同纠纷案件有关保证的若干问题的规定》（以下简称《保证规定》）。其第六条规定："保证合同明确约定保证人承担连带责任的，当被保证人到期不履行合同时，债权人既可向被保证人求偿，也可直接向保证人求偿。"第七条同时规定："保证合同没有约定保证人承担何种保证责任，或者约定不明确的，视为保证人承担赔偿责任，当被保证人不履行合同时，债权人应当首先请求被保证人清偿债务。强制执行被保证人的财产仍不足以清偿其债务的，由保证人承担赔偿责任。"第五条还规定："保证合同中明确约定保证人承担代为履行责任的，经债权人请求被保证人履行合同，被保证人拒不履行的，债权人可请求保证人履行。保证人不能代为履行合同的，且强制执行被保证人的财产仍不足以清偿其债务的，由保证人承担赔偿责任。"

对于上述规定的理解，实践中曾存在分歧。一种观点认为，在《担保法》施行前，根本不存在一般保证的概念，在上述规定中仅仅出现了“连带责任保证”，与其对应的则是“赔偿责任”或者“代为履行”。因此如果在保证合同中没有出现连带责任保证的约定，则应视为保证人在主债务人清偿不能时承担赔偿责任。另一种观点则认为，《保证规定》的上述规定是由于理论研究滞后形成而并非立法者的本意。从立法者的立法目的出发，只能说对保证方式没有明确规定，而不应将保证方式区分为代为履行、赔偿责任和连带责任保证。这样划分是混淆了保证责任形式和保证方式。为了解决这一实践中的争议，山东省高级人民法院曾专门请示最高法院，最高法院在2002年11月23日下发了《关于涉及担保纠纷案件的司法解释的适用和保证责任方式认定问题的批复》（法释〔2002〕38号），明确规定：“担保法生效之前订立的保证合同中对保证责任方式没有约定或者约定不明的，应当认定为一般保证。”由此可见，对《担保法》实施前发生的保证行为，保证方式仍应区分为一般保证和连带责任保证。但是，在《担保法》施行前后，有关保证方式的规定存在价值取向上的不同。在《担保法》实施前，立法者将利益的平衡点放在了保证人一方，当事人对保证方式没有约定或约定不明的，原则上应按照一般保证对待。而《担保法》则将利益的平衡点向债权人倾斜，更多体现了对债权人利益的保护，这在实践中应注意加以区分。

8. 正确认定保证方式约定明确和约定不明。实践中，对于没有约定保证方式情形，较易认定。如保证人出具的保函中承诺“保证人愿对债务人所付之债务承担保证责任”，在该保函中无法推断出保证人要承担一般保证拟或连带责任保证的意思，应视为没有约定。实践中比较疑难的是，当事人对保证方式做出了模糊规定，但未明确是一般保证还是连带责任保证情形。如甲向乙借钱，应乙的要求，丙在甲的借条上写下了保证条款：甲（债务人）不能履行债务时，由丙（保证人）承担保证责任。借钱的期限到后，甲无力偿还，乙遂向丙追偿。丙拒绝，称借条上的保证条款是一般保证。而乙则认为是保证方式不明确，应按《担保法》第十九条规定承担连带责任保证。实践中类似的约定较为常见，如约定“当主债务人不（能）履行债务时，保证人承担保证责任”、“当主债务人不（能）按期履行债务时，保证人承担保证责任”、“当主债务人到期不（能）履行债务时，保证人承担保证责任”等等。

上述法释〔2002〕38号批复中曾针对《担保法》施行前保证方式约定不明的处理确立了两项判断原则：（1）保证合同中明确约定保证人在债务人不能履行债务时承担保证责任的，视为一般保证；（2）保证合同中明确约定保证人在被保证人不履行债务时承担保证责任，且根据当事人订立合同的本意推定不出一般保证责任的，视为连带责任保证。由此可见上述批复是以“不”和“不能”作为区分连带责任保证和一般保证的标准。其主要理由为，在约定保证人在主债务人“不能”履行债务时承担保证责任的，其内涵是主债务人没有履行能力。而在约定保证人在主债务人“不”履行债务时承担保证责任的，则内涵为只要债务履行发生延期，不论主债务人是否具有履行能力，保证人一律承担保证责任。以此为基础进行判断，上述案例中“当甲公司不能还款时，由丙公司承担保证责任”的约定，应认定为一般保证。

我们认为，上述批复的处理思路无疑是正确的，而且符合《担保法》的有关规定精神，[①] 对于《担保法》施行后保证方式约定不明的认定也应同样可以参照适用。但应当注意的是，文字语言的表达往往具有局限性，单纯机械地拘泥于字面推敲，有时并不能完全反映当事人的真实意思，甚至会得出与当事人本意完

① 《担保法》第十七条第一款规定：“当事人在保证合同约定，债务人不能履行债务时，由保证人承担保证责任的，为一般保证。”第十八条第二款又规定：“连带责任保证的债务人在主合同规定的债务履行期届满没有履行债务的，债权人可以要求债务人履行债务，也可以要求保证人在其保证范围内承担保证责任。”上述规定中即隐含着“不”和“不能”在判断保证方式上的区别。

全相反的结论。例如，当事人在保证合同中约定“债务人在6月1日前不能履行债务”或“债务人在6月1日前不履行债务”两种情形，虽然分别使用了“不”和“不能”的表达方式，但推敲当事人的真实意思，两种表达方式的涵义应当是一致的，即只要在6月1日前债务人没有履行债务的，保证人就应当承担保证责任，此时并不能得出保证人要在主债务人履行不能情形下才承担责任的结论。此时均应认定为连带责任保证关系。因此所谓“不”和“不能”作为区分保证方式的标准，在实践中决不能机械适用，必须要结合案件实际情况探求当事人的本意。

七、对前述案例的评析

在本案中，一审法院和二审法院对保证人京工公司的保证方式均认定为一般保证，符合《保证规定》的精神，也体现了“法不溯及既往”的法理。双方在合同中没有约定保证方式，如果适用《担保法》第十九条的规定，则认定京工公司承担连带责任保证。这就充分体现了《保证规定》在保证方式认定上以一般保证为原则，以连带责任保证为例外，而《担保法》则是以连带责任保证为原则，以一般保证为例外。由于本案保证行为的设定在《担保法》实施之前，就只能适用《保证规定》。因此，一审法院和二审法院认定京工公司为一般保证是正确的。同时，《保证规定》没有规定一般保证的保证人的先诉抗辩权，可参照适用《担保法》的规定。因此，作为一般保证的保证人京工公司当然享有先诉抗辩权。但在本案中，主债务人金辉公司的住所不明、营业执照被吊销，其中方投资者的营业执照也被注销，外方投资者的情况不明，因此，被上诉人中信银行作为债权人向主债务人金辉公司请求清偿债务发生困难，符合我国《担保法》第十七条第三款第（一）项的规定。京工公司的先诉抗辩权即受限制，一审判决和二审判决无疑是正确的。

本案是一起简单的借款担保案件，一审法院和二审法院的判决书的评理充分，针对性强，真正体现了辨法析理，让当事人胜败皆服，是一份很好的裁判文书。

第十节　保证期间

一、引言

所谓保证期间，是指依照法律规定或者保证合同的约定，保证人对履行期届满的主债务承担保证责任的期间。保证人只在规定或约定的保证期间内承担保证责任，超过了保证期间，即使债务人未履行债务，保证人也不再承担保证责任。保证期间根据保证方式不同可分为一般保证期间和连带责任保证期间，保证期间根据《担保法》第二十五条、第二十六条的规定，可分为约定保证期间和法定保证期间。审理涉及保证担保合同的纠纷案件，必然要考虑保证期间。诸如：

本案的保证期间如何确定[①]

2000年3月17日至9月26日，中国工商银行北京市东城支行（以下简称工行东城支行）与中国机床总公司（以下简称机床总公司）签订13份借款合同，共计贷款4.373亿元给机床总公司。中国轻工集团公司（以下简称轻工集团公司）、北京正一机电技术公司（以下简称正一机电公司）分别对上述借款提供了担保。借款合同签订后，工行东城支行依约将全部款项划付给机床总公司。同年12月20日，工行东城支行与中国华融资产管理公司北京办事处（以下简称华融公司北京办）、机床总公司、正一机电公司签订了债权转让协议，将上述13份借款合同项下的

① 案例来源于刘敏：《债务到期后提供担保的法律责任认定》，载《人民法院报》2004年2月15日第4版。详细案情，请读者参阅奚晓明主编：《民商事审判指导》（2004年第1辑），人民法院出版社2004年版，第159—173页。

贷款债权4.373亿元全部转让给华融公司北京办。2001年10月8日，北京市国信公证处出具公证书，证明华融公司北京办于同年9月27日向轻工集团公司送达了催收函，要求轻工集团公司在3.513亿元及相应利息范围内承担连带保证责任。

2001年4月6日，华融公司北京办与正一机电公司、地鑫房地产公司签订还息协议书约定，地鑫房地产公司对机床总公司的总债务4.373亿元承担连带保证责任；正一机电公司对机床总公司总债务的利息负责偿付，并按照双方约定按时付息。截至2001年6月20日，机床总公司尚欠贷款本金421538621.84元，利息17097160.63元。

华融公司北京办向北京市高级人民法院提起诉讼，请求判令：机床总公司偿还借款本金422257116.44元及利息；轻工集团公司对借款本金3513万元及利息承担连带保证责任；正一机电公司对借款本金8600万元及利息承担连带保证责任；地鑫房地产公司对借款本金422257116. 44元及利息承担连带保证责任。

北京市高级人民法院一审判决：一、机床总公司偿还华融公司北京办本金421538621.84元及利息；二、轻工集团公司对借款本金338638275.44元及利息承担连带保证责任；三、正一机电公司对借款本金82900346.39元承担连带保证责任，并对全部欠款本金的利息承担连带保证责任；四、地鑫房地产公司对机床总公司的借款本金421538621.84元承担连带保证责任；五、驳回华融公司北京办的其他诉讼请求。其中，上述判决第四项关于地鑫房地产公司对机床总公司借款本金承担连带保证责任的理由为：华融公司北京办与地鑫房地产公司签订的还息协议书合法有效，地鑫房地产公司应当按照协议书的约定向华融公司北京办承担保证责任。因还息协议书是在主债务履行期限届满的情况下签订的，且各方当事人均当庭确认该协议是一份新协议，但未约定保证期间，按照《最高人民法院关于适用〈中华人民共和国担保法〉若干问题的解释》第三十三条的规定，该案的保证期间自债权人要求债务人履行义务的宽限期限届满之日起计算。2001年8月10日的律师函不当然发生起算保证期间的法律后果。该案保证期间自华融公司北京办向法院起诉时起算更为合理。地鑫房地产公司关于华融公司北京办向法院提起诉讼时已过保证期间，其保证责任应当免除的主张，该院不予支持。

地鑫房地产公司不服一审法院的上述判决向最高人民法院提起上诉，仍以华融公司北京办向其主张权利时已过保证期间为由主张免责。

最高人民法院经审理维持了北京市高级人民法院（2002）高民初字第476号民事判决主文第一、二、三、五项，对一审判决主文第四项即地鑫房地产公司对机床总公司的借款本金承担连带保证责任的判项，以还息协议书中地鑫房地产公司作出的承担连带保证责任的承诺实际上是对到期债务承担偿还责任的承诺为由，改判为地鑫房地产公司对机床总公司尚欠的借款本金421538621.84元承担连带偿还责任。地鑫房地产公司承担上述民事责任后有权向机床总公司追偿。一审案件受理费1105186.90元，财产保全费1100441.90元，由机床总公司负担；二审诉讼费1105186.90元，由地鑫房地产公司负担。

上述案例，地鑫房地产公司承担连带责任保证，是基于当事人签订的合同，也基于《担保法解释》第三十三条的规定。有关保证期间，《担保法》第二十五条、第二十六条、第二十七条、《担保法解释》第三十一条至第三十七条作了规定。其中，《担保法解释》第三十一条至第三十三条是对保证期间的规定，第三十四条至第三十七条是对保证期间与保证债务诉讼时效的规定。本文结合《担保法》及《担保法解释》的有关规定，对保证期间予以论述。

二、保证期间的法律性质

《担保法》第二十五条、第二十六条规定的6个月法定保证期间的法律性质如何？存在不同看法，有学者认为，保证期间是不同于诉讼时效、除斥期间的期间，具有自己的独立地位和价值。因它具有消灭债权本体的效力，不妨称其为失权期间。其理由如下：一是保证期间首先允许约定，而除斥期间为法定期间，只有解除权可以约定除斥期间（《合同法》第九十五条第一款)。二是保证期间届满，消灭的是债权。而除斥期间届满，消灭的是形成权。三是在保证期间内，债权人请求保证人承担保证债务，保证人若无抗辩权的行使，保证期间功成身退，诉讼时效期间取而代之。除斥期间不存在这个现象。四是保证期间的起算点的确定如同上述，除斥期间的起算点则比较复杂。我国合同法规定，在可撤销的合同场合，撤销权的除斥期间自撤销权人知道或者应当知道撤销事由时起算（《合同法》第五十五条第一款)。在效力未定的合同场合，追认权的除斥期间自相对人催告确定的开始追认的时间起算（第四十七条第二款及其司法解释、第四十八条第二款及其司法解释)；相对人的撤销权在除斥期间的长短方面不确定，只有最后限定，即追认权行使之前，起算点应为合同成立之时（《合同法》第四十七条第二款及其司法解释、《合同法》第四十八条第二款及其司法解释)。在债权人撤销权的情况下，撤销权的除斥期间自债权人知道或者应当知道撤销事由之日起算，在债权人不知道也不应当知道撤销事由的情况下，自债务人的行为发生之日起算（《合同法》第七十五条)。在合同解除的情况下，解除权的除斥期间自法律规定或者当事人约定的起算之日开始计算，无此规定或者约定的，自债务人催告确定的开始之日起算（《合同法》第九十五条)。[①]

笔者认为，保证期间在性质上应属于民法理论中的除斥期间。所谓除斥期间，指权利人享有某种实体权利的存续期间，在期间经过，该项实体权利即告消灭，它来自于实体法，消灭的是实体上的权利。保证期间届满，保证人的保证责任免除，保证之

---

① 参见崔建远：《保证债务与诉讼时效》，载《人民法院报》2003年6月6日。

债随之消灭。传统民法理论认为，除斥期间为不变期间，不因任何事由而中断、中止和延长，这是与诉讼时效期间的一个重要区别。从《担保法解释》第三十一条“保证期间不因任何事由发生中断、中止、延长的法律后果”的规定来看，正是把保证期间的性质定性为除斥期间。

三、保证期间的法律特性

从除斥期间的角度进行分析，保证期间的法律特性表现在：

1. 保证期间届满导致权利消灭的后果。如果债权人未在保证期间内及时行使权利，将导致保证责任免除，保证人不再承担实体责任。这是除斥期间与诉讼时效的重要区别。就诉讼时效而言，根据我国民事立法，债权人未在时效期间内主张权利的，其债权本身仍然存在，只是胜诉权归于消灭（或者说是债务人享有了不履行抗辩权）。[①] 也就是说，此时的债权仅仅是不具有法律的强制保护力，债权人不能请求法院强制执行。在此需要说明的是，传统除斥期间仅仅适用于形成权，如撤销权、合同解除权等等，[②] 而现代民法上已经将其扩大适用到部分债权请求权。如我国《保险法》第二十七条规定：“人寿保险以外的其他保险的被

---

① 关于诉讼时效期间的法律效力，各国民法有不同规定，主要有实体权利消灭主义、诉权消灭主义和抗辩权发生主义。（参见梁慧星：《民法总论》，法律出版社1996年版，第239页。）我国《民法通则》第138条规定，超过诉讼时效期间，当事人自愿履行债务的，不受诉讼时效限制。由此可以看出，我国民事立法并未采实体权利消灭主义。长期以来，我国理论界及司法实践中一直以诉权（胜诉权）消灭主义定性诉讼时效，但近年来，越来越多的学者倾向于抗辩权发生主义。但无论是诉权消灭主义，还是抗辩权发生主义，其均认为超过诉讼时效期间并不导致实体权利的消灭，仅仅是产生胜诉权消灭或抗辩权发生的法律后果。《诉讼时效规定》明确采纳了抗辩权发生主义，即第二条规定：当事人违反法律规定，约定延长或者缩短诉讼时效期间、预先放弃诉讼时效利益的，人民法院不予认可。第三条规定：当事人未提出诉讼时效抗辩，人民法院不应对诉讼时效问题进行释明及主动适用诉讼时效的规定进行裁判。第四条规定：当事人在一审期间未提出诉讼时效抗辩，在二审期间提出的，人民法院不予支持，但其基于新的证据能够证明对方当事人的请求权已过诉讼时效期间的情形除外。当事人未按照前款规定提出诉讼时效抗辩，以诉讼时效期间届满为由申请再审或者提出再审抗辩的，人民法院不予支持。

② 梁慧星：《民法总论》，法律出版社1996年版，第239页。

保险人或者受益人，对保险人请求赔偿或者给付保险金的权利，自其知道保险事故发生之日起二年不行使而消灭。人寿保险的被保险人或者受益人对保险人请求给付保险金的权利，自其知道保险事故发生之日起五年不行使而消灭。”而保证期间所约束的便是请求权，即债权人对保证人的保证债权。

2. 保证期间具有约定性和法定性。根据我国法律规定，保证期间原则上是约定期间，可以由当事人之间自由协商确定，在当事人没有约定、约定不明或者约定无效时，则适用法定的保证期间。而诉讼时效期间属于法律的强制性规定，系纯粹的法定期间，当事人不能以事先的约定排除时效的适用，也不得协商变更时效期间的长短，债务人预先抛弃时效利益的，也依法不具有法律效力。在此需要澄清的问题是，虽然传统除斥期间为法定期间，但我国民事立法中已经明确认了约定除斥期间的存在。如我国《合同法》第九十五条就明确规定：“法律规定或者当事人约定解除权行使期限，期限届满当事人不行使的，该权利消灭。”该合同解除权行使期限就是典型的除斥期间。另外，《合同法》第一百五十八条也认可了“约定检验期间”的法律效力。由此可见，保证期间的可约定性并不能否定其除斥期间性质。

3. 保证期间是不变期间。诉讼时效可以因一定事由发生中断、中止和延长的法律后果，属于可变期间。而传统除斥期间为不变期间，不因任何事由而发生改变，故又称为预定期间。[①] 对此，《担保法解释》第三十一条明确作出了规定。

理论上唯值探讨者，是保证期间能否中止的问题。作为诉讼时效的中止制度，其目的是考虑到在诉讼时效期间内，可能会由于不可抗力等与权利人无关的事由而导致权利人行使权利上的障碍，此时需待该障碍消除后，才能为权利之行使。而就保证期间而言，债权人必须在保证期间内对主债务提起诉讼、申请仲裁或向保证人为一定请求，才能达到保全保证债权的目的。在保证期

---

① 史尚宽：《民法总论》，中国政法大学出版社 2000 年版，第 625 页。

间内，因为不可抗力等事由使得债权人无法为上述行为的，如果以超过保证期间为由使保证人免责，显然对债权人有失公允，也与设立保证期间制度所要实现的督促债权人行使权利的法律价值不符。因此，我们认为，传统除斥期间不得中止是建立在其仅适用于形成权的基础上的，但由于现代民法已经将除斥期间的适用范围扩大到债权请求权，传统除斥期间不得中止的观点便需要重新予以审视。

四、一般保证的保证期间

一般保证的保证期间（下文简称一般保证期间），是指保证合同当事人依照法律规定或者保证合同约定，一般保证的保证人对履行期届满的债务承担保证责任的期间。在一般保证期间内，保证人享有先诉抗辩权，除《担保法》第十七条第三款所规定的三种情况外，债权人不得直接要求保证人承担保证责任，而应当在保证期间内对债务人提起诉讼或者申请仲裁，并对债务人依法强制执行仍不能履行债务时，才可以要求保证人承担保证责任。

保证期间是保证人承担保证责任的时间段，应当在保证合同中明确约定。但在实践中，保证人与债权人对保证期间没有作出约定的情况比较常见，根据《担保法》第二十五条第一款“一般保证的保证人与债权人未约定保证期间的，保证期间为主债务履行期满之日起 6 个月”的规定，只要一般保证的保证人与债权人未约定保证期间的，保证期间一律为主债务履行期届满之日起 6 个月。当然，当事人对保证期间明确约定的，按照约定，不能以本条款的规定改变当事人就保证期间所作的约定。

在司法实践中，经常遇到如下两种情况：一是在保证合同中，保证人与债权人、债务人约定的保证期间与合同约定的履行债务的期限相同。二是保证人与债权人、债务人约定保证人在被保证人债务履行完毕后，才视为保证终止，即保证人在保证合同中明确约定保证期间为主债务全部履行完毕时为止。我们认为，上述两种情形对保证期间的约定，均不符合《担保法》的规定。

《担保法解释》实施以后，应当严格按照该解释第三十二条的规定进行，即“保证合同约定的保证期间早于或者等于主债务履行期限的，视为没有约定，保证期间为主债务履行期届满之日起六个月。保证合同约定保证人承担保证责任直至主债务本息还清时为止等类似内容的，视为约定不明，保证期间为主债务履行期届满之日起二年。”

在保证合同有效的情形下，当事人对保证期间没有明确约定，或没有约定，按法定保证期间 6 个月，此时，保证期间的效力，表现为积极效力的方面，即保证人在保证期间内承担保证责任，也表现为消极效力的方面，即在保证期间内发生一定的事实，保证人的保证责任将因保证期间届满而被免除。保证期间消极效力的发生须具备两个要件：一是一定时间的经过，即保证期间届满。二是法定事由的发生，即债权人在保证期间内未对债务人提起诉讼或申请仲裁。若在保证期间内，债权人依法对债务人提起诉讼或申请仲裁，保证人的保证责任则不能免除。

根据《担保法》第二十五条第二款“在合同约定的保证期间和前款规定的保证期间……债权人已提起诉讼或者申请仲裁的，保证期间适用诉讼时效中断的规定”的规定，保证期间中断是指在保证期间进行之中，因为法定事由的发生，致使以往经过的保证期间全部归于无效，保证期间的作用结束，重新计算保证合同的诉讼时效。保证期间中断须具备两个条件，一是发生在保证期间内。二是法定事由的发生，即债权人在保证期间内对债务人提起诉讼或申请仲裁。保证期间中断的效果，《担保法解释》第三十四条第一款作出了明确规定，即“一般保证的债权人在保证期间届满前对债务人提起诉讼或者申请仲裁的，从判决或者仲裁裁决生效之日起，开始计算保证合同的诉讼时效”。

五、连带责任保证的保证期间

连带责任保证的保证期间（下文简称连带责任保证期间），是指连带责任保证合同当事人依照法律规定或者保证合同约定，连带责任保证的保证人对履行期届满的债务承担保证责任的期间。

根据《担保法》第二十六条"连带责任保证的保证人与债权人未约定保证期间的，债权人有权自主债务履行期届满之日起 6 个月内要求保证人承担保证责任。在合同约定的保证期间和前款规定的保证期间内，债权人未要求保证人承担保证责任的，保证人免除保证责任"的规定，债权人在保证期间（约定期间或法定期间内），有权要求保证人承担保证责任，这是连带责任保证特点所决定的。根据《担保法》第十八条对连带责任保证的规定，在连带责任保证期间内，债务人在主合同约定的债务履行期届满后没有履行债务的，因保证人不享有先诉抗辩权，债权人既可以要求债务人履行债务，也可以直接要求保证人在保证范围内承担连带保证责任。债权人直接向保证人行使承担保证责任的请求权必须符合下列三个条件：

1. 债务人没有履行其债务。即连带责任保证的债务人在主合同规定的债务履行期届满没有履行债务。若债务人已按主合同的约定履行了债务，则不会发生债权人向保证人请求其承担保证责任的问题。

2. 债权人在保证期间行使请求权。即连带责任保证中的债权人必须在保证合同约定的保证期间内或依照法定 6 个月的保证期间内行使其对保证人的请求权。

3. 债权人的请求权限于保证人的保证责任范围。即债权人只能要求保证人在其保证范围内承担保证责任。对债权人超出保证人保证范围的请求，保证人有权拒绝，法律也不予支持。

在保证合同合法有效的情形下，连带责任保证的保证期间的效力也表现为两个方面：（1）若在保证期间内，债权人依法向连带责任保证人请求承担保证责任，保证人因不享有先诉抗辩权而不得无故拒绝，这是保证期间效力的积极方面；（2）若在保证期间内，债权人未要求保证人承担保证责任，则保证人免除保证责任，这是保证期间的消极效力方面。保证期间的消极效力的发生也须具备两个条件：一是一定时间的经过；二是法定事由的发生。即在连带责任保证中，在合同约定的保证期间或法定6个月的保证期间内，债权人未要求保证人承担保证责任。

连带责任保证期间的中断与一般保证期间的中断是不同的。我国《民法通则》第一百四十条“诉讼时效因提起诉讼，当事人一方提出要求或者同意履行义务而中断。从中断时起，诉讼时效期间重新计算”的规定，中断诉讼时效的法定事由有三：一是提起诉讼；二是当事人一方提出要求，三是当事人一方同意履行义务。《民法通则》所规定的诉讼时效中断的三种情形均适用于连带责任保证期间的中断。从《担保法》第二十六条第二款、第二十五条第二款的规定对比来看，连带责任保证期间的中断不仅包括诉讼或申请仲裁，而且还包括要求和同意履行义务。根据《担保法解释》第三十四条第二款“连带责任保证的债权人在保证期间届满前要求保证人承担保证责任的，从债权人要求保证人承担保证责任之日起，开始计算保证合同的诉讼时效”的规定，债权人在保证期间内要求连带责任保证人承担保证责任的，自主张权利之日起计算保证合同的诉讼时效，该诉讼时效期间为2年。

六、保证期间的起算

保证期间的起算，《担保法》明确规定自主债务履行期届满之日起算，该起算点是明确的，无论是一般保证还是连带责任保证，起算点一样。对于没有约定主债务履行期的，或对主债务履行期约定不明的，《担保法解释》第三十三条规定，主合同对主债务履行期限没有约定或者约定不明的，保证期间自债权人要求债务人履行义务的宽限期届满之日起计算。主合同当事人没有约定主债务的履行期，如何确定保证期间，前提是首先确定主债务的履行期。《民法通则》第八十八条及《合同法》第六十二条均规定，合同履行期限不明确的，债务人可以随时向债权人履行义务，债权人也可以随时要求债务人履行义务，但是，法律要求应当给对方必要的准备时间，该“必要的准备时间”称为“宽限期”。[①] 债权人提出合理的宽限期使本来不明确的主债务履行期得以确定，从而也使得保证期间的起算点得以确定。

分期履行的债务，保证期间自最后一笔债务到期日起算，而非按照分期债务各笔到期日分别起算。这种起算方法为最高人民法院司法实践所主张，在诉讼时效的起算上也同样适用。[②] 最高法院在历次答复高级人民法院的请示中均主张此种起算方法（2001 年对山东高院的答复仍然重申了该意见），反映了对债权人的保护，也与一定历史时期的认识相关。据了解，在购销合同货款的分期给付诉讼时效的起算问题上，是最早适用该方法的，对债权人的保护有力，此后该方法被广泛适用于其他存在分期履行的合同，尤其是借款合同中，并按照同类问题相同处理的原则，该方法也适用于保证期间的起算上。[③]

七、保证期间的法律效果

1. 保证期间届满后，保证债权随之消灭。保证期间作为除斥期间，可以发生消灭保证债权的法律后果，也就是《担保法》所表述的“保证人不再承担保证责任”。保证期间对保证债权的存续有绝对的影响，该影响对债权人和保证人双方均带来相应的法律后果，由此对债权人和保证人也提出相应的要求。作为债权人，在保证期间内必须至少向保证人行使权利一次，否则保证人将因保证期间届满而免于承担保证责任，保证债权因保证期间的

---

① 《诉讼时效规定》第六条规定：未约定履行期限的合同，依照合同法第六十一条、第六十二条的规定，可以确定履行期限的，诉讼时效期间从履行期限届满之日起计算；不能确定履行期限的，诉讼时效期间从债权人要求债务人履行义务的宽限期届满之日起计算，但债务人在债权人第一次向其主张权利之时明确表示不履行义务的，诉讼时效期间从债务人明确表示不履行义务之日起计算。

② 《诉讼时效规定》第五条规定：当事人约定同一债务分期履行的，诉讼时效期间从最后一期履行期限届满之日起计算。

③ 分期履行的债务，保证期间的起算应当自最后一笔债务履行期届满之日起，这是长期以来外国司法实践所形成的惯常处理方法，在诉讼时效上也是如此。参见曹士兵：《中国担保诸问题的解决与展望》，中国法制出版社 2001 年版，第 136 页。

届满而除权；作为保证人，保证期间对其保护是一次性的，保证期间内债权人向其主张了权利，保证期间的使命随即完成，保证人即应承担保证责任。

2. 保证期间届满后保证责任的“再生”。保证期间是不变期间，期间的届满将消灭保证债权，该法律效果与诉讼时效不同。在保证人因债权人未在保证期间内向其行使权利而免责后，保证人将永远地免责，这与诉讼时效完成后债务人的债务并不消灭，仅丧失对该债务的强制执行相比，两者有重大区别。由于诉讼时效完成，债权人仅丧失胜诉权，所以当债务人表示放弃诉讼时效所带来的利益时，债权人仍然可以向其行使债权。比如《德国民法典》第222条规定，时效完成后，“义务人以合同予以承认或提供担保的”，义务人不得拒绝给付。但保证期间届满后，保证人免责，而不是债权人丧失胜诉权，所以除非保证人自愿履行保证责任，即便保证人口头或书面承诺履行保证责任的，债权人也无权要求法院强制保证人履行，也就是说，对保证人此时的承诺，法院不能强制执行。因此，保证期间届满后，保证责任无法“再生”，除非保证人重新向债权人提供新的保证。当然，该保证并非旧保证的起死回生，而是保证人的新承诺。实践中要区别保证人在保证期间届满后是承诺继续履行保证责任，还是重新提供保证，区别的关键在于保证人有无书面的、重新提供保证的意思表示，这也是保证责任“再生”的关键。口头表示不能发生保证的后果，书面表示也应当写明保证人是为原债权再提供保证，而非放弃保证期间所带来的利益，因为后者不能被法院强制执行。至于债务人的行为，比如在催款通知书上盖章或重新签订还款协议等，仅对债务人发生影响，对保证人不发生影响，保证责任并不因此而“起死回生”。

八、在审判实践中应当注意的问题

1. 未约定连续保证的保证期间。《担保法》规定，连续保证的保证期间未约定的，保证人可随时通知债权人终止保证合同。

因此，债权人如果未与保证人约定保证期间的，债权人将严重丧失主动权，把保证合同的解除权让渡给保证人，从而使一定期间内发生的债权失去担保而面临风险。

2. 保证合同约定的保证期间早于或者等于主债务履行期限的，视为没有约定，保证期间为主债务履行期届满之日起 6 个月。当事人在保证合同中约定的保证期间早于主债务履行期限的，在主债务履行期尚未到期时，债务人尚没有义务履行债务，保证人的保证责任自然不能发生；当事人在保证合同中约定的保证期间等于主债务履行期限时，当主债务履行期界至时，保证期间就已经结束，保证人已经免责。在这两种情况下，当事人所约定的保证期间使保证人的保证责任形同虚设，与当事人设立保证的初衷相悖，因此，《担保法解释》第三十二条第一款明确规定了保证人的保证期间解释为自“主债务履行期届满之日起六个月”。

3. 根据《担保法解释》第三十二条第二款的规定，保证合同约定保证人承担保证责任直至主债务本息还清时为止等类似内容的，视为约定不明，保证期间为主债务履行期届满之日起二年。在司法实践中，当事人在保证合同中约定，保证责任直至主合同项下的债务本息全部还清时为止的情况比较多，特别是在商业银行所制定的标准借款担保合同文本中。对于这种情况，由于保证合同对于保证期间还是作出了约定的，只是没有明确约定具体的时间，而且保证人也同意，债权人采取了最大限度的可能来保证自己债权的实现也是法律所鼓励的，如果适用担保法规定的推定保证期间 6 个月，对债权人有所不公。但如果无限期地允许债权人对保证人的求偿，对保证人也不公，结合我国诉讼时效的规定，最高人民法院倾向性意见认为当事人约定的期间如果超出诉讼时效，则超出的部分应当认定为无效，没有超出的部分仍可认定为有效。因此，《担保法解释》第三十二条第二款作出了上述规定。

保证中有一种称为“不定期保证”的保证形式，保证人在债务本息未受清偿之前一直承担保证责任，保证期间为“不定期”。司法解释上述规定将这种情况视为“约定不明”，也就是不承认“不定期保证”，强制将“不定期”变为“定期”两年，这可以视为最高人民法院在一定时期所采取的司法政策。

4. 保证合同约定的保证期间短于6个月或长于两年的，原则上从约定，但以不违背诚实信用、公序良俗原则为限。保证期间约定短于6个月或长于两年的情况在司法实践中也比较常见，由于担保法赋予当事人在约定保证期间上的意思自治，司法解释对该问题也没有规定，所以原则上应当尊重当事人的约定，比如保证合同约定保证期间为两三个月或三五年的，原则上从约定。但当事人意思自治在民法中并非不受限制，民法规定的诚实信用、公序良俗原则要求当事人的约定不得违背常理，因此如果保证合同约定的保证期间超短或超长，最终造成对一方当事人极度不利的，并不能够得到法律的尊重。比如保证期间约定为几个小时或20年的，就可能对债权人或保证人极度不利，应当按照法定的保证期间确定。在法律允许当事人自由约定保证期间的情况下，法院如认定当事人的约定违背诚实信用、公序良俗，也应当通过当事人提出主张和举证的司法程序来进行，要避免法官在该事实认定上的主观臆断。

5. 保证合同无效的情况下，保证合同约定的或法律规定的保证期间仍然具有法律意义，债权人在保证期间内未向保证人主张权利的，保证人原则上不再承担无效保证的赔偿责任。在保证期间的起算上，也应当按照保证合同有效情况下的方法起算。对于这个问题，司法实践中还存在很大的争议，倾向意见认为，在保证合同无效的情况下，债权人所获得的利益不应当超过保证合同有效时的利益。保证合同有效时债权人未在保证期间内向保证人主张权利，债权人即不能从保证人处获利，保证合同无效时也应当一样。另外，保证合同的无效是后来确定的，债权人与保证人在订立保证合同时并不能预见保证合同无效（订立非法合同不属于这里探讨的无效合同），因此保证合同中双方约定的保证期间是双方对各自权利义务行使期限的唯一合理预期，按照该期间确定双方的利益关系，符合双方的缔约本意。按照该意见处理保证合同纠纷案件，其结果就是：对有效的保证合同，保证期间届满免除的是保证人的保证责任；无效的保证合同，债权人未在保证期间向无效保证人主张权利，将免除保证人承担的赔偿责任。从逻辑上来看，该主张应当是可以自足的。[①]

6. 超过保证期间，贷款人向借款人发出的催款通知书上没有明示保证人继续承担保证责任的，保证人的保证责任免除。

7. 根据《担保法》第二十五条、第二十六条的规定，保证人必须在保证期间行使权利，即对一般保证的借款人提起诉讼，对连带责任保证的保证人主张权利，否则，保证人免除保证责任。同时，根据《担保法解释》第三十三条的规定，主合同对主债务履行期限没有约定或者约定不明的，保证期间自债权人要求债务人履行义务的宽限期届满之日起计算。

九、对引言案例的评析

在本案中，主要争议的一个问题是地鑫房地产公司能否免责的问题。地鑫房地产公司于 2001 年 4 月 6 日，与华融公司北京办、正一机电公司签订还息协议书，分别对正一机电公司对机床总公司的总债务利息承担偿还责任和地鑫房地产公司对机床总公司的总债务承担连带保证责任做了约定。对地鑫房地产公司而言，该协议书虽名称上为还息协议书，但实际上是地鑫房地产公司为机床总公司总债务提供担保作出的承诺。而且该担保承诺又有别于通常意义上的担保，地鑫房地产公司是在机床总公司的总债务 4.373 亿元到期后不能偿还时向债权人机床总公司做出的承担连带担保责任的承诺。地鑫房地产公司应当对机床总公司尚欠借款本金承担连带责任均无异议，但对地鑫房地产公司究竟承担

① 曹士兵：《中国担保诸问题的解决与展望》，中国法制出版社 2001 年版，第 136 页。

何种性质的责任，即地鑫房地产公司是依据其承诺承担连带保证责任，还是将其在还息协议书中的承诺视为其对既成债务作出的予以偿还的意思表示（即形成了新的债权债务关系问题），争论较大。同时，对债务到期后出具的担保是否适用保证期间制度等也提出了不同的意见。

1. 关于还息协议书中有关承担连带保证责任承诺的性质。关于性质问题存在两种观点：一种观点认为还息协议书的约定构成了地鑫房地产公司的担保责任，但从形成权角度分析，认为对于债务到期后保证人提供的保证不适用保证期间的规定，保证人不能以保证期间届满债权人未向其主张权利为由主张免责。该观点认为：一般情况下，在债务未到期前保证人提供担保的，债权人对保证人仅享有或然担保债权。其所享有的或然担保债权向实然担保债权的转化，取决于债权人是否在一定期间内行使形成权。这个期间就是当事人约定的保证期间或者依据担保法及其司法解释确定的保证期间。如果债权人在保证期间内行使了形成权，则形成其对担保人的担保债权。即债权人获得了要求担保人承担保证责任的请求权，其可依法向担保人提起请求之诉，要求保证人承担保证责任。在此情况下，保证期间完成了其历史使命(即形成权的行使)，已失去其存在的意义。债权人行使形成权的后果是债权人因此享有了对担保人担保债权的请求权。债权人请求权的实现从而转由受诉讼时效的约束，如未在诉讼时效期间内向人民法院主张权利则产生丧失胜诉权的法律后果。保证期间设置的根本意义在于赋予债权人在保证期间内行使形成权，将原享有的或然担保债权转化为实然担保债权，进而享有对担保人的请求权。保证人作出担保承诺的时候，仅表明其在债务人不履行债务的时候将向债权人承担保证责任的意思表示，但因债务人将来是否履行债务（即是否不履行债务或者不能履行债务），以及履行多少债务等尚处于不特定状态，从而导致担保人是否承担保证责任，以及承担多大范围内的保证责任等也处于不特定状态。故法律通过设置保证期间这个制度，赋予债权人在条件成就时，通过行使形成权将或然担保债权转化为实然担保债权，以最终确定债权人对保证人的权利范围。

本案保证人系在主债务均已到期未予偿还时，向债权人作出的对债务人实际未偿还部分承担连带保证责任的意思表示，因其提供担保的债权范围是确定的、具体的，其作出担保的意思表示一经债权人接受，债权人即已取得了实然的担保债权，即保证人对当时已经确定的债务向债权人承担担保责任，不存在债权人是否通过在一定期间内行使形成权将或然担保债权确定为实然担保债权的问题，故在法律意义上，亦不再需要通过适用保证期间这个特殊的制度来确定债权人是否对担保人享有担保债权。也就是说，在保证人对已到期债务提供担保的，不产生保证期间适用的问题。保证期间作为一种除斥期间，赋予债权人一种单方面的形成权利，保证期间是对权利的形成设定的时间上的限制。即除斥期间仅适用于形成权（消灭时效适用于请求权）。既然担保债权在作出担保意思表示的时候即已形成，这种对权利形成设定的时间限制便成为不必要。

另一种观点从保证人在债务到期后提供的担保性质上应为形成新的债权债务关系角度分析，认为这种情况下尽管保证人出具保证书承诺承担保证责任，但在性质上不宜认定其为保证，而应以新的债权债务关系来认定双方的权利义务。对新的债权债务关系不涉及债权人在保证期间内未行使权利而导致保证人免责的问题。对新的债权债务关系应当适用诉讼时效的有关规定。该观点认为：地鑫房地产公司在华融公司北京办与机床总公司的债务到期后，与华融公司北京办签订还息协议书，承诺为机床总公司的4.373亿元债务承担连带保证责任。该协议书系当事人双方的真实意思表示，不违反法律禁止性规定，应为有效。根据《中华人民共和国合同法》第八条的规定，依法成立的合同，对当事人具有法律约束力。当事人应当按照约定履行自己的义务，不得擅自变更或者解除合同。尽管该协议书字面上记载地鑫房地产公司与华融公司北京办建立了保证法律关系，但鉴于其签订还息协议书时，机床总公司的债务均已到期，已为实际发生的债务，地鑫房地产公司向华融公司北京办作出的承担连带保证责任的承诺，实际是对到期债务承担偿还责任的承诺，而非一般意义上的提供担保。地鑫房地产公司与华融公司北京办之间形成了新的债权债务关系，即地鑫房地产公司代机床总公司向华融公司北京办偿还4.373亿元债务的法律关系。

2. 该案的判决理由。该案最后从减少理论争议的角度出发，采纳了第二种观点，即地鑫房地产公司在机床总公司债务已经到期未予偿还的情况下向华融公司北京办作出的承担连带保证责任的承诺，形成了其与华融公司北京办之间新的债权债务关系，地鑫房地产公司应当按照其承诺承担连带偿还责任。故不存在华融公司北京办向其提起诉讼时已经超过保证期间，其应予免责的问题。鉴于该协议书对地鑫房地产公司偿还债务的履行期限没有作出明确约定，对于诉讼时效的起算应从债权人向债务人主张权利时起算。即华融公司北京办向地鑫房地产公司主张偿还责任的诉讼时效应自华融公司北京办向原审法院提起诉讼时起算，故该案不存在华融公司北京办向地鑫房地产公司主张权利超过诉讼时效问题。地鑫房地产公司以华融公司北京办向其主张权利超过保证期间，其依法应当免责的上诉理由，于法无据，不应予以支持。同时，原审法院以华融公司北京办向其提起诉讼时起算保证期间，判决地鑫房地产公司承担保证责任亦不当，应予纠正。关于律师事务所向机床总公司发出的律师函问题，鉴于地鑫房地产公司未向法院举证证明该律师函系律师事务所经华融公司北京办授权出具，同时该律师函的出具亦不符合表见代理的构成要件。故地鑫房地产公司以律师函为据主张保证期间应自律师函载明的最后还款期限起算的上诉理由，缺乏法律和事实依据，亦不应予以支持。故判决地鑫房地产公司对机床总公司尚欠的借款本金承担连带偿还责任。[①]

第十一节 保证期间届满后保证人在催款通知书上签字的效力

一、引言

在现实生活和审判实践中，保证人在保证期间届满后在催款通知书上签字的情形，可谓常见。诸如：

本案保证人是否承担责任

2001年6月6日，某市华丰商业银行（下称华丰银行）和甲公司签订借款合同，由华丰银行贷给甲公司300万元，贷款期限为6个月。甲公司提供了保证人乙公司，乙公司与华丰银行签订了保证合同，双方约定保证期间为3个月，乙公司承担连带责任保证。合同签订后，华丰银行依约履行了义务。

贷款到期后，华丰银行于2002年6月6日向甲公司和乙公司发出催款通知书，其主要内容为“甲公司于2001年6月6日在我行贷款300万元，已逾期，请贵公司在接到此通知后30天内积极还款。”甲公司在借款人处签字，乙公司在保证人处签字。2003年6月6日、2004年3月6日，华丰银行分别发出上述内容的催款通知书，甲公司和乙公司分别在催款通知书上签字。华丰银行在催款无望的情况下，于2004年8月6日向某市中级人民法院提起诉讼，请求判令甲公司偿还300万元借款本息，乙公司承担连带责任保证。乙公司辩称华丰银行在超过保证期间后发

① 参见刘敏：《债务到期后提供担保的法律责任认定》，载《人民法院报》2004年2月15日第4版。

出催款通知书，我公司在该通知书上签字，并非有重新提供保证的意思表示，应当依法免除保证责任。

一审法院审理后认为，华丰银行与甲公司签订的保证合同为有效合同，甲公司没有履行还款义务，实属违约行为；华丰银行与乙公司签订的保证合同为有效合同，乙公司在超过保证期间后的催款通知书上签字的行为，并非是重新提供保证，参照《最高人民法院关于应当如何认定保证人在保证期间届满后又在催款通知书上签字问题的批复》（以下简称《批复》）“根据《中华人民共和国担保法》的规定，保证期间届满债权人未依法向保证人主张保证责任的，保证责任消灭。保证责任消灭后，债权人书面通知保证人要求承担保证责任或者清偿债务，保证人在催款通知书上签字的，人民法院不得认定保证人继续承担保证责任。但是，该催款通知书内容符合合同法和担保法有关担保合同成立的规定，并经保证人签字认可，能够认定成立新的保证合同的，人民法院应当认定保证人按照新保证合同承担责任”的精神，应当依法免除保证人乙公司的保证责任。根据《合同法》第二百零七条、《担保法》第二十六条的规定，判决：一、甲公司偿还华丰银行借款300万元及利息；二、免除保证人乙公司的保证责任。诉讼费25010元，由被告甲公司负担。

一审法院宣判后，华丰银行提起上诉。

二审法院经审理后认为，一审判决适用法律正确，实体处理正确，应当予以维持。依据《民事诉讼法》第一百五十三条第一款第（一）项的规定，判决：驳回上诉，维持原判。

上述案例，华丰银行在超过保证期间后给借款人、保证人发出催款通知书，借款人签字有效，而保证人乙公司在催款通知书上签字的效力如何，直接涉及保证人乙公司是否承担保证责任，进而影响到华丰银行贷款债权的实现。对此，《批复》作了明确规定。

二、保证期间届满的法律效果

《担保法》第二十五条、第二十六条对保证期间作了规定。该法第二十五条规定："一般保证的保证人与债权人未约定保证期间的，保证期间为主债务履行期届满之日起六个月。在合同约定的保证期间和前款规定的保证期间，债权人未对债务人提起诉讼或者申请仲裁的，保证人免除保证责任；债权人已提起诉讼或者申请仲裁的，保证期间适用诉讼时效中断的规定。"该法第二十六条规定："连带责任保证的保证人与债权人未约定保证期间的，债权人有权自主债务履行期届满之日起六个月内要求保证人承担保证责任。在合同约定的保证期间和前款规定的保证期间，债权人未要求保证人承担保证责任的，保证人免除保证责任。"保证期间可以由当事人在保证合同中自由约定，如果当事人没有约定的，适用《担保法》规定的6个月保证期间。

对于保证期间的性质，理论界是有争议的，有除斥期间说和短期诉讼时效说两种主要观点。司法实践中采用了除斥期间说。如《担保法解释》第三十一条规定："保证期间不因任何事由发生中断、中止、延长的法律后果。"即保证期间是保证责任的存续期间，也即债权人请求保证人承担保证责任的权利期间。第三十四条规定："一般保证的债权人在保证期间届满前对债务人提起诉讼或者申请仲裁的，从判决或者仲裁裁决生效之日起，开始计算保证合同的诉讼时效。连带责任保证的债权人在保证期间届满前要求保证人承担保证责任的，从债权人要求保证人承担保证责任之日起，开始计算保证合同的诉讼时效。"保证期间债权人未按照法律规定的方式主张其保证权利，则保证责任消灭；一旦在保证期间主张了保证权利，则保证之债形成，保证之债开始起算诉讼时效。该《批复》继续采用了除斥期间说。

保证期间作为一种除斥期间，而除斥期间又称为权利存续期间，是指权利从成立到消灭的时间。除斥期间届满后，权利因为没有行使而消灭。除斥期间的规定是强制性的，不因当事人的意思而改变。除斥期间届满后权利消灭，即产生不可恢复的效力。保证期间是保证责任存续期间，即担保权利的存续期间。保证期间届满后，即发生保证责任消灭（免除）的法律后果，也即债权人的担保权利消灭。这在《担保法》第二十五条和第二十六条中表述为“保证人免除保证责任”。

值得注意的是，《最高人民法院关于超过诉讼时效期间借款人在催款通知单上签字或者盖章的法律效力问题的批复》（法释〔1999〕7号，以下简称1999年7号解释）明确规定，“根据《中华人民共和国民法通则》第四条、第九十条规定的精神，对于超过诉讼时效期间，信用社向借款人发出催收到期贷款通知单，债务人在该通知单上签字或者盖章的，应当视为对原债务的重新确认，该债权债务关系应受法律保护。”1999年7号解释与本《批复》的规定不同，主要原因在于1999年7号解释是针对诉讼时效届满后的法律效果作出的，而《批复》是针对保证期间届满后的法律效果作出的。正是由于诉讼时效与除斥期间届满的法律后果不同，所以诉讼时效届满后，债务人在债权人的催款通知书上签字或者盖章的行为产生的法律效果与保证人在债权人的催款通知书上签字和盖章行为的法律效果不同。

三、保证人签收债权人催款通知书的法律效力

债权人以催款通知书的形式向保证人催债，保证人在该催款通知书上签字或者盖章的行为，其法律效力如何？《批复》规定了两种不同的效果：原则上，保证人的签字或者盖章的行为不产生使保证人继续承担保证责任的法律效力；例外是，在该催款通知书的内容符合一个保证合同的新要约，保证人在催款通知书上的签字或者盖章行为足以构成一个承诺时，即保证人明确表示对要约的内容予以接受因而成立新保证合同时，人民法院应当予以确认，对债权人按照新的保证合同要求保证人承担保证责任的主张予以支持。

1. 单纯在催款通知书上的签字或者盖章不发生保证人继续

承担保证责任的后果。保证人在催款通知书上的签字或者盖章的行为，一般应仅具有证明保证人收到该催款通知书的效力。

在实践中，债权人明知保证期间已经过了，仍然经常采用催款通知书的形式向保证人催款，只要保证人在催款通知书上签字或者盖章，就认为保证人已经同意继续承担保证责任，从而提出诉讼请求。最高人民法院1999年7号解释的规定，是债权人希望通过类似的方式对自己的债权给予补救的动因之一。实际上，多数情况债权人向保证人发送催款通知书，存在故意以该种方式谋取不正当利益的动机，给保证人设的一个圈套。在通常情况下，保证合同的双方当事人对各自的权利义务是明知的，因此对保证期间的存在及保证期间届满的后果也应有明确的认知。保证期间届满后，既然保证责任已经消灭，债权人再向保证人发出催款通知书，属于债权人的单方行为，通常保证人收到此类文件会有一般收件意义上的签收，不同于合同成立中确认合同成立时的盖章或者签字。此时，保证人的签字或者盖章，不足以产生让保证人继续承担保证责任的效果。如果保证人仅在通知书上签字，而未表示同意继续承担保证责任的，不能认定保证人愿意继续承担保证责任或者清偿债务，而只是保证人收到债权人的催款通知书的证明。即使债权人在催款通知书中说明了要求保证人清偿的债务范围，保证人签收而未明确表示承担保证责任的，也无法推定双方有成立新的保证合同的意思，只能认为是签收行为而非承担保证责任的承诺。

判断保证人在催款通知书上签字或者盖章的效果，关键是看催款通知书的内容与保证人的签字或者盖章能否成立新的保证合同。当事人之间是否成立新的保证合同，应当严格依据《合同法》和《担保法》有关保证合同成立与生效的规定处理。

2. 如果催款通知书与保证人签字行为能够成立新的保证合同的，按照新的保证合同处理。判断当事人之间是否成立新的保证合同，应当按照《担保法》和《合同法》的有关保证合同成立的规定来判断。首先，要有明确的要约和承诺。在催款通知书中应当能够构成一个保证合同的要约。具体必须符合：一是催款通知书要有要求保证人承担保证责任的要求；二是必须是要求保证人继续履行保证责任的要求，即对原担保债务承担保证责任；三是必须能够明确认定不是要求保证人履行其原保证责任。也就是说，从催款通知书中应当能够明确得知保证人是被要求承担新的保证责任。其次，保证人签字或者盖章构成承诺。保证人单纯的签字通常不能认定保证人即为构成承诺。在保证人有表明同意或者接受催款通知书中的保证责任要求时，才构成承诺。但催款通知书中已经明确写明如果保证人在催款通知书上签字或者盖章即视为接受催款通知书约定的内容的除外。另外，还应当注意区别保证人的签字或者盖章行为是否是其民事法律行为，如果是保证人的接收信件专用章或者其接收信件的职员的签字，一般不宜认为是保证人的承诺。最后，判断是否构成一个新的保证合同，还应当看是否符合《担保法》和《合同法》有关保证合同成立的其他要求。

四、审判实践中应当注意的问题

在借款合同债务已超过诉讼时效的情况下，借款人与贷款人达成新的还款协议，保证人为之提供保证的，根据《担保法解释》第三十五条“保证人对已经超过诉讼时效期间的债务承担保证责任或者提供保证的，又以超过诉讼时效为由抗辩的，人民法院不予支持”的规定，保证人仍应承担保证责任。此种情形在司法实践中较为常见，诸如，超过诉讼时效期间后，借款人在催款通知单上签字，依据最高人民法院法释（1999）7号解释的精神，借款人仍承担还款责任当无疑问。而保证人也在催款通知书上签字，是否承担责任？应分情形而定：

1. 在借款超过诉讼时效，且也超过保证期间的情况下，保证人在债权人的催收到期贷款通知单上签字或者盖章的，保证人也不当然承担保证责任。因为借款诉讼时效已届满，保证期间亦届满，保证人亦免除了保证责任。保证人同时拥有因保证期间届满产生的免责抗辩权和诉讼时效届满产生的抗辩权，保证人仅在到期贷款通知单上签字或者盖章的行为，并不足以成为承担保证责任的理由，除非成立新的保证合同，保证人才承担保证责任。

2. 在借款超过诉讼时效，但未超过保证期间的情况下，保证人在债权人的催收到期贷款通知单上签字或者盖章的，保证人仍应承担保证责任。因为，保证人承担保证责任的期间并未超过。

3. 在主合同债务未超过诉讼时效，而超过保证期间的情况下，保证人在债权人的催收到期贷款通知单上签字或者盖章的，保证人并不必然承担保证责任，除非催款通知书内容符合《合同法》、《担保法》有关担保合同成立的规定，并经保证人签字认可，能够认定成立新的保证合同的，保证人承担保证责任。

五、对引言案例的评析

前述案例具有典型性和代表性，在没有法释〔2004〕4 号批复之前，争议是天壤之别，有判决保证人承担保证责任的；有判决保证人免除保证责任的。

保证人在保证期间届满后在催款通知书上盖章，可以有多种理解，无法判断保证人是否愿意提供新的担保。而保证人已经免责在先，所以不能仅根据其盖章即推定其有提供新担保的意思表示，要始终坚持保证的意思表示不能推定的基本原则。因此，根据最高人民法院法释〔2004〕4 号《关于应当如何认定保证人在保证期间届满后又在催款通知书上签字问题的批复》规定之精神，在本案中，华丰银行在贷款到期后，于 2002 年 6 月 6 日向甲公司和乙公司发出催款通知书，其主要内容为“甲公司于 2001 年 6 月 6 日在我行贷款 300 万元，已逾期，请贵公司在接到此通知后 30 天内积极还款。”甲公司在借款人处签字，乙公司在保证人处签字。此时已超过保证期间，且该催款通知书的内容并没有让保证人乙公司重新提供保证的意思表示，因此，甲公司应当免除保证责任。因此，本案的判决是正确的。[①]

第十二节 保证期间与诉讼时效

一、引言

保证期间是保证人承担保证责任的法定期间，因债权人依照《担保法》第二十五条、第二十六条的规定对债务人或对保证人提出承担责任的请求，导致保证期间的作用结束，开始对保证人计算诉讼时效。因此，保证期间与诉讼时效之间的关系问题，是《担保法》关于保证担保的重点和难点。诸如：

① 《人民法院报》2004 年 8 月 15 日报道的《保证人在超过期限的催款通知上签字盖章的效力认定》，其基本案情如下：1995 年 9 月 25 日，中国建设银行九江分行（以下简称九江建行）与九江化工厂签订一份 9525 号借款合同，借款金额 600 万元，借款期限自 1995 年 9 月 26 日至 1996 年 9 月 25 日，月利息 12.06‰，借款用途为九江化工厂的环氧丙烷工程建设，逾期还款按日万分之六计息。化工厂同时向九江建行出具抵押函，承诺以 137376 平方米工业用土地使用权作抵押，但双方未签订抵押合同，九江化工厂也未向九江建行交存抵押物权属凭证，双方也未办理抵押物登记。借款合同签订当日，九江建行与九江化学纤维总厂（以下简称化纤厂）签订一份保证合同，化纤厂为九江化工厂的上述借款向九江建行提供连带责任保证并承诺如未承担担保责任，则承担借款合同 10%的保证违约金，保证合同的期限为借款合同生效至失效之日止。借款合同签订后，九江建行依约履行了贷款义务。但九江化工厂到期后没有偿还借款本息，化纤厂也未履行担保义务。1999 年 9 月 20 日，九江建行与中国信达资产管理公司（以下简称信达公司）签订债权转让协议，将 9525 号合同项下的本息及担保权利转让给信达公司。1999 年 11 月 25 日，九江建行将担保合同项下的全部债权转让给了信达公司的情况通知了化纤厂，化纤厂在通知回执上签字盖章，对通知内容无异议。1998 年 12 月 12 日，九江建行曾向九江化工厂发出催款通知单，九江化工厂在通知单上盖章。1999 年 12 月 1 日，九江建行向九江化工厂和化纤厂发出催款通知单，该通知单内容为："借款单位化工厂、担保单位化纤厂：根据（95 年）第 25 号借款合同规定，你单位 99 年应还贷款 823.82 万元（其中包括本金 600 万元及利息 223.82 万元），请接到通知后，抓紧落实还贷资金来源，限 12 月 5 日前将《年度还款计划表》填列齐全，请你单位按期还贷。如不能按期还贷，请找担保单位代为偿还"。九江化工厂和化纤厂分别在该通知单上盖章。2001 年 7 月 24 日，信达公司连同其他借款一并向江西省高级人民法院提起诉讼，请求判令九江化工厂偿还借款本息，化纤厂承担连带保证责任。一审法院判决：九江化工厂偿还信达公司借款本金 600 万元及相关利息。化纤厂承担连带责任。最高人民法院二审判决：维持原审对九江化工厂的判决。化纤厂的保证期限已过，免除化纤厂的保证责任。

本案保证人是否因保证期间届满而免除责任

2000年2月1日，甲公司在某银行借款100万元，借款期限6个月。该借款由乙公司、丙公司提供保证担保，分别与银行签订了保证合同，均约定保证期间为3年，保证方式乙公司为连带责任保证，丙公司为一般保证。借款到期后，银行分别于2002年6月6日、2003年6月6日向甲公司、乙公司、丙公司主张权利，要求甲公司、乙公司、丙公司偿还借款本息。银行在追要无望的情况下，于2004年9月6日向人民法院提起诉讼，请求判令甲公司偿还100万元借款本息，乙公司承担连带责任保证、丙公司承担一般保证。

甲公司、乙公司没有提出答辩。丙公司辩称银行在约定的保证期间内没有向人民法院提起诉讼或申请仲裁，因此不承担保证责任。

法院审理后认为，银行与甲公司签订的借款合同、银行与乙公司、丙公司签订的保证合同，是当事人的真实意思表示，并不违反法律、行政法规的强制性规定，均为有效合同。银行在保证期间内向乙公司、丙公司主张权利，根据《担保法解释》第三十四条“一般保证的债权人在保证期间届满前对债务人提起诉讼或者申请仲裁的，从判决或者仲裁裁决生效之日起，开始计算保证合同的诉讼时效。连带责任保证的债权人在保证期间届满前要求保证人承担保证责任的，从债权人要求保证人承担保证责任之日起，开始计算保证合同的诉讼时效”的规定，乙公司承担连带责任保证，则自银行于2002年6月6日向乙公司主张权利之日起，开始计算保证合同的诉讼时效，银行对乙公司的诉讼请求并不超过诉讼时效。丙公司是承担一般保证责任，而在约定的保证期间内，银行没有提起诉讼，仅向丙公司追要，并不导致对丙公司的保证期间中断，因保证期间为除斥期间，因此丙公司的保证责任应当免除。遂判决：一、甲公司偿还银行100万元贷款本金、利息及罚息；二、乙公司对上述债务承担连带责任保证；三、驳回银行对丙公司的诉讼请求。

上述案例，主要涉及到保证期间与诉讼时效的有关问题。对此，《担保法解释》第三十四条规定，一般保证的债权人在保证期间届满前对债务人提起诉讼或者申请仲裁的，从判决或者仲裁裁决生效之日起，开始计算保证合同的诉讼时效。连带责任保证的债权人在保证期间届满前要求保证人承担保证责任的，从债权人要求保证人承担保证责任之日起，开始计算保证合同的诉讼时效。第三十五条规定，保证人对已经超过诉讼时效期间的债务承担保证责任或者提供保证的，又以超过诉讼时效为由抗辩的，人民法院不予支持。第三十六条规定，一般保证中，主债务诉讼时效中断，保证债务诉讼时效中断；连带责任保证中，主债务诉讼时效中断，保证债务诉讼时效不中断。一般保证和连带责任保证中，主债务诉讼时效中止的，保证债务的诉讼时效同时中止。

二、保证期间与诉讼时效期间的区别

诉讼时效期间是权利人在实体权利受到损害时请求司法保护的期间，权利人所享有的权利为诉讼上的胜诉权，而不是实体权利，期间经过，消灭的是权利人的胜诉权，而权利人的实体权利仍然存在。诉讼时效期间是法定的，而不能由当事人约定。虽然保证期间与诉讼时效期间，在期间的经过上有相似之处，都是一定的事实状态，经过一定的期间后引起一定的法律后果。但两者性质及效力有着明显的差别：

1. 规范性质不同。诉讼时效，目的在于通过对民事权利的限制，促进权利人及时行使权利，加快民事流转，维护稳定的社会经济秩序。由于事关社会公益，这就决定了它在性质上属于民法的强制性规范，当事人不能依意思表示事先变更、排除时效期间或者预先抛弃时效利益。而保证期间依照《担保法》第十五条的规定，虽然属于保证合同的必备条款之一，但不完全具备时，当事人“可以补正”，对社会公益无直接影响，在性质上属于民法上的任意性规范，可以由当事人自由约定，而法定的6个月保证期间只不过是对当事人的意思表示起补充作用。

2. 适用方式不同。当诉讼时效期间届满，法院有权不等当事人提出抗辩即直接援用“时效届满”的强制性规定，我国审判实践历来也是如此。而当保证期间届满，保证人若不提出抗辩，应视为放弃自己的免责抗辩权，法院不应直接援用“期间届满”而免除保证人的责任。

3. 适用对象不同。保证期间的适用对象与保证债务的标的密切相关，各国对此有不同规定。有的只规定保证人负履行责任，如《法国民法典》第2011条、《日本民法》第446条。故这种保证方式只能适用于非专属性债务，专属性债务因具有不可替代的人身依附性自然无从适用“保证”。而有的国家如《德国民法》第765条、《瑞士债务法》第492条，同时规定保证人负履行责任或者赔偿责任，保证人不仅要担保债务的履行，同时也要担保债权人不因债务不履行而受到损害。当担保专属性债务时，保证人虽无法代替履行，但可以通过履行赔偿责任满足债权人利益。因此，德国民法和瑞士债务法中的保证既可适用于非专属性债务，也可适用于专属性债务。我国《担保法》第六条明确规定保证人是按照与债权人的约定履行债务或者承担责任，与德国、瑞士立法例相同，应理解为对非专属性和专属性债务均可适用。因此，我国《担保法》中规定的保证期间，原则上应适用于一切债上请求权。

至于诉讼时效的适用对象问题，我国《民法通则》未作明确规定，只是“笼统规定诉讼时效的客体是民事权利”。但法学界通常认为诉讼时效有一定的适用范围，不仅适用于债上请求权，有些物上请求权如所有物返还请求权、恢复原状请求权等也应适用诉讼时效。

4. 起算点不同。根据《担保法》第六条的规定，只有当主债务人不履行债务时，保证人才按照约定或依法履行债务或者承担责任，即保证债务具有补充性。正是由于保证债务具有补充性，保证期间的起算点只有约定在债权人对保证人的请求权生效之后才具有实际担保意义。具体讲，在一般保证中由于保证人享有先诉抗辩权，依照《担保法》第十七条的规定，只有当债权人对主债务人提起诉讼或者申请仲裁并就主债务人财产依法强制执行仍不能满足债权的，债权人对一般保证人才可以主张权利，只有在此时计算一般保证的保证期间才具有实际意义。在连带保证中，由于保证人无先诉抗辩权，在主债务履行期届满，保证人与主债务人处于同等地位，此时债权人既可以要求债务人履行债务，也可以要求保证人在其保证范围内承担保证责任，因此连带保证的保证期间在主债务履行期届满以后即可起算。而诉讼时效的起算点是权利人知道或者应当知道其权利受到侵犯时起计算。

5. 期间不同。保证债务诉讼时效依照《民法通则》的规定，有中止、中断和延长之分，并且中断法定事由包括权利人起诉、义务人同意履行义务以及向对方提出权利请求等。而一般保证期间按照《担保法》第二十五条第二款的规定，只有中断，不存在中止和延长的问题，其中断事由是债权人向一般保证的主债务人提起诉讼或申请仲裁。至于连带保证期间则既不存在中止和延长，也不存在中断的问题。

6. 法律效果不同。诉讼时效届满，债权人仅仅是消灭胜诉权，其享有的实体权利不消灭，存在所谓的自然债务问题；而保证期间作为保证效力的存续期间，如果债权人在保证期间内对保证人一直不主张权利，当期间届满后，保证合同的法律效力消灭，债权人对保证人享有的实体请求权随之消灭，即《担保法》所称的“保证人免除保证责任”，不存在自然债务，如果保证人自愿履行，应将其视为是具有赠与性质的免责的债务承担，与原有的保证合同无关。

7. 法条书写方式不同。保证期间属于除斥期间，因为除斥期间与诉讼时效有相似之处，所以，各国关于时效的立法多在条文中明示“时效”字样。如某项请求权时效因多年不行使而消灭的规定，即指诉讼时效；如仅规定权利存在的期间的，则为除斥期间。二者的区别，从法条文字中可以看出来。

三、保证合同诉讼时效的起算点

（一）一般保证的保证合同诉讼时效的起算点

就一般保证来说，由于保证人享有“先诉抗辩权”，《担保法》第二十五条第二款规定“在合同约定的保证期间和前款规定（即法定）的保证期间，债权人已提起诉讼或者申请仲裁的，保证期间适用诉讼时效中断的规定”；《担保法解释》第三十四条第一款规定“一般保证的债权人在保证期间届满前对债务人提起诉讼或者申请仲裁的，从判决或者仲裁裁决生效之日起，开始计算保证合同的诉讼时效。”对以上引用的法律规定，理解中应把握三点：

1. 如果债权人要追求让保证人承担责任的法律后果，就必须在保证期间之内（届满之日前）提起诉讼或仲裁；否则，债权人就丧失了实体上的胜诉权，即保证人免于承担保证责任。

2. 债权人提起诉讼或仲裁的对象（即被告方）只能是主合同的债务人，而不能是保证人。

3. 只有当诉讼文书或仲裁文书生效之日起，保证期间的法律意义即告终结，保证合同的诉讼时效即开始起算，保证期间已转换成为保证合同诉讼时效的期间；如果没有债权人向主债务人提起诉讼或仲裁这一“前置”条件，则保证期间就不能转换为保证合同诉讼时效，即保证合同就丧失了诉讼时效的起算点。在此特别说明担保法规定“保证期间适用诉讼时效中断的规定”，其法律用语的本义是“保证期间终结”，而不是“保证期间的中断”，因为保证期间是不存在“中断”的。考虑到诉讼或仲裁的提起到权利义务关系的最终确定有一段审理或仲裁过程，司法解释规定保证合同诉讼时效的起算点是“生效之日”，所以，审理或仲裁的过程是一段"空白时间段"，既不是保证期间，也不是诉讼时效。

（二）连带责任保证的保证合同诉讼时效的起算点

就连带责任保证来说，因其法律特征是主债务人与保证人对债权人连带承担责任，《担保法》第二十六条第二款规定："在合同约定的保证期间和前款规定（即法定）的保证期间，债权人未要求保证人承担保证责任的，保证人免除保证责任"，《担保法解释》第三十四条第二款规定："连带责任保证的债权人在保证期间届满前要求保证人承担保证责任的，从债权人要求保证人承担保证责任之日起，开始计算保证合同的诉讼时效。"对此应把握三点：

1. 如果债权人要追求让保证人承担责任的法律后果，就必须在保证期间之内（届满日之前）提出主张权利的要求，如通知等，这里的"要求"仅限于证明债权人主张权利，而不同于在一般保证中要求"诉讼"或"仲裁"。

2. 债权人主张权利的直接对象必须是保证人，而不能仅针对主债务人提出。

3. 只要能证明债权人在保证期间之内向保证人主张了权利，保证期间在主张权利之日起即丧失作用，进而自然转换为保证合同的诉讼时效期间，即开始起算保证合同的诉讼时效。

从以上两方面分析可以看出，针对一般保证和连带保证来说，债权人必须在保证期间之内履行法律规定的行为（诉讼或仲裁、主张权利），才能使保证期间及时有效地转换为诉讼时效期间，这是债权人对保证人保全实体权利的法律条件：如果未实现这种"转换"，则保证合同的诉讼时效问题就不存在，保证人无条件地免除保证责任。

四、保证期间与主债务诉讼时效

保证期间与主债务诉讼时效的关系主要涉及的问题是，约定的保证期间长于主债务诉讼时效时的处理。关于当事人约定的保证期间长于主债务诉讼时效的效力问题，已如前述。此时并不能当然地认为当事人对保证期间的约定无效或将长于主债务诉讼时效的期间视为无效。

当事人约定的保证期间长于主债务诉讼时效时，保证人可以依主债务人的时效抗辩权对抗债权人在主债务诉讼时效完成后向保证人主张权利，以避免保证期间与诉讼时效发生冲突。如果保证人放弃了其享有的时效抗辩权而自愿履行保证债务，在保证人向主债务人行使追偿权时，主债务人同样可以时效抗辩权对抗保证人的追偿权以保护自己的利益不受损害。因此，约定的保证期间长于主债务诉讼时效不会影响到诉讼时效的强制力，当事人约定的保证期间仍然有效，保证期间与主债务诉讼时效并不发生冲突。

五、主债务诉讼时效与保证债务诉讼时效

按通说理解，主债务和保证债务均属债务，均有诉讼时效期间的适用。主债务诉讼时效期间一般为普通诉讼时效（国际货物买卖合同、技术进出口合同以及特别法对合同诉讼时效期间有特别规定者例外，此时主债务诉讼时效期间适用特别法的规定），保证债务诉讼时效期间为普通诉讼时效期间，即两年。

（一）主债务诉讼时效与保证债务诉讼时效起算的关系

主债务诉讼时效和保证债务诉讼时效期间虽都从权利人知道或者应当知道其权利受到侵害之日起计算，但其具体起算点不同。主债务履行期届满，主债务人不履行债务，主债权即受侵害，主债务诉讼时效期间即开始计算；在保证债权可得行使时，债权人向保证人主张保证债权，但保证人拒绝履行保证债务，保证债权即受侵害，保证债务诉讼时效期间即开始计算。《担保法解释》规定的起算点为，一般保证债务，自主债的判决或者仲裁裁决生效之日；连带责任保证债务，自债权人在保证期间内要求

保证人承担保证责任之日。

（二）主债务诉讼时效对保证债务诉讼时效的影响

主债务与保证债务的从属性决定了主债务消灭，保证债务也消灭。如果主债务诉讼时效届满，债权人丧失主债务的胜诉权，也当然丧失保证之债的胜诉权。

1. 主债务诉讼时效的中断是否引起保证债务诉讼时间的中断。根据《担保法解释》第三十六条的规定，在一般保证中，主债务履行期届满，主债务人不履行债务，主债务诉讼时效期间和保证期间同时开始计算，如债权人向主债务人主张主债权，但未以诉讼或仲裁方式进行，此时主债务诉讼时效中断，但保证期间并未中断，如在保证期间届满时，债权人仍未以诉讼或仲裁方式向主债务人主张主债权，保证人即免除保证责任，保证债务时效期间无适用的可能；如在保证期间届满前，债权人以诉讼或仲裁方式向主债务人主张主债权，主债务诉讼时效再次中断，从主债权判决或仲裁裁决生效之日起计算保证债务的诉讼时效。因此，不发生主债务诉讼时效期间的中断对保证债务诉讼时效期间中断。

《担保法解释》第三十六条第一款规定："一般保证中，主债务诉讼时效中断，保证债务诉讼时效中断；连带责任保证中，主债务诉讼时效中断，保证债务诉讼时效不中断。"其理由是：在一般保证情况下，由于《担保法》第十七条的规定，债权人必须首先向债务人提起诉讼或者申请仲裁，而不能直接单独起诉保证人，一旦债权人以上述方式主张了自己的权利，根据《民法通则》的规定，主合同的诉讼时效中断。此时，根据《担保法》第二十五条的规定，保证期间的作用已经消灭，诉讼时效制度开始起作用。如果此时保证债务的诉讼时效不中断，在经过长时间的诉讼或者仲裁后，债权人向保证人起诉之时，很可能超过了保证债务的诉讼时效，对债务人未免有所不公。因此，主债务诉讼时效中断，保证债务的诉讼时效也应中断。在连带责任保证中，债权人向主债务人主张主债权，引起主债务诉讼时效中断，并不影响债权人向保证人主张保证债权，对保证债务的诉讼时效期间不发生影响，因为，连带责任保证的保证人和主债务人在主债务到期后，处于同一次序的债务人地位，谁都有义务履行债务，所以债权人对保证人和主债务人分别计算各自的诉讼时效期间。

2. 主债务诉讼时效的中止是否引起保证债务诉讼时效的中止。《担保法解释》第三十六条第二款规定："一般保证和连带责任保证中，主债务诉讼时效中止的，保证债务的诉讼时效同时中止。"其理由是，诉讼时效的中止是因非当事人所能控制的客观原因而产生，如不可抗力或者其他障碍不能行使请求权。因此，无论对于主债务还是保证债务均应一律对待，主债务诉讼时效中止，保证债务的诉讼时效也应当同时中止。

（三）保证债务的诉讼时效对主债务诉讼时效的影响

在债权人只向保证人主张权利时，无论此主张产生结束保证期间并确定保证债务诉讼时效起算的效果，还是产生中断保证债务诉讼时效的效果，其效力都不及于主债务诉讼时效，在主债务诉讼时效期间，如果债权人未向债务人主张权利，时效届满时，债权人将丧失对主债务人的胜诉权。保证债务诉讼时效的中断，同样对主债务诉讼时效的经过不发生作用。

六、对引言案例的评析

在本案中，甲公司在银行借款100万元，乙公司、丙公司为其提供保证，均约定保证期间3年，该保证期间的约定并不违反法律禁止性的规定，应当为有效。由于乙公司、丙公司的保证方式不同，乙公司是连带责任保证，丙公司是一般保证，在保证期间内，银行向保证人乙公司、丙公司发出了催款通知书，则对于承担连带责任保证的乙公司来说，保证期间的作用结束，对乙公司开始计算保证合同的诉讼时效期间，但对于承担一般保证的丙公司来说，并不导致保证期间作用的结束。银行起诉时，对乙公司并不超过保证债务诉讼时效，乙公司应当承担连带责任保证。但对丙公司就超过了保证期间，应当免除保证责任。

因此，乙公司、丙公司同为甲公司的保证人，由于保证方式不同，导致保证期间与诉讼时效之间的关系也不同，最终是否承担责任的法律后果也不同。无论是债权人，还是保证人，都应当从本案中悟出些法律知识。

第十三节　主合同主体变更对保证责任的影响

一、引言

主合同主体变更对保证人保证责任的影响有两种情况：债权转让（债权人的变更）与债务转移（债务人的变更）。在发生债权转让时，无须经过保证人的同意，保证人应在原保证担保的范围内继续承担保证责任；在发生债务转移时，则需经过保证人书面同意，保证人对未经过其同意转让的债务，不再承担保证责任。主合同主体的变更，会导致保证人是否免除保证责任。诸如：

本案债权转让后，保证人是否继续承担保证责任

2006年5月，甲公司将某厂房的施工工程发包给某建筑公司，双方为此签订了一份建筑工程承包合同。合同约定：工程按图纸设计施工，以1500万元包干，建设工期12个月。合同同时约定，为确保该工程按期竣工丙公司为甲公司的建设资金提供连带担保。签约后，丙公司以保证人的身份加盖了单位公章。2007年5月，厂房工程按期竣工，经验收后交付使用。甲公司与某建筑公司办理竣工决算手续，双方确认该工程总造价为

1500万元，扣除已支付部分，甲公司还欠某建筑公司工程款200万元。2007年8月，某建筑公司为偿还银行的150万借款及应付利息，经与甲公司协商，将该厂尚欠的工程款全部转让给银行。银行为此与某建筑公司签订了债权转让协议。后因银行向甲公司索款无果，便以该债权转让协议为据，向法院起诉，要求甲公司偿还其原欠某建筑公司的借款，并由丙公司承担连带责任。丙公司则以银行与某建筑公司的债权转让协议未经其同意，作为保证合同相对一方的当事人已经变更为由，辩称其不应再承担保证责任。

在上述案例中，丙公司的辩称理由涉及到主合同债权人的变更问题。本文就主合同主体变更与保证人的保证责任予以论述。

二、主合同的债权让与对保证人保证责任的影响

（一）债权让与的含义及分类

所谓债权让与，又称之为债权人变更，是指债权人在不改变债的内容的情况下将其债权移转于第三人享有。债权让与有部分转让和全部转让之分，在债权的一部分转让时，受让的第三人加入原债的关系，与债权人共同享有债权，此时即为多数人之债，原债权人与受让部分债权的第三人或按照约定的份额分享债权，或共同享有连带债权，如对此无约定，则应为共同享有连带债权。原债权人将其债权全部让与第三人时，该第三人即取代了原债权人成为债的关系中新的债权人，原债权人则脱离了债的关系。《担保法》第二十二条之规定的“依法将主债权转让给第三人”应当理解为既包括部分让与（转让），又包括全部让与（转让）。

（二）债权让与的要件

债权让与一般通过债权让与合同来实现，债权让与合同应当

符合下列要件：

1. 债权让与必须具备合法有效的债权存在。只有合法的债权存在，才能产生债权让与的法律后果。若不存在或无效的债权让与给第三人，或者以已经消灭的债权让与给第三人，因这些不存在、无效的、消灭的债权本身不受法律保护，是故这些债权让与显然无效。若受让人无过错而因此受到损失的，可以向转让人请求赔偿。

2. 债权让与必须在让与人和受让人之间达成协议。合同（协议）是当事人合意的结果，债权让与合同也不能例外，它也需要由转让人与受让人之间达成合意才能完成。债权让与必须符合民事法律行为的有效要件。因一方当事人欺诈、胁迫或乘人之危所签订的债权让与合同无效。如果债权让与合同有可撤销原因时，撤销权人得行使撤销权，无论债务人是否已经向债权受让人履行了债务，合同被撤销后，受让人已接受的债务人的清偿，应作为不当得利交付于原债权人。

3. 债权让与必须具有可让与性。多数国家的立法对可让与的债权未作规定，而仅列举不得让与的债权的种类，我国《合同法》亦是这种规定。即该法第七十九条规定："债权人可以将合同权利全部或者部分转让给第三人，但有下列情形之一的除外：（1）根据合同性质不得转让；（2）按照当事人约定不得转让；（3）按照法律规定不得转让"。

4. 债权让与必须合法且不得违背社会公共利益。所谓合法，是指债权让与的内容和形式必须符合法律规定。遵守社会公共利益也是债权让与应当遵守的原则，如果债权让与违背了社会公共利益原则，也应当被宣告无效，有过错的当事人应当承担相应的法律责任。如某公司向人民法院申请破产，在人民法院裁定宣告破产之前，将其一笔60万元的债权让与给甲公司，显然在此情形下，该公司的债权让与有违公平受偿原则、诚实信用原则，损害了其他债权人的合法权益，应当确认债权让与行为无效。

5. 债权让与须通知债务人，否则，对债务人不生效力。债权让与是否需经债务人同意，各国立法作出了三种不同的规定：一是自由主义。该种观点认为债权人转让其债权仅依原债权人与新债权人的合同即可转让，不必征得债务人的同意，也不必通知债务人；二是通知主义。该种观点认为，债权人转让其债权虽不必征得债务人的同意，但必须将债权让与的事实及时通知债务人，债务人必须在接到债权让与的通知以后，或者在公正文书中对债权让与作出承诺后，债权让与合同才对其发生效力；三是债务人同意主义。该种观点认为债权让与必须经过债务人的同意才能生效。

在我国《民法通则》第九十一条规定："合同一方将合同的权利、义务全部或者部分转让给第三人的，应当取得合同另一方的同意，并不得牟利"。从该条规定看来，《民法通则》对债权让与采取了债务人同意主义。但根据《担保法》第二十二条之规定，债权让与是不需经债务人同意，只需让与人和受让人合意即可。根据《合同法》第八十条的规定："债权人转让权利的，应当通知债务人。未经通知，该转让对债务人不发生效力"。可见，债权让与自通知债务人之时起，才对债务人发生法律效力。因此，从《合同法》和《担保法》一致起来看，《担保法》应当是采用了通知主义。

（三）债权让与对保证人保证责任的影响

在保证期间内，债权人依法向第三人转让主债权时，作为债权人所享有的保证债权，由于其从属性所决定，保证债务将随之一并转移给新的债权人，在此情况下保证人的保证责任并不免除也无需征得保证人的同意，保证人仍在原保证合同所约定的范围内承担保证责任。当然，根据《担保法解释》第二十八条之规定，在保证合同中保证人与债权人事先若明确约定主债权不得转让，或者在主债权让与情况下，保证人不再承担保证责任等情况下，则保证人在主债权让与时即可免责。

三、主合同的债务转让对保证人的保证责任的影响

（一）债务转让的含义及分类

所谓债务转让，亦称之为债务移转、债务人变更、债务承担，是指在保持债的客体、内容同一性的前提下，将原债务人所承担的债务全部或部分地转移于第三人，由第三人代替原债务人或由第三人和原债务人共同履行原债务。债务转让根据债务转移的范围可分为免责的债务转让和并存的债务转让。所谓免责的债务转让，是指第三人取代原债务人而承担全部债务，从而使原债务人脱离债务关系。免责的债务转让系为狭义的债务转让。所谓并存的债务转让，是指原债务人并不脱离债务关系，而第三人又加入了债务关系，与债务人共同承担债务。此时，债务人与第三人之间成立连带关系，他们共为连带债务人。从《担保法》第二十三条的规定看，债务转让应作广义理解，既包括免责的债务转让，又包括并存的债务转让。

（二）债务转让的要件

债务转让一般通过债务转让合同来实现，债务转让合同应当符合下列要件：

1. 债务转让必须具备合法有效的债务存在。无效的债务因不受法律保护，发生债务转让也自然不受法律保护。

2. 债务转让的债务必须具有可移转性。性质上不可转移的债务，不得作为债务承担的标的，但若债务经债权人同意，则可以作为债务承担的标的。债权人与债务人特约不得移转的债务原则上不得作为债务转让的标的，但此种特约可因债权人同意债务转让而归于消灭。法律规定不得移转的债务，不得由当事人协议转让由第三人承担。

3. 债务转让必须达成以债务转让为内容的协议。债务转让协议既然是协议，因而适用民法关于意思表示的规定，受让人须

具有完全的行为能力，且其意思表示没有瑕疵，债务人的意思表示也须没有瑕疵。债务转让协议为不要式行为的，书面协议，口头协议均可；债务转让协议为要式行为的，应依照法律、行政法规的规定办理。

4. 债务转让必须理经债权人同意。各国民法及学理均以债权人同意为债务转让协议发生法律效力的条件。债权人的同意，明示或默示均可，书面形式或口头形式均可。债权人同意后，债务转让即发生法律效力。在债权人同意之前，债务转让协议处于效力未定状态，债务人或第三人享有变更或撤销权。债权人拒绝同意债务转让时，债务人与第三人所订立的债务转让协议为无效。

（三）债务转让对保证人保证责任的影响

在保证期间内，债权人许可债务人转让债务的，是否取得保证人同意，将会产生两种法律后果，即若取得了保证人同意，则保证人应对原债务承担保证责任；若未取得保证人同意，则保证人对原债务不承担保证责任。

在司法实践中，有人认为，只有当保证人以书面形式同意债务人转让债务时，保证人才有义务继续承担保证责任。也就是说保证人书面同意是承担保证责任的前提。我们认为，《担保法》第二十三条规定的“应当取得保证人的书面同意”是警示性条款，而非是“必须取得”的强制性条款，当然，“书面同意”在产生纠纷时便于举证，而保证人口头同意，自愿承担保证责任而代为清偿，则应尊重保证人的意思自治原则，应承认口头形式的法律效力。

四、对引言案例的评析

在本案中，涉及到的法律问题是，当债权转让给第三人而没有经过保证人同意时，保证人是否还应承担保证责任。关于保证担保的债权转让，我国《担保法》第二十二条规定，保证期间，债权人依法将主债权转让给第三人的，保证人在原保证担保的范围内继续承担保证责任。保证合同另有约定的，按照约定。《担保法解释》第二十八条规定，保证期间，债权人依法将主债权转让给第三人的，保证债权同时转让，保证人在原保证担保的范围内对受让人承担保证责任。但是保证人与债权人事先约定仅对特定的债权人承担保证责任或者禁止债权转让的，保证人不再承担保证责任。由此可见，债权人在保证期间依法转让债权的，不需要经过保证人的同意，除非保证合同另有约定。从本案案情来看，当事人在保证合同中仅约定保证人承担保证责任，而没有明确约定保证人仅对特有债权人承担保证责任，因此，某建筑公司债权转让银行后，保证人丙公司仍然有义务对银行所受让的债权承担保证责任。

第十四节　主合同内容变更对保证责任的影响

一、引言

在保证期间内，主合同内容变更应当取得保证人书面同意。未经保证人同意的，保证人按减轻后的合同承担保证责任，对加重的部分不承担保证责任，诸如：

主合同内容变更后，保证人是否承担保证责任

2002年3月初，某地区种羊场与某县啤酒厂订立大麦购销合同，由于种羊场种植大麦资金不足，即向县农行申请贷款100万元。3月7日，种羊场将其填写好的借款合同带至啤酒厂（此时农行尚未在合同上盖章），啤酒厂在借款合同担保栏内签注“同意担保借款100万元”并加盖公章。至此，啤酒厂既是种羊场大麦的购方又是其借款担保人。随后，种羊场将合同带回。3

月29日农行与种羊场经过核算，认为种植大麦需要贷款130万元，农行在合同上加盖了公章。但双方未将这一变更告知啤酒厂，也未将合同交于啤酒厂。种羊场借款到期未还，农行于2004年9月9日向法院提起诉讼，要求种羊场偿还借款130万元及其利息，并由啤酒厂承担保证责任。啤酒厂辩称农行和种羊场变更借款合同，没有取得保证人的同意，保证人不再承担保证责任。

法院审理后认为，农行和种羊场签订的借款合同有效，协议变更增加部分，没有经保证人啤酒厂同意，根据《担保法解释》第三十条第一款“保证期间，债权人与债务人对主合同数量、价款、币种、利率等内容作了变动，未经保证人同意的，如果减轻债务人的债务的，保证人仍应当对变更后的合同承担保证责任；如果加重债务人的债务的，保证人对加重的部分不承担保证责任”的规定，啤酒厂对增加部分不承担保证责任。根据《担保法》第二十四条、《担保法解释》第三十条第一款的规定，判决：一、种羊场偿还农行借款130万元及利息；二、啤酒厂对种羊场在农行借款130万元中的100万元的本息承担连带责任保证。诉讼费16510元，由被告种羊场负担。

上述案例，争议焦点是借款合同内容的变更对保证人保证责任的影响。关于主合同内容的变更，《担保法》第二十四条规定“债权人与债务人协议变更主合同的，应当取得保证人书面同意，未经保证人书面同意的，保证人不再承担保证责任。保证合同另有约定的，按照约定。”《担保法解释》第三十条规定“保证期间，债权人与债务人对主合同数量、价款、币种、利率等内容作了变动，未经保证人同意的，如果减轻债务人的债务的，保证人仍应当对变更后的合同承担保证责任；如果加重债务人的债务的，保证人对加重的部分不承担保证责任。债权人与债务人对主合同履行期限作了变动，未经保证人书面同意的，保证期间为原合同约定的或者法律规定的期间。债权人与债务人协议变动主合同内容，但并未实际履行的，保证人仍应当承担保证责任。”

二、主合同内容变更的要件

所谓主合同内容变更，是指债权人和债务人在不改变主合同主体的前提下，在平等协商的基础上达成协议，对合同标的、质量、数量、履行期限和其他权利义务条款进行修改、补充、扩张、限制等。按照我国《民法通则》及《合同法》规定，主合同内容协议变更必须具备下述要件：

1. 原合同的债权债务关系已存在。合同内容变更系建立在原来已存在的合同关系的基础之上，而由当事人对其部分内容加以变更，作为履行根据。若无原合同债权债务关系存在，而是由法律规定或当事人约定成立合同之债关系，则为债的发生，而非变更。

2. 原合同的债权债务关系及变更后的债权债务关系均应合法有效。无效的合同，自成立时就无法律效力；撤销后的合同，其法律效力溯及自成立时消灭。因而对于无效的或被撤销的合同，则不会存在主合同内容变更问题。

3. 必须有主合同的内容变更。主合同内容的变更包括标的种类的变更、标的数量的增减、标的物的质量和规格的变更、履行期限的变更、履行地和履行方式的变更、结算方式的变更等。

4. 主合同双方当事人须对变更的内容形成合意。合同内容的协议变更适用有关订立合同的要约、承诺的规定，非经合意，合同内容不得变更。在变更协议未达成之前，仍按原合同履行。当事人对合同变更的内容约定不明确的，推定为未变更。

三、主合同内容变更对保证人保证责任的影响

根据《担保法》第二十四条和《担保法解释》第三十条的规定，主合同内容的变更对保证人保证责任的影响表现在如下方面：

（一）保证人继续承担保证责任

1. 根据《担保法》第二十四条的规定，债权人和债务人协议变更主合同内容时，欲使保证人继续承担保证责任，则必须取得保证人的同意。当然，保证人的书面同意，一是在订立保证合同时约定，如“主合同内容的变更不影响保证人保证责任的承担”等，实际上是保证人在保证合同中明确放弃了因保证合同内容变更而对加大部分不承担责任的抗辩权。二是在主合同内容变更时征得保证人的书面同意，既然同意，就不能反言。三是主合同内容变更后，得到了保证人的事后追认，保证人自愿承担主合同内容变更后的保证责任，则无不可。

2. 根据《担保法解释》第三十条第一款的规定，主合同内容的变更，虽未经保证人同意，如果减轻了债务人的债务，保证人仍应当对变更后的合同承担保证责任。如果加重了债务人的债务，保证人仍按照原来的保证合同的约定承担保证责任。

3. 根据《担保法解释》第三十条第二款的规定，债权人与债务人对主合同履行期限作了变动，未经保证人书面同意的，保证人仍按照原来保证合同约定的保证期间或法律规定的保证期间承担保证责任。

4. 根据《担保法解释》第三十条第三款的规定，债权人与债务人协议变更主合同内容，但并未实际履行的，保证人仍应当按照原来的保证合同的约定承担保证责任。

（二）保证人不再承担保证责任

1. 根据《担保法解释》第三十条第一款的规定，债权人和债务人之间协议变更主合同内容已经实际有效发生，未经保证人同意的，保证人对加重债务人的债务的那一部分不承担保证责任。

2. 根据《担保法》第二十四条的规定，保证合同中明确约定“主合同内容变更，保证人不再承担保证责任”，则主合同内容变更的，保证人可依法免除保证责任。

四、对引言案例的评析

就前述案例来说，主债权人农行与种羊场在签订借款合同时，明确约定借款100万元，啤酒厂在借款合同担保栏中明确约定“同意担保借款100万元”，这是对保证责任范围的明确约定，而在借款合同履行过程中，农行与种羊场将合同标的额100万元变更为130万元，超出了保证责任范围30万元。根据《担保法解释》第三十条的规定，啤酒厂对增加的30万元不承担保证责任，仅对合同中约定的100万元承担保证责任。这样，既不损害保证人啤酒厂的利益，又维护了农行债权的实现。

第十五节　保证人的抗辩权

一、引言

某市中级人民法院在审理某供销公司上诉某城市信用社借款担保纠纷一案时，因原审法院漏列主债务人（即借款人）而被发还原审人民法院重审。案例是：

该案当发还重审

由某供销公司担保某农机公司在某城市信用社借款10万元，期限6个月，月息0.9厘，逾期不还按月息1.2分，某供销公司与某城市信用社签订的保证合同中明确约定，保证方式为一般保证，保证期限为10个月，保证责任范围是某农机公司借款10万元的本金、利息及实现债权的合理费用。借款到期后，经城市信用社向借款人和保证人催要未果后，遂向某人民法院起诉保证人，请求保证人承担某农机公司借款10万元本金及利息的责任。

保证人某供销公司在一审时经依法传唤未到庭诉讼，原审法院依法缺席判决。判决后，某供销公司不服一审判决而提出上诉，其主要理由上诉人是一般保证人，应当首先有主债务借款人某农机公司承担还本付息的责任。该市中级人民法院审理后认为原判程序违法，漏列被告某农机公司而作出裁定，撤销原判，发还重审。

在上述案例中，某供销公司作为某农机公司的保证人，充分行使法律赋予保证人的权利——保证人的抗辩权。所谓保证人的抗辩权，是指债权人行使债权时，因出现保证人暂不承担、免除或不承担担保责任的法定事由，保证人因此暂不代为，不代为或不代替债务人履行债务，以抗辩债权人或债务人的一种权利。我国《担保法》对保证人抗辩权的范围和正当行使进行了系统规定，保证人抗辩权的设立，是对我国担保法律制度的健全和发展，它对于规范和约束保证合同当事人的行为，维护保证合同的严肃性，保护保证人及其他当事人的合法权益均具有极其重要的作用和意义。

从《担保法》许多条文对保证人抗辩权的规定来看，保证人的抗辩权主要分为保证人享有债务人的抗辩权、保证人享有先诉抗辩权、保证人因保证合同而享有的其他抗辩权。

二、保证人享有债务人的抗辩权

（一）法律依据及其立法例

我国《担保法》第二十条第一款规定："一般保证和连带责任保证的保证人享有债务人的抗辩权。债务人放弃对债务的抗辩权的，保证人仍有权抗辩。"这是保证人享有债务人的抗辩权的法律依据。何为债务人的抗辩权？该条第二款又进一步作了解释："抗辩权是指债权人行使债务时，债务人根据法定事由，对抗债权人行使请求权的权利。"保证人享有债务人抗辩权亦有学者称之为一般抗辩权。①

保证人享有债务人的抗辩权是保证制度的重要内容，它是法律赋予保证人用于保护其正常利益的权利，通常认为是防卫性的抗辩权。抗辩权由来已久，罗马法就已有这方面的制度，至德、法民法日趋完善。例如，《法国民法典》第 2036 条规定："保证人对于债权人得主张属于主债务人和主债务的一切抗辩。但保证人不得主张纯属于债务人本身的抗辩。"《德国民法典》第 768 条规定，保证人得主张主债务人所享有的抗辩；若主债务人死亡，保证人不得主张继承人对债务仅负有限责任的抗辩；保证人不因主债务人抛弃抗辩权而丧失抗辩权。我国台湾地区《民法》第 742 条规定："主债务人所有之抗辩，保证人得主张之。主债务人抛弃其抗辩者，保证人仍得主张之。"

（二）保证人行使债务人抗辩权的条件

法律规定保证人享有债务人的抗辩权之目的，主要是为了保护保证人的合法权益，债务人不行使其对抗债务人的权利，其结果可能有损于保证人的利益，有悖于保证人附从性的法理。但是，保证人不得滥用主债务人的抗辩权，保证人正确行使债务人的抗辩权应当符合以下条件：

1. 必须是保证人提供了保证行为，保证人才能依法享有和行使债务人的抗辩权。若保证人未提供保证行为，抗辩权就无从说起。保证行为作为一种民事行为，根据民法的一般原理，可分为有效保证行为和无效保证行为。根据《担保法》第二十条第一款之规定，一般保证和连带责任保证的保证人享有债务人的抗辩权，显然是指有效保证行为。因此，也有人认为，必须是有效合同中的保证人才能依法享有和行使债务人的抗辩权。保证合同无效或因主合同无效导致保证合同无效，则因保证人与债务人不存

① 邹海林、常敏著：《债的担保的方式和应用》，法律出版社 1998 年版，第 76 页。

在保证与被保证关系，保证人不能享有和行使属于债务人的抗辩权[①]。

笔者认为，保证行为无效时，保证人同样可以享有和行使债务人的抗辩权。一是当主合同无效时，保证人的抗辩权。民法理论认为，保证合同与主合同在性质上具有从属性，在履行顺利上具有补充性。大陆法系的传统民法中，法律行为理论上有“从行为因其从属性，从主行为或主法律关系之命运”的定论[②]，契约法上有“主契约为无效，从契约亦为无效”的规定[③]。因此，从传统民法理论看，主合同无效，作为从合同的保证合同也应归于无效。我国《担保法》第五条第一款也作出了“……主合同无效，担保合同无效。……”之规定。当主债因合同无效而视为自始未发生，保证合同因主合同无效而无效时，保证人的保证责任也不复存在。因此，在理论上，主合同无效是保证人行使抗辩权的理由，赋予保证人合同无效抗辩权，是市场经济运行的理性要求，《担保法》也理应支持保证人拒绝对此承担保证责任的抗辩权。二是当主合同有效，保证合同无效时，保证人的抗辩权。主合同有效，作为从合同的保证合同因欠缺法律要件而无效时，不生保证之债的后果，保证人不承担保证责任，即保证人得以合同无效为由对债权人的请求提出抗辩。保证合同被确认为无效后，在债权人与保证人之间自始不具有拘束力，双方所预期的法律效果——保证责任，自始不能产生，因此，债权人丧失了请求保证人承担保证责任的基础。《担保法》规定了不具备保证人主体资格的几种特殊情形，对于其他导致保证合同无效的原因，保证合同无效时保证人抗辩权如何行使等问题未作规定，保证人行使抗辩权时应当援引《民法通则》、《合同法》的有关规定。在高言、张占良主编的《担保法理解适用与案例评析》中认为，保证人享

---

① 邹国华：《保证人抗辩权的司法适用与立法完善》，载《法学》1998年第4期。

② 史尚宽：《民法总论》，1980年出版，第284页。

③ 史尚宽：《债法总论》，1978年出版，第13页。

有债务人的抗辩权有诉讼上的抗辩权，诉讼上的抗辩权是指主债务因违法等原因无效时，债务人在诉讼上可主张债权人的债权不发生[①]。因此，笔者认为，在保证行为无效时，保证人同样可以享有和行使债务人的抗辩权。

2. 保证人行使债务人抗辩权的目的是防止可能因债务人免予行使或放弃对债务的抗辩权而累及其本人。当然，也不排斥防止因债务人与债权人相互串通，故意制造由保证人承担保证责任或增加保证责任的假象，侵害保证人的合法权益。因此，《担保法》规定保证人可以享有债务人的抗辩权以保障保证人的合法权益，从此种意义上讲，保证人也是债务人，如果主债务人放弃对债务的抗辩权时，保证人作为债务人，为何仍有权抗辩？依学者之解释，保证人得为主张的主债务人所有的抗辩，并非代主债务人主张，而是基于保证人的地位独立主张，即保证人以主债务人的抗辩，引为自己的抗辩事由，以拒绝自己债务之清偿，故主债务人抛弃其抗辩，不影响保证人的主张[②]。

3. 保证人抗辩债权人的事由必须是主合同中债务可以免除或不承担或已承担责任的具体事由。诸如：以期限已届满为抗辩；以保证合同本身无效为抗辩；有可以撤销的事由时，可以撤销之抗辩；有特约的保证合同解除权时，可以行使；保证合同消灭时效完成时，可以拒绝给付；保证债务已依保证人履行而消灭或因履行不能免除给付义务时，可以异议，等等，可以作为行使抗辩的理由。保证人可以与债务人共同提出抗辩，即使债务人放弃抗辩的，保证人应当通过自己行使债务人对债权人的抗辩权，以减少或免除其本人的保证责任。

（三）保证人享有债务人抗辩权的种类

保证人有对债权人的请求提出债务人可以提出的一切异议，

① 参见人民法院出版社1996年版，第52页。
② 郑玉波：《民法债编各论》（下），1981年出版，第840页。

即便是债务人放弃对债务的抗辩权，也不影响保证人行使抗辩权，且这种抗辩权不受保证方式的影响，无论一般保证人还是连带责任保证人均享有抗辩权。根据《民法通则》和《合同法》的规定，保证人行使债务人的抗辩权的种类主要有以下几个方面：

1. 同时履行抗辩权。所谓同时履行抗辩权是指双务合同当事人一方在对方当事人没有对等给付前，可以拒绝自己给付的权利。设立双务合同同时履行抗辩权主要目的在于维持双务合同当事人之间的利益平衡。《合同法》对此作出了规定。该法第六十六条规定："当事人互负债务，没有先后履行顺利的，应当同时履行。一方在对方未履行之前有权拒绝其履行请求。一方在对方履行债务不符合约定时，有权拒绝其相应的履行请求。"在主债务人享有同时履行抗辩权的情况下，保证人可援引之以拒绝履行保证义务。①

2. 保证履行抗辩权。又称不安抗辩权，是指当事人一方根据合同本应先向对方履行义务，但如果在其履行之前发现对方的财产或履行能力显著减少，可能难以履行对待给付义务，可以要求对方提供必要的担保，若对方不提供担保也未对待履行，该当事人可拒绝履行自己的义务。设立不安抗辩权的主要目的在于防止因客观情事的出现而使先为履行的一方当事人遭受损害。《合同法》对不安抗辩权作出了明确规定，该法第六十八条规定："应当先履行债务的当事人，有证据证明对方有下列情形之一的，可以中止履行：（1）经营状况严重恶化的；（2）转移财产、抽逃资金，以逃避债务的；（3）严重丧失商业信誉的；（4）有其他丧失或者可能丧失履行债务能力情形的。"该法第六十九条规定："当事人依照本法第六十九条的规定中止履行的，应当及时通知对方。双方提供适当担保时，应当恢复履行。中止履行后，对方在合理期限内未恢复履行能力，也未提供适当担保的，中止履行

---

① 关于同时履行抗辩权、不安抗辩权可参见拙著《合同法总则判解研究与适用》中第四编第二章"论双务合同履行中的抗辩权"一文，人民法院出版社 2001 年版。

的一方可以解除合同。”

3. 消灭抗辩权。主债务因履行、抵销、免除、混同、提存等原因消灭时，保证人则可主张债权人的请求权消灭，而拒绝履行。

4. 抵销抗辩权。是指主债务人对债权人享有其他债权时，保证人可以据此要求债权人以抵销债务人的债权，而消除自己的其他义务，并同时满足自己的债权，在此情况下，保证人可以拒绝履行自己的保证义务。保证人享有抵销抗辩权的目的在于避免诉讼的循环。

上述各种抗辩权均不以主债务人是否主张为前提，保证人均可享有，自愿行使。当然，抗辩权是一种民事权利，权利人在不违反社会公共利益以及遵循诚实信用原则的前提下，可以自由处分其民事权利。保证人也可放弃行使各种抗辩权，但保证人放弃行使抗辩权，也不影响主债务人享有和行使抗辩权。

三、保证人享有的先诉抗辩权

（一）先诉抗辩权的法律依据及其立法例

所谓先诉抗辩权，又称检索抗辩权，是指保证人在债权人就主债务人的财产为准则执行而无效果前，享有拒绝清偿主债务的权利。我国《担保法》第十七条第二款规定：“一般保证的保证人在主合同纠纷未经审判或者仲裁，并就债务人财产审判执行仍不能履行债务前，对债权人可以拒绝承担保证责任。”这便是保证人享有先诉抗辩权的法律依据。

先诉抗辩权在我国过去民事立法尚无明文规定，可以说先诉抗辩权是借鉴国外立法的成功经验，在我国《担保法》中作出了明确规定。国外立法中对保证人的先诉抗辩权均作了一般性规定。《法国民法典》第 2021 条规定：“保证人，仅在债务人不履行其义务时，始对债权人负履行义务的责任。债权人，首先就债务人的财产进行追索，但保证人放弃此种抗辩的利益，或保证人与债务人负连带债务时，不在此限。”《德国民法典》第 771 条规定：“保证人在债权人未就主债务人的财产强制执行而无效果前，对于债权人可拒绝清偿（先诉抗辩权）。”第 773 条规定：“有下列情形之一者，不得主张先诉抗辩权：（1）保证人抛弃抗辩权者，特别是保证人作为自身债务人承担保证时；（2）在承担保证后，主债务人的住所、营业所或住所有变更致对主债务人的权利追诉，发生重大困难时；（3）对主债务人的财产开始破产程序时；（4）根据情况可以推定对主债务人的财产限制执行不足以对债权人履行清偿时。”《日本民法典》第 452 条规定：债权人请求保证人履行债务时，保证人应请求先向主债务人为催告；但主债务人受破产宣告或行踪不明者，不在此限；第 453 条规定：债务人虽然已依前条之规定，催告债务人，若保证人证明主债务人有清偿资力，而且容易执行时，即债权人应先就主债务人之财产为执行；第 455 条规定：保证人应依第 452 条及第 453 条之规定为请求，但债权人竟怠于催告或执行，致事后不能享有主债务人受全部之清偿时，保证人于债权人若即时为催告或执行即可以受清偿之限度内，负其义务。

（二）保证人行使先诉抗辩权的条件

保证人行使先诉抗辩权的法律后果表现为保证人可以拒绝债权人即时履行的要求，暂时不履行保证义务。但先诉抗辩权不可滥用，保证人行使先诉抗辩权必须符合下列条件：

1. 必须是有效保证合同中的保证人才能享有和行使先诉抗辩权。保证合同若因保证人主体不合格导致无效，或因主合同无效而导致保证合同无效，则保证人所要承担的是缔约过失责任，而不承担保证责任，因此，保证人也就不能享有和行使先诉抗辩权。

2. 必须是一般保证人才能享有和行使先诉抗辩权。根据《担保法》第十七条第二款之规定，只有一般保证的保证人才能享有和行使先抗辩权，连带责任保证的保证人与主债务人共同对债权人承担连带清偿责任，债权人既可以请求主债务人清偿债务，也可以请求保证人清偿债务，因此，连带责任保证的保证人不能享有先诉抗辩权。在司法实践中，保证人未约定保证方式，根据《担保法》第十九条："当事人对保证方式没有约定或约定不明确的，按照连带责任保证承担保证责任"的规定，未约定或没有约定保证方式的保证人也不应享有先诉抗辩权。

3. 保证人抗辩权的法定事由必须是主合同纠纷未经审判或仲裁；或者虽经审判或仲裁，但并未就主债务人财产依法强制执行；或者依法强制执行，债务人具有清偿债务的能力。

主合同纠纷必须经过审判或仲裁，以分清债权人与债务人各自应承担的责任，确定债务人应当履行的债务合法，这是一般保证的保证人承担保证责任的先决条件。若主合同纠纷未经审判或仲裁，债务人是否应当承担责任及责任的大小，应履行债务的多少及已履行多少均未得到确定，将直接影响保证人所应承担的保证责任。因此，主合同纠纷未经审判或仲裁是一般保证的保证人行使先诉抗辩权的抗辩事由之一，债权人直接向保证人求偿的，保证人可以拒绝。

主合同纠纷虽经审判或仲裁，未对主债务人财产依法强制执行，或虽强制执行，债务人具有清偿能力。人民法院或仲裁机构的裁判文书生效后，债权人应当申请人民法院依法强制执行主债务人可供执行的财产，对仍未能清偿部分，则债权人有权对保证人请求履行债务，保证人不可拒绝之。

保证人的先诉抗辩权既可以在诉讼中行使，也可以在诉讼外行使。诉讼中的先诉抗辩权行使可以在第二审程序中的辩论终结前行使。

在司法实践中，因一般保证人享有先诉抗辩权，故一般保证合同纠纷提起的诉讼可分为如下几种情形：（1）根据《担保法》第十七条第二款、第二十五条第二款之规定，主合同纠纷的债权人可以以仅起诉主合同的债务人，强制执行债务人的财产仍不足以清偿债务，根据《担保法解释》第一百三十条之规定，人民法院不应当在执行程序中依法裁定变更保证人为被执行人，而债权人仍通过诉讼途径解决。（2）主合同纠纷未经审判或仲裁，债权人对债务人与保证人一并主张请求权，并向人民法院提起诉讼时，人民法院应当将主债务人、保证人列为共同被告，将主合同和从合同一并审理。该种情形可减少当事人的诉累，便于纠纷圆满解决，且符合经济效益原则，在实践中应当提倡。也有人认为保证人虽被诉参加诉讼，但不能确定其是否应当承担担保责任，只是说审判结果与保证人可能有法律上的利害关系，保证人只能是无独立请求权的第三人①。笔者认为，保证人在诉讼中的地位只能是被告地位，不是第三人的地位，因为，主债务人和保证人在对债权人均享有抗辩权，利害关系是完全一致的，因此，保证人应当是被告地位。（3）主合同纠纷未经审判或仲裁，债权人仅就一般保证人向人民法院提起诉讼时，只要保证人行使了先诉抗辩权，此时，保证人若未出现《担保法》第十七条第三款规定的几种情形时，债权人尚未取得实体意义上的诉权，因此，人民法院应当驳回债权人的起诉。

（三）一般保证人行使先诉抗辩权的例外情形。

为了维护债权人的利益，实现保证的目的，防止先诉抗辩权的滥用，法律对先诉抗辩权规定了一定限制。根据《担保法》第十七条第三款的规定，出现下列情形时，保证人不得享有的行使先诉抗辩权②：

1. 债务人住所变更，致使债权人要求其履行债务发生重大困难的；

2. 人民法院受理债务人破产案件，中止执行程序的；

3. 保证人以书面形式放弃先诉抗辩权的。

---

① 邹国华：《保证人抗辩权的司法适用与立法完善》，载《法学》1998年第4期。

② 关于一般保证的保证人不得行使先诉抗辩权的例外情形，详细可参见《保证方式》一节。

四、物保与人保同存时，保证人享有的抗辩权

1. 物保被放弃时人保的责任承担。债权人放弃物保，同一债权的人保应承担什么责任，物权法没有规定，《担保法》第二十八条第二款规定："债权人放弃物的担保的，保证人在债权人放弃权利的范围内免除保证责任。"因该条款与物权法相关规定基本一致，应当作为特别法条款继续施行。

2. 物保被确认无效时人保的责任承担。物的担保合同被确认无效或者被撤销，或者担保物因不可抗力的原因灭失而没有代位物的，物权法和担保法都没有规定保证人的责任承担，《担保法解释》第三十八条第二款笼统规定"保证人仍应按合同的约定或者法律的约定承担保证责任。"不过，保证人的法定责任是物保之外部分的责任；由于债权人过错导致物保无效，使人保的法定权利受到损害，债权人不能不对保证人的损害作出赔偿。因此当债权人要求保证人承担保证责任时，保证人有权行使抗辩，从而减轻或者免除保证责任。

在司法实践中，当担保物权被确认为无效，而保证有效的情况下，如何处理，分歧较大。如遇到这样一案例：林某在南阳市某信用社借款 10 万元，期限半年，月息 1.2 分，林某借款时，郑某以保证人的身份在借款合同上签字，刘某以其价值 7 万元的房产作抵押，并与信用社签订了抵押合同书，既未交付产权证书，又未办理抵押登记。借款到期后，林某未还本付息而导致信用社以林某、郑某、刘某为被告而诉至法院。郑某答辩中称担保属实，但应扣除刘某的物权担保 7 万元而仅承担 3 万元本息的连带责任，并称之所以作人保是因为由刘某的房产作抵押才为之。刘某答辩称房产抵押未办理抵押登记而不生效力，因此，不承担任何民事责任。在审理中，一种意见认为，郑某辩称有理，应以支持，刘某辩称不承担任何民事责任的理由不能成立，刘某应当承担因缔约过失而负的民事赔偿责任，以房产价值 7 万元为限度。另一种意见认为，郑某辩称理由不能成立，郑某辩称理由不

能成立，郑某应当对林某借款10万元的本息负连带责任保证，刘某以房产价值7万元为限度承担缔约过失责任。

笔者同意后一种意见。理由：(1) 刘某的房产抵押担保未办理抵押登记手续，抵押担保依法不生效力，某信用社对刘某的房产抵押不具有优先受偿权，但刘某担保属于自愿，对造成信用社放贷10万元亦有一定过错，因此，应当承担缔约过失责任。当然；未交付产权证书和未办理房产抵押登记，对信用社来说也有一定过错。(2) 郑某仅以担保人身份签字担保，并在答辩状中称担保属实，但未约定保证方式、保证责任的范围，根据《担保法》的有关规定，在刘某房产抵押担保无效，郑某保证有效的情况下，郑某应当对林某借信用社款10万元的本息负连带责任。(3) 郑某在答辩状中辩称是因为刘某以房产抵押担保才为之保证，但在借款合同中未明确约定郑某仅对林某借款10万元，扣除刘某房产担保7万元后的3万元本息负保证责任。因此，虽在刘某抵押担保不生效的情况下，对保证人郑某极为不利，但也是郑某自身未尽必要注意所致，即后果自负。(4) 根据《担保法解释》第三十八条第二款之规定，同一债权既有保证又有物的担保的，物的担保合同被确认无效或者被撤销，或者担保物因不可抗力的原因灭失而没有代位物的，保证人仍应当按合同的约定或者法律的规定承担保证责任。因此，在该案中，保证人郑某不得享有免除物权担保部分的抗辩权。

3. 在司法实践中，根据《担保法解释》第三十八条第一款之规定，同一债权既有保证又有第三人提供物的担保的，债权人可以请求保证人或者物的担保人承担担保责任。当事人对保证担保的范围或者物的担保的范围没有约定或者约定不明的，承担了担保责任的担保人，可以向债务人追偿，也可以要求其他担保人清偿其应当分担的份额。

五、保证人因保证合同享有的其他抗辩权

保证人因保证合同享有的其他抗辩权主要是指保证人在保证

合同的签订、履行过程中出现可以免除承担保证责任的法定事由，拒绝履行保证责任，抗辩债权人或债务人的权利。保证人因保证合同享有的其他抗辩权系来自我国《担保法》的规定而取得。现分述之：

（一）因主合同变更而导致保证人享有提出不再承担保证责任的抗辩权

1. 根据《担保法》第二十三条的规定，保证期间，债权人未经保证人同意，许可债务人转让债务的，保证人享有对未经其同意转让的债务不再承担保证责任的抗辩权。当然，《担保法解释》第二十九条规定，保证期间，债权人许可债务人转让部分债务未经保证人书面同意的，保证人对未经其同意转让部分的债务，不再承担保证责任。但是，保证人仍应当对未转让部分的债务承担保证责任。

2. 根据《担保法》第二十四条的规定，债权人与债务人协议变更主合同内容未经保证人书面同意，且原保证合同又未约定的，保证人享有不再承担保证责任的抗辩权。同时，根据《担保法解释》的规定，保证期间，债权人与债务人对主合同数量、价款、币种、利率等内容作了变动，未经保证人同意的，如果减轻债务人的债务的，保证人仍应当对变更后的合同承担保证责任；如果加重债务人的债务的，保证人对加重的部分不承担保证责任。债权人与债务人对主合同履行期限作了变动，未经保证人书面同意的，保证期间为原合同约定的或者法律规定的期间。债权人与债务人协议变动主合同内容，但并未实际履行的，保证人仍应当承担保证责任。

3. 根据《担保法》第二十七条："保证人依照本法第十四条规定就连续发生的债权作保证未约定保证期间的，保证人可以随时书面通知债权人中止保证合同，但保证人对于通知到债权人前所发生的债权，承担保证责任"的规定，保证人与债权人协议在最高债权额限度内就一定期间连续发生的债权作保证，但未约定保证期间，保证人对书面通知债权人终止保证合同后发生的债权，保证人享有不再承担保证责任的抗辩权。

4. 根据《担保法》第十二条规定，同一债务有两个以上保证人的，保证人应按照保证合同约定的保证份额承担保证责任，对超出保证合同约定的非保证份额的债权，由于始终未得到保证人的保证承诺，保证人当然可以提出抗辩，享有拒绝承担责任的抗辩权。

（二）因超过保证期间而导致保证人享有免除承担保证责任的抗辩权

根据《担保法》第二十五条、第二十六条之规定，一般保证的债权人在合同约定的保证期间或法律规定的保证期间，未对债务人提起诉讼或者申请仲裁的，一般保证的保证人享有免除承担保证责任的抗辩权；连带责任保证的债权人在合同约定的保证期间或法律规定的保证期间，未要求保证人承担保证责任的，连带责任的保证人享有免除承担保证责任的抗辩权。

（三）因主合同当事人采取非法手段而使保证合同无效，导致保证人享有不承担民事责任的抗辩权

根据《担保法》第三十条规定："有下列情形之一的，保证人不承担民事责任：（1）主合同当事人双方串通，骗取保证人提供保证的；（2）主合同债权人采取欺诈、胁迫等手段，使保证人在违背真实意思的情况下提供保证的。"保证人若遇到上述情形，即可拒绝承担保证责任和缔约过失责任，以抗辩债权人或债务人，维护自身的合法权益。

六、对引言案例的评析

在引言所述案例中某供销公司作为某农机公司的保证人，保证合同中明确约定承担的保证方式为一般保证，因此，某供销公司依法享有先诉抗辩权，该公司在一审缺席判决的情况下，在二

审中依法行使先诉抗辩权，得到二审法院的支持，依法保护了保证人某供销公司的合法权益。

在引言所述案例中，因是二审程序，故二审在处理时既可发还重审，也可驳回某城市信用社的起诉，但无论哪一种处理方法，要依法保护保证人的先诉抗辩权不受侵害。

第十六节　以贷还贷与保证责任

一、引言

主合同当事人双方协议以贷还贷，除保证人知道或者应当知道的外，保证人不承担保证责任，但新贷与旧贷是同一保证人的，仍应当承担保证责任。诸如：

该案保证人是否承担保证责任[①]

1994年12月26日，06单位西北物资供应站（又称中国航天工业供销西北公司，以下简称航天供销西北公司）与中国工商银行陕西省分行营业部（原中国工商银行西安市分行营业部，以下简称工行营业部）签订一份编号为营工字（1994）0095号的借款合同，约定工行营业部向航天供销西北公司提供820万元的临时借款，借款用途为购原材料，借款利率为月息10.98‰，借款期限自1994年12月26日至1995年10月25日。01单位407供应站（又称中国航空工业供销西北公司，以下简称航空供销西北公司）在该借款合同“保证人”处加盖了公章，并向工行营业部出具了借款保证书，为归还该借款提供连带责任保证，并承

① 案例来源于最高人民法院公布的最高人民法院（2001）民二终字第55号民事判决书。载《最高人民法院公布裁判文书》（二〇〇三年），人民法院出版社2004年版，第75—80页。

诺：只要不增加保证人的保证金额，本保证不受借款人和银行对借款合同进行任何修改、补充、删除的影响。同日，工行营业部向航天供销西北公司出具820万元借款凭证，航天供销西北公司盖章予以确认。当日工行营业部以4782405号进账单将820万元划入航天供销西北公司账户，并以此归还了该单位在该营业部的借款。借贷双方表示，820万元借款是“以贷还贷”。

此后，航天供销西北公司又偿还了50万元借款本金。为了偿还余款770万元，航天供销西北公司与工行营业部于1995年10月25日签订一份编号为营工字（1995）00228号的借款合同，约定：工行营业部向航天公司发放贷款770万元，借款用途为“购材料等”，利率为月息12.06‰，借款期限自1995年10月25日至1996年8月25日。航空供销西北公司在该借款合同的“担保方”栏内加盖了公章，同时还向工行营业部出具了一份借款保证书，承诺为770万元借款承担连带责任保证。当日，工行营业部向航天供销西北公司发放了770万元贷款，后又用特种转账传票将该款扣收，用于偿还该公司上述欠款。该笔借款至今未还。1997年9月22日，工行营业部向陕西省高级人民法院提起诉讼，请求判令航天供销西北公司、航空供销西北公司偿还770万元借款本金及欠付利息166万元。

陕西省高级人民法院经审理认为，770万元借款人航天供销西北公司与820万元的借款人06单位西北物资供应站是同一单位，担保人航空供销西北公司与01单位407供应站是同一单位。由于1995年10月25日贷款770万元，当日即归还了本案三方当事人于1994年12月26日签订的820万元借款合同项下尚欠的款项（1994年12月30日借款人06单位西北物资供应站曾归还50万元），而1994年12月26日820万元贷款的当日又归还了以前的旧贷款，因此应认定770万元与820万元两笔均是以贷还贷，借款合同合法有效，借款人航天供销西北公司欠后一笔贷款770万元及利息属实，应予偿还。尽管770万元与820万元贷款的担保人均是航空购销西北公司，但因借贷双方均不提供

1994年12月26日820万元贷款所还旧贷款的借款合同及担保人，又未主张820万元所还旧贷款的担保人是航空购销西北公司，因此，不能认定820万元贷款与其所归还的旧贷款同是航空购销西北公司担保的，另本案借贷双方亦未主张航空购销西北公司为820万元借款担保时明知是以贷还贷，根据《最高人民法院关于适用〈中华人民共和国担保法〉若干问题的解释》第三十九条“主合同当事人双方协议以新贷偿还旧贷，除保证人知道或应当知道的外，保证人不承担民事责任”的规定，本案担保人航空购销西公司答辩称其不知820万借新贷还旧贷合同，也不是820万元所还旧贷款的担保人，不应承担保证责任的理由成立，航空购销西北公司对本案不承担民事责任，工行营业部对航空购销西北公司的诉讼请求应予驳回。依照《中华人民共和国民法通则》第九十条、第一百零六条、第一百零八条、《最高人民法院关于适用〈中华人民共和国担保法〉若干问题的解释》第三十九条、《中华人民共和国民事诉讼法》第一百二十八条的规定，判决：一、航天供销西北公司于该判决生效后十日内偿还工行营业部贷款本金770万元及利息（利息自1995年10月25日至1996年8月25日按月息12.06‰计付，自1996年8月26日至判决给付之日按中国人民银行同期贷款利率计付）；二、驳回工行营业部对航空购销西北公司的诉讼请求。本案一、二审案件受理费各56810元，均由航天供销西北公司负担。

工行营业部不服陕西省高级人民法院上述民事判决，向本院提起上诉称：本案争议的营工字（1995）00228号借款合同是附有独立保证书的合同，其第6条写明：只要不增加保证人的保证金额，保证人（保证责任）不受借款人与银行对借款合同条款的任何修改、补充等的影响。表明该笔贷款无论是用于原合同约定的用途还是用借新还旧，均不违背保证人的意愿，更不会影响其承担保证责任的效力。本案争议的营工字（1995）00228号借款合同为“新贷”，其项下的贷款偿还了营工字（1994）0095号借款合同项下所欠贷款，且两份合同的保证人同为航空供销西北公司。该事实已为一审查清，对此没有异议。820 万元所还的贷款是哪份合同贷出的，以及是否是由航空供销西北公司所担保等事实，与本案（1995）00228 号合同贷出的 770 万元款项没有直接的关系。本案完全符合《担保法解释》第三十九条第二款规定的情形，即“前后两份贷款合同均为一个保证人”，因此，毫无疑问应适用该款规定，因此，原审判决适用该条第一款的规定是错误的，请求二审法院依法撤销原审判决中的第二项，改判由航空供销西北公司对本案债务承担连带保证责任。

航空供销西北公司答辩称：上诉人与借款人在签订（1994）0095 号和（1995）00228 号合同时，未向我方讲明此笔借款的真实用途，使我公司在不明真相的情况下为其提供了借款担保，借贷双方以欺骗手段进行骗保，违背了保证人的意愿，严重损害了保证人的利益，该两份担保合同无效。820 万元贷款的当日即归还了旧贷，770 万元也是以贷还贷。被上诉人不是 820 万元贷款所还旧贷款的担保人，让保证人承担该笔死账，明显对担保人不公平，保证人不应承担任何责任。本案中 820 万元贷款和 770 万元贷款均是以贷还贷，且两次贷款实际上是同一笔未还的贷款。原审判决是正确的，请求二审法院驳回上诉，维持原判。

最高人民法院审理后认为，1994 年 12 月 20 日，保证人航空供销西北公司为航天供销西北公司的 820 万元借款提供了连带责任保证，其在出具给工行营业部的《借款保证书》中明确承诺：只要不增加保证人的保证金额，本保证不受借款人和银行对借款合同进行任何修改、补充、删除的影响。在借贷双方履行 820 万元借款合同时，虽然借款人航天供销西北公司未将 820 万元用于“购原材料”，而是归还了此前其欠工行营业部的 820 万元借款，但此“借款用途”的改变，并未增加保证人承诺的保证金额，且属于保证人所接受和认可的变更内容，并不违背保证人当初的真实意思表示。因而，即使借贷双方未将“820 万元用于归还旧贷款”告知保证人，亦不能认定此“变更”对保证人构成了欺诈。1995 年 10 月 25 日，航空供销西北公司又为原借贷合同双方签订的营工字（1995）00228号借款合同提供连带责任保证，该合同项下770万元款项用于归还了上述820万元旧贷款。根据《最高人民法院关于适应〈中华人民共和国担保法〉若干问题的解释》第三十九条第二款规定，保证人航空供销西北公司两次为同一笔贷款提供了连带责任保证，其保证责任不应免除。保证人航空供销西北公司关于借贷双方违背其意愿对其骗保的抗辩，本院不予采信。原审判决认定的事实基本清楚，但在认定“保证人航空供销西北公司不知820万元是新贷还旧贷，其不应承担保证责任”时，忽略了保证人在提供连带责任保证时已明确作出了允许借贷双方适当变更合同内容的承诺，因而得出了对本案债权人不利的判定结论，应予纠正。上诉人工行营业部的上诉理由成立，本院予以支持。本院依据《中华人民共和国民事诉讼法》第一百五十三条第一款第（二）项的规定，判决如下：一、维持陕西省高级人民法院（2000）陕经二初字第21号民事判决主文的第一项；二、撤销上述民事判决主文的第二项及一、二审案件受理费承担部分；三、中国航空工业供销西北公司对本判决主文第一项判定的给付义务承担连带责任。上述给付义务自本判决送达之次日起10日内履行，逾期给付按《中华人民共和国民事诉讼法》第二百三十二条规定执行。

上述案例，一审法院和二审法院争议焦点是，在考虑以贷还贷对保证人影响时，还应当考虑保证人在担保书中的具体承诺。《担保法》对以贷还贷对保证人保证责任的影响没有规定，而《担保法解释》第三十九条作了规定“主合同当事人双方协议以新贷偿还旧贷，除保证人知道或者应当知道的外，保证人不承担民事责任。新贷与旧贷系同一保证人的，不适用前款的规定。”

二、以贷还贷的概念及特征

以贷还贷是“以新贷还旧贷”的简称，也称“借新还旧”，是指债权人与债务人在旧的贷款尚未清偿的情况下，再次签订贷款合同，以新贷出的款项清偿部分或者全部旧的贷款的行为。[①]以贷还贷主要发生在金融机构与企业之间的贷款活动中，在目前金融机构贷款业务中是个很普遍的现象。

以贷还贷的行为具有如下特征：首先，存在两个借款合同，且这两个合同的当事人均相同，即债权人、债务人均为同一主体。其次，两个借款合同之间存在时间顺序上的紧密联系，即在借款证上前后两笔贷款是连续记载的。实际操作中，后一借款在进入借款人账户后当天或者几天后又打回贷款人账户，也有时后一笔贷款直接在贷款人账号内部划转，根本不进入借款人账号。最后，后一贷款合同的金额一般与前一贷款合同的金额相同或者是前一贷款合同中借款人尚未偿还的数额。[②]

三、以贷还贷效力的认定

以贷还贷，在金融实务中常见。所谓以贷还贷，是指金融机构与借款人约定以新贷款偿还旧贷款的行为。在性质上，以贷还贷属于民事行为。以贷还贷是借贷双方当事人的真实意思表示，虽与《贷款通则》所规定的精神相违背，但并不违反法律和行政法规的强制性规定，因此，应认定为有效民事行为。

在合同效力的认定上，只有违反法律和行政法规的强制性规定才能确认合同无效。而强制性规定又包括管理性规范和效力性规范。管理性规范是指法律及行政法规未明确规定违反此类规范将导致合同无效的规范。此类规范旨在管理和处罚违反规定的行为，但不否认该行为在民商法上的效力。如《商业银行法》第三十九条的规定即属于管理性的强制规范。效力性规范是指法律及行政法规明确规定违反该类规定将导致合同无效的规范，或者虽未明确规定违反之后将导致合同无效，但若使合同继续履行将损害国家利益和社会公共利益的规范。此类规范不仅旨在处罚违反

---

① 李国光、奚晓明、金剑锋、曹士兵：《最高人民法院关于适用〈中华人民共和国担保法〉若干问题的解释理解与适用》，吉林人民出版社 2000 年版，第 164 页。

② 程啸著：《保证合同研究》，法律出版社 2006 年版，第 465 页。

的行为，而且意在否定其在民商法上的效力。因此，只有违反了效力性的强制规范的，才应当认定合同无效。①

从实践来看我国法律法规确定了大量的强行性规范，在认定合同效力时，《合同法解释（二）》第十四条明确规定，《合同法》第五十二条第（五）规定的“强制性规定”，是指效力性强制性规定。因此，有必要在法律上区分何为强制规范何为效力规范。具体来说可以采取以下标准：第一，法律法规明确规定违反禁止性规定将导致合同无效或不成立的，该规定属于效力规范。第二，法律法规虽没有明确规定违反禁止性规定将导致合同无效或不成立的，但违反该规定以后若使合同继续有效将损害国家利益和社会公共利益，也应当认为该规范属于效力规范。第三，法律法规虽没有明确规定违反禁止性规定将导致合同无效或不成立的，违反该规定以后若使合同继续有效并不损害国家利益和社会公共利益，而只是损害当事人的利益，在此情况下该规范就不应属于效力规范，而是强行性规范。例如关于预售商品房的登记主要关系当事人的利益，法律设立该制度的目的是保护买受人的利益。所以要求办理预售登记的规范，应属于强行性规范，非效力规范。没有办理登记不应导致合同无效。一般来说，只有违反了效力性规定的合同才作为无效的合同，而违反了强行性性的规定，可以由有关机关对当事人实施行政处罚，但不一定宣告合同无效。这就需要区分违法和合同无效的概念。违法从广义上说包括了违反效力性和强行性规范的行为，但无效一般只限于违反效力性规范的合同，只有部分违反强行性规范的合同才有可能成为无效的合同。

四、以贷还贷对保证人保证责任的影响

根据《担保法解释》第三十九条“主合同当事人双方协议以

① 《合同法解释（二）》第十四条规定：“合同法第五十二条第（五）项规定的“强制性规定”，是指效力性强制性规定。”

新贷偿还旧贷，除保证人知道或者应当知道的外，保证人不承担民事责任。新贷与旧贷系同一保证人的，不适用前款的规定”的规定，以贷还贷对保证人保证责任的影响可分下列情形处理：

1. 在旧贷与新贷均有保证人，且保证人为同一人的情况下，保证人原则上应当承担保证责任。在审判实践中，有的法院在判决中认定，对前一份借款合同因贷款人已经用新贷款还了旧贷，因而保证人对旧贷已经免除了保证责任；对后一份借款合同，因属于债权人与债务人合意以贷还贷，保证人在不知情的情况下出具的保证，双方改变了贷款实际用途，损害了保证人的利益，因而保证人对新贷也免除保证责任，这样认定是不合适的。原因是，在旧贷和新贷是同一个保证人的情况下，由于债务人用新贷款偿还了旧贷款，从而免除了保证人对旧贷的保证责任，保证人承担的风险和责任就只是针对新贷款的，较之债务人按照实际贷款用途使用新贷款产生对保证人的风险和责任要小。比如，债务人按照实际贷款用途使用新贷，而不是以贷还贷，如资金不能收回，则旧贷未了出新债，保证人要承担对旧贷和新贷两笔贷款的保证责任。有此，改变贷款用途以贷还贷的，对保证人的不利影响很小，因而，保证人无论是否知晓债权人与债务人搞以贷还贷，均应承担对后一份贷款的保证责任。从公平的角度看，对保证人也不会有什么不公平的结果。这也正是《担保法解释》第三十九条第二款所规定的“新贷与旧贷系同一保证人的，不适用前款规定”。

2. 在旧贷没有担保或旧贷与新贷的保证人不是同一人的情况下，新贷的保证人如果不知道主合同双方当事人在搞以贷还贷的，应当按照《担保法》第三十条第一项关于骗保的规定，免除保证人的保证责任。因为在这种情况下的以贷还贷，不仅是债权人与债务人串通实际变更主合同的贷款用途，未征得保证人的同意，而且保证人承担保证的可能是一笔死账。原本就不能收回了，还让保证人出具保证，明显对保证人不公。让保证人在这种情况下还要承担保证责任，有违民法上的公平原则。

3. 如果主合同写明是以贷还贷的，或者金融机构、债务人能够提供证据证明保证人知道以贷还贷的事实还提供担保的，保证人仍然要承担保证责任。

五、审判实践中认定以贷还贷应注意的问题

（一）以贷还贷成立的认定

审判实践中，此类纠纷首先面临的问题是认定当事人的行为是否构成以贷还贷，应注意以下几点：

1. 新旧两笔贷款主合同双方当事人应相同。新旧两笔贷款主合同当事人的同一性是判断以贷还贷成立的一个很重要的标准。如果两者不一致，如债务人不一致或者债权人不一致，则不能认定构成以贷还贷。

债权人不一致的情形主要是指借款人从第三人处拆借资金偿还所欠贷款人旧贷，此种情况不属于以贷还贷。此观点被最高法院的生效判决予以确认，该判决认为“以贷还贷的构成以新贷和旧贷的贷款人、借款人同一以及贷款人与借款人之间以新贷还旧贷的共同意思表示为要件，借款人从第三人处拆借资金偿还所欠贷款人旧贷，不属于以贷还贷，因此本院对上诉人关于以贷还贷构成的理解不能认同，上诉人的该项上诉理由不予支持。”①

债务人不一致的情形主要是指新旧两笔贷款借款人不同时，即使存在以新贷款还旧贷款的情形，也不构成以贷还贷。理由是“因为从债的确定性原则出发，如果前后债务的主体不同，尽管发生代偿关系，也不能认为是该债务的简单延续，而是在有关当事人之间建立了新的不同的债权债务关系。”②

---

① 最高人民法院（2001）民二终字第166号民事判决，中国进出口银行、广州市华南橡胶轮胎有限公司、中国工商银行广东省分行营业部与广州市万宝冰箱有限公司、广州万宝冰箱电器有限公司借款担保与委托代理纠纷案。

② 参见朱海年：《新贷和旧贷为同一保证人的，保证人承担保证责任的法律适用》，载最高人民法院民二庭编：《民商审判指导与参考》（2003年第1卷），人民法院出版社2004年版，第243页。

2. 后贷的资金用于归还前贷的欠款。新旧两笔贷款应具有关联性，即在数额上、贷款用途上、新贷资金归还旧贷欠款上、归还时间上均能认定两笔贷款存在关联，新贷资金用于归还了旧贷的欠款，这也是认定以贷还贷的一个条件。

3. 主合同双方当事人具有以贷还贷的共同意思表示。主合同双方当事人应当具有相互配合的行为以达致以新贷偿还旧贷的目的。例如，作为债权人的银行将新贷的款项打到债务人在其行开设的账户后，再由银行以特种转账传票的方式将该款项扣划，用以还旧贷。

需要研究以下几种情况下是否构成以贷还贷：一是借款人单方面决定将借款偿还旧贷款的。对此司法实践中存在比较大的分歧。我们同意此种情况下原则上构成以贷还贷的观点，理由在于：以贷还贷发生在同一债务人与债权人之间，债权人基本上都是商业银行，而债务人都是在该银行开设账户的企业，债权人对债务人资金账户的情形非常了解，因此一旦债务人单方面将通过后一份贷款合同获得的资金很快偿还给债权人，完全可以直接推定债权人与债务人之间存在以贷还贷的合意。[①] 二是金融机构单方面决定扣收借款人的借款还贷的。这种情况，如果无法查明金融机构与借款人之间存在以贷还贷的共同意思表示，又无法进行推定的，不能作为以贷还贷处理。但是，在推定时，应当把握当金融机构单方面扣收借款人的借款还贷时，只要借款人明知却不表示异议，同样可以推定双方存在以贷还贷的共同意思表示，因此构成以贷还贷。三是借款人以自有资金先行偿还旧贷然后借新贷的。这种情况即所谓的“还旧贷后借新贷”，因为不能认定两笔借款的关联性，因此不能认定是以贷还贷。

（二）保证人知道或者应当知道以贷还贷的认定

《担保法解释》第三十九条规定，在主合同当事人双方协议

---

① 程啸著：《保证合同研究》，法律出版社 2006 年版，第 481 页。

以新贷偿还旧贷的情形下，如果保证人不知道或者不应当知道以贷还贷的情形的存在，则其不承担保证责任。因此，当新贷与旧贷非同一保证人的情形下，认定保证人是否知道或者应当知道主合同当事人双方以贷还贷情形的存在就成为这类纠纷的主要争议焦点。对此问题，应注意以下几点：

1. 举证责任的分配。在认定保证人知道或者不知道主合同以贷还贷的举证责任问题时，保证人主张不知道主合同双方在搞以贷还贷的，应当举证。保证人的举证责任就是举主合同这个书证，因为主合同没有写明以贷还贷，因而保证人不知。如果金融机构或债务人主张保证人知道以贷还贷的情况并担保保证的，应当由金融机构或债务人举证。如有一起案件，债权人、债务人、保证人对以贷还贷在贷款前就开会作过协商，有会议纪要，三方都有签字。这个纪要就是一个有效证据，如果金融机构或债务人不能对自己的主张举证的，应当认定保证人不知主合同以贷还贷的事实。①

2. 要审查合同中是否明确载明了贷款的用途是以贷还贷。如果在债权人与保证人签订的保证合同中已经明确表明了贷款用途是以贷还贷或者债权人有证据表明其曾将注明贷款用途为偿还旧贷的主合同交给保证人看过，那么即便保证人并未认真阅读过该合同，也应当认定其知道或者应当知道主合同当事人以贷还贷的事实，不能以此为由免责。

3. 要审查保证人与债务人之间是否具有特殊关系。如果保证人与债务人之间存在特定关系，例如保证人与债务人之间为上下级单位或者保证人与债务人的法定代表人为同一人时，都可以推定保证人知道或者应当知道以贷还贷的事实。因为，在具有以上两种特殊关系的情况下，保证人对于债务人贷款的真实用途为以贷还贷属于知道或者应当知道的范围，仍然自愿进行担保，应

---

① 曹士兵整理：《关于以贷还贷》，载李国光主编：《经济审判指导与参考》（1999 年第 1 卷），法律出版社 1999 年版，第 227 页。

当依法承担保证责任。[①]

4. 要审查保证人是否允许主合同当事人变更主合同。如果保证合同中明确载明允许主合同当事人在不增加保证人的保证责任的前提下变更主合同的，即使借贷双方未将以贷还贷告知保证人，在主合同当事人以新贷还旧贷后，保证人仍应承担保证责任。因为借款用途的改变未增加保证人保证金额，且属于保证人所接受和认可的变更内容，并不违背保证人的真实意思表示，不构成欺诈，保证人不能免责。

（三）以贷还贷是否需要重新办理抵押登记

在审判实践中，抵押人与债权人在以贷还贷的抵押合同中约定，仍是原抵押合同中约定的抵押物，不再办理抵押登记，抵押人是否仍然要承担抵押责任？根据《物权法》所规定的精神来看，抵押登记不受时间限制，一般应与主债权诉讼时效相同[②]，在登记有效期间，抵押人明示同意为新合同提供抵押，各方当事人意思表示真实，也不违反法律规定，应当认定抵押有效，不能免除抵押人的责任。[③]

第十七节 主债务人破产与保证责任

一、引言

保证期间，主债务人破产，债权人可以申报债权，也可以向

① 参见刘敏：《保证合同是否有效及债务人是否应为本案共同被告——利川卷烟厂与中国长城资产公司武汉办事处担保合同纠纷上诉案》，载最高人民法院民事审判第二庭编：《民商审判指导与参考》（2002 年第 2 卷），人民法院出版社 2003 年版，第 232 页。

② 《物权法》第二百零二条规定："抵押权人应当在主债权诉讼时效期间行使抵押权；未行使的，人民法院不予保护。"

③ 参见吴庆宝主编：《最高人民法院专家法官阐释民商裁判疑难问题（续）》，人民法院出版社 2008 年版，第 43 页。

保证人主张权利；债权人申报债权后在破产程序中未受清偿部分，应当在破产程序终结后6个月内要求保证人承担保证责任。诸如：

本案的保证人应否承担保证责任①

1996年9月27日，青海省羊毛经营集团公司（以下简称羊毛公司）与中国农业发展银行青海省分行营业部（以下简称农发行营业部）签订96第008号借款合同，羊毛公司向农发行营业部借款1400万元，期限自1996年9月27日至1997年9月27日，青海省糖酒副食品总公司为羊毛公司借款提供连带责任保证。1997年9月30日，羊毛公司与农发行营业部签订延期还款协议书，约定羊毛公司偿还农发行营业部1100万元，余款300万元延期到1998年2月27日偿还。原担保人青海省糖酒副食品总公司未在该份延期协议上签章。同日，羊毛公司与农发行营业部又签订了13397031号借款合同，约定羊毛公司借款1100万元，用于羊毛收购，期限自1997年9月29日至1998年9月29日。青海省肉食品集团公司为13397031号借款合同提供连带责任保证。借款当日即归还上述96第008号借款合同项下的款项。1998年12月28日，羊毛公司又与农发行营业部签订延期还款协议，约定将13397031号合同项下的1100万元的贷款本息延期至1999年9月29日偿还。原担保人青海省肉食品集团公司未在该份延期协议上签章。同日，青海省农牧生产资料总公司（以下简称农牧公司）向农发行营业部出具两份不可撤销担保书，分别承诺为96第008号借款合同的余款300万元贷款本息和13397031号借款合同的1100万元贷款本息承担连带清偿责任。

① 案例来源于李成玉：《诉讼时效内主债务人破产时保证债权 可以适用担保法司法解释第四十四条》，载《人民法院报》2004年5月9日。

农发行营业部于1999年9月6日向农牧公司发送了催收13397031号借款合同1100万元的通知；2000年1月17日向农牧公司发送了催收96第008号借款合同余款300万元的通知。羊毛公司因资不抵债被青海省高级人民法院于2000年5月8日裁定宣告破产还债，2002年5月20日青海省高级人民法院裁定破产程序终结。农发行营业部申报破产债权后获得4.9万元的实物清偿。因债权未能得以全部受偿，农发行营业部于2002年11月14日向青海省高级人民法院提起诉讼，请求判令农牧公司对债务人羊毛公司应付的1400万元贷款及利息承担保证责任。

另外，在本案一审过程中对96第008号借款合同的1400万元贷款的性质进行了质证，该笔贷款属于以贷还贷。

一审法院审理后认为，1100万元是以贷还贷，应当免除农牧公司的保证责任，300万元并非是借款人羊毛公司在保证期间内破产，应免除保证人农牧公司的保证责任。根据《担保法解释》第三十九第一款的规定，判决：驳回农发行营业部的诉讼请求。诉讼费80010元，由农发行营业部负担。

农发行营业部不服一审判决，提起上诉。

二审法院审理后认为，农牧公司在出具担保时，96第008号借款合同剩余的300万元贷款已经逾期10个月，13397031号借款合同的1100万元贷款已经逾期3个月，因此，农牧公司的本意即不是为将来的新贷款而是为此前已经发生的既有债务的延期履行而提供的担保，其对本案所涉贷款的延期履行情况是明知的，对该项担保的风险与责任自然是明知的。虽然根据保证合同的约定农牧公司未曾为本案中所涉旧贷提供过保证以及其在诉讼中否认其明知借新还旧的情况，但根据其明知本案借款的不断延期及逾期情况，无论其所担保的贷款是否已用于偿还旧贷款，均与其提供担保的真实意思无关，并且未在其真实意思之外加重其担保的风险与责任负担。因此，农牧公司以本案所涉贷款系用于偿还旧贷款为由应免除其保证责任的主张不能成立。本案中，农发行营业部向保证人农牧公司主张权利是在主债务人羊毛公司破产程序终结后六个月内，其依据的是《担保法解释》第四十四条规定。因为农牧公司出具的保证合同对保证责任约定不明，根据《担保法解释》第三十二条第二款的规定，本案中96第008号借款合同剩余的300万元贷款的保证期间应认定为1998年2月27日至2000年2月27日，13397031号借款合同的保证期间是1999年9月29日至2001年9月29日。主债务人羊毛公司被人民法院宣告破产是在2000年5月8日，此时13397031号借款合同的保证期间正在发生法律效力。因此，农发行营业部对13397031号借款合同的债权主张符合《担保法解释》第四十四条的规定，其在申报债权后未能从破产程序中得以清偿的部分可以在破产程序终结后六个月内向保证人农牧公司主张权利。本案中，当主债务人羊毛公司被人民法院宣告破产时，96第008号借款合同项下的300万元贷款的保证期间已经因为债权人在保证期间内向保证人主张过权利而不再发生作用，正值该债权处于诉讼时效期间。在这种情况下，债权人有两种选择，既可以向人民法院申报债权，又可以向保证人主张权利。如果允许债权人可以同时行使上述两种权利，则会出现债权人双重受偿的可能，为避免这种结果的出现，应限制债权人只能选择一种方式主张权利。在债权人申报债权后，其对保证人的诉讼时效是否会因为破产程序的进行而中止，或者诉讼时效依然在发生作用。如果此时允许诉讼时效仍在发生作用，那么债权人因为选择了申报债权所以不能再同时向保证人主张权利，这种情况下，当破产程序进行过程中，债权人对保证人的诉讼时效就有可能在破产程序进行中期间届满，等破产程序终结后，债权人就会丧失了对保证人的胜诉权。这对债权人是极为不公平的。将在诉讼时效内发生破产事件的情形与《担保法解释》第四十四条规定的情形相比较，可以看出，二者的不同之处仅在于破产事件发生的期间不同，《担保法解释》第四十四条规定的情形是在保证期间内发生主债务人破产事件，而该种情形是在保证的诉讼时效内发生主债务人破产事件。最高人民法院认为，《担保法解释》第四十四条规定可以延伸适用于诉讼时效内发生破产的情形。据此判决：保证人农牧公司应对羊毛公司向农发行营业部的贷款 1395.1 万元本息承担连带清偿责任。

上述案例，当事人双方主要争议焦点是农发行营业部主张权利是否符合《担保法解释》第四十四条的规定。该解释第四十四条规定“保证期间，人民法院受理债务人破产案件的，债权人既可以向人民法院申报债权，也可以向保证人主张权利。债权人申报债权后在破产程序中未受清偿的部分，保证人仍应当承担保证责任。债权人要求保证人承担保证责任的，应当在破产程序终结后六个月内提出。”

二、保证人预先行使追偿权

债务人破产不影响保证人承担保证责任，而且无论保证方式是一般保证还是连带责任保证，保证人在债务人破产案件被法院受理后，全部变为连带责任保证，原本享有先诉抗辩权的一般保证人不能再享有先诉抗辩权。由于连带责任保证人没有先诉抗辩权，所以债务人破产对连带责任保证人的影响小于一般保证人，但这仅就先诉抗辩权来说，在保证人未来可以享有的对债务人的追偿权上，债务人破产对连带责任保证人和一般保证人带来的风险打击是相同的，因为债务人破产意味着追偿权的不能实现，意味着保证人成了终极责任人。

与义务相对应，在债务人破产案件被法院受理后，保证人享有追偿权预行使权。所谓追偿权预行使权，指保证人在债务人破产案件被法院受理后，于承担保证责任之前向债务人行使的追偿权。一般情况下，保证人行使追偿权必须以已经承担保证责任为前提，在债务人进入破产程序后，保证人对债务人的追偿权已经落空或部分落空，为了保护保证人的权利，法律特别规定保证人可以预先行使追偿权，即在债权人不参加破产程序，不申报债权时，保证人可以参加破产程序，申报债权。此时保证人申报债权在实际承担保证责任之前，所以称为追偿权的预先行使。

债务人破产后，债权人既可以申报债权，也可以同时要求保证人清偿，债权人在破产程序中未来可能分得的份额，不预先在保证人应当承担的保证责任中减扣，法院审理债权人起诉保证人的案件也不必考虑债权人究竟会得到多少财产分配。但债权人已经得到破产分配的部分，应及时向法院说明，以便于法院在对保证人的判决中予以扣减，避免债权人重复受偿。在各国破产法中，向法院说明已获得的清偿属于破产债权人的义务，债权人未履行该义务的，会被法院处罚。我国法院有民事制裁的权利，在上述相同情况下，不排除法院对债权人采取民事制裁。

三、预先行使追偿权的方式

保证人预先行使追偿权的方式是以债权人的身份向法院申报债权，保证人的债权被法院登记后，保证人成为破产债权人，其债权的确认此后由清算组和债权人大会来做。债权人已经申报债权的，法院不再接受保证人的申报；保证人先申报债权的，法院不能以债权人是否申报情况不明为由，拒绝登记，但此后债权人又申报的，法院应当通知保证人不再享有破产债权人的身份。保证人申报的债权额以保证人的保证范围为限，超过保证范围申报债权的，法院可以不予登记。在共同保证中，按份共同保证的保证人可以各自以应当承担的保证责任的份额为限，向法院申报债权，连带共同保证的保证人可以单独或共同向法院申报全部债权。如果各连带共同保证人单独申报债权的，法院仅将各保证人重复申报的债权额作为一个债权额，表决权也只有一份，但各保证人均享有破产债权人的身份。我国司法实践追求简化，不主张连带共同保证的保证人各自申报债权，《担保法解释》第四十六条规定，“人民法院受理债务人破产案件后，债权人未申报债权的，各连带共同保证的保证人应当作为一个主体申报债权，预先行使追偿权”。司法解释的考虑是，连带共同保证的各个保证人都向法院申报债权的话，相互之间可能有冲突，不利于人民法院登记工作的进行。连带共同保证人推举代表申报债权，在破产程序中所受的清偿，由各保证人平均分配。司法解释的规定比较理想，对简化破产案件的审理有利，但由于保证人形成共同意思缺乏程序保障以及联络上的不便，保证人同意推举代表以及能够推举出代表的可能性并不大，所以在保证人不能推举出代表的情况下，法院可以确定首先参加债权申报的保证人为代表。

四、债权人的通知义务

保证人预先行使追偿权以债权人不申报债权为前提，如果债权人已经向法院申报债权，参加了破产程序，保证人即丧失预先行使追偿权的机会。如果债权人不申报债权，又不通知保证人，保证人确实不知道债务人破产时怎么办？债权人不申报债权的，《担保法解释》规定债权人有通知保证人的义务，如果债权人不通知保证人的，债权人可能要承受保证人部分免责的风险。《担保法解释》第四十五条规定："债权人知道或者应当知道债务人破产，既未申报债权也未通知保证人，致使保证人不能预先行使追偿权的，保证人在该债权在破产程序中可能受偿的范围内免除保证责任。"《担保法解释》的考虑是，人民法院受理债务人破产的案件后，根据破产法的规定，人民法院将向债权人发出通知或者公告告知债权人，债权人应当首先了解到债务人破产的情况。因此，债权人不参加破产程序，应及时通知保证人，以使保证人及时了解主债务人的破产情况，能够预先行使求偿权。如果债权人既不加入破产程序，又不通知保证人，则可能使保证人因未在法定期限申报债权，丧失本来可以从破产程序中获得的清偿，因此，在这种情况下，司法解释认为债权人无权就可能由破产程序获得清偿的部分，要求保证人履行。

在保证期间内，债务人破产，保证责任的承担。根据《担保法解释》第四十四条规定，保证期间，人民法院受理债务人破产案件的，债权人既可以向人民法院申报债权，也可以向保证人主张权利。债权人申报债权后在破产程序中未受清偿的部分，保证人仍应当承担保证责任。债权人要求保证人承担保证责任的，应当在破产程序终结后六个月内提出。

五、对引言案例的评析

在前述案例中，96 第 008 号借款合同剩余的 300 万元贷款的权利主张存有分歧，主要在于农发行营业部能否依据《担保法解释》第四十四条规定主张权利。本案中，该笔贷款的保证期间是 1998 年 2 月 28 日至 2000 年 2 月 28 日，由于 2000 年 1 月 17 日农发行营业部向农牧公司催收贷款，根据《担保法解释》第三十四条的规定，此时保证期间不再发生法律作用，保证债权开始受诉讼时效的约束，在该保证债权的诉讼时效期间，于 2000 年 5 月 8 日发生了主债务人羊毛公司破产事件。因此，在发生主债务人破产事件时该 300 万元贷款的保证期间已结束，但仍在诉讼时效期间内。《担保法解释》第四十四条规定仅限于保证期间内发生破产事件的情形，那么对于在保证期间内主张了权利但未发生破产事件而是在诉讼时效期间内发生破产事件的情形下，如何保护债权人的合法利益呢？最高人民法院二审判决采纳了《担保法解释》第四十四条的规定，将该规定延伸适用于诉讼时效内发生破产的情形。

第三章 抵押担保

第一节 抵押权概说

一、引言

抵押是《担保法》中所规定的五种担保方式之一，抵押的规定在《担保法》中处于第 3 章，共有 30 个条文，几乎占整个《担保法》的 96 个条文的 1/3，足见其地位突出。抵押权在《物权法》中占据了 29 个条文，亦是“浓墨重彩”。抵押既是一种比较古老的担保方式，又是现代社会生活中最理想的担保方式，抵押担保被称为“担保之王”。

在研究抵押权一般性问题之前，先看一则案例，并思考之：

抵押担保借款纠纷案

某华阳公司与某市工商银行签订《借款合同》，合同中主要约定：工商银行贷给华阳公司人民币 60 万元，借款利息为月息 0.9 厘，借款期限 6 个月，到期不还加罚利息的 20%。应华阳公司的要求，某宏阳公司与工商银行签订了《抵押担保书》，该担保书主要约定：宏阳公司自愿以 10 部东风牌 140 货运车为华阳公司提供抵押担保，并在交通运输管理部门办理了抵押登记手续。借款到期后，经工商银行多次催要，华阳公司偿还贷款本息13万元，尚欠本金47万元及利息和罚息。工商银行以华阳公司、宏阳公司为被告诉至法院。法院审理后认为，《借款合同》、《抵押担保书》均是当事人的真实意思表示，系合法有效，华阳公司未按合同约定期限还款，实属违约行为，应当承担违约责任，并应限期给付，若华阳公司未予给付，工商银行可依据《抵押担保书》的约定，以宏阳公司所抵押的东风车折价优先受偿。据此判决：一、华阳公司在判决生效后十日内付给工商银行借款本金47万元及利息、罚息（按合同约定）。二、如果华阳公司未能偿还上述款项，工商银行有权以宏阳公司抵押的东风车折价优先受偿。宣判后，三方均服判息诉。

本文结合上述案例，对抵押、抵押权的基本概念和抵押权的分类进行阐述。

二、抵押权的意义及法律特征

（一）抵押概念剖析

《物权法》第一百七十九条对抵押权的概念及抵押法律关系的当事人作了明确规定，即："为担保债务的履行，债务人或者第三人不转移财产的占有，将该财产抵押给债权人的，债务人不履行到期债务或者发生当事人约定的实现抵押权的情形，债权人有权就该财产优先受偿。前款规定的债务人或者第三人为抵押人，债权人为抵押权人，提供担保的财产为抵押财产。"①

① 《担保法》第三十三条规定："本法所称抵押，是指债务人或者第三人不转移对本法第三十四条所列财产的占有，将该财产作为债权的担保。债务人不履行债务时，债权人有权依照本法规定以该财产折价或者以拍卖、变卖该财产的价款优先受偿。前款规定的债务人或者第三人为抵押人，债权人为抵押权人，提供作担保的财产为抵押物。"

我们可以从四个方面进一步理解抵押的概念：一是抵押的显著特点是债务人或者第三人不转移对抵押财产的占有，而质权是债务人或者第三人将其动产移交给债权人占有或者将权利凭证交付给债权人占有。我国《民法通则》中的抵押包含了质押。《担保法》在立法上以财产的占有是否转移作为抵押与质押区分的主要标准，从立法上确立了质押担保制度；二是抵押的财产既包括不动产，也包括动产，凡是符合法定条件的，并适合于抵押的动产及权利，都可以成为抵押财产；三是抵押人必须依法享有抵押财产的所有权或者依法对抵押财产享有处分权，抵押人不拥有抵押财产的所有权或者不享有处分权的，不得作为抵押财产；四是抵押权是一种担保物权，在债务人不履行债务时，债权人有权依法以该抵押财产折价或者以拍卖、变卖该财产的价款优先受偿。

抵押法律关系的当事人包括抵押权人和抵押人。抵押权人即为债权人，对抵押物享有抵押权。抵押人是为担保债务的履行和债权的实现而提供抵押物之人，既可以是债务人，也可以是债务人之外的第三人。抵押物是抵押人为担保债务人履行债务、债权人实现债权而提供的，用于设定抵押权的特定财产。

在前述案例中，抵押担保借款法律关系的当事人表现为：某工商银行既是债权人，又是抵押权人。某华阳公司为债务人，某宏阳公司为抵押人，此时，抵押人和债务人非同一人。抵押物为某宏阳公司所提供抵押的10部东风牌140货运车。

（二）抵押权的概念及特征

抵押概念的核心是抵押权。所谓抵押权，是指债务人或者第三人不转移对抵押财产的占有，将该财产作为债权的担保，在债务人不履行债务时，债权人依法以该财产折价或者拍卖、变卖该财产的价款优先受偿的权利。

抵押权具有如下特征：

1. 抵押权具有物权性。抵押权是一种物权还是一种债权，在学术界颇有分歧。有的学者从抵押权与债权的相同点着眼，论证抵押权的债权性。认为债权因其存续而保持价值移动的效力，因其消灭而实现价值移动，抵押权亦然。债权以债务人将来的履行为内容，抵押权也以担保将来债务的履行而存在。有关价值移动的基本约束之债的内容，确保债权关系为目的的价值移动之权为担保物权，因此，两者在目的关系上乃结合为一。[①] 因此，许多人认为抵押权主要为债权，我国《民法通则》将抵押权规定在“债权”一章中，实际上是接受了这种观点[②]。另一种观点认为，抵押物被第三人非法占有时，抵押权人可以请求返还，债务人不履行债务时，债权人有权对抵押物进行处分，变价优先受偿[③]。因此，抵押权具有债权性。上述两种观点都有道理，我们认为，抵押权虽具有债权性，但抵押权仍属于物权范畴，是一种担保物权：一是抵押权是一种价值权、变价权，侧重于抵押物的处分与收益，为确保债权的实现，抵押权人可基于抵押权而直接处分抵押物；二是抵押权原则上要求抵押物特定化，在抵押权实现之时，抵押物必须是特定的，以确定其价值。抵押权优先于普通债权而得到满足和实现；三是抵押权适用物权的保护方法，当抵押权受第三人侵害时，抵押权人有权要求侵害人赔偿；四是抵押权具有物上追及性，追及效力为物权特有效力，债权原则上不具有追及力。由此可见，抵押权虽表现出某些“债权性”，但从根本上看属于物权范畴，正是由于抵押权是一种物权，才更有利于强化抵押权担保债权实现的功能。

2. 抵押权具有从属性。抵押权是一种担保债权实现的物权，它的成立和实现要以一定债权关系存在为前提，而且从属于债权关系。抵押权的从属性表现在：

(1) 抵押权以主债权的发生为前提。抵押权的成立必须以相应的债权存在为前提，没有有效成立的债权就不可能设定抵押

---

① 刘得宽：《担保物权之物权性与债权性》，载《民法诸问题与新展望》，台湾地区三民书局股份有限公司出版，第 337 页。

② 王利明：《物权法论》，中国政法大学出版社 1998 年版，第 679 页。

③ 参见郭明瑞：《担保法原理与实务》，中国方正出版社 1995 年版，第 83 页。

权。理论和实务对于抵押权成立的从属性采取较为宽容的解释，认为抵押权在于担保债权的受偿，只要抵押权在将来行使时，有被担保债权存在，即为已足；至于在抵押权成立时被担保债权是否存在，已非所问。[①] 因此，抵押权的设定不以被担保的债权在设定时存在为必要，仅以将来发生债权的可能性为已足，但在行使抵押权时，须被担保的债权存在且数额确定。[②]

需要注意的是，与《担保法》第五条第一款的规定不同，《物权法》第一百七十二条规定，“设立担保物权，应当依照本法和其他法律的规定订立担保合同。担保合同是主债权债务合同的从合同。主债权债务合同无效，担保合同无效，但法律另有规定的除外。担保合同被确认无效后，债务人、担保人、债权人有过错的，应当根据其过错各自承担相应的民事责任。”与《担保法》相比，《物权法》将独立担保的依据仅限于法律另有规定，不允许当事人在合同中对独立担保作出约定。

（2）抵押权随着主债权的消灭而消灭。被担保债权的部分或全部因清偿或其他原因消灭时，抵押权也随之部分或全部地消灭。我国《担保法》第五十二条规定“抵押权与其担保的债权同时存在，债权消灭的，抵押权也消灭”，《物权法》第一百七十七条规定“主债权消灭”的，担保物权消灭。但是，抵押权的一部分消灭，不影响抵押权行使的不可分性。

（3）抵押权随着债权的处分而发生转移或变化，即抵押权在处分上的从属性。除非抵押人与抵押权人有特殊约定外，抵押权随被担保的债权的让与而移转，无须征得抵押人的同意。《物权法》第一百九十二条规定：“抵押权不得与债权分离而单独转让或者作为其他债权的担保。债权转让的，担保该债权的抵押权一并转让，但法律另有规定或者当事人另有约定的除外。”从法律上明确了抵押权在处分上具有从属性。

---

① 谢在全：《民法物权论》（下册），中国政法大学出版社 1999 年版，第 552 页。

② 史尚宽：《物权法论》，中国政法大学出版社 2000 年版，第 272 页。

当然，在我国抵押权的从属性也存在例外：一是最高额抵押权的设立不以债权的成立为前提。且《物权法》第二百零四条规定，除非当事人另有约定，最高额抵押担保的债权确定前，部分债权转让的，最高额抵押权不得转让；二是《物权法》第一百九十二条但书，允许当事人通过约定，使抵押权不随债权的转移而转移；三是《担保法解释》第七十七条规定的所有人抵押权中，主债权消灭而抵押权并不消灭。

3. 抵押权具有特定性。要使抵押权的存在或变动从外界可以认识，以避免第三人遭受不测之损害，就需要公示原则以明示特定抵押物和担保债权的范围，这就是抵押的特定原则。抵押权的特定性表现在两个方面：一是抵押物的特定。抵押权以确保债权实现为宗旨，在一般情况下，抵押物必须是现存的、特定的，在特定条件下，未来的肯定可以取得之物也可以成为抵押物，《担保法解释》第四十七条规定，以依法获准尚未建造的或者正建造中的房屋或者其他建筑物抵押的，当事人办理了抵押物登记，人民法院可以认定该抵押有效。《物权法》第一百八十条规定可以正在建造的建筑物、船舶、飞行器设定抵押。抵押物的特定化，意义在抵押公示，以使第三人知晓该财产已用于抵押。二是抵押权所担保的债权是特定的债权，而不是担保一切债权，否则也就会无法确定特定债权人的利益，也会损害第三人的合法权益。

4. 抵押权具有不可分性。抵押权的不可分性是指抵押权所担保的债权，债权人得就抵押物全部行使其权利，标的物之分割或一部分灭失，债权分割或一部分让与，清偿，抵押权不受其影响。大陆法系承认抵押权的不可分性，我国不少学者也认为我国立法应予引进。对此，《物权法》第一百九十三条规定："抵押人的行为足以使抵押财产价值减少的，抵押权人有权要求抵押人停止其行为。抵押财产价值减少的，抵押权人有权要求恢复抵押财产的价值，或者提供与减少的价值相应的担保。抵押人不恢复抵押财产的价值也不提供担保的，抵押权人有权要求债务人提前清偿债务。"[1] 具体地说，抵押权的不可分性主要表现在：一是当抵押物分割时，抵押权继续存在于分割后的各个财产上；当抵押物部分让与时，抵押权继续存在于让与和未让与的财产上；二是当债权分割时，分割后的各个债权均受全部抵押物的担保；债权部分让与时，当债权部分清偿时，未获清偿的部分仍受全部抵押物的担保；三是抵押权设定后，抵押物价值上涨时，抵押人可处分超出担保范围的部分，但不得损害抵押权；抵押物价值下跌时，抵押人不承担减少财产补充担保的义务。

5. 抵押权具有优先受偿性。抵押权的实质和担保作用在于：当债务人不履行债务时，抵押权人可以抵押物折价或者从该抵押物的变价中优先满足自己债权，当抵押物的价值较大时，抵押权人行使抵押权后，若有剩余才能用于偿还其他债务，若偿还担保的债权后没有剩余，其他债权人就不能从该抵押物上取得价值。因此，抵押权人在债务人不履行债务时，可以拍卖、变卖抵押物，优先于其他债权人从该抵押物上取得价值转移以满足自己债权的权利。抵押权的优先受偿性主要表现在：一是附有抵押权的债权人，对抵押物的变价有优先于无抵押权的债权人而受偿的权利；二是在同一标的物上数个抵押权的，发生在先的抵押权优先于发生在后的抵押权而优先就标的物取偿。

6. 抵押权具有物上代位性。《物权法》第一百七十四条规定："担保期间，担保财产毁损、灭失或者被征收等，担保物权人可以就获得的保险金、赔偿金或者补偿金等优先受偿。被担保债权的履行期未届满的，也可以提存该保险金、赔偿金或者补偿金等。"抵押权的效力及于抵押物的代位物或者代替物。《担保法解释》对此亦作了明确规定，即第八十条规定"在抵押物灭失、

---

① 《担保法解释》第七十一条规定"抵押人的行为足以使抵押物价值减少的，抵押权人请求抵押人恢复原状或提供担保遭到拒绝时，抵押权人可以请求债务人履行债务，也可以请求提前行使抵押权。"第七十三条规定"抵押物折价或者拍卖、变卖该抵押物的价款低于抵押权设定时的约定价值的，应当按照抵押物实现的价值进行清偿。不足清偿的剩余部分，由债务人清偿。"

毁损或者被征用的情况下，抵押权人可以就该抵押物的保险金、赔偿金或者补偿金优先受偿。抵押物灭失、毁损或者被征用的情况下，抵押权所担保的债权未届清偿期的，抵押权人可以请求人民法院对保险金、赔偿金或补偿金等采取保全措施”。

7. 抵押权具有追及性。财产抵押后，抵押人并未丧失财产所有权或者经营权，抵押人仍然有权转让抵押财产。但抵押财产的转让对抵押权不发生影响，抵押权人可追及至抵押财产的买受人行使其抵押权。抵押权的追及力使抵押物的买受人处于极为不利的地位。为了公平保护抵押权人、抵押人、抵押物买受人的利益，《物权法》第一百九十一条规定：“抵押期间，抵押人经抵押权人同意转让抵押财产的，应当将转让所得的价款向抵押权人提前清偿债权或者提存。转让的价款超过债权数额的部分归抵押人所有，不足部分由债务人清偿。抵押期间，抵押人未经抵押权人同意，不得转让抵押财产，但受让人代为清偿债务消灭抵押权的除外。”

在前述案例中，某宏阳公司与工商银行签订了《抵押担保书》，由宏阳公司的10部东风牌140货运车抵押担保，并办理了抵押登记，工商银行所享有的抵押权完全具有对10部东风牌140货运车的直接支配权，在华阳公司不能完全清偿债务时，工商银行可以不依抵押人的意思自行实现对物的处分，通过折价变卖、拍卖而使自己获得优先受偿，这便是抵押权的物权性和优先受偿性所体现的。当华阳公司主动在判决指定期间内履行了义务，此时，主债权因履行而消灭，则工商银行所享有抵押权也随之消灭。本案抵押权特定性表现为宏阳公司的特定抵押物——10部东风牌140货运车，宏阳公司所担保的特定债权——华阳公司在工商银行贷款人民币60万元的本金、利息、罚息，其担保责任的范围以其抵押物价值为限度。当宏阳公司在抵押期间将其抵押的东风货运车擅自卖给第三人时，宏阳公司未告知工商银行或第三人时，其买卖行为无效。若告知了工商银行和第三人，则宏阳公司所取得的车款应当提前向工商银行清偿所担保华阳公司的债权，或者与工商银行约定由他人提存，超过债权数额的部分，则归宏阳公司所有，这便是抵押权具有追及性的表现。若抵押期间，宏阳公司的10部东风车中有3部不慎被撞毁，所取得的中国财产保险公司的19万元赔偿金，该赔偿金仍应当作为抵押财产，这便是抵押权的物上代位性的表现。

三、抵押权的类型

1. 根据抵押人的身份不同，分为债务人提供的抵押权和第三人提供的抵押权

债务人以自己的财产抵押的，债务人是抵押人，以自己特定的财产作为履行合同的担保。合同当事人之外的第三人提供财产为合同的债务人担保的，与保证有相似之处，即第三人接受合同债务人的委托向债权人作担保，不过保证是以全部财产作信用担保，抵押是以特定的财产作担保。以财产作抵押的第三人法律地位与保证人极为相似，亦称物上保证人。

在前述案例中，宏阳公司自愿以10部东风牌140货运车为华阳公司提供抵押担保，即属于第三人提供的抵押。

2. 根据被担保的债权是否特定，分为普通抵押权和最高额抵押权

在一般情况下，抵押所担保的债权是特定的，在设立抵押时，债权已现实存在，成为普通抵押。最高额抵押，是指抵押人与抵押权人协议，在最高债权额限度内，以抵押物对一定期间内连续发生的债权作担保。最高额抵押是一种特殊抵押制度。它与普通抵押不同之处：在设立抵押时被担保的债权尚不确定，在抵押合同规定的期限内，被担保的债权随时有发生、消灭、增减的可能，无论债权人与债务人在这段期限内发生的债权数额有多大，抵押物所担保的数额以抵押合同所约定的最高额为限。债务人在订立借款合同和商品买卖合同时，可以附最高额抵押合同。而普通抵押权设定抵押时被担保的债权数额是确定的。

在前述案例中，宏阳公司所提供的抵押担保是为了担保华阳

公司在某市工商银行所借款人民币60万元，这一特定的，并已存在的债权，所以说，宏阳公司所提供的抵押又属于典型的普通抵押。

3. 根据抵押权的标的不同，可将抵押权分为不动产抵押权、动产抵押权、权利抵押权

以不动产为标的物的抵押权为不动产抵押权，在我国不动产抵押权主要是在建筑物及其地上附着物、正在建造的建筑物上设立的抵押权。以动产为标的物的抵押权为动产抵押权，动产抵押权主要是指在生产设备、原材料、半成品、成品、船舶、航空器、交通运输工具等动产上设立的抵押权。权利抵押权则是以权利为客体成立的抵押权，在我国主要是指在建设用地使用权，以招标、拍卖、公开协商等方式取得的荒地等土地承包经营权设立的抵押权。在国外，权利抵押使用并不广泛，但在我国，由于土地所有权不能流转，故土地使用权成为抵押权最常见的标的形态。至于其他权利是否可以设定抵押，国内有不同主张。有学说认为“采矿权、水上养殖权等准物权，也可作为权利抵押之标的”,① 但也有学说认为“根据物权法定主义原则，这些物权不得充任抵押标的”,② 还有人认为“实际上，我国的权利抵押权只有土地使用权抵押权一种”。③ 我们认为，由于在抵押财产的范围上，我国《物权法》第一百八十条第（七）项规定，法律、行政法规未禁止抵押的其他财产均可以设立抵押。《物权法》以此作为抵押财产范围列举性规定的兜底条款，此规定不同于《担保法》第三十四条第（六）项以“依法可以抵押的其他财产”作为兜底条款的规定。因此，在探矿权、采矿权、海域使用权等用益物权上可以设立权利抵押权。

区分不动产抵押权、动产抵押权、不动产权利抵押权的实益主要在于，不同种类的抵押权其所采的物权变动模式不同，根据

---

① 陈华彬：《物权法原理》，国家行政学院出版社1998年版，第681页。
② 孙鹏、肖厚国：《担保法律制度研究》，法律出版社1998年版，第146页。
③ 梁慧星：《中国物权法研究》（上），法律出版社1998年版，第883页。

《物权法》第一百八十七条的规定，不动产及不动产权利抵押权的抵押权的设立采登记生效主义，即抵押自登记时设立。动产抵押权则不同，根据《物权法》第一百八十八条、第一百八十九条之规定，动产抵押权的设立采登记对抗主义，即抵押权自抵押合同生效时设立，未经登记，不得对抗善意第三人。

在前述案例中，宏阳公司自愿以10部东风牌140货运车为华阳公司提供抵押担保，抵押物10部东风牌货运车则属于动产，因此，属于动产抵押权范畴。

4. 根据抵押权是否进行登记，可将抵押权分为登记抵押权和非登记抵押权

登记抵押权，是指在设定时经过登记机关登记的抵押权。根据《物权法》第一百八十七条的规定，以该法第一百八十条第一款第一项至第三项规定的财产或者第五项规定的正在建造的建筑物抵押的，应当办理抵押登记，抵押权自登记时设立。非登记抵押权，是指在设定时不必经过登记机关登记的抵押权，即抵押权自抵押合同生效时发生效力。登记抵押权与非登记抵押权的划分意义在于——这两类抵押权的效力大不相同，即登记抵押权具有对抗第三人的效力，而非登记抵押权不具有对抗第三人的效力。

在前述案例中，宏阳公司以10部东风牌货运车进行抵押，并依法进行了抵押登记，则属于登记抵押权。若宏阳公司以10部东风牌货运车进行抵押而未办理抵押登记，则根据《担保法》第四十一条、第四十二条之规定，该抵押合同不生效力。

5. 根据抵押权产生的依据不同分为法定抵押权与约定抵押权

法定抵押权是直接依据法律规定而产生的抵押权。法定抵押权以法国法上规定最为广泛，而日本则采取先取特权与留置权的方法替代了法定抵押权。德国法上仅承认建筑物承揽人对于建筑承揽而发生的债权，在建筑物上承认法定抵押权。梁慧星教授指出，《合同法》第二百八十六条从设计、起草、讨论、修改、审

议直至正式通过，始终是指法定抵押权。[①]《物权法》第一百八十二条规定："以建筑物抵押的，该建筑物占用范围内的建设用地使用权一并抵押。以建设用地使用权抵押的，该土地上的建筑物一并抵押。抵押人未依照前款规定一并抵押的，未抵押的财产视为一并抵押。"即为典型的法定抵押权，建设用地使用权与建筑物一并抵押。约定抵押权是依据当事人之间的法律行为而发生的抵押权。

6. 根据抵押物的数量不同，可将抵押分为单一抵押权、共同抵押权、财团抵押权与浮动抵押权

单一抵押权是指在特定的某一财产上设定的抵押权。共同抵押权是指为了同一债权的担保而在数个不同的财产上设定的抵押权。一般认为，我国《物权法》第一百八十条第二款之规定："抵押人可以将前款所列财产一并抵押"，其所谓一并抵押，实质上就包括了共同抵押。财团抵押，又称企业抵押，是指抵押权（企业）以其所有的动产、不动产及财产性群体的集合体作为抵押权客体而进行的抵押。可以说，《物权法》第一百八十条规定的内容既包括单一抵押，又包括了共同抵押和财团抵押。财团抵押主要为现代大陆法系国家所采用。在英美法系国家也存在一种类似的担保，称为浮动抵押，但两者是有差异的。首先，财团抵押的抵押物范围限于企业现有的特定财产，一般不包括将来的财产，而在浮动抵押中，抵押物既包括现存的财产，也包括将来的财产，是抵押人现在和将来财产的总和；其次，设定财团抵押需将作为抵押标的物的财团作成目录，使抵押物特定化，而设定浮动抵押无需如此，作为抵押物的财团浮动不定，只有在实现抵押权时才能特定，这被称为"结晶"。再次，财团抵押设立后，抵押人对财团的处分即受到限制，构成财团的各个物和权利，一般不能脱离财团，但设定浮动抵押后，抵押人仍可利用抵押财产进

① 梁慧星：《合同法第二百八十六条的权利性质及其适用》，载《山西大学学报》（哲社版）2001年第3期。

行经营活动，就其物和权利可以使用、收益和处分；最后，浮动抵押可以公司部分财产设定，[①] 我国《物权法》第一百八十一条所规定的浮动抵押权仅能以现有及将有的生产设备、原材料、半成品、成品抵押。

第二节 抵押权的设定

一、引言

所谓抵押权的设定，是指因一定的事实或行为而获得的抵押权。抵押权的取得方式取决于各国立法的具体规定。法国民法将抵押权行为分为裁判上抵押权和契约上抵押权。裁判上抵押权，因法院作出的判决而发生。契约上抵押权，仅由有处分其不动产能力之人，始而设定之。[②] 概括而言，作为担保物权的抵押权，其取得方式大致有两种：一为依法律行为取得；二为基于法律行为以外的原因而取得。[③]

在研究抵押权设定之前，先看一则案例，并思考之：

该案原告能否取得抵押权[④]

原告：司徒达肯。

被告：恩平华宇建材股份有限公司（以下简称华宇公司）。

司徒达肯与华宇公司多年有购销水泥袋业务往来，2002 年 1 月 20 日，司徒达肯与华宇公司签订一份《房地产权证抵押协

---

① 梁慧星：《中国物权法研究》（下），法律出版社 1998 年版，第 903 页。

② 王家福主编：《民法债权》，法律出版社 1991 年版，第 118 页。

③ 谢在全：《民法物权论》（下册），中国政法大学出版社 2000 年版，第 565 页。

④ 案例来源于广东省江门市中级人民法院（2003）江中法经初字第 135 号民事判决书。

议》，该协议载明：截至2001年6月30日止，华宇公司共欠司徒达肯货款4328476.63元。为保障司徒达肯的应有权益，经双方协商，华宇公司愿以该公司的6个房地产权证抵押给司徒达肯（证号分别是：0799848、0799849、0799850、0799874、0799875、0799876），抵押期限至还清司徒达肯货款截止。抵押期间司徒达肯不能将华宇公司的房产证转借或转押他人。协议签订后，华宇公司将上述抵押物的房地产权证交给司徒达肯作欠款抵押。2001年7月至2002年2月，华宇公司共分10次偿还欠款367557.20元给司徒达肯。后华宇公司再无支付货款给司徒达肯，遂引起诉讼。

法院审理后认为，本案是买卖合同纠纷。司徒达肯与华宇公司虽未签订书面买卖合同，但双方于2002年1月20日签订了一份《房地产权证抵押协议》，该协议明确确认华宇公司尚欠司徒达肯货款4328476.63元，而双方当事人的买卖行为并无违反法律规定，应认定双方的买卖行为合法有效。协议签订后，华宇公司只偿还货款367557.20元，尚欠货款3960919.43元未付，其行为已违约，应承担相应的民事责任。根据《中华人民共和国合同法》第一百零九条关于"当事人一方未支付价款或者报酬的，对方可以要求其支付价款或者报酬"的规定，因此，华宇公司应偿还尚欠货款3960919.43元给司徒达肯。本案中，司徒达肯请求违约金的计算时间应从2001年7月1日起计算，而本案事实表明，司徒达肯与华宇公司在协议中均无约定还款的期限，亦无约定违约责任，司徒达肯请求违约金的计算时间是没有事实依据的，本院不予支持。对违约金的计算，按有关法律规定，只能从起诉日起即从2003年7月10日起计算，按中国人民银行同期一年期流动资金贷款利率计付。本案中，司徒达肯与华宇公司就上述欠款签订了抵押协议，协议内容没有违反法律的规定，华宇公司亦将抵押物的权利凭证交给司徒达肯，可认定抵押合同有效。但双方当事人未办理抵押物登记手续，根据《中华人民共和国担保法》第四十一条关于"当事人以本法第四十二条规定的财产抵押的，应当办理抵押物登记，抵押合同自登记之日起生效。”和最高人民法院《关于适用〈中华人民共和国担保法〉若干问题的解释》第五十九条关于“当事人办理抵押物登记手续时，因登记部门的原因致使其无法办理抵押物登记，抵押人向债权人交付权利凭证的，可以认定债权人对该财产有优先受偿权。但是，未办理抵押物登记的，不得对抗第三人”的规定。司徒达肯虽已取得华宇公司的权利凭证，但没有证据证实其是因登记部门的原因致使其无法办理抵押物登记手续。因此双方签订的抵押合同虽生效，但原告未依法取得担保物权，是不得对抗第三人的，因此，司徒达肯请求对本案抵押物享有优先受偿权没有法律依据，本院不予支持。被告华宇公司经本院传票传唤，无正当理由拒不到庭，根据《中华人民共和国民事诉讼法》第一百三十条关于“被告经传票传唤，无正当理由拒不到庭的，或者未经法庭许可中途退庭的，可以缺席判决”的规定，本院依法对华宇公司缺席判决。综上判决如下：一、被告恩平华宇建材股份有限公司应在本判决发生法律效力之日起偿还货款本金人民币3960919.43元及违约金给原告司徒达肯。违约金计算：从2003年7月10日起至本判决清偿日止，按中国人民银行同期一年期流动资金贷款利率计付。二、驳回原告司徒达肯的其他诉讼请求。本案案件受理费29814.60元，由被告负担。

上述案例，法院依据《担保法》第四十一条、《担保法解释》第五十九条的规定，确认抵押合同有效，但抵押物没有进行登记，而确认司徒达肯不能取得抵押权，即本案抵押权的设定违反了法律规定。本文就抵押权设定的有关问题予以论述。

二、抵押权的原始取得

抵押权的原始取得是因一定的事实或行为而产生或创设的抵押权。抵押权的原始取得主要有如下几种情形：

1. 约定抵押权。所谓约定抵押权，是指依照法律行为而取得的抵押权。这里的法律行为主要表现为当事人订立抵押合同的行为，并使抵押合同生效。民法上的抵押权，一般为约定抵押权，以当事人的合意而发生。依照我国《担保法》第三十八条“抵押人和抵押权人应当以书面形式订立抵押合同”的规定，可以看出，我国民法上的抵押权，依照当事人订立的抵押合同而设定，且是双方行为，而不是单方行为。依照我国《物权法》第一百八十五条“设立抵押权，当事人应当采取书面形式订立抵押合同。抵押合同一般包括下列条款：（一）被担保债权的种类和数额；（二）债务人履行债务的期限；（三）抵押财产的名称、数量、质量、状况、所在地、所有权归属或者使用权归属；（四）担保的范围”的规定，可以看出，我国民法上的抵押权，依照当事人订立的抵押合同而设定，且是双方行为，而不是单方行为。

当事人要创设抵押权，应当依法订立抵押合同；但是，抵押合同的订立，并不当然发生抵押权设定的效果。抵押权的设定，仍取决于当事人依照抵押合同的约定履行设定抵押权行为，即办理抵押登记，抵押权自抵押物登记之日起发生效力，但法律另有规定的，不在此限，即法律规定不需要办理抵押登记的，抵押权的取得自抵押合同签订后生效，但不得对抗第三人。

2. 法定抵押权。所谓法定抵押权，是指依照法律规定而取得的抵押权。法定抵押权是法律直接运作的结果，因此，各国民法均对法定抵押权作了严格限制。如《法国民法典》第 2121 条规定：“除根据其他法典或特别法律所产生的抵押权外，赋予法定抵押权的权利和债权如下：1. 夫妻一方的权利和债权对于另一方的财产；2. 未成年人或受监护的成年人的权利和债权对于其监护人或法定财产管理人的财产；3. 国家、省、市镇及公共构成的权利和债权对于税级人员及会计人员的财产；4. 受遗赠人的债权，根据第 1017 条的规定，对于继承的财产；5. 第 2101 条规定的权利和债权。”我国台湾地区民法典第 513 条规定有承揽人的法定抵押权。承揽之工作物为建筑物或其他土地上之工作物或为此等工作物为重大修缮者，承揽人就承揽关系所生之债权，对于其工作所附之定作人之不动产有抵押权。

一般认为，《合同法》第二百八十六条“发包人未按照约定支付价款的，承包人可以催告发包人在合理期限内支付价款。发包人逾期不支付的，除按照建设工程的性质不宜折价、拍卖的以外，承包人可以与发包人协议将该工程折价，也可以申请人民法院将该工程依法拍卖。建设工程的价款就该工程折价或者拍卖的价款优先受偿”的规定，即为工程承包人所享有的法定抵押权[①]。当然，《物权法》第一百八十二条“以建筑物抵押的，该建筑物占用范围内的建设用地使用权一并抵押。以建设用地使用权抵押的，该土地上的建筑物一并抵押。抵押人未依照前款规定一并抵押的，未抵押的财产视为一并抵押”的规定，即属于典型的法定抵押权，这是我国一向采取“房随地走”和“地随房走”的双向统一原则，即在抵押权设定之时，法律将建筑物和建设用地使用权视为一个整体，不允许将它们分别抵押，无论是以建设用地使用权抵押为目的还是以土地上的建筑物抵押为目的，相应的建筑物或建设用地使用权作为统一的抵押标的物的组成部分。

三、抵押权的继受取得

抵押权的继受取得是指通过继承、承受或受让而获得已经存在的抵押权。抵押权的继受取得主要有如下三种情形：

1. 抵押权的继承。所谓抵押权的继承，是指当抵押权人死亡后，继承人在继承抵押权的债权的同时，可以继承抵押权人的抵押权。抵押权是否可因继承而取得，我国《担保法》未作明文规定，但《担保法解释》第六十八条对此作了规定，即“抵押物依法被继承或者赠与的，抵押权不受影响。”因此，继承人享有继承抵押权人的抵押权的权利。当然，继承人抛弃继承抵押权人的抵押权，则是对自己权利的一种处分。

2. 抵押权的承受。所谓抵押权的承受，是指当抵押权人法

① 王利明：《抵押权若干问题的探讨》，载《法学》2000年第11期，第38页。

人发生合并或分立时，由合并后或分立后的法人取得的抵押权。主要根据：一是《民法通则》第四十四条第二款规定："企业法人分立、合并，它的权利和义务由变更后的法人享有和承担"。二是抵押权具有从属性、特定性、不可分性的特征。因此，在我国《担保法》中虽无明文规定抵押权的承受，但我们认为，根据上述理由及民法法理，应当承认抵押权的承受。

3. 抵押权的受让。所谓抵押权的受让，是指债权发生转让时，抵押权可以附债权一并转让与受让人享有。根据《担保法》第五十条"抵押不得与债权分离而单独转让或者作为其他债权的担保"和《物权法》第一百九十二条"抵押权不得与债权分离而单独转让或者作为其他债权的担保。债权转让的，担保该债权的抵押权一并转让，但法律另有规定或者当事人另有约定的除外"的规定，抵押只有附随于所担保的主债权才能够让与他人或者作为其他债权的担保。该条的规定已为世界多数国家立法所确认，也为理论界多数学者所认同。因此，从该条的立法精神看，我国《担保法》是承认抵押权的受让取得的。

四、抵押权取得但不得对抗第三人的例外情形

《担保法解释》第四十九条和第五十九条规定了抵押权人取得抵押权的两种例外情形，虽突破了现行《担保法》第四十一条的规定，但实践中应当以该解释为依据。

1. 尚未办理或者正在办理权属证书的财产设定抵押，抵押权人可以取得抵押权。根据《担保法解释》第四十九条的规定，以尚未办理权属证书的财产抵押的，在第一审法庭辩论终结前能够提供权利证书或者补办登记手续的，可以认定抵押有效。当事人未办理抵押物登记手续的，不得对抗第三人。抵押权的设立原则上以既存债权为条件，可以债权成立在先，抵押权设定在后，也可以抵押权的设定与债权成立同时进行。债权不存在、不确定或者无效的，不能发生没定抵押权的法律效果。抵押权以主债权的存在为前提，但并不是说抵押权只能后于债权而存在，对将来

债权以及附条件债权同样可以设立抵押。如果将来债权根本不会发生，则抵押权也不可能存在。抵押权成立的从属性不是绝对的，司法实践中一般采取较为宽容的解释，即抵押权的设立不以被担保债权的存在为必要，仅以抵押权在将来行使时被担保的债权存在为必要。至于抵押权成立时被担保债权是否存在，在所不问。因为抵押权设立的目的在于担保债权的清偿。现代抵押权制度，允许对将来的债权或者附条件的债权设定抵押权，例如最高额抵押，抵押权成立时，所担保的债权尚未产生或者确定。抵押权实行时，所担保的债权必须是确定的。最高额抵押为抵押权从属性的例外。各国立法普通承认“可以为现在的、将来的或者可能发生的债权设定抵押权”。法国民法规定，就将来的财产不得设定抵押权。未取得所有权的标的物因缺乏权利凭证或者法律文件而无法进行抵押登记，然而这是抵押权登记的效力问题，并不影响抵押合同的成立。抵押人尚未取得而将来可以取得的财产，可以设定抵押权。但是，对将来可以取得的财产设定的抵押权，在抵押物实际存在时发生设定抵押权的效力。由于抵押权是存在于特定物上的权利，将来可以取得的财产尚未存在，因此为其设定的抵押权，应当在该财产实际存在时发生设定抵押权的法律效力。我们认为，以将来的或者可能发生债权设定抵押的，在第一审法庭辩论终结前能够提供抵押物登记的，不得对抗第三人。

2. 因登记部门的原因致使当事人无法办理抵押登记的，抵押权人可以取得抵押权。根据《担保法解释》第五十九条的规定，当事人办理抵押物登记手续时，因登记部门的原因致使其无法办理抵押物登记，抵押人向债权人交付权利凭证的，可以认定债权人对该财产有优先受偿权。但是，未办理抵押物登记的，不得对抗第三人。这里强调的是“登记部门的原因”，是客观原因，如有关部门没有开展抵押登记，其他部门又不受理抵押登记，如果因此而确认抵押权不成立，显然不利于保护债权人的利益。当然，如果因为当事人不愿意支付高额的与抵押有关的费用，如评估费、登记费等，没有办理抵押登记的，就不能确认抵押权人取得了抵押权。[①]

五、对引言案例的评析

《合同法》第四十四条第二款规定："法律、行政法规规定应当办理批准、登记等手续生效的，依照其规定。"这里规定的是决定合同效力的程序要件。《合同法解释（一）》第九条第一款规定："依照合同法第四十四条第二款的规定，法律、行政法规规定合同应当办理批准手续，或者办理批准、登记等手续才生效，在一审法庭辩论终结前当事人仍未办理批准手续的，或者仍未办理批准、登记等手续的，人民法院应当认定该合同未生效；法律、行政法规规定合同应当办理登记手续，但未规定登记后生效的，当事人未办理登记手续不影响合同的效力，合同标的物所有权及其他物权不能转移。"

由于《担保法》第四十一条有"应当办理抵押物登记的，抵押合同自登记之日起生效"的规定，因此，在根据该规定而确立的现行法体系下，抵押权是否生效直接决定抵押合同的效力状态。于此前提下，本案的解决应以一审判决较妥，其称"抵押并未生效"，似应解为未办理抵押登记的抵押合同未生效（进而导致抵押权不生效），符合上述司法解释的前段规定。物权变动的合同和物权变动本身，是两个不同的法律事实，这是物权法的一个基本原则。在德国民法中，这被称为区分原则或者分离原则，不但符合物权为排他权而债权为请求权的基本法理，而且被民法实践证明是一条分清物权法和债权法的不同作用范围、区分当事

① 最高人民法院副院长李国光于2000年10月28日《在全国民事审判工作会议上的讲话》中指出："对于担保法规定的需要登记方能生效的抵押合同，如果当事人有充分证据证明已经进行登记申请，因为登记结构的原因而无法办理抵押物登记，或者抵押人将抵押财产的权利凭证已经交付了抵押权人的，人民法院可以认定抵押合同有效。但是，没有办理抵押物登记的，则不能对抗善意第三人。"该规定对《担保法解释》第五十九条又有所突破，以至于审判实践中对此有扩大化的倾向，只要权利凭证交付给抵押权人，就认定取得了抵押权。从最高人民法院的判例来看，还是认定抵押合同没有生效，抵押权人不能取得抵押权。

人的不同法律责任的行之有效的原则。

因此，一般而言，房屋抵押合同自成立之日起生效，但法律另有规定或者当事人另有约定的除外。房屋抵押登记，不是房屋抵押合同生效的程序要件，而是房屋抵押权生效的程序要件。因此，《担保法》第四十一条关于“应当办理抵押物登记的，抵押合同自登记之日起生效”的规定，是不正确的。[①] 因为登记的意义仅在于使被设定的抵押权生效。所以，笔者认为，有关房屋抵押登记对房屋抵押合同的影响，必须越出《担保法》第四十一条的规定加以思考。[②] 在本案中，房屋抵押合同已经生效，当事人未办理房屋抵押登记，并不意味着房屋抵押合同未生效甚至无效，只是房屋抵押权不生效而已。在自物抵押（即由主债务人自己提供抵押物的情况）中，如果未办理抵押登记而导致抵押权不生效的，虽然主合同与抵押合同均仍生效，但主债务人仅需承担其于主合同项下的违约责任，而无抵押合同项下违约责任之承担。这是因为，抵押合同的责任性质为针对主债务人就主合同之不履行而形成的补充责任，但此时从债务人又与主债务人的身份重合，债务人仍需以其全部财产作为责任财产承担责任；从债务已经被主债务所吸收，因此不存在单独的抵押合同项下的违约责任的承担。债务人就上述一体责任的承担，由于针对其并无经过有效特定化（即设定生效的抵押权）的财产，因此该责任之承担方式仅属一般，债权人没有就债务人的任何财产变价的优先受偿权。

因此说，本案受诉法院对抵押合同认定有效，并认为司徒达肯没有取得抵押权的处理，虽然超越了现行《担保法》的规定，但符合物权法的立法精神，处理是正确的，颇值赞许。

---

①　有学者认为，《担保法》第四十一条实际是将抵押合同的生效和抵押权的设定混为一谈。参见梁慧星：《民法典物权》，法律出版社 2004 年版，第 315 页。

②　《物权法》第九条规定第一款规定：“不动产物权的设立、变更、转让和消灭，应当登记；未经登记，不发生物权效力，但法律另有规定的除外。”

第三节　抵押物

一、引言

抵押物应当符合法律的规定。凡法律规定不得设置抵押的财产，当事人设置抵押的，其抵押无效。诸如：

本案的标的物能否作为抵押物

乔为民于2000年6月在某市创办了华兴学校，该校系乔为民出资兴办的寄宿制学校，并担任学校校长。该校具备法人资格。2002年初。为了扩大招生，乔为民想再建一栋学生宿舍楼，经核算了工程费用尚缺20万元，就以学校名义向某商业银行申请贷款，但银行要求其提供担保。乔为民就以自己用的学校的奥迪轿车作抵押，与商业银行签订了书面的抵押借款合同，并办理了抵押登记，还款期为1年。不料，第二年，该市又建了2所民办学校。由于民办学校收费高，学生生源并未增加多少，乔为民的学校招收的新生人数并不多。贷款逾期后，学校无力偿还。商业银行要求学校变卖抵押的奥迪轿车以偿还贷款，学校则认为，该抵押合同无效，不同意变卖奥迪轿车而形成纠纷。

商业银行递诉至法院，请求法院确认：抵押借款合同有效；华兴学校偿还贷款20万元及利息和罚息；对抵押物奥迪轿车依法享有优先受偿权。华兴学校辩称借款属实，应当偿还借款本息，但抵押无效。

法院审理后认为，虽《担保法》第三十七条禁止学校的财产设置抵押，但根据《担保法解释》第五十七条“学校、幼儿园、医院等以公益为目的的事业单位、社会团体，以其教育设施、医疗卫生设施和其他社会公益设施以外的财产为自身债务设定抵押的，人民法院可以认定抵押有效”的规定，华兴学校以其奥迪轿车作抵押，该轿车不属于教育设施，且又为自身的债务认定抵押，因此，抵押借款合同为有效合同，商业银行依法享有抵押权，对其抵押物奥迪轿车依法享有优先受偿权。据此判决：一、华兴学校偿还商业银行借款20万元及利息和罚息；二、商业银行对华兴学校的抵押物奥迪轿车依法享有优先受偿权。

一审宣判后，当事人双方均服判息诉。

上述案例，当事人双方争议焦点是作为以公益为目的的事业单位华兴学校以其奥迪轿车作为抵押物，是否违反法律禁止性的规定。作为抵押，必须有特定的物为特定的债权作担保。本文结合《物权法》、《担保法》、《担保法解释》对抵押物的有关情况予以论述。

二、抵押物的法律意义

所谓抵押物，是指由债务人或第三人享有的，用来在其上设置抵押权的标的物。抵押物是否为动产或不动产，抵押人均不移转对抵押物的占有。这与传统民法是有区别的，在传统民法上的抵押物只限于不转移占有的不动产。

作为抵押合同的抵押物应当具有下列性质：

1. 抵押物应当具有交换价值和让与性。抵押权为直接支配抵押物的交换价值的权利，作为权利标的的抵押物必须具有交换价值。具有交换价值的财产，只有依法可以让与他人的，所有人才可以为他人的利益设定抵押，并为抵押的行使而最终变价的抵押物创造了条件。若抵押物不具有交换价值，则抵押权形同虚设。但应明确的是，具有交换价值但法律禁止流通的财产不得作为抵押物。

2. 抵押物的价值应当具有相对稳定性。因为，抵押人仅以抵押物的价值为限度而承担抵押担保责任，所以，抵押物的价值只有保持相对稳定性，才有利于抵押权人实现抵押权。若抵押物的价值不具有一定程度的稳定性，即便在抵押设定时能够提供充分的担保，但由于价值的变化，将会使其担保的充分性丧失。抵押物的价值是否相对稳定，主要取决于抵押物的市场价格的波动情况，若抵押物的价格上涨，则对抵押权人实现债权颇为有利；若抵押物的价格下跌，则对抵押权人实现债权极为不利。对此，只能由抵押权人根据自己的经验及掌握的市场行情进行合理的判断和预测。

3. 抵押物应当具有特定性。抵押权为担保物权，担保是及于特定物上的权利，抵押权人对抵押物应当具有现实的支配，因此，一般来说，抵押物应为现实存在之物，未来肯定可以取得之物也可以作抵押物。但也有学者认为，以未来可取得之不动产的标的物为设定抵押权的约定，性质上与就他人之物订立买卖契约相同，仅具有债权的效力，没有创设抵押物的效力。[①]

4. 抵押物应当具有不易移动性和不易损耗性。因抵押不要求担保物的转移，抵押权人对抵押物不进行实体的支配，若抵押物容易移动，抵押人在实行抵押之前可以将抵押物转移、隐藏，抵押权人对抵押物的价值支配将会落空。即使法律上赋予抵押权追及效力，抵押权人由于不能在实行抵押权时实现对抵押物的实体占有，因而不可能进行变价。所以说，作为抵押物应当具有不易移动性。这也正是传统的抵押权立法中，以不动产为抵押物，而否认动产作为抵押物。但随着现代经济的发展，大量动产体积大，移动性差，与所有人经营活动不能分离，且辅之以动产抵押登记制度，使动产抵押风险越来越小，动产可作为抵押物得到各国立法的普遍承认，且动产抵押的范围也越来越广。抵押权本质为价值权，它通过抵押权人对抵押物的价值的支配而实现抵押权的担保功能，抵押设定后，抵押人对抵押物的使用受益并不受影响。因此，要实现抵押权的担保功能，作为抵押物必须是不容易

---

① 谢在全：《民法物权论》（下册），中国政法大学出版社 2000 年版，第 569—570 页。

损耗的财产，否则，抵押权将难以实现。抵押物是否不易损耗，可根据抵押担保的债权的履行期限的长短来决定。

5. 抵押物应当具有权属明晰性。抵押物应当属于抵押人所有或属其经营管理依法可以处分的财产，没有所有权或者依法不得处分的财产不能作为抵押物，这对于抵押权人实现抵押担保债权是非常重要的。若抵押人对抵押物没有处分权，其设定的抵押权可能无效，抵押担保就会落空。

三、抵押物的范围

我国《担保法》第三十四条规定了可以设定抵押权的财产，第三十七条规定了不得抵押的财产。《物权法》第一百八十条规定了可以设定抵押权的财产，第一百八十四条规定了不得抵押的财产。较之于《担保法》,《物权法》规定的不同之处在于扩大了可供抵押的财产范围。具体表现在：一是增加了生产设备、原材料、半成品、成品，进一步明确了动产抵押的财产范围；二是增加了正在建造的建筑物、船舶、航空器，即可以以这些将来财产设定抵押。三是将兜底条款修改为“法律、行政法规未禁止抵押的其他财产”，较之于《担保法》第三十四条第（六）项的规定，《物权法》的规定更加灵活或宽松。

根据我国《物权法》第一百八十条的规定，可以抵押的财产包括：建筑物和其他土地附着物；建设用地使用权；以招标、拍卖、公开协商等方式取得的荒地等土地承包经营权；生产设备、原材料、半成品、产品；正在建造的建筑物、船舶、航空器；交通运输工具；法律、行政法规未禁止抵押的其他财产。以上可抵押的财产可以概括为不动产、不动产权利、动产、特定的未来财产。具体而言：

1. 建筑物和其他土地附着物。《物权法》第二条第二款规定：“本法所称物，包括不动产和动产。法律规定权利作为物权客体的，依照其规定。”虽然物权法未对不动产作出界定，但根据我国《担保法》第九十二条第一款的规定，不动产是指土地以及房屋、林木等地上定着物。对于不动产中的建筑物需注意，《担保法解释》第四十八条规定，“以法定程序确认为违法、违章的建筑物抵押的，抵押无效。”以建筑物设立抵押时，因为违法、违章建筑的交换价值不能实现，故不能成为抵押权的客体。其他土地附着物主要包括林木、庄稼、地上构筑物。根据《担保法》第九十二条第一款的规定，林木是土地附着物，而且是区别于土地的独立的不动产，根据《担保法》第四十二条第（三）项和《森林法》第三条第二款的规定，林木可以独立成为抵押权的客体。《担保法解释》第五十二条规定，“当事人以农作物和与其尚未分离的土地使用权同时抵押的，土地使用权部分的抵押无效。”可见，与土地尚未分离的农作物也可以独立成为抵押客体。地上构筑物区别于房屋的建筑物，与房屋抵押权的设立相同，其抵押时应与土地一并抵押。

2. 建设用地使用权。根据《物权法》第一百三十五条的规定，建设用地使用权是权利主体在法律允许的范围内依法享有的对国家所有的土地占有、使用和收益的权利，权利主体有权利用该土地建造并经营建筑物、构筑物及其附属设施。设立建设用地使用权的主要方式有出让和划拨两种：出让是国家以所有者的身份将建设用地使用权在一定年限让与使用者，并由使用者向国家支付建设用地使用权出让金的行为。具体包括协议、招标和拍卖三种具体方式。以出让方式取得的土地使用权抵押的，依据《担保法》第三十六条规定，没有地上建筑物的可以单独设定抵押；有地上建筑物的必须与地上建筑物一同设定抵押。而且，以出让方式取得的土地使用权抵押，其抵押期限不能超过出让终止期限。划拨是指国家通过行政审批程序将土地无偿地确定给使用权人使用，使用权人只需按照一定的程序向主管机关提出申请，经批准即取得建设用使用权，而不必向国家交付费用和租金。以划拨土地使用权抵押必须符合以下条件：首先必须与地上建筑物一同抵押，需抵押人委托具有土地估价资格的中介机构进行地价评估，经土地管理部门确认并批准抵押，核定出让金数额后，由抵押人与抵押权人签订抵押合同;[①] 其次，在实现抵押权时，“应当从拍卖所得价款中缴纳相当于应缴纳的土地使用权出让金的款额后，抵押权人方可优先受偿。”[②] 此外，转让、互换、出资、赠与以及行使抵押权等原则上也可以成为取得建设用地使用权的方式。

集体土地使用权原则上不准抵押，但可随乡村企业的厂房等建筑物一并抵押。《物权法》第一百八十三条规定，“乡镇、村企业的建设用地使用权不得单独抵押。以乡镇、村企业的厂房等建筑物抵押的，其占用范围内的建设用地使用权一并抵押。”其立法目的是增强乡村企业的融资能力，促进乡村企业的发展。在以集体土地使用权抵押时，为了在实现抵押权时不改变土地的公有性质，也为了有利于国家控制土地市场，法规要求在签订抵押合同时，集体土地所有者要出具同意抵押的书面证明，其内容包括在实现抵押权时同意按法律规定的土地征用标准补偿后转为国有土地，以及征地费是否作为清偿资金等。而且集体土地所有者在出具此证明前，应在村农民集体内部履行合法手续。[③]

3. 以招标、拍卖、公开协商等方式取得的荒地等土地承包经营权。根据《农村土地承包法》第四十九条的规定，此处的荒地包括荒山、荒沟、荒丘、荒滩等农村土地，即所谓“四荒”。根据《农村土地承包法》第四十九条的规定，以“四荒”土地设定抵押，应当符合下列条件：首先，用来抵押的使用权必须明确为荒地使用权。其次，抵押人对荒地享有承包经营权，且该经营权已经登记。第三，经发包人同意。

4. 生产设备、原材料、半成品、成品。这是关于一般动产抵押的规定。在物权法立法过程中，对于是否限定动产抵押的范围有不同意见，一种意见认为，动产抵押的范围不宜过宽，理由是动产种类繁多，易于移动，公示问题难以解决，不对动产抵押

---

① 《国家土地管理局关于土地使用权抵押登记有关问题的通知》第二条第一项。

② 《城市房地产管理法》第五十条。

③ 国家土地局发布的《农村集体土地使用权抵押登记的若干规定》第四条。

财产范围进行限制，不利于交易安全。另一种意见认为，对动产抵押的范围不宜限制，理由是扩大动产抵押的范围有利于融资，而且扩大抵押财产的范围也是担保法的发展趋势。[①] 最终，《物权法》从解决生产者，特别是农业生产者贷款难的需要以及保障债权安全的需要出发，明确规定了生产设备、原材料、半成品、产品可以抵押，并规定法律、行政法规未禁止抵押的其他财产均可设立抵押。这样，进一步扩大了动产抵押的范围，不再局限在《担保法》第三十四条第（二）项所限定的机器、交通运输工具等价值较大的动产上。

5. 正在建造的建筑物、船舶、航空器。关于未来财产能够设定抵押权，近现代各国民法存在许可和不许可两种立法主义。不许可主义认为，抵押权是一种存在于特定物上的权利，将来的不动产尚未实际存在，抵押权不具备支配抵押物的实际效果，因此即便许可将未来财产设定抵押权，其仍需等到该财产实际存在后方能生效，故其实际意义不大，不应许可就未来财产设定抵押权。[②] 我国《担保法》对正在建造中的未来财产能否设定抵押未作明确规定，但 1997 年建设部《城市房地产抵押管理办法》在第三条第五款对在建工程抵押作出规定。《担保法解释》第四十七条对此进一步作出规定："以依法获准尚未建造的或者正在建造中的房屋或其他建筑物抵押的，当事人办理了抵押物登记，人民法院可以认定抵押有效。"《物权法》则把未来财产的范围扩大到正在建造的建筑物、船舶、航空器。

6. 交通运输工具。在传统民法中，船舶、航空器等交通运输工具被视为准不动产，因此船舶、航空器等的抵押可以视为准不动产抵押，办理抵押登记是船舶、航空器抵押权的对抗要件，而非生效要件。根据我国《机动车登记规定》、《海商法》和《民

---

① 全国人民代表大会常务委员会法制工作委员会民法室编著：《物权法立法背景与观点全集》，法律出版社 2007 年版，第 620 页。

② 梁慧星：《中国民法典草案建议稿附理由·物权编》，法律出版社 2004 年版，第 310 页。

用航空法》的规定，机动车、船舶和航空器可以作为抵押物。《机动车登记规定》第二章第四节对机动车的抵押登记作了详细规定。《海商法》第十三条规定："设定船舶抵押权，由抵押权人和抵押人共同向船舶登记机关办理抵押权登记；未经登记的，不得对抗第三人。"《民用航空法》第十六条规定："设定民用航空器抵押权，由抵押权人和抵押人共同向国务院民用航空主管部门办理抵押权登记；未经登记的，不得对抗第三人。"根据《物权法》第一百八十八条的规定，交通运输工具抵押的，抵押权自抵押合同生效时设立；未经登记，不得对抗善意第三人。因此，《物权法》的规定与《海商法》和《民用航空法》的规定相一致。

7. 法律、行政法规未禁止抵押的其他财产。只要某项财产符合抵押财产的条件，即抵押人有权处分，具有可让与性，便于管理和实施，就应当承认其属于抵押物的范围。根据私法自治原则，只要法律、行政法规未禁止抵押的财产，皆可设定抵押。

四、禁止抵押的财产

我国《担保法》第三十七条、《物权法》第一百八十四条对不得抵押的财产进行了规定，两部法律所规定的禁止抵押的财产范围是一致的。《物权法》第一百八十四条规定："下列财产不得抵押：（一）土地所有权；（二）耕地、宅基地、自留地、自留山等集体所有的土地使用权，但法律规定可以抵押的除外；（三）学校、幼儿园、医院等以公益为目的的事业单位、社会团体的教育设施、医疗卫生设施和其他社会公益设施；（四）所有权、使用权不明或者有争议的财产；（五）依法被查封、扣押、监管的财产；（六）法律、行政法规规定不得抵押的其他财产。"具体而言：

1. 土地所有权不得抵押。土地所有权是指土地所有人依法对土地实行占用、使用、收益和依照国家法律规定作出处分并排除他人干涉的权利。根据我国《宪法》和《土地管理法》的规定，城市市区的土地属于全民所有即国家所有，农村和城市郊区的土地，除法律规定属于全民所有以外，属于集体所有。国家所有、集体所有的土地，可以依法确定给全民所有制、集体所有制、单位或其他组织，个人使用，使用人只有使用权，没有所有权。除依照法律的规定对土地使用权抵押外，土地所有权不能抵押。

2. 耕地、宅基地、自留地、自留山等集体所有的土地使用权，除依法可以抵押的外，不得抵押。宅基地、自留地、自留山属于集体所有，农民只有使用权，而无权处分，如果不用由集体收回。耕地属于重要的自然资源，保护耕地是我国的基本国策。因此，除依法承包的荒山、荒沟、荒丘、荒滩等地的使用权经发包人同意可以抵押，乡（镇）、村企业厂房等建筑物抵押时，其占有范围内的土地使用权同时抵押外，耕地、宅基地、自留地、自留山等土地使用权不得抵押。

3. 以公益为目的的事业单位、社会团体的教育设施、医疗卫生设施和其他社会公益设施不得抵押。学校、托儿所、幼儿园、医院以及工会、共青团、妇联所管理的休养所、疗养院、文化宫、俱乐部、妇幼保健机构和体育场、馆等属于公益设施，如果改变用途，将影响公众利益，这些设施的管理部门只有管好、用好的义务，没有随意处分的权利，不得抵押。

《担保法》禁止抵押的只是学校与医院等公益机构的特定财产——教育设施和医疗卫生设施及其他社会公益设施，比如教学楼、实验室、实验设备、门诊大楼、住院部、救护车、CT 机、化验仪器等。如果学校、幼儿园、医院抵押的财产并非教育设施、医疗设施或其他社会公益设施，例如，幼儿园的小卖部，学校办的商店，医院办的农副产品基地，学校领导的小车等，则不属于《担保法》禁止之列。有些地方法院在未正确理解《担保法》规定的情况下，将以学校或医疗机构的财产设定的抵押一概认定无效。为使审判工作中此种错误做法得到纠正，《担保法解释》第五十三条规定："学校、幼儿园、医院等以公益为目的的事业单位、社会团体，以其教育设施、医疗卫生设施和其他社会公益设施以外的财产为自身债务设定抵押的，人民法院可以认定抵押有效。”

4. 所有权、使用权不明或者有争议的财产，如正在诉讼中有争议的财产，所有权、使用权在未确认之前不能抵押。据此，一是有争议或权属不明确的财产不得用于抵押。二是他人财产，未经所有权人同意的，不得用于抵押。

5. 依法被查封、扣押、监管的财产。依法被采取查封、扣押或者监管等强制措施的财产，虽然所有权仍然属于财产所有权人，但所有权或处分权的行使受到了法律限制，因此该类财产不得抵押。以这类财产设立抵押的，抵押合同无效。查封、扣押的财产不能用以设定抵押权，但被监管的财产可否抵押，立法并不统一。对于海关监管的外商投资企业的财产可以抵押，只是需报海关批准，因此，被监管财产不能抵押存在例外。需要注意，若抵押权设立后，抵押财产被依法查封、扣押、监管的，抵押权不受影响。

6. 依法不得抵押的其他财产。按照我国《宪法》的规定，矿藏、水流、山岭、草原、水面、滩涂等属于国家所有，不得买卖、抵押或以其他形式非法转让。按照民法的规定，共有财产，未经共有人同意不得随意处分、抵押。如《担保法解释》第五十二条规定，当事人以农作物和与其尚未分离的土地使用权同时抵押的，土地使用权部分的抵押无效。

7. 违法、违章建筑物不得抵押。根据《担保法解释》第四十八条的规定，以法定程序确认为违法、违章的建筑物抵押的，抵押无效。《担保法解释》第四十八条规定：“以法定程序确认为违法、违章的建筑物抵押的，抵押无效。”所谓违法、违章建筑物是指违反《城市房地产管理法》等法律、法规、规章的规定，未经主管部门发给建筑许可证而擅自动工兴建成的各种建筑物，主要是指房屋。违章建造的房屋，因其违反法律规定，在未经主管部门处理并补办合法手续之前，不能产生房屋所有权之法律效果；经主管部门处理的，如属责令拆除或作没收处理的，建造人也不能对违章建筑之物拥有所有权；如属行政处罚后责令补办手续的，则在补办手续后，可依法取得建筑物的所有权。所以，以法定程序确认为违法、违章的建筑物依据《城市房屋权属登记管理办法》第二十三条，登记机关应当做出不予登记的决定。既然这些违法、违章建筑物都无法进行权属登记，属于法律禁止流通的物，倘以之设定抵押后抵押权人必定无法实现抵押权，因此抵押无效。

五、审判实践中应当注意的问题

1. 农村的私房可否抵押？理论界有不同观点，持否定说者依据的是《担保法》第三十七条第（二项）的规定，耕地、宅基地、自留地、自留山等集体所有的土地使用权不得抵押。由于土地使用权不得抵押，地上房屋也不能抵押。肯定说认为，《担保法》第三十七条第（二）项所禁止的只是宅基地的土地使用权抵押，而没有禁止村民以其所有的房屋设定抵押，况且我国法律允许村民出让其所有的房屋，宅基地使用权随着房屋一起转让，因此，自然也应允许将住房抵押。还有学者认为，农村私房设定抵押权，已经有了三重限制，一是《土地管理法》第六十二条第（四）项规定，农村村民出卖、出租住房后，再申请宅基地的，不予批准。二是土地管理法，宅基地使用权仅能让与集体组织成员，如果转让给村外人员的，该受让人必须在本村落户并符合申请宅基地的条件。三是《土地管理法》第六十二条第（一）项规定，农村村民只能有一处宅基地，且面积不能超过省、自治区、直辖市规定的标准。因此，如果再禁止农村私房抵押实在没有必要。① 我们赞成后一种观点。理由是：其一，法律不禁止农村私房的转让，按照举重以明轻的解释方法，法律自不禁止农村私房抵押。其二，按照《物权法》第一百八十条第（七）项规定，只要法律、法规未禁止的均可以设立抵押。不过，农村私房抵押权

---

① 程啸：《中国抵押权制度的理论与实践》，法律出版社 2002 年版，第 107 页。

的实现要遵循《土地管理法》规定的宅基地土地使用权流转的限制性规则。[①]

2. 通过拍卖取得的“四荒”土地使用权是否可以抵押？拍卖“四荒”土地使用权与《担保法》第三十四条第一款第（五）项规定允许抵押的承包“四荒”土地使用权具有共性：它们都以从事农林牧渔产业经营为目的，都以“四荒”地表为客体，都具有让与性。二者也有差异：前者通过拍卖而取得，后者基于发包而产生；前者完全进入了土地市场，转让不需经农村集体经济组织同意，后者仅有限度地进入了土地市场，转让必须征得发包方同意；前者尚未被法律确认为物权，后者已经被法律确认为物权。在抵押权制度的视野里，二者的共性处于重要地位，更具有价值，而差异则处于次要地位。因此，可以类推《担保法》第三十四条第一款第五项规定，承认以拍卖“四荒”土地使用权抵押者为有效。再者，许多省、自治区的土地法规或地方规章规定拍卖“四荒”土地使用权可以转让、抵押，并且不必征得农村集体经济组织的同意，这也具有法律效力。

3. 依法获准正在建筑中的建筑物是否可以作为抵押物？观点不尽一致。但根据《担保法解释》第四十七条“以依法获准尚未建造的或者正在建造中的房屋或者其他建筑物抵押的，当事人办理了抵押物登记，人民法院可以认定抵押有效”的规定，依法获准正在建筑中的建筑物可以作为抵押物。虽然在抵押登记时抵押物尚不存在或不完全存在，但是抵押权成立的时间仍然是自登记时成立，并非自抵押物建设完工时成立。另外，抵押物的范围应以抵押登记中记载的范围为准，如果记载不准确，在抵押人与抵押权人之间则要根据抵押合同的有关条款进行解释，以确定抵押财产的范围。此外，根据最高人民法院 2002 年 6 月 20 日公布

① 最高人民法院原副院长唐德华为笔者的《担保法审判实务研究》（2002 年版）所作的“序言”指出：担保法规定了个人所有的房屋可以作担保抵押，法律并未区分城市与农村，但有人却认为，农村房屋不得抵押，其根据就是“房随地走”，宅基地为集体所有不得抵押，因此，房屋也就不能抵押。

的《关于建设工程价款优先受偿权问题的批复》的规定，以正在建造的建筑物设立的抵押权也不能对抗建筑工程承包人的优先受偿权。

4. 不动产的一部分是否可以设定抵押权？不动产的一部分即就房屋和其他地上定着物的一部分是否可以设定抵押权，应作具体分析。若不动产上的一部分具有独立的交换价值，在交易上可认为是独立之物，而且可予以公示，即应当承认其属于抵押物的范围。随着建筑物区分所有权的出现，并得到认可后，则必须承认建筑物的部分可单独为抵押物而设定抵押权。

5. 禁止流通物、限制流通物可否设置抵押？财产的分类有多种方法，与《担保法》有关的分类主要是将财产分为禁止流通物、限制流通物和自由流通物。自由流通物不为分类所禁止，自然可以设定抵押。对于禁止流通物、限制流通物，则根据《担保法解释》第五条的规定，禁止流通物不得设置抵押，若设置抵押，其抵押无效。限制流通物可以设置抵押，但在实现抵押权时，应按有关法律、法规的规定进行。

6. 设定抵押的财产被查封、扣押等措施，不影响抵押权的效力。依法被查封、扣押、监管的财产，所有权仍属于财产所有人，但所有权的行使受到了法律限制，因此《担保法》禁止以此类财产设定抵押。但是，如果在抵押权设定后，抵押物才被依法查封、扣押、监管的，则抵押权不受影响。对此，《担保法解释》第五十五条规定："已经设定抵押的财产被采取查封、扣押等财产保全或者执行措施的，不影响抵押权的效力。"同时，依据《最高人民法院关于人民法院执行工作若干问题的规定（试行）》第四十条的规定："人民法院对被执行人所有的其他人享有抵押权、质押权或留置权的财产，可以采取查封、扣押措施。财产拍卖、变卖后所得价款，应当在抵押权人、质押权人或留置权人优先受偿后，其余额部分用于清偿申请执行人的债权。"如果法院或有权行政机关采取的查封、扣押或监管本身是违法的，也不影响抵押权的设定。

7. 租用农村集体用地，自建厂房是否可用于抵押？长期租用农村集体土地，实际上获得了土地使用权，与承包土地使用权意义类似。自建厂房用于生产经营，在办理抵押登记时，只要厂房办理了抵押登记，必然连同土地使用权一并办理了抵押登记，只不过抵押权人获得的是租赁使用权而已。当然，为了不影响出租人的利益，双方应当在租赁合同中明确约定土地使用权是否可以抵押，若没有约定，则视为出租方同意出租人在租赁期限内将该土地使用权一并抵押。

六、对引言案例的评析

在审理中出现三种不同意见：第一种意见认为，学校教育关系到社会公共利益，一旦实现抵押权，学校财产将难以维持其原有的用途，因此，学校的奥迪轿车不得用于抵押。第二种意见认为，学校的教育设施不得用于抵押，但教育设施以外的财产可用于抵押。校长用的奥迪轿车不属于教育设施，因此可用于抵押。第三种意见认为，民办学校一般以营利为目的，因此民办学校包括教育设施在内的所有财产都可以用于抵押，但公办学校的财产不能用于抵押。乔为民创办的学校系民办小学，因此学校的轿车可用于抵押。

民办学校的公益性问题是本案的一个关键问题。随着教育的现代化，提供教育服务的正式途径由原来的政府垄断逐步演变为公共途径和市场途径两种不同的形式。公共途径是由政府部门和公共组织提供的教育，而市场途径则是以实施营利性行为的个人或者营利性组织为基础的市场提供的教育。在市场经济条件下，教育这种公共物品经过转化，是可以进入市场的。经过转化后的教育，尽管是以私人物品或者准私人物品的面貌出现，但仍应将它看作是一种市场化的公益行为，而不是纯私益行为。市场化公益行为是现代国家普遍存在的一种处理公益事业与市场关系的行为模式。就教育而言，市场化公益行为是指办学主体通过某种市场化的方式来获得社会的教育资源，以一种与政府途径相平行的市场途径向社会提供教育服务，接受教育服务的人必须交纳一定的费用，而投入教育资源的人则必定要获得一定的经济回报。市场的有限介入既实现了一部分人的私益，同时又满足了社会成员对教育的多元化需求，因而实现了公益。由此可见，《教育法》第二十五条所规定的“不得以营利为目的”并不是教育公益性所固有的性质，而是法律赋予它的一种外在性质，教育的公益性并不必然排斥营利性行为的存在。民办学校通过市场进行的办学行为就是一种市场化公益行为。基于此，2002 年 12 月 28 日第九届全国人民代表大会常务委员会第 31 次会议通过的《民办教育促进法》第三条第一款规定：“民办教育事业属于公益性事业，是社会主义教育事业的组成部分。”该法第五十一条规定：“民办学校在扣除办学成本、预留发展基金以及按照国家规定提取其他的必需费用后，出资人可以从办学结余中取得合理回报。”

《担保法》第三十七条规定，“学校、幼儿园、医院等以公益为目的的事业单位、社会团体的教育设施、医疗卫生设施和其他社会公益设施”不得抵押。该条所明确列举的这些以公益为目的的单位，没有区分公办民办的问题，这些单位的正常运转与公民的教育、生活密切相关，实践中不应将这些单位的公益设施用于抵押。案例中认为民办学校的包括教育设施在内的所有财产都可以用于抵押的意见是不符合法律规定的。但在《担保法》列举的公益单位之外，对于报社、出版社、电台、电视台等单位，应当允许从设立目的和实际经营两方面考察其是否属于“以公益为目的”。如果属于从事经济活动的事业单位或社会团体，根据《担保法解释》第十六条的规定，它们的财产可以用于抵押。

根据《担保法》第三十七条规定，如果抵押物不是教育设施、医疗卫生设施等公益设施，抵押权仍然不受影响。例如不能以学校接送学生的班车作抵押物，但校长的座车仍然可以用来作抵押物。《担保法解释》第五十三条对上述主体进行抵押又进一步作了限制性规定。因此，只有满足以“公益设施以外的财产”和“为自身债务设定抵押”两个条件的，才可认定抵押有效。由此可见，案例中学校以教育设施以外的校长的座车，为学校自身债务作抵押，与银行签订的抵押合同是有效的。

第四节 抵押合同的成立与生效

一、引言

抵押合同系债权合同，自成立之日生效。但法律另有规定或者当事人另有约定的除外。

本案抵押合同是否生效

2003年3月3日，某银行与甲公司签订借款合同，由银行贷款给甲公司500万元。同日，乙公司以其150亩土地使用权为甲公司作抵押担保，并与银行签订了抵押合同，双方还约定抵押合同签订后5日内办理完抵押登记手续。抵押合同签订后，乙公司多次承诺办理抵押登记手续，而迟迟不予办理。甲公司又向银行追要借款，银行将500万元贷款划入甲公司账户。之后，银行继续要求乙公司办理抵押登记手续，而乙公司拒绝办理抵押登记，仅将土地使用权的权利证书交付给银行。此时，银行认为只要有土地使用权的权利证书，对该土地的使用权就能控制，贷款也不会产生风险。贷款到期后，甲公司没有偿还借款本息。此时，银行感到该笔贷款的风险正在发生，遂向某市中级人民法院提起诉讼。

该院审理后认为，借款合同为有效合同，根据《担保法解释》第五十九条的规定，抵押合同虽未办理抵押登记，但交付了土地使用权的权利证书，因此抵押合同有效，银行依法享有抵押权，但不能对抗第三人。据此判决：一、甲公司偿还银行借款500万元本息；二、银行对乙公司提供的抵押物享有优先受偿权，但该优先受偿权不能对抗第三人。

乙公司向高级人民法院提起上诉，认为抵押合同不生效，不应当承担抵押担保责任。

高级人民法院审理后认为，因土地使用权设定抵押时，因乙公司违背诚实信用原则拒绝办理抵押登记致使债权人银行受到损失，抵押人乙公司应当承担赔偿责任。由于土地使用权抵押没有办理抵押登记，因此银行不能取得抵押权，就不能对乙公司提供的抵押物享有优先受偿权。遂依据《担保法》第四十一条、第四十二条、《担保法解释》第五十六条第二款、《民事诉讼法》第一百五十三条第一款第（一）项、第（二）项的规定，判决如下：一、维持原判第一条，撤销第二条；二、乙公司在其抵押物价值范围内对甲公司在银行的500万元贷款本息承担赔偿责任。

上述案例，一审法院和二审法院对抵押权的认定不一致，适用的法律条款也是不一致的。二审法院适用《担保法解释》第五十六条的规定处理本案，是正确的。该解释第五十六条规定，抵押合同对被担保的主债权种类、抵押财产没有约定或者约定不明，根据主合同和抵押合同不能补正或者无法推定的，抵押不成立。法律规定登记生效的抵押合同签订后，抵押人违背诚实信用原则拒绝办理抵押登记致使债权人受到损失的，抵押人应当承担赔偿责任。

二、抵押合同的性质

所谓抵押合同，是指债权人与债务人或第三人之间为担保特定债权的实现，而就特定的财产约定在债务人不履行义务时，债权人就该财产进行拍卖或折价、变卖，并从其价款中优先受偿的意思表示一致的行为。抵押合同属于设权合同，目的是设定抵押权，但抵押合同的本质仍然是合同的本质，其成立和生效以及无效均由《合同法》来调整。[①] 抵押合同是抵押权设立的原因，没有当事人在抵押合同中就设立抵押权进行协议，抵押权就没有发生来源，但抵押合同并不能直接设立抵押权，抵押权的设立需要履行设立手续，即进行登记公示。登记行为是抵押权的设立行为。因此，在抵押合同和抵押权上，我们需要进行观念上的转换，即区分物权的变动和原因行为，区分抵押合同的生效和抵押权的设立。前者在当事人意思表示达成一致，即抵押合同成立时生效，后者在当事人办理登记手续时设立。[②]

根据《担保法解释》第五十六条第二款的规定，抵押合同签订虽然没有进行不动产登记，但是有过错的抵押人应当承担赔偿责任。这种做法符合物权与债权相区分、物权变动与债权变动的法律根据相区分的法理，也符合正在进行的物权法和民法典立法方案中的做法。如果要求抵押人承担责任，就首先要承认抵押合同的约束力，这实际上就是承认了抵押合同作为债权变动根据的效果，即仅仅依据当事人的意思表示一致而产生的效果。

三、抵押合同的当事人

根据《担保法》第三十三条的规定，抵押合同的当事人包括抵押人和抵押权人，现作以简单介绍：

---

① 《民法典物权》第五百二十条第四款规定“抵押合同自成立之日生效。但法律另有规定或者当事人另有约定的除外。”同时，该条说明和理由中均认为，抵押合同是否成立和是否生效，应当依照《合同法》关于合同成立与生效的规定判断。参见梁慧星：《中国民法典草案建议稿附理由》（物权编），法律出版社 2004 年版，第 315 页。

② 曹士兵：《中国担保诸问题的解决与展望》，中国法制出版社 2001 年版，第 182 页。李国光、奚晓明等著：《〈最高人民法院关于适用中华人民共和国担保法若干问题的解释〉理解与适用》，吉林人民出版社 2000 年版，第 233 页。同时该书还认为：根据物权变动与其原因行为的区分原则，应当区别抵押合同的生效和抵押权的设定。担保合同的订立与担保物权的设定是两个不同的法律事实，抵押合同为债权合同，属于合同法的范畴。抵押权经登记而设定，是合法有效的抵押合同所产生的法律后果，属于担保物权变动的范畴。因此，抵押合同自成立之日起生效，抵押权自登记之日起设定。以设定担保物权为目的的原因行为，自合同成立之日起生效。未能发生担保物权设定的情况下，不能否定有效成立的担保合同的效力，有过错的合同当事人应当承担违约责任。参见该书第 232—233 页。

1. 抵押人。所谓抵押人，是指为担保债务的履行和债权实现而提供抵押物的人（法人或公民）。抵押人既可以是债务人本人，也可以是债务人以外的第三人。当抵押人为债务人以外的第三人的，该第三人称为“物上保证人”。

抵押人作为抵押合同的当事人应当具备法律行为主体的一般条件。具体来说：一是抵押人为自然人时，应当具有完全民事行为能力。二是抵押人为非自然人时，应当具备法人资格，但无法人资格的企业的分支机构或职能部门，需经法人的特别授权也可签订有效的抵押合同。三是抵押人在设定抵押权时必须对抵押物享有所有权或者经营管理权。一般来说，抵押人享有所有权，就享有处分权，享有处分权，却不一定享有所有权。诸如《担保法》第三十四条第一款第五项的规定的“四荒”土地使用权，若抵押人虽依法承包，但未经发包方同意，则不得行使抵押权。《担保法》第三十四条第一款第三、四项的规定，抵押人依法有权处分国有的土地使用权、房屋和其他地上定着物，抵押人依法有权处分国有的机器、交通运输工具和其他财产，国有企业对上述财产虽不享有所有权，但在法律规定的范围内可对其财产进行处分。

2. 抵押权人。所谓抵押权人，是指因自己享有债权而享有抵押权的人。债务人在债务履行期届满没有履行债务的，抵押权人即债权人可行使抵押权，通过对抵押物的拍卖、变卖或折价获得的价款而使自己的债权得以实现。在我国民法上，不承认抵押权具有无因性和独立性，抵押权具有绝对的从属性。因此说，抵押权人和被担保债权的债权人为同一人，即抵押权人等于债权人。

抵押权人作为抵押合同的当事人应当具备法律行为主体的一般条件。具体言之来说：一是抵押权人为自然人时，应当具有完全民事行为能力。二是抵押权人为非自然人时，应当具备法人资格。若抵押权人系法人的分支机构或职能部门，则需经特别授权方可为之。三是抵押权人在设定抵押权时，须有被担保债权的存在。被担保债权可以是抵押合同成立时确实存在，也可能是将来发生的债权。如最高额抵押所担保的债权是将来的债权。其数额只有在抵押合同约定的决算期或者主债权履行期届满时才能确定。但是在抵押权实现时，被担保债权必须是确实存在而且数额要确定。

四、抵押合同的形式与内容

根据《担保法》第三十八条的规定，抵押人和抵押权人应当以书面形式订立抵押合同。该法第三十九条规定抵押合同应当具备下列内容：（1）抵押合同当事人的基本情况。（2）被担保的主债权的种类、数额。（3）债务人履行债务的期限。（4）抵押物的名称、数额、质量、状况、所在地、所有权权属或者使用权权属。由于抵押是以特定的财产担保特定债务的履行，抵押人对抵押物应具有所有权或者对抵押物享有使用权。抵押合同除对抵押物特定化外，还应当表明抵押物的所有权或者使用权权属。（5）抵押担保的范围。即抵押物担保的债权的范围，除主债权以外，根据《担保法》第四十六条的规定，抵押担保的债权范围还包括利息、违约金、损害赔偿金和实现抵押权的费用。但此项规定仅为一种任意性规定，在当事人之间无约定的情况下，抵押权人即按照此项规定行使抵押权，当事人可以通过约定排除这一规定的适用。（6）当事人认为需要约定的其他事项。

五、审判实践中应当注意的问题

注意区分抵押合同的订立和抵押权的设定。抵押合同的订立和抵押权的设定是不同的法律事实，抵押合同的订立在当事人之间创设有关抵押权设定的权利义务关系，为物权变动的原因行为，属于《合同法》的范畴；抵押权的设定，是合法有效的抵押合同所产生的结果，属于物权变动的范畴。因此，当然应明确区别抵押合同的生效和抵押权的设定。根据本法第十五条所规定的“物权变动和原因行为区分原则”，作为原因行为的抵押合同，是物权变动的必要条件而非充分条件。物权变动之发生，除抵押合同外，还须符合公示原则的要求。可见，抵押合同的生效，在双方当事人之间发生设定抵押权的权利义务，为抵押权的设定奠定基础法律关系。按照中国民事立法所采的民法理论，抵押合同与其他合同并无本质的差别，抵押合同自其成立时起生效，但法律另有规定或当事人另有约定的除外。抵押合同既属于民法合同的一种，其成立和生效应当符合我国《合同法》的有关规定。①

抵押合同的生效与抵押财产的登记无关，抵押合同自依法成立之日生效，抵押权设定即生效，则根据抵押财产的不同而具有不同的生效时间。根据《物权法》第一百八十七条之规定，以《物权法》第一百八十条第一款第（一）项至第（三）项等财产抵押的，抵押权自登记时发生效力。根据《物权法》第一百八十八条和第一百八十九条之规定，以本法第一百八十条第一款和第一百八十一条的相关财产抵押的，抵押权自抵押合同生效时发生效力。

在司法实践中抵押物的价值并不总是和担保债权的数额相等。若抵押人和抵押权人在抵押合同中明确约定了抵押担保的范围，应当尊重当事人的意思自治，按照抵押合同的约定办；若抵押人和抵押权人在抵押合同中未约定抵押担保的范围，则应当根据《担保法》第四十六条的规定，推定抵押人对抵押权人的主债权及利息、违约金、损害赔偿金和实现抵押权的费用作抵押担保。需要说明的是，上述两种情形，对于抵押人而言，抵押人均以抵押物价值为限承担有限的抵押担保责任，而不是还要承担超出抵押物以外的责任。对此，《担保法解释》第七十三条作了明确规定，即“抵押物折价或者拍卖、变卖该抵押物的价款低于抵押权设定时的约定价值的，应当按照抵押物实现的价值进行清偿。不足清偿的剩余部分，由债务人清偿。”

---

① 梁慧星：《中国物权法草案：条文、说明、理由与参考立法例》，社会科学文献出版社 2000 年版，第 612—613 页。

在现实生活中，当事人签订抵押合同时，存在着：有些条款的欠缺，则使合同无法明确其内容，就会导致抵押合同的不成立，如欠缺被担保主债权条款，则必然与抵押的从属性原则相违背，使抵押无所依附，就只能使抵押合同不成立，即使以后当事人之间就主债权条款重新约定，也只能是新的抵押合同的订立，而不是原抵押合同的补正或修改。而有些条款的欠缺或不明确，则不一定使抵押合同不成立，仍然可以参照其他条款或情况予以确定，当事人也可以予以补正，如欠缺抵押担保范围条款，则不能使抵押合同当然不成立，只要主债权的条款约定明确，往往可以认为是以抵押物的全部价值就主债权的全部为担保；再如抵押物条款约定不甚明确时，也不一定使抵押合同不成立，当事人对此可以事后予以补正，如果客观情况能确定抵押物时，就没有必要补正。从《担保法》第三十九条第二款“抵押合同不完全具备前款规定的内容的，可以补正”的规定看，不能认为都可以通过补正的方法来予以救济，有时应认定该抵押合同不成立。对此，《担保法解释》第五十六条第一款进行了规定，即抵押合同对被担保的主债权种类、抵押财产没有约定或者约定不明，根据主合同和抵押合同不能补正或者无法推定的，抵押不成立。法律规定登记生效的抵押合同签订后，抵押人违背诚实信用原则拒绝办理抵押登记致使债权人受到损失的，抵押人应当承担赔偿责任。同时，笔者认为，在抵押合同内容不完整而影响成立或使抵押不能获得登记公示，或对抵押权人行使抵押权有其重大影响时，债权人有要求抵押人对合同进行补正的权利，抵押人拒绝协助补正时，债权人亦可以解除主合同，并可根据《合同法》第四十二条的规定，要求债务人承担契约上的过失责任。

六、对引言案例的评析

在本案中，抵押担保合同生效须具备法律规定的要件，即《担保法》第四十一条的规定：“当事人以本法第四十二条规定的财产抵押的，应当办理抵押物登记，抵押合同自登记之日起生效。”该规定将抵押物登记作为抵押合同生效的要件，而未将交付约定抵押财产的权利证书作为抵押合同生效的要件。因此，未作抵押物登记的抵押合同不生效。在本案中，乙公司仅将用于抵押财产的权利证书交给银行，并不产生抵押物登记的效果，因此，乙公司与银行签订的抵押合同不生效。银行抗辩称由于控制了财产的权利证书即产生了排他的优先权，不符合担保法规定的抵押担保形式，其所称优先权缺乏法律根据，银行的抗辩理由不成立。原审判决根据《担保法解释》第五十九条的规定，判定讼争抵押合同有效，系属适用法律不当。这是由于该解释第五十九条的适用需要一个前提，即不能办理抵押物登记是由于登记部门的原因造成，在本案一、二审的诉讼过程中，银行始终未就是否由于登记部门的原因导致未办理抵押登记提出主张并举证，原审判决也未就此事实作出认定，因此，原审判决在缺乏事实根据的情况下，适用《担保法解释》第五十九条的规定判定讼争抵押合同生效不当。

关于本案讼争的抵押合同不生效的缔约过失责任。① 《关于土地使用权抵押登记有关问题的通知》第三条第一款规定：“土地使用权设立抵押权的，抵押人和抵押权人应在抵押合同签订后十五日内，持被抵押土地的土地使用证、抵押合同、地价评估及确认报告、抵押人和抵押权人的身份证件共同到土地管理部门申请抵押登记。一方到场申请抵押登记的，必须持有对方授权委托

---

① 我国《合同法》第四十二条规定：“当事人在订立合同过程中有下列情形之一，给对方造成损失的，应当承担损害赔偿责任：（一）假借订立合同，恶意进行磋商；（二）故意隐瞒与订立合同有关的重要事实或者提供虚假情况；（三）有其他违背诚实信用原则的行为。”《合同法》对缔约过失责任作出如此明确具体的规定，是一项比较大的突破。根据《合同法》第四十二条之规定和司法实践情况看，笔者认为，缔约过失责任是指在合同缔结过程中，因一方当事人有违诚实信用原则的过失行为或双方当事人均有违诚实信用原则的过失行为，致使合同不能成立，或者合同被确认为无效，或者合同被撤销，造成确信该合同能够有效成立的当事人受到损害时，应当承担损害赔偿责任。需要说明的是，我国民事责任承担的原则是凡法律无特别规定的民事违法情形，均应适用过错责任原则，众所周知，过错可分故意和过失两种形态。在这里所说的缔约过失责任中的“过失”也包括了过错中的“故意”行为，并不仅仅是指过错中的“过失”行为。

文件。”《城市房地产抵押管理办法》第三十条规定：“房地产抵押合同自签订之日起30日内，抵押当事人应当到房地产所在地的房地产管理部门办理房地产抵押登记。”显然，《关于土地使用权抵押登记有关问题的通知》要求双方共同办理抵押登记，即使一方办理登记时，也需持另一方的授权委托文件。《城市房地产抵押管理办法》仅使用了抵押当事人的称谓，依据该表述，不能得出抵押登记的义务仅由抵押人承担或抵押权人承担的结论。综合以上两条的规定，应当认为抵押登记的义务应当由抵押人和抵押权人共同完成。从本案讼争的抵押合同订立和履行的过程分析，乙公司拒绝办理抵押登记，银行认为只要抵押财产的权利证书交付给抵押权人，抵押合同即告成立生效，实属对法律的错误理解，乙公司称既然已将财产的权利证书交给银行，即应由该行办理抵押登记，将办理抵押登记的义务归于抵押权人银行没有依据。因此，导致银行在订立抵押合同后而不能取得抵押权的过错在乙公司，乙公司应当承担赔偿责任。由于抵押合同不生效，在甲公司不能偿还的情况下，银行可能产生500万元本金及利息的损失，对该部分损失，乙公司应当以其抵押的土地使用权为限承担赔偿责任。因此，根据《担保法解释》第五十六条第二款规定的精神予以改判，是正确的。

第五节 抵押权登记的效力

一、引言

根据我国《物权法》的规定，我国物权变动模式以形式主义为原则，以意思主义为例外。就抵押而言，不动产抵押采登记生效主义，即登记是抵押权的成立要件，抵押权自登记时成立，非经登记抵押权不成立。对于动产抵押，采登记对抗主义，抵押权自抵押合同生效时成立，非经登记不能对抗善意第三人。但是，登记与否是抵押权成立或产生对抗力的条件，不是判断抵押合同是否有效的依据，抵押合同是否有效要根据合同自身来判断，这是“物权变动与原因行为的区分原则”在抵押权设立上的具体体现。抵押登记是抵押人承担的一项合同义务，债权人有权依据抵押合同要求抵押人协助办理抵押登记，因抵押人违背诚实信用原则拒绝办理抵押登记致使债权人受到损失的，抵押人应当承担赔偿责任。诸如：

本案抵押权是否设立？抵押人应否担责①

1998年9月28日至2001年1月12日，长沙市商业银行华夏支行（下称华夏支行）与湖南美罗银河生化制药有限公司（下称美罗银河公司）之间先后签订了11份借款合同及相应的抵押合同，约定由华夏支行向美罗银河公司提供中长期借款共计7150万元整，美罗银河公司以其位于浏阳市洞阳乡工业园小区的133400平方米土地使用权及三栋房屋产权为上述借款提供抵押担保，双方分别于1998年9月14日、2000年11月27日在浏阳市地产交易局、房地产管理局办理了上述抵押物的国有土地使用权抵押许可证及房屋他项权证。1999年3月16日，湖南爱克制药有限责任公司（下称爱克公司）在上述华夏支行与美罗银河公司同日所签订的一份借款合同及抵押合同上以抵押人的身份签章并向华夏支行出示了经其签章的空白抵押物清单。同时，爱克公司将其所有的位于汉寿县蒋家嘴镇的13幢房屋所有权证、34180平方米的国有土地使用证原件交付华夏支行。上述合同签订后，华夏支行按照约定分期向美罗银河公司支付了7150万元贷款，美罗银河公司未能依据合同约定的期限按时足额向华夏支行偿还贷款本息。至2002年12月20日，美罗银河公司欠华夏

① 案例来源于最高法院（2003）民二终字第161号民事判决：“长沙市商业银行华夏支行诉湖南爱克制药有限公司、湖南美罗银河生化制药有限公司、北京三雄高新技术开发有限责任公司、刘方抵押担保借款合同纠纷案？”

支行已到期贷款本金3500万元，未到期贷款本金3650万元，已支付利息3171753.78元，尚欠利息4078028.51元。

湖南省高级人民法院认为，华夏支行与美罗银河公司之间签订的借款合同、抵押合同系当事人真实意思表示，内容合法，为有效合同，当事人应严格按照合同约定履行各自的义务。债权人华夏支行已按约履行了全部贷款义务，但美罗银河公司在前四份总计金额3500万元的贷款合同还款期限届满后，不履行还款义务，应承担还款及违约责任。其余总计金额3650万元的贷款合同虽尚未到期，但由于美罗银河公司始终未能按期偿还任何贷款并拖欠巨额利息，其行为已构成根本违约，依据《中华人民共和国合同法》第九十四条第一款（四）项之规定，华夏支行有权要求解除尚未到期的7份借款合同，美罗银河公司应即向华夏支行偿还全部借款本息。

关于爱克公司是否应当对美罗银河公司之800万元债务承担抵押担保责任的问题。该院认为，1999年3月16日，爱克公司在华夏支行与美罗银河公司签订的抵押合同上以抵押人之身份签字盖章，表示愿为上述800万元借款提供抵押担保，并出具空白抵押物清单，虽然双方未按法律规定办理有关抵押登记手续，但爱克公司将其房产及土地使用权证书原件13本交与华夏支行，表明爱克公司与华夏支行间已形成抵押担保关系；其后亦再未在这些土地及房产上设置其他抵押权，故应认定华夏支行对爱克公司上述财产享有优先受偿权。综上所述，该院根据《合同法》第九十四条第一款第（四）项、第二百零六条，《公司法》第二十五条第一款，《担保法解释》第五十九条之规定，判决：一、美罗银河公司应于判决生效之日起十日内偿付华夏支行借款本金7150万元及利息。二（略）。三、爱克公司以抵押物即其位于汉寿县蒋家嘴镇的13幢房屋、34180平方米的国有土地使用权对美罗银河公司的上述应付款项中的800万元及其项下之利息承担抵押担保责任。四、驳回华夏支行的其他诉讼请求。

爱克公司不服判决，向最高人民法院提起上诉。

最高人民法院判决认为，本案的C19991280041号抵押合同虽然首部记载的抵押人为银河生化公司，但是爱克公司在该抵押合同抵押人栏处盖章，该公司法定代表人刘方亦签字并盖章，在合同所附的空白抵押物清单上亦有相同的签字盖章，表明该抵押合同是爱克公司真实意思表示。根据该抵押合同约定的内容和爱克公司向华夏支行交付由该公司所有的位于汉寿县蒋家嘴镇的13幢房屋所有权证、34180平方米国有土地使用证原件的行为分析，爱克公司与华夏支行签订抵押合同的目的是以爱克公司所有的房屋和国有土地使用权为银河生化公司向华夏支行的负债提供抵押担保。该合同的性质系属第三人抵押担保，而非以人的信用为前提的保证。

抵押担保合同生效须具备法律规定的要件，即《担保法》第四十一条的规定："当事人以本法第四十二条规定的财产抵押的，应当办理抵押物登记，抵押合同自登记之日起生效。"该规定将抵押物登记作为抵押合同生效的必要条件，担保法不承认有独立于抵押合同的物权行为的存在，未将交付约定抵押财产的权利证书作为抵押合同生效的充分条件，因此，未作抵押物登记的抵押合同不生效。本案中爱克公司用于抵押的财产，恰恰被《担保法》第四十二条所涵盖，以该财产为抵押物的抵押合同须就抵押的财产进行登记方能生效。爱克公司仅将用于抵押财产的权利证书交给华夏支行，并不产生抵押物登记的效果，因此，爱克公司与华夏支行签订的抵押合同不生效。华夏支行抗辩称由于控制了财产的权利证书即产生了排他的优先权，不符合担保法规定的抵押担保形式，其所称优先权缺乏法律根据，华夏支行的抗辩理由不成立。原审判决根据《担保法解释》第五十九条的规定，判定讼争抵押合同有效，系属适用法律不当。这是由于该解释第五十九条的适用需要一个前提，即不能办理抵押物登记是由于登记部门的原因造成，在本案一、二审的诉讼过程中，华夏支行始终未就是否由于登记部门的原因导致未办理抵押登记提出主张并举证，原审判决也未就此事实作出认定，因此，原审判决在缺乏事实根据的情况下，适用上述解释第五十九条的规定判定讼争抵押合同生效不当。

从本案讼争的抵押合同订立和履行的过程分析，爱克公司和华夏支行均未提及抵押物登记的问题，认为只要抵押财产的权利证书交付给抵押权人抵押合同即告成立生效，实属对法律的错误理解，爱克公司称既然已将财产的权利证书交给华夏银行，即应由该行办理抵押登记，将办理抵押登记的义务归于抵押权人华夏支行没有依据。因此，爱克公司与华夏银行订立的抵押合同不生效是由双方的共同过错造成的。由于抵押合同不生效，在美罗银河公司不能偿还的情况下，华夏支行可能产生800万元本金及利息的损失，对该部分损失，华夏支行和爱克公司应各半承担。爱克公司应在美罗银河公司不能清偿的范围内，向华夏支行赔偿不超过400万元本金及从1999年3月16日起至实际给付之日止的利息，利息按人民银行规定的同期流动资金贷款利率计算。

最高人民法院认为，原审判决认定事实清楚，但适用法律有部分错误。依照《民事诉讼法》第一百五十三条第一款第（一）项、第（二）项的规定，判决如下：一、维持原判第一、二、四项；二、撤销原判第三项；三、湖南爱克制药有限公司就湖南美罗银河生化制药有限公司不能偿还本案所涉债务部分向长沙市商业银行华夏支行承担不超过400万元本金及利息的赔偿责任。

上述案例，涉及到抵押权登记问题，本文就抵押权登记的有关问题予以论述。

二、抵押权登记的法律意义

所谓抵押权登记（又称之为抵押物登记、抵押登记），是指登记机关根据当事人的申请，依照法定程序，将抵押物上设定的抵押权及抵押权变更、终止等记载于特定的抵押物登记簿上的行为。根据该定义可将抵押物登记分为设立登记、变更登记、注销登记三种。所谓设立登记，是指抵押权设定时进行的登记，它直接影响抵押权的成立；变更登记，是指抵押权内容部分发生变化时相应地改变记载事项所进行的登记；注销登记，是指抵押权因主债权已受偿或其他原因而归于消灭时，由登记机关注销原有的记载事项。《物权法》主要规定了设立登记的内容，但对变更登记和注销登记没有作出明确具体的规定，可谓《物权法》在立法上的一处疏漏。

抵押权登记的功能在于体现公示、公信原则。公示、公信原则是物权法的基本原则之一。根据我国《物权法》第一百八十七、第一百八十八、第一百八十九条之规定，无论是以不动产设定抵押权，还是以动产设定抵押权，其公示方式均为登记。根据物权法原理，由公示产生公信，公信是公示的进一步延伸。抵押担保具有物权性，属于担保物权，抵押权登记是抵押担保得以公示，有抵押权登记的公示，便产生抵押权登记的公信力。①

三、抵押权登记的效力

所谓抵押权登记的效力，是指抵押物登记行为所产生的法律效果，即该登记行为在法律上有何效力。抵押权登记的效力表现在两个方面：一是抵押权登记行为对抵押合同效力的影响，即抵押合同的成立和生效是否受登记行为的制约；二是抵押权登记行为是对抵押权公示力的影响。因为抵押权的设立是不要求移转抵押物的占有于抵押权人，这样以占有抵押物的方式来作为抵押权的公示方式显然是不可能的，就只能借助于登记制度。因此，无论是动产抵押，还是不动产抵押，其公示方式均是登记。

（一）抵押权登记的效力的立法体例

抵押权登记的效力，存在三种不同的立法体例：

1. 登记对抗主义。该种立法体例主张：一是抵押合同在抵

---

① 关于抵押登记的公示原则、公信原则，读者可参阅拙著《物权法判解研究与适用》（人民法院出版社 2007 年版）第一编第二章第四节“物权公示公信原则”。

押权人与抵押人就抵押事项完成合意后即发生法律效力，登记不是生效的要件。二是登记只是将抵押效力及于第三人，只是经过登记，它才能对抗第三人。若不登记，影响的只是对第三人的效力，双方当事人之间的抵押权关系已经成立。《法国民法典》第2117条即采取了此种观点。《日本民法典》第177条“不动产物权的取得、丧失及变更，非依登记法规定进行登记，不得以之对抗第三人”的规定也采取了此种观点。登记对抗主义在理论上的缺陷有二：其一，抵押合同经双方当事人合意即发生法律效力，债权人已享有了抵押权，即一种担保物权，按物权法理论，物权是一种对世权可以对抗除本人以外的一切人。但已发生法律效力的这种物权又不能对抗第三人，这在理论上是矛盾的。其二，抵押合同经双方当事人协商一致即发生法律效力，而由于抵押物未经登记，主债权的抵押权实际是处于十分不安全的境地，第三人主张权利时，主债权的抵押权就很难发挥作用与之对抗，使主债权人处于不利地位。

2. 登记生效主义。该种立法体例主张，抵押物必须登记，不登记则抵押合同不发生法律效力，抵押权也就未发生，不能对抗第三人。它在合同当事人之间，也不存在抵押权利义务关系。《瑞士民法典》采纳了该种主张，其第199条规定：“（1）不动产担保，经在不动产登记簿上登记后始为成立。但法定的例外情况除外。（2）设定不动产担保契约，须采用公证，始生效力。”我国台湾地区现行“民法典”第785条规定：“不动产物权，依法律行为而取得、设定、丧失及变更者，非经登记，不生效力。”根据一般的解释，抵押权为不动产物权，非经登记，不产生效力，抵押权人只能依据设定登记的内容行使其权利。登记生效主义在理论上也存在着严重缺陷。在合同理论上，一般都是主张，只要双方当事人意思表示一致，合同即为成立。作为抵押合同也是如此，虽有当事人之间就抵押权的设立事项达成合意，合意却不能生效，既然抵押合同没有依法生效，就没有法律效力。那么，在当事人签订完书面的抵押合同后，抵押人若不主动去办理抵押权登记，因抵押合同只有经过登记之后才能产生法律效力，显然，抵押权人对抵押人不办理抵押登记无能为力。

3. 混合主义。该种立法体例主张，根据抵押物类别不同而赋予抵押登记的不同效力，对某些抵押物设定抵押权实行登记生效主义，而对另一些抵押物设定抵押权则采取登记对抗主义。混合主义的优点在于可以根据抵押物的不同情况而对抵押登记提出不同的要求，对此重要的财产（通常为不动产及不动产权益）进行抵押时，采取登记生效主义，既可以避免纠纷，又有利于国家对某些关系到社会公共利益的财产处分行为进行监督，维护社会公共利益；对其他非重要财产，因与社会公共利益关系不大，不以登记作为抵押权的成立要件，则可以简化抵押权设立的程序，有利于抵押制度的普遍实行。混合主义的缺点在于，抵押权既为物权理应具有对世的效力，而采取混合主义，未登记抵押权就只能在当事人之间发生效力，此与物权的一般本质矛盾。

关于动产抵押权的设定。我国台湾地区学者王泽鉴先生认为，不占有标的物之动产担保制度因欠缺公示性，所产生之困难，如何克服，为学者热烈讨论之问题。就各立法例观之，解决方式不外五种：即（1）意思成立主义。（2）书面成立主义。（3）登记成立主义。（4）意思成立——登记对抗主义。（5）书面成立——登记对抗主义。①

（二）我国对抵押权登记的效力采用混合主义，即登记生效主义与登记对抗主义相结合的立法原则

我国《物权法》规定了对不动产作为抵押物设定抵押权的，采取登记生效主义原则，即抵押物必须登记。对其他财产作为抵押物设定抵押权的，则采取登记对抗主义原则。如《物权法》第一百八十七条规定：“以本法第一百八十条第一款第一项至第三

① 王泽鉴：《民法学说与判例研究》（第一册），中国政法大学出版社 1998 年版，第 239 页。

项规定的财产或者第五项规定的正在建造的建筑物抵押的，应当办理抵押登记，抵押权自登记时设立。”第一百八十八条规定：“以本法第一百八十条第一款第四项、第六项规定的财产或者第五项规定的正在建造的船舶、航空器抵押的，抵押权自抵押合同生效时设立；未经登记，不得对抗善意第三人。”第一百八十九条规定：“企业、个体工商户、农业生产经营者以本法第一百八十二条规定的动产抵押的，应当向动产所在地的工商行政管理部门办理登记。抵押权自抵押合同生效时设立；未经登记，不得对抗善意第三人。依照本法第一百八十二条规定抵押，办理登记的，不得对抗正常经营活动中已支付合理价款并取得抵押财产的买受人。”因此，应当说我国《物权法》对抵押权登记采取登记生效主义与登记对抗主义相结合的立法原则。

《物权法》对不动产以及不动产物权的抵押登记采取了登记成立主义，不仅符合各国的通例，而且符合不动产所具有的特征。具体而言：（1）依据《物权法》原理，以发生物权变动为目的的原因行为，自合法成立之时生效。在不能发生物权变动的结果时，有过错的当事人应当承担违约责任。在以不动产和不动产物权设立抵押权的情形中，抵押合同属于原因行为，该行为是否生效，应该依据本法第一百八十四条以及《合同法》的相关规定来判断，而不能以抵押权是否设定登记为标准进行判断。如果抵押合同具备法律规定的生效要件，则应认为合同关系已经生效，从而对抵押合同当事人具有约束力，若有违约情形，自应承担违约责任。至于抵押权能否生效，则取决于是否存在处分行为即登记。就此而言，本条与《担保法》第四十一条所规定不同。《担保法》第四十一条关于“抵押合同自登记之日起生效”的规定，明显混淆了原因行为与结果行为，违背物权法理，始终受到学界的批判。本条和本法第十五条纠正了《担保法》第四十一条的不当之处，将不动产和不动产物权登记作为抵押权的成立条件，而非抵押合同的生效条件。（2）以建筑物和其他土地附着物、建设用地使用权、土地承包经营权和正在建造的建筑物等不动产和不动产物权设定抵押的，抵押权的生效必须以登记为必要条件，而不能认为抵押合同生效后就必然发生抵押权的生效。在此种场合，抵押合同的生效仅能发生债法上的效果，但不能够发生物权变动之效果。只有进行登记，方能使抵押权成立并生效。

我国动产抵押权的登记模式采用书面成立——登记对抗主义。纵观各国立法例，动产抵押的公示方式不外四种：（1）意思成立主义：该主义与个人主义哲学思潮一脉相承，非常注重当事人的意思自治，仅凭当事人合意便发生动产担保交易的效力。但是由于第三人不易辨明动产是否已设定抵押权，因而往往深受其害，不利于商品经济的正常进行，有碍交易安全。所以，手续简便固然为其优点，可是欠缺公示性则是其最大缺点。（2）书面成立主义：当事人设定动产抵押权，除达成合意之外，尚需完成一定书面。其主要功能在于使当事人的权利和义务关系趋于明确，在某种程度上，也可以防止欺诈和虚伪，然而上述公示的缺欠，依然存在，未能克服。（3）登记成立主义：依该主义，设定动产抵押权，若不经登记，既不能对抗第三人，也不能在当事人之间发生效力。其对物权变动采取严格公示制度，便于确定物权变动时间，在承认物权行为独立性与无因性理论的国家，该主义因为物权行为与债权行为明确分离而有利于法律关系的明晰和交易安全。缺点在于偏重形式，灵活性不足而且会增加交易费用和加重登记机关的负担。（4）登记对抗主义：该主义认为，设定动产抵押权，除当事人合意外，尚需履行法定登记手续，才能对抗第三人。其最大优点在于具有公示性，第三人可以在交易上查阅动产抵押登记簿。其缺点在于会暴露当事人的经济状态，而且，假若任何动产抵押交易均须登记才能对抗第三人，则因动产品类繁多，恐怕当事人会不胜其烦。[①] 对于动产抵押权的公示模式，我国《物权法》在本条和现行《担保法》第四十三条皆采取的是

① 王闯：《动产抵押制度研究》，载梁慧星主编：《民商法论丛》（第3卷），法律出版社1995年版，第416页。

书面成立——登记对抗主义模式。

动产抵押权非经登记，不得对抗善意第三人。（1）动产抵押合同签订后，若未登记，抵押人将抵押财产转移，对于善意取得该物之人，抵押权人无权行使追及权，而只能要求抵押人重新提供新的担保或要求及时履行债务。反之，若已登记，抵押权人可对第三人就该抵押物主张优先受偿权或排除第三人的善意取得，第三人仅能向债务人请求损害赔偿。（2）抵押合同签订后，若抵押人以该抵押物多次设定动产抵押权，此数个抵押权，已登记的优先于未登记的受偿；若均未登记，为贯彻非经登记不得对抗之规定，宜认为未登记之数个抵押权处于同一顺位，但先登记者，具有优先效力。不过，若该抵押权人明知已有其他未登记之动产抵押权存在时，不在此限。尽管纵使先经登记，其效力仍劣于成立在先之抵押权，以贯彻恶意不受保护基本原则。（3）动产抵押权与动产质权并存于同一标的物上时，就成立先后而言，有两种情形：一是动产抵押权成立在先，但未经登记，依非经登记不得对抗之原则，质权位序应优先于该抵押权；二是质权成立在先，但后成立之动产抵押权已完成登记，由于登记的对抗力仅能向后发生，不能影响成立在前具有完全效力之质权，故先成立之质权优先于后登记的抵押权。（4）关于未经登记的动产抵押与留置权并存时能否对抗留置权的问题。根据本法第二百三十九条规定，两者并存时留置权优先。理由是法定动产担保的效力优于意定动产担保的效力。如我国台湾地区的“动产担保交易法”第25条规定：“抵押权人依本法规定实行占有抵押物时，不得对抗依法留置的善意第三人”及我国《海商法》第二十五条“船舶抵押权后于船舶留置权受偿”的规定即属此类。

在司法实践中，应当注意第三人的善意与恶意的区别。依民法理论，前述第三人存在善意与恶意之分。善意第三人是指在自抵押人处受让抵押财产或设定质权并移转占有等时，并不知道该财产之上已存在有抵押权人的抵押权的受让人、质权人等。在这里善意应是指主观上不知情，即根本不知道动产抵押权的存在，而不宜解释为“善意无过失”，否则无异于要求所有参加动产交易之人，均须注意该动产是否已经有担保权之存在，而有关动产交易甚多为日常生活所必须，如果这样要求，则对于动产迅速流转及安全影响甚大。只要第三人不知有动产抵押权的存在即可，第三人之善意是否出于过失则在所不问。不过，第三人不知情如出于重大过失，不在此限，则应解释为属于恶意。恶意第三人则是指在自抵押人处受让抵押财产或设定质权并移转占有等时，明知或应当知道该项财产之上已存在有抵押权人的抵押权的第三人。因未办理登记手续的这些财产所设定的抵押权并没有公示该抵押权的设立的方式，所以所谓恶意第三人的明知或可得而知主要是针对抵押人与抵押权人之间的抵押合同而言。

四、抵押权登记部门的规定

（一）抵押登记部门的审查权

各国对登记机关的审查权的规定大致有两种立法原则：一是实质审查主义；二是形式审查主义。

所谓实质审查主义，是指登记机关对登记的物权的存在状况进行实质性的审查。为此，登记机关必须享有调查权，在进行登记之前，对物权的存在以及物权的类型和形成过程进行全面的核实。与实质审查权相对应，登记机关如因审查疏忽，使登记的物权与该权利的现实状态不符，就应对因此而受到损害的人承担赔偿责任，因此，实质审查主义与登记错误的国家赔偿制度联系在一起的，无国家赔偿制度，则实质审查不可能彻底实行。德国在民法典颁布以前曾实行实质审查制度，但在民法典中，实质审查制度被废除。目前实行实质审查制的主要有瑞士等国。《瑞士民法典》第955条规定，对不动产登记而产生的一切损失各州对受害当事人有赔偿责任；对造成错误登记的登记官员、职员以及有直接过失的监督机关，各州有请求损害赔偿的权利。

所谓形式审查主义，是指登记机关仅就当事人提供的有关书面文件材料以及当事人的陈述进行表面上的审查，物权的变动过程与登记之状态是否相符，登记机关不负调查职责，当物权的真实状况与登记的状况不符而登记机关对此无过错时，登记机关不对此承担。日、法等采登记对抗主义的国家实行此种制度。

我国《物权法》第二十一条规定：“当事人提供虚假材料申请登记，给他人造成损害的，应当承担赔偿责任。因登记错误，给他人造成损害的，登记机构应当承担赔偿责任。登记机构赔偿后，可以向造成登记错误的人追偿。”造成不动产登记瑕疵的原因不外乎两种情形：一是不动产登记当事人故意提供虚假材料，导致登记错误；二是不动产登记机构因其工作人员过错，导致登记错误。对于第一种情形，各国在关于当事人承担赔偿责任方面的立法规定差别不大，当事人应承担侵权赔偿责任，构成犯罪的，追究刑事责任。对于不动产登记机构赔偿责任，各国在登记机构赔偿责任性质、归责原则、责任范围以及救济途径等方面作出了不尽相同的规定。我国《土地管理法》和《城市房地产管理法》的“法律责任”部分只是原则规定了房地产、土地管理部门工作人员相关的刑事责任和行政责任，并未规定民事责任。其他相关的部门规章中，建设部《城市房地产权属登记管理办法》第三十七条直接针对登记不当作了具体规定：因登记机关工作人员过失导致登记不当，致使权利人受到经济损失的，登记机关对当事人的直接经济损失负赔偿责任。由此可见，我国目前的法律法规以及部门规章，均是从登记机构作为行政管理机关的角度对登记机构赔偿责任作了原则规定。至于赔偿责任范围，相关法律法规并无具体规定，只有建设部《城市房地产权属登记管理办法》第 37 条将其限定为“直接经济损失”。总之，《物权法》对登记机构因登记错误所承担的赔偿责任作出了原则规定，相关问题留待将来制定专门的不动产登记法时再作相应规定。

（二）《担保法》对抵押权登记部门的划分

根据《担保法》第四十二条、第四十三条之规定，办理抵押物登记的部门的划分原则，一般来说，抵押物登记是由抵押物的产权管理部门或者证照登记发放部门来负责，具体地说：

1. 以无地上定着物的土地使用权抵押的，为核发土地使用权证书的土地管理部门。根据《中华人民共和国土地管理法》的规定，核发这些无地上定着物的土地的土地使用权证书，由县级以上人民政府的土地管理部门负责，土地使用权证书由哪级的土地管理部门颁发，土地使用者就应在哪个部门办理抵押物登记。

2. 以城市房地产或乡（镇）、村企业的厂房等建筑物抵押的，为县级以上的地方人民政府规定的部门。

3. 以林木抵押的，为县级以上林木主管部门。

4. 以航空器、船舶、车辆抵押的，为运输工具的登记部门。

5. 以企业的设备和其他动产抵押的，为财产所在地的工商部门。这是专为企业财产抵押所设定的条款。企业的登记管理机关是各级工商行政机关，这样以企业的设备和其他动产抵押的，其抵押权登记机关就是在财产所在地的工商行政管理部门，以便该部门对企业财产进行监督和管理。

6. 当事人以《担保法》第四十二条所列财产以外的其他财产进行抵押的，为抵押人所在地的公证部门。

（三）《物权法》对抵押权登记的规定

以《担保法》第四十二条、第四十三条之规定，抵押权登记部门可谓繁多，而抵押权登记的目的在于抵押权设定的公示，但登记部门过多或者其登记所具有的公示效果不明显，如第四十三条所规定的财产所在地的公证部门办理登记，实际上根本起不到抵押权登记的公示效果，仅具有公证抵押行为的效力。又如，因《担保法》第四十二条第二款、《房地产管理法》第六十一条均规定登记部门为“县级以上地方人民政府规定的部门，”并未确切规定为哪一具体部门，在实践中，房产部门、土地部门、公证部门均抢争登记的现象屡见不鲜。

鉴于上述，确有必要从立法上减少抵押权登记部门，既可有利于第三人查询财产抵押情况，又有利于当事人及时办理抵押权登记，以维护交易安全。《物权法》第十条规定："不动产登记，由不动产所在地的登记机构办理。国家对不动产实行统一登记制度。统一登记的范围、登记机构和登记办法，由法律、行政法规规定。"该法第一百八十九条："企业、个体工商户、农业生产经营者以本法第一百八十一条规定的动产抵押的，应当向动产所在地的工商行政管理部门办理登记。抵押权自抵押合同生效时设立；未经登记，不得对抗善意第三人。"因此，从物权法的规定来看，抵押权登记部门减少为不动产统一登记机构和工商行政管理部门，便于抵押权登记，也避免了一些不必要的麻烦和损失，更方便利害关系人的查阅。

五、审判实践中应当注意的问题

（一）抵押权登记对抵押权位序的影响

所谓抵押权的位序，是指在统一抵押物之上，有数个抵押权存在时，各个抵押权优先受偿的顺序，亦即各个抵押权相互之间的关系。《物权法》第一百九十九条确立了关于抵押权位序的下述规则：同一财产向两个以上债权人抵押的，拍卖、变卖抵押财产所得的价款依照下列规定清偿：抵押权都已登记的，按照登记的先后顺序清偿；顺序相同的，按照债权比例清偿；抵押权已登记的先于未登记的受偿；抵押权未登记的，按照债权比例清偿。

1. 同一抵押物上的多个抵押权均已登记的，按照登记的先后顺序清偿，同时登记的，抵押权的位序相同，按照债权比例清偿。

2. 同一抵押物上的各个抵押权均未办理登记，按照债权比例清偿。

3. 同一抵押物上的数个抵押权中，有的进行了登记，有的没有进行登记，已登记的抵押权的位序先于未登记的抵押权。

上述原则，登记在先的抵押权所担保的债权清偿期先行届至，实现抵押权时，登记在先的抵押权人可以就变价款优先受偿，剩余价款作为抵押财产提存，留待以后清偿登记在后的抵押权所担保的债权。但有时也会出现这样的情况：登记在后的抵押权所担保的债权清偿期先于登记在前的抵押权所担保的债权清偿期先于登记在前的抵押权所担保的债权，在这种情形下，登记在后的抵押权所担保的债权只能在抵押物价值超出前一位序抵押权所担保的债权范围之外的部分内受偿。

（二）抵押权的设定损害其他债权人利益时的处理

抵押权的设立损害了其他债权人利益时，抵押人的其他债权人能否请求撤销该抵押合同？根据《担保法》第三条的规定，抵押权的设立，必须遵守诚实信用原则，不得损害他人利益和社会公共利益。抵押权的有效成立，应以有效的抵押合同为前提，如果抵押合同被撤销，即使办理了抵押权登记，抵押权也不能有效成立。如在债务人有多个债权人时，债务人与其中的一个债权人恶意串通，将其大部分财产抵押给该债权人，并因此丧失了履行其他债务的能力，这种行为损害了其他债权人的合法权益。在这种情况下，受损害的其他债权人可根据《担保法解释》第六十九条“债务人有多个普通债权人的，在清偿债务时，债务人与其中一个债权人恶意串通，将其全部或者部分财产抵押给该债权人，因此丧失了履行其他债务的能力，损害了其他债权人的合法权益，受损害的其他债权人可以请求人民法院撤销该抵押行为”之规定，请求人民法院撤销该抵押合同。

（三）抵押权登记的内容与抵押合同约定的内容不一致，应如何处理的问题

在司法实践中，亦会遇到抵押权登记的抵押物内容与抵押合同约定的内容不一致，诸如，抵押合同中约定抵押物为10辆货车，而抵押权登记的抵押物为7辆货车，此时，应以哪一个为准？根据《担保法解释》第六十一条“抵押物登记记载的内容与

抵押合同约定的内容不一致的，以登记记载的内容为准”的规定，抵押物应以抵押权登记的7辆货车为准。这主要由抵押权登记的公示、公信原则所决定。

（四）当事人是否享有登记请求权

登记请求权，是指登记权利人对于登记义务人所享有的要求其协助进行登记的权利。登记请求权是登记权利人对于登记义务人所享有的一种实体法上的权利，其所对应的是登记义务人的协助登记的义务。

对于法律要求登记的抵押权，其设立、变更、消灭均应登记，未经登记不发生抵押权变动的效果；对于法律不要求登记的抵押权，当事人可以进行登记，在当事人对登记有约定的情况下，也应进行登记。抵押权的设立、变更和消灭均为对特定物上的既存的权利义务关系的变更，此项变更关系到社会经济生活的静的安全，为保护当事人双方的利益，各国立法在抵押权的登记方面，均采用双方申请主义，抵押权变动应由双方当事人共同完成登记过程。因此，任何一方拒绝进行登记，登记程序便不能发生。为使登记制度能得以顺利实现，法律应就此在当事人之间设置一定的权利义务，以使物权变更能得到及时的公示。其重要手段之一就是赋予权利取得方以登记请求权。

对于应当抵押登记的或当事人约定进行抵押登记的，抵押人不配合抵押权人进行登记时，抵押权人能否起诉要求抵押人办理抵押登记？我们认为，抵押权人依抵押合同起诉要求抵押人办理抵押登记的，人民法院应当受理。因为，抵押人协助抵押权人办理抵押登记是抵押人的合同义务。在抵押合同有约定的情况下，该义务是一种约定的义务；在抵押合同没有约定的情况下，该义务是一项法定义务，是根据抵押合同目的当然产生的一项义务。在房屋买卖合同中，出卖人未协助买受人办证时，买受人可以起诉要求出卖人办证。按照“举重以明轻”的当然解释方法，抵押权人也应当有权要求抵押人办理抵押登记。如果不能登记，如抵押物已经转让给第三人并已过户，抵押人应当赔偿由此给抵押权人造成的损失。另外，如果抵押人与某人签订抵押合同且未登记的情况下，又与他人签订抵押合同并已登记时，先签订抵押合同的当事人仍然可以要求抵押人进行登记，但该登记设立的只能是顺位在后的抵押权。若抵押权人因其顺位在后不能全部实现其债权时，抵押权人可以要求抵押人赔偿由此造成的损失。综上，我们认为，抵押人未就抵押物办理抵押登记时，抵押权人享有两项权利，即要求办理登记和赔偿损失的权利。从法律适用方面看，在《物权法》实施以后，《担保法解释》第五十六条第二款的规定仍然适用。《担保法解释》之所以没有规定抵押权人可以要求抵押人协助办理抵押登记，是由于《担保法》规定抵押合同自登记时生效，由于没有登记，抵押合同尚未生效，自然不能要求抵押人协助办理登记手续。当然，《担保法解释》规定了抵押权人的损害赔偿请求权已经是对《担保法》的突破了。

（五）登记机关存在过错，给抵押权造成损害是否承担损害赔偿责任

抵押登记机关在办理抵押登记过程中，由于工作存在疏忽或失职，造成抵押登记没有效力，给金融机构造成损失的，应当承担损害赔偿责任。其理由：一是抵押登记机关接受个案的抵押登记，是接受当事人的委托行为，形成事实的委托合同（在实践中也有签订书面的委托合同），根据《合同法》第四百零六条“有偿的委托合同，因受托人的过错给委托人造成损失的，委托人可以要求赔偿损失。无偿的委托合同，因受托人的故意或者重大过失给委托人造成损失的，委托人可以要求赔偿损失。受托人超越权限给委托人造成损失的，应当赔偿损失”的规定，抵押登记机关存在过错给抵押人或抵押权人造成损害的，应当承担损害赔偿责任；二是就我国目前的抵押登记机关而言，一般是实行收费的有偿服务，既然收了费用，享受了权利，就有义务进行客观地、真实地、公正地办理抵押登记，若有过错，而不负损害赔偿责

任，那就是只享有权利，而不承担义务，实则不公平。且根据民事过错责任承担的一般原理，抵押登记后因过错而造成损害时亦应承担赔偿责任；三是抵押登记机关因过错而造成损害时给相对人承担损害赔偿责任，有利于增强该登记机关工作人员的责任感，克服官僚主义，也是平等地保护登记机关、当事人合法权益的法律要求。

（六）未办理权属证书的抵押权认定问题

以尚未办理权属证书的财产抵押的，在第一审法庭辩论终结前不能提供权利证书或补办登记的，金融机构应当让抵押人提供权利证书或补办登记。《担保法解释》第四十九条规定："以尚未办理权属证书的财产抵押的，在第一审法庭辩论终结前能够提供权利证书或者补办登记手续的，可以认定抵押有效。当事人未办理抵押物登记手续的，不得对抗第三人。"该条针对"尚未办理权属证书的财产抵押"所作的规定，仅在担保法规定的"登记生效的抵押权"情况中才有意义，因为协议生效的抵押权不以登记为生效要件，是否补办登记、提供权利证书对抵押权的存在不生影响。适用该条的条件是：（1）抵押财产未办理权属证书，但抵押人实际已取得对财产的占有或依法可以取得对财产的所有权，如买卖关系已经生效，所有权正在移转之中；（2）在法庭一审庭审辩论结束前抵押权人或抵押人提供了权属证书或当事人补办了抵押登记。适用该条要排除抵押财产已办理了权属证书，但当事人因故而不办理抵押登记的情况，对于该种情况，抵押权应当认定为不成立。即便当事人在法庭上提供了权属证书，也不能认定抵押权的效力。但如果当事人在一审法庭辩论结束前补办了登记的，依照司法解释的精神，笔者主张还是可以认定抵押权成立，但该抵押权的次序以其登记时间确定。向法庭提交权利证书和补办登记的效力是不同的，前者虽然依照司法解释的特殊规定可以取得抵押权，但该抵押权属于不完全抵押权，依照司法解释的规定"当事人未办理抵押物登记手续的，不得对抗第三人"；后者因补办了登记，该抵押权属于有完全效力的抵押权，有对抗效力，在特定情况下还有追及效力。从分析可以看出，《担保法解释》第四十九条第二款的内容，仅针对“提供权利证书”情况而言。

（七）当事人拒绝办理抵押权登记的处理

当事人办理抵押物登记手续时，因登记部门的原因致使其无法办理抵押物登记，抵押人向贷款人交付了权利凭证，虽抵押有效，但没有对抗第三人的效力。《担保法解释》第五十九条规定：“当事人办理抵押物登记手续时，因登记部门的原因致使其无法办理抵押物登记，抵押人向债权人交付权利凭证的，可以认定债权人对该财产有优先受偿权。但是，未办理抵押物登记的，不得对抗第三人。”该条是对因登记部门的原因致使当事人无法办理抵押登记的抵押权如何认定其效力的特殊规定。该条适用的条件是：（1）当事人确已办理过抵押登记，但未办成，如果属于从未办理抵押登记的，不能适用该条，对此当事人应当负举证责任；（2）未办成抵押登记系由于登记部门的原因，因自身原因未办成抵押登记的，不能适用；（3）抵押财产的权利凭证已向债权人交付，权利凭证主要是房产证、土地使用权证、行车证等，没有权利凭证的，如集合抵押，不能适用。该条司法解释的内容是出于对我国国情状况的考虑。由于我国登记制度不健全，实践中抵押登记出现的困难比较多。比如法定登记部门不办理抵押登记业务，登记部门擅自规定登记期限和不合理的收费标准，要求抵押权人必须续登抵押权，重复交费等。根据该条解释，当事人有充分的证据证明进行了抵押登记，因登记部门的原因，如不办理抵押登记业务、擅自规定登记期限和不合理的收费标准、登记条件过于苛刻，致使当事人无法办理抵押物登记的，应当认定抵押有效，抵押权人可以取得抵押权。但由于该抵押权未办理登记，未进行公示，因此，抵押权不得对抗第三人，仅具有优先受偿效力。

六、对引言案例的评析

本案主要涉及到两个问题：（1）在未办理抵押登记的情况下，抵押合同的效力如何？（2）在未办理抵押登记的情况下，如果抵押合同有效，抵押权是否设立，或者说能否产生物权变动的效果？在《物权法》出台之前，关于未经登记的抵押合同的效力问题的判断，主要是根据《担保法》第四十一条的规定。本案的终审判决即根据《担保法》第四十一条的规定，认为未经登记的抵押合同未生效。如前文所述理由，《物权法》实施以后，根据《物权法》第十五条的规定，本案中的抵押合同为有效合同。因《物权法》规定不动产抵押采登记要件主义，故本案中虽然抵押合同有效，但是由于没有进行抵押登记，抵押权未成立。我们认为，在抵押权未成立的情况下，债权人可以要求抵押人协助办理抵押登记，因无法办理抵押登记时，可要求抵押人根据其过错程度承担赔偿责任。

第六节　抵押权登记的公信力

一、引言

债权人善意信赖登记设定的抵押权，基于登记的公信力原则，债权人取得抵押权。诸如：

本案抵押权是否有效设立[①]

1997 年 7 月 7 日，甲信用社与乙公司签订一份抵押借款合同，约定乙公司向甲信用社借款 1300 万元，借款期限为 1997 年

① 案例来源于《人民法院报》2004 年 10 月 31 日，第 4 版。

7月至1998年5月。乙公司同时作为抵押人，以其房产作为此笔借款抵押物。抵押担保的范围包括借款本息和违约金、实现债权及抵押权发生的费用。抵押担保期为合同生效之日起至全部贷款本息还清时止。同月16日，甲信用社与乙公司签订房地产抵押合同，约定乙公司提供的抵押物系位于丙（直辖）市的某商场及写字楼。同日，乙公司向甲信用社提供了该处房产的权利证书，甲信用社与乙公司就该抵押合同在丙市房地产交易所办理了抵押登记。之后，甲信用社按约向乙公司提供贷款1300万元。借款期限届满，乙公司除支付部分利息外，借款本金及其余利息均未归还。

1998年5月11日，甲信用社与乙公司签订一份展期还款协议，约定将前述借款期限展期至1998年11月21日。同日，双方签订房地产抵押合同变更协议书，将抵押期限变更至1999年2月11日止，丙市房地产交易所对此办理了变更登记。展期期限届满，乙公司除支付1998年9月21日以前的利息外，借款本金及其余利息仍未归还。

1998年12月11日，甲信用社以乙公司为被告，向丙市高级人民法院提起诉讼，请求判令乙公司偿还借款本息并承担抵押担保责任。

丙市高级人民法院审理后认为，甲信用社与乙公司签订的抵押担保借款合同为有效合同，符合《担保法》的规定。根据《担保法》第四十一条、第四十二条的规定，于1999年6月24日作出一审民事判决，判令乙公司向甲信用社归还借款本息，若乙公司到期未能清偿上述款项，甲信用社有权行使本案抵押权。该院作出上述民事判决后，双方当事人均未提起上诉，该判决发生法律效力并获得部分执行。

2002年7月22日，丙市高级人民法院刑事判决判定，乙公司的法定代表人丁某明知乙公司开发经营的商场及写字楼国有土地使用权证已被国土管理部门收回，采取向贷款方甲信用社隐瞒事实真相的手段，利用自己实际持有但已作废的《国有土地使用权证》和《商品房预售许可证》，骗取房地产交易部门办理房地产抵押合同登记，将上述房屋抵押给甲信用社，诈骗贷款人民币1300万元，至案前尚有巨额贷款没有归还。丁某犯合同诈骗罪，判处无期徒刑，剥夺政治权利终身，并处没收财产人民币20万元。

2002年12月24日，丙市高级人民法院再审认为，人民法院刑事判决对乙公司法定代表人丁某利用合同诈骗甲信用社贷款1300万元定罪处刑，则甲信用社据以提起抵押借款合同之诉以及人民法院原据以作出生效民事判决的法律事实已不存在，故原审民事判决应予撤销。甲信用社的起诉应予驳回。甲信用社因丁某的犯罪行为所造成的经济损失，可以另行提起民事赔偿诉讼。遂裁定：一、撤销该院原审民事判决；二、驳回甲信用社的起诉。

甲信用社不服，向最高人民法院提出上诉。最高人民法院审理后认为，丁某作为法定代表人以乙公司名义对外签订经济合同，其本人因犯罪行为受到刑事制裁，并不能免除乙公司依法应当承担的民事责任。甲信用社与乙公司签订抵押借款合同和房地产抵押合同，并在丙市房地产交易所办理房地产抵押登记和变更手续，向乙公司发放贷款，支付了相应的对价，其善意取得的抵押权依法应当受到保护。原审民事判决判令乙公司向甲信用社归还借款本息、甲信用社有权以抵押物优先受偿并无不当。当事人对该判决均未提出异议且已实际履行，其法律效力依法应予维持。于2003年6月9日作出终审民事裁定，撤销丙市高级人民法院再审民事裁定，丙市高级人民法院原审民事判决法律效力即以恢复。

上述案例，人民法院分别作出刑事及民事两份判决。在刑事判决生效后，人民法院对于原审民事判决的内容和效力产生了争议。其争议焦点：一是经济纠纷与经济犯罪如何处理的问题；二是抵押登记所发生公示、公信力，甲信用社能否善意取得抵押权问题。一般认为，《担保法》第四十五条“登记部门登记的资料，应当允许查阅、抄录或者复印”的规定，确立了登记公示的原则，不动产登记簿对担保物权的当事人和利害关系人公开。《担保法解释》第六十一条“抵押物登记记载的内容与抵押合同约定的内容不一致的，以登记记载的内容为准”的规定，进一步明确了抵押权登记的公信力原则。

二、抵押权登记的公示、公信

所谓抵权押登记（又称为抵押物登记、抵押登记），是指抵押物登记机关根据当事人的申请，依照法定程序，将抵押物上设定的抵押权及抵押权变更、终止等记载于特定的抵押物登记簿上的行为。根据该定义可将抵押物登记分为设立登记、变更登记、注销登记三种。所谓设立登记，是指抵押权设定时进行的登记，它直接影响抵押权的成立；变更登记，是指抵押权内容部分发生变化时相应地改变记载事项所进行的登记；注销登记，是指抵押权因主债权已受偿或其他原因而归于消灭时，由登记机关注销原有的记载事项。《担保法》主要规定了设立登记的内容，但对变更登记和注销登记没有作出明确具体的规定，可谓《担保法》在立法上的一处疏漏。

抵押登记的功能在于体现公示、公信原则。公示、公信原则是物权法的基本原则之一。无论是以不动产设定抵押权，还是以动产设定抵押权，其公示方式均为登记。根据物权法原理，由公示产生公信，公信是公示的进一步延伸。抵押担保具有物权性，属于担保物权，抵押登记是抵押担保得以公示，有抵押登记的公示，便产生抵押登记的公信力。

1. 公示原则

所谓公示原则，是指物权的各种变动，为避免第三人遭受损害并保护交易安全，必须以一种可以公开向社会显示，并能取信于公众的外部表现方式予以展示方能生效的法律原则。物权的变动之所以需要公示是由物权的性质本身所决定的，因为物权具有排他性、优先的效力，如果物权的变动不采用一定的公示方法，则会给第三人造成难以预测的损害，直接威胁交易安全。因此，法律要求当事人在设立移转、变更物权时，必须通过公示方式，使物权变动的事实能够为第三人知晓，从而既保护了第三人免遭受损害，又有效地维护了当事人的利益。

我国《民法通则》第七十二条规定："按照合同或者其他合法方式取得财产的，财产所有权从财产交付时起转移，法律另有规定或者当事人另有约定的例外。"从这一规定的内容看出，我国现行法律在物权公示立法上所采取的是以成立要件主义为原则，以对抗要件主义为例外的折衷主义。《城市私有房屋管理条例》第六条规定城市私有房屋所有权转移应进行登记，《城镇国有土地使用权出让和转让暂行条例》第十八条、第二十五条规定国有土地使用权出让和转让亦应进行登记，这应看作是《民法通则》第七十二条所指："法律另有规定"的情形。

2. 公信原则

所谓公信原则，是指物权变动经过公示之后即可取得法律上的公信力，当善意第三人出于对物权公示方法的信赖而依法进行交易时，不管是否实际存在与这种公示方法相应的合法权利，均应加以保护的法律原则。例如，乙租赁甲的房屋，乙到房产管理部门将甲的房屋产权登记为己有，乙明知自己并非是房屋的所有人，却将房屋出售给丙，而丙根据乙所提供的产权证书等文件在房屋管理部门办理了产权过户手续。此时，由于丙是基于房产登记的公信力，即信赖房产登记这种公示方法才与乙进行交易的，尽管乙不是真正的权利人，但在法律上仍承认该项交易所导致的所有权移转的效果，以保护当事人的利益并维护交易安全。

法律赋予登记以公信力，是为了保护善意第三人，但这并不意味着可以置真正权利人的利益于不顾。这一制度只是在善意第三人与真正权利人的利益发生冲突时，优先保护善意第三人，以维护交易秩序，真正权利人虽然丧失了物权，但他可以通过其他途径保护自己的合法权益。真正权利人有权要求无权处分人赔偿损失；如登记机关对登记错误有过失时，还有权要求登记机关赔偿损失。通说认为，善意取得制度仅适用于动产。但不动产交易也会因登记错误、疏漏、未登记等等原因发生无权处分问题，第三人同样存在是否善意的问题，若为善意，则从保护善意第三人、维护交易秩序的目的出发，应当允许第三人获得不动产的所有权。①

由此可见，公信原则实际上是赋予公示的内容具有公信力，公信原则弥补了处分行为的权利瑕疵，公信原则是公示原则的进一步延伸。

三、善意取得制度②

善意取得制度是物权法中一项重要的法律制度。所谓善意取得制度，是指无权处分他人财产的占有人非法将其占有的财产转让给第三人，如果受让人（即第三人）在取得该财产时系出于善意，即依法取得该财产的所有权，原财产所有人不得要求受让人（即第三人）返还财产的一项法律制度。我国司法解释已经明确确立了善意取得制度③，《物权法》第一百零六条确立了善意取得制度，即："无处分权人将不动产或者动产转让给受让人的，所有权人有权追回；除法律另有规定外，符合下列情形的，受让人取得该不动产或者动产的所有权：（一）受让人受让该财产时是善意的；（二）以合理的价格有偿转让；（三）转让的财产依照法律规定应当登记的已经登记，不需要登记的已经交付给受让人。受让人依照前款规定取得不动产或者动产的所有权的，原所有权人有权向无处分权人请求赔偿损失。当事人善意取得其他物

① 参见王利明主编：《中国民法案例与学理研究》（物权篇），法律出版社 2003 年版，第 7 页。

② 关于善意取得制度，请读者详见拙著：《物权法判解研究与适用》，人民法院出版社 2007 年版，第 178—192 页。

③ 《担保法解释》第八十四条规定了动产质权的善意取得，即"出质人以其不具有所有权但合法占有的动产出质的，不知出质人无处分权的质权人行使质权后，因此给动产所有人造成损失的，由出质人承担赔偿责任"。

权的，参照前两款规定。”

善意取得制度，是近代大陆法系和英美法系民法上一项重要制度，其涉及民法所有权与交易安全之衡量与价值问题。从所有权保护的立场来说，所有权不能因他人的无权处分而消灭，所有人得向受让人请求返还原物，受让人应向让与人依其法律关系寻求救济。如果绝对贯彻所有权保护的原则，交易活动必受影响，善意取得制度的执行是在兼顾所有权保护和交易安全，有利社会经济秩序的稳定，维护正常的商品交换。

一般认为，善意取得制度起源于日耳曼法中“以手护手”原则，根据这一原则，权利人将自己的财产转让与他人占有的，只能向占有人请求返还占有物。如果占有人将财产转让给第三人时，权利人不得请求第三人返还，而只能请求转让人赔偿损失。这一原则逐渐演化成近现代民法的善意取得制度。随着资本主义商品经济的发展，保障交易安全的需要更加突出，迫切需要在法律上建立善意取得制度。1804 年的《法国民法典》在时效中规定，善意占有符合一定条件可以取得所有权，其判例法确认了“公开市场”原则，根据这一原则，任何人在市场上购买物后，如果受到第三人的追夺，原所有人只有按公平市价给买受人补偿后，才能要求其返还其财产。1952 年起草完成的《美国统一商法典》改变了传统的英美法原则，把法律保护的重点转移到买受人身上，该法典第 2—403 条规定“购货人取得让货人所具有的或有权转让的一切所有权，但购买部分财产权的购买人只取得他购买部分的所有权。具有可撤销所有权的人有权向按价购货的善意第三人转让所有权。”根据该条规定，只要购买人出于善意，认为卖方是对货物具有所有权的人，则不论卖方的货物从何而来，善意买受人也可以即时取得所有权。

根据我国《物权法》的规定，善意取得的构成要件包括：一是受让人受让该财产时是善意的。财产的善意取得以受让人的善意为条件，如果受让人具有恶意，则不得适用善意取得。所谓“善意”，是指行为人的内在心理活动状况。善意作为人的主观活动状况，不显于外部，难于度测，但作为法律概念，必须具有可量度性和可操作性，应有其具体的衡量标准。在判断受让人是否为善意时，应采取推定的方法，即推定受让人是善意的，应当由原权利人对受让人是否具有恶意进行举证，如果不能证明其为恶意，则推定其为善意。如果完全由受让人就其出于善意来作出举证，则加重了受让人的举证负担，不利于保护善意第三人的利益。关于善意的确定时间，通常认为证明受让人的善意应当限于财产受让时，即让与人交付财产时受让人须为善意，至于以后是否为善意，则不影响善意取得的效力。如果受让人在交付以前出于恶意，亦可推定其交付时为恶意。当然，关于准确的时间，应当根据动产权利移转的不同方式而定，在实际交付中，应当把双方达成合意的时间作为判断善意的时间；在占有改定时，则应当将受让人取得间接占有的时间作为判断善意的时间；二是以合理的价格有偿转让。可以参照《合同法解释（二）》第十九条的规定处理，即：对于《合同法》第七十四条规定的“明显不合理的低价”，人民法院应当以交易当地一般经营者的判断，并参考交易当时交易地的物价部门指导价或者市场交易价，结合其他相关因素综合考虑予以确认。转让价格达不到交易时交易地的指导价或者市场交易价70％的，一般可以视为明显不合理的低价；对转让价格高于当地指导价或者市场交易价30％的，一般可以视为明显不合理的高价；三是转让财产依照法律规定应当登记的已经登记，不需要登记的已经交付给受让人。根据法律规定有些财产的转让，是以登记为要件的，如不动产的转让、汽车、船舶等动产的转让等，在需要进行转让登记的情形下，以登记的时间作为财产所有权转移的时间标志。在不需要登记的情形下，占有的转移是适用善意取得的条件之一，即让与人向受让人实际交付了财产，而受让人实际占有交付的财产。只有通过交付，才发生动产所有权的转移。如果双方仅仅达成了合意，而并没有发生标的物的转移，则不能发生善意取得的效果，双方当事人仍然只是一种债的关系，受让人要取得财产所有权，需受让财产的交付，即占有财产。

《担保法解释》中规定了质押物（适用于动产质押，动产质押是指债务人或者第三人将其动产移交给债权人占有，将该动产作为债务的担保）的善意取得，该解释第八十四条规定："出质人以其不具有所有权但合法占有的动产出质的，不知出质人无处分权的质权人行使质权后，因此给动产所有人造成损失的，由出质人承担责任。"该条规定的是质押物的善意取得，而不是质押权的善意取得。我们认为，基于《担保法解释》第六十一条所确立的抵押登记的公信力原则，不动产抵押权可以善意取得的方式取得。依物权的公示原则，物权的享有和变动均须赋予一定的外部表征，从而使社会公众知晓。按照现代各国物权法，不动产物权以登记及登记变更为物权享有及物权变动的公示方法，动产物权以占有和占有移转为物权享有及物权变动的公示方法。依物权的公信原则，公示方法所表现出来的物权即使不存在或者内容有异，但对于信赖此公示方法所表示的物权而与之为交易的人，法律仍承认有和真实物权相同的法律效果，

公示公信原则的实质，在于保护善意第三人的利益，维护社会交易的稳定。既然公示公信原则为物权法的基本原则，则不论所公示的物权为动产物权还是不动产物权，都应给予善意第三人以一体的保护。适用公示公信原则对善意第三人进行保护隐含着一个前提，即物权公示的内容有错误，质言之，是法律物权（公示的物权）与事实物权之间存在不一致，这种不一致在动产即表现为占有所表达的法律物权与事实物权非一一吻合，在不动产即表现为登记所表达的法律物权与事实物权的差异：这种差异的出现原因主要有：因登记机关的过错而造成错误登记或错误涂销；土地登记簿以外的法律变动，如表见继承人取得遗产或继承人取得应继承份额以外的不动产并为继承登记；物权行为无效或撤销，如已登记的不动产物权变动因无行为能力、诈欺等理由而无效或撤销，但登记尚未涂销；依法律规定取得不动产物权，但尚未办理登记，如征收土地手续已毕，但未为所有权转移登汜；不

动产共同共有关系中，不动产物权登记在一人或部分共有人名下。

一般认为，第三人受登记公信力的保护，需具备以下条件：须登记的错误不能从登记簿中发现；第三人须为善意，即第三人不知登记错误且对不知无重大过失；第三人取得权利基于法律行为，且此法律行为除登记名义人实际上无处分权，在其他方面须具备法律规定的有效要件；须无异议得登记，错误登记虽未获更正，但已有人提出异议并记载于登记簿上时，此异议具有阻止登记公信力的效力。

四、对引言案例的评析

本案刑事判决认定乙公司法定代表人丁某合同诈骗罪，依据的是我国刑法的有关规定，主要是从犯罪的四个构成要件来考虑的，解决的是罪与非罪、此罪与彼罪的问题。本案民事诉讼面对的是甲信用社关于行使债权及抵押物权的诉讼请求，依据的是我国民法、合同法的有关规定，考察的主要是合同效力、抵押物权能否成立以及当事人在本案中是否有过错等民事法律问题，解决的是民事权利是否成立以及如何保护的问题。最高人民法院在《关于在审理经济纠纷案件中涉及经济犯罪嫌疑若干问题的规定》第三条中明确规定，单位直接负责的主管人员和其他直接责任人员，以该单位的名义对外签订经济合同，将取得的财物部分或全部占为已有构成犯罪的，除依法追究行为人的刑事责任外，该单位对行为人因签订、履行该经济合同造成的后果，依法应当承担民事责任。因此，丁某以乙公司名义对外签订经济合同，其本人因犯罪行为受到刑事制裁，并不能免除乙公司依法应当承担的民事责任。

从合同效力上讲，丁某以单位名义与甲信用社签订抵押借款合同和房地产抵押合同，骗取甲信用社贷款。其行为在刑事上构成诈骗犯罪，但乙公司与甲信用社所签订的合同并不因此而必然无效。同一行为在刑事上认定是“诈骗犯罪”，在民事上却只有

“欺诈行为”的概念。根据《合同法》第五十四条第二款、《合同法解释（一）》第三条的规定，本案合同因存在欺诈行为而属于可撤销合同。有权提起撤销的主体是合同相对人甲信用社，非经当事人申请，人民法院无权主动认定合同无效。甲信用社在知道丁某诈骗犯罪事实后，并未在一年除斥期间内提出撤销合同的请求，该合同依然有效。

就本案而言，甲信用社根据乙公司提供的《国有土地使用权证》和《商品房预售许可证》，与乙公司签订房地产抵押合同和抵押合同变更协议书，在丙市房地产交易所先后办理了房地产抵押合同登记和变更手续，向乙公司发放了贷款。抵押物权经登记而成立，并具有一定的公信力。丙市房地产交易所既未及时收回乙公司持有的已作废的权利证书，也未在登记过程中告知甲信用社抵押物的真实情况，相反为本案抵押合同两次办理了正式的登记手续。甲信用社无法预见经房地产管理部门登记的抵押物权可能存在的权利瑕疵。甲信用社在本案中尽到了合理的注意义务，并支付了相应的对价，其作为善意相对人取得的抵押权依法应当受到保护。

第七节　再抵押与重复抵押

一、引言

财产抵押后，该财产的价值大于所担保债权的余额部分，可以再次抵押，但不得超出其余额部分；若超出余额部分，该部分不具有优先受偿权的效力。诸如：

本案是再抵押还是重复抵押

某县宋湾乡张营村村民王涛因做桐油生意，急需一笔资金，经人介绍，王涛与该村民李英签订借款合同，由李英借给王涛人民币5万元，月息3分，借款期限6个月。受王涛委托，该村村民张勇以自己上六下六的12间楼房作抵押，（评估价值60000元），并与李英签订的抵押合同书，明确了被担保的债权为王涛所借李英的借款5万元及利息。时隔两个月，张勇伯父张清也为做生意而急需贷款，张清在宋湾乡信用社借款5万元，月息1.5分，借款期限4个月。张勇碍于情面，又以自己上六下六的12间楼房为其伯父张清借宋湾乡信用社款5万元及利息作抵押担保。王涛、张清借款到期后，均因生意不好，无力偿债。宋湾乡信用社以张清、张勇为被告诉至人民法院，请求法院判令张清偿还贷款5万元及利息，并对张勇的抵押物依法享有优先受偿权。

法院受理后，查明抵押物先抵押给李英，遂通知李英以有独立请求权的第三人参加诉讼。李英请求以张勇的抵押物优先偿还借款。

法院审理后认为，张勇的价值6万元12间楼房先抵押给李英，后抵押给信用社，因该抵押物并非是《担保法》所规定的法定登记生效的抵押物，因此，抵押合同自当事人签订时生效，李英与张勇、信用社与李英的抵押合同均为有效合同，李英和信用社均享有抵押权。根据《担保法解释》第五十一条“抵押人所担保的债权超出其抵押物价值的，超出的部分不具有优先受偿的效力”的规定，在本案中，张勇的抵押物应当首先清偿李英的债权，若有剩余，则应当清偿信用社的债权。据此判决：一、张清偿还信用社贷款5万元及利息；二、信用社对抵押人张勇提供的抵押物在清偿李英债权后的余额部分享有优先受偿权。

上述案例，涉及到再抵押的问题。关于再抵押，《担保法》第三十五条规定“抵押人所担保的债权不得超出其抵押物的价值。财产抵押后，该财产的价值大于所担保债权的余额部分，可以再次抵押，但不得超出其余额部分。”《担保法解释》第五十一条针对实践中的争议，又进一步明确“抵押人所担保的债权超出其抵押物价值的，超出的部分不具有优先受偿的效力。”

二、抵押人所担保的债权超出抵押物的价值，抵押担保合同效力的认定

设立抵押的目的，就是使已成立的债权能得到切实有效的保障。在审判实践中，当抵押人所担保的债权超出抵押物的价值时，有人认为，根据《担保法》第三十五条第一款“抵押人所担保的债权不得超出其抵押物的价值”的规定，该规定属禁止性规定，应理解为超值抵押无效，即：对超出抵押物价值的债权所为的抵押行为无效，相对应的抵押权则不可能产生①。我们认为，抵押人所担保的债权超出其抵押物价值的，不影响抵押合同的效力，若无其他导致抵押担保合同无效的因素外，应当认定抵押担保合同有效，抵押人在其抵押物价值范围内承担担保责任。

《担保法》第三十五条第一款的立法理由在于：一是保护债权人利益，债权人在债务人到期不履行债务时，可以将抵押物折价、拍卖、变卖，从所得价款中优先受偿。若抵押物的价值小于被担保的债权，则债权就会无法全部受偿，超出抵押物价值部分作为一般债权，就会增加债权人受偿的风险。二是督促债务人全部履行债务。因抵押权的效力及于抵押物全部，故在抵押人所担保的债权不超出抵押物的价值时，若债务人到期不履行或不完全履行债务，抵押权人可以就抵押物的全部行使权利。

虽然《担保法》第三十五条第一款的规定旨在保障抵押权人实现债权，但不能认定抵押人所担保的债权超出抵押物价值，抵押无效。因为一是抵押权是抵押人与债权人就特定财产而设定的一种约定的担保物权，抵押物及所担保的债权的范围均可由双方当事人自行约定，即使抵押物的价值少于被担保债权的数额，甚至有很大差距，只要债权人自愿接受，应当尊重其当事人的意思表示，减少司法干预。况且，对于债权人来说总比没有担保要

① 参见戴红兵：《论重复抵押》，载《现代法学》2000年第6期，第71页。

好，债权人既然同意此种抵押，表明其愿意承担其债权不能完全基于抵押权的实现而实现的风险；二是抵押物的价值在抵押权实现之时才得以确定，在此之前包括抵押权设立之时，抵押物的价值必然处于不确定状态。设定抵押权之时，当事人只能依据当时的市场行情作出大致估计，在实现抵押权时，若抵押物的价值猛跌，即使当初其价值超出债权额，也不能担保全部债权的实现，若抵押物的价值猛涨，即使当初其价值小于债权额，也能充分保护债权人利益；三是抵押人在设立抵押权时可能不能提供抵押价值超过被担保债权的某一财产，但他可以将数个财产作为抵押物，而设立数个抵押权为债权人提供充分的担保，若不承认共同抵押，如果各财产具有不同的性质，而不能在一个登记机关进行登记，此时，债权人就可能得不到任何担保，此于债权人来说，也非常不利。且债务人现在不能提供充分的物的担保，并不意味着他不能清偿到期债务；四是从其他国家和地区立法来看，无论在大陆法学的德日及我国台湾，还是在普通法学的英美等国，都承认抵押权对部分债权的担保，而我国《担保法》该条款的规定却与众不同。因此，我们说该条款规定属于提示性条款，不属于强制性规定，当事人不应作为抵押担保无效的抗辩的法律根据。

既然《担保法》第三十五条第一款属于提示性条款，则应当允许抵押人对抵押权人的部分债权担保。我国学者王利明先生亦认为，《担保法》第三十五条的规定是一种倡导性的和建议性的，而并不是一种强行性的规范，不能认为违反该规定就导致抵押无效[①]。在国外立法中，还存在通过对部分担保的效力的解释而使债权人的利益得到充分的保护。依这种解释理论，当事人之间仅就债权的部分设立抵押权时，抵押权担保最后的债权。例如，甲向乙借款10万元，甲以其所有的价值6万元的汽车进行抵押，此时，有担保的债权仅为总债权的6/10，但甲清偿2万元后，其所剩8万元债权仍由该价值6万元的汽车进行担保，若甲后又

① 王利明：《抵押权若干问题的探讨》，载《法学》2000年第11期，第25页。

对乙清偿5万元，则对剩下的3万元债权，仍由该价值6万元的汽车担保，在甲不能清偿债务时，乙仍可以对该汽车行使抵押权，而使剩余的2万元债权获得清偿[①]。这种对抵押权担保部分债权的解释，实际上是抵押权不可分性以及抵押权与债权的伴随性理论的合理延伸。对于强化抵押权担保的效力实能发挥重要的作用。

在司法实践中，遇到评估机构将抵押物的价值在设立抵押权时，评估价格与抵押物价值相差悬殊很大，例如，房产管理部门对房屋价格评估时，将价值10万元的房产评估为20万元，房产担保的债权为15万元，若债务到期后，主债务人无力清偿，则由抵押人以房产清偿所担保的债权，在抵押物价格稳定的情况下，抵押权人将要承担尚不能收回5万元的债权风险。此时，评估机构因其过失（包括故意和过失）将抵押物价值评估与其实际价值悬殊很大，给抵押权人造成损失时，评估机构是否承担民事责任？我们认为，评估机构应当承担民事责任。其理由：(1) 评估机构应当认真履行其职责，客观、公平地评估抵押物的价值，根据建设部于1996年1月8日发布的《城市房地产中介服务管理规定》第二十四条“因房地产中介服务人员过失，给当事人造成经济损失的，由所在地中介服务机构承担赔偿责任。所在中介服务机构可以对有关人员追偿”之规定，因其自身过错给确信抵押物评估价值的抵押权人造成损失的，评估机构是有明显过错的。(2) 评估机构与抵押人和抵押权人之间是一种委托合同关系（实践中多以口头形式），根据《合同法》第四百零六条“有偿的委托合同，因受托人的过错给委托人造成损失的，委托人可以要求赔偿损失。无偿的委托合同，因受托人的故意或者重大过失给委托人造成损失的，委托人可以要求赔偿损失。受托人超越权限给委托人造成损失的，应当赔偿损失”之规定，作为有过错的评估机构应负赔偿损失的责任。(3) 根据民法过错责任的原理，评

① 谢在全：《民法物权论》，台湾地区三民书局1992年版，第40页。

估机构依法应当在误评估价值（即评估价值渐趋抵押物当时实际价值，并加上或减去抵押权实现时的实际价格与评估时实际价值净增或净减额）范围内承担赔偿责任，若评估机构有过错而不承担民事责任，则是于法无据的。

三、再抵押

《担保法》第三十五条第二款对再抵押作了明确规定，即“财产抵押后，该财产的价值大于所担保债权的余额部分，可以再次抵押，但不得超过其余额部分。”根据该条款的规定，所谓再抵押，是指抵押人在设定抵押权之后，就抵押物的担保剩余价值再设定的抵押。再抵押必须符合下列两个条件：一是再抵押的设定，必须以抵押物价值扣除所有先设抵押权所担保的债权总额尚有余额为前提条件，若不存在余额，则抵押人不得就该抵押物再抵押；二是抵押人设定再抵押时，再抵押担保的债权金额不得超过抵押物总价值扣除先设立抵押权所担保的债权总额后的余额，若超出抵押物价值的余额的债权部分的抵押是否有效，笔者将在重复抵押中论述。再抵押担保符合该条款所包含的两个条件的，应当认定再抵押有效，抵押人仍应以余额部分承担再抵押的担保责任。

当抵押所担保的债权数额较小，抵押物的价值较大，可能在该物上另行设立抵押权的问题，前几年无论在理论上还是实践上都有争议。一种观点认为，一物只能设立一个抵押权，在同一物品上设立数个抵押权的属重复抵押，后设立的抵押权无效。另一种观点则认为，当抵押物的价值较大时，一物可以设立数个抵押权，当需要以抵押物的变价款清偿债务时，按抵押权设立的先后顺序依次受偿。《担保法》该条款的规定，显然是后一种观点的体现，从而平息了争论。

《担保法》第三十五条第二款的规定，虽符合法律公平原则的要求，有利于充分发挥抵押物的担保功能，但该条款的规定属于提示性条款，也不影响抵押担保的效力。理由是：一是抵押权本质上是一种价值权、变价权和有限受偿权，抵押权人的最终目的不在于是否可以取得抵押物的本身，而在于实现债权，每一次抵押最后都必须实现抵押权，若先设立的抵押权人放弃其担保利益，或因债务得以清偿而导致抵押权消灭，抵押物的价值并未减少，再抵押的抵押人仍可保护自己的债权利益，故无须对再抵押做出限制；二是再抵押的抵押权只能是后一顺序的抵押权，它不会损害前一顺序抵押权人的利益，又可以使抵押物价值的担保作用得到最大发挥。因此，该条款无限制的必要，也没有必要运用司法干涉权去限制抵押法律关系当事人的意思自治。

四、重复抵押

所谓重复抵押，是指抵押人将同一抵押物设立抵押权后，又向其他抵押权人设立抵押担保的行为。重复抵押致使同一抵押物有数个抵押权人，形成数个抵押权关系。

重复抵押与再抵押的关系。有人认为，“再抵押亦称重复抵押”①。笔者认为，虽重复抵押与再抵押均在同一抵押物有数个抵押权人，形成数个抵押权关系。但两者有着质的区别，重复抵押不等于再抵押，即再抵押强调的是抵押物的价值大于所担保债权尚有余额部分，其余额部分方可设定再抵押，若无余额，则不能设定再抵押。而重复抵押不强调是否有余额，均可在同一抵押物上设定数个抵押权。诸如，在前述案例中，张某价值 6 万元的楼房先为王涛担保 5 万元借款本息，按其借款期限 6 个月及月息 3 分计算，债务到期时，借款本息合计为 5.9 万元，即张勇所担保的抵押物几乎没有剩余。然而，张勇又为其伯父张清作抵押担保，则属于比较典型的重复抵押。若张勇的楼房 12 间，价值 12 万元，则张勇担保王涛债务 5 万元本息后，尚有余额，完全可以为其伯父张清抵押担保，此时，应称为再抵押。从该案例中，应当明确重复抵押与再抵押的异同。

① 《当前民事经济审判疑难问题研究》，人民法院出版社 1998 年版，第 492 页。

重复抵押的效力如何认定，在司法实践中存在争议。第一种意见认为重复抵押无效。理由是：一是重复抵押不符合财产所有权的原理，违背了抵押担保债权实现的宗旨。因为，“一物不能有二主”，同一抵押物不可能同时产生两个以上所有权。而抵押是具有物权性的权利，重复抵押等于在同一抵押物上设定了几个不同权利主体；二是抵押权的价值性决定了抵押物担保的交换价值是一定的，不可能产生价值重叠，形成价值倍增，也就不能起到数个债权同时重叠担保作用，因此只能对第一次抵押权产生权力，后抵押权无效；三是根据最高法院《民法通则意见》第一百一十五条第一款的规定，抵押人在抵押期间非经抵押权人同意，抵押人就抵押物价值已设立抵押部分再作抵押的，其行为无效。第二种意见认为，重复抵押是两次以上抵押行为的统称，本身并不当然具有法律效力，其效力必须依赖于每次抵押行为的效力，其认定标准是：如果各次合法有效抵押所担保的债权总额不超出抵押物的价值，则重复抵押行为都有效；如果超出，则以抵押物价值为基准，未超出部分的抵押有效，超出部分的抵押无效①。第三种意见认为，重复抵押应当允许，且不能认定为无效，应当适用“设立在先，效力优先”的原则。

笔者认为，在法无明文禁止重复抵押的情形下，应当承认其重复抵押的效力。其理由是：一是从世界各国立法看，大都允许在同一价值范围内的财产上设立若干个抵押物，不过均对抵押财产辅之以登记或公告制度，以使债权人明白该财产是否已设置抵押，在此情形下，若债权人仍同意将已抵押财产作抵押，法律则于此认可；二是前抵押权或后抵押权的设立，只要符合法定的抵押权成立的条件，重复抵押权都产生法律效力，只是在抵押权的实现上，先设立的抵押权依顺序先于后设立的抵押权，而就抵押物的全部进行债权清偿，而后设立的抵押权只有在前位抵押权实行优先受偿后有余额时，或者前位抵押权人明确放弃抵押权时，

① 戴红兵：《论重复抵押》，载《现代法学》2000 年第 6 期，第 71 页。

才能主张优先受偿，各抵押权之间适用《担保法》第五十四条所规定的原则来调整数个抵押权关系；三是《民法通则意见》第一百一十五条第二款规定，债务人以抵押物清偿债务时，如果一项抵押物有数个抵押权人的，应当按照设立抵押权的先后顺序受偿。《担保法》第五十四条进一步明确规定，同一财产向两个以上债权人抵押的，拍卖、变卖抵押物所得的价款，按照抵押物登记或抵押合同生效时间的先后顺序清偿，顺序相同的，按照债权比例清偿。这实质上是对重复抵押权"设立在先，效力优先"原则的法律确认；四是禁止重复抵押不利于抵押人在该财产上权利的行使，不利于充分发挥当事人财产的经济效益。五是根据《担保法解释》第五十一条的规定，并没有对重复抵押规定为无效，只确认超出的部分为普通债权，不具有优先受偿的效力，通过优先受偿权对重复抵押进行调整。同时，从该解释第七十八条"同一财产向两个以上债权人抵押的，顺序在后的抵押权所担保的债权先到期的，抵押权人只能就抵押物价值超出顺序在先的抵押担保债权的部分受偿。顺序在先的抵押权所担保的债权先到期的，抵押权实现后的剩余价款应予提存，留待清偿顺序在后的抵押担保债权"的规定来看，充分体现了对重复抵押效力的肯定。

《担保法解释》第五十一条肯定了重复抵押的效力。

1. 根据此条的规定，同一标的物上设定数个抵押权，充分利用了抵押物的交换价值与使用价值，促进资金融通。抵押人所担保的债权超出其抵押物价值的不应确认抵押无效，只确认对超出的部分不具有优先受偿的效力，通过优先受偿对超出的部分进行调整。因为抵押权的实质和担保作用在于当债务人不履行债务时，抵押权人可以抵押物折价或者从抵押物的变价中优先清偿自己的债权。这条规定肯定了重复抵押的效力，因而从立法上解决了《担保法》第三十五条否定重复抵押的效力与《民法通则意见》第一百一十五条及与《担保法》第五十四条肯定重复抵押的矛盾。

2. 抵押物的价值随市场行情的变化而变化，市场行情瞬息万变，无法确定抵押财产是否大于所担保的债权。抵押权设定时和实现时抵押物的价值可能不一致，如果抵押人再次抵押时超出抵押物的价值，按照《担保法》第三十五条的规定确认超出部分无效。但是，抵押权实现时，抵押物的价值上涨，抵押物所担保的债权总额小于抵押物实际价值，当时设定抵押时所认为的重复抵押在实现时并未超出余额，这时若简单地认为重复抵押无效，则损害了债权人的利益。

3. 同一标的物上设定数个抵押权，前手的抵押权不受后手的抵押权的影响，抵押物的价值只有在抵押权实现时，即抵押物变现时才能明确。重复抵押，后手的抵押权人的债权不一定落空，如果前手的抵押权所担保的债权由于债务人的履行而使抵押权消灭，则后手的抵押权人的债权可以得到清偿。

4. 根据当事人意思自治的原则，如果债权人预先知道抵押财产已经设定了抵押，存在权利负担，仍然决定接受该财产为抵押物的，法律没有禁止的必要。

五、对引言案例的评析

下面结合引言案例的案例，就重复抵押在司法实践中如何处理谈两点看法：

1. 重复抵押物的处分。抵押权人在债务人不履行或不完全履行债务时，就要通过对抵押物折价或以出卖价款优先受偿方式以实现自己的全部债权。但由于同一物上已设立数个抵押权，因此在处分抵押物时也不同于一个抵押权的处分。归纳起来应遵循以下三项原则：

一是诉权平等原则。虽然多个抵押权因同一物而联系在一起，但作为权利主体却是独立的；虽然抵押设立有先有后，实体上所获利益可能有很大差别，但诉权都是平等的。因此，每个抵押权人都有权主张权利，都可以成为诉讼主体，这是由抵押权的排他性决定的。债权人对抵押物主张权利，不仅排除抵押权以外的第三人的干涉，而且也排除其他抵押权人的干涉，那种以设立先后为依据排除后位抵押权人进行诉讼的观点是错误的。

二是共同诉讼原则。由于对抵押物的处分直接关系到每个抵押权人的切身利益，因此，人民法院应通知该物所有抵押人参加诉讼。

三是处分合适原则。对抵押物的处分有折价占有和变价受偿两种方法。无论采用哪种方法，都必须在人民法院的主持下按照法律程序进行，债权人不得自行处分，不得损坏物的使用价值。

在引言案例中，宋湾乡信用社以张清、张勇为被告而诉至人民法院，人民法院在审理该借款担保纠纷一案时，因该案抵押物12间楼房并非是《担保法》第四十二条规定的应当办理抵押物登记的财产，因此，应当适用“设立在先，效力优先”的原则。若设立在先的抵押权人李英得知该抵押物涉诉后，便以有独立请求权的第三人申请参加诉讼；若李英不得知此种情况，则受理该案的人民法院应当通知李英作为有独立请求权的第三人参加诉讼。在诉讼过程中，诉权是平等的，在处分抵押物12间楼房时，应当遵循处分合适原则。

2. 重复抵押的受偿应按《物权法》第一百九十九条“同一财产向两个以上债权人抵押的，拍卖、变卖抵押财产所得的价款按照以下规定清偿：（一）抵押权已登记的，按照登记的先后顺序清偿；顺序相同的，按照债权比例清偿；（二）抵押权已登记的优于未登记的受偿；（三）抵押权未登记的，按照债权比例清偿”的规定进行。

在引言案例中，对重复抵押物张勇的12间楼房的受偿应当遵循设立在先的原则进行。即李英的抵押权设立在先，宋湾乡信用社的抵押权设立在后，只有李英的担保债权受到清偿后，若有剩余，宋湾乡信用社的担保债权才能得以受偿，若无剩余，则宋湾乡信用社的担保债权得不到受偿。在该案中，若后设立的抵押权人宋湾乡信用社在设定抵押时，办理了抵押登记，则应根据登记优先原则，宋湾乡信用社优先受偿之后，若有剩余，李英才能得以受偿。抵押登记与否，法律后果截然不同。但愿读者从中有所收益。

第八节 在建工程抵押

一、引言

以依法获准尚未建造的或者正在建造中的房屋或者其他建筑物抵押的，当事人办理了抵押权登记，人民法院可以认定抵押权有效设立。诸如：

本案抵押权能否设立[①]

上诉人（原审第三人）：广西桂建房地产有限责任公司（以下简称桂建公司）。

被上诉人（原审原告）：交通银行南宁分行（以下简称交行南宁分行）。

原审被告：许光。

2001 年 12 月 7 日，交行南宁分行与许光签订一份《个人商铺借款合同》，合同编号为邕交银 2001 年个贷字 858 号，约定：交行南宁分行向许光提供贷款 207000 元，期限 10 年，自 2002 年 5 月 23 日至 2012 年 5 月 23 日止，月利率为 5.76‰，贷款的偿还采取按月等额本息还款法，借款人在取得贷款后当年确定的每次还款额为 2394.07 元，此后年份需按合同 2.2 条进行利率调整的，该年度每次还款额由贷款人根据合同 2.2 条的规定和贷款人等额还款法操作办法规定的计算方法确定；借款人未按借款合同约定的还款计划归还贷款本息，构成违约，贷款人可视借款人

① 案例来源于广西壮族自治区南宁市中级人民法院（2005）南民二终字第 101 号民事判决。

违约情况，宣布贷款提前到期，并要求借款人立即归还所有到期应付款项；按合同约定处分抵押物或质物，清偿贷款本息，依法要求保证人承担连带责任。同日，交行南宁分行作为抵押权人、许光作为抵押人、桂建公司作为回购人签订一份《交通银行贷款抵押合同》，合同编号为邕交银2001年个抵字第858号，约定：由许光对其与交行南宁分行于2001年12月7日签订的邕交银2001年个贷字858号借款合同提供抵押担保；抵押物是南宁市七星路125号新民大厦（华星城）一层A113商铺；担保范围为贷款合同项下的借款本金及利息、因借款人违约发生的复利、罚息、索偿费用和抵押权人实现抵押权的费用；借款人累计3个月未能按借款合同规定足额偿还贷款本息和相关费用，抵押权人有权行使抵押权；抵押权人可采用下列任一方式处理抵押物：(1)与抵押人协商一致，以抵押物折价抵偿债务或变卖抵押物、从所得价款中优先受偿；(2)按6.3条的规定以请求回购的方式处分抵押物；(3)在书面通知抵押人后，委托拍卖机构拍卖抵押物。6.3条约定：抵押权人处理抵押物时，回购人同意以抵押物原出售价格（即“抵押物清单”中的“购置价格”）回购抵押物，价款优先清偿抵押人所欠贷款人的债务；回购请示权是抵押权人单方面享有的一项选择权，回购人承诺，如果抵押权人请求回购，无论届时抵押物价值是否发生变化，将以约定的回购价格购买抵押物。抵押人拖欠、未偿款项的确定，以抵押权人提供的贷款业务会计凭证为准。合同附抵押物清单一份，载明：抵押物坐落南宁市七星路125号华星城A113号，房屋类型商铺，建筑面积18.44平方米，购置价格345196元。2002年4月3日，交行南宁分行与许光到南宁市房屋产权交易监理处办理预购商品房贷款抵押登记。同日，南宁市房屋产权交易监理处在许光与桂建公司于2001年12月9日签订的《商品房买卖合同》中加盖南宁市房屋产权交易监理处预购商品房贷款抵押登记专用章。上述2份合同签订后，交行南宁分行依约将贷款207000元转入许光的账户。许光履行了16期还款义务后，从2003年9月21日起开始拖欠交行南宁分行的本金及利息。至今许光尚欠贷款本金187576.48元及利息，至2004年2月21日止尚欠贷款利息及复利5675.13元。由于许光未按合同约定履行还款义务，交行南宁分行遂于2004年6月25日诉至一审法院。

2001年12月9日，许光与桂建公司签订一份《商品房买卖合同》[合同编号为桂建房（商）字285号]，约定许光向桂建公司购买南宁市七星路125号新民大厦（华星城）第一层A113号铺位，建筑面积共18.44平方米，单价为每平方米18720元，总金额为345196元；付款方式为银行按揭。

一审法院经审理认为，许光经法院合法传唤，无正当理由拒不到庭，视为其已放弃答辩和质证的权利。交行南宁分行与许光签订的《交通银行个人商铺借款合同》及交行南宁分行、许光、桂建公司签订的《交通银行贷款抵押合同》，主体合格，双方意思表示真实，内容没有违反法律规定，均为有效合同。交行南宁分行已全面履行合同义务，许光未能依约归还本息，交行南宁分行要求许光归还借款本金及利息的请求，法院予以支持。许光应以其抵押物即位于南宁市七星路125号新民大厦（华星城）商铺第一层A113号铺位对所欠借款本息承担抵押担保责任，交行南宁分行有权从拍卖或变卖抵押物价款中优先受偿。因交行南宁分行与许光、桂建公司在抵押合同中约定，"抵押权人处理抵押物时，回购人同意以抵押物原出售价格回购抵押物"，"如果抵押权人请求回购，无论届时抵押物价值是否发生变化，将以约定的回购价格购买抵押物"。现交行南宁分行要求桂建公司按照合同约定即以345196元的价格购买抵押物，合法合理，法院予以支持。桂建公司提出交行南宁分行要求其履行回购义务不正确，即使履行回购义务亦应在追索债权进行，理由不能成立，法院不予支持。依照《合同法》第八条、第一百九十六条、第二百零六条、第二百零七条、《担保法》第三十三条、第四十一条、第四十六条及《民事诉讼法》第一百三十条之规定，判决：一、许光应归还交行南宁分行贷款本金187576.48元及利息；二、许光以其抵押物即位于南宁市七星路125号新民大厦（华星城）一层A113号铺位，对上述第一项应付款项承担抵押担保责任，交行南宁分行有权从拍卖或变卖抵押物价款中优先受偿；三、在处理抵押物时，桂建公司应以345196元的价格购买上述第二项抵押物。案件受理费5875元，其他诉讼费1000元，合计6875元，由许光负担。

上诉人桂建公司不服上述判决，上诉称：《交通银行贷款抵押合同》第六条约定的回购条款显失公平的条款，属于无效条款，不具有法律约束力。一审判决认定事实及适用法律有误，请求二审法院撤销一审判决第三项，驳回交行南宁分行对我公司的诉讼请求。

二审法院审理后认为，交行南宁分行（抵押权人）、许光（抵押人）、桂建公司（回购人）在抵押合同中约定抵押权人处理抵押物时，抵押权人可以请求回购人以抵押物原出售价格回购抵押物，价款优先清偿抵押人所欠贷款人的债务，回购请求权是抵押权人单方面享有的一项选择权。从该回购条款的内容分析，回购条款实质上是桂建公司为许光向交行南宁分行按揭贷款而以回购方式提供的一种担保，是为了保证债权人的债权能得到实现而设定的。该回购条款是双方当事人的真实意思表示，亦未违反法律法规的强制性规定，故应为有效条款。该条款意思表示明确，从文字表述方面亦没有歧义，即合同签订时桂建公司就可以预见到其作为回购人应承担的法律后果。且根据《合同法》第五十四条的规定，显失公平的合同属于可变更或撤销的合同，因桂建公司在合同签订之日起一年内没有申请变更或撤销，故桂建公司主张回购条款无效，理由不能成立，本院不予支持。由于回购条款实质上是桂建公司为许光按揭贷款提供的一种担保，该法律关系从属于按揭贷款法律关系，法律法规亦未规定回购担保享有先诉抗辩权，故交行南宁分行在本案中请求回购人桂建公司回购抵押物并无不当。桂建公司主张回购条款不能与本案借款合同合并审理，理由不能成立，本院不予支持。依照《民事诉讼法》第一百五十三条第一款第（一）项的规定，判决如下：驳回上诉，维持原判。二审案件受理费6875元，由桂建公司负担。

上述案例，是预售房屋抵押。对此，在我国的《担保法》规定中尚属空白，《担保法解释》第四十七条对此作了规定，即“以依法获准尚未建造的或者正在建造中的房屋或者其他建筑物抵押的，当事人办理了抵押物登记，人民法院可以认定抵押有效。”该条规定了抵押人可以以尚未取得而将来可以取得的房屋或者其他地上定着物设定抵押权。《物权法》第一百八十条规定“正在建造的建筑物、船舶、航空器”可以抵押，从立法上确立了在建工程可以抵押。近年来，在房屋分期付款买卖中常常采用按揭担保，又称为楼花按揭贷款。按揭担保方式是借鉴我国香港地区的法律规定，来源于英美法的mortgage，相当于大陆法的让与担保。①

二、楼花按揭担保包括在建工程抵押和预售房屋抵押

楼花按揭担保，是指房屋预售合同中的买方向房地产开发商支付部分购楼款后，将其根据合同取得房屋的期待权让渡给银行作为取得贷款的担保。贷款额度为尚未支付的购楼款，如果买方还清所有贷款本息后将期待权赎回，取得房屋产权；如果买方未能依约履行还本付息义务，就丧失了赎回这种期待权的权利，银行有权处分按揭房屋并优先清偿其贷款的民事法律行为。楼花竣工后，楼花按揭即转为房屋抵押。楼花按揭是一种不同于普通房屋抵押贷款的融资方式。按揭，是转让房地产权益以保证偿还债务的一种法律行为。房地产按揭人把房地产的权益转让给债权人以作为偿还债务或者履行责任的保证，一旦贷款全部还清后，所保证的债务或者责任解除，房屋归购房者所有，抵押品的封条也可“揭”下来了。楼花按揭，实质上是银行、房地产开发商和购

① 关于让与担保，请读者参阅何志：《物权法判解研究与适用》，人民法院出版社2004年版，第656－664页。

房者三方共同参加房地产经营开发的一种融资活动。

在司法实践中，楼花按揭包括：

1. 在建工程抵押

即指抵押人为取得在建工程继续建造资金的贷款，以其合法方式取得的土地使用权，连同在建工程的投入资产，以不转移占有的方式抵押给贷款银行作为偿还贷款履行的担保。尚未建造或者正在建造中的房屋或者其他建筑物，为独立的交易客体，当然可以设定抵押权。在建工程抵押，《担保法》未作规定，而是由1997年建设部《城市房地产抵押管理办法》（以下简称《抵押办法》）第三条第五款作出规定。由于在建工程抵押在实践中比较常见，因此而发生的纠纷也较多。为此，《担保法解释》第四十七条对此专门作出了规定，以依法获准尚未建造的或者正在建造中的房屋或其他建筑物抵押的，当事人办理了抵押物登记，人民法院可以认定抵押有效。但应注意的是，《抵押办法》对在建工程抵押设定了几个条件：（1）抵押人为主债务人；（2）债权人为具有贷款经营权的金融机构；（3）主债权的种类为贷款；（4）担保的贷款须用于在建工程继续建造；（5）抵押人已合法取得在建工程占用土地的使用权，且须将其合法取得的土地使用权连同在建工程的投入资产一并抵押。《担保法解释》中并未规定在建工程抵押必须具备上述条件，由于《抵押办法》仅是建设部的一项规章，在审判实践中其效力层次低于司法解释；而且《抵押办法》对于在建工程抵押所设定的条件已不适应实际的需要。因此，人民法院在审理在建工程抵押的案件时，对于在建工程抵押是否有效不应从上述条件来考虑，而应根据《担保法》或《担保法解释》的规定进行判断。

2. 预售房屋抵押

即指买方在支付首期规定的房价款后，由贷款银行代其支付其余的购房款，将所购商品房抵押给贷款银行作为偿还贷款履行的担保。房地产开发商与买方签订的房屋买卖合同实际上是预售合同，房地产开发商所售的楼房是期房即楼花。楼花按揭期间，买方向银行提供的抵押不是物权的抵押，而是权益的抵押，买方将自己的期待权予以抵押。房屋尚未建成，自然没有产权证，抵押登记只是预售合同抵押登记。房屋竣工后，房地产开发商与买方共同办理产权过户手续，买方取得房屋产权证，同时与银行共同办理房屋抵押登记，抵押才是真正的物权的抵押。根据对按揭权人与按揭人之间的权利义务关系，无论从设定的目的，还是法律效力方面，楼花按揭与房屋抵押是基本相同的，并未超出抵押的范畴，是一种不动产抵押方式。但有别于我国法律规定的抵押担保方式。

三、楼花按揭与抵押担保的区别

楼花按揭从权利的标的物范围、设定的方式、实现的方式和标的物风险承担等方面冲击了我国抵押权理论，给司法实践带来了一定的问题。

1. 法律关系不同。抵押担保的法律关系涉及两方主体一个法律关系，两方主体是抵押人即债务人或者第三人，抵押权人即债权人。债务人与债权人的基础法律关系，由合同法调整，担保法不调整；楼花按揭的法律关系涉及三方主体三个法律关系，三方主体是按揭人即购房借款人、按揭权人即银行，第三人即房地产开发商。三个法律关系是：按揭人和房屋开发商之间是房屋买卖合同关系，按揭人与按揭权人之间是抵押贷款合同关系，房屋开发商与按揭权人之间是担保合同关系。

2. 标的物的范围不同。我国法律规定抵押权的标的物是债务人或者第三人提供的，以自己享有所有权或者经营管理权的财产，包括有形财产和无形财产，房屋应是已经竣工的现房。抵押物必须直接地指向现存的具有一定交换价值的财产或者能够即时物化的权利，排除了以期待权作为抵押权标的的可能；楼花按揭的标的物是楼花，即尚未动工兴建或者正在建设尚未竣工的期房。楼花按揭期间，按揭人无法取得预购房屋的所有权，向债权人提供的还款担保，只是在将来取得房屋的期待权。

3. 设定的方式不同。抵押权的设立，抵押人对用作抵押的房屋享有所有权或者处分权，一般通过限制抵押人所有权的形式设定，将房地产标的物的价值支配权转让给抵押权人，抵押权人取得的是抵押房屋上的抵押权；购房借款人作为房屋的按揭人，对按揭的期房并不享有所有权。银行作为楼花按揭权人，通过楼花按揭取得的是按揭房屋所有权的期待权，按揭权人对设定按揭权的房屋享有的是一种债权而非物权，因而对楼花的按揭权无法同一般的抵押权那样通过限制所有权的方式设定，必须以转让房屋期待权给按揭权人（即银行）为条件，同时又保留赎回权，取得银行的贷款。按揭解除时，按揭人偿还贷款本息后可以将楼花从按揭权人处赎回。按揭人不能偿还贷款本息时，便丧失赎回期房所有权的权利，按揭期房竣工，按揭权人便取得按揭物的所有权，按揭权人既可收房自用，也可拍卖该房而收回资金。

4. 实现的方式不同。抵押权的实现方式，抵押权人在债务履行期届满未受清偿的，可以从抵押物的变价价款中优先受偿；楼花按揭权的实现方式，主要是通过行使类似债权人代位权的方法得到实现。楼花按揭是房屋预售合同的买方即按揭人，将其享有的根据合同取得房屋的期待权让渡给按揭权人作为偿还债务的担保。按揭期间，按揭权人可以代位行使房屋预售合同中按揭人的权利，未经按揭权人同意，按揭人和房地产开发商不得擅自变更、转让或者解除房屋预售合同，不得采取任何可能致使其无效的行为。在按揭人不履行楼花按揭合同时，按揭权人可以代替购房者成为房屋预售合同的买方，有权处分被按揭的楼花，或者取得楼花竣工后的房屋所有权，或者房地产开发商代按揭人还清所有欠款后，解除房屋预售合同。同时为了保证按揭权的实现，按揭权人有权以预售合同买方的名义，参与同房屋预售合同有关的诉讼。

5. 标的物风险责任承担不同。抵押权的抵押标的物房屋由抵押人占有使用，因此，抵押物的风险责任由抵押人承担；楼花按揭的标的物的风险责任既不由按揭人承担，也不由按揭权人承担，而是由按揭双方之外的第三人房地产开发商承担。

6. 登记的方式不同。抵押合同签订后，应当办理抵押物登记，抵押权自登记之日起设定；楼花按揭应将预售房屋的买卖合同或者抵押贷款合同向房地产登记部门备案或者预告登记。

四、审判实践中应当注意的问题

1. 先抵后售

所谓先抵后售，是指出卖人将已设定抵押权的商品房预售于买受人的行为。在先抵后售纠纷中涉及同一房屋之上抵押权与债权的冲突，须对抵押合同及商品房预售合同的效力作出认定，其具体可分为以下两种类型：

（1）已设定土地使用权抵押的商品房的预售。根据《城市房地产管理法》第五十一条、《担保法》第五十五条的规定，土地使用权抵押权人实现抵押权时可依法将土地上新增房屋与已设定抵押的土地使用权一同拍卖，此时如新增房屋又被预售于买受人，买受人则无法取得预售房屋的所有权。《商品房买卖解释》第九条第二项仅对出卖人故意隐瞒预售房屋已经抵押的事实，买受人所享有的救济权利作出规定，而未对已设定土地使用权抵押的商品房的预售纠纷如何处理作出规定。其可分两种情况来处理：一是出卖人在预售房屋时向买受人告知已设定土地使用权抵押的事实，买受人仍然自愿购买的，则意味着其已自愿承担将来抵押权人实现抵押权其不能取得房屋所有权的后果，此时买受人不得以抵押事实的存在请求撤销预售合同。抵押权人可以根据《担保法》第五十五条的规定实现抵押权，即将土地使用权与商品房并付拍卖，但对该商品房的拍卖价款无权优先受偿。出卖人应对告知买受人已设定抵押的事实负举证责任，否则承担举证不能的法律后果；二是出卖人在预售房屋时未告知或不能证明已告知买受人已设定土地使用权抵押的事实，则买受人亦能以出卖人欺诈为由请求撤销合同、返还已付购房款及其利息、赔偿损失，并可请求出卖人承担不超过已付购房款一倍的惩罚性赔偿责任。如果出卖人在诉讼前或诉讼期间将该抵押注销，说明双方在订立合同时，出卖人未告知已经抵押的事实的潜在风险已不存在，影响买受人取得预售房屋所有权的障碍已消除，如买受人放弃行使撤销权，则可判决双方继续履行合同。

(2) 已设定在建工程抵押的商品房的预售。根据《担保法解释》第四十七条的规定以正在建造中的房屋抵押的，当事人办理了抵押物登记，人民法院可以认定抵押有效。对于已设定在建工程抵押的商品房的预售纠纷可分两种情况来处理：一是出卖人预售房屋时已通知抵押权人并告知买受人已经抵押的事实，买受人仍然自愿购买的，则买受人不得以抵押事实的存在请求撤销预售合同。如出卖人与抵押权人未达成清偿债务而解除抵押关系的新约定，抵押权人此时只能对买受人支付的购房款行使物上代位权；二是出卖人预售房屋时未通知抵押权人也未如实告知买受人已经抵押的事实，或不能证明已履行上述义务的，买受人则可根据《商品房买卖解释》第九条第二项的规定以出卖人欺诈为由请求撤销合同、返还已付购房款及其利息、赔偿损失，并可请求出卖人承担不超过已付购房款一倍的惩罚性赔偿责任。抵押权人可根据《担保法解释》第六十七条的规定实现抵押权，即对抵押房屋进行追及，或要求欲取得房屋所有权的买受人进行涤除，即由其代替出卖人清偿所欠抵押权人全部债务，使抵押权消灭。

2. 先售后抵

所谓先售后抵，是指出卖人在将商品房预售于买受人后，又在该商品房上设定抵押的行为。先售后抵纠纷具体可分为以下两种类型：

(1) 预售后又设定一般抵押权。对于买受人已办理预售登记或产权登记以后，出卖人将商品房抵押给其他债权人的，此时出卖人对抵押房屋的处分权受限制或并不享有所有权，因此应认定抵押行为无效。对于买受人办理预售登记或产权登记前，出卖人将商品房抵押给其他债权人的，抵押权人如属善意，因抵押权属担保物权，因此其具有优先于债权的效力，此时应认定抵押行为有效，买受人则可根据《商品房买卖解释》第八条第一项的规定请求解除合同、返还已付购房款及其利息、赔偿损失，并可请求出卖人承担不超过已付购房款一倍的惩罚性赔偿责任。在买受人已支付购房款尚未办理预售登记或产权登记期间，抵押权人知道或应当知道该商品房已预售于买受人仍在其上设定抵押权的，因出卖人与抵押权人均属恶意，则应认定抵押行为无效。

（2）预售后又成立法定抵押权，即建设工程承包人优先受偿权。根据《合同法》第二百八十六条的规定，建设工程承包人于发包人不按期支付工程款时，可就工程折价、拍卖款项享有优先受偿权。该优先受偿权符合抵押权的特征，其从属于承包人的主债权即工程价款取得权，不以承包人占有该建筑物为享有优先受偿权的要件，即使建筑物已竣工交付于发包人，承包人仍享有该优先受偿权，并且不因建筑物的毁损、灭失而消灭，具有不可分性和物上代位性，因此在性质上应为法定抵押权。最高人民法院于2002年6月20日公布的《关于建设工程价款优先受偿权问题的批复》（下称《批复》）第四条规定建设工程承包人优先受偿权行使期限为建设工程竣工之日或建设工程合同约定的竣工之日起6个月内。在此期间，发包人如未按时支付工程款，承包人则可申请对其建设的商品房行使优先受偿权。如出卖人（发包人）已将商品房预售于买受人，则会产生建设工程承包人优先受偿权与买受人合同债权的冲突。理论界和司法实务部门对此种情形如何处理一直存在较大争议。《批复》公布施行后，这个问题在一定程度上得到了解决，即其第二条规定“消费者交付购买商品房的全部或大部分款项后，承包人就该商品房享有的工程价款优先受偿权不得对抗买受人”。但该规定并不能从根本上解决问题，仍然存在以下不足：一是《批复》只解决了购房者为消费者的情形，对于不是消费者的买受人（如购买办公用房）的权益与建设工程承包人优先受偿权的冲突应如何处理并未作出规定；二是《批复》对于已交付全部或大部分购房款的消费者，并未要求其办理预售登记或产权登记作为对抗建设工程承包人优先受偿权的条件。这一规定在保护作为消费者的买受人的合法权益的同时，也为出卖人恶意逃避债务提供了便利条件，即其在承包人主张优先受偿权时，能够临时找一些所谓的消费者订立虚假的预售合同、开出假收据，以对抗承包人的优先受偿权。为了解决上述问题，则应规定已交付全部或大部分购房款的买受人（不仅限于消费者），须已办理预售登记或产权登记方可对抗建设工程承包人优先受偿权，承包人对该商品房的未付款项得行使物上代位权。[①]

五、对引言案例的评析

本案是一起典型的按揭担保贷款，属于预售房屋抵押。关键是要审查《交通银行个人商铺借款合同》、《交通银行贷款抵押合同》的效力，尤其是抵押的效力。根据《担保法解释》第四十七条“以依法获准尚未建造的或者正在建造中的房屋或者其他建筑物抵押的，当事人办理了抵押物登记，人民法院可以认定抵押有效”的规定，预售房屋抵押应当办理抵押登记，就本案来说，交行南宁分行与许光到南宁市房屋产权交易监理处办理预购商品房贷款抵押登记。同日，南宁市房屋产权交易监理处在许光与桂建公司于 2001 年 12 月 9 日签订的《商品房买卖合同》中加盖南宁市房屋产权交易监理处预购商品房贷款抵押登记专用章。因此，《交通银行个人商铺借款合同》、《交通银行贷款抵押合同》均为有效合同，案件的处理就应当按照当事人的约定处理。因此，法院的判决是正确的。

第九节 共有财产抵押

一、引言

共同共有人以其共有财产设定抵押，未经其他共有人的同

① 关于建设工程承包人的优先受偿权，其读者参阅何志：《物权法判解研究与适用》，人民法院出版社 2004 年版，第 703 页－716 页；《合同法原理与审判实务》，法律出版社 2002 年版，第 588－596 页。

意，抵押无效。但是，其他共有人知道或者应当知道而未提出异议的视为同意，抵押有效。诸如：

本案抵押是否有效

2003年9月9日，某市做服装批发的个体户李宏因购进服装，急需资金，遂与华中建行协商抵押贷款，李宏用其朋友马奇的房产证抵押（该房产证中显示户主为马奇共有人马奇之妻杨兰），在华中建行贷款10万元，借款期限3个月。华中建行与马奇签订抵押合同，并办理了抵押登记。借款逾期后，李宏分文未还，华中建行以李宏、马奇为被告诉至法院，请求李宏还本付息，并依法对抵押物马奇的房产享有优先受偿权。而马奇辩称抵押物为其与妻的共有财产，其妻杨兰事前未同意，事后未追认，其抵押行为无效，不承担抵押担保责任。

一审法院审理后认为，华中建行与李宏签订的借款合同为有效合同。华中建行与马奇签订的抵押合同，因抵押物是马奇与其妻子杨兰共同共有，未经杨兰同意而设置抵押，根据《担保法解释》第五十四条第二款“共同共有人以其共有财产设定抵押，未经其他共有人的同意，抵押无效”的规定，其抵押行为无效，马奇应当承担一定的过错责任。根据《合同法》第二百零七条、《担保法》第五条第二款、《担保法解释》第五十四条第二款、第七条的规定，判决：一、李宏偿还华中建行借款10万元及利息；二、马奇在李宏不能清偿部分的百分之五十范围内承担赔偿责任。诉讼费3510元，由被告李宏负担。

一审宣判后，华中建行提起上诉。

二审法院审理后认为，华中建行与李宏的借款合同有效，华中建行与马奇签订的抵押合同，虽抵押物是马奇和妻子杨兰的共有财产，但基于是夫妻身份关系，华中建行有理由相信马奇能够代表杨兰，构成表见代理，因此根据《担保法解释》第五十四条第二款“但是，其他共有人知道或者应当知道而未提出异议的视为同意，抵押有效”的规定，应当认定抵押有效。根据《合同法》第四十九条、《担保法解释》第五十四条第二款、《民事诉讼法》第一百五十三条第一款第（一）、（二）项的规定，判决：一、维持原判第一项；撤销第二项。二、华中建行对马奇提供的抵押物依法享有优先受偿权。一、二审诉讼费7520元，均由李宏负担。

上述案例，一审判决和二审判决虽均适用了《担保法解释》第五十四条第二款的规定，但对抵押的效力认定相反。《担保法解释》第五十四条规定：“按份共有人以其共有财产中享有的份额设定抵押的，抵押有效。共同共有人以其共有财产设定抵押，未经其他共有人的同意，抵押无效。但是，其他共有人知道或者应当知道而未提出异议的视为同意，抵押有效。”在本案中，李宏与华中建行所签订的借款合同应为有效合同，没有异议。问题的关键是抵押人马奇与其妻杨兰所共有的房产设定抵押的效力如何？马奇如何承担责任？

二、共有概说

（一）共有的法律意义

在现实生活中，一人享有一物所有权，称之为单独所有，此为常态；两人以上同时共同享有一物所有权，称之为共有所有，亦不鲜见。因此，共有，不但是物权法的一项重要法律制度，而且也是物权法理论中的一个重要问题。共有所有虽然在同一物上有两个或两个以上的主体，但这并不意味着在同一项财产上有两个或两个以上的所有权，而是各共有人按照一定的份额或不分份额地享有同一项所有权。究其根源，共有是一项对所有权进行

"量"的分割的法律制度[1]。

我国《民法通则》第七十八条第一款、《民法通则意见》第八十八条至第九十二条，《物权法》第九十三条至第一百零四条为我国共有制度的基本法律渊源。根据我国的共有立法和传统民法理论，共有的法律特征如下：

1. 共有主体的非单一性。共有的主体是两个或两个以上的公民、法人或其他经济组织构成。如夫妻共同拥有一座房屋。合伙人共同拥有合伙企业的财产。共有主体的多元性是共有制度区别于单独所有制度的一项重要特征。

2. 共有客体的特定性。在共有关系中，虽然主体多数，但是客体仍然是特定的。在客体方面，与单独所有并没有任何区别。它既可以是独立物，也可以是集合物。这些共有物在共有关系存续期间，原则上不能分割为各个部分，例外情况是，我国《物权法》第九十九条规定，共同共有人在共有的基础丧失或者有重大理由需要分割时可以请求分割。据此，在共同共有关系存续期间，当存在法律规定的原因时，也可以请求分割。由各个共有人分别享有所有权，而只能是各共有人对共有物共同享有所有权，每个共有人的权利及于整个共有物。这是由一物一权原则决定的。根据这一原则，一物之上不得存在多个所有权。换言之，数人不得对同一物各自享有完整的所有权。由于共有只是数人对于同一物享有同一所有权而非数人对同一物分别享有所有权，共有只是所有权的一种形态，因此仍然要适用所有权的一般规则，如一物一权等规则。

3. 共有内容的双重性。其双重性表现在对内、对外双重权利义务关系。(1) 在共有的内部关系中，共有人对共有物按照份额享有权利和承担义务，或不分份额，平等地分享权利、分担义务。在占有、使用、收益和处分共有财产时，各共有人应依法或按照约定的条件，共同协商确定，一旦有人违背其他共有人的意

① 参见史尚宽：《物权法论》，中国政法大学出版社2000年版，第152页。

志独自处分共有物的，属于侵权行为。（2）在共有的外部关系上，共有人可以作为单一的权利主体，同共有人以外的其他权利主体发生财产所有和财产流转关系，由此产生的权利义务，归共有人共同享有和分担。共有人无论对内或对外行使权利时，并非完全独立，要受其他共有人利益的制约，须体现全体共有人的意志。

需要注意的是，共有与公有是两个不同的概念，分属两个不同的范畴。共有则属于法律上的所有权范畴。公有是公共所有，日本民法又将公有称为总有，如村民对本村所属的山林原野有共同使用收益的权利，在我国现阶段，全民所有即指国有或公有，集体所有就是公有，如属于集体的山林、土地、滩涂、草原、牧场等由全体村民共同使用收益。公有与共有分属不同范畴，其根本区别在于：（1）共有财产的权利主体是各个所有人，包括公民与法人，而公有财产的权利主体则具有单一性，只能是集体组织或社会团体。（2）公有财产是脱离个人而存在的，即在法律上，任何个人都不能成为公有财产的所有权主体，其成员只对公有财产共同使用、收益。共有财产的存在一般并未脱离共有人个人，每个共有人都对共有财产享有所有权。所以，公有财产的完整性不受单个公民退出或加入该公有组织的影响，而在同一条件下，却会对共有财产产生较大的影响。（3）共有关系一般是基于共有人的某种共同目的建立起来的财产关系，它可以因共有人的需要或外界变化，根据其意愿解除或消灭，而公有财产关系则因生产资料的公有制而产生，通常不得由它的成员任意变更或终止。[①]

（二）共有的成因

共有所有权是各个共有人依照法律的规定或约定而成立的。具体地说，共有所有权因以下原因产生：

1. 基于当事人约定产生的共有。两个或两个以上的主体，

① 参见江平主编：《民法学》，中国政法大学出版社 2000 年版，第 385 页。

依约定而成立的共有关系，便是基于当事人的意思而产生的共有。如甲、乙共同出资购买一辆货车，在甲、乙之间便形成对货车的共有关系，两人对该货车共同享有所有权。

2. 基于法律规定产生的共有。这类共有不是基于当事人的约定产生的，而是根据法律规定产生的，依照这种方式产生共有的源由主要有：两个或两个以上的主体的财产发生附和、混合且不能区分主物与从物时，由当事人对混合物和附和物共有；两个或两个以上的主体对无主物先占、拾得遗失物、发现埋藏物或隐藏物而发生的共有；继承人在遗产分割以前对遗产的共有；婚姻关系存续期间夫妻间的财产共有；未分家析产前家庭成员对家庭财产的共有等。

（三）共有的分类

在共有的分类的问题上，近现代民法也有不同的规定，德国民法和日本民法只承认按份共有、准共有，而无共同共有的规定。我国台湾地区的民法将共有区分为按份共有、公同共有（共同共有）和准共有三种。我国《民法通则》第七十八条将共有分为两种即按份共有和共同共有，我国《物权法》第一百零五条规定了准共有，即两个以上单位、个人共同享有用益物权、担保物权的，参照本章规定。我国台湾民法所规定的按份共有与共同共有与我国《民法通则》中所规定的两种共有并无区别。

所谓准共有，则是指两个或两个以上的主体共同享有所有权以外的财产权。所有权以外的财产权利主要包括他物权、知识产权、债权等，在现实生活中，两个或两个以上的主体拥有所有权以外的财产权利大量存在，因而，现代各国物权法除规定了所有权的共有制度之外，大都设有所有权以外的财产权利准用共有的有关规定。至于准共有是按份共有或是共同共有应视情况而定，如果数人对于财产权以外的权利是基于某种共同关系而产生的，准用共同共有的有关规定，其他准用按份共有的有关规定。如我国台湾地区民法典第 831 条规定：于所有权以外之财产权，由数人共有或公同共有者准用之。即是有关准共有适用法律关于所有权共同共有、按份共有的规定。

(四) 共同共有与按份共有的区别

在传统理论至少是在大陆学者的著述中，按份共有和共同共有为两种不同性质的共有，因此区分是明显的，而且是巨大的。依学者总结出如下区别：

1. 成立的原因不同。共同共有的成立，须以存在共同关系为前提，按份共有则无此限制。因此，共同共有人间存在人的结合关系，而按份共有人则否。

2. 权利的享有不同。按份共有，共有人系依应有部分享有所有权，即按其应有部分对共有物为使用、收益。共同共有，共有人的权利，及于共有物的全部，而非按应有部分享有所有权，故原则上应得共有人全体同意后，始得就共有物享有使用、收益的权利。

3. 处分应有部分的不同。按份共有，共有人得自由处分其应有部分（只是其他共有人享有先买权）；共同共有，则无应有部分处分可言。

4. 分割限制的不同。共同共有，各共有人不得请求分割共有物；按份共有，共有人除因共有物的使用目的不能分割或契约定有不可分割的限制，得随时请求分割。

5. 共有物管理的不同。按份共有，除契约另有约定外，一般而言，共有物的简易修缮和保存行为，共有人得单独为之，改良行为则在获得共有人过半数或应有部分合计过半数的同意后，始得为之；共同共有，除法律或契约另有约定外，共有物的管理，皆应获得全体共有人的同意后，方可为之。

6. 存续期间的不同。共同共有的存在通常有其共同的目的，故一般而言，共同共有关系的存续期间通常较长；而按份共有关系，就其本质而言，则具有暂时性。

7. 标的物的不同。共同共有之标的物通常为多数，除物以外，常有以权利为标的物的情形，故通常以共同共有财产或公同财产称之。而按份共有之标的物通常均为单一或少数。①

三、《担保法解释》对共有财产抵押效力的规定

根据《担保法解释》第五十四条的规定，共有财产进行抵押时，其抵押权效力的认定可按下列原则进行：一是当共有财产在设定抵押时，经全部共有人同意，若无其他导致无效的因素，应认定抵押权有效；二是按份共有人以其共有财产中享有的份额设定抵押的，抵押权有效；三是共同共有人以其共有财产设定抵押，未经其他共有人的同意，抵押权无效。但是，其他共有人知道或者应当知道而未提出异议的视为同意，抵押权有效。

四、对引言案例的评析

在本案中，李宏与华中建行所签订的借款合同应为有效合同，当无疑问。问题的关键是抵押人马奇与其妻杨兰所共有的房产设定抵押的效力如何，存在三种意见：

第一种意见认为，马奇所设定抵押的房产系共有财产，马奇应当占50％的份额，根据《担保法解释》第五十四条第一款之规定，应认定马奇有权对其所享有的份额设定抵押，其该抵押部分有效。

第二种意见认为，马奇以其与妻杨兰的房产设定抵押，该房产证上未注明马奇所享有的份额，应按共同共有对待。根据《担保法解释》第五十四条第二款但书之前的规定，马奇未经其妻杨兰的同意而设置抵押，其抵押无效。

第三种意见认为，根据《担保法解释》第五十四条第二款"……但是，其他共有人知道或者应当知道而未提出异议的视为同意，抵押有效"之规定，马奇以其与妻杨兰共有的房产设置抵

① 参见谢在全：《民法物权论》，中国政法大学出版社1999年版，第341－342页。

押，虽杨兰称事前未同意，事后未追认，但应推定杨兰应当知道而未提出异议，故应认定抵押有效。

我们赞同第三种意见。基于马奇与杨兰之间的特殊身份关系——夫妻关系，杨兰应当知道其夫马奇将共有的房产设置抵押而未提出异议，则只能视为同意，且根据《合同法》第四十九条“行为人没有代理权、超越代理权或者代理权终止后以被代理人名义订立合同，相对人有理由相信行为人有代理权的，该代理行为有效”之规定，作为相对人华中建行完全有理由相信马奇有权代理其妻杨兰，马奇之行为已构成表见代理。因此说，本案的房产抵押应当认定为有效。①

本案的情形，在司法实践中颇为常见。要根据《担保法解释》第五十四条之规定，结合个案具体情形，正确确认抵押效力。同时，笔者奉劝抵押权人在设定抵押时，务必征得抵押物的共有人的书面同意，从而避免纷争，便于抵押权实现。

第十节　绝押合同效力的认定

一、引言

抵押合同中约定有绝押条款，该绝押条款无效，但不影响抵押合同其他部分内容的效力。

---

① 刘玉玉：《丈夫抵押住房贷款，妻子称不知该抵押行为——该住房抵押是否有效》，载《人民法院报》2009年3月31日。2004年9月16日，被告卢某与某银行莒县支行签订个人装修借款合同，从银行借款7万元用于个人住房装修。同日，被告卢某又与原告银行签订了个人装修贷款抵押合同，将其位于莒县桃园北区的楼房一套抵押给原告，且办理了抵押登记。合同签订后，原告按约向卢某发放了贷款，被告卢某按约履行付款义务多次，其妻张某也两次经手还款，后未再付款。原告遂起诉至法院，请求被告卢某及其妻张某承担还款责任，并要求行使抵押权。被告张某在庭审中辩称：对被告卢某用他们共有财产住房设定抵押之事不知情，故银行无权行使抵押权。该案与笔者所说的案例性质是一致的，基于同样的理由，应当认定抵押有效。

该抵押合同的效力如何认定

2003年3月3日，某信用社与张明签订借款合同，由信用社给张明贷款10万元，贷款期限6个月，月息5厘。张明在贷款时由其亲戚明珠用其房产担保，信用社与明珠签订了抵押担保合同。合同主要约定：明珠为张明在信用社贷款10万元提供担保，抵押物为价值14万元的房产，若张明贷款到期后不能偿还信用社的10万元贷款，则明珠的房产归信用社所有。抵押合同签订后，信用社和明珠在房产部门办理了抵押登记。信用社依约将贷款10万元交付给张明，而张明在贷款到期后，下落不明。信用社便要求明珠将房产过户到信用社名下，而形成纠纷。

信用社于2004年10月10日诉至法院，请求判令明珠以房产抵偿张明的10万元贷款本息。明珠辩称抵押合同违反法律规定，为无效合同，请求驳回信用社的诉讼请求。

一审法院审理后认为，信用社与张明的借款合同有效。信用社与明珠签订的抵押合同，因违反了《担保法》第四十条的规定，为无效合同。据此判决：驳回信用社的诉讼请求。诉讼费3510元，由信用社负担。

一审宣判后，信用社提起上诉。

二审法院审理后认为，借款合同有效，抵押合同中约定的绝押条款无效，根据《担保法解释》第五十七条第一款“当事人在抵押合同中约定，债务履行期届满抵押权人未受清偿时，抵押物的所有权转移为债权人所有的内容无效。该内容的无效不影响抵押合同其他部分内容的效力”的规定，其他部分仍然有效。依据《民事诉讼法》第一百五十三条第一款第（二）项的规定，判决：一、撤销原判；二、信用社依法对明珠抵押的房产享有优先受偿权，依法折价、变卖、拍卖的价款偿还张明的10万元借款本息后，若有剩余部分返还给明珠，不足部分，明珠不再承担民事责任。

上述案例，争议焦点是对绝押合同中抵押权效力的认定。关于绝押合同，《担保法》作了规定，《担保法解释》第五十七条又作了进一步的规定："当事人在抵押合同中约定，债务履行期届满抵押权人未受清偿时，抵押物的所有权转移为债权人所有的内容无效。该内容的无效不影响抵押合同其他部分内容的效力。债务履行期届满后抵押权人未受清偿时，抵押权人和抵押人可以协议以抵押物折价取得抵押物。但是，损害顺序在后的担保物权人和其他债权人利益的，人民法院可以适用合同法第七十四条、第七十五条的有关规定。"《物权法》第一百八十六条规定，抵押权人在债务履行期届满前，不得与抵押人约定债务人不履行到期债务时抵押财产归债权人所有。

二、绝押合同效力的认定

所谓绝押合同，是指在抵押权设立时，当事人双方在抵押合同中定于主债权已届清偿期而未受清偿时，抵押物的所有权即转移给债权人所有。在学说上又称之为流押契约、流抵契约、抵押物代偿条款。

自罗马法以来的多数立法例均规定绝押合同无效。《德国民法典》第 1149 条规定："以债权对所有人尚未到期者为限，所有人不得给予债权人请求移转土地所有权以抵充债权的权利，也不得给予以强制执行以外的其他方法让与土地的权利。"《瑞士民法典》第 816 条第 2 款规定："债权人的不动产担保权未受清偿时，其担保物的所有权即归债权人所有的约定，无效。"实务和学理上的通说认为，债务人借债务处于急迫窘困的情形，债权人可以利用债务人的这种不利处境，迫使债务人与其订立流质契约，以价值甚高的抵押物担保小额债权，图谋债务人不能清偿时取得抵押物的所有权，牟取非分的利益，法律为保护债务人的利益，应当对流质契约（即绝押合同，笔者注）加以禁止[①]。

我国《担保法》对于绝押合同，要采取无效的立场。《担保法》第四十条明确规定："订立抵押合同时，抵押权人和抵押人在合同中不得约定在债务履行期届满抵押权人未受清偿时，抵押物的所有权转移为债权人所有。"该条即是对绝押合同禁止性规定。之所以如此规定，是为了保护债务人的利益，以防止债务人因一时急需获得某种利益而设定此种合同，最终导致抵押人受损失。若法律保护绝押合同，则债务人到期不能清偿债务时，抵押权人可不经任何程序将抵押物据为己有，对抵押人来说是不公平的，也违反了担保活动应当遵循平等、自愿、公平、诚实信用原则的规定。因此，应认定抵押合同中关于"债务履行期届满，抵押权人未受清偿时，抵押物的所有权为债权人（抵押权人）所有"的内容无效。若部分内容无效不影响抵押合同其他部分内容的效力。抵押合同的其他部分内容有效。《担保法解释》第五十七条第一款作了明确规定，即"当事人在抵押合同中约定，债务履行期届满抵押权人未受清偿时，抵押物的所有权转移为债权人所有的内容无效。该内容的无效不影响抵押合同其他部分内容的效力"。也就是说，抵押人以抵押物的所有权转移为债权人所有的内容的条款无效，而不是整个抵押无效，抵押人仍要以抵押物的价值承担担保责任，抵押权人仍可按法定程序对抵押物折价、拍卖、变卖，从变卖价款中优先受偿。

三、绝押合同的类型与认定

司法实践中，经常对某些条款是否属于流质条款难以认定。之所以出现这种情况，一方面是因为当事人不熟悉法律，在合同条款的表述上不规范，从而导致条款性质模糊。另一方面则是当事人在订立合同时为避免所立条款因流质而无效，而想方设法通

① 谢在全：《民法物权论》（下册），中国政法大学出版社 1999 年版，第 675 页。史尚宽把移转抵押物所有权的预先约定，称之为"流质契约，"参见《物权法论》，中国政法大学出版社 2000 年版，第 305 页。

过其他方式来规避流质条款的效力。在司法实践中经常遇到的情况有以下几种：

1. 明确约定债权届期未清偿时以债权额为作价冲抵债权。双方在抵押合同中明确约定了抵押物的价格，该价格与债权额相等，约定债权届期未清偿时以债权额为作价冲抵债权。对该情形，我们认为虽然当事人双方在合同中约定了抵押物的价格，但其与合同中没有约定价格直接约定抵押物归债权人所有，并无本质的区别，这种约定仍然属于流质条款。有疑问的是，如果双方约定的抵押物的价格是经过评估部门评估后确定的，条款的效力如何？对此，我们认为，该条款不属于流质条款，而是属于折价实行抵押权的一种方式。由于抵押物价格的确定是由评估部门已经评估过的，评估价格应当认为是客观、公正的，认定不属于流质条款不会导致损坏抵押人的利益。

2. 约定债权届期未清偿时债权人可以直接将抵押物变卖。允许抵押权人自行变卖抵押财产与将抵押物归抵押权人所有，应属于同一性质，亦属于流质条款。按照《物权法》第一百九十五条的规定，抵押权的实行只能通过两种方式：一是抵押权人可以与抵押人协议以抵押财产折价或者以拍卖、变卖该抵押财产所得的价款优先受偿；二是抵押权人与抵押人未就抵押权实现方式达成协议的，抵押权人可以请求人民法院拍卖、变卖抵押财产。约定债权届期未清偿时债权人可以直接将抵押物变卖与约定抵押物归债权人所有并无实质不同，这种约定也属于流质条款。不过需要注意，若当事人在签订抵押合同时即约定，债务履行期届满抵押权未受清偿的，抵押权人有权直接委托拍卖机构拍卖抵押财产。这种约定不是通过私力转移抵押财产的所有权或归属权，不属于流质契约。因为这种方式一般不会损害抵押人的权利，实质上是由第三人对抵押财产进行变价，抵押权人就变价所得款项享有优先受偿权。

3. 抵押权人与抵押人另行订立买卖合同，约定债权届期未清偿时债权人以债权抵消买卖价金购买抵押物。在抵押权存续期间，抵押权人与抵押人另行签订买卖合同，约定抵押权人以与债权数额同等的价金购买抵押物，在抵押权人的债权届期未获得清偿时，以其债权抵消买卖合同的价金。对此，有观点认为，该买卖合同是附条件买卖，且买卖合同与抵押合同是两个合同，该合同并不违反法律，应属于有效合同。我们认为，从表现形式上，买卖合同与抵押合同属于两个合同，但是买卖合同签订于抵押权实行之前，且买卖合同的实质仍然是以抵押物冲抵抵押权人的债权，本质上也属于流质契约。

四、审判实践中应当注意的问题

1. 对于流质条款无效对于整个抵押合同的影响，我国《担保法》与《物权法》都没有规定，《担保法解释》第五十七条规定，当事人在抵押合同中约定，债务履行期届满抵押权人未受清偿时，抵押物的所有权转移为债权人所有的内容无效。该内容的无效不影响抵押合同其他部分内容的效力。按照《担保法解释》的规定，流质条款的无效并不导致整个抵押合同的无效，而仅仅流质条款本身无效。《物权法》实施后，该解释第五十七条仍然适用。因为，按照《合同法》第五十六条后段的规定，合同部分无效，不影响其他部分效力的，其他部分仍然有效。流质条款是当事人对抵押权实行方式的约定，这种约定并不影响抵押合同的其他内容，抵押合同的其他内容仍然有效。由于流质条款无效，抵押权人只能根据《物权法》第一百九十五条规定的方式实行其抵押权。因此，要防止以点带面，把整个抵押合同认定为无效合同，把担保人的担保责任免除，或仅让担保人负赔偿责任。

2. 要把绝押合同与协议取得抵押物区别开来。根据我国《担保法》第五十三条的规定，债务履行期届满抵押权人未受清偿的，可以与抵押人协议以抵押物折价。所谓以抵押物折价，是指在对抵押物进行评估的基础上，通过双方当事人的协议，以抵押物冲抵债权或部分债权。债权人与抵押人之间达成的协议具有代物清偿契约的性质，此时，也发生抵押物所有权转移给债权人的后果。在这个方面来说，协议取得抵押物与绝押合同有类似之处。但两者有着本质的区别：一是协议取得抵押物是在债务已届清偿期之后签订的，而绝押合同是在设定抵押权时签订的，后者的时间差异对契约内容的公平性影响极大。二是协议取得抵押物作为行使抵押权的一种方式，仍然以对债权债务以及抵押物的清算为必要。而绝押合同是在债务履行到期后不必清算，抵押物即归抵押权人所有。

3. 绝押合同与抵押权实行方式的约定不同。当事人在抵押合同中约定在债务人不能履行到期债务时，以抵押物抵充债务，并经清算，此种方式的约定为有效，不属于绝押合同。在当事人对抵押权的实行方式也约定时，若债务人不能履行债务，债权人有权要求抵押人允许其约定的方式行使抵押，抵押人对债权人也享有同样的权利。只对履行方式的约定仅限于抵押权的履行方式，而不得以约定排除抵押权实行时对债权债务以及抵押财产的清算程序，若抵押人和抵押权人在合同中约定抵押权实行采用以抵押物抵充债务的方式的同时，又约定排除清算程序的，则构成绝押合同。因此，是否有排除清算程序的约定，可以作为区分绝押合同与抵押权实行方式约定的基本标准。

在司法实践中，我们也常常遇到这类情形：李某在银行申请贷款时，已将抵押物过户到银行名下，由银行给李某发放贷款。贷款到期后，李某未还贷款时，银行和李某协商对抵押物进行折价或者拍卖以偿还贷款，多退少补。该种情形在现行法律中没有规定，既然不属于禁止性规定，则应当承认其法律效力。该种情形实质是让与担保。将来的《物权法》会作出明确规定。①

4. 在再抵押、重复抵押的情况下，根据《担保法解释》第五十七条第二款的规定，债务履行期届满后抵押权人未受清偿时，抵押权人和抵押人可以协议以抵押物折价取得抵押物。但

---

① 关于让与担保，有兴趣的读者可参考拙著：《物权法判解研究与适用》，人民法院出版社 2004 年版，第 656—664 页。

是，损害顺序在后的担保物权人和其他债权人利益的，人民法院可以适用《合同法》第七十四条、第七十五条的有关规定。

第十一节 共同抵押

一、引言

同一债权的抵押人既有债务人又有第三人的，债权人放弃债务人的抵押，第三人可以减轻或者免除其债务人抵押部分的责任；同一债权有两个以上的第三人提供抵押，抵押人与债权人有约定按照约定，没有约定的均负有抵押担保责任。诸如：

本案共同抵押如何担责[①]

原告：中国建设银行云南省分行昆明市城西支行。

被告：昆明市北兴达客运有限责任公司（以下简称北兴达公司）。

被告：云南昆达客运服务有限公司（以下简称昆达公司）。

第三人：昆明市官渡区联盟镇廖家庙股份合作社（以下简称廖家庙股份合作社，原昆明市官渡区联盟镇长青办事处廖家庙村民委员会）。

1998年11月24日，原告与北兴达公司签订《汽车消费借款合同》，约定原告向北兴达公司发放贷款142万元，贷款期限自1998年11月30日至1999年11月30日，利率为月息5.775‰。还款方式为分期付款每月偿还本金118333.33元，按季结息。1998年11月30日，双方签订《中国建设银行汽车消费贷款抵押合同》，约定用位于昆明市长青办事处廖家庙

① 案例详见云南省昆明市中级人民法院（2004）昆民四初字第30号民事判决。

2283.13平方米，所有权人为北兴达公司、廖家庙股份合作社的房产（产权证号：昆政房（官）字第9705119号、第9705120号）为上述借款提供抵押担保，廖家庙股份合作社也于1998年12月2日出具《承诺书》，同意用该房产作为贷款抵押。1998年12月7日，双方就该2283.13平方米房屋使用权在昆明市房地产管理局产权监理处办理了房屋抵押登记手续，领取了《昆明市城镇房屋抵押房产审批表》两份。1999年4月1日，原告向昆明市五华区人民法院申请支付令，昆明市五华区人民法院作出（1999）五法经二督字第033号《支付令》，确认截止1999年3月21日北兴达公司尚欠原告本金473333.33元及利息26471.46元，本息合计499804.79元，该支付令已生效并申请执行，2001年12月5日，昆明市五华区人民法院以（2001）五法执字第457号《民事裁定书》，裁定中止该支付令的执行。

2001年9月，北兴达公司同外商经济增长金融有限公司合资成立昆达公司。2002年1月，原告与建行塘双路支行签订了《中国建设银行法人再转授权书》，原告作为上级行委托塘双路支行对该笔贷款进行催收及管理。2002年8月14日，昆达公司向建行昆明市塘双路支行出具《承诺书》，愿承担北兴达公司向其贷款142万元、利息及诉讼费11万元的债务。2003年3月7日，原告向北兴达公司出具《逾期贷款催收通知书》，催收该笔贷款本息；2003年7月29日，建行塘双路支行向北兴达公司出具《逾期贷款催收通知书》，催收该笔贷款本息。经多次催收，北兴达公司归还过3万元的利息，其余本息至今未归还。

法院审理后认为，原告与北兴达公司所签订的《汽车消费借款合同》是合同双方当事人的真实意思表示，内容符合法律规定，真实、合法、有效，双方当事人应按照合同约定履行各自的义务。原告按时履行了贷款义务，而北兴达公司对贷款本金及利息均未按约定归还，已构成违约，应向原告承担还本付息的民事责任。扣除《支付令》后的本金946666.67元及自1999年3月21日起算的利息，扣除3万元后已归还的利息，北兴达公司应当偿还给原告。原告与廖家庙股份合作社作为房产共有人，北兴达公司与原告签订《中国建设银行汽车消费贷款抵押合同》并出具承诺书愿意用房产及土地为该笔贷款提供抵押，廖家庙股份合作社也出具《承诺书》愿意用该房产提供抵押担保，均是双方当事人真实意思的表示，双方针对房产办理了抵押物登记手续，该抵押合同成立而生效，对原告请求对房产实现抵押权的主张，本院依法予以支持。双方对约定抵押的土地因未办理抵押物登记手续，该部分抵押成立而未生效，对原告请求对土地实现抵押权的诉讼请求，本院不予支持。综上所述，依照《民事诉讼法》第六十四条第一款，第一百三十条，《民法通则》第九十条、第一百零六条第一款、第一百零八条，《担保法》第四十一条、第五十三条的规定，判决如下：一、由北兴达公司于本判决生效后十日内归还原告借款本金人民币 946666.67 元及利息；二、若北兴达公司不能按期归还上述款项，则原告有权对北兴达公司与昆明市官渡区联盟镇廖家庙股份合作社共有的位于昆明市长青办事处廖家庙村、面积为 2283.13 平方米的房产折价或者拍卖、变卖后的价款优先受偿。三、驳回原告的其他诉讼请求。

上述案例，涉及到共同抵押担保问题。从我国《担保法》的规定来看，明确了共同保证，但没有明文规定共同抵押。《担保法解释》第七十五条规定了共同抵押，即："同一债权有两个以上抵押人的，债权人放弃债务人提供的抵押担保的，其他抵押人可以请求人民法院减轻或者免除其应当承担的担保责任。同一债权有两个以上抵押人的，当事人对其提供的抵押财产所担保的债权份额或者顺序没有约定或者约定不明的，抵押权人可以就其中任一或者各个财产行使抵押权。抵押人承担担保责任后，可以向债务人追偿，也可以要求其他抵押人清偿其应当承担的份额。"

二、共同抵押的法律意义

关于共同抵押的含义，我国现行法未对共同抵押作出规定，也就对共同抵押的定义没有一个统一的解释，致使学者们形成了仁者见仁、智者见智的解释。中国人民大学教授王利明先生认为，共同抵押，又称为连带抵押，是指以数项财产共同担保某一项债权，数项财产为同一项债权设定了一项抵押权①。此为第一种解释。第二种解释认为，共同抵押又称连带抵押，乃为同一债权的担保而就数个不动产上所设之抵押权②。上述两种解释后均举例为，抵押人甲在某银行借款，以其某座房屋抵押，又以另一块土地使用权抵押。此为共同抵押③。第三种解释认为，共同抵押，又称总括抵押、聚合抵押，是指为担保同一项债权而在两项以上财产上所设的抵押，是担保制度中一种特殊的抵押形式④。

上述三种解释中，笔者认为，第一种解释观点明确，但直接陷入了单一抵押权说和复合抵押权说之争论中，第二种解释观点仅限于“不动产”之上，而未把“动产”纳入进行，显然不严谨。相比较而言，第三种解释比较客观、科学些，应采用第三种解释方法。

笔者认为，共同抵押，是指为了同一债权的担保而在数个不同的财产上设定的抵押。实际上是接受了第三种解释方法。

关于共同抵押权的性质问题，理论界存在着三种学说：即单一抵押权说、复数抵押权说、折衷说。就我国学者对共同抵押权所采取的学说也是不一致的。从前面王利明先生对共同抵押所作的解释来看，是采用了单一抵押权说，他认为，在共同抵押中，是以数物设定一个抵押权，而不是数物分别设立多项抵押权⑤。也有学者认为，共同抵押成立复数抵押权，即每一个抵押物上成立一个抵押权。因其中一个抵押权实行而使债务得到清偿时，其他财产上的抵押权全部解除，并认为与财团抵押中所有财产视为

---

① 王利明：《物权法论》，中国政法大学出版社 1998 年版，第 730 页。

② 孙鹏、肖厚国：《担保法律制度研究》，法律出版社 1998 年版，第 149 页。

③ 参见王利明：《物权法论》，第 730 页。参见孙鹏、肖厚国：《担保法律制度研究》，第 149 页。

④ 梁慧星、陈华彬：《物权法》，法律出版社 1997 年版，第 333 页。

⑤ 王利明：《物权法论》，中国政法大学出版社 1998 年版，第 731 页。

一体成立一个抵押权明显有别[①]。

单一抵押权说、复数抵押权说、折衷说均有一定道理，我国学者有采用单一抵押权说，也有采用复数抵押权说，均各自成理。但笔者认为，单一抵押权说与复数抵押权说之争的重点在于所占的角度不同，单一抵押权说是侧重从抵押权人角度出发，认为担保的是一项债权，数项财产构成同一抵押标的，应为一项抵押权。复数抵押说是侧重从抵押人角度出发，单一抵押权为一人，共同抵押的抵押人为两人或两人以上（也有学者认为一人数物抵押，如前文所述例子），不同的抵押人或同一抵押人以不同的标的物设立抵押，应当是一物一权，而不是多物一权。笔者认为，关于共同抵押的性质应采用以复数抵押权为原则，以单一抵押权为例外。其根据：一是不同的抵押人以不同的抵押物为同一人的同一笔债权作抵押担保时，应根据“一物一权”原则，而形成了数个抵押物就会产生数个抵押权，即复数抵押权；二是不同的抵押人就同一抵押物而为同一人的同一笔债权作抵押担保时，便形成了一物一权，即单一抵押权，此为共同抵押权的例外情形。如上述甲、乙、丙、丁四人就其共同所有的楼房作抵押，便会产生一个抵押权，而不会产生多个抵押权；三是一个抵押人的不同物为同一人的同一笔债权作抵押担保时，应为多物一权，是一物一权之例外，亦非共同抵押。诸如，一般认为，财团抵押亦为一个抵押权，系多物一权。而在普通抵押中，则仅存在单一抵押权，不存在复数抵押权。

共同抵押仍具有普通（或者说一般）抵押的特征，即共同抵押权具有物权性、从属性、特定性、不可分性、优先受偿性、物上代位性、追及性。共同抵押与普通抵押相比，仍具有自身的特征，是一种特殊的抵押形式。其特殊性表现在：

1. 共同抵押物的抵押人主体应为两个或两个以上的多数人。

---

① 参见高言、张占良主编：《担保法理解适用与案例评析》，人民法院出版社1996年版，第108页。

这里的“多数人”既可以是法人，又可以是自然人，并且必须是数人对于同一人同一笔债务所设定的抵押担保，若数人分别为同一人的不同的债务作抵押担保，或为数个债务人抵押担保不同的债务，也不能构成共同抵押。抵押人既可以是债务人和第三人，也可以都是第三人。而普通抵押中抵押人仅一人，即债务人或第三人，也即抵押主体上共同抵押有别于普通抵押。前文所列学者的观点认为共同抵押的抵押人也可为一人，一个抵押人上的数项财产亦构成共同抵押，笔者不敢苟同。并认为，共同抵押应是不同抵押人的共同抵押行为，抵押人为一人时，则不会产生共同抵押行为，一人数物抵押应为一人一物抵押之例外情形，并非共同抵押。

2. 共同抵押的抵押物客体一般是两项或两项以上的财产。也即抵押物应为数项财产，数项财产并不是集合物，而是各个独立的财产。这些财产既可以是动产，也可以是不动产，并非仅是“共同抵押之标的不动产”[①]，而排除了动产也可作为共同抵押的抵押物。作为普通抵押的抵押物来说，一般以一物为原则，以多物为例外，共同抵押的抵押物是两项以上且各自独立存在的性质上不能结合为同一财产的物，此为学界共识[②]。而笔者认为，共同抵押的抵押物则以多物为原则，以一物为例外。如某幢楼房为甲、乙、丙、丁四人所有，甲、乙、丙、丁四人共同将该幢楼房抵押给某银行为某公司作担保，此情形下，该幢楼房即为一个抵押物。此时，显然不能因为是一个抵押物而否认甲、乙、丙、丁四人的共同抵押行为。

3. 共同抵押的抵押权以复数抵押权为原则，以单一抵押权为例外。其根据：一是不同的抵押人以不同的抵押物为同一人的同一笔债权作抵押担保时，应根据“一物一权”原则，而形式了数个抵押物就会产生数个抵押权，即复数抵押权。二是不同的抵

① 孙鹏、肖厚国：《担保法律制度研究》，法律出版社 1998 年版，第 149 页。
② 钱明星：《物权法原理》，北京大学出版社 1994 年版，第 354 页。

押人就同一抵押物而为同一人的同一笔债权作抵押担保时，便形成了一物一权，即单一抵押权，此为共同抵押权的例外情形。如上述甲、乙、丙、丁四人就其共同所有的楼房作抵押，便会产生一个抵押权，而不会产生多个抵押权。三是一个抵押人的不同物为同一人的同一笔债权作抵押担保时，应为多物一权，是一物一权之例外，亦非共同抵押。诸如，一般认为，财团抵押亦为一个抵押权，系多物一权。而在普通抵押中，则仅存在单一抵押权，不存在复数抵押权。

4. 共同抵押的法律关系的复杂性。在普通抵押中仅存在着主合同债权人、债务人、抵押人（抵押人也可能是债务人）之间的法律关系，而在共同抵押中存在着两方面的法律关系：一是内部法律关系，即共同抵押人之间各自担保主债权的份额是否划分，是否有明确约定，未约定的按法定，这属于抵押担保的责任范围问题。二是外部法律关系，即共同抵押人与抵押权人、债务人之间的法律关系，该层次的法律关系与普通抵押之间的法律关系亦同。

三、共同抵押与相关抵押的区别

1. 共同抵押与重复抵押的区别。所谓重复抵押，是指抵押人将同一抵押物设立抵押权后，又向其他抵押权人设立抵押担保的行为。这是对传统的一物一权抵押制度的发展，致使抵押人就同一抵押物有数个抵押权人，形成数个抵押权关系。而共同抵押是以数个抵押人就数项财产抵押给一个抵押权人，在抵押性质上是以复数抵押权为原则，以单一抵押权为例外。因上述差异的存在，共同抵押的行使往往涉及抵押物折抵问题，重复抵押则要解决多个抵押权人的受偿顺序问题。这正是区分共同抵押与重复抵押的实践意义所在。

2. 共同抵押与最高额抵押的区别。据我国《担保法》第五十九条规定，最高额抵押是指抵押人与抵押权人协议，在最高债权额限度内，以抵押物对一定期间内连续发生的债权作担保。最高额抵押极好地体现了担保物权从纯粹债的保全功能向融通资金和商品的功能发展的趋向，即它对未来债权的担保，而共同抵押没有担保未来债权的特征；当然，根据《物权法》第二百零三条第二款的规定，最高额抵押权设立前已经存在的债权，经当事人同意，可以转入最高额抵押担保的债权范围；前者的预约设立最高限额、成立及消灭上的非从属性都有别于共同抵押。

3. 共同抵押与浮动抵押的区别。英美法系所指浮动抵押即大陆法系所指的财团抵押，又称企业抵押，指企业的全部财产包括动产、不动产和其他财产权利作为集合体为标的物而设立的抵押，其特征是企业的全部财产作为一个不可分割的整体成为抵押物，尽管这些财产从数量上包括若干项，但法律将其视为一个整体一项单独存在的财产[①]，这正是浮动抵押与共同抵押的区别。由此可以看出，《担保法》第三十四条第二款也不能涵盖浮动抵押的特殊要求，我国担保立法在浮动抵押上亦为空白。

四、共同抵押的效力

共同抵押的效力，一般来说和普通抵押并没有什么不同。但因其是以数抵押物担保同一债权，所以各抵押物就担保债权应负担的金额法律必须明文加以规定。共同抵押设立之初，关于抵押物负担的金额，可分为两种情况：按份共同抵押和连带共同抵押。按份共同抵押是已限定各个标的物负担的金额，债权人只能就各个抵押物变价价款，分别就其应当负担的数额优先受偿。而不得单就一标的物的卖价受偿其债权的全部，亦即无自由选择的权利。而连带共同抵押，是指在没有约定每个抵押物所担保的债权数额时，债权人可以任意就其中一个或者几个抵押物的变价价款优先受偿，每个抵押物担保债权的全部。连带共同抵押和连带债务有相似之处，即共同抵押的数个抵押物对于所担保的债权，各负全部担保责任。但是连带债务是人的连带，而连带共同抵押

① 郑玉波：《民法物权》，台湾地区三民书局1986年版，第275页。

是物的连带，属于物权关系。

五、共同抵押权的一般行使规则

共同抵押是一种特殊的抵押担保形式，根据“特殊寓于一般之中”的哲学原则，各国惯例对共同抵押的法律调整皆首先适用《担保法》关于抵押的一般规定。同时，共同抵押比普通抵押复杂、特殊，又需要特殊的法律规定共同抵押权的行使。具体有四种立法体例：

1. 抵押权人既可以仅对某一项抵押物行使抵押权，又可以同时对全部抵押物分别行使抵押权。如《德国民法典》第 1132 条规定：“同一债权于数块土地上存在抵押权者，各土地对全部债权负其责任。债权人得任意就各土地请求对债权全部或部分进行清偿。”对两项以上抵押物分别行使抵押权时涉及的数额分配问题，该法条第 2 款规定分配数额准用该法第 875 条，即由抵押人自定。关于数额分配的规定在抵押所有人不同时显得尤为重要，而德国民法典的规定显然使共同抵押性质近于连带抵押，只是不同于债务的连带责任。因为前者是物的连带抵押，后者是人的连带①。

2. 《日本民法典》第 392 条规定，抵押权人只可以对全部抵押物分别行使抵押权，此称“分担主义”或“分别主义”，即将抵押权人的债权分割，由数抵押物按价值上的比例分别负担，这属于按份抵押。

3. 只有当两项以上抵押物的所有权属于同一人或归属于两个以上连带债务人时，抵押权人才能既可以仅对某一项抵押物行使抵押权又可以对全部抵押物分别行使抵押权。除此以外的共同抵押情形下，抵押权人都只可以对全部抵押物分别行使抵押权。《瑞士民法典》第 798 条的规定采用此种规则。

4. 抵押权人是只可以对全部抵押物分别行使抵押权，还是

---

① 梁慧星、陈华彬：《物权法》，法律出版社 1997 年版，第 334 页。

既可以对全部抵押物分别行使抵押权，又可以仅对某一项抵押物行使抵押权，这一点由抵押合同约定。如果合同对此无约定，则依后一种情形即承认抵押权人有选择权。

纵观上述四种行使规则，笔者认为第四种最为合理。其合理性表现为：(1) 我国《担保法》明确设立抵押时应订立抵押合同(第三十八条)，抵押权如何行使正是抵押合同中可以规定的“当事人认为需要约定的其他事项”(第三十九条)。立法授予的抵押物处分上的柔性规则体现当事人意思自治原则；(2) 从抵押制度的设立目的而言，是保护债权人即抵押权人的合法权益。对抵押权人来说，连带抵押比按份抵押显然更有利，因此，当抵押合同中未约定事实上抵押物处分规则时，法律明确抵押物的连带责任，是与制度设置的出发点相吻合的。而《担保法解释》第七十五条作区分情形而定，第一款规定“同一债权有两个以上抵押人的，债权人放弃债务人提供的抵押担保的，其他抵押人可以请求人民法院减轻或者免除其应当承担的担保责任”，第二款规定“同一债权有两个以上抵押人的，当事人对其提供的抵押财产所担保的债权份额或者顺序没有约定或者约定不明的，抵押权人可以就其中任一或者各个财产行使抵押权”。第一款所规定的情形是共同抵押人中有债务人，第二款所规定的情形中共同抵押人均为第三人。

六、共同抵押的追偿权

共同抵押的追偿权，应根据《担保法解释》第七十五条第三款的规定进行，即抵押人承担担保责任后，可以向债务人追偿，也可以要求其他抵押人清偿其应当承担的份额。

在均为第三人提供抵押财产的共同抵押中，其中的一个抵押人承担担保责任后，能否既可以向债务人追偿，也可以要求其他抵押人清偿其应当承担的份额，即“双向追偿”。《担保法解释》第七十五条第三款对此持肯定意见，但《物权法》对此没有明确规定。需要注意的是，《物权法》第一百七十六条所规定的“人保与物保混合共同担保”的规则，采单向求偿主义，即提供担保的第三人承担担保责任后，仅有权向债务人追偿，而不能向其他担保人追偿。这一规定不同于《担保法解释》第三十八条所确定的双向求偿主义。立法者解释《物权法》第一百七十六条采单向求偿的原因是：（1）双向求偿理论上讲不通。除非当事人之间另有约定，各担保人之间没有任何法律关系的存在，要求各担保人之间相互追偿，实质是法律强行在各担保人之间设定相互担保。（2）从程序上讲费时费力、不经济。在存在多个担保人时，债务人是最终责任人，担保人在承担担保责任后，应当直接向债务人追偿，如果可以向其他担保人追偿，意味着其他担保人承担责任后，还必须向最终责任人——债务人追偿，从程序上讲，是不经济的。（3）履行了担保责任的担保人不能向其他担保人追偿恰恰是公平原则的体现。除非当事人之间另有约定，每个担保人在设定担保时，都明白自己面临的风险：即在承担担保责任后，只能向债务人追偿。如果债务人没有能力偿还，自己就会受到损失。担保人若希望避免这种风险，就应当在设定担保时进行特别约定。第四，向其他担保人追偿的可操作性很差。[①] 那么，按照对《物权法》第一百七十六条的理解，在均为第三人提供抵押财产构成的共同抵押中，其中一抵押人承担担保责任后，也只能向债务人追偿，而不能向其他抵押人追偿。因此，《物权法》实施以后，《担保法解释》第七十五条第三款能否继续适用值得关注。我们认为，对于当事人在抵押合同中约定在数物之上设立一个抵押权，数物之间具有物的连带关系的，抵押权人就其中的一个抵押财产实现抵押权后，承担担保责任的抵押人，可以向债务人追偿，也可以要求其他抵押人清偿其应当承担的份额。如果当事人设立的抵押合同中没有约定抵押财产之间具有连带关系，抵押权人就其中的一个抵押财产实现抵押权后，承担担保责任的抵押人

① 胡康生主编：《中华人民共和国物权法释义》，法律出版社 2007 年版，381—382 页。

后，只能向债务人追偿，不能要求其他抵押人清偿其应当承担的份额。这是因为：（1）意思自治原则是民法的基本原则，因此，抵押人之间能否相互追偿，也应该由当事人通过意思自治来决定。（2）追求法律关系的简洁化是现代法律追求的目标之一，在当事人没有约定抵押物之间具有连带关系时，认定抵押人之间不具有追偿关系，更能够使法律关系更加简洁，有利于减少纠纷，提高效率，符合现代法律的价值追求。因此，《物权法》实施以后，《担保法解释》第七十五条第三款应区分情况适用或不适用。

七、对引言案例的评析

在本案中，原告中国建设银行云南省分行昆明市城西支行与廖家庙股份合作社作为房产共有人，北兴达公司与原告签订《中国建设银行汽车消费贷款抵押合同》并出具承诺书愿意用房产及土地为该笔贷款提供抵押，廖家庙股份合作社也出具《承诺书》愿意用该房产提供抵押担保，均是双方当事人真实意思的表示，双方针对房产办理了抵押物登记手续，该抵押合同成立而生效。本案中的抵押物为共有人北兴达公司和廖家庙股份合作社，符合共同抵押的法律性质，系共同抵押人，应当以抵押物承担抵押担保责任。

第十二节 恶意抵押的认定

一、引言

债务人有多个普通债权人时与其中一个债权人恶意串通将其全部或者部分财产抵押给该债权人，因此而丧失了履行其他债务的能力，其他债权人可请求人民法院撤销该抵押行为

恶意抵押纠纷案[①]

彭州市凤鸣电业公司于2003年7月3日被宣告破产，在10月22日的第一次债权人会议上，债权人彭州市通济农村信用合作社提出请求称：债务人在普通债权人的绝大多数债务已到期而不能按期偿还的情况下，与个别债权人恶意串通，违背诚实信用原则，订立事后抵押合同，损害了其他众多债权人的利益，请求行使撤销权，撤销凤鸣电业公司与农行彭州支行、建行彭州支行签订的抵押合同。法院经审查查明，通济信用社是享有撤销权的债权人，且撤销权并未消灭。

彭州凤鸣电业公司与农行彭州支行、建行彭州支行签订抵押合同时，凤鸣电业公司已处于资不抵债的状态，濒临破产，且两家银行对凤鸣电业公司有其他债权人和凤鸣电业公司已陷入支付危机的状况知悉，两家银行对在凤鸣电业公司财产上设定抵押对其他债权人的影响属明知，但仍订立事后抵押合同，损害其他众多债权人的利益，构成恶意串通，法院认定恶意抵押成立。根据《担保法解释》第六十九条规定：债务人有多个普通债权人的，在清偿债务时，债务人与其中一个债权人恶意串通，将其全部或者部分财产抵押给该债权人，因此丧失了履行其他债务的能力，损害了其他债权人的合法权益，受损害的其他债权人可以请求人民法院撤销该抵押行为。因此为公平、公正地保护众多债权人的利益，2003年12月10日，四川省彭州市人民法院依法作出裁定，撤销了该案中彭州凤鸣电业发展有限公司与农行彭州支行、建行彭州支行签订的抵押合同，并将该抵押合同的抵押财产列为破产财产予以清算清偿。

---

① 王鑫、米文勇：《恶意串通损害他人权益的抵押行为可申请撤销》，载《人民法院报》2003年12月18日。

上述案例，依据《担保法解释》第六十九条的规定，法院支持了通济信用社的诉讼请求。《担保法解释》第六十九条规定："债务人有多个普通债权人的，在清偿债务时，债务人与其中一个债权人恶意串通，将其全部或者部分财产抵押给该债权人，因此丧失了履行其他债务的能力，损害了其他债权人的合法权益，受损害的其他债权人可以请求人民法院撤销该抵押行为。"这是担保法司法解释对可撤销的抵押的一种特殊规定，这种被撤销的抵押称为恶意抵押。司法解释关于恶意抵押的规定是对当事人之间自愿设置抵押权的限制，在一定意义上，是以民法关于诚实信用、公序良俗等基本原则的规定限制当事人的意思自治，对审判实践影响很大。

由于司法解释关于恶意抵押的规定内涵较为丰富，司法实践中还存在一个与过去的司法解释相协调的问题，2001 年 10 月 16 日最高人民法院民二庭审判长会议对恶意抵押的相关问题进行了集中研究，供参考：①

二、恶意抵押的构成要件

《担保法解释》第六十九条的规定，债务人存在多个债权人而且其财产又不足清偿全部债务时，债务人与债权人所设立的事后抵押，损害了其他债权人利益的，该抵押行为可以被其他债权人申请撤销。司法解释这样规定依据的是民法通则确立的诚实信用原则和禁止权利滥用原则，认为债务人在实际处于资不抵债（英美法所称的 INSOLVENCY）的状态时，为众多债权人之一设定抵押的行为违背诚实信用，对其他债权人形成不公；而债权人之一借设定和行使抵押权，在满足自身债权的同时，损害其他债权人的利益，构成权利滥用，因而该抵押权不应受到法律保护。

① 参见李国光主编：《民商审判指导与参考》（2002 年第 1 卷），人民法院出版社 2002 年版，第 80—82 页。

在《担保法解释》施行之前，1994年3月26日最高人民法院发布了《关于债务人有多个债权人将其全部财产抵押给其中一个债权人是否有效问题的批复》（下称《批复》），该《批复》认为，“在债务人有多个债权人的情况下，债务人将其全部财产抵押给其中一个债权人，因而使债务人丧失了履行其他债务的能力……应当认定该抵押协议无效。”《批复》没有针对抵押部分财产，仅针对将全部财产抵押，而且《批复》中也没有强调债务人与债权人“恶意串通”这个要件。从限制的范围来说，《批复》因针对全部财产的抵押，范围要小于司法解释，但在限制的力度上，《批复》因不要求以“恶意串通”为要件，所以适用面要大一些。《批复》发布后，司法实践中适用该《批复》审理一些抵押权纠纷，虽对保护其他债权人起到积极作用，但对抵押权的稳定产生负面影响。在担保法司法解释中，司法解释的起草者在总结《批复》的经验基础上，对《批复》的内容进行了修改，形成《担保法解释》第六十九条的内容。第六十九条与《批复》的主要区别是要求以“债务人与债权人恶意串通”为要件，在判断抵押权是否有效上更加谨慎和合理。

由于司法解释的规定是特殊规定，所以适用该条有较为严格的要求，根据《担保法解释》第六十九条的规定，恶意抵押的构成要件为：(1) 债务人存在多个普通债权人。(2) 债务人将其全部或者部分财产抵押给其中一个债权人。(3) 债务人将其全部或者部分财产抵押给一个债权人发生在清偿债务时，即有多个债权履行期届满，债务人对多个债权均有清偿义务时。(4) 债务人与债权人之一有恶意串通行为。(5) 债务人因设定抵押丧失了履行其他债务的能力。

三、审判实践中认定恶意抵押应当注意的问题

《担保法解释》第六十九条要求以“债务人与债权人恶意串通”为要件，因此在适用该条时，认定“债务人与债权人是否有恶意串通”成为关键。根据司法解释的文义和起草本意，“恶意

串通”指债权人对债务人有其他债权人并且该债务人已陷入支付危机的状况为知悉的情况下，仍然与债务人订立抵押协议的情形。债务人陷入支付危机属于有破产原因出现，依照破产法的一般规定，债务人不得为他人的一般债权设定抵押担保，而债权人对债务人支付危机为知悉的，该债权人对在债务人财产上设定抵押对其他债权人的影响为明知，因此，构成恶意串通。“恶意串通”的构成有两个要件：一是债务人陷入支付危机；二是债权人知悉债务人陷入支付危机。证明恶意串通的举证责任在于行使撤销权的其他债权人，但在实践中，如果债务人将全部财产为债权人之一设定事后的抵押，可以直接推定债务人与债权人之间存在“恶意串通”，不再需要证据证明。

在审判实践中要注意不能单方面凭以下情形认定为“恶意抵押”：

1. 债务人在被担保债权发生之初即为该债权设定抵押，而非事后设定抵押的。

2. 债务人将部分财产在事后为债权人设定抵押，但仍有余力清偿其他债务人的债务的。

3. 债务人为债权人之一设定抵押之时，其他债务未到期，债务人清偿义务尚未产生的。

第十三节　土地使用权与房屋分别抵押的效力

一、问题的提出

房地产是房产和地产的统称，由于房屋和土地是不能移动的，故房地产又称之为不动产。根据《城市房地产管理法》第四十六条之规定，房地产抵押，是指抵押人以其合法的房地产以不转移占有的方式向抵押权人提供债务履行担保的行为。抵押的房地产属于不动产，设定抵押权时，需履行抵押权登记的法律行为，因此，房地产抵押安全可靠，在现实生活中也极为普遍，随之而来产生的纠纷也就愈多。所以说，确有探讨之必要。

在研究房地产抵押之前，先看一则案例，并思考之：

房屋产权和土地使用权分别抵押担保纠纷案

某市福星粮油食品有限责任公司（以下简称福星公司）因扩大再生产扩建厂房，急欲贷款，2002 年 2 月 6 日，福星公司与该市中国农业银行神龙支行（以下简称神龙支行）签订借款抵押担保合同。合同约定，由神龙支行贷给福星公司款人民币 150 万元，借款期限 10 个月，借款利率为月息 8 厘。在合同中并明确约定由福星公司的办公楼、厂房作抵押担保，抵押物办公楼、厂房经房地产价格评估事务所评估价格为 160 万元。2 月 7 日，福星公司和神龙支行一块到房地产管理部门办理房产抵押登记手续后，神龙支行即将贷款 150 万元划入福星公司账号上。扩建厂房后，生产能力增强，福星公司又缺乏流动资金，福星公司又与该市工商银行房地产信贷部（以下简称房地产信贷部）协商贷款，双方于 2002 年 8 月 18 日签订了借款抵押担保合同，合同约定，由房地产信贷部贷给福星公司流动资金 80 万元，月息 7 厘，期限 6 个月，在抵押担保条款中约定由福星公司的办公楼、厂房占用的土地使用权作抵押。经房地产价格评估事务所评估价格为 90 万元，同日，房地产信贷部与福星公司一块到房地产管理部门办理了土地使用权抵押登记手续。次日，房地产信贷部将贷款 80 万元划入福星公司账户上。借款到期后，福星公司无款支付，神龙支行于 2003 年 4 月 1 日向该市中级人民法院提起诉讼。房地产信贷部得知此情后，以有独立请求权的第三人的身份申请参加诉讼。另查明，该市的人民政府对不动产抵押的登记机关没有作出规定。

一审法院审理后认为，福星公司以其办公楼、厂房作为抵押物抵押给神龙支行，根据《担保法》第三十六条所规定的土地使用权和房屋同时抵押的规定，福星公司的办公楼、厂房占用范围内的土地使用权一并抵押给神龙支行，因厂房、办公楼按评估价为160万元，福星公司以厂房、办公楼抵押给神龙支行，并从神龙支行贷款150万元，土地使用权评估价为90万元，以土地使用权抵押给房地产信贷部，并在房地产信贷部贷款80万元，均未超出抵押物的价值，应为再抵押。福星公司将厂房、办公楼抵押给神龙支行，将其厂房、办公楼所占用的土地使用权抵押给房地产信贷部，均办理了抵押登记，因此抵押合同均为有效，神龙支行对福星公司的抵押物厂房和办公楼，连同厂房和办公楼按所占用的土地使用权一并享有优先受偿权，但房地产信贷部位于神龙支行顺序之后而对厂房、办公楼所占用的土地使用权享有优先受偿权。根据《担保法》第三十六条、第五十四条的规定，判决：一、福星公司偿还神龙支行贷款150万元及利息；二、神龙支行对福星公司抵押的办公楼、厂房及其占用的土地使用权依法享有优先受偿权；三、房地产信贷部在神龙支行受偿之余享有优先受偿权。诉讼费30000元，由被告福星公司负担。

一审宣判后，房地产信贷部提起上诉，要求对福星公司抵押的土地使用权部分享有优先受偿权。

二审法院审理后认为，福星公司以其办公楼、厂房作为抵押物抵押给神龙支行，以其办公楼、厂房所占用的土地使用权抵押给房地产信贷部，均办理了抵押登记，由于该市并没有对房地产抵押的登记机关作出规定，依据《担保法解释》第六十条“以担保法第四十二条第（二）项规定的不动产抵押的，县级以上地方人民政府对登记部门未作规定，当事人在土地管理部门或者房产管理部门办理了抵押物登记手续，人民法院可以确认其登记的效力”的规定，其抵押均为有效。房屋产权与土地使用权虽存在着依附关系，但各有其独立的价值，是两个独立的物权，不存在主物和从物关系，均是福星公司与神龙支行，福星公司与房地产信贷部之间的真实意思表示，福星公司将厂房、办公楼抵押给神龙支行时，双方未对土地使用权作出约定，视为对土地使用权抵押的放弃，因此说，福星公司将厂房、办公楼抵押给神龙支行，将土地使用权抵押给房地产信贷部是两个抵押权，是分别抵押，而不是一物两押即形成的再抵押，不能认定福星公司将其厂房、办公楼所占用的土地使用权一并抵押给神龙支行，福星公司与神龙支行，福星公司与房地产信贷部的抵押合同均为有效，神龙支行仅能对福星公司的厂房、办公楼享有优先受偿权，房地产信贷部仅能对福星公司的土地使用权享有优先受偿权。根据《民事诉讼法》第一百五十三条第一款第（一）、（二）项的规定，判决：一、维持原判第一条；撤销原判第二条、第三条；二、神龙支行对福星公司抵押的厂房、办公楼享有优先受偿权；三、房地产信贷部对福星公司抵押的土地使用权享有优先受偿权。

该案在审理过程中，均认为福星公司与神龙支行所签订的借款抵押担保合同系合法有效。问题的关键是根据《担保法》第三十六条“以依法取得的国有土地上的房屋抵押的，该房屋占有范围内的国有土地使用权同时抵押。以出让方式取得的国有土地使用权抵押的，应当将抵押的该国有土地上的房屋同时抵押”之规定，福星公司以其办公楼、厂房作为抵押物抵押给神龙支行时，办公楼、厂房所占用的土地使用权是否一并抵押给神龙支行？福星公司以其办公楼、厂房所占用的土地使用权抵押给房地产信贷部的效力如何？是否为再抵押？神龙支行、房地产信贷部是否分别享有优先受偿权？笔者在阐述房地产抵押问题中予以探讨。

二、建设用地使用权与房屋产权的关系

（一）建设用地使用权与房屋产权是相互独立的物权

我国实行土地的公有制度，土地所有权分别属于国家和农村集体经济所有，根据《担保法》和《物权法》的规定，土地所有权不得作为抵押物。但土地所有权可以与其使用权相分离，建设

用地使用者享有土地使用权，建设用地使用者（即抵押人）可以自己有权处分的建设用地使用权设定抵押权，根据我国现行的立法规定，可以用于抵押的建设用地使用权主要是根据出让和转让合同取得的建设用地使用权，以及依行政划拨方式取得的建设用地使用权。作为集体所有的土地因必须先由国家征用变为国家所有权以后才能够转让，所以集体所有的土地不得用于抵押。建设用地使用权属于物权法上的用益物权。所谓用益物权，是指在他人之物上得以使用收益而设立他物权。用益物权是以物的使用价值之取得为目的的物权。该种物权的特征：其主体不是所有人而是使用人，其客体具有永久的不可移动性，其权利经登记公示具有排他性。

以房产设定抵押物时，抵押人得以自己所有或有权处分的房产进行抵押。房屋产权属于民法上的自物权。所谓自物权，也即所有权，根据《民法通则》第七十一条的规定，是指所有权人依法对自己所有的物享有占有、使用、收益和处分的权利。该种物权的特征：其主体是房屋所有人，其客体也具有不可移动性，其权利经登记公示也具有排他性。

建设用地使用权和房屋产权是两种不同性质的，不能相互替代的，各具价值的物权。国家把土地和房屋作为两类不同的资源和生产资料、生活资料，设立了不同的部门进行管理。这就决定了房屋抵押和建设用地使用权抵押是两种不同的财产抵押，两者不具有同一性。

（二）建设用地使用权和房屋产权有依附关系

土地是任何房产的基础，是土地上建筑物的本质组成部分，建设用地使用者都是因自己所有或者使用的房屋才利用该土地，如果对土地没有使用的权利，就无权在该地上建房或使用房屋，因此，离开了土地的建筑物是空中楼阁。房屋产权的取得，必须建立在已经依法取得建设用地使用权的基础上，抵押人对房屋产权或建设用地使用权中的一种权利的处分，往往会涉及到另一种权利的变动。

正是基于建设用地使用权和房屋产权的依附关系，我国法律、法规对单独以房屋或建设用地使用权抵押的，一向采取“房随地走”和“地随房走”的双向原则。诸如，《城镇国有土地使用权出让和转让暂行条例》第三十三条规定：“土地使用权抵押时，其地上建筑物，其他附着物随之抵押。土地上建筑物、其他附着物抵押时，其使用范围内的土地使用权随之抵押。”《城市房地产管理法》第三十一条规定：“房地产转让、抵押时，房屋的所有权和该房屋占用范围内的土地使用权同时抵押。”第四十七条规定：“依法取得的房屋所有权连同该房屋占用范围内的土地使用权，可以设定抵押权。”《担保法》第三十六条所规定的“三个同时抵押”即是遵循了“房随地走”和“地随房走”的双向原则。《物权法》第一百八十二条规定：“以建筑物抵押的，该建筑物占用范围内的建设用地使用权一并抵押。以建设用地使用权抵押的，该土地上的建筑物一并抵押。抵押人未依照前款规定一并抵押的，未抵押的财产视为一并抵押。”但在前述案例中。福星公司以房屋产权和建设用地使用权分别抵押给神龙支行和房地产信贷部，便是对“地随房走”和“房随地走”原则提出了挑战，笔者将在下文予以阐述。

（三）建设用地使用权和房屋产权的权利主体是以同一主体为原则，非同一主体为例外

在一般情况下，民事主体只有依法取得建设用地使用权，才能在土地上依法兴建房屋，取得房屋产权，因此说，此种情形下，建设用地使用权主体与房屋产权的主体应当是同一的。但是，随着近年来城市住房制度的改革和大规模商品房开发，城市私有房屋的比例呈逐步上升之势，便出现了房屋区分所有。

所谓房屋区分所有，也称建筑物区分所有，是指数人、数十

人甚至更多人区分建筑物而各有其部分。[①] 房屋区分所有的主体，是在某一住宅楼、写字楼拥有一套或几套单元住房的自然人或法人。一栋高层商品楼房中可能住有几十户、数百户自然人或法人，这些人都应成为房屋区分所有的主体。在房屋区分所有情况下，房屋所占用范围内的建设用地使用权则由房屋区分所有的主体按份共有，便出现了由多个共有人共同行使一个建设用地使用权，共有人中的一人非经其他共有人同意，无权处分共有物。有的地方，在房屋区分出售后，建设用地使用权仍登记在原开发商或原单位名上。上述情况便产生了这样的结果，众多的房屋产权主体与房屋占用范围内的建设用地使用权主体并不同一，出现了例外情形。

三、房地产抵押的形式

（一）房屋产权和建设用地使用权的同时抵押

所谓房屋产权和建设用地使用权的同时抵押，是指抵押人以其合法的房屋和该房屋占用的建设用地使用权结合为一个统一的房地产作为抵押物向抵押权人提供债务履行担保的行为。

在房屋产权和建设用地使用权同时抵押的情况下，严格区分房产和地产，抵押物是一个统一的房地产，行使抵押权时将房产和地产作为一个整体拍卖，抵押权人依登记的先后次序受清偿。这种做法的依据是土地和房屋间的不可分性，这种客观上的不可分性是土地和房屋之间最基本的自然属性，即土地是房屋的载体，房屋离开土地就会损害其自身经济价值，只有将两者结合在一起才能发挥其经济价值。若作为财产权利形式考察，则土地和房屋的关系就是建设用地使用权和房屋所有权的关系，建设用地使用权和房屋所有权的关系受到土地和房屋间不可分性的影响而表现为一种结合性。

---

① 马原主编：《中国民法教程》，中国政法大学出版社 1998 年版，第 279 页。

从房地产经济学的角度来看，地价决定房价，房价中又含有地价，若将建设用地使用权或者房屋单独交易势必造成贬值的不良后果。关于房产和地产同时抵押的立法例当首推英美法和德国民法。英美法中不动产（房地产）的概念有两个层次的含义：一是把土地和房屋、构筑物当作一个整体来看待；二是把土地和房屋、构筑物附带的各种权利合在一起广义地视为一个整体。由于英美法不严格区分房产和地产，所以其房地产抵押只能是房产和地产的同时抵押。德国民法则否认房屋的独立性，认为房屋是土地的成分，土地所有权中包括对其地上房屋的所有，虽然德国后来颁布了《地上权条例》以克服土地所有权对地上房屋的附合，但仍以地上权对其地上房屋的附合而否定房屋的独立性，即房屋不能独立成为所有权的客体。[①] 在德国这种否认房产独立性的立法环境下对土地或者地上权的抵押，其中包括对地上房屋的抵押，因而也可以看作是房产和地产的同时抵押。

在我国，前述的《城镇国有土地使用权出让和转让暂行条例》第三十三条，《城市房地产管理法》第三十一条、第四十七条规定将房产和地产（即土地使用权）作为一个整体进行抵押。《担保法》第三十六条规定："以依法取得的国有土地上房屋抵押的，该房屋占用范围内的国有土地使用权同时抵押。以出让方式取得的国有土地使用权抵押的，应当将抵押时该国有土地上的房屋同时抵押。乡（镇）、村企业的土地使用权不得单独抵押。以乡（镇）、村企业的厂房等建筑物抵押的，其占用范围内的土地使用权同时抵押。"《物权法》第一百八十二条规定："以建筑物抵押的，该建筑物占用范围内的建设用地使用权一并抵押。以建设用地使用权抵押的，该土地上的建筑物一并抵押。抵押人未依照前款规定一并抵押的，未抵押的财产视为一并抵押。"从我国上述法律规定中不难看出我国是采取了房产和地产同时抵押的方法。

---

① 刘得宽：《民法诸问题与新展望》，台湾地区三民书局1979年版，第177页。

（二）房产和地产的单独抵押

房产或者地产的单独抵押是指单独抵押房产或者地产，并且在行使抵押权时单独拍卖房产或者单独拍卖地产的抵押方式。传统的大陆法系民法中所谓单独抵押是指房屋所有权或者土地所有权的单独抵押，并不是指房屋所有权或者地上权的单独抵押。传统民法认为地上权与土地所有权一样是取得房屋所有权的前提（或称作基础权利），这种前提被称为是取得房屋所有权的权源，其他权源还有土地租赁权和土地借用权等。[①] 由于单独抵押是指房屋所有权或者土地所有权的单独抵押，所以单独抵押房产的效力并不及于土地所有权，行使抵押权时只能将房屋单独拍卖。而不能连同土地所有权并付拍卖，这时买受人因缺乏权源而无法取得房屋的所有权，为补救这一缺陷，保护买受人的利益，法律规定买受人同时取得法定地上权。例如《日本民法》第 388 条规定："土地及地上存在的建筑物属于同一所有人，而仅以土地或建筑物进行抵押，于拍卖时，视为抵押人设定地上权。但其地租，因当事人请求，由法院予以确定。"单独抵押土地，其效力也不及于房屋所有权，单独拍卖土地时，房屋所有权人同时取得法定地上权。

单独抵押的目的在于保护抵押人的利益，使抵押人在抵押权人行使抵押权后仍能保留其对于土地或房屋的权利，达到了物尽其用的经济效益。如果将地上权单独抵押，那么行使抵押权时单独拍卖地上权，而房屋所有权却因缺乏权源不能继续存在，但这时决不能再设定法定地上权，因为同一块土地上不能存在两个性质相同的地上权，所以地上权不能单独抵押。单独抵押的实现与法定地上权的作用密切相关，而法定地上权的成立，其前提亦将是土地所有权进入市场，即可用土地所有权进行交易。根据我国宪法的规定，土地所有权禁止转让、出租和抵押。因此，我国不

① 史尚宽：《物权法论》，台湾地区荣泰印书馆 1979 年版，第 130 页。

具有法定地上权成立的条件，也就排除了房屋所有权或者土地所有权单独抵押的可能性。

（三）房产和地产的分别抵押

所谓房产和地产的分别抵押，是指抵押人以其合法的房屋和地产作为各自独立的财产而分别抵押给不同的抵押权人，抵押权人行使抵押权时，可将房产和地产并付拍卖，但仅就抵押物卖得的价金优先受偿。分别抵押与单独抵押的相同之处在于都承认房屋的相对独立性，可将房屋或地产独立抵押，不同之处在于行使抵押权时单独抵押只能单独拍卖房产或地产。

房产和地产分别抵押的前提条件是具有承认房屋独立性的立法环境，大陆法系民法中以日本为代表，承认房屋的独立性，认为房屋可以独立成为所有权的客体，这一观点与我国相同，我国法律一贯承认房屋可以独立于土地而成为所有权的客体，因为房产和地产各自具有独立的交换价值。我国建设部于1992年3月23日房建（92）162号通知第二条中规定："在房地产经营活动中要实行房地分别计价、综合评估。各地要遵循房地产价格形成的客观规律，分别对房屋和土地进行价格估算、综合分析，科学确定房地产价格。"

四、《物权法》实施前后对土地使用权与房屋分别抵押的认定问题

在以往实践中，存在这样的情形：抵押人在设定房地产抵押时仅对房产或地产办理抵押登记手续，而未将房产与地产一并抵押登记，或者抵押人将房产与地产分别抵押给不同的债权人，并分别办理抵押登记。于此情形，是否应认定抵押有效？《担保法》第三十六条规定，"以依法取得的国有土地上的房屋抵押的，该房屋占用范围内的国有土地使用权同时抵押。以出让方式取得的国有土地使用权抵押的，应当将国有土地上房屋同时抵押。"该规定究竟是表明房产与地产必须同时抵押，否则无效，还是表明

只要其中之一设定抵押，就当然产生同时抵押的效果？一时众说纷纭，莫衷一是，大致可归纳为三种观点：一是认为抵押无效，理由是《担保法》第三十六条、《城市房地产管理法》第四十七条、第四十八条等规定，土地使用权与地上房屋应当同时抵押。此为法律法规的强制性规定，故单独设定抵押无效；二是认为抵押有效，且抵押权的效力及于未登记的部分。理由是《担保法》第三十六条规定的是法定抵押权。根据“地随房走，房随地走”的原则，抵押权的效力当然及于另一部分；三是认为抵押有效，但抵押权的效力不及于未登记的部分。抵押权人就抵押合同约定并登记的部分享有抵押权。经过一个阶段的讨论，在审判实务中第三种观点渐趋主导地位，其法理依据如下：(1)《担保法》第三十六条是关于房地产抵押的行为模式的规定，即设定房地产抵押时应当如何做，而不是对法律结果的规定。不能依据该条得出房产与地产只要有一个办理抵押登记，就效力当然及于另一个的结论。否则，因房产与地产抵押机关不统一，不同的抵押权人分别在不同的部门办理抵押登记，在法律没有明确规定此情形构成法定抵押权的情况下，会产生不可化解之权利冲突。(2)虽然由土地使用权与建筑物所有权一体化规则决定，房产与地产不能分属两个民事主体，但抵押权旨在支配抵押物的交换价值，抵押权人从抵押物拍卖或者变卖的价款中优先受偿即可实现其抵押权。而无论房产与地产分别抵押、单独抵押或一并抵押，拍卖或变卖抵押物的结果均不违背房屋所有权与土地使用权一体化的原则：如果土地使用权与房屋所有权同时抵押给了一个债权人，形成了概括抵押或共同抵押，经拍卖或变卖抵押物，两个权利归属于同一受让人，自不待言；如果土地使用权与房屋所有权分别抵押给了两个债权人，房产与地产一同拍卖或变卖，所得价款由两个抵押权人分别按房产与地产的交换价值优先受偿，二者的抵押权均得实现，而房产与地产同样归属于同一受让人；如果仅将房产或地产抵押，仍可对房产与地产同时拍卖或变卖，所得价款相对应部分优先受偿，另部分归属于其权利人，房产与地产的归属仍是一体化。显然，分别抵押并不必然导致土地使用权与其附着的建筑物所有权分别归属的结果。对不同物权客体交换价值的分别支配，与其在法律上的统一归属，是可以和谐并存的。此外，《担保法》第五十五条规定，抵押合同签订后，土地上新增的房屋不属于抵押物。需要拍卖该抵押的房地产时，可以依法将该土地上新增的房屋与抵押物一同拍卖，但对拍卖新增房屋所得，抵押权人无权优先受偿。这实际上表明法律所强调的是土地及其附着物的同时转让，而对不同物权客体的交换价值的支配，则是完全可以根据经济上的必要性和可能性，区分不同的法律事实而相互分离的。这样，就使分别设定的房产抵押权和地产抵押权均有实际实现的可能。

尽管审判实务中形成上述思路，但因对该问题的争议一直未曾偃旗息鼓。而物权法正是关注到了实践中的困惑，在《物权法》第一百八十二条第一款基本重述了《担保法》第三十六条第一款的规定后，于第二款明确规定，抵押人未将土地使用权与地上建筑物一并抵押的，未抵押的财产视为一并抵押。可谓是开宗明义，画龙点睛，使久受《担保法》第三十六条语焉不详之困扰的法官们豁然开朗。这样，土地使用权或地上建筑物抵押，其中一项即使没有约定或登记，亦推定一并抵押。目前将此情形解释为法定抵押，恐怕不会有太多杂音。当然，关于法定抵押的理解还有助于解决实务中出现的权利冲突问题。例如，在目前不动产登记机关仍未统一的情况下，如果甲将土地使用权抵押给了乙，将地上建筑物抵押给了丙，并分别办理了抵押登记。这样，乙的土地使用权抵押效力及于地上建筑物，而丙的地上建筑物抵押权效力及于土地使用权，就在相同的标的物上形成两个抵押权，且因法定抵押部分无需公示，两个抵押权效力则不分伯仲，均具对抗效力，如何解决冲突呢？依据《物权法》第一百九十九条第一项的规定，应“按照登记的先后顺序清偿；顺序相同的，按照债权比例清偿。”

五、审判实践中应当注意的几个问题

（一）关于以划拨方式取得的建设用地使用权的房地产抵押

根据担保法、物权法、城市房地产管理法的规定，设定房地产抵押的土地使用权是以划拨方式取得的，依法拍卖该房地产后，应当从拍卖所得的价款中缴纳相当于应缴纳的建设用地使用权出让金后，抵押权人方可优先受偿。根据房地产管理法规，作为建设用地使用者，转让划拨建设用地使用权的必须依照国家有关规定缴纳土地出让金。以房屋连同划拨方式取得的建设用地使用权的房地产设定抵押权时，建设用地使用者仅仅是在房地产上设定了担保物权，并未转让划拨土地的使用权，也无须交纳出让金。当抵押房地产被拍卖时，虽然建设用地使用权人是被迫的，但已经构成了转让划拨土地使用权的行为。拍卖房地产的价款中，包含了划拨土地使用权人应当缴纳的土地使用权出让金。随着房地产的拍卖，划拨土地使用权人交纳土地使用权出让金的法定义务也随之转移。抵押权人实现抵押权时，首先从拍卖抵押房地产的价款中交纳相当于土地使用权出让金的款额后，对于剩下的余款，抵押权人才可以享受优先受偿的权利。所以，设定房地产抵押时，抵押权人要详细了解抵押人提供的房地产的建设用地使用权取得方式。

（二）关于房地产抵押后土地上新增房屋的受偿问题

《物权法》第二百条规定：“建设用地使用权抵押后，该土地上新增的建筑物不属于抵押财产。需要拍卖该建设用地使用权的，可以将该土地上新增的建筑物与建设用地使用权一并拍卖，但拍卖新增建筑物所得的价款，抵押权人无权优先受偿。”房地产抵押合同签订后，土地上新增的房屋不属于抵押财产，需要拍卖该抵押的房地产时，可以依法将该土地上新增的房屋与抵押物一同拍卖，但对拍卖新增房屋的所得，抵押权人无权优先受偿。

1. 房地产抵押后，土地上新增的房屋不属抵押物。房地产抵押合同签订后土地上新增的房屋，一是以房屋连同房屋占用范围内建设用地使用权作抵押，其所占用范围的土地上新建的房屋。二是以建设用地使用权作抵押，该土地上新建造的房屋。房地产抵押合同签订后，并依据法定程序办理了抵押权登记，抵押权人依法取得了房地产抵押权。抵押合同签订时，是以现实存在的房地产作为抵押标的物进行抵押的，抵押合同签订后，新增的房屋，不是抵押合同确定的抵押权客体对象，不能作为抵押物。

2. 抵押房地产拍卖时，对新增房屋的处理。虽然房地产抵押后，土地上新增的房屋不属于抵押财产，但一旦抵押房地产的土地上新增了房屋，其房屋和房屋占用范围的土地便不可分。当需要拍卖抵押房地产时，新增的房屋虽不属抵押财产，但应同抵押房地产一同拍卖，如果拍卖时将新增房屋从拍卖的抵押房地产中剥离出来，使新的房屋所有权与房屋所占用的建设用地使用权权利主体不一致，则这一新增的房屋权利就无法得到实现。所以法律规定，拍卖抵押房地产时，可以将土地上新增的房屋与抵押房地产一同拍卖。

3. 新增房屋的拍卖所得，抵押权人无权优先受偿。房地产抵押权设定后，土地上新增的房屋，拍卖抵押房地产时，虽可一同拍卖，但抵押权人无权优先受偿，其前提是新增的房屋不属抵押财产，抵押权人只能对抵押房地产的拍卖所得优先受偿，无权对新增房屋的价款优先受偿。当抵押人为债务人时，抵押权人可以用新增房屋的拍卖价款进行清偿；当抵押人为第三人时，抵押权人无权对抵押人新增房屋的价款进行清偿。

（三）建设用地使用权的某一部分能否设定抵押问题

从民法上来看，抵押权乃是价值权，因此抵押物必须具有独立的价值并可以转让，才能够不妨碍抵押权的实现。所谓抵押物必须具有独立的价值，实际上是指抵押物具有交易上的价值，而并不一定指抵押物的物理上的独立性，抵押物虽不具有物理上独立性但却具有交易上的独立价值，在法律上仍然是可以转让的。然而，为了使某一财产在设定抵押后不影响抵押权人的利益，某项财产设定抵押后必须登记。因此，某物能否作为抵押物，还要取决于能否进行登记，只要具有独立的交易价值并能够登记，就可以成为抵押物。就建设用地使用权的某一部分来说，如果确定四至范围、具有交易价值并可以登记，当然可与整块土地分离而成为抵押的标的。但是对耕地、宅基地、自留地等集体所有的建设用地使用权，因不能转让，不具有独立的交易价值，所以不能成为独立的抵押标的。

（四）关于房地一并抵押的问题

以地上建筑物抵押的，该建筑物占用范围内的建设用地使用权应当一并抵押，不得仅抵押地上建筑物。此规定与我国奉行的“地随房走”的政策是相一致的。应当指出的是，“地随房走”仅适用于国有土地上的房屋抵押，以及集体所有土地上的乡（镇）、村企业的厂房等建筑物抵押，而不包括集体所有土地上的其他房屋抵押，随同抵押的土地使用权限于房屋等建筑物所占有范围内的建设用地使用权，不得随意扩大范围。抵押地上建筑物的，债务人不能清偿被担保的债权时，抵押权人可以一并拍卖或变卖抵押的地上建筑物和其占用范围内的建设用地使用权，并以其拍卖或变价金额担保债权的受偿。

（五）关于建设用地使用权单独抵押的问题

根据《物权法》第一百八十条第二款之规定，建设用地使用权可以设定抵押。审判实践中应注意区分以下两种情形：

1. 抵押人仅以建设用地使用权抵押，而在抵押权生效时该建设用地上不存在可以抵押的建筑物或其他附着物的，则抵押权的效力不及于新增的地上建筑物或附着物。本法第二百条规定：“建设用地使用权抵押后，该土地上新增的建筑物不属于抵押财产。需要拍卖该建设用地使用权的，可以将该土地上新增的建筑物与建设用地使用权一并拍卖，但拍卖新增建筑物所得的价款，抵押权人无权优先受偿。”《城市房地产管理法》第五十一条亦规定：“房地产抵押合同签订后，土地上新增的房屋不属于抵押财产。需要拍卖该抵押的房地产时，可以依法将土地上新增的房屋与抵押财产一同拍卖，但对拍卖新增房屋所得，抵押权人无权优先受偿。”因此，仅以建设用地使用权设定抵押时，债务人不履行债务的，抵押权人仅能以建设用地使用权的变价金优先受偿。

2. 抵押建设用地使用权时，若存在地上建筑物，则应当将地上建筑物一并抵押。我国《城镇国有土地使用权出让和转让暂行条例》第三十三条第一款规定：“土地使用权抵押时，其地上建筑物、其他附着物随之抵押。”在设定建设用地使用权抵押时存在地上建筑物，而抵押人对于抵押的建设用地使用权范围内地上建筑物没有抵押的，则根据本条第二款的规定，未抵押的地上建筑物视为一并抵押。

六、对引言案例的评析

在前述案例中，属于比较典型的房屋产权和建设用地使用权分别抵押担保纠纷案件。在本案中，有人认为，福星公司以其办公楼、厂房作为抵押物抵押给神龙支行，根据《担保法》第三十六条所规定的建设用地使用权和房屋同时抵押之规定，福星公司的办公楼、厂房占用范围内的建设用地使用权一并抵押给神龙支行，因厂房、办公楼按评估价为160万元，福星公司以厂房、办公楼抵押给神龙支行，并贷神龙支行款150万元，建设用地使用权评估价为90万元，以建设用地使用权抵押给房地产信贷部，并贷房地产信贷部款80万元，均未超出抵押物的价值，应为再抵押。福星公司将厂房、办公楼抵押给神龙支行，将其厂房、办公楼所占用的建设用地使用权抵押给房地产信贷部，均办理了抵押登记，故抵押合同均为有效，神龙支行对福星公司的抵押物厂房和办公楼，连同厂房和办公楼按所占用的建设用地使用权一并享有优先受偿权，但房地产信贷部位于神龙支行顺序之后而对厂房、办公楼所占用的建设用地使用权享有优先受偿权。

根据法不溯及既往原则，对于《物权法》实施之前违反“房随地押与地随房押”规则的抵押合同的效力，还需要根据对《担保法》第三十六条、《城市房地产管理法》第三十一条及《城镇国有土地使用权出让和转让暂行条例》第三十三条所确定的“房随地走与地随房走”的双向同一规则的理解来判断。关键是这一双向同一规则是否属于《合同法》第五十二条第（五）项所指的法律和行政法规的强制性规定。我们认为，我国法律所规定的房随地走与地随房走的规则不属于强制性规定，因此房地分别抵押合同均应属于有效合同。认为福星公司以其办公楼、厂房作为抵押物抵押给神龙支行，以其办公楼、厂房所占用的建设用地使用权抵押给房地产信贷部，均办理了抵押登记，房屋产权与建设用地使用权虽存在着依附关系，但各有其独立的价值，是两个独立的物权，不存在主物和从物关系，均是福星公司与神龙支行，福星公司与房地产信贷部之间的真实意思表示，福星公司将厂房、办公楼抵押给神龙支行时，双方未对建设用地使用权作出约定，视为对建设用地使用权抵押的放弃，因此说，福星公司将厂房、办公楼抵押给神龙支行，将建设用地使用权抵押给房地产信贷部是两个抵押权，是分别抵押，而不是一物两押即形成的再抵押，亦不能认定福星公司将其厂房、办公楼所占用的建设用地使用权一并抵押给神龙支行，福星公司与神龙支行，福星公司与房地产信贷部的抵押合同均为有效，神龙支行仅能对福星公司的厂房、办公楼享有优先受偿权，房地产信贷部仅能对福星公司的建设用地使用权享有优先受偿权。[①]

当然，多年来，笔者一直主张建设用地使用权与房屋产权分别抵押是有效的，并形成了审判实践中的主流观点，在《物权法》实施之后，根据《物权法》第一百八十二条的规定，抵押人未将土地使用权与地上建筑物一并抵押的，未抵押的财产视为一并抵押，应依据抵押权设定先后，亦即抵押登记的先后，来确定实现抵押权的顺位。

第十四节 所有人抵押权

一、引言

同一财产向两个以上债权人抵押时，顺序在先的抵押权与该财产的所有权归属一人时，该财产的所有权人可以以其抵押权对抗顺序在后的抵押权。诸如：

如何看待本案的抵押权

2000年元月6日，某市甲公司与乙公司对双方往来的业务关系进行结算，经结算，乙公司尚欠甲公司货款60万元，双方签订了还款协议，并在协议中写明乙公司以价值70万元的办公楼一座作抵押。同时，甲、乙公司到该市抵押登记机关办理了抵押登记。乙公司在经营活动急需流动资金，于2000年3月3日与本市商业银行华龙支行（以下简称华龙支行）签订了借款抵押合同，借款50万元，借款期限6个月，并以乙公司价值70万元

① 最高人民法院民一庭法学博士陈现杰在《土地使用权与地上建筑物分别抵押的效力问题》中认为，土地使用权与地上建筑物分别抵押，是当事人的真实意思表示，不是重复抵押，与我国法律规定的房地一体化原则并不矛盾。详见《人民法院报》2003年9月16日

的办公楼作抵押，亦办理了抵押登记手续。上述款项届期后，乙公司均未偿还。

2000年10月6日，乙公司并入甲公司，并对乙公司的财产进行了清理、评估、移交。其中，乙公司抵押给甲公司和华龙支行的办公楼经评估机构评估价格为68万元，与乙公司所欠甲公司货款60万元的本金及违约金基本相持平。华龙支行得知乙公司并入甲公司后，便以甲公司为被告诉至法院，请求甲公司履行还本付息的义务，并依法对抵押物原乙公司的办公楼享有优先受偿权。而甲公司辩称：本公司愿承担乙公司所贷华龙支行50万元本息的责任，但本公司对原乙公司的办公楼享有所有人抵押权，并以办公楼抵欠原乙公司所欠本公司货款及违约金，应驳回华龙支行对抵押物享有抵押权的诉讼请求。

法院审理后认为，乙公司的办公楼抵押给甲公司、华龙支行，均办理了抵押登记，因此抵押合同均有效。乙公司并入甲公司，甲公司所享有的抵押权并不因此而消灭，华龙支行请求对抵押物优先受偿，根据《担保法解释》第七十七条“同一财产向两个以上债权人抵押时，顺序在先的抵押权与该财产的所有权归属一人时，该财产的所有权人可以以其抵押权对抗顺序在后的抵押权”的规定，甲公司的抵押权对抗设立在后的华龙支行的抵押权，并经结算，乙公司的抵押物与其欠甲公司的货款和违约金相抵销。因此，华龙支行对抵押物不得享有优先受偿权。据此判决：甲公司偿还原乙公司在华龙支行的贷款50万元及利息。

在上述案例中，甲公司承担原乙公司所贷华龙支行借款50万元及利息，当无疑问。本案争议的焦点是华龙支行能否对原乙公司的抵押物办公楼享有优先受偿权，其本质是是否承认所有人抵押权制度。《担保法》、《物权法》没有规定，《担保法解释》第七十七条规定了所有人抵押权。

二、所有人抵押权的法律意义

所谓所有人抵押权，是指所有人自己的所有物上存在的抵押权。一般说来，抵押权只能存在于债务人或者第三人提供的担保物上，因此，抵押权是存在于他人所有的动产或不动产上的担保物权。而所有人抵押权是存在于所有人自己所有的物上，则构成了抵押权的例外情形。

所有人抵押权可分为两种情形：(1) 原始的所有人抵押权。所有人在自己所有的物上为自己设定的抵押权，该所有人抵押权自始为所有人的利益而存在。(2) 后发的所有人抵押权。原为他人设定的抵押权，抵押物因法定原因（如混同）而归属于抵押权人，抵押物所有人在该抵押物上继续保有的抵押权[①]。

所有人抵押权的本质，学说纷纭。通说认为，所有人抵押权并非抵押权，而是对后次序以后之抵押权具有排他效力之特种形式所有权，亦非对抵押标的物之支配权，而是对其卖得价金所得之优先权，故抵押物一旦拍卖后，所有人因按登记之次序与范围优先取得一定之金额，然此系本于所有人之身份而非依债权人之身份。对抵押权与所有权混同而不消灭之情形而言，其抵押权虽不消灭，但所有人所取得者仍属于所有权之原有权能，理论上基于所有权之浑然性本应归于一，不过在立法技术上使该抵押权不消灭，仍保持其原有之担保权形态，以阻止因抵押权次序升进原则所产生之不公平与弊害，即次顺序抵押权人取得不当利益，所有人之其他一般债权人则受有损害。因之，此抵押权之权能在所有权内容中不消灭，而予以分离独立化，仍由所有人享有之而已[②]。

---

① 史尚宽：《物权法论》，中国政法大学出版社 2000 年版，第 325 页。

② 陈棋炎：《关于所有权人抵押本质之研究》，载《法学丛刊》第 30 期，第 49 页。转引自谢在全：《民法物权论》，中国政法大学出版社 2000 年版，第 74 页。

三、所有人抵押权的适用范围和《担保法解释》的规定

所有人抵押权制度在其适用范围存在日本模式和德国模式的分歧：《日本民法典》第179条规定，所有人抵押权仅限于抵押权和所有权混同的情形。而《德国民法典》则承认所有人抵押权的普遍性，即不仅在抵押权与所有权混同的场合承认所有人抵押权，而且在发生抵押担保的债权消灭、抵押权的抛弃、抵押物的取得人代为清偿债务等诸多情形下，抵押物的所有人也可以取得抵押权[①]。

所有人抵押权的主要功能在于排除混同原则和抵押权附随性原则的适用，以便利抵押的流通和促进不动产金融的发达，这在抵押权证券化后显得尤为必要[②]。所有人抵押权为抵押权制度的不可或缺的类型，但我国现行民法关于所有人抵押权欠缺相应的规定，已构成法律漏洞[③]。

所有人抵押权在我国民法上属于明显的法律漏洞，在实务上有承认的必要，在学理上和实务上承认所有人抵押权的存在，并不违反物权法定主义[④]。《担保法解释》第七十七条对所有人抵押权作出了规定，即“同一财产向两个以上债权人抵押时，顺序在先的抵押权与该财产的所有权归属一人时，该财产的所有权人可以以其抵押权对抗顺序在后的抵押权”。从该规定来看，我国担保法律系采纳日本民法的做法，即所有人抵押权仅以抵押权和所有权发生混同为其适用范围。

---

① 《德国民法典》第1196条规定：“土地债务也可以为所有权人设定。”第1163条规定（所有人抵押）、第1165条（抵押权转移于债务人）、第1168条（抛弃抵押权）规定了后发的所有人抵押权。

② 谢在全：《民法物权论》（下册），中国政法大学出版社1999年版，第751页。

③ 崔建远：《我国担保法的解释与适用初探》，载《吉林大学社会科学学报》1996年第2期。

④ 梁慧星主编：《中国物权法研究》（下册），法律出版社1998年版，第927页。

四、所有人抵押权的成立及效力

（一）所有人抵押权的构成要件

根据《担保法解释》第七十七条之规定，所有人抵押权的成立应当具备下列要件：

1. 同一财产上存在数个抵押权，且有先后之分。依《担保法解释》第七十七条之规定，所有人抵押权的成立，必须具备同一财产上存在数个抵押权，且各抵押权有先后之分，在先次序的抵押权和所有权发生混同的情形下，为防止后次序的抵押权升进次序，有必要借助抵押权的效力来维护所有人的利益。因此，在同一财产上存在数个抵押时，先顺序的抵押权与所有权发生混同，有必要设立所有人抵押权作为例外的制度，以阻止后顺序的抵押权递升次序而避免损害所有人的利益。有学者认为，所有人抵押权以抵押物上存在数个抵押权为成立的要件，但并不以数个抵押权存在次序的先后为要，即使在抵押物上存在的数个抵押权次序相同，其中任何一个抵押权与所有权发生混同，亦发生所有人抵押权①。但从《担保法解释》第七十七条来看，强调顺序在先的抵押权与财产所有权发生混同时，该财产所有人可以其所有人抵押权对抗顺序在后的抵押权。

2. 抵押物的所有权和抵押权发生混同。一般说来，混同为所有权以外的他物权消灭的原因。同一物的所有权和其他物权，因为继承、法律行为、法律的规定或国家的行为而归属于一人的，称为混同。与所有权发生混同时，其他物权归于消灭。但有法律特别规定的，不在此限。我国台湾地区民法典第 762 条规

---

① 《中国物权法草案建议稿》第 330 条规定："同一物上设定的抵押权与该物的所有权归属于一人，且在该抵押物上另有其他抵押物权时，抵押权不因混同而消灭。"从该条规定来看，同一财产上存在数个抵押权不分先后顺序之分。社会科学文献出版社 2000 年版。该条规定与《民法典物权》第五百四十条的规定一致。参见梁慧星：《中国民法典草案建议稿附理由》（物权编），法律出版社 2004 年版，第 340 页。

定：“一物之所有权及其他物权，归属于一人者，其他物权因混同而消灭。但其他物权之存续，于所有人或第三人有法律上之利益者，不在此限”。所有人抵押权因为法律的特别规定，不因所有权和抵押权的混同而消灭，反而因所有权和抵押权的混同而发生。《担保法解释》第七十七条规定“，……顺序在先的抵押权与该财产的所有权归属于一人时”，即为抵押物的所有权和抵押权发生混同。

（二）所有人抵押权的效力

根据《担保法解释》第七十七条的规定，所有人抵押权的法律效力表现在：同一抵押物上存在数个抵押时，顺序在先的抵押权与抵押物的所有权发生混同时，该抵押权并不消灭，发生顺序在先的抵押权对抗顺序在后的抵押权。

五、对引言案例的评析

在本案中，一是乙公司将其办公楼抵押给甲公司，并办理了抵押登记。之后，乙公司又将办公楼抵押给华龙支行，亦办理了抵押登记。因此说，乙公司在其办公楼上设定了两个抵押，且抵押均为有效。二是乙公司并入甲公司，发生了原乙公司的抵押物办公楼的所有权与抵押权混同的法律事实。本案具备所有人抵押权成立的要件，甲公司完全享有主张所有人抵押权的权利，甲公司反驳驳回华龙支行对抵押物享有优先受偿权的理由成立，应予支持。

在本案中，华龙支行请求甲公司承担原乙公司的借款50万元的本息，甲公司亦愿意承担，且根据有关法律规定，甲公司应承担乙公司的债务，因此，应判决甲公司承担还本付息的责任，但是，华龙支行请求原乙公司的抵押物优先受偿，因顺序在先的抵押权人甲公司主张了所有人抵押权，根据《担保法解释》第七十七条的规定，该抵押物办公楼的所有人甲公司享有对抗顺序在后的抵押权人华龙支行，且抵押物办公楼已经评估，折抵了乙公司原欠甲公司的贷款，故应驳回华龙支行对原乙公司抵押物办公楼的优先受偿权。

第十五节　动产浮动抵押

一、动产浮动抵押的法律意义

所谓浮动抵押，是以企业现在和将来所有的全部财产包括动产、不动产、知识产权和财产性权利设立抵押的一项担保制度。因抵押物包括现在所有的和将来所有的全部财产，从设定抵押权至执行抵押权的整个期间，抵押物一直处于“浮动不定”的状态，所以称为浮动抵押。因在浮动抵押权实行之前，企业仍可自由处分其财产，无论企业恶意转让财产或者企业经营失败，导致企业财产急剧减少，都将影响浮动抵押权之实现，使债权人设立担保权的目的落空、遭受严重损失。因此，浮动抵押权的设定人和受担保债权均有限制，设定人限于股份有限公司，受担保债权限于发行企业债券和项目融资。①

动产浮动抵押制度是我国《物权法》设立的一项全新的担保制度，此前我国并无该制度，《物权法》通过第一百八十一条、第一百八十九条、第一百九十六条三个条文对该制度进行了系统的规定。浮动抵押发端于英国的衡平法，以后逐渐为英美法系国家所采用，许多大陆法系国家也借鉴该制度作出了相应的规定。② 在英国，浮动抵押分为两种：一是有限浮动抵押，即以公司的某一类财产做抵押，如货物或原材料；二是总财产浮动抵押，即以公司的全部财产抵押。

浮动抵押的法律特征主要表现在以下方面：一是作为抵押物

---

① 梁慧星：《特别动产集合抵押——物权法第一百八十一条解读》，载《人民法院报》2007 年 9 月 13 日。

② 《日本企业担保法》第 1 条、《俄罗斯联邦民法典》第 340 条第 2 款、第 6 款、第 357 条、《加拿大魁北克民法典》第 2684 条、第 2715 条。

的财团浮动不定。浮动抵押中，抵押物既包括现存的财产，也包括将来的财产，是抵押人现在和将来财产的总和，浮动抵押设立时，作为抵押标的的财团是不特定的。因此，设定抵押时无需制作财团目录，使抵押物特定化，作为抵押物的财团浮动不定，只有在实现抵押权时才能特定；二是浮动抵押期间，债务人仍继续占有、经营管理并自由处分公司财产，直到约定或法定事由发生，才由浮动抵押转为固定抵押，抵押人不得再处分浮动抵押财产；三是抵押人处分抵押财产不必经过抵押权人同意，抵押权人对抵押财产无追及权。

二、动产浮动抵押的适用①

1. 设立浮动抵押的主体

从国外立法例看，许多规定浮动抵押制度的国家对设立主体进行了限制，如英国，只有公司才可以设定浮动抵押，自然人和合伙公司无权设定，日本则将设立主体限定为股份有限公司。在《物权法》立法过程中，对于是否对设立浮动抵押的主体进行限制，也存在争议。一种意见认为，应当将设立浮动抵押的主体限制为股份有限公司。理由是：浮动抵押制度最大的风险是抵押人恶意处分公司的财产，而抵押权人无法进行有效监控。股份有限公司的规模比较大，信誉比较好，而且有强制信息披露制度。将设立浮动抵押的主体限定为股份有限公司可以减少这种风险，有利于交易安全。另一种意见认为，不应限制浮动抵押的设立主体。理由是：在市场经济条件下，应当由当事人选择是否设立浮动抵押，法律不应当限制。考虑到我国设立浮动抵押，主要是为了解决中小企业和农民贷款难，促进经济发展，因此，《物权法》没有对设立浮动抵押的主体加以限制，而是将设定浮动抵押的主体规定为企业、个体工商户和农业生产经营者。

---

① 参见刘宝玉主编：《担保法原理精要与实务指南》，人民法院出版社 2008 年版，第 474—478 页。

2. 设定浮动抵押的财产

我国《物权法》所规定的浮动抵押的财产仅限于生产设备、原材料、半成品、产品。除此之外的动产不得设立抵押，对于不动产及无形权利也不得设立抵押。因此，我国的浮动抵押仅是动产浮动抵押。另外，我国的浮动抵押只能是部分财产抵押，因为根据最高人民法院法复〔1994〕2号《关于债务人有多个债权人将其全部财产抵押给其中一个债权人是否有效问题的批复》规定，我国不允许将全部财产抵押给一个债权人。

3. 浮动抵押所担保的债权种类

日本法律规定，浮动抵押所担保的债权仅限于公司债。美国、加拿大对浮动抵押所担保的债权种类未加限制。我国《物权法》对浮动抵押所担保的债权种类也未加限制。

4. 浮动抵押的设立和登记

根据《物权法》第一百八十一条、第一百八十九条的规定，我国的浮动抵押采书面设立——登记对抗的模式，登记部门是抵押人住所地的工商行政管理部门。浮动抵押所采用的物权变动模式与普通的动产抵押是一致的，浮动抵押权自抵押合同生效时设立，未经登记不得对抗善意第三人。也就是说，浮动抵押权不以登记为生效要件，而是自合同生效时设立，合同生效后，即使当事人没有办理登记，债务人不履行债务时，抵押权人仍然可以就实现抵押权的价款优先受偿。

5. 浮动抵押转为固定抵押的事由

浮动抵押设定时，抵押财产是不特定的，因此，要实行浮动抵押，首先要使浮动抵押转变为固定抵押。我国《物权法》所规定的抵押财产确定的情形有四种：（1）债务履行期届满，债权未实现的，抵押财产确定。这种情况下，无论抵押权人是否向抵押人提出实现抵押权的要求，抵押财产均应确定，自债务履行期届满之日起，抵押人不得再处分抵押财产。（2）抵押人被宣告破产或者被撤销的，抵押人停止营业，进入清算程序，由于其财产不再发生变动，抵押财产随之确定。（3）发生当事人约定的实现抵押权的情形，抵押财产确定。对于是否允许当事人约定实现浮动抵押权的条件，在立法过程中存在争议。《物权法》在第一百九十六条第（三）项肯定了当事人可以约定浮动抵押转为固定抵押的条件。(4) 发生严重影响债权实现的其他情形的，抵押财产确定。严重影响债权实现的情形，范围比较广泛，既可以是因经营不善导致抵押人经营状况恶化或严重亏损；也可以是因抵押人放弃其到期债权、无偿转让财产或者以不合理的低价转让财产，致使其财产明显减少；还可以是抵押人为逃避债务而隐匿、转移财产。抵押人有上述行为，严重影响债权实现的，抵押权人为保全抵押财产达到一定的数额，以起到担保其债权优先受偿的作用，可以向抵押人要求确定抵押财产，以实现抵押权。抵押人对抵押权人的要求有异议的，抵押权人可以向人民法院请求确定抵押财产。

6. 浮动抵押权与固定抵押权的效力顺位问题

关于浮动抵押权的效力顺位问题，有不同的立法例。日本法律规定，质权、固定抵押权、法定抵押权优先于浮动抵押权。存在多个浮动抵押权的，登记在先的浮动抵押权优先于登记在后的浮动抵押权。英国法律规定，在同一财产上同时存在固定抵押和浮动抵押时，不论固定抵押设立在先还是在后，其效力永远优先于浮动抵押，除非浮动抵押合同明确禁止再创设新担保并且后设立的固定抵押权人明知该禁止约定的存在。在浮动抵押期间，法院强制执行债务人财产或扣押其财产不受浮动抵押的限制。美国的做法与英国、日本的规定不同。美国法律规定，公司财产上同时存在固定抵押与浮动抵押的，按照抵押设定的先后顺序受偿。[①] 关于我国《物权法》所规定的浮动抵押的效力顺位问题，有观点认为，应当区分浮动抵押转换为特定担保之前和之后的不同情况。浮动抵押财产特定之前，其他担保物权应优先于浮动抵

① 全国人民代表大会常务委员会法制工作委员会民法室编著：《物权法立法背景与观点全集》，法律出版社 2007 年版，第 639－640 页。

押权；一旦浮动抵押财产特定后，该浮动抵押权即成为固定抵押，抵押财产的流动性也不复存在，在此种场合，浮动抵押权的效力应当优先于在此之后设立的担保物权以及其他无担保债权。[①] 我们认为，关于浮动抵押的效力顺位问题，应区别对待。对于浮动抵押与浮动抵押之间的竞存，应当适用《物权法》第一百九十九条的规定，即按照“登记在先权利在先和同时同序”原则予以处理。对于浮动抵押与固定抵押的效力顺位，不适用《物权法》第一百九十九条的规定，因为第一百九十九条的适用条件是“同一财产”向两个以上的债权人抵押，虽然浮动抵押的标的包括了固定抵押的标的物，但是二者并不是同一财产，故在这种情形下，《物权法》第一百九十九条并无适用之余地。我们认为，不论固定抵押权设立的早晚，固定抵押权的效力优先于浮动抵押权，除非固定抵押权人知道浮动抵押特定后仍然设立抵押的。理由是：（1）根据《物权法》第一百八十九条第二款的规定，浮动抵押权人不得对抗正常经营活动中已支付合理价款并取得抵押财产的买受人。按照举重以明轻的解释方法，浮动抵押权人也不能对抗此后设立的固定抵押权人。（2）浮动抵押未特定之前，浮动抵押人取得的与浮动抵押同一性质的财产当然成为抵押财产，由于所增加的浮动抵押财产的对价是固定抵押权人的债权，如果不允许固定抵押权人的抵押权优先于浮动抵押，对固定抵押权人有失公平。（3）浮动抵押固定后，其转化为固定抵押权，此时，抵押权的顺位应当按照《物权法》第一百九十九条的规定处理。不过，浮动抵押权特定并没有公示手段，一般情况下，浮动抵押是否特定，固定抵押权人并不知情，因此，即使浮动抵押特定后设定的固定抵押，固定抵押权人对于浮动抵押特定不知情的，固定抵押的效力也应优先于浮动抵押。

7. 浮动抵押权的实行程序

---

① 《〈中华人民共和国物权法〉条文理解与适用》，人民法院出版社 2007 年版，第 567 页。

由于浮动抵押权的标的物是整个公司或者公司的大部分财产，以整个公司的财产或者大部分财产实现债权，会涉及公司的接管、清算等问题。如果公司资不抵债，还会涉及公司的破产问题。因此，就国外立法例来看，各国一般对浮动抵押的实行设立特别程序。我国《物权法》没有特别规定浮动抵押的实行程序，司法实践中，浮动抵押权应当如何实行？我们认为，由于《物权法》所规定的设立浮动抵押的主体很宽泛，包括企业、个体工商户、农业生产经营者，因此，浮动抵押权的实行方式不能一概而论。一般来说，浮动抵押权的实行应当按照一般抵押权的实现方式，因为，如果浮动抵押的实现程序过于繁琐，那么浮动抵押的适用范围就会大大减少，这会与立法者以期通过浮动抵押制度解决中小企业、个体工商户、农业生产经营者融资困难的立法目的背道而驰，这可能也是《物权法》没有另行规定浮动抵押实现程序的原因所在。不过，《物权法》也规定了企业可以设立浮动抵押，对于企业设立浮动抵押的实现程序，我们认为有必要另行规定，因为对于较大的企业来说，往往债权人众多，如果不通过法院、不通过一定的公告程序来实行的话，很可能害及其他债权人的利益，引发新的纠纷。因此，建议最高人民法院在出台物权法的相关司法解释时对此予以明确。

第十六节　抵押权与租赁权的竞合

一、引言

先租后押，原租赁合同对抵押物的受让人继续有效；先押后租，租赁合同对受让人不具有约束力。

抵押权与租赁权对抗效力纠纷案[①]

1996年6月16日，中国农业银行江苏省如皋市支行葛市办事处（下称葛市办事处）与工贸合营如皋螺帽厂（下称如皋螺帽厂）、如皋市葛市多种经营服务公司（下称多服公司）签订“抵押担保借款合同”一份，约定：自1996年6月17日起，农行葛市办事处向如皋螺帽厂提供最高额贷款108万元用于购置生产资料，还款期限至1998年6月16日止，该借款的抵押人为如皋螺帽厂及多服公司，多服公司愿以加油罐、厂房等作抵押，优先偿还贷款本息，并负连带责任。6月18日，如皋螺帽厂、多服公司分别办理了抵押物登记手续。1997年3月，开元公司与如皋市原葛市乡人民政府签订租赁协议一份，由开元公司租赁如皋螺帽厂、多服公司的财产开展经营，租赁期限至1999年9月止。1998年1月15日，农行葛市办事处与如皋螺帽厂、多服公司及开元公司签订协议一份，载明：开元公司承租时，偿还螺帽厂在农行葛市办事处的借款，原设定抵押物继续作为开元公司偿还债务、抵押权人实现债权的抵押担保。1998年5月11日，如皋螺帽厂被注销，其清算单位为如皋市原葛市乡人民政府。2000年3月，经有关部门批准，如皋市原葛市乡人民政府并入如皋市江安镇人民政府。2000年8月，多服公司变更名称为“如皋市欣欣物资经营部”（下称物资经营部）。

2001年4月30日，物资经营部与原告杨根南签订租赁协议书一份，约定：物资经营部将818加油站出租给杨根南经营，并向其提供合法经营手续和证件，租赁期暂定为二年，至2003年4月30日止，租赁费一年为2万元。

2001年12月，因开元公司未能归还借款本息，农行葛市办

---

① 案例参见李文祥、薛专、陈璇：《租赁抵押物的承租人是否享有优先购买权》，载中国法院网。

事处以开元公司、如皋市江安镇人民政府、物资经营部为被告，向如皋市人民法院提起诉讼。审理过程中，双方当事人达成调解协议，明确农行葛市办事处对物资经营部设定抵押的财产（包括818加油站的房屋及其他机械设备）享有优先受偿权。2002年4月，因主债务人开元公司未能按协议确定的期限履行还款义务，农行葛市办事处遂向法院申请强制执行，在执行过程中，农行葛市办事处与物资经营部达成协议，将抵押物折价抵偿债务，并办理了有关执行款物交接手续，法院民事裁定书确认了双方的抵偿行为。

2002年6月15日，农行葛市办事处委托南通通宝拍卖有限公司对抵押物品进行公开拍卖，该公司依照法定程序在《如皋日报》上刊登拍卖公告，并于6月22日举行了拍卖会，被告环明皋以29万元的价格竞拍成功，取得了拍卖物品的所有权。

另查明：1996年6月农行葛市办事处与如皋螺帽厂、多服公司签订“抵押担保借款合同”时，原告杨根南任多服公司门市部主任兼管818加油站。2001年4月30日，原告与物资经营部签订租赁协议时，物资经营部事先未征得抵押权人农行葛市办事处的同意，亦未书面告知原告在租赁物上已设定抵押的事实。在该租赁协议上所涉及的租赁物具体包括开票室一间、加油机四台、油罐四只、保险柜一只、S195柴油机一台、水泥场地1510平方米。直至诉讼期间，原告仍未停止过818加油站的经营活动。

法院审理认为，本案中抵押人物资经营部的前身多服公司以财产为主债务人借款设定抵押后，又办理了相应的抵押登记手续，在农行葛市办事处申请本院强制执行后，物资经营部与抵押权人协商一致，以抵押物抵偿部分债务。至此，抵押权人农行葛市办事处已依法取得物资经营部相关抵押物（包括本案涉及到的818加油站的房屋及其他机械设备在内）的所有权。而所有权是一种绝对权，具有排他性，作为承租人的原告，在与物资经营部签订租赁协议时，应当知道租赁物上存在抵押权的事实（因为原告在1996年设定抵押时任多服公司门市部主任兼管加油站)，而自愿地接受和承担了因抵押权实现而使租赁权终止的风险，其当然不能与以后成立的租赁权与抵押权相对抗，对租赁物亦不享有优先购买权。原告主张两被告之间恶意串通共同侵犯其优先购买权，无事实依据和法律依据，应不予采纳。原告要求法院确认两被告之间买卖关系无效，在举证期限内原告未能举证证明两被告之间存在买卖行为，本案中两被告之间并未建立任何买卖合同关系，抵押权人农行葛市办事处在协议取得抵押物的所有权后，委托南通通宝拍卖有限公司拍卖其享有完全所有权的818加油站的房屋及其他机械设备，是依法行使财产处分权的行为，并无不当，因此原告无权要求本院确认两被告之间本不存在的买卖行为的效力。据此，依照《最高人民法院关于适用〈中华人民共和国担保法〉若干问题的解释》第六十六条第一款的规定，判决如下：驳回原告杨根南的诉讼请求。

上述案例，涉及到抵押权与租赁权竞合的处理。我国《担保法》第四十八条规定："抵押人将已出租的财产抵押的，应当书面告知承租人，原租赁合同继续有效。"《担保法解释》第六十五条规定"抵押人将已出租的财产抵押的，抵押权实现后，租赁合同在有效期内对抵押物的受让人继续有效。"第六十六条规定"抵押人将已抵押的财产出租的，抵押权实现后，租赁合同对受让人不具有约束力。抵押人将已抵押的财产出租时，如果抵押人未书面告知承租人该财产已抵押的，抵押人对出租抵押物造成承租人的损失承担赔偿责任；如果抵押人已书面告知承租人该财产已抵押的，抵押权实现造成承租人的损失，由承租人自己承担。"《物权法》第一百九十条规定："订立抵押合同前抵押财产已出租的，原租赁关系不受该抵押权的影响。抵押权设立后抵押财产出租的，该租赁关系不得对抗已登记的抵押权。"因此，有必要正确理解与处理关于抵押权与租赁权竞合的规定。

二、租赁权的法律性质

所谓租赁权，是指承租人依据租赁合同所取得的权利，即承租人依租赁合同约定方法对租赁物有使用、收益的权利。

根据我国《合同法》第二百二十九条“租赁物在租赁期间发生所有权变动的，不影响租赁合同的效力”的规定，说明了我国从立法角度上对租赁权的对抗效力予以确认，体现了“租赁权的物权化”，明确了“买卖不得击破租赁”的规则。[①] 租赁权具有对抗效力，是租赁权物权化的具体体现。租赁权的物权化具体表现在：

1. 租赁权优先于一般债权的对抗效力。租赁关系存续期间，承租人对于因买卖、抵押等取得租赁物所有权或其他物权的第三人，仍得主张其租赁权，即原租赁合同对该第三人继续有效的，即“买卖不得击破租赁”规则。

2. 对事实上侵害租赁权的第三人的效力。当第三人事实上侵害租赁权时，承租人因取得租赁物的占有，得基于占有权行使对第三人主张排除妨害请求权及损害赔偿请求权。

3. 租赁权的继续性。所谓租赁权的继续性，是指延长租赁期限并限制出租人的解约权。我国《合同法》第二百一十四条明确规定了租赁期不得超过 20 年。期限更新时，也不得超过 20 年。租赁权的继续性主要体现在《合同法》第二百三十六条的规定上，即：“租赁期间届满，承租人继续使用租赁物，出租人没有提出异议的，原租赁合同继续有效，但租赁期限为不定期。”

---

① 财产租赁在民法上由原来的“买卖可以击破租赁”发展到现在的“买卖不得击破租赁”规则。所谓“买卖可以击破租赁”规则，是指财产所有权人将该财产出租给承租人使用后，若在承租期间出租人将该项财产转让给第三人时，则导致承租人的租赁权消灭。所谓“买卖不得击破租赁”规则，是指租赁关系成立之后，即使出租人将出租物转卖给第三人，该原来存在的租赁关系仍对买受人有效，承租人仍然可以向受让人主张租赁权，受让人所得的财产也仅是负有租赁债权负担的财产所有权。在“买卖不得击破租赁”规则下，租赁权不仅具有债权性，而且还具有一定的物权性，可能附随于租赁物之上，向该租赁物之上后成立的物权人主张租赁合同的继续存在，主张租赁权的有效。

但该项规定对于租赁期限的延长并不有力。就出租人的解约权，则依据合同法定解除的事由，有诸多限制。

4. 租赁权处分的可能性。即租赁权是否得自由地被让与及转租。多个国家和地区的立法一般规定，承租人转租须经出租人同意，非经出租人同意，不得转租。我国《合同法》第二百二十四条规定，承租人未经出租人同意转租的，出租人可以解除合同。

5. 房屋承租人的优先购买权。所谓房屋承租人的优先购买权，是指当出租人出卖房屋时，承租人在同等条件下，依法享有优先于其他人而购买房屋的权利。《合同法》第二百三十条确立了房屋承租人的优先购买权，即："出租人出卖租赁房屋的，应当在出卖之前的合理期限内通知承租人，承租人享有以同等条件优先购买的权利。"

三、抵押权与租赁权的竞合

抵押权与租赁权的关系，指在一物之上抵押权与租赁权同时存在，当两者发生冲突时，哪个权利效力优先的问题。抵押权和租赁权的关系，有两种情形：

（一）租赁权发生在先，抵押权发生在后

正如前文所述，传统民法中遵循"买卖不得击破租赁"的原则。租赁权对抗所有权，是在租赁权发生在先，物之新所有人产生在后，买主如果购买已经出租的财产，则必须承受租赁继续有效的负担。之所以租赁权对抗所有权，是为保护承租人的利益，维持社会经济关系的稳定。

当租赁合同先成立时，其后出租人又以该出租物设定抵押时，则会产生租赁权是否继续有效的问题。根据"买卖不得击破租赁"的规则，在买卖时，买受人所取得的标的物所有权是不得对抗标的物租赁权的，而抵押权从本质上讲，并无优先于所有权的效力，这样以前已存在的租赁权也可以对抗后设立的抵押权而

继续有效存在。对此种情况，我国《担保法》第四十八条作出了明确规定，即“抵押人将已出租的财产抵押的，应当书面告知承租人，原租赁合同继续有效。”且我国《合同法》第二百二十九条也明确规定：“租赁物在租赁期间发生所有权变动的，不影响租赁合同的效力。”对此，《担保法解释》第六十五条作出明确规定，即“抵押人将已出租的财产抵押的，抵押权实现后，租赁合同在有效期内对抵押物的受让人继续有效”。

《担保法》第四十八条的规定，“抵押人……应当书面告知承租人，原租赁合同继续有效。”致使有人认为抵押人未履行书面告知承租人的义务，则原租赁合同不能继续有效。笔者认为，一是抵押人未履行书面告知承租人的义务，并不影响承租人对财产的占有、使用。即使至债务履行期届满债务人不能还债，抵押人要实现抵押权，无论出租的财产转让给谁，均不影响租赁关系的存在，且承租人还可通过主张优先购买权来维护其利益。二是《担保法解释》第六十五条并未规定未告知无效。所以，也不能据此影响抵押合同的效力。

（二）抵押权发生在先，租赁权发生在后

标的物先抵押后租赁情形，《物权法》的规定与《担保法解释》有不同。按照《物权法》第一百九十条后段的规定，“抵押权设立后抵押财产出租的，该租赁关系不得对抗已登记的抵押权。”也就是说，《物权法》把先押后租又区分登记抵押权与未登记抵押权两种情形，适用不同的处理规则，而《担保法解释》并没有区分登记抵押权与未登记抵押权分别规定不同的法律效果。

1. 登记的抵押权能够对抗承租人，也就是在抵押权实行时能够“破”租赁。因为：（1）对于已经登记的抵押权，由于采取了登记的公示方式，可以推定承租人承租时对该财产已设定抵押是知情的，由公示原则所决定，承租人应当承担因抵押权的实行而对租赁关系产生的不利影响。（2）根据前手权利优先于后手权利原则，抵押权成立在先，即使租赁关系物权化，成立在先的抵

押权也能对抗成立在后的具有物权性的租赁关系。抵押权的对抗力包括两个方面，一是抵押物的受让人不受原租赁关系的约束；二是抵押物实行时，承租人不享有优先购买权。

2. 未登记的抵押权则不能对抗承租人，也就是在抵押权实行时不能“破”租赁。按照公示原则，抵押权要取得对抗效力必须经过公示。由于我国《物权法》规定不动产抵押采登记生效主义、动产抵押采登记对抗主义，因此，没有登记的抵押权只能是动产抵押。对于没有登记的动产抵押，虽然动产抵押权自抵押合同生效时已成立，但是不能对抗善意第三人，亦即不具备对抗效力，因此，也不能对抗成立在后的租赁权。[①] 因为，由于租赁权的物权化，承租人可以纳入第三人的范畴。不过，需要注意的是，如果承租人在租赁时对于租赁物已设定抵押知情的，先设立的未登记的抵押权能否对抗租赁权呢?《物权法》第一百九十条后段并没有明确规定，而仅是笼统地规定“抵押权设立后抵押财产出租的，该租赁关系不得对抗已登记的抵押权。”我们认为，在承租人对租赁标的物已抵押知情时，其不属于善意第三人的范畴，动产抵押权虽然未登记仍然能对抗承租人。因此，在先抵押后租赁的情形下，不能绝对的认为未登记的动产抵押权在任何情形下都不能对抗承租人，否则，就违背了《物权法》第一百八十八条的规定。

四、抵押权与承租人优先购买权冲突的解决

《合同法》第二百三十条规定：“出租人出卖租赁房屋的，应当在出卖之前的合理期限内通知承租人，承租人享有以同等条件优先购买的权利”。该条明确规定了承租人的优先购买权，该权利具有一定的专属性，只属于承租人拥有，且只在出租人转让其承租房屋这一法律事实出现时，承租人才拥有该权利。根据《担

---

① 《〈中华人民共和国物权法〉条文理解与适用》，人民法院出版社 2007 年版，第 569 页。

保法》五十三条规定，抵押权的实现方式包括以抵押物折价、以拍卖抵押物所得的价款受偿，或以变卖抵押物所得的价款受偿。无论何种方式，只要租赁权先于抵押权存在于抵押物上，承租人都有优先购买的权利。

已出租房屋抵押的情形，租赁权不受抵押权的影响，因此，在实现抵押权时，抵押权人又想通过抵押权取得抵押物时，抵押权就与优先购买权存在冲突。那么抵押权是否有优先于优先购买权的效力？从表面看，抵押权是物权，而承租人的优先购买权是主要依附于债权的租赁权，因此，抵押权具有优先力，也就是说，抵押权人只是就抵押物享有优先受偿权。不可否认，优先购买权来源于租赁权，没有租赁权即没有优先购买权，但优先购买权有其独立的功能和保护目的，法律规定优先购买权并不在于保护承租人的租赁权，而是在于保护承租人获得租赁物所有权的一种机会，而这种机会对承租人而言就是一种法律明确保护的利益，任何侵害该利益的行为都构成侵权。由此可见，尊重承租人的优先购买权是出租人必须履行的义务，如出租人变卖、作价、拍卖租赁物以实现抵押权时，其未在合理期限通知承租人，构成对优先购买权的侵害，承租人可以以出租人违反法律规定为由要求法院确认出卖租赁物的合同无效。所以，抵押权人如想取得抵押物，也只有在承租人放弃优先购买权的情况下才能取得，优先购买权优先抵押权人的抵押权。当然，承租人行使优先购买权的前提条件在于，其只能与抵押权人同等的条件下才有优先的权利，如抵押权人出价高于承租人而承租人又不愿意以抵押权人的价格购买该物时，只能说明承租人放弃了优先购买权。

抵押权是优先受偿权，优先的内容在于抵押物的价值，而非取得抵押物的所有权，而优先购买权恰恰是以取得所有权为优先的内容。已抵押的物出租，虽存在抵押权的优先受偿权与承租人的优先购买权之间的冲突，根据《担保法解释》第六十六条的规定，优先购买权不得对抗抵押权的行使。

五、审判实践中应当注意的问题

1.《物权法》实施以后，在司法实践中处理抵押与租赁的关系，应当按照《物权法》第一百九十条的规定，区分先押后租与先租后押两种情形，对于先押后租的，还要审查抵押权是否登记，然后适用不同的法律规则，产生不同的法律后果。

2. 在先押后租的情形下，由于《物权法》区分为登记的抵押权和未登记的抵押权两种情形分别规定了不同的法律效果，故不需要抵押人另行书面通知租赁物已抵押的事实。但是，如果抵押人或抵押权人已经将租赁物已经抵押的事实书面告知承租人，无论是登记的抵押权还是未登记的抵押权，租赁关系均不得对抗抵押权，因为承租人对租赁物上存在抵押权是知悉的。

3. 关于抵押权的实行与承租人的优先购买权。在先租赁后抵押的情形下，抵押权实行时，承租人在同等条件下享有优先购买权。尊重承租人的优先购买权是出租人必须履行的义务，如出租人变卖、折价、拍卖租赁物以实现抵押权时，其未在合理期限内通知承租人，构成对优先购买权的侵害，承租人可以以出租人违反法定义务为由请求法院确认出卖租赁物的合同无效。在先抵押后租赁的场合，除非抵押权人同意租赁权的存在，否则租赁权将不存在，因此，自然无法产生优先购买权，也就不存在抵押权与优先购买权之间的冲突了。

六、对引言案例的评析

在本案中，抵押人物资经营部的前身多服公司以财产为主债务人如皋螺帽厂借款设定抵押后，又办理了相应的抵押登记手续，其抵押依法成立，抵押权人农行葛市办事处自此时起享有对抵押物的优先受偿权。在农行葛市办事处申请法院强制执行后，物资经营部与抵押权人协商一致，以抵押物抵偿部分债务。至此，抵押权人农行葛市办事处已依法取得物资经营部相关抵押物（包括本案涉及到的818加油站的房屋及其他机械设备在内）的所有权，也即实现了其优先受偿权，后于此权设立的优先购买权因受偿权的实现而告消灭。作为承租人的原告杨根南，在与物资经营部签订租赁协议时，应当知道租赁物上存在抵押权的事实，其自愿地接受和承担了因抵押权实现而使租赁权终止的风险，当然不能以后成立的优先购买权与先成立的优先受偿权相对抗。农行葛市办事处在取得抵押物（即租赁物）的所有权后委托拍卖行拍卖，属依法行使所有权的行为，与原债务人物资经营部无关，被告在拍卖会上竞拍成功，其行为合法。原告杨根南依据已经归于消灭的优先购买权主张二被告之间并不存在的买卖行为无效，显然与《担保法解释》第六十六条的规定精神相悖，因此，法院应当驳回其诉讼请求。

第十七节　抵押物的转让

一、引言

抵押期间，抵押人经抵押权人同意转让抵押财产的，应当将转让所得的价款向抵押权人提前清偿债务或者提存。转让的价款超过债权数额的部分归抵押人所有，不足部分由债务人清偿。抵押期间，抵押人未经抵押权人同意，不得转让抵押财产，但受让人代为清偿债务消灭抵押权的除外。未经抵押权人同意抵押物转让合同是有效合同，未告知受让人转让财产已抵押的，转让合同属于可撤销合同。未经抵押权人同意抵押人转让抵押物的，抵押权人可以追及物之所在行使抵押权。诸如：

能否涤除抵押权[①]

2007年1月20日，原告陈平与被告刘宇签订了一份房屋买卖合同，约定刘宇将其房屋一套转让于陈平，价款43万元。签约当日，陈平即交付定金3万元给刘宇。因刘宇是以按揭贷款方式购买的房屋，该房屋尚未解除抵押，于是在合同中双方还补充约定，在3月16日前由陈平支付10万元给刘平还贷将房产解押，解押后即办理过户手续。后因房地产市场行情上涨，刘宇反悔，拒绝继续履行合同，陈平为此诉至法院。刘宇辩称，我国担保法及物权法均规定，在抵押期间未通知抵押权人或者未经抵押权人同意，转让抵押物的行为无效，因而主张合同无效。

上述案例，主要涉及到抵押物的转让。对此，我国《担保法》、《担保法解释》、《物权法》均作了规定，《物权法》的规定借鉴了《担保法解释》的规定。因此，有必要结合法律和司法解释对抵押物的转让予以论述。

二、抵押人转让抵押物的法律意义

抵押权设定后，不转移抵押物的占有，抵押人仍对抵押物享有占有、使用、收益的权利。抵押权对抵押人就抵押物所享有的占有权、使用权和收益权并无实质性影响，但对抵押人就抵押物的处分权的行使，由于涉及到抵押权人行使抵押权，且涉及到抵押物受让人的利益，因此，如何平衡抵押人、抵押权人及第三人的利益，有不同的立法例，且理论上也多有争论。

根据抵押物转让价款与抵押权的追及效力的关系，大致有三

① 宁群：《未损害抵押权人利益　抵押物转让合同有效》，载《人民法院报》2007年12月30日。

种立法例。第一种是双重承认主义，以《日本民法》第372条为代表，既承认抵押权的追及效力，也承认抵押物变卖之价金上可以成立物上代位。第二种立法例是承认抵押权的追及效力而不承认在抵押物变卖价金上可成立物上代位，德、瑞民法采此例。[①]《德国民法》第1136条、《瑞士民法》第812条甚至更进一步规定，抵押当事人即使约定不得将抵押的土地转让，该约定也无效。此种立法和学说之所以强调抵押人的处分权特别是转让权不受限制，一是为了保护抵押人应有的权利和利益；二是基于抵押权的追及性。抵押物转让后，抵押权的效力仍及于转让后的抵押物，抵押权并不受影响。《担保法解释》第六十七条“抵押权存续期间，抵押人转让抵押物未通知抵押权人或者未告知受让人的，如果抵押物已经登记的，抵押权人仍可以行使抵押权；取得抵押物所有权的受让人，可以代替债务人清偿其全部债务，使抵押权消灭。受让人清偿债务后可以向抵押人追偿。如果抵押物未经登记的，抵押权不得对抗受让人，因此给抵押权人造成损失的，由抵押人承担赔偿责任”的规定，采纳了这一观点，以抵押权的追及效力和抵押物取得人的涤除权两项制度解决抵押物的转让出现的相应问题。第三种立法例为承认抵押物的转让价金可成立物上代位，但不承认抵押权具有追及效力，为我国《担保法》第四十九条所采。即原则上承认抵押人有权转让抵押物，但在转让前要告知债权人和受让人，转让后的价款要提前清偿债务或提存，如转让抵押物的价款明显低于其价值，抵押权人还可以要求抵押人提供相应的担保。有学者将《担保法》第四十九条的规定概括为“不通知或告知则转让无效制度”、“提供相应的担保制度”、“提前清偿或提存制度”。[②] 以上三种立法例的相同之处在于都肯定了抵押权设定后的抵押人对于抵押物的法律上的处分权，特别是让与权。

---

① 参见《德国民法典》第1123、1124、1125、1127、1128条。《瑞士民法典》第806、807条。

② 崔建远：《抵押权探微》，载《法学》2004年第4期。

对于第一种立法模式，同时赋予抵押权人价金物上代位权与追及力，显然过分保护抵押权人的利益，对于抵押人与抵押物的受让人不利。第二种模式仅赋予抵押权以追及效力，在完善的公示制度下，该模式是比较完美的。因为在完善的公示下，抵押物的受让人可以通过公示手段了解到物上所存负担，因此抵押权人行使抵押权时，并不会对其构成不利，如果构成不利，也是其自己选择的结果。对于没有登记和登记错误的，则发生追及力的阻断，由抵押权人承担预知的风险，对抵押权人也无不当。第三种模式的局限性表现在，一是抵押物的价金容易与债务人的财产混同而使抵押权人根本不可能在抵押物的价金上行使物上代位权，二是如果提前清偿则损害了债务人的期限利益，提存会导致资金沉淀，不能充分发挥资金价值，违背效率原则。

三、《担保法》及其司法解释对抵押物转让的规定

当事人之间设定抵押的目的，在于担保主债权的实现，抵押物的占有和用益并不转移给抵押权人，因此，在没有特殊情况下，抵押权人对抵押人处分抵押物并无干涉必要。我国《担保法》第四十九条及司法解释对于抵押人对抵押物处分的行使，作了明确规定。

1. 抵押物转让在程序上受到限制。《担保法》第四十九条第一款规定："抵押期间，抵押人转让已办理登记的抵押物的应当通知抵押权人并告知受让人转让物已抵押的情况；抵押人未通知抵押权人或者未告知受让人的，转让行为无效。"《担保法解释》第六十七条第一款规定："抵押权存续期间，抵押人转让抵押物未通知抵押权人或者未告知受让人的，如果抵押物已经登记的，抵押权人仍可以行使抵押权；取得抵押物所有权的受让人，可以代替债务人清偿其全部债务，使抵押权消灭。受让人清偿债务后可以向抵押人追偿。"该条款明确规定了已办理抵押物登记的抵押人负有告知义务，若违反了此义务的法律后果是转让行为无效。例外的情形是取得抵押物所有权的受让人可以代替清偿其全

部债务。

《担保法》第四十九条第一款所规定的是抵押人转让已办理抵押登记的抵押物而未告知抵押权人或受让人，其转让行为无效。那么，对未办理抵押物登记的抵押人是否负有告知义务，其转让行为是否有效，《担保法》未作明文规定。但《担保法解释》第六十七条第二款对此作了明确规定，即“如果抵押物未经登记的，抵押权不得对抗受让人，因此给抵押权人造成损失的，由抵押人承担赔偿责任。”

2. 抵押物转让在内容上受到限制。《担保法》第四十九条第二款对抵押物转让的价格作了限制性规定：“转让抵押物的价款明显低于其价值，抵押权人可以要求抵押人提供相应的担保；抵押人不提供的，不得转让抵押。”由该条款规定可推定，抵押人以低于价值的价款转让抵押物的，可以提供相应的担保，若不提供担保，转让行为无效。这样，既可以保障抵押人处分权的行使，也可维护抵押权人的担保利益。

3. 抵押物转让在后果上受到限制。《担保法》第四十九条第三款规定“抵押人转让抵押物所得的价款，应当向抵押权人提前清偿所担保的债权或者向与抵押权人约定的第三人提存。超过债权数额的部分，归抵押人所有，不足部分由债务人清偿。”

在司法实践中，要准确理解和适用《担保法解释》第六十七条的规定，即抵押权存续期间，抵押人转让抵押物未通知抵押权人或者未告知受让人的，如果抵押物已经登记的，抵押权人仍可以行使抵押权；取得抵押物所有权的受让人，可以代替债务人清偿其全部债务，使抵押权消灭。受让人清偿债务后可以向抵押人追偿。如果抵押物未经登记的，抵押权不得对抗受让人，因此给抵押权人造成损失的，由抵押人承担赔偿责任。依担保物权的法理，抵押人转让已办理登记的抵押物的法律后果除发生抵押权人对抵押人的物上代位权，还应有对第三人的追及权，以及第三人对抗追及权的涤除权。据此分析，对于已办理抵押登记的，抵押人转让抵押物未通知抵押权人或者未告知受让人的（不包括转让抵押物的价款明显低于其价值的情形），如果受让人已取得了抵押物的所有权，抵押权人无权主张转让行为无效。受让人如不主张转让合同无效，那么，抵押权人享有对抵押物的追及权，即抵押权人可以追及物之所在行使抵押权优先受偿。取得抵押物的受让人不得提出异议，但受让人可以代替抵押人向抵押权人清偿（或提存）所担保的债务，使抵押权消灭，此即受让人的涤除权。抵押权人也可行使物上代位权，要求抵押人支付或提存转让抵押物的价金，使抵押权消灭。

四、《物权法》对抵押物转让的规定

我国《物权法》采纳的是哪一种观点呢？我国《物权法》第一百九十一条规定，"抵押期间，抵押人经抵押权人同意转让抵押财产的，应当将转让所得的价款向抵押权人提前清偿债务或者提存。转让的价款超过债权数额的部分归抵押人所有，不足部分由债务人清偿。抵押期间，抵押人未经抵押权人同意，不得转让抵押财产，但受让人代为清偿债务消灭抵押权的除外。"对于《物权法》第一百九十一条第二款的规定理解并不一致。一种意见认为，转让抵押财产必须消除该财产上的抵押权，既然买受人取得的是没有物上负担的财产，也就不再有物上追及力问题。① 按此观点，由于未经抵押权人同意，抵押物转让合同无效，抵押物所有权不发生变动，抵押权无须追及，故不承认抵押权的追及效力。另外一种意见认为，该规定表明我国《物权法》承认抵押权的追及效力。在本条中将价金物代位主义和抵押权追及效力以及涤除权制度进行整合，设计出一个比较宽松和利益平衡的抵押物转移制度。② 我们赞同后一种意见，我国《物权法》第一百九十一条所采用的是一种综合模式，之所以称之为综合模式，原因在

① 胡康生主编：《中华人民共和国物权法条文释义》，法律出版社 2007 年版，第 418 页。

② 《〈中华人民共和国物权法〉条文理解与适用》，人民法院出版社 2007 年版，第 572 页。

于我国物权法兼采了价金代位主义、涤除权及抵押权追及力三种制度，[①] 并区分为两种情形来处理。

一种是经抵押权人同意的情形，采价金代位主义或提前清偿。在这种情形下，由于抵押物的转让已得到了抵押权人的同意，因此，抵押权人不能行使追及效力，抵押物的受让人所取得的是不带任何抵押负担的物。抵押物转让所得价金，若抵押人提前清偿消灭债权，由于提前清偿属于抵押人放弃期限利益的行为，法律自无干预的必要。如果抵押人不愿意提前清偿债权，则需要就转让价金提存，抵押权人在抵押人转让抵押物所得价金上取得代位权。

另一种是未经抵押权人同意的情形，采抵押权追及效力，并赋予抵押物受让人以涤除权。在没有经过抵押人同意的情况下，抵押权具有追及效力，抵押权人可以追及到物之所在行使抵押权。但时，抵押物的受让人享有涤除权，即受让人代为清偿债务从而消灭抵押权。对于抵押权的追及效力，学者并无分歧。理由是：（1）抵押权是物权，物权具有追及效力，抵押权自应具有追及效力。（2）赋予抵押权以追及效力也是司法实践的选择。抵押权的追及力是与抵押人的处分自由相对的，对于抵押人转让抵押物的限制，我国法律表现出了从《民法通则意见》第一百一十五条的严格限制，到《担保法》第四十九条第一款的缓和化，再到《担保法解释》第六十七条规定抵押权的追及力的过程，因此，《物权法》规定抵押权的追及效力也是对司法实践的总结。但是，对于是否规定抵押物受让人的涤除权，学者有不同意见。所谓抵除权，是指抵押标物受让人向抵押权人支付一定的代价而对抵押权人提出消灭抵押权的要求，在抵押权人同意这一要求时，抵押权消灭，而在抵押权人不接受要求时，由抵押权人承担一定责任

① 此涤除权并非传统民法上的涤除制度。传统民法上的涤除是依第三人的请求而消灭抵押权人抵押权的制度，对抵押权人的利益威胁甚大，这一制度不断受到学说的批判与质疑。

的制度。[1] 持肯定意见者认为，一方面涤除权可以使抵押物的受让人不至于因抵押权的行使丧失受让物，使受让人的权利得以确定。另一方面，通过涤除可以使抵押权人节省因抵押物拍卖而发生的费用，使抵押权的实现更加便捷。持否定意见者则认为，以涤除方式消灭抵押权对于抵押权人极为不利，抵押权人享有在债务人不履行债务时就抵押物的优先受偿权，第三人本无对抵押权人行使这一权利进行干涉的权利，在抵押物受让人对抵押权进行涤除时，无疑就为抵押权人设置了一种负担，即抵押权人必须保证其拍卖抵押物的价格高出第三取得人的出价，否则，抵押权人就要承担不利的后果。然而，需要注意的是，我国《物权法》第一百九十一条第二款但书并非真正意义上的涤除权，首先，传统民法上的涤除权是请求权，而我国《物权法》一百九十一条第二款但书所规定应是形成权，只要受让人向抵押权人做出单方意思即可，不需要征得抵押权人的同意与否。其次，传统民法上涤除的是抵押权，主债权是否完全实现在所不问，我国《物权法》所规定是受让人只能通过代为清偿债务从而消灭抵押权，而不能在主债权仍然未全部实现时，仅涤除抵押权。再次，传统民法上的受让人的涤除权与抵押权人的义务和责任相对应，而按照我国《物权法》的规定，抵押权人并不承担义务和责任。

综上，我们认为，这种综合模式既保证了抵押权的安全性，又使抵押人的处分权在一定条件下得以行使，使得抵押财产能够流转，因此，《物权法》关于抵押物转让方面的法律归置是非常科学、合理的。

---

① ［日］柚木馨：《担保物权》第335页。转引自许明月：《抵押权制度研究》，法律出版社1998年版，第406页。此处所指的责任主要是如果抵押权人不接受受让人的出价则承担一定的义务和责任，这种义务和责任通常表现为抵押权人拍卖抵押物的义务，抵押物拍卖价格高于或不低于第三人出价的义务，抵押权人在拍卖价格低于第三人出价时，应当承担高价应买抵押物或承担有关费用的责任。第三取得人的涤除权与抵押权人的义务和责任是对应的。

五、抵押权的追及效力

1. 对买受人的追及效力

首先，在买受人明知抵押物上存在他人抵押权负担的情况下，买受人能取得抵押物的所有权，但在取得所有权的同时抵押物上的负担也转嫁到买受人身上，抵押人不履行债务，抵押权人行使抵押权时，可以向买受人追索该抵押物，即买受人应承担抵押权人追及该物的风险。其次，在买受人不知抵押物上存在抵押权负担的情况下，笔者认为，买受人以善意取得制度取得抵押物的所有权，抵押权的追及效力受阻，不能对抗善意取得动产第三人。对于采登记要件主义的不动产抵押权，由于已经对于抵押权进行了公示，因此，不动产抵押权人具有了很强的追及效力。但是，在登记错误情况下，当符合《物权法》第一百零六条的规定，买受人善意取得不动产物权时，由于善意取得属于原始取得，即不带任何权利负担的取得，[①] 此时，抵押权的追及力被阻断，抵押权人不能追及到物之所在行使抵押权，只能要求抵押人承担赔偿责任。对于动产抵押，由于登记属于对抗要件，如果当事人没有对动产抵押进行登记，则动产抵押权不具备对抗力，在抵押物转让的情形下，动产抵押权人也不具备追及效力，因为追及效力为对抗力所包涵。

需要明确的是，《物权法》第一百八十八条、第一百八十九条，均规定“未经登记不得对抗善意第三人”，在动产抵押没有登记时，抵押权的追及效力是否只是阻断于“善意第三人”，于“恶意第三人”则尚具有追及效力？对于善意与否的理解，一般认为，善意是指对受让财产已设定抵押主观上不知情，恶意则指明知转让财产已经设定抵押。由于受让人明知转让财产已经被抵押而仍然受让，此举应属于自甘冒险行为，让其承担受让物上的

---

① 《物权法》第一百零八条规定，善意受让人取得动产后，该动产上的原有权利消灭，但善意受让人在受让时知道或者应当知道该权利的除外。

抵押风险并无不当，因此，我们认为，对于未登记的动产抵押权的追及效力仅止于善意受让人，对于恶意受让人，抵押权仍有追及效力。此外，在动产抵押已经登记的情况下，则同不动产抵押一样，如果发生善意取得，动产抵押权的追及效力也会发生阻断。

2. 对租赁权人的追及效力

关于抵押物上的租赁权，我国《担保法》规定，抵押权设立前，抵押物上存在租赁权的，该租赁权于抵押权设立时继续有效，那么此时抵押权则不具有追及效力，不能对抗租赁权人。但租赁权在已存在抵押权的标的物上设立时，因租赁权是债权，抵押权是物权，所以抵押权优于租赁权。若后设立的租赁权有碍抵押权实现时，则抵押权人有权要求租赁权的消灭，即抵押权对抗抵押物上后设立租赁权的租赁权人具有追及的效力，该租赁权人于承租时即承担租赁物被追索的风险。

3. 对其他抵押权人的追及效力。我国《担保法》第五十四条对同一财产的两个以上债权人抵押的，拍卖、变卖抵押物价款清偿所担保债权的顺序作了规定。

六、对引言案例的评析

在本案中，存在两种意见：第一种意见认为，不论是担保法还是物权法都已经明确，抵押期间，未通知抵押权人，转让抵押物的行为无效。本案中，双方在抵押期间未通知抵押权人银行就签订房屋转让合同，违反了法律的强制性规定，该转让合同无效。第二种意见认为，虽然本案买卖的是办理了银行按揭的房屋，但是双方已经在房屋买卖合同中特别约定，先向银行还贷解押，然后办理房屋产权过户手续，合同并未损害抵押权人的合法利益，也没有违反法律及行政法规的强制性规定，并且不具有其他合同无效的情形，因而原被告的房屋买卖合同依法成立并有效，双方应当继续履行。

在本案中，第二种意见是正确的。由于抵押权的核心是优先受偿权，在不损害抵押权人利益的情况下，如果完全限制抵押人对于抵押物的处分，对社会经济的发展是不利的，亦与法相悖。为此，《担保法解释》第六十七条第一款规定："抵押权存续期间，抵押人转让抵押物未通知抵押权人或者未告知受让人的，如果抵押物已经登记的，抵押权人仍可以行使抵押权；取得抵押物所有权的受让人，可以代替债务人清偿其全部债务，使抵押权消灭。受让人清偿债务后可以向抵押人追偿。"《物权法》第一百九十一条第二款中的但书条款"但受让人代为清偿债务消灭抵押权的除外"也仍然沿袭了与《担保法解释》相一致的立场。因此，原、被告在合同中已经约定由原告出资代被告还贷解押，然后再办理过户手续，显然是以受让人行使涤除权的方式来消灭抵押权，获得无权利负担的所有权，对抵押权人没有任何的损害，合同应为有效。但是，与此类似的案件，却有不同的处理结果，是对《担保法解释》、《物权法》立法本意的曲解。①

---

① 王建军、环震：《买房人未及时过户 卖房人将房屋抵押 法院认定房屋买卖协议有效并驳回原告过户申请》，载《人民法院报》2008年8月15日。原告严某与被告沈某于2003年5月1日签订房屋买卖协议，约定被告将位于某花园的一处房屋卖给原告，房屋总价款为16.4万元。协议签订后，原告付清全部房款，被告亦将房屋交原告居住。2006年9月22日，被告沈某为他人的45万元借款提供抵押担保，将包括涉诉房屋在内的两处房屋抵押给第三人某银行泰州分行，并办理了房产及土地的抵押登记手续。后因他人未履行还款义务，第三人起诉并就达成的民事调解书申请强制执行。今年5月6日严某涉讼，要求法院确认房屋买卖协议有效，并判令被告沈某协助办理房屋过户手续。在审理过程中，原告严某声明愿意在房屋产权过户至其名下后承担上述房产抵押的法律责任。但第三人不同意办理房屋过户手续。

法院审理后认为，原、被告双方的房屋买卖协议是双方的真实意思表示，原告按协议付清房款，被告将房屋交原告居住并使用至今，房屋买卖协议应为有效，对原告要求确认房屋买卖协议有效的诉讼请求予以支持。原告关于被告协助办理过户手续的诉讼请求，因双方买卖房屋时未办理房屋权属变更登记，不能产生物权变动的法律效力，第三人的担保物权有效并有优先于原告基于合同产生的债权的效力。原告虽表示在房屋产权过户至其名下后承担上述房产抵押给第三人的担保责任，但第三人作为抵押权人不同意转让抵押财产。故原告要求办理过户手续的诉讼请求，法院不予支持。

根据《物权法》第一百九十一条"抵押期间未经抵押权人同意，抵押人不得转让抵押财产，但受让人代为清偿债务消灭抵押权的除外"的规定，原告严某愿意承担抵押责任，却判决驳回其诉讼请求，显然不当。

第十八节 抵押权效力所及的标的物范围

一、引言

抵押权的效力及于抵押物本身、从物、添附物、附属物、孳息、抵押物的代位物。诸如：

抵押权效力所及抵押物的范围①

1995年7月28日，郑州市亚力电控设备有限公司（下称亚力公司）与中国工商银行郑州分行南阳路支行（以下简称南阳路支行）签订一份房地产抵押贷款合同，约定：最高贷款限额为850万元，借款期限为1995年7月28日至1999年7月28日，月利率12.06‰，每月25日缴息；亚力公司以其名下位于郑州市铭功路259号（下称259号）价值1000万元的房屋及所占土地作借款抵押。该合同签订后，双方于1996年1月9日在郑州市房地产市场交易管理处办理了房地产抵押登记手续。抵押登记的不动产包括4200平方米土地使用权及4053.97平方米房屋。随后，南阳路支行在房地产抵押贷款合同约定的期间内分次向亚力公司发放了贷款，亚力公司虽偿还了部分贷款，但尚有六笔贷款未偿还，该六笔贷款分别为：440万元、31.4万元、50万元、50万元、30万元、108.6万元。

在上述房地产贷款抵押合同履行期间，亚力公司于1995年9月29日与郑州市电通公司（下称电通公司）签订联建协议，与本案有关的主要内容为：亚力公司投入其位于259号的全部房地产，作联建之用。电通公司投入联建资金，联建的综合楼及商

① 案例来源于最高人民法院（2001）民二终字第106号民事判决。

住楼建成后，电通公司保证亚力公司分得综合楼7000平方米、商住楼400平方米，在拆迁时电通公司支付拆迁费1000万元，分两期付给亚力公司，第一期付700万元，第二期付300万元。1996年1月18日及1997年1月3日，双方又分别签订两份补充协议，约定了付款时间及土地转让手续的办理等事项。联建协议签订后，双方在河南省郑州市公证处办理公证手续时，亚力公司向该公证处称其位于259号的房地产未设定抵押，没有争议。电通公司基于与亚力公司签订的联建协议及转让协议，于1996年3月12日与郑州市土地管理局签订土地使用权出让合同，领取了位于259号的国有土地使用证。电通公司在向有关部门领取了拆迁许可证、建设用地规划许可证、建设工程规划许可证后，开始对259号的房屋进行拆除。南阳路支行发现亚力公司抵押的房产被拆除后，与亚力公司、电通公司交涉未果，遂于1998年9月16日向河南省高级人民法院提起诉讼，请求判令亚力公司偿还710万元贷款本金、利息及罚息，或以259号房产及所占土地抵偿所欠贷款。在南阳路支行提起诉讼时，亚力公司所抵押的259号的房屋已拆除完毕，电通公司与亚力公司联建的商住楼及综合楼已竣工。在本案一审期间，河南省高级人民法院根据南阳路支行的请求，追加电通公司为本案第三人。

河南省高级人民法院经审理认为，南阳路支行与亚力公司签订的抵押借款合同不违背国家的法律规定，当事人意思表示真实，为有效合同，双方应按合同履行。南阳路支行按约定发放了贷款，亚力公司应如期清偿本息，其未按约履行，应承担偿还710万元本金、利息及滞纳金的责任。亚力公司与南阳路支行签订的抵押协议已办理登记，亚力公司未通知南阳路支行也未告知受让人电通公司将抵押物转让，致使南阳路支行行使抵押权受到障碍，侵犯了南阳路支行的合法权利，亚力公司应对南阳路支行的抵押权变现不能承担赔偿责任。至于起诉时还款期限未到问题，因亚力公司将抵押物用于与他人联建，侵害了南阳路支行的抵押权利，为保护其合法权益，对亚力公司的违约行为通过诉讼实现权利是正当的，并不违反法律规定。亚力公司的抗辩理由不予支持。虽然电通公司也已将亚力公司的房地产办理了过户手续且已拆迁完毕，南阳路支行请求用抵押物抵偿欠款已不现实，但该建筑物原设置的有效抵押物及于亚力公司与电通公司联建后应分得的房地产，以亚力公司资产偿还南阳路支行710万元及利息不足部分，可由电通公司用亚力公司应分得的房地产清偿。电通公司述称其取得与亚力公司联建的土地使用权合法无过错，不应承担本案责任的理由不能成立。南阳路支行起诉要求亚力公司偿还贷款本金及利息的诉讼请求成立，予以支持。该院根据《民法通则》第八十四条、《担保法》第五十三条的规定，判决：一、亚力公司于判决生效后15日内偿还南阳路支行借款本金710万元及利息（利息分段计算：略）。上述计息时间截止日至履行完毕之日止按日万分之四计收滞纳金；二、亚力公司不能清偿部分，由电通公司用其控制的亚力公司依据联建协议所分的综合楼7000平方米及商住楼400平方米的财产，予以偿还。一审案件受理费48660元，由亚力公司负担。

电通公司不服判决，向本院提起上诉称。

在本案二审期间，中国工商银行河南省分行与中国华融资产管理公司郑州办事处（下称华融公司）于2000年6月20日签订债权转让协议，约定将本案所涉的南阳路支行对亚力公司所享有的全部债权转让给华融公司。本院根据华融公司的申请变更本案被上诉人为华融公司。

最高人民法院认为，南阳路支行与亚力公司于1995年7月28日签订的房地产抵押贷款合同，系双方当事人的真实意思表示，不违反国家法律法规规定，应认定合法有效。南阳路支行依约履行了贷款义务，亚力公司未按约定的期限偿还借款，构成违约，原审判令其承担偿还710万元借款本金、利息及罚息的责任并无不当，应予维持。但因中国人民银行对不同时期的逾期罚息计算标准有不同规定，原审判令亚力公司按日万分之四向南阳路支行支付逾期罚息欠当，应予纠正。原审判令在亚力公司不能向南阳路支行偿还借款本息时，电通公司以其控制的亚力公司应分得的联建房屋予以清偿并无不当，应予维持。但因亚力公司设定抵押物的价值为1000万元，原审判决未将南阳路支行的优先受偿权限定在1000万元的范围内不当，应予纠正。电通公司关于其取得位于259号的土地使用权系合法取得，没有任何过错，不应追加其为本案第三人，以及联建协议约定的亚力公司应分得的房产系不确定债权，原审判令以该房产清偿亚力公司的债务不当的上诉理由不成立，不予支持。在本院二审期间，南阳路支行将本案所涉债权全部转让给了华融公司，南阳路支行所享有的上述优先受偿权亦应随之转移。根据《民事诉讼法》第一百五十三条第一款第一项、第二项的规定，判决如下：一、变更河南省高级人民法院（2000）豫法民初字第12号民事判决主文第一项为：郑州市亚力电控设备有限公司偿还中国华融资产管理公司郑州办事处借款710万元本金、利息及罚息（利息分段计算，略）。二、变更河南省高级人民法院（2000）豫法民初字第12号民事判决主文第二项为：郑州市亚力电控设备有限公司对上列款项不能偿还部分，由郑州市电通公司以其占有的郑州市亚力电控设备有限公司依据联建协议应分得的位于259号的综合楼7000平方米及商住楼400平方米在1000万元的范围内予以优先清偿。

上述案例，涉及到抵押权的追及效力和及于抵押物的代位物的效力。关于抵押权的追及效力，已经作了专题论述。本部分结合《担保法》、《担保法解释》的有关规定，对抵押权效力及于标的物的范围予以阐述。

抵押权人对抵押物的支配，实际是对抵押物交换价值的支配。抵押权人具有直接支配抵押物的交换价值的权利，在债务人已届清偿期而没有履行债务时，可以依法变价抵押物而优先受偿。抵押权以其标的物的全部和物上代位性担保债权的受偿。抵押权及标的物的效力范围包括如下内容：

二、抵押物本身

根据《担保法》第三十四条规定，“下列财产可以抵押：(一)抵押人所有的房屋和其他地上定着物；(二)抵押人所有的机器、交通运输工具和其他财产；(三)抵押人依法有权处分的国有的土地使用权、房屋和其他地上定着物；(四)抵押人依法有权处分的国有的机器、交通运输工具和其他财产；(五)抵押人依法承包并经发包方同意抵押的荒山、荒沟、荒丘、荒滩等荒地的土地使用权；(六)依法可以抵押的其他财产，”上述财产为抵押物，它们当然为抵押权的效力所及。

需要讨论的是，抵押人以其土地使用权或者仅以其地上房屋设定抵押权，该抵押权的效力按照《担保法》第三十六条、《城市房地产管理法》第三十一条规定及于房地产全部。在法律构成上，所谓“同时抵押”是指另外成立一个新的抵押权，并且是法定抵押权，还是指土地使用权抵押的效力及于土地上房屋，或者是地上房屋抵押权的效力及于土地使用权？如果像德国民法那样坚持地上物在本质上为地上权的构成部分，建筑物为附随于地上权之物的思想，那么，我国法所说的“同时抵押”就不是另外成立一个新的抵押权，而是土地使用权抵押权的效力及于地上房屋，或者地上房屋抵押权的效力及于土地使用权。如果像日本民法那样主张建筑物为独立的不动产，建筑物上可有独立的物权，从而认为土地使用权与地上房屋在我国法上分别为两个独立的不动产，那么，所谓“同时抵押”系指新设定的法定的抵押权，就比较恰当。这样，就同时并存着土地使用权抵押权与地上房屋抵押权两个抵押权。我国现行法似乎承认的是后者。

三、从物

一般而言，从物附从于主物，依附于主物而存在，离开主物而失去独立性。因此，民法上有从物随主物的原则，抵押物为主物时，除非抵押人和抵押权人另有约定，从物亦为担保债权受偿的标的物，抵押物有附属物，亦同。从物是否为抵押权的效力之所及，我国现行法无明文规定，而国外民法和我国台湾地区民法中作了明文规定。诸如，《德国民法典》第1120条规定：“以从土地分离的出产物和其他组成部分在分离的当时不依第954条至第957条的规定归所有人和土地的自主占有人以外的人所有者为限，抵押权扩及于从土地分离的出产物和其他组成部分，抵押权也扩及于除不归土地所有人所有的从物之外的土地的从物。”我国台湾《民法》第862条规定：“抵押权之效力，及于抵押物之从物与从权利。第三人于抵押权设定前，就从物取得之权利，不受前项之影响。”

从物是否为抵押权效力之所及，在学说上形成肯定说、否定说、折衷说，分歧较大，尚未形成通说。我国台湾地区学者王泽鉴先生认为：“争议之重点，非在于其是否符合当事人（抵押权人及抵押人）之意思，而在于当事人利益之冲突及调和。于此情形，涉及利益有二，（1）抵押权人之利益：从经济目的而言，从物既在常助主物之效用，具有依存关系，则抵押权之效力倘不及于从物，不能一并拍卖，势必减损抵押物之价值，影响抵押权人之利益。（2）一般债权人利益：后增之从物，倘为抵押权效力之所及，抵押权人得优先受偿，共同担保因而减少，一般债权人难免蒙受损失。肯定说偏重保护抵押权人，否定说偏重保护一般债权人。郑玉波先生提出之‘抵押权人得将从物一并拍卖，但无优先受偿权说’，旨在平衡当事人利益，深具说服力，自无问题。依本文见解，为兼顾当事人利益，原则上应认为抵押效力仍及于后增加之从物。唯后增加之从物，为抵押权效力之所及，倘影响到一般债权人之共同担保时（参阅台湾地区民法第244条），则抵押权人于实行抵押权时，虽仍得将从物一并拍卖，但无优先受偿权。一般债权人主张抵押权人无优先受偿权者，应负举证责任，自不待言。”[①] 这一基于利益衡量而得出的结论令人信服，我国法应予采纳。

从物是否为抵押权效力之所及，虽我国现行民法中没有相应规定，但《担保法解释》第六十三条对此作了明确的规定，即“抵押权设定前为抵押物的从物的，抵押权的效力及于抵押物的从物。但是，抵押物与其从物为两个以上的人分别所有时，抵押权的效力不及于抵押物的从物。”

在司法实践中应当注意以下几个问题：(1) 若从物在抵押权设定时为其他人所有，则对于此项从物抵押权不发生效力，所有权人仍能就此物行使所有权。因为，物之主从关系的成立以所有人对主物与从物都具有所有权为前提，若两物之所有权分属于不同的人，则不能成立主从关系。抵押权设定后，亦不能对此发生效力。(2) 从物因抵押人正常的交易活动而从抵押物分离，抵押权对已经分离的从物不发生效力，债权人在债务人不履行债务时，不得就从物行使追及权。(3) 当事人之间可以通过协议排除抵押权对从物的效力。(4) 对从物有作为独立物的登记时，若当事人未有其他约定，抵押权一般不及于该物。

四、添附物

所谓添附物，是指不同所有人的物结合在一起而形成不可分离的物或具有新质的物。基于添附的方法而生成的新物，其所有权的归属首先要看原所有人是否就其归属有约定，有约定的，优先适用约定；没有约定的，则直接适用法律的规定。关于新物归属的法律规定，大致有三种情况，(1) 恢复原状；(2) 由原各所有人共同拥有新物，从而形成共有关系；(3) 由其中一人取得添附物的所有权。第一种方式，即恢复原状，在实践中存在较大的限制。在多数情况下，添附物要么事实上不可能分离；要么虽能

---

① 王泽鉴：《民法学说与判例研究》（第三册），中国政法大学出版社 1998 年版，第 368—369 页。

分离，但会造成较大的经济损失，不利于发挥物的效用。因此，现代各国大多视具体情况，规定由原所有权人中的一人取得添附物的所有权（如《德国民法典》第946条、《意大利民法典》第939条第2款的规定），或者由原所有人共有合成物（如《德国民法典》第947条第1款、《意大利民法典》第939条第1款的规定）。当然，法律规定添附物归于一人所有，主要是出于充分发挥物的经济效用考虑。显而易见，由一方取得添附的所有权，对其他财产所有人明显不利，所以，为了平衡当事人各方的利益，法律赋予因添附丧失所有权的原所有人，可以依据不当得利的有关规定，请求得添附物所有权人给予相应的补偿（如《德国民法典》第951条、《意大利民法典》第938—940条的规定）。

添附物是一种重要的取得财产的方式，性质上为原始取得。

《民法通则意见》第八十六条就对添附物做出了规定："非产权人在使用他人的财产上增添附属物，财产所有人同意增添，并就财产返还时附属物如何处理有约定的，按约定办理；没有约定又协商不成，能够拆除的，可以责令拆除；不能拆除的，也可以折价归财产所有人；造成财产所有人损失的，应当负赔偿责任。"该解释是目前关于添附的主要规定，是调整添附法律关系的依据。

添附物包括三类：一是附合。即指两个或两个以上不同所有人的物结合为一合成物，人们能直观地识别该合成物，但通常难以将该合成物分离，如一定要将该合成物分离，则会损坏该合成物或耗资过大。附合致使原有的各项财产失去了独立性，尽管原有的各项财产仍然能够识别，但却在法律上不能独立地作为所有权的客体了。例如，用他人的涂料粉刷房屋、将他人的铁钉钉在自己的家具上。附合的原因是多方面的，有可能是人为因素所引起，也有可能是自然的因素所引起；当附合是人为因素所引起时，有可能是所有人自己的行为，也可能是第三人的行为；这些人在为附合行为时，可能是善意，也可能是恶意。但这些原因的差异对附合的构成并不产生影响，当然，当行为人为恶意时，将承担不利的法律后果。附合有动产与动产的附合、动产与不动产的附合两种形式。二是混合。即指两个或两个以上不同所有人的动产相互混杂，不能识别，或者识别起来耗费较多的人力物力。例如，将他人的粟米油与自己的花生油混合在一起或者将他人的东北大米与自己的原阳大米混杂，便是混合的具体表现形式。混合只能发生在动产之间。混合与附合（指动产之间的附合）主要的区别在于：动产之间的附合在形体上能够识别、分割，只是分割时有可能毁损财产或者减少其经济价值；而混合是数个动产混杂在一起，不仅是不能分离或不易分离，而且是不能识别或识别起来非常不易。对于混合物的归属，各国民事立法大都规定，原则上由各动产所有人按其混合时的价值共有混合物，如果混合后动产有主物与从物之别时（主要是从混合前各动产的数量以及在混合物中的作用来判断），由主物所有人取得混合物的所有权。三是加工。即指在他人之物上附加自己有价值的劳动，使之成为新的财产从而发生物权变动的法律事实。

根据《担保法解释》第六十二条的规定，抵押物因附合、混合或者加工使抵押物的所有权为第三人所有的，抵押权的效力及于补偿金；抵押物所有人为附合物、混合物或者加工物的所有人的，抵押权的效力及于附合物、混合物或者加工物；第三人与抵押物所有人为附合物、混合物或者加工物的共有人的，抵押权的效力及于抵押人对共有物享有的份额。

五、附合物

附合物即为数个物结合而成的物。对附合物而言，原则上权利应存在于物的全部，其一部分不得成为权利客体。抵押权及于附合物，法国、德国、瑞士、日本及我国台湾地区民法均有明文规定，而我国《担保法》对此并无明文规定，依民法之传统理论，除当事人另有约定外，抵押权标的的范围应与抵押物之所有权的范围相同。依民法传统理论，附合是所有权产生的原因之一。如果抵押之不动产所有人因附合而获得动产之所有权时，抵押物的所有权扩展，抵押权的效力也随之扩张。附合不管何时发生，均属抵押权之效力范围，且不以登记为必要。抵押权设定后，抵押建筑物的增建部分，有独立的交换价值，在交易上可认为是独立的，不是抵押权的标的范围。

应该指出，日本民法承认有下述例外：（1）当事人另有约定，使抵押权的效力不及于附合物，应依其约定（《日本民法典》第370条但书）。（2）如果抵押人故意损害其他债权人的合法权益，对抵押物为附合物（例如增建房屋），抵押权人又属恶意时，因其他债权上无法对附合行为这种事实行为行使撤销权从而保护自己，由此，法律阻止该附合物成为抵押权的效力范围。（3）地上权人行使地上权，在土地上栽植竹木；房屋承租人在承租房屋上增设厨房等，均不在抵押权的效力范围内①。这些均各有所据，或者符合意思自治原则，或者不保护恶意之人，或者衡平各方当事人的利益关系，我国法应予借鉴。

六、孳息

抵押权的效力及于抵押物的孳息，此为各国法律所承认，我国《担保法》也对此作了明确规定，该法第四十七条规定：“债务履行期届满，债务人不履行债务致使抵押物被人民法院依法扣押的，自扣押之日起抵押权人有权收取由抵押物分离的天然孳息以及抵押人就抵押物可以收取的法定孳息。抵押权人未将扣押抵押物的事实通知应当清偿法定孳息的义务人的，抵押权的效力不及于该孳息。前款孳息应当先抵收取孳息的费用。”

抵押物的孳息是由抵押物所产生的收益，分为天然孳息和法定孳息两种。所谓天然孳息，是指依自然规律所产生的收益，如果树所生的果实，牲畜所生的幼畜等；所谓法定孳息，是指依法律关系所产生的收益，如存款的利息，承租人有权收取的租金等。无论是天然孳息，还是法定孳息，其抵押权效力均所及于。

① 参见史尚宽：《物权法论》，中国政法大学出版社2000年版，第278页。

在司法实践中，根据《担保法》第四十七条和《担保法解释》第六十四条“债务履行期届满，债务人不履行债务致使抵押物被人民法院依法扣押的，自扣押之日起抵押权人收取的由抵押物分离的天然孳息和法定孳息，按照下列顺序清偿：（一）收取孳息的费用；（二）主债权的利息；（三）主债权”的规定，应当注意如下问题：一是因为抵押物并不转移占有，在抵押人（债务人、第三人）占有期间的孳息应归抵押人收取，即抵押权效力不及于它；二是当债务履行期届满，债务人不履行债务，致使抵押物被人民法院依法扣押的，自扣押之日起抵押权效力及于抵押物的孳息；三是抵押物依法被扣押之后，抵押权人具有告知的义务，如果抵押权人未通知义务人，抵押权的效力不及于该孳息。《物权法》第一百九十七条第一款规定，债务人不履行到期债务或者发生当事人约定的实现抵押权的情形，致使抵押财产被人民法院依法扣押的，自扣押之日起抵押权人有权收取该抵押财产的天然孳息或者法定孳息，但抵押权人未通知应当清偿法定孳息的义务人的除外；四是抵押权所及孳息应首先扣取收取孳息的费用，剩下的孳息才归抵押权人收取。《物权法》第一百九十七条第一款规定，孳息应当先充抵收取孳息的费用。

七、抵押物的代位物

抵押权具有物上代位性。抵押权的权利内容在于支配标的物的交换价值，不论标的物是否变化其原有形态或者性质，只要其能维持其交换价值，抵押权基于直接支配标的物的交换价值的效力，可以追及变形物或者代替物[①]。抵押权人有权采取必要措施以保全抵押物的价值。当抵押物的价值是因抵押人的过错而减少时，抵押权人有权就抵押物减少的价值要求抵押人提供相应的担保，当抵押人因抵押物的毁损灭失而受有赔偿金时，抵押权人有

① 刘得宽：《论抵押权之物上代位性》，载《现代民法基本问题》，台湾地区汉林出版社 1981 年版，第 203 页。

权就赔偿金优先受偿。正是由于抵押权具有物上代位性，权利人对因担保标的物的损害或者灭失而取得的赔偿、其他对待给付或者保险给付有优先受偿的权利。我国《担保法》第五十八条规定："因灭失所得的赔偿金，应当作为抵押财产权"。抵押权的效力及于抵押物的代位物或者代替物。《担保法解释》对此亦作了明确规定，即第八十条规定"在抵押物灭失、毁损或者被征用的情况下，抵押权人可以就该抵押物的保险金、赔偿金或者补偿金优先受偿。抵押物灭失、毁损或者被征用的情况下，抵押权所担保的债权未届清偿期的，抵押权人可以请求人民法院对保险金、赔偿金或补偿金等采取保全措施。"

1. 保险金

抵押物由所有人与保险人订立保险合同，当保险事故发生导致抵押物毁损或灭失时，投保人有权请求保险人支付保险金。因为保险金是赔偿金的一种，抵押人因抵押物毁损或灭失所得的赔偿金，无论是由依合同约定还是按照法律规定而产生的，都应当为抵押权的效力所及。依据《担保法解释》第八十条第一款的规定，在抵押物灭失、毁损或者被征用的情况下，抵押权人可以就该抵押物的保险金、赔偿金或者补偿金优先受偿。如果债权未届清偿期，则抵押权人可以依据《担保法解释》第八十条第二款的规定，请求人民法院对保险金、赔偿金或补偿金等采取保全措施。这里的保全措施仅指诉前财产保全，依据《民事诉讼法》第九十三条，采取诉前财产保全措施应当具备以下的条件：(1) 情况紧急，不立即采取保全措施，将会使申请人的合法权益受到难以弥补的损失；(2) 利害关系人提出了申请，人民法院不得依职权主动采取；(3) 申请人应当提供担保；(4) 诉前财产保全的申请应当向被保全财产所在地的人民法院提出。人民法院做出财产保全的裁定后，可以采取的保全措施是查封、冻结、扣押和法律规定的其他方法。针对保险金，如果第三人尚未向抵押人支付的，人民法院可以依据抵押权人的申请而裁定第三人不得向抵押人支付。如果第三人要求支付的，则由人民法院提存财物或价款。由于保险人作为第三人对于抵押物的灭失仅负有支付保险金的责任，对抵押物上是否附有抵押权没有调查义务，因此当发生保险事故时，抵押人有义务将抵押物上存在抵押权的情况通知保险人。保险人在接到该通知后，若被担保的债权已届清偿期，则应将抵押物理赔的情况告知抵押权人，以便抵押权人就该赔偿金优先受偿；若被担保的债权未届清偿期，则以便抵押权人申请法院对该款项进行保全。抵押人未将抵押物上有抵押权的情况告知保险人时，保险人对抵押权人不负有通知义务和为抵押权人的利益提存赔偿金的义务，但抵押权人的债权仍受抵押物保险赔偿金的担保，抵押权人可就该项赔偿金享有优先于一般债权人的受偿权。

2. 赔偿金

由于第三人的侵权行为导致抵押物灭失或毁损的，抵押人对于实施侵害行为的第三人享有损害赔偿请求权。抵押人行使该项损害赔偿请求权所获得的赔偿金属于抵押物的代位物。就抵押权人是否可以基于抵押权而直接以第三人侵害抵押权为由提起诉讼的问题，我国法律没有明确的规定。笔者认为，由于抵押权人不占有抵押物因此无法享有物上请求权，但是就第三人对抵押物的侵害，抵押权人享有侵权损害赔偿请求权，因为第三人的侵害行为既侵害了抵押人的所有权，也是侵害了抵押权人的抵押权。所以，针对侵害人的损害赔偿诉讼既可以由抵押人提起，亦可由抵押权人提起。但是，当抵押权人以抵押权受到侵害为由起诉加害人而获得赔偿金时，在债权履行期尚未届满之前应由法院予以提存。如果债务人发生不履行债务的情形时，抵押权人可以此赔偿金优先满足自己的债权；当债务人履行债务的时候，该提存款项应归属于抵押人。在侵害人与抵押人就此项赔偿金达成协议的情况下，抵押权人可通知第三人将赔偿金提存。若抵押人与第三人协议赔偿的金额过低，带有明显的欺诈性质，此时抵押权人有权要求抵押人就其债权提供增担保，若抵押人拒绝提供，则抵押权人可以以抵押人和侵害人为共同被告提起诉讼。

3. 补偿金

国家为了公共利益的需要可以对属于公民及法人所有的财产实行征收，但对于被征用的财产所有人应给予一定的补偿。在我国法律、法规及规章中对征用补偿金的具体计算办法多数都是授权地方人民政府制定，少数由规章确定。

八、对引言案例的评析

在本案中，南阳路支行与亚力公司签订房地产抵押贷款合同后，于 1996 年 1 月 9 日在郑州市人民政府规定的房地产登记部门郑州市房地产管理处办理了抵押登记手续，抵押登记的范围包括位于 259 号的 4053.97 平方米房屋及所占的 4200 平方米土地使用权，该登记合法有效，应认定南阳路支行对位于 259 号的房屋及土地使用权享有抵押权。在南阳路支行的抵押权存续期间，亚力公司又与电通公司签订联建协议，约定亚力公司以其位于 259 号的全部房地产作为投资，与电通公司联合开发房地产。电通公司依据该协议与郑州市土地管理局签订土地使用权出让合同，取得了位于 259 号的土地的使用权证。虽然电通公司对亚力公司将位于 259 号的全部房地产抵押给南阳路支行不知情，其取得该土地使用权亦履行了法定的手续，但因亚力公司在转让上述土地使用权前已向南阳路支行设定抵押，进行了抵押登记，且其转让抵押物未通知抵押权人南阳路支行，根据《担保法解释》第六十七条的规定，电通公司对位于 259 号的土地使用权的取得不能对抗抵押权人南阳路支行，南阳路支行仍可以行使抵押权。电通公司与亚力公司签订联建协议后，即将南阳路支行同样享有抵押权的定着于上述土地上的房屋拆除，并在该土地上开发建设了新的房产。按照亚力公司与电通公司签订的联建协议的约定，电通公司将双方联建的综合楼、商住楼各分给亚力公司 7000 平方米、400 平方米，作为亚力公司转让其土地使用权及拆除房屋的补偿，参照《担保法解释》第八十条关于在抵押物灭失、毁损或者被征用的情况下，抵押权人可以就该抵押物的保险金、赔偿金或补偿金优先受偿的规定，南阳路支行对亚力公司依照联建协议应分得的房产具有优先受偿权。但由于亚力公司设定的抵押物的价值为1000万元，南阳路支行对上述房产的优先受偿权应以1000万元为限。虽然电通公司与亚力公司在履行联建协议中可能存在争议，亚力公司实际应分得的联建房屋的份额不确定，但联建协议所约定的亚力公司应分得联建房屋的份额是南阳路支行享有抵押权的抵押物的交换价值的体现，是抵押物的价值变形物，南阳路支行所享有的抵押权的效力及于该价值变形物，电通公司与亚力公司因联建协议所产生的争议及是否实际应取得联建协议约定的份额不能对抗南阳路支行的优先受偿权。电通公司因南阳路支行行使该优先受偿权所产生的损失只能向亚力公司追偿。

第十九节　抵押权的保全

一、引言

在现实生活中，也经常因抵押物被侵害等原因使抵押权人对抵押物交换价值的支配受到妨碍，进而影响担保债权的优先受偿。因此，法律应对担保物权提供切实、充分的救济。而且，抵押权是一种价值支配权，相对于其他物权被侵害的情况而言，侵害抵押权的行为样态以及法律对受到侵害的抵押权的救济手段均有所不同。诸如：

本案能否行使保全抵押权①

原告：镇江市商业银行股份有限公司京口支行（下称京口支

① 摘自最高人民法院中国应用法学研究所编：《人民法院案例选》2002年第二辑（总第40辑），人民法院出版社2003年版。

行）。

被告：镇江市京口区工业发展总公司（下称工业公司）。

被告：镇江市枪神日用化工有限公司（下称枪神公司）。

被告：中房集团镇江房地产开发公司（下称中房公司）。

被告：镇江中亿房地产开发有限公司（下称中亿公司）。

1997 年 4 月 29 日，原镇江市北固化工厂（下称化工厂）向原告申请两笔贷款 555000 元和 15 万元，化工厂以其在大东滩的 6775.4 平方米土地使用权和 1165.83 平方米房屋产权分别为上述两笔借款提供抵押担保，双方签订了借款合同并依法办理了抵押物登记。借款到期后，化工厂未能依约还款，截止至 2000 年 10 月 30 日，尚欠原告借款本金共计 705000 元，利息共计 508193.05 元。

1998 年 10 月 14 日，镇江市京口区工商局吊销化工厂营业执照。1999 年 4 月 26 日，化工厂主管部门工业公司把化工厂有效资产投入枪神公司进行资产重组。2000 年 3 月 21 日，枪神公司与中房公司签订协议，将枪神公司在大东滩的土地 1333 亩和建筑物 4500 平方米（包括前述抵押物）与中房公司在李家山的土地 1298 亩、建筑物 1625 平方米进行置换，中房公司并支付 230 万补偿费。协议签订后，双方进行了房地产交割，但未办理土地使用权和房屋产权权属变更手续。此后中房公司拆除了原化工厂在大东滩的房屋。

1997 年 7 月，中房公司与上海亿人实业有限公司合资设立被告中亿公司，对镇江大东滩土地进行合作开发。中房公司以土地作为投入（包括前述抵押的房地产）。1999 年 7 月，镇江市规划局向中亿公司颁发了规划用地许可证，但国土部门尚未向中亿公司办理国有土地出让手续。之后，中亿公司在大东滩进行住宅开发并将建成的商品房销售。

镇江市中级人民法院经审理认为，原告与化工厂的借款合同合法有效，化工厂未按期还款有过错，应偿还借款本息并承担违约责任。鉴于化工厂被吊销执照，其主管部门工业公司应以化工厂的财产清偿所欠原告的借款本息。

原告与化工厂抵押合同成立，且依法办理了抵押登记手续，应确认为有效。被告工业公司在未对化工厂债权债务进行有效清理的情况下，擅自将化工厂抵押给原告的财产划拨给枪神公司；被告枪神公司明知接受的财产上设置有抵押，仍对此进行处置；被告中房公司明知枪神公司不合法占有化工厂已设置抵押的财产而仍与其进行房产交换；被告中亿公司未取得合法土地使用权，即开发使用化工厂抵押给原告的财产，四被告在相应行为中均有过错，共同侵犯了原告的合法抵押权，原告作为抵押权人有权要求四被告承担侵权的民事责任。

由于抵押的房屋已被中房公司拆除，土地已由中亿公司开发，建成的商品房已售出，原告无法以原抵押物变卖的价款优先受偿，故工业公司、枪神公司和中房公司应在化工厂抵押的房地产担保的债务范围内，对化工厂所欠原告的借款本金和利息承担连带赔偿责任；中亿公司应在化工厂抵押的土地使用权所担保的债务范围内对化工厂所欠原告的555000元借款本金及利息与上述三被告一起承担连带清偿责任。

抵押权是价值权，具有物上代位性。我国担保法第五十八条规定，抵押权因抵押物灭失而消灭，因灭失所得的赔偿金应作为抵押财产。本案中，抵押物并未完全灭失，枪神公司与中房公司交换房地产的行为因违反法律规定而无效，因交换所得的房地产依法不能作为抵押物的替代物，故中房公司认为应由枪神公司以交换所得的房地产及补偿金与原告重新办理抵押手续以处理债务的理由，不予支持。依据《民法通则》第一百一十七条第一款，《担保法》第四十一条，《借款合同条例》第十六条之规定，该院于2000年11月16日判决如下：一、工业公司以原化工厂的财产对该厂所欠原告的借款本金705000元及利息508193.05元承担清偿责任。二、对工业公司不能偿还上述借款本息部分，由工业公司、枪神公司、中房公司、中亿公司承担连带赔偿责任（中亿公司赔偿责任的范围为原化工厂欠原告的本金555000元及利息441746.16元)。

上述案例，是否属于抵押权的保全，争议颇大。抵押权以不占有抵押物为特征，因此，抵押权人在抵押权成立以后至抵押权实行之前，抵押物有可能因抵押人的行为或第三人的侵害或不可归责于抵押人的事由（如意外事件等）致使抵押物价值减少，以至于抵押权人的权利受到损害。这样，在各国立法中，都针对抵押权的价值权属性及抵押人的可能侵害行为及其他侵害行为，对抵押权的保护进行了规定。

二、抵押权人保全抵押物的权利

抵押权为抵押权人对抵押物的交换价值的支配，抵押权人不实际占有抵押物，若抵押物因抵押人的行为或第三人的侵害或不可归责于抵押人的事由致使抵押物的价值减少，将直接影响到抵押权人的利益，因此，法律上赋予抵押权人保全抵押物的权利。

我国《担保法》第五十一条规定："抵押人的行为足以使抵押物的价值减少的，抵押权人有权要求抵押人停止其行为。抵押物价值减少时，抵押权人有权要求抵押人恢复抵押物的价值，或者提供与减少的价值相当的担保；抵押人对抵押物价值减少无过错的，抵押权人只能在抵押人因损害而得到的赔偿范围内要求提供担保。抵押物价值未减少的部分，仍作为债权的担保"；《担保法解释》第七十条规定："抵押人的行为足以使抵押物价值减少的，抵押权人请求抵押人恢复原状或提供担保遭到拒绝时，抵押权人可以请求债务人履行债务，也可以提前请求行使抵押权"；《物权法》第一百九十三条规定："抵押人的行为足以使抵押财产价值减少的，抵押权人有权要求抵押人停止其行为。抵押财产价值减少的，抵押权人有权要求恢复抵押财产的价值，或者提供与减少的价值相应的担保。抵押人不恢复抵押财产的价值也不提供担保的，抵押权人有权要求债务人提前清偿债务。"从以上条文内容不难看出，在抵押权遭遇侵害时，我国法律赋予了抵押权人停止侵害请求权（担保物价值减少之防止权）、恢复原状请求权或增担保请求权，以及提前实现债权的权利。该条款的规定与我国台湾地区“民法”的规定实质内容是相同的。我国台湾地区“民法”第 871 条第 1 款规定：“抵押人之行为使抵押物之价值减少者，抵押权人得请求停止其行为，如有急迫情事，抵押权人得自为必要之保全处分。”第 872 条第 2 款规定：“抵押物价值减少时，抵押权人得请求抵押人恢复抵押物之原状，或提出与减少价额相当之担保。”

三、抵押权人保全抵押权的内容

根据《担保法》第五十一条、《物权法》第一百九十三条的规定，抵押人的行为足以使抵押物的价值减少时，抵押权人有权要求抵押人停止其行为。抵押物的价值减少时，抵押权人有权要求抵押人恢复抵押物的价值，或者提供与减少价值相当的担保。抵押人对抵押物价值减少无过错的，抵押权人只能在抵押人因损害而得到的赔偿范围内要求提供担保；抵押物价值未减少的部分，仍作为债权的担保。只有这样才能同时兼顾抵押权人与抵押人双方面的利益。抵押权人保全抵押权的内容：

1. 抵押物价值减少防止权

我国《物权法》第一百九十三条前段规定“抵押人的行为足以使抵押财产价值减少的，抵押权人有权要求抵押人停止其行为。”《担保法》第五十一条第一款前段也进行了规定。至于侵害行为是出于故意还是出于过失，是作为还是不作为，是对抵押物之全部侵害还是对抵押物之一部分造成侵害，只要对抵押物的价值构成威胁，抵押权人即可行使抵押物价值减少防止请求权。但如果属于抵押人正当利用抵押物而使抵押物价值减少，抵押权人不得行使停止侵害请求权。因为抵押权设定后，抵押人对抵押物仍有占有、使用、收益和处分的权利，抵押人正当利用抵押物并不构成对抵押权的侵害。

抵押物价值减少防止权的行使应具备两个要件：（1）须为抵

押人的行为足以使抵押物的价值减少，因抵押权人的行为、自然因素、第三人的行为造成抵押物价值足以减少的，均非所问。(2) 足以使抵押财产价值减少，此处只要具备可能性即可，非要求实际损害的发生[①]。

抵押权人既可直接向抵押人请求停止侵害，也可通过诉讼程序请求停止侵害，在情形急迫时，抵押权人还可自行采取必要的保全措施。因请求停止侵害或自为保全行为的费用，一般由抵押人负担，并列入抵押权担保债权的范围。

2. 恢复原状或增加担保请求权

抵押人的行为已经造成抵押物价值降低的，抵押权人的利益受侵害的事实已经发生，抵押人应当承担恢复原状或者保全抵押权的责任。在这种情况下，抵押权人对抵押人具有的恢复原状请求权或者增加担保请求权，依照抵押物价值减少的种类确定[②]。

抵押物价值减少而不能恢复原状的，抵押权人可以请求抵押人提供相当于减少的价值的担保。但是，抵押权人在抵押物价值减少后所享有的恢复原状或者增加担保请求权，并无先后之别，可以选择行使[③]。应当注意的是，若抵押人对抵押物的价值减少没有过错，抵押权人惟能在抵押人取得的损害赔偿范围内，要求抵押人提供担保。根据《担保法》第五十一条第二款之规定，抵押物的价值非因抵押人的行为而减少的，抵押人不承担增加担保的责任。

3. 解除主债权合同权

在抵押人拒绝停止侵害行为或对抵押物拒绝采用必要的防范措施或管理措施，并拒绝对抵押权人提供充分的增担保，而致抵押权人的债权不能获得充分的担保时，抵押权人可以解除主债权合同，并由债务人承担由此而发生的损失，在抵押权人已为部分对待给付的情况下，抵押权人得中止依照主合同而应为的后续的

①③ 谢在全：《民法物权论》，中国政法大学出版社 1999 年版，第 628 页。
② 史尚宽：《物权法论》，中国政法大学出版社 2000 年版，第 288 页。

给付，直到抵押权人使抵押物价值恢复到能对债权提供充分的担保时为止。我国《担保法》虽无此规定，《担保法解释》第七十条规定，“抵押人的行为足以使抵押物价值减少的，抵押权人请求抵押人恢复原状或提供担保遭到拒绝时，抵押权人可以请求债务人履行债务，也可以请求提前行使抵押权。”《物权法》第一百九十三条后段也规定，“抵押人不恢复抵押财产的价值也不提供担保的，抵押权人有权要求债务人提前清偿债务。”我国《担保法》虽无此规定，《担保法解释》第七十条规定，“抵押人的行为足以使抵押物价值减少的，抵押权人请求抵押人恢复原状或提供担保遭到拒绝时，抵押权人可以请求债务人履行债务，也可以请求提前行使抵押权。”《物权法》第一百九十三条后段也规定，“抵押人不恢复抵押财产的价值也不提供担保的，抵押权人有权要求债务人提前清偿债务。”

4. 行使损害请求权

由于第三人侵权造成抵押物毁损灭失时，抵押权人是否享有损害赔偿请求权？有学者认为，抵押权为物权，故在抵押权受到损害时，抵押权人依物权基本原理，对加害人可直接行使损害赔偿请求权，加害人不论是抵押人，还是第三人，抵押权人均得向其请求损害赔偿。[①] 而且，此项损害赔偿之请求，不以待抵押权实行后，损害额经确定为前提，于担保债权之清偿期届至后，可实行抵押权时，即得请求损害赔偿。[②] 我们认为，第三人导致抵押财产价值减少，给抵押权人造成损害时，抵押权人可以直接要求第三人赔偿损失，这是由抵押权的物权特性所决定的。但是抵押人造成抵押物毁损灭失的，抵押权人损害赔偿请求权应仅限于抵押财产由第三人提供的情形。因为，如果抵押人是债务人本身，要求其赔偿损失没有实际意义，此时赔偿损失与未受偿债权都是同一性质的，即都是债权，故有必要多此一举再赋予债权人

① 刘保玉、吕文江主编：《债权担保制度研究》，中国民主法制出版社 2000 年版，第 372 页。

② 谢在全：《民法物权论》，中国政法大学出版社 1999 年版，第 633 页。

一个损害赔偿请求权。如果抵押财产是第三人提供的，在抵押物价值受到妨害或危害时，抵押权人既然享有保全请求权，也就说明了抵押人负有不因其行为导致抵押物交换价值减少的义务。因此，如果行使保全请求权后，其债权由于抵押物价值减少而最终没有全部实现，提供抵押的第三人应承担赔偿责任。[①]

四、对引言案例的评析

本案所涉及的并不是抵押权的保全，因为本案并非是由于抵押人的原因导致抵押财产价值减少问题，而是由于第三人的原因导致抵押权不能实现的问题。现具体分析如下：

由于抵押作为一种物的担保方式，其最大的特点是不转移抵押物的占有，抵押人仍然可以占有、使用抵押物，充分实现物的用益价值。就本案而言，工业公司将抵押财产，包括土地和房产，投入枪神公司进行资产重组，是其作为权利人（清算人）的权利所在，并无不当，此时其权利如同抵押人对于抵押物的进行管理使用一样，故不能因其将抵押财产进行重组就要承担赔偿责任，其对资产进行重组是其权利所在，并不影响抵押权人的利益。枪神公司将其获得的具有抵押负担房地产与中房公司进行置换，由于没有经过抵押权人的同意，按照《物权法》第一百九十一条第二款的规定，抵押权人可以追及到物之所在行使抵押权，抵押物的转让对抵押权不发生影响，因此，中房公司通过置换获得的是负有抵押负担的土地和房屋，既然是有抵押负担的土地和房屋，那么就存在着未来变现的可能性，中房公司就负有不得因其自身行为使抵押财产的交易价值减少的义务，但是中房公司却将房屋拆除，使作为抵押财产的房屋灭失，从而也导致房屋上的抵押权不能实现。此后，中房公司与亿人公司成立中亿公司，就土地进行开发。但是所开发的土地仍然是带有抵押权利负担的土

① 《〈中华人民共和国物权法〉条文理解与适用》，人民法院出版社 2007 年版，第 577 页。

地。因此，中亿公司所承担的责任仍然是以土地上的抵押负担。我们认为，按照《物权法》的有关规定，原告仍然可以要求确认其对涉案土地享有抵押权。有争议的可能是由于房屋已经灭失，原告可否要求中房公司赔偿损失的问题。对此，我们认为，由于抵押权为物权，在抵押权受到损害时，抵押权人依物权基本原理，可以对加害人可直接行使损害赔偿请求权。按照《物权法》的规定，本案原告应该要求工业公司偿还借款本金及利息并依法确认其土地抵押权，同时要求中房公司赔偿拆除房屋导致原告不能行使抵押权造成的损失。枪神公司与中亿公司并不需要承担其他法律责任。本案中原告的诉讼请求不当，按照原告的诉讼请求，只能支持其要求工业公司偿还借款及本金的请求、要求中房公司赔偿拆除房屋导致原告不能行使抵押权造成的损失的请求，确认原告对涉案土地抵押权应驳回对枪神公司和中亿公司的其他诉讼请求。

第二十节　抵押期间

一、引言

所谓抵押期间，又称抵押期限，是指根据法律规定，抵押权人能够行使抵押权的有效期间。简言之，系抵押权的有效存续期间。

我国《担保法》未对抵押期限做出规定，亦未见有关法条许可抵押人与抵押权人可在抵押合同中对此予以约定。查全国人大法律委员会《关于〈中华人民共和国担保法（草案）〉审议结果的报告》知，此不属立法疏漏，而系立法者有意为之[①]。

在审判实践中，抵押期间是个非常复杂的问题，有许许多多的争议。诸如：

---

① 翟云岭：《论抵押期限》，载《政法论坛》1999 年第 2 期。

抵押权存续期间纠纷案①

上诉人（一审被告）：中国农业银行南阳市卧龙区支行（下称卧龙农行）。

被上诉人（一审原告）：南阳市硫磷化工有限公司（下称化工公司）。

1999年3月30日，卧龙农行与化工公司经协商签订了合同号为农银抵借字99第004号《最高额抵押担保借款合同》。合同约定1999年3月30日至2001年3月30日，卧龙农行向化工公司提供最高贷款限额不超过103万元的贷款，借期、利率等以借据为准，化工公司以评估价值368万元的房地产作贷款抵押，抵押担保期间自设定之日起至担保范围内的全部贷款清偿完毕止。合同签订后，化工公司以其宛市房字第D010010号等房产证及宛市国土用（98）第02859号土地使用权证作抵押，在1999年6月25日一笔贷出借款103万元，借期自1999年6月25日至2000年6月25日。借款期满至今，化工公司未能还本结息，卧龙农行也未对主债权提出主张，亦未行使抵押权。

南阳市卧龙区人民法院经审理认为，该103万元贷款期满日为2006年6月25日，自期满日至今已8年。8年的时间内，在没有诉讼时效中止、中断事由的情况下，卧龙农行一直未依法主张债权，也未行使担保物权。其怠于行使其担保物权的行为，使化工公司对抵押物的使用和转让收到了限制，严重妨碍了抵押物的流转和效能、效用的发挥，该行为与我国法律既保护担保物权又充分发挥物的所有权、使用权的精神相悖。最高人民法院关于适用《中华人民共和国担保法》若干问题的解释第十二条规定，

① 案例来源于河南省南阳市中级人民法院（2008）南民三终字第204号民事判决。

担保物权所担保的债权的诉讼时效结束后，担保权人在诉讼时效结束后的2年内行使担保物权的，人民法院应当予以支持。《中华人民共和国物权法》第二百零二条规定，抵押权人应当在主债权诉讼时效期间行使抵押权；未行使的，人民法院不予保护。本案卧龙农行在主债权诉讼时效期间没有向化工公司依法行使抵押权，在诉讼时效结束后2年内也未行使担保物权，据此，卧龙农行的抵押权已不受法律保护，即抵押权人已丧失胜诉权，抵押权在事实上已归于消灭。为了促进经济的发展，便于物的流转和效用的发挥，故对于化工公司要求确认卧龙农行的抵押权消灭的诉讼请求，予以支持。遂判决如下：一、卧龙农行对宛市国土用（98）字第02859号土地使用权证及宛市房字第D010010号等房屋所有权证所设定的抵押权消灭。二、自本判决生效之日起十日内，卧龙农行向化工公司返还宛市国土用（98）字第02859号土地使用证及宛市房字第D010010号等房屋所有权证。三、驳回化工公司的其他诉讼请求。

一审宣判后，卧龙农行不服判决，提起上诉。

南阳市中级人民法院审理后认为，原判认定事实清楚，处理适当，但应适用《最高人民法院关于适用〈中华人民共和国担保法〉若干问题的解释》第十二条规定认定抵押权人丧失了胜诉权，从而认定抵押权消灭。遂依照《中华人民共和国民事诉讼法》第一百五十三条第一款第（一）项之规定，判决：驳回上诉，维持原判。

在上述案例中，一审法院和二审法院均支持了化工公司的主要请求，但就本案的裁判方法却存在两个明显错误：一是抵押权存续期间的法律性质认定为诉讼时效期间，排除是除斥期间；二是一审法院引用《物权法》第二百零二条的规定违反了“法不溯及既往”的法制原则，没有处理好《物权法》与《担保法》的衔接问题。

二、抵押期间的不同立法选择

抵押期间对抵押权产生作用，主要表现在抵押权是否因一定期间届满而消灭，抵押期间性质如何，各国立法例并不相同。

（一）日本立法例

以独立、完全的诉讼时效、取得时效制度约束抵押权，以日本法为代表。如《日本民法典》第167条规定，债权因10年不行使而消灭，债权及所有权以外的财产权因20年不行使而消灭。该条款认可了包括抵押权在内的其他财产权为诉讼时效的客体，并规定了20年的时效期间。第396条规定，抵押权除非与其担保的债权同时，不因时效而对债务人或抵押人消灭。依日本学者解释，这实质上承认抵押权可独立地因时效之完成而消灭。唯抵押权时效与抵押权所担保的债权时效不一致时，债务人或抵押人不得援引抵押时效而对抗抵押权人[①]。第397条规定，非债务人或抵押人者，就抵押不动产实行具备了取得时效必要条件的占有时，抵押权因此而消灭。依本条款，抵押权得因取得时效之完成而消灭。

（二）德国立法例

以取得时效限制抵押权，但不承认独立的抵押权诉讼时效制度。根据取得时效为原始取得的性质，承认取得人应取得占有物的完整所有权，从而排除抵押权的适用，系大多数规定取得时效制度国家的共同选择。如依《德国民法典》第945条，“在自主占有取得之前，第三人设定于物上的一切权利，因取得时效取得所有权而消灭。但自主占有人在取得自主占有的当时对第三人的权利为非善意者，或以后知道这些权利的存在者，不在此限。”

---

① ［日］柚木馨：《注释民法（9）物权（4）》，第233页，转引自许明月：《抵押权制度研究》，法律出版社1998年版，第402—403页。

依第937条，取得时效期间为10年。但依第194条，“要求他人作为或不作为的权利（请求权），因时效而消灭”。可见，《德国民法典》明确地否定了诉讼时效对于抵押权等物权的适用。将诉讼时效的客体限定为请求权或诉权，排除对包括抵押权在内的物权的适用，也是大多数国家的共识①。但值得说明的是，《德国民法典》对于特殊情形下的抵押权，规定了公示催告制度。依法典第1170条规定，对于不知名债权人在登记经过10年后未行使抵押权时，法院得以公示程序排除债权人的权利，抵押权归所有人。

（三）法国立法例

抵押权因其所担保的债权诉讼时效期限届满的消灭而消灭。如依《法国民法典》第2180条之规定可知，抵押权得因债权时效之届满而消灭。美国少数州认为，抵押权只限于附着于所担保之债权而存在，如债权已消灭时效，抵押权亦不可实行②。国内亦有学者认为，为保护抵押人利益，应承认债权因时效届满而消灭时，抵押权人不得行使抵押权③。但该观点与我国《民法通则》所采取的诉权消灭主义原则相违背。依该原则，时效完成后，债权人仅丧失胜诉权，但实体权利仍未消灭，债权人仍可行使据以担保自然之债的抵押权。德国、瑞士、法国等亦否认债权诉讼时效对抵押权适用。

（四）我国台湾地区的立法例

在我国台湾地区，则设有抵押权除斥期间制度。依台湾民法第880条，抵押权人于消灭时效完成后，5年间不实行其抵押权

---

① 参见王泽鉴：《民法学说与判例研究》（第2册），中国政法大学出版社1998年版，第302页。又见王利明：《物权法论》，中国政法大学出版社1998年版，第153页。再见王闯：《动产抵押制度研究》，载梁慧星：《民商法论丛》（第3卷），法律出版社1995年版，第427页。

② 刘得宽：《民法诸问题与新展望》，第226页。

③ 郭明瑞：《担保法原理与实务》，中国方正出版社1995年版，第226页。

者，其抵押权消灭。按台湾民法学者的观点，物权原则上不因时效或除斥期间之完成而消灭，故此条为例外规定①。

三、抵押权与抵押期间的关系

《担保法解释》第十二条第一款规定“当事人约定的或者登记部门要求登记的担保期间，对担保物权的存续不具有法律约束力”，依据该解释，在当事人约定或登记部门要求登记的担保期间届满后，担保物权继续存在。换言之，当事人约定或登记部门要求登记的担保期间没有法律效力，归于无效②。其主要理由如下：

1. 就物权法理论而言，根据物权法定原则，当事人不能在物权法之外设定物权，也不能以物权法之外的方式消灭物权。若允许当事人约定抵押权的存续期间，直接与抵押权的物权性质（即物权法定原则）发生冲突。

2. 当事人约定抵押期间，与抵押权担保债权清偿的目的不完全吻合。抵押权以抵押物的交换价值担保债权的实现，从属于被担保的债权而存在，债权不消灭，抵押权没有单独归于消灭的理由；唯有债权消灭，抵押权始归于消灭。在现实生活中，抵押人利用抵押合同所约定的抵押期间对抗抵押权人对抵押物行使权利，将极大地损害了抵押制度的功能。

3. 在保证担保的场合，保证人在保证期间内承担保证责任，因为保证为人的担保；而抵押担保并非人的担保，是以抵押物担保债权受偿，若承认存续期间限制抵押权的效力，将直接降低抵押担保的信用③。

因此说，当事人约定的或登记部门设置的抵押期间无效。

---

① 史尚宽：《物权法论》，中国政法大学出版社2000年版，第316页。

② 《中国物权法草案建议稿》第311条规定：“抵押合同约定有抵押权存续期间的，其约定无效。”社会科学文献出版社2000年版。

③ 参见《中国物权法草案建议稿》，社会科学文献出版社2000年版，第614页。

四、抵押期间的法律性质为除斥期间

抵押权属于担保物权。担保物权行使的时间限制，大致有两种立法例：一是通过担保物权时效制度，担保物权在时效期完成后消灭；二是为除斥期间制度，即规定担保物权在一定的期间内不行使时，担保物权消灭。两种制度中以第二种为优，在我国，可以采用担保物权除斥期间制度对担保物权的行使期间进行限制。

从法律性质上讲，担保物权期间为除斥期间，而非诉讼时效期间，理由在于：（1）诉讼时效期间为法律强制性规定，其期间之长短不得由当事人以协议方式加以改变，存在中止、中断和延长。而担保物权期间则不存在中止、中断和延长情形。（2）依通说，我国民法中的诉讼时效的客体为请求权，这对包括担保物权在内的物权并不适用。

由于除斥期间是权利的存续期间，因此担保物权除斥期间届满后，担保物权即不存在，且除斥期间不发生中止、中断问题，在除斥期间届满后，无论发生什么情况，担保物权均发生消灭。《担保法解释》第十二条第二款规定“担保物权所担保的债权的诉讼时效结束后，担保权人在诉讼时效结束后的二年内行使担保物权的，人民法院应当予以支持”。司法解释作出这样的规定，是因为担保物权属于支配权的范畴而非请求权，依民法原理不受诉讼时效期间的限制，担保物权不宜适用于物权担保的债权相同的诉讼时效制度。但担保物权的行使又不能没有期间的限制，否则，将会助长担保物权人滥用其因为物权担保而取得之优势地位，也不利于物权担保交易关系的稳定。因此，担保物权人自物权担保的债权诉讼时效完成后，经过“二年”仍不行使担保物权的，担保物权消灭。此“二年”法定期间，性质上为除斥期间。

五、审判实践中应当注意的问题

在司法实践中，我们应当注意两点：

1.《物权法》第二百零二条仅规定了抵押权的行使期间，质权、留置权等其他担保物权是否适用?《担保法解释》关于担保物权存续期间之规定，对抵押权、质权、留置权均可适用，而物权法没有在担保物权的一般规定部分规定担保物权存续期间，仅在抵押权一章规定了抵押权存续期间，应是有意将抵押权存续期间问题与质权、留置权相区别。为避免质权、留置权因权利人长期不行使权利导致出质人、债务人的财产长期被限定，《物权法》第二百二十条、第二百三十七条作出了出质人、债务人可以督促权利人行使权利的规定。此条款应是对物权法没有关于质权、留置权存续期限之规定可能带来的消极后果，所采取的另类解决措施。

2. 主债权诉讼时效期间不行使抵押权，是抵押权消灭，还是丧失胜诉权?从《物权法》第二百零二条关于“人民法院不予保护”的表述看，类似于民法通则关于诉讼时效届满后的法律后果的表述。而诉讼时效届满的法律后果，应系债权人丧失胜诉权，并非实体权利的消灭。但是，抵押权存续期间显然不是诉讼时效，应属除斥期间，按除斥期间之法理，在该期间内不行使权利，导致权利消灭之后果。因此，不应因表述上的巧合而望文生义，得出抵押权期限届满抵押权人丧失胜诉权的结论。

六、对引言案例的评析

就本案而言，一审法院和二审法院裁判的法理依据均将抵押权存续期间理解为：在抵押权人未按规定行使抵押权的情况下，丧失胜诉权的权利，抵押权转变为类似自然债权的权利，也可以说是抵押权转变为自然抵押权，而不是抵押权实体权利的消灭。显然，这种裁判思路是对《担保法解释》及《物权法》的规定的曲解。

同时，《物权法》第二百四十七条规定：“本法自 2007 年 10 月 1 日起施行。”法律的溯及力与法律生效时间相关。由于法律是指导人们行为的标准，只有公布的法律才有可能成为约束人们行为的准则，所以法律不溯及既往原则是绝大多数国家所遵循的法律程序技术原则。一部新的法律施行后，对新法施行前人们的行为判断不得适用新法，而只能沿用旧法。该原则的出发点在于维护法的稳定性和可预期性。我国法律在一般情况下采用“法不溯及既往”的原则，按照《立法法》的规定，法律不具有溯及既往的效力，即新的法律规定不能调整法律生效前已经发生的事实和行为。《物权法》的颁行并不意味着《担保法》的废止，因此《物权法》施行后将出现《民法通则》、《担保法》、《物权法》、《海商法》等规定有担保物权内容的诸法并行的局面。因此，在处理《担保法》等法律与《物权法》衔接问题时，人民法院应当坚持“法不溯及既往”的法律原则，凡是发生在《物权法》施行之前的担保物权行为，应当适用《担保法》及其司法解释的规定。

当然，《物权法》溯及既往的例外情形。通常情况下，担保行为发生在2007年10月1日前，则使用《担保法》之规定，反之，适用《物权法》。此所谓“法不溯及既往”的法律适用原则。然而，凡事都有例外，此种例外有两种情形：（1）对《物权法》实施前有关形成担保物权的合同，如果当时的法律规定为无效或未生效，而《物权法》认为有效，则仍适用《物权法》的规定而认定其有效。如《担保法》第四十一条、第四十二条所规定的抵押物设定抵押时，抵押合同自登记时生效。而《物权法》第十五条明确规定，当事人之间订立有关设立、变更、转让和消灭不动产物权的合同，除法律另有规定或者合同另有约定外，自合同成立时生效；未办理物权登记的，不影响合同效力。这就是通常所说的物权法上的不动产物权变动的原因与结果相区分的原则。所谓区分原则，即在发生物权变动时，物权变动的原因与物权变动的结果作为两个法律事实，他们的成立生效依据不同的法律根据的原则。同时，担保物权合同应当适用《合同法》关于合同效力的规定。因此，关于担保物权的合同效力问题，应当适用《物权法》的规定处理。（2）对于《物权法》实施前的物的担保，《担保法》及其司法解释认为不具有物权效力，而《物权法》却认为其具有物权效力，则不能赋予其具有物权效力。这是由物权法定原则所决定的。物权法定原则，又称物权法定主义，是指物权的种类、内容由法律明确规定，而不能由当事人通过合同任意设定。《物权法》第五条规定："物权的种类和内容，由法律规定。"由此可知，物权法定原则是物权立法的一项基本原则，在全部物权法的结构体系上处于枢纽地位。如《担保法》未如《物权法》那样规定"浮动抵押担保"，若当事人设定了浮动抵押担保，是否有效？尤其是在该抵押的财产上又同时设定了其他物权担保时，该如何确定其优先性？何况新法的颁布不能破坏原有民事权利构成的法益。

就本案而言，抵押权设定于1999年，虽纠纷发生在《物权法》实施之后，但应当适用《担保法解释》第十二条第二款的规定，认定为抵押权消灭。而在裁判文书评理中不能引用《物权法》第二百零二条的规定。

第二十一节　抵押权的实行

一、引言

抵押权的实行，又称抵押权的行使，亦称抵押权的实现，是指抵押权人在债权已届清偿期而债务人不履行债务时，行使其抵押权，将抵押物变卖或者拍卖，或者以折价的方式优先受偿，以实现其债权的行为。这里的"不履行"，既包括债务人在客观上没有履行能力而不履行，又包括债务人在客观上有履行能力而主观上不愿履行，并非指"不能履行"。与《物权法》中关于连带责任保证所规定的"没有履行"亦同。

为了便于更好地研究抵押权的实行，使之达到以案说法之目的，先看一则案例，并思考之：

本案抵押权有无对抗效力?

某市公民张科因经营服装批发业务，急需资金，便将其摩托车抵押给王梅，与王梅签订了抵押借款合同，王梅贷给张科10000元，使用期限6个月。随后，又将该摩托车抵押给李迪，向李迪借款5000元，使用期限3个月，并给李迪出具了抵押担保书。借款到期后，张科均没有还款。王梅将张科诉至法院，请求法院判令张科偿还10000元借款，并对抵押物摩托车享有优先受偿权。张科将此情况告知李迪后，李迪以有独立请求权的第三人参见诉讼，请求张科偿还借款5000元，并对抵押物摩托车享有优先受偿权。

一审法院审理后认为，张科与王梅、李迪所签订的抵押借款合同，并不违法有关法律、行政法规的强制性规定，均为有效合同。根据《担保法》第五十四条第（二）项“抵押合同自签订之日起生效的……未登记的，按照合同生效时间的先后顺序清偿”的规定，张科与王梅的抵押合同先生效，因此王梅优先于李迪清偿。据此判决：一、张科偿还王梅借款10000元、李迪借款5000元；二、王梅对张科的抵押物摩托车享有优先受偿权。若有余额，李迪享有优先受偿权。

一审判决后，李迪提起上诉，认为一审法院适用法律错误，应当适用《担保法解释》第七十六条的规定。

二审法院审理后认为，根据《担保法解释》第七十六条“同一动产向两个以上债权人抵押的，当事人未办理抵押物登记，实现抵押权时，各抵押权人按照债权比例受偿”的规定，张科的摩托车先后抵押给王梅、李迪，均没有办理抵押登记，因此应当按照债权比例受偿。据此改判：一、维持原判第一条，撤销第二条；二、王梅、李迪对张科的抵押物摩托车按照各自的债权比例享有优先受偿权。

根据上述案例，试问：抵押权实行的条件有哪些？抵押权实行的途径和方法有哪些？抵押权实行的优先受偿顺序有何规定？

二、抵押权实行的条件

抵押权的实行将使抵押权人设立抵押权的目的得以实现，并使主债权得以清偿。根据《物权法》第一百九十五条第一款之规定，抵押权实行的条件为：债务人不履行到期债务或者发生当事人约定的实现抵押权的情形的。笔者认为，抵押权的实行除具备上述条件外，还应当具备债权有效存在和抵押权有效存在的两个条件。因此，抵押权的实行应当具备下列条件：

1. 须债权有效存在。债权人和债务人之间的债权合同已经合法有效成立，且尚未消灭，才使得抵押权人（即债权人）得以行使抵押权有了前提条件。若债权因主合同未成立、或被确认无效、或得以撤销、或已消灭，则抵押权无实行之可能。因此，抵押权人行使抵押权，必须具有有效债权的存在。

2. 须抵押权有效存在。抵押权的实行是以抵押权合法有效地存在为前提的。若抵押所担保的主合同被宣告无效或被撤销，则抵押合同也相应被宣告无效，或者因抵押合同自身的原因而导致抵押合同无效，则抵押权自始不能有效成立，则抵押权人也不得行使抵押权。

3. 须被担保债权已届清偿期。抵押权的目的在于担保债权受偿。若债权人的债权未届清偿期而允许抵押权人行使抵押权，将损害抵押人依法应当享有的期限利益。所谓期限利益，是指抵押权人实行抵押权之日与债权到期日的期间内，抵押人所享有的利益。债务人没有提前清偿债务的义务。因此，我国《物权法》第一百九十六条明文规定债务人不履行到期债务为抵押权实行之要件。

4. 须债务人未履行债务。债务人未履行债务包括债务人拒绝履行、迟延履行和不适当履行。如果债务人到期已履行了债务，或者虽未履行，但依照法律和合同的规定应免除责任的，则主债权人不得行使抵押权，否则，抵押人有权提出抗辩。如果债务不履行是由于债权人的原因造成的，如债权人无正当理由拒绝债务人的履行，则抵押权人也不能行使抵押权。

抵押权实行原则上应当同时具备上述四个条件，缺一不可。但也有例外之情形，即被担保债权未届清偿期，抵押权实行之例外。《担保法解释》第七十条规定“抵押人的行为足以使抵押物价值减少的，抵押权人请求抵押人恢复原状或者提供担保遭到拒绝时，抵押权人可以请求债务人履行债务，也可以请求提前行使抵押权”，即为抵押权人提前行使抵押权之例外。

三、抵押权实行的方法

根据《物权法》第一百九十五条的规定，抵押权实行的途径有两种：即协议实行和拍卖、变卖。

（一）协议实行

所谓协议实行，是指债务人在履行期限届满时未履行其债务，由抵押权人与抵押人协议决定抵押权实行的情形。抵押权是一种民事权利，它是当事人在自愿、平等的基础上经过协商而设立的，其实现自然也可以依当事人之间的协议来完成，这体现了我国民法的民事主体地位平等与私法自治原则。

协议实行，就是对抵押物协议折价，是在抵押权所担保的债权已届清偿期后，抵押权人和抵押人协议以抵押物替代清偿受担保的债权，由抵押权人取得抵押物的所有权，受担保债权在协议抵偿的金额范围内消灭的一种抵押权实行方法。抵押物协议折价应以无损害其他抵押权人利益为条件，否则，不得以抵押物协议折价行使抵押权。

抵押物协议折价应当符合下列要件：

1. 须抵押权担保的债权已届清偿期。

2. 须抵押人与抵押权人达成抵押物折价协议。一是抵押人与抵押权人应当订立抵押物折价移转所有权的协议。二是当抵押人为第三人时，抵押物折价协议不仅是抵押权人与债务人达成协议，而且必须是经第三人（抵押人）同意，否则，不生效力。三是抵押物折价协议应当是当事人的真实意思表示，不得欺诈、胁迫，否则，有违诚实信用原则，应为无效或可撤销。四是根据《物权法》第一百九十六条“抵押财产折价或者变卖，应当参照市场价格”之规定，抵押物折价的价格要公平，以参照市场价格为依据。五是抵押物折价协议的生效是否以登记为必要，以法律规定办理，凡抵押物所有权或使用权之取得应当办理权属登记的，以权属登记之日起生效。

3. 抵押物协议折价应为清偿受抵押担保的债权为目的。

4. 抵押物协议折价不得损害其他抵押权人利益。凡是抵押物折价协议有损其他抵押权人和债权人的利益，其他抵押权人和债权人可根据《合同法》第七十四条、第七十五条行使撤销权。对此，《担保法解释》第五十七条第二款规定“债务履行期届满后抵押权人未受清偿时，抵押权人和抵押人可以协议以抵押物折价取得抵押物。但是，损害顺序在后的担保物权人和其他债权人利益的，人民法院可以适用合同法第七十四条、第七十五条的有关规定。”《物权法》第一百九十五条规定：“协议损害其他债权人利益的，其他债权人可以在知道或者应当知道撤销事由之日起一年内请求人民法院撤销该协议。”该“一年”应当为除斥期间，即不存在中断、中止和延长的情形。

（二）抵押物拍卖、抵押物变卖。

1. 抵押物拍卖

所谓拍卖，又称竞买，是指以公开竞价的方法把标的物卖给出价最高的竞买者的活动或行为。抵押物拍卖受偿是抵押权实行的最为普遍的方式。拍卖可分为任意拍卖与强制拍卖两类，任意拍卖是出卖人与拍卖行订立委托合同，委托拍卖行进行拍卖；强制拍卖是由于债务人的财产基于某些法定的原因而由司法机关如人民法院强制进行的拍卖。抵押权人与抵押人之间通过协议对抵押财产进行拍卖的，即属于任意拍卖；而抵押权人与抵押人就抵押权发生争议而诉至法院的，人民法院经审理后判决拍卖抵押财产的，则为强制拍卖。以拍卖的方式实现抵押权具有较多优点，因为拍卖是以公开竞价的方式出卖标的物，因此拍卖的成交价格能够最大限度地体现拍卖财产的价值，既有利于维护抵押人的利益，也能充分发挥抵押财产对债权的担保功能，从而维护抵押权人的利益。

2. 抵押物的变卖

抵押物变卖清偿，是指在债务人不履行债务时，抵押权人与抵押人协议将抵押物出卖，而以出卖的价格清偿受抵押权担保的债权。抵押物变卖简便易行，省时省力是抵押权实行的一种较为普遍的方式，但在变卖时，应根据《物权法》第一百九十五条之规定，参照当时当地的市场价格进行，以保证抵押物变卖的价格的公正。

需要特别提及的是，根据《担保法解释》第七十三条之规定，抵押权实行的方法无论是抵押物协议折价，还是抵押物拍卖、变卖，其价款超过所担保债权数额部分归抵押人所有；其不足部分应由债务人清偿，抵押人（第三人）不再承担不足部分的责任，因为第三人非为主债务的债务人，他只能在其提供的抵押物的范围内承担责任，超过此界限，则其理应不承担任何责任，这也是第三人愿意提供抵押担保的原因之一。要防止和杜绝让第三人超出抵押物价值而无限度地承担抵押担保责任的错误做法。

在司法实践中，抵押人的权利义务会因抵押财产价值的增减而受影响。对抵押财产价值计算的时间应明确为抵押权实现时抵押财产的价值，而非抵押权设定时的价值。当事人设定抵押时，未对抵押财产进行评估，或者估价失误，或者设定抵押的当时，抵押财产价值与所担保的债权数额相当，后因市场波动等不可预测的原因导致抵押财产价值下跌的，在债务清偿时应对抵押财产重新估价，按照抵押权实现时的价值进行清偿，抵押权人无权按抵押设定时约定的价值向债务人追偿。抵押权设定后，抵押财产价格上涨时，抵押人不享有使增加的价值脱离担保的权利；抵押财产价格下降时，抵押人不承担按减少的价值补充担保的义务。抵押财产折价或者拍卖、变卖该抵押财产的价款低于抵押权设定时约定价值的，应当按照抵押权实现时的价值进行清偿，不足清偿全部债权的，抵押系由债务人以外的第三人提供的，第三人对剩余的债权不再承担担保责任。此时，如果抵押人系债务人的，债务人对剩余的债权亦不再承担担保责任，剩余的债权仅能作为一般债权由债务人负清偿责任。

四、抵押权实行的优先受偿顺序

所谓优先受偿顺序，是指同一财产向两个以上抵押权人抵押的，拍卖、变卖抵押物所得的价款应当优先清偿谁的债权。在再抵押、重复抵押的情形下，涉及到抵押权实行的优先受偿顺序问题，确有探讨之必要。

（一）抵押权的顺序概说

抵押权的顺序，也称抵押权的顺位，有广义和狭义之分，狭义的抵押权顺序是指同一抵押物上存在多个抵押权时，每一抵押权相互之次序。狭义的抵押权的顺序决定抵押权相互之间的效力顺位。与之相反，广义的抵押权的顺序，除了包括狭义的抵押权的顺序以外，还包括抵押权与其他优先权之间的效力次序，故广义抵押权顺序实际上是指在同一抵押物上存在多个优先权时，各个不同的优先权相互之间的效力次序。它不仅包括抵押权相互之间的效力次序，而且也包括抵押权与质权之间、抵押权与留置权之间、抵押权与其他优先权之间的顺序。本文中所谓的抵押权的顺序为狭义的抵押权顺序。

《物权法》第一百九十九条规定："同一财产向两个以上债权人抵押的，拍卖、变卖抵押财产所得的价款依照下列规定清偿：

(一) 抵押权都已登记的，按照登记的先后顺序清偿；顺序相同的，按照债权比例清偿；(二) 抵押权已登记的先于未登记的受偿；(三) 抵押权未登记的，按照债权比例清偿。”该条款对抵押权的顺序问题虽未做明确规定，但解释上应当认为，我国现行法采用抵押权顺序的升进主义。[①]

（二）抵押权实行的优先受偿顺序确定

根据我国《物权法》的规定，抵押权实行的优先受偿顺序的确定，应遵循的一般原则是：

1. 抵押权以登记为生效要件的优先受偿顺序原则

抵押权依法经登记而生效的，当事人如果对抵押物设立再抵押、重复抵押，并与不同的债权人分别订立抵押合同，均到有关机关办理抵押物登记，则抵押合同均得以生效。此时，优先顺序受偿的原则是：

(1) 登记在先，顺序优先原则。即登记抵押权相互之间的顺序的确定按照抵押物登记的先后时间顺序为标准，登记在先的抵押权优先于登记在后的抵押权。只有在先的债权获清偿后，才可清偿后设的抵押债权。以抵押物登记时间的先后顺序为标准清偿抵押债权是世界各国抵押担保制度中的通行规则。

(2) 登记顺序相同的，公平清偿原则。抵押物登记的时间顺序相同，则抵押权人的清偿顺序相同，应根据公平清偿原则，按各债权人各债权比例分配抵押物价值。特别强调的是，登记时间顺序的绝对相同客观上是不存在的，总有先后之分，这里所说的登记顺序相同，是指同一日登记的抵押权顺序相同，即同一日登记的抵押合同同时生效[②]。抵押权处于同一顺序，在实现抵押权

---

① 参见邹海林、常敏：《债权担保的方式和应用》，法律出版社 1998 年版，第 168 页。许明月在《抵押权制度研究》中认为，我国立法系采法、日立法例，实行顺序递升主义，并只能为顺位递升之理解。参见该书第 274 页，法律出版社 1998 年版。

② 《担保法解释》第五十八条第一款规定：“当事人同一天在不同的法定登记部门办理抵押物登记的，视为顺序相同”。

时，两者相互之间不存在哪一个抵押权利优先的问题。

2. 抵押权自签订之日起生效的优先受偿顺序原则

根据《物权法》第二百条的规定，抵押权自签订之日起生效的优先受偿顺序原则为：

（1）抵押权均已办理了抵押权登记的，登记时间顺序不同的，按照登记在先，顺序优先原则；登记时间顺序相同的，按照公平清偿原则。

（2）抵押权均未办理抵押权登记的，因互不具有对抗效力，抵押权人的清偿顺序相同，应根据公平清偿原则，按照各债权比例清偿。对此，《担保法解释》第七十六条作了明确规定，即同一动产向两个以上债权人抵押的，当事人未办理抵押物登记，实现抵押权时，各抵押权人按照债权比例清偿。

（3）抵押权部分办理抵押登记的，按照登记抵押权优先于未登记抵押权原则。根据我国法律规定，抵押权成立时，就抵押物进行登记的，抵押权优先于未登记抵押权，根据这一原则，在同一物上同时存在登记抵押权和未登记抵押权时，登记抵押权优先于未登记抵押权；即便登记抵押权设立于未登记抵押权之后，登记抵押权人的债权仍然可以优先于未登记抵押权人的债权而获得清偿。未登记抵押权人只能就登记抵押权人行使抵押权使自己的债权获得清偿后的余额满足自己的债权。

（三）司法实践中应注意的问题

在司法实践中，在涉及再抵押、重复抵押的抵押权实行时，根据《担保法解释》第七十八条之规定，应当注意两个问题：（1）同一财产向两个以上债权人抵押的，顺序在后的抵押权所担保的债权先到期的，抵押权人只能就抵押物价值超出顺序在先的抵押担保债权的部分受偿。（2）顺序在先的抵押权所担保的债权先到期的，抵押权实现后的剩余价款应予提存，留待清偿顺序在后的抵押担保债权。

五、几种特殊抵押权的实行

（一）《物权法》第二百条所规定建设用地使用权抵押的实行

我国《物权法》第二百条规定："建设用地使用权抵押后，该土地上新增的建筑物不属于抵押财产。需要拍卖该建设用地使用权的，可以将该土地上新增的建筑物与建设用地使用权一并拍卖，但拍卖新增建筑物所得的价款，抵押权人无权优先受偿。"依据该款的规定，虽然土地上新增的房屋不属于抵押物，但由于新增房屋与原有房屋之关联性以及利用上的便利，为了更好地发挥抵押物之经济价值，不致割裂物之使用，我国《物权法》规定，需要拍卖抵押之房地产时，可以依法将土地上新增的房屋与抵押物一同拍卖。这是法律对于抵押效力的延伸，目的是为了便利抵押权的实现。尽管新增房屋可以与抵押物一同拍卖，但由于其不属于抵押物的范围，因此，对于新增房屋拍卖所得之价款，若为债务人所有，则抵押权人无权优先受偿，而只能作为一般债权人受清偿。若为第三人所有新增房屋的价款，应归第三人所有。

在司法实践中，应当注意建设用地使用权抵押权的效力不及于其设定后新增的房屋的规定，可能产生两种不适当的后果：

1. 在处分抵押的建设用地使用权时，可能出现土地使用权与房屋异其主体的现象。对于这一不适当后果，我国法律通过借鉴日本民法和台湾地区"民法"的做法予以消除：即允许抵押权人有权将建设用地使用权与新增房屋一同处分，但对新增的房屋的变价无权优先受偿，除非抵押合同有相反的约定。《城市房地产管理法》第五十一条和《担保法》第五十五条均作这样的规定，《物权法》第二百条亦作类似规定。

2. 由于新增房屋在一定范围内可能影响建设用地使用权，因此抵押的建设用地使用权在处分时可能价值降低，从而使抵押权人的合法权益受到影响。对这种不适当后果的解决，有学者主张可采取如下办法：在能证明抵押建设用地使用权确因新增房屋而使售价降低的情况下，就可使抵押权的效力用于新增房屋变价的一部分，该部分的范围与土地使用权变价的降低额相等。此方法实际上表明，抵押建设用地使用权因新增房屋而使售价降低时，房地产抵押权的效力及于其设定后新增的房屋。而且上述两种处理办法都是在设定房地产抵押权时，抵押权人不知道日后要新增房屋，如果抵押权人于设定抵押时就知道日后要新增房屋，甚至于在对抵押土地使用权估价时已将新增房屋的因素考虑在内了，那么，依照物权法规定不允许抵押权人将新增房屋变价，也不允许以新增房屋的部分变价弥补抵押土地使用权的变价降低额。但在实践中，建设用地使用权抵押权效力是否及于新增的房屋，似可视情况区别对待：当抵押人告知抵押权人需要新增房屋并得到抵押权人同意的，建设用地使用权抵押权的效力不及于其设定后新增的房屋。因为此时抵押人与抵押权人实际上已对该抵押物作了重新估价。或者当被担保债权的数额低于或等于单独的地上建筑物及其他附着物或土地使用权的价值额的情况下，建设用地使用权抵押权的效力也不及于其设定后新增的房屋。

当抵押人未告知抵押权人需要新增房屋时，建设用地使用权抵押权的效力及于其设定后新增的房屋。建设用地使用权抵押成立后，抵押人可自由转让抵押物或在抵押物上设定权利，但抵押权不因此而受影响，抵押权人于其债权届期未获满足时，可追及该房地产，主张换价受偿。抵押人未经抵押权人同意，在抵押物上设定权利，如新增了房屋或在已被抵押的楼房上加盖几层新房，建设用地使用权因新增房屋而使售价降低，侵害了抵押权人的合法权益，抵押权人可通过新增的房屋变价优先受偿以弥补售价降低而带来的损失。这样，就有利于权利义务关系的稳定与交易的安全。

（二）《物权法》第二百零一条所规定的抵押权实行

我国《物权法》第二百零一条规定：“以本法第一百八十条

第一款第三项规定的土地承包经营权抵押的，或者以乡镇、村企业的厂房等建筑物占用范围内的建设用地使用权抵押的，实现抵押权后，未经法定程序不得改变土地所有权的性质和土地用途。”法律之所以作出这样的规定，是为了保护耕地，发展农村经济，巩固农业在国民经济中的基础地位。为了防止农业用地的流失，农村集体土地使用权的流转应当坚持土地的集体所有和不改变土地用途。以荒山、荒沟、荒丘、荒滩等荒地的土地使用权和乡（镇）、村企业的厂房等建筑物占有范围内的土地使用权抵押的，在实现抵押权后，未经法定程序，土地的所有权不得移转，仍归集体所有，也不得擅自改变这些土地的原有用途。

（三）《担保法》第五十六条所规定的划拨方式取得土地使用权抵押的抵押权实行问题

我国《担保法》第五十六条规定：“拍卖划拨的国有土地使用权所得价款，在依法缴纳相当于应缴纳的土地使用权出让金的款额后，抵押人有优先受偿权。”土地使用权的取得途径有两种：即以出让方式取得和以划拨方式取得。《担保法》第五十六条的规定显然系指以划拨方式取得的国有土地使用权依法抵押后的抵押权实行问题。《城市房地产管理法》对划拨方式取得土地使用权的转让作了明确规定，即该法第三十九条规定：“以划拨方式取得土地使用权，转让房地产时，应当按照国务院规定，报有批准权的人民政府审批。有批准权准予转让的，应当由受让方办理土地使用权出让手续，并依照国家有关规定缴纳土地使用权出让金。以划拨方式取得土地使用权的，转让房地产报批时，有批准权的人民政府按照国家规定决定可以不办理土地使用权出让手续的，转让方应当按照国务院规定将转让房地产所获收益中的土地收益上缴国家或者作其他处理。”依该条规定，抵押人以划拨方式取得的国有土地使用权设定抵押的，须有关人民政府审核批准，未经批准，不得抵押。因此，抵押人以划拨的国有土地使用权抵押的，在拍卖该划拨的国有土地使用权后，其所得价款应当首先依法缴纳相当于应缴纳的土地使用权出让金的款额，抵押权人只是对剩余部分价款享有优先受偿权。

第二十二节 最高额抵押权

一、引言

《物权法》第二百零三至第二百零七条对最高额抵押作了规定，完善了《担保法》对最高额抵押权的规定。先看一则案例，并思考之：

最高额抵押纠纷案[①]

上诉人（原审原告）：中国长城资产管理公司济南办事处（下称长城公司济南办事处）。

被上诉人（原审被告）：山东省济南医药采购站（下称医药采购站）。

原审被告山东省医药集团有限公司（下称医药集团公司）。

原审被告：山东省医药公司（下称医药公司）。

2003年12月26日，中国工商银行济南市槐荫支行（以下简称槐荫工行）与医药采购站签订编号为2003年槐企信流字第0197号《借款合同》。约定医药采购站向槐荫工行借款1380万元，期限11个月，自2003年12月26日至2004年11月25日，借款用途为“用于偿还2001年槐企信流字第0007号借款合同项下借款人欠贷款人贷款本金。”本贷款为借新还旧，实际借款金额、日期以借据为准。月利率4.425‰，按月结息，逾期借款按日计收万分之二点一的利息。槐荫工行出具的借款借据上载明，

---

① 最高人民法院（2006）民二终字第153号民事判决。

借款发放日期为2003年12月31日，还款日为2004年11月25日，用途为用于偿还2001年槐企信流字第0007号合同贷款本金，利率为4.425‰。分次还款记录栏载明2004年8月24日还款金额10000元。同日，槐荫工行与医药集团公司签订2003年槐企信流字第0197号《保证合同》，约定医药集团公司为上述《借款合同》项下借款提供连带责任保证，所担保的主债权为1380万元，包括借款本金、利息、复利、罚息、违约金、赔偿金、实现债权的费用和所有其他应付费用。保证期间为借款到期之次日起两年。在保证人陈述与保证条款载明："完全了解主合同借款人的借款用途，为主合同借款人提供保证担保完全出于自愿，其全部意思表示真实。"

2003年2月20日，医药采购站与槐荫工行签订2003年槐企信抵字第0006号《最高额抵押合同》，约定借款人医药采购站以自有的房产为2003年3月1日至2006年3月1日期间发生1200万元贷款余额范围内，设定抵押担保，并于同年2月26日在济南市房产管理局办理了抵押登记。该抵押房产所占用的土地使用期限为长期，没有交纳土地出让金，为国有划拨土地使用权。

2004年3月27日，槐荫工行与医药采购站签订2004年槐企信流字第002号《借款合同》。约定医药采购站向槐荫工行借款1200万元，期限12个月，自2004年3月27日至2005年3月25日，借款用途为"用于偿还2003年槐企信流字第0006号借款合同项下借款人欠贷款人贷款本金。"月利率4.425‰，按月结息，逾期借款按日计收万分之二点一的利息。

2004年4月30日，槐荫工行与医药采购站签订2004年槐企信流字第005号《借款合同》。约定医药采购站向槐荫工行借款3830万元，期限12个月，自2004年4月30日至2005年4月29日，借款用途为"用于偿还2003年槐企信流字第0027号借款合同项下借款人欠贷款人贷款本金。"月利率4.8675‰，按月结息，逾期借款按日计收万分之二点一的利息。同日，槐荫工行与医药公司签订2004年槐企信流字第005号保证合同，约定医药公司为2004年槐企信流字第005号借款合同项下的借款提供连带保证责任保证，所担保的主债权为3850万元，包括借款本金、利息、复利、罚息、违约金、赔偿金、实现债权的费用和所有其他应付费用。保证期间为借款到期之次日起两年。

2005年7月23日，中国工商银行山东省分行与长城公司济南办事处签订《债权转让协议》，约定将包括上述三笔债权在内的债权转让给长城公司济南办事处。同年12月22日，双方在《大众日报》上发布债权转让通知暨债务催收联合公告（第八期），公告包括本案三笔债权在内。

原审法院经审理认为，本案项下三份借款合同，均是当事人的真实意思表示，内容不违反法律法规的强制性规定，均为有效合同。长城资产公司济南办事处受让债权后，已经履行了通知及催收义务，主张权利合法有据，债务人医药采购站应当偿还所欠的借款本金和利息。但债务人医药采购站与槐荫工行签订的2003年槐企信抵字第0006号《最高额抵押合同》约定，医药采购站以自有的房产为2003年3月1日至2006年3月1日发生的借款，在余额不超过1200万元的最高额范围内提供抵押担保，并在房产管理局办理了抵押登记。由于抵押房产坐落于国有划拨土地使用权之上，抵押合同未经土地管理部门审批或登记，故该抵押合同无效。长城公司济南办事处主张对抵押的房产享有优先受偿权，该院不予支持。医药集团公司与槐荫工行签订的2003年槐企信保字第0197号《保证合同》约定，医药集团公司为2003年槐企信流字第0197号借款合同项下医药采购站1380万元借款提供连带责任保证，该《保证合同》不违反法律法规的强制性规定，合法有效，保证人医药集团公司应当承担连带保证责任。该笔借款已经偿还10000元本金，实际欠款本金数额为1379万元。医药集团公司辩称其不了解该笔借款用于贷新还旧，应予免责。由于《借款合同》已经明确载明了借款用途为用于偿还原借款合同的贷款，保证人医药集团公司并在保证合同中声明

“完全了解所担保借款的用途”，故医药集团公司抗辩其不了解该笔借款真实用途，应免予承担保证责任的理由不能成立。至于医药集团公司提出该笔借款有抵押担保，保证人应对物的担保范围以外的债务承担保证责任的问题，因为医药集团公司提交的抵押物登记证复印件，是为2001年槐企信抵字0007号抵押合同提供担保，与本案没有关联性，且长城公司济南办事处对复印件不认可其证明效力，故医药集团公司所提交的证据不能证明该笔借款债务另存在抵押担保的事实。医药公司担保2004年槐企信流字第005号借款合同3830万元借款，因保证人医药公司进入破产程序，长城公司济南办事处已撤销对保证人医药公司的诉讼请求，改向破产清算组申报担保债权。对于长城公司济南办事处在保证人医药公司破产程序中得到的清偿，应当在主债务人医药采购站应偿还的债务总额中扣除。本案借款债务事实清楚，债务人医药采购站应当偿还长城公司济南办事处三笔借款本金共计6409万元，利息3604287.27元。保证人医药集团公司应依据签订的2003年槐企信保字第0197号保证合同的约定，对其担保的1380万元借款本金，扣除已经偿还的10000元后的余额1379万元，以及相应的利息，承担连带保证责任。该院依据《合同法》第六十条、第二百零六条、第二百零七条，《担保法》第十八条，《最高人民法院关于破产企业国有划拨土地使用权应否列入破产财产等问题的批复》第三条第二款之规定，判决：一、医药采购站于判决生效后10日内，偿还长城公司济南办事处2003年槐企信流字第0197号借款合同、2004年槐企信流字第002号借款合同、2004年槐企信流字第005号借款合同项下借款本金共计6409万元，利息3604287.27元；二、医药集团公司对担保的2003年槐企信流字第0197号借款合同项下欠款余额1379万元借款本金，以及相应的利息，承担连带保证责任；三、驳回长城公司济南办事处的其他诉讼请求。一审案件受理费174240.7元，诉讼保全费75000元，均由医药站负担。

上诉人长城公司济南办事处不服民事判决，提起上诉。

最高人民法院经审理判决：一、维持山东省高级人民法院（2006）鲁民二初字第 27 号民事判决第一、二项；二、变更山东省高级人民法院（2006）鲁民二初字第 27 号民事判决第三项为：中国长城资产管理公司济南办事处对山东省济南医药采购站依据 2003 年槐企信抵字第 0006 号《最高额抵押合同》所抵押的自有房产享有优先受偿权，但最高限额不超过 1200 万元。一审案件受理费 174240.7 元，诉讼保全费 7500 元，由山东省济南医药采购站承担。二审案件受理费 174240.7 元，由山东省济南医药采购站承担。

上述案例涉及最高额抵押的有关问题，试问：何谓最高额抵押权？有何特征？最高额抵押权的构成要素有哪些？最高额抵押权的效力如何？

二、最高额抵押权的法律意义

根据《物权法》第二百零三条的规定，所谓最高额抵押权，是指抵押人与抵押权人协议，为担保债务的履行，债务人或者第三人对一定期间内将要连续发生的债权提供抵押担保的，债务人不履行到期债务或者发生当事人约定的实现抵押权的情形，抵押权人有权在最高债权额限度内就该担保财产优先受偿。最高额抵押权设立前已经存在的债权，经当事人同意，可以转入最高额抵押担保的债权范围。最高额抵押权与传统抵押权相比，具有以下法律特征：

1. 最高额抵押所担保之债权通常为将来的债权。按传统抵押权制度，抵押权应随其所担保的债权的成立而成立，此为抵押权成立的从属性。为将来债权设定的抵押无效（此为原则，为将来必定发生的确定的债权可以设定抵押是例外）。然而在最高额抵押设定时，债权人与债务人之间仅有基础法律关系，在将来由此发生的债权才是担保的对象。也就是说，在设定抵押权时，主债权尚未发生。这是最高额抵押对传统抵押成立上的附从性的突破。

2. 最高额抵押必须预定最高限额。所谓最高限额，是指抵押权人基于最高额抵押权，对于抵押物的交换价值就其债权能够优先受偿的最高数额。最高额抵押权仍属担保物权，仍是抵押权人对抵押物交换价值的支配权。抵押权人的支配范围如果没有量的界限，不仅有害于交易安全，而且也不合理地限制了抵押人对抵押物的利用，有悖于物尽其用的原则。所以，尽管最高额抵押设定时，主债权尚未发生，其数量难以确定，但也必须有所确定。确定的办法不是判断债权的数额，而是确定抵押物担保的债权的最高限额，债权人的优先受偿仅在最高限额内存在。如果实际发生的债权额在最高限额内，债权人的债权能全部优先受偿，但属于实际发生的债权超过了最高限额，其超过部分不能优先受偿。

3. 对一定期间内连续发生的债权作担保。最高额抵押期间是最高额抵押合同的一项基本内容，也是判断债权是否属于抵押担保债权的时间标准。没有“一定期间”，最高额抵押合同就不能成立。在最高额债权限度内，凡是发生在“一定期间”之内的债权都属于有抵押担保的债权；反之，发生在“一定期间”之外的债权，属于无担保债权。在约定的一定期间内，如果债权没有实际发生，最高额抵押合同因缺乏被担保的主债权而自行终止。

4. 最高额抵押所担保的债权为不确定债权。传统抵押权在其设定时，所担保的债权已经确定，而最高额抵押担保的是“在一定期间内连续发生”的债权，因此，在最高额抵押设定时，担保债权无论在数量上或债权额上均不确定。

三、最高额抵押权的构成要素

最高额抵押权由抵押人与抵押权人合意设定，但最高额抵押与一般抵押有所不同，最高额抵押的设定应由下列因素构成：

1. 原因交往合同

原因交往合同是债权人与债务人之间就一定期间内连续发生

债权债务关系的总合同，它是最高额抵押发生的基础性合同，对于确定最高额抵押的最高限额有重要意义。根据《物权法》的规定，最高额抵押的原因交往合同仅限于担保债务的履行，并非如《担保法》所规定的仅仅限于借款合同和债权人与债务人就某项商品在一定期间内连续发生交易而签订的合同。原因交往合同应当具有连续性和不确定性，它是对将来可能发生的一系列债权的概括性担保，因此其所担保的主债权金额在最后确定之前，可以随时增减变动，只有最高限额是确定的，若缺少最高限额，则不成立最高额抵押。

2. 决算期

决算期是指确定抵押权所担保的债权实际数额的时间。最高额于其设定时，仅确定了抵押权所担保的债权范围，在担保有效期间，抵押权所担保的债权额可能随时发生变动，因此，双方约定的最高限额并非是抵押权实际的担保额，实际的担保债权额必须在决算时另行确定，所以设定的最高额抵押时应当约定决算期。当双方未明确约定决算期的，依照最高额抵押主合同届时日期确定。同时，应当明确，根据《担保法解释》第八十二条规定，当事人对最高额抵押合同的最高限额、最高额抵押期间进行变更，以其变更对抗顺序在后的抵押权人的，人民法院不予支持。

关于决算期，《物权法》第二百零六条规定："有下列情形之一的，抵押权人的债权确定：（一）约定的确定债权期间届满；（二）没有约定确定债权期间或者约定不明确，抵押权人或者抵押人自最高额抵押权设立之日起满二年后请求确定债权；（三）新的债权不可能发生；（四）抵押财产被查封、扣押；（五）债务人、抵押人被宣告破产或者被撤销；（六）法律规定确定债权的其他情形。"具体而言：

（1）约定的债权确定期间届满。约定的债权确定期间届满，即意味着抵押合同约定的决算期届至。决算期是最高额抵押合同的一个重要内容，是确定最高额抵押权所担保的债权实际数额的时间。最高额抵押合同中，如果没有约定决算期，最高额抵押权就会无限期地延长，对抵押财产所有人非常不利。如果最高额抵押合同约定了决算期，则决算期届至时，最高额抵押权所担保的债权额确定。最高额抵押的清偿期，是抵押人履行债务的时间，与决算是不同的概念。决算期届至债权额，清偿期未必届至。最高额抵押合同当事人可以在决算期外另行约定清偿期。抵押合同约定决算期属于当事人意思自治，法律不予干涉。

（2）没有约定债权确定期间或者约定不明确，抵押权人或者抵押人自最高额抵押权设立之日起满二年请求确定债权。在最高额抵押合同中，如果没有约定决算期或者约定不明确，则最高额抵押权就会无限期地延长，最高额范围内的抵押财产担保价值就会一直处于被剥夺状态，这对抵押财产的所有人甚为不利。因此，法律赋予抵押人有请求确定最高额抵押权担保债权的权利。可见，该确定请求制度是为保护抵押物所有人的利益而设的，固不允许当事人之间以任何特别约定排除之。即使当事人有排除确定请求权行使的特别约定，亦为无效，不影响确定请求权的存在。抵押物所有人行使确定请求权仅须作出意思表示即可，无须采取书面形式。但是，抵押权人或者抵押人行使确定请求权须具备三个条件：一是行使请求权的人应为抵押人。抵押权人请求的，亦应当允许。如果抵押财产为多数人共有，因确定请求权并不涉及抵押财产的处分，而仅是一种保存行为，故得由共有人中之一人单独行使。此外，应当允许抵押财产所有人的债权人代位行使确定请求权。因为，如果抵押物所有人不行使确定请求权，则被担保的债权可能继续增加，相应地抵押财产的价值就会减少，抵押财产所有人的一般财产也就会因此而减少。故债权人为保全自己的债权，自可代位行使确定请求权；二是最高额抵押合同没有约定决算期。因为合同约定了决算期的，只能依决算期确定最高额。但在特殊情况下，即使抵押合同约定了决算期，若债务人的资产状况显著恶化，民法学理认为抵押物所有人亦可依情事变更原则行使确定请求权；三是最高额抵押合同设定后满一定期间，即2年。之所以规定这种期限的限制，主要目的在于协调利害关系人之间的利益关系。

（3）新的债权不可能再发生。如果最高额抵押权所担保的债权已没有发生的可能性，则构成最高额抵押权确定的原因。最高额抵押权所担保的债权不可能再发生的原因主要有三：其一，一定种类交易的终结。如果最高额抵押权所担保的债权系基于一定种类交易所发生的，则于该交易终结时，债权亦无发生的可能性，最高额抵押权即应确定。当事人之间的交易关系的终结，完全取决于双方的意思。所以，交易双方当事人合意终结交易关系，二者间的交易关系即为终结，第三人不得干涉。即使只有一方当事人有终结继续交易的意思，亦应认为交易关系的终结。其二，继续性交易合同的终止。如果最高额抵押权所担保的债权系基于继续性交易合同所产生的债权，则于该合同终止时，该债权已丧失发生的可能性，最高额抵押权即应确定。如果继续性交易合同已被解除的，亦发生同样的后果。其三，最高额抵押权所担保的债权决定标准变更。最高额抵押权所担保的债权决定标准有所变更，而按变更后的标准，被担保的债权无再发生的可能性时，最高额抵押权即应确定。

（4）抵押财产被查封、扣押。最高额抵押权存续期间，抵押财产被查封、扣押的，其通常的结果可能导致抵押财产被强制拍卖。此时，如果强制拍卖抵押财产，抵押权消灭，最高额抵押应当确定。因此，抵押财产被查封、扣押应为抵押债权确定的原因。最高额抵押的抵押财产被其他债权人申请折价、拍卖或者变卖的，最高额抵押所担保的债权于折价、拍卖或者变卖之日起确定。最高额抵押权所担保的债权范围，不包括抵押物因财产保全或者执行程序被查封后发生的债权。

（5）债务人、抵押人被宣告破产或者被撤销的。债务人、抵押人被宣告破产是指法院对债务人、抵押人具备破产原因的事实作出有法律效力的认定。[①] 债务人、抵押人被撤销的，是债务人、抵押人根据国家主管机关或者法院的裁决而强制解散，是债务人、抵押人进行清算的源由之一。最高额抵押的抵押人或者债务人破产或者被撤销的，最高额抵押所担保的债权于债务人或者抵押人被破产宣告或者被有关机关作出撤销决定之日起，抵押权人的债权得以确定。

（6）法律规定债权确定的其他情形。除上述五种情形之外，本条为适应实务的发展作了概括性的规定。根据审判实务，最高额债权被确定的原因还可能包括抵押物被强制拍卖。在抵押关系存续期间，如果抵押物被强制拍卖，则抵押权消灭。所以在最高额抵押权存续期间，如果欲强制拍卖抵押物，则必须使最高额抵押权确定。因此，抵押物的强制拍卖亦成为最高额抵押权确定的原因。

3. 最高额抵押转让的限制。在一般抵押中，债权可以转让，抵押权应具有附从性，故应随主债权的转让而发生转让。但在最高额抵押中，由于未来发生的债权是不确定的，经常处在变化之中，若在决算期尚未到来之前，债权人随意转让其债权，而抵押权也仍随之转移，特别是当债权人将多项债权分别转让给多人，抵押权的效力也要及于这些转让的债权时，将会使法律关系混乱。因此，《物权法》第二百零四条规定："最高额抵押担保的债权确定前，部分债权转让的，最高额抵押权不得转让，但当事人另有约定的除外。"

在司法实践中，应当注意下列问题：

（1）最高额抵押决算前主合同债权转让的，最高额抵押不随之转让。《担保法》第六十一条规定："最高额抵押的主合同债权不得转让。"从合同制度的角度看，《合同法》对债权转让有详备的规定，为债权的转让提供了法律依据，限制债权转让是没有理论上的依据和现实意义的。因此物权法吸取理论和实务上的经

① 王卫国：《破产法》，人民法院出版社 1999 年版，第 110 页。

验，并不限制主合同债权的转让，因最高额抵押在决算前的独立性，主合同债权转让不发生最高额抵押的转让，债权的转让对最高额抵押人也不发生影响。

(2) 最高额抵押决算后债权的转让不受限制。主债权转让的，最高额抵押权原则上一并转让。《最高人民法院关于审理涉及金融资产管理公司收购、管理、处置国有银行不良贷款形成的资产的案件适用法律若干问题的规定》第八条规定："人民法院对最高额抵押所担保的不特定债权特定后，原债权银行转让主债权的，可以认定转让债权的行为有效。"以上是最高人民法院对解决我国金融资产管理公司受让原商业银行的巨额债权后遇到的法律适用问题所作的解释。审判实践中应当延续这一规定的做法，在最高额抵押经过决算、被担保债权定额化后，最高额抵押主合同债权，即定额后的债权可以转让。最高额抵押权所担保的不特定债权，在特定后，债权已届清偿期的，最高额抵押权人可以根据普通抵押权的规定行使其抵押权。按照普通抵押权行使抵押权，在主债权（基础合同）转让时，抵押权原则上也随之转让了。

四、最高额抵押权的效力

1. 最高额抵押的效力范围

最高额抵押权所担保之债权，于最高额的范围内，决定其实际额。因此被担保之债权额于决算期前，得随时增减变动，纵因清偿关系，于决算期前其债权额曾一度为零，其抵押权并不因此消灭，仍为其后发生的债权继续存在。直至决算期时，其债权额始能确定，此时如实际发生的债权额超过了预定额，则仅以预定之最高额作为抵押权所担保的债权额。倘不及预定额度，则以实际发生之金额作为抵押权所担保的债权额。债权额的内容不限于合同所记载之金额，利息及违约金等亦包括在最高额度内，但根据《担保法解释》第八十一条规定，最高额抵押权所担保的债权范围，不包括抵押物因财产保全或者执行程序被查封后或债务人、抵押人破产后发生的债权。

2. 最高额抵押权的处分

最高额抵押权为抵押权之一种，依抵押权之一般规则，抵押权人自得处分。但在转让时，须待其担保的债权确定后，方能随同其债权一并转让，此为国外民法之一般规定。我国《物权法》第二百零五条规定：最高额抵押担保的债权确定前，抵押权人与抵押人可以通过协议变更确定债权的期间、债权范围以及最高债权额，但变更的内容不得对其他抵押权人产生不利影响。

最高额抵押合同作为当事人双方意思表示一致的结果，当然可以按双方的意思对合同条款进行变更；但是，最高额抵押合同为涉及物权变动的合同，其条款的变更，除涉及双方当事人的利益外，还会涉及第三人的利益，因此，本法对最高额抵押合同条款的变更有一些限制性规定，目的在于保护当事人及利害关系人的利益，维护正常的交易安全。本条规定的最高额抵押协议变更制度，是指对被担保债权、最高限额、决算期等的变更。具体涵义阐释如下：

（1）确定债权的期间的变更。也称为决算期的变更。对于最高额抵押合同中约定的决算期，当事人可以变更，既可以延长决算期，也可以缩短决算期。且此项变更无须征得第三人的同意。但决算期已经登记的，在变更时亦应为变更登记，否则不得对抗后顺位经过登记的抵押权人和其他善意第三人。

（2）债权范围的变更。债权范围的变更就是最高额抵押权所担保的债权范围的变化，主要是指担保债权的更换。在不改变最高额抵押权存在基础的前提下，应当允许当事人变更债权，以满足当事人的利益需要。设定抵押权的债权得以其他债权代替之，最高额抵押的债权，经抵押人和债权人的一致同意并为登记也得为更换，不仅各个债权得以其他债权更换，而且也得将整个债权范围更换。

（3）最高债权额的变更。最高额抵押合同成立后，合同中约定的最高额可依当事人的合意增加或减少。但是最高额抵押权所担保的债权，抵押权人仅在最高额范围内对抵押财产具有优先受偿的地位，因此，抵押合同约定的最高限额，决定着抵押财产的交换价值的可利用程度，同时也决定着抵押权人对抵押财产的交换价值的可支配范围，最高额的变更对在同一抵押顺序抵押权的债权人以及普通债权人的影响很大，故不允许当事人一方单独加以变更，除非最高抵押权人放弃权利。最高限额的变更，依据抵押财产的性质，非经登记不生效力或者非经登记不得对抗善意第三人。增加最高限额时，不得以其增加部分对抗变更登记前已成立的后顺序抵押权利人，这样有利于保护第三人的利益。

3. 最高额抵押权的实行

最高额抵押权的实行须具如下条件：（1）担保债权额须业已确定；（2）于决算期外，当事人得自定清偿期。若未另定清偿期者，设定有抵押权的存续期间，期间届满即为清偿期的届至。倘若此项存续期间亦未明定，在解释上决算期视为清偿期。根据《担保法解释》第八十三条之规定，最高额抵押权所担保的不特定债权，在特定后，债权已届满清偿期的，最高额抵押权人可以根据普通抵押权的规定行使其抵押权。抵押权人实现最高额抵押权时，如果实际发生的债权余额高于最高限额的，以最高限额为限，超过部分不具有优先受偿的效力；如果实际发生的债权余额低于最高限额的，以实际发生的债权余额为限对抵押物优先受偿。

4. 最高额抵押权的消灭

最高额抵押权所担保的债权，如确定地不发生，则最高额抵押权消灭。最高额抵押中如其所担保的债权额已确定，即变为普通抵押权，此时自应适用一般抵押权的规定，因而其消灭原因与普通抵押权相同。

五、对引言案例的评析

在该案中，主要涉及下列法律问题：

1. 如何确认涉案的《最高额抵押合同》的效力，债权人是否有优先受偿权。本案中，医药采购站于2003年2月20日与槐荫工行签订《最高额抵押合同》，明确约定医药采购站仅以自有房产设定抵押，随后亦仅在当地房屋管理部门办理抵押登记，这些行为均发生在《物权法》施行之前，应当适用当时的法律法规规定。上述《最高额抵押合同》系各方当事人真实意思表示，其内容不违反我国法律和行政法规的禁止性规定，且该合同抵押人医药采购站所抵押的房屋系该站的自有房屋，所抵押登记的部门为济南市房产管理局，符合《担保法》第四十一条“当事人以本法第四十二条规定的财产抵押的，应当办理抵押物登记，抵押合同自登记之日起生效”之规定，故抵押人医药采购站是否就国有土地使用权另行办理抵押登记手续不影响该《最高额抵押合同》的效力，应认定该《最高额抵押合同》合法有效，抵押权成立。。

2.《最高人民法院关于破产企业国有划拨土地使用权应否列入破产财产等问题的批复》（以下简称《批复》）第三条规定：“如果建筑物附着于以划拨方式取得的国有土地使用权之上，将该建筑物与土地一并设定抵押的，对土地使用权的抵押须履行法定的审批手续，否则，应认定抵押无效。”该《批复》中所规定的“将该建筑物与土地一并设定抵押的”系指当事人约定将建筑物与土地一并设定抵押的情形。当事人在订立合同时如果约定将建筑物与以划拨方式取得的国有土地使用权一并设定抵押的，则抵押人应对抵押国有土地使用权履行法定审批手续。本案当事人签订合同约定仅以自有房产设定抵押并办理房屋抵押登记，并未涉及土地使用权一并抵押的情况，该事实与上述《批复》规定的情形不符，原审判决以该《批复》为依据认定本案《最高额抵押合同》无效不妥。

鉴于医药采购站已被人民法院裁定进入破产程序，依照《破产法》第二十条“人民法院受理破产申请后，已经开始而尚未终结的有关债务人的民事诉讼或者仲裁应当中止；在管理人接管债务人的财产后，该诉讼或者仲裁继续进行”之规定，本案诉讼应当继续进行，医药公司答辩中提出本案应当中止审理的主张无据。在认定上述《最高额抵押合同》有效后，抵押权人长城公司济南办事处可以依据破产法的有关规定向医药采购站破产案件管理人提出行使优先权的申请，但该权利应当在医药采购站所抵押的涉案房屋被变卖或拍卖的价款（不含房屋所占用的土地使用权价款）范围内予以实现，且最高限额不得超过该抵押合同所约定的最高限额1200万元。

第四章 质押担保

第一节 质押概说

一、引言

我国《民法通则》规定了抵押、保证、留置、定金四种担保形式，却没有对中外最古老的质押担保作出规定，以至于在理论上和司法实务中，均将质押担保纳入抵押担保范畴，混淆了质押担保和抵押担保的区别。我国《担保法》第四章共计用了19个条文明确规定了质押担保。该章分别从动产质押角度和权利质押角度规定了质押的定义、质押合同的内容与形式、质押担保的范围、质权人与出质人的权利和义务等内容。质押的规定，完善了我国的担保制度，是对我国传统民事立法的又一大推动，是担保立法上的一大进步。《物权法》第十七章共用了22个条文对质权作了规定，是对《担保法》关于质押担保的进一步完善。

为了便于对质押的几个一般性问题进行研究，先看一案例：

质押担保借款纠纷案

某家电维修部业主于某欲去上海购进一批维修零配件，与某商业银行神龙支行（下称神龙支行）协商贷款10000元，并由王某以其存款单作质押担保，双方签订借款质押担保合同书，主要约定：于某借款10000元，月利息为0.9分，借款期限三个月，质押担保方式为于某的价值6000元的长虹彩电音响一套和王某的在神龙支行的存款单5000元一张。合同签订的同日，于某将长虹彩电音响一套和王某的存单移交于神龙支行，神龙支行将10000元支付给于某。借款到期后，于某仅偿还了借款利息和借款本金2000元，尚欠8000元未还形成纠纷，神龙支行以于某、王某为被告而诉至法院。

法院审理后认为，借款质押担保合同系神龙支行、于某、王某的真实意思表示，并不违反有关法律规定，应为有效合同。于某尚欠8000元借款本金及利息应当限期给付，逾期给付，神龙支行对质物依法享有优先受偿权，并判决：于某付给神龙支行借款8000元及利息，神龙支行依法对质物享有优先受偿权。

上述案例是比较典型的质押担保纠纷案例。下面结合该案例对质押担保的几个一般性问题予以阐述。

二、质押和质权

（一）质押和质权的概念

所谓质押，是指债务人或者第三人将其动产或者权利凭证移交债权人占有，将该动产或者权利作为债权的担保，在债务人不履行债务时，债权人有权以该动产或权利折价或者以拍卖、变卖所得的价款优先受偿。我国《担保法》第六十三条第一款对动产质押的概念进行了明确规定，即“本法所称动产质押，是指债务人或者第三人将其动产移交债权人占有，将该动产作为债权的担保。债务人不履行债务时，债权人有权依照本法规定以该动产折价或者以拍卖、变卖该动产的价款优先受偿。”

质押在传统民法上称为“质权”，又称之“质押权”，其有广义和狭义之分。广义的质权，是指物的担保而言，包括质押和抵押在内。狭义的质权，是指因担保债权的占有由债务人或第三人移交动产或权利，就其所得价金受偿的权利。我国《担保法》中所规定的质押，应当为狭义上的质权，并以质押标的不同，区别动产质权和权利质权，从而也较为全面地规定了质押担保制度。我国《物权法》第二百零八条规定了动产质权，即“为担保债务的履行，债务人或者第三人将其动产出质给债权人占有的，债务人不履行到期债务或者发生当事人约定的实现质权的情形，债权人有权就该动产优先受偿。前款规定的债务人或者第三人为出质人，债权人为质权人，交付的动产为质押财产。”

质押是设定质权的法律行为，是质权产生的原因；而质权是指质权人的权利，是质押引起的法律后果。因此，出于担保债务履行的目的，债务人或者第三人将其动产交给债权人占有并实际控制的行为，被称之为质押；而债权人基于质押所享有的就质物价值优先受偿的权利，被称作质权。

（二）质押法律关系

质押法律关系与其他法律关系一样，包括三个要素，即质押的主体、质押的客体和质押的内容。

1. 质押的主体

即质押法律关系的当事人，包括质权人、出质人与第三人。质权人是指占有质物的债权人。应当明确，质权人与债权人为同一人。出质人是指质物移交给债权人，供作该债权担保的人。出质人可以是债务人自己，也可以是债务人以外的第三人。如果债务人用自己的物品出质，则此时出质人就是债务人本人，如果债务人以外的第三人以自己的物品出质，则此时出质人为该第三人。第三人是指债务人以外的出质人。

在引言所述案例中，质押法律关系的当事人分别为：质权人是债权人神龙支行，出质人是于某和王某。其中，于某既是债务人，又是出质人。王某既是第三人，又是出质人。于某和王某为共同出质人，分别以动产和存单作为质物，构成了共同质押。

2. 质押的客体

即质押的标的物，简称质物。质物是由出质人移交给债权人占有的动产[①]或财产权利，质物是质押担保的核心。质物为动产和财产权利，这是国际上通行的一个原则。如德国、瑞士民法上规定有动产质权和权利质权，不承认不动产质权。受日本民法影响极深的韩国民法，也仅规定有动产质权和不动产质权，日本民法沿袭法国民法而规定有动产质权，权利质权和不动产质权。不过，日本民法规定的不动产质权，在当今日本几乎不被利用[②]。总而言之，在抵押担保已经发达的现代社会，不动产质权已经没有存在的必要，质物应仅以动产和财产权利为限。

在引言所述案例中，质物既有动产，又有财产权利，即质物为于某的动产长虹彩电音响一套和王某的财产权利凭证5000元存单一张。

3. 质押的内容

即为质押法律关系当事人的民事权利和民事义务，主要是指质权人的质权，即就是质物或其变卖价款的优先受偿权及其他为保障其实现的质权人的权利。

在引言所述案例中，质押的内容为：出质人于某和王某负有移交质物的义务，于某享有神龙支行给付借款的权利，质权人神龙支行享有占有质物的权利，负有履行给付于某借款的义务，并依法享有对质物的优先受偿权。

---

① 金钱可否成为质物？从性质上看，金钱当属于动产，但又是一种特殊的动产——货币，一旦取得占有，则可取得其所有权。而质押原则是质物仅转移占有，而不转移所有权。可见，金钱在一般情况下不能设定质押，但根据《担保法解释》第八十五条“债务人或者第三人将其金钱以特户、封金、保证金等形成特定化后，移交债权人占有作为债权的担保，债务人不履行债务时，债权人可以以该金钱优先受偿”之规定，若将金钱予以特定（诸如金钱的种类、面额、号码特定）而设立质押时，质押合同有效。

② 梁慧星：《日本现代担保法制概述》，载《外国法译评》1994年第1期。

（三）质押的作用在于公示和留置

质权设定，以移转质物占有为其成立要件，具有公示的效力。质权人不可以利用质物，但占有质物以间接强制债务人清偿债务，因而，又具有留置作用。详言之：

1. 公示作用

一般来说，物权公示的方法主要有两种，即动产交付与不动产登记，登记和交付是物权公示的基本方法。质权属担保物权，质权由质权人占有质物，其本身已公示质权的存在。我们知道，抵押权不以移转占有抵押物为成立要件，抵押权的公示方法为登记，且法定需登记的抵押权自登记之日起生效。就质权而言，原则上凡可以移转占有的财产，都可以设定其为标的。一切具有移转占有特性的动产，均可以设定质权，但法律、法规禁止作为质物的除外。

专利权、著作权等所谓无形财产权的设质，应依其权利证书的规定，应当以登记为公示方法。各种债券及股票，均可以是质权的标的，但是其公示方法并不一致。无记名的，因证券的交付而设定；指示证券，因背书及证券的交付而设定；记名式股票，不将质权人的姓名、住所记载于公司股东名簿，并将质权人的姓名记载于股票的，不可以以其设定质权对抗公司及第三人；记名公司债券的设质，不将质权人的姓名、住所记载于公司存根簿，并将其姓名记载于债券，不可以以其设定质权对抗公司及第三人。其他非有价证券化的记名式债券，有证书的，应将其证书交付于债权人，不将质权的设定通知债务人，不可以对抗债务人。占有的转移，作为质权的公示方法，限于普通的动产及无记名式或指示式的有价证券化的货物及权利，而无体财产权及记名式股票或公司债券，以注册或以记载于簿册为公示方法。

2. 留置作用

质权以质物的占有移转为成立要件，并以继续占有为要素。在占有期间，质物由债权人占有，出质人失去了使用及收益的权利，从而促使债务人履行债务，保障债权人实现债权。根据《担保法》第七十一条第一、二款“债务履行期届满债务人履行债务的，或者出质人提前清偿所担保的债权的，质权人应当返还质物。债务履行期届满，质权人未受清偿的，可以与出质人协议以质物折价，也可以依法拍卖、变卖质物”的规定，只有质权人的债权得以清偿，质权人才将质物返还给出质人。当质权人的债权已届清偿期而未受清偿，则质权人可与出质人协议以质物折价，亦可拍卖、变卖质物而受偿。因此说，质押的留置作用对质权人是十分有利的，便于质权的实行，从而确保质权的债权得以实现。

三、质权的分类

按照不同的划分标准，质权可分为不同的种类：

1. 根据质物的性质不同，可将质权划分为动产质权、权利质权。动产质权的质物为动产，权利质权的质物为财产权利。

2. 根据出质人的身份不同，质权分为债务人自己提供的质押和第三人提供的质押。第三人作为出质人的，一般是受债务人的委托以一定财产作为债务人履行债务的担保。债务人在债务履行期限届满未履行债务的，质权人依法对质押的财产行使权利后，出质人有权向债务人追偿，其法律地位类似于保证人。

3. 根据出质人数不同，质权分为普通质权和共同质权。普通质权即为债务人一人或第三人一人为债权人的某一债权设置质押担保。共同质权即为债务人一人和第三人或两个以上的第三人为同一债权人的同一笔债权而设置的质押担保。我国法律上虽未明文设定共同质权，但在司法实践中并不少见，因此，应当对共同质权持肯定态度。

在本案中，于某以其长虹彩电音响一套设置质押，因质物为动产，故于某提供的质物为动产质押。王某以其5000元存单为于某设置质押担保，因5000存单一张系财产权利凭证，故王某所提供的质押当属权利质押。因此，神龙支行享有动产质权和权利质权。按其出质人的身份不同，于某为债务人，于某以其长虹彩电音响一套设置质押，属债务人自己提供的质押，王某以其5000元存单一张为于某债务设置质押，属第三人提供的质押。在本案中，于某和王某分别以其各自的财产为于某所贷神龙支行的10000元借款担保，当属共同质押，而非普通质押。

四、质权的法律特征

质权与抵押权一样，均属担保物权，既与抵押权有相同的法律特征，又有其自身的特征。质权的法律特征如下：

1. 质权的物权性。质押财产交付后或权利凭证交付并登记后，质权得以设定，质权人享有对质物的占有权以及在债务履行期届满后债务人不履行债务时对质物价值的优先受偿权。质权人的这种质权在形式上具有排他性、支配性等物权的性质。

2. 质权的从属性。质权是为担保债权的受偿而设定或者发生的物权，具有从属于被担保债权的属性。被担保的债权为主权利，而担保物权称为从权利，担保物权的发生、处分、消灭均从属于主债权。

3. 质权的不可分性。质权人不论其被担保的债权数额多寡，得对担保标的物的全部行使权利；权利人的债权因为清偿、让与、免除等原因而部分消灭的，权利人仍得以其未受偿的债权部分对担保标的物的全部行使权利；担保标的物分割或者转让，不影响质权人的权利，权利人仍得对担保标的物的全部行使权利；担保标的物部分灭失，权利人仍得以其质权对标的物的残留部分行使权利。

4. 质权的物上代位性。物上代位性，是物权的一般共性。在质物灭失或毁损，可以得到赔偿的，或价值形态改变的，质权的效力即可及于质物的代位物上。质权人在物的价值受有危险时，可以拍卖、变卖该质物以其价金取代质物。《物权法》第一百七十四条规定："担保期间，担保财产毁损、灭失或者被征收等，担保物权人可以就获得的保险金、赔偿金或者补偿金等优先受偿。被担保债权的履行期未届满的，也可以提存该保险金、赔偿金或者补偿金等。”

5. 质权的优先受偿性。质权与抵押权作为担保物权，均为担保物权的一种，因此，具有物权的优先受偿性。《物权法》第二百零八条第一款规定：“为担保债务的履行，债务人或者第三人将其动产出资给债权人占有的，债务人不履行到期债务或者发生当事人约定的实现质权的情形，债权人有权就该动产优先受偿。”质权虽由质权人占有标的物而留置标的物，但其根本目的和效力在于以标的物之价值优先受偿。

6. 质权的移转质物的占有性。质权的发生以质权人取得对质物的占有为要件。质权的客体为动产或者财产权利，其流动性较大，权利变动频繁，与不动产相比，不具有区别于其他财产的显著性，若出质人不将质物交付于质权人占有而可以成立质权，则质权人对标的物的支配无从实现。抵押权不移转标的物的占有，但以抵押登记公示确保抵押权人和第三人的利益；质权的设定无须登记公示，对出质人利用、处分和收益质物的权利不能不加以限制，惟有向质权人交付质物，才能够确保质权人之权利存在，并防止损害第三人的利益。

7. 质权的客体为动产和财产权利。动产之所以可作为质物，是因可以交付转移占有而便于设定质权。与不动产具有类似地位的财产权利，如汇票、支票、本票、债券、存款单、仓单、提单等证券权利，同样可以交付而移转占有，以便于设定质权。依法可以转让的股份，股票等证券权利，依法可以转让的商标专用权、专利权、著作权中的财产权等虽属无形物，但仍可以一定的公示方法表明权利的存在或者变动，可以设定质权。在我国《担保法》中是不承认不动产质权的，因此，对于以不动产作为质物的，应当确认质押合同无效。对于以人身作为质物的，不仅应当确认质押合同无效，还可追究有关限制人身自由的行为人的刑事责任。

五、质押与抵押、留置的区别

（一）质押与抵押的区别

在我国古代就有质与押的担保方式。《担保法》将质押从《民法通则》的抵押中分离出来，以法律形式确认了质权与抵押权是完全不同的两种担保方式。两者的主要区别如下：

1. 标的物不同

在抵押中，可作担保物的抵押物的范围较为广泛，其包括以下几类：不动产；动产；建设用地使用权；土地承包经营权等。实践中适用抵押还应注意下列财产不得抵押：（1）土地所有权；（2）依法不得抵押的集体所有的土地使用权；（3）社会公益设施，如教育、医疗卫生设施等；（4）依法被查封、扣押、监管的财产；（5）依法不得抵押的其他财产，如权属有争议的财产等。

在质押中，作为担保物的质物的范围仅限于以下两类：一是动产；二是财产权利。实践中适用质押应注意，不动产及土地使用权均不能作为质押物，更不能以人身作为质押。

由上可知，质权的标的物是动产和财产权利，财产权利只能设立质押，而不能设立抵押；抵押权标的物是动产和不动产。不动产只能设立抵押，而不能设立质押。

2. 占有原则不同

质权中的标的物必须转移由质权人占有，且质权人负有妥善保管标的物的义务；抵押权中的标的物则不能转移为抵押权人占有，抵押成立后，抵押物仍然由抵押人占有。质押的质物不是通过登记来公示，而是以转移质物的占有作为公示的方式，以达到对抗第三人的担保目的；抵押的抵押物以登记为公示方式，不转移占有也可达到对抗第三人的目的。质权中出质人丧失质物的占有，不得对质物行使使用权；而抵押权中的抵押人仍对抵押物占有、使用和收益，做到物尽其用，故抵押担保素有“担保之王”之称。

3. 生效原则不同

在质权中，《物权法》第二百一十二条规定，质权自出质人交付质押财产时设立；在权利质押中，以汇票、支票、本票、债券、存款单、仓单、提单出质的，当事人应当订立书面合同。质权自权利凭证交付质权人时设立。没有权利凭证的，质权自有关部门办理出质登记时设立。以基金份额、股权出质的，当事人应当订立书面合同。以基金份额、证券登记结算机构登记的股权出质的，质权自证券登记结算机构办理出质登记时设立。以其他股权出质的，质权自工商行政管理部门办理出质登记时设立。以注册商标专用权、专利权、著作权等知识产权中的财产权出质的，当事人应当订立书面合同，质权自有关主管部门办理出质登记时设立。以应收账款出质的，当事人应当订立书面合同，质权自信贷征信机构办理出质登记时设立。在抵押权中，以《物权法》所规定的必须办理抵押物登记的，抵押权以登记为生效要件，自愿办理抵押物登记的，抵押权自签订之日起生效。我们也可以根据质权与抵押权生效原则不同概括为：质权以移交质物的占有为生效原则，以登记生效为例外；抵押权则以抵押权登记为生效原则，以合意生效为例外。

4. 设立原则不同

在质权设立情况下，一物只能设立一个质权，没有受偿顺序；而抵押物可设数个抵押权，抵押权以登记生效的，按照抵押物登记的先后顺序清偿，顺序相同的按照债权比例清偿。抵押权自签订之日起生效的，抵押物已登记的优先于未登记的受偿，抵押物未登记的，按照债权比例清偿。

5. 收取孳息不同

所谓孳息是指原物所产生的收益，包括天然孳息和法定孳息。在抵押权中，抵押人仅将抵押物的交换价值提供给抵押权人来担保债务的履行，其对抵押物享有占有权和收益权。抵押期间，不论抵押物所生的是天然孳息还是法定孳息，均由抵押人收取，抵押权人无权收取。只有在债务履行期届满，债务人不履行债务致使抵押物被法院依法扣押的情况下，自扣押之日起，抵押权人才有权收取抵押物分离的天然孳息以及抵押权人就抵押物可以收取的法定孳息。但其未将扣押抵押物的事实通知应当清偿法定孳息的义务人的，抵押权的效力不及于该孳息。而在质权中，质权人对质物享有占有权及收益权。质押期间，除当事人在质押合同中另有约定的以外，质权人依法有权收取质物所生的天然孳息和法定孳息。

（二）质押与留置的区别

质权和留置权都是动产担保物权，在债权得不到清偿时都可直接就标的物受偿。两者的主要区别有如下几点：

1. 权利发生根据不同。质权是基于当事人双方的合意，凡是在债的关系发生的场合，质权都可以同主债权人与主债务人协议和交付质押物而发生，质权适用的范围是广阔的；留置权是基于债权人留置已经合法占有的债务人的动产。

2. 标的物及权属不同。在质押担保中，质押物的所有权既可属于债务人，也可属于第三人，质押物既可以是动产，又可以是财产权利。在留置担保中，留置物的所有权仅限于债务人，而不可能是第三人，留置物必须是动产。

3. 权利的发生与交付占有的关系不同。质权在质押财产交付时即发生，它同交付占有之间有因果关系，交付占有是因，质权发生是果，若未交付占有，则不会发生质权。留置权并不因为交付占有而发生，它同交付占有没有因果关系，留置权的发生是因为债务人不履行合同的义务，若履行就不会产生留置权。

4. 权利实现的情形不同。留置权在其所担保的债权已届清偿期而未受清偿时，才可以行使留置权。而质权则无须催告，只要通知债务人即可对质押物行使处分权。

5. 权利消灭的情形不同。质权不因债务人另行提供担保而消灭，留置权可因债务人另行提供担保并被债权人接受而消灭。

第二节　质权合同

一、引言

出质人与质权人应当以书面形式订立质押合同。质押合同自质物移交于质权人占有时生效。出质人未按约定交付质物而给质权人造成损失的，应当根据其过错承担赔偿责任。诸如：

本案的债权人能否取得质权[①]

1996年初，河南省通许县玉皇庙乡与通许县有关部门签订责任书，招商引资。该乡将引资1000万元资金任务交给了乡党委委员、乡企委主任、开封市通玉企业（集团）公司（以下简称通玉公司）总经理张朴实（又名张书志）。同时，中国农业银行通许县支行（以下简称通许农行）实行资产负债经营管理，即引进资金帮助农行增加储蓄额度后，农行可出贷74%。同年6月25日，通玉公司与河南省宏远实业发展公司基建融资部（以下简称宏远公司融资部）签订一份融资协议，约定宏远公司融资部负责引进外地资金存入通许农行，存款利率为0.022元/月，通玉公司支付宏远公司0.005元/月的佣金。通玉公司负责备总款额1%的定金向存款人出示，待汇票解付时，将汇票1%的定金交付存款人。该定金从利差总额中扣除。通玉公司在汇票入账后一次结清协议利率与法定存款利率之差。通玉公司从农行贷出款项后借给宏远公司200万元，宏远公司向通玉公司支付利息。

为解决引资问题，玉皇庙乡党委书记张学勤通过宏远公司融

① 案例来源于李国光主编：《民商审判指导与参考》（2002年第1卷），人民法院出版社2002年版，第173—180页。

资部张以文介绍，认识了河南省协联投资服务有限公司（以下简称协联公司）董事长王中。协联公司曾为河南省粮油食品进出口公司（以下简称粮油公司）融资，帮助粮油公司发展畜牧业。王中为此事找到了粮油公司，请求帮助解决1000万元借款。粮油公司只同意将该公司的1000万元存人有关银行。

1996年8月，粮油公司委托协联公司董事长王中和宏远公司融资部张以文到通许农行办理存款。该公司财务部主任杜文新将其身份证复印件以及两份金额分别为300万元、700万元，收款人为杜文新、账号为874000117的银行汇票交给王中、张以文。同月12日，王中、张以文在通玉公司总经理张朴实带领下，将其携带的300万元的汇票交给了通许农行国际业务部工作人员。同日，通许农行将该300万元解付到该行1130242000106账号上。嗣后，通许农行先以内部转账方式将杜文新名下的300万元转到通玉公司874000117的账号内，又为通玉公司开具了一份300万元的现金支票，将该款项转到张朴实个人的名下，并办理了一张金额为300万元、存期自1996年8月12日至1997年8月12日、存款利率为0.918%的无记名定期存单。该存单编号为4364209，加盖了通许农行公章及经办人私章。张以文、王中将该存单交给了粮油公司。同年8月20日，通许农行国际业务部与通玉公司签订一份抵押担保借款合同，约定通许农行国际业务部向通玉公司提供设备贷款210万元，期限自1996年8月20日自1997年8月20日止，利率为0.914%。借款方以编号为4364209、金额为300万元的无记名存单作为质押的权利凭证。合同签订当日，通许农行向通玉公司支付人民币210万元。

1996年8月22日，王中、张以文又将所持杜文新名下的700万元汇票交给通许农行工作人员。同日，通许农行将该款划到该行1130242000106账号上。次日，通许农行开具一份付款人为杜文新、收款人为874000117的该行县辖内部往来贷方凭证单，将该700万元转入通许农行国际业务部通玉公司的账号内。该行国际业务部为通玉公司办理一份进账单，以付款单位为粮油公司杜文新之名，将款项转入通玉公司名下。通许农行国际业务部先为通玉公司开具一份700万元的现金支票，将700万元转到张朴实个人名下，后又为张朴实办理了一份金额为700万元的整存整取存单开户单，并加盖了现金收讫的业务公章。嗣后，通许农行出具一份编号为4364282号的无记名存单载明，金额为700万元，存期自1996年8月23日至1997年8月23日，利率为0.747%。该张存单亦通过王中、张以文交给了粮油公司。同年8月26日，通许农行国际业务部又与通玉公司签订了一份抵押担保借款合同，约定通许农行国际业务部向通玉公司发放贷款450万元，期限自1996年8月26日至1997年8月26日，利率为0.924%。通玉公司以编号为4364282、金额700万元的存单作为质押的权利凭证。合同签订后，通许农行向通玉公司支付450万元。通许农行在办理上述两份借款时，以存单底联复印件在通许县公证处办理了质押借款公证。

另查明，通玉公司以中介服务费名义，向王中、张以文支付奖金217.03万元；王中以其公司之名给通玉公司出具169.03万元的收据；张以文以其个人名义给通玉公司开具48万元的收据。河南省监察厅在查处原粮油公司负责人的其他问题时，发现了粮油公司本案所涉的1000万元公款私存的问题。

又查明，通许农行就通玉公司抵押借款合同纠纷向河南省开封市中级人民法院起诉，请求判令通玉公司返还借款，张朴实承担保证责任。1997年8月22日，河南省开封市中级人民法院制作（1997）汴民初字第71号民事调解书，确认原告通许农行与被告通玉公司达成协议有效，通玉公司偿还通许农行借款本金210万元及利息，由通许农行从4364209号存单上直接划拨。同年8月28日，河南省开封市中级人民法院制作（1997）汴民字第72号民事调解书，确认原告通许农行与被告通玉公司达成协议有效，通玉公司偿还农行借款本金450万元及利息，由通许农行从通玉公司4364282号存单上直接划拨。同年8月25日、9月3日，通许农行从存单上划拨款项，对通玉公司上述两笔贷款进行清结。1997 年 10 月 14 日，通玉公司用转账支票在通许农行支取人民币 224390.15 万元；同年 10 月 15 日、17 日两次以现金支票在通许农行支取现金 191731.9 万元和 100 万元。通许农行对上述两张存单作了清户处理。

1997 年 10 月 16 日，粮油公司向河南省高级人民法院起诉，请求判令通许农行支付存款本息。

一审法院经审理认为，粮油公司以“杜文新”之名，将 1000 万元款项分两笔转至通许农行，其作为该笔款项的真实所有人，有权提出诉讼请求。通玉公司以引资存款为名，又以支付高额利息为手段，进行非法的资金借贷，应对本案纠纷承担主要责任，其应偿还所占用粮油公司的款项，并赔偿占用资金期间利息损失的责任。但其已支付给粮油公司的存款受托人王中、张以文的 217.03 万元高额利差应冲抵存款本金，粮油公司虽未实际取得此款，但其已通过其他途径主张权利。通许农行明知两笔款项系粮油公司为出资人的情况下，又将该款几经划转，最终转付到通玉公司“张朴实”个人名下，同时，又开出两份存款账联与存单联不符的存单。尔后，又准许通玉公司用该行存留的存款账联抵押贷款。因通许农行帮助违法借贷的过错，应对开封通玉公司不能偿还粮油公司出资本金部分承担赔偿责任，但不超过不能偿还本金部分的 70%。通许农行以未向粮油公司“杜文新”开具存单，现其持有的两份存单是经变造的，且与存款账联不符的无效存单主张权益，及该两份存单存款均系开封通玉公司“张朴实”所有等抗辩理由证据不足，不予支持。根据《民法通则》第五十八条第（四）、（七）项和最高人民法院法释〔1997〕8 号《关于审理存单纠纷案件的若干规定》第六条及《民事诉讼法》第二百三十二条的规定，经该院审判委员会决定，判决：一、通玉公司自本判决生效之日起十日内，偿还粮油公司资金 782.97 万元及利息（两笔资金分别从 1996 年 8 月 13 日、23 日起开始计付），按人民银行同期存款利率计算至给付之日。逾期加倍支付迟延履行期间的债务利息。二、通许农行对通玉公司的上述债务的本金部分承担赔偿责任，但不超过不能偿还本金部分的百分之七十。三、驳回粮油公司的其他诉讼请求。案件受理费 65434 元，由通玉公司承担 49370 元，由粮油公司承担 16064 元。

粮油公司不服判决，提起上诉。

二审法院经审理认为，粮油公司分别将面额为 300 万元、700 万元的两张银行汇票交给中介人王中、张以文，并委托其到通许农行办理存款业务。该两张汇票的汇款人为粮油公司，收款人为杜文新，收款人账号为通玉公司在通许农行国际业务部开立的 874000117 账号。通许农行收到王中、张以文交来的两张汇票后，即将该两张汇票上的 1000 万元解付到该行 1130242000106 账号，后又将该笔款项解付到非汇票收款人的通玉公司 874000117 的账号。尔后，通许农行为通玉公司办理了现金支票，并将该笔款项划入张朴实的个人名下，在该笔款项进入张朴实个人名下后，通许农行出具了两张真实的无记名存单。上述事实表明，粮油公司通过委托人将面额为 300 万元、700 万元的两张汇票交给了通许农行，通许农行也为其出具了真实的存单。粮油公司持有该两张存单，是该两张存单项下款项的合法所有权人。该两张存单是否记名，并不影响存单的合法性、有效性。存单项下的款项依然为存单合法持有人所有。粮油公司有权依据该两张存单向通许农行主张权利。在该笔款项进入张朴实个人名下后，通许农行与通玉公司又签订了两份抵押担保借款合同，并依据该两份合同，向通玉公司发放了贷款共计 660 万元。上述事实表明，通玉公司所获款项并非粮油公司直接交付或通过通许农行交付的，而是通许农行依据与通玉公司签订的抵押担保借款合同，向通玉公司发放的贷款。虽然质押行为并未生效，但不影响通玉公司与通许农行借款民事法律关系的成立。通玉公司以奖金形式支付了 217.03 万元高额息差，但是该高息分别为中间人协联公司和张以文所得，粮油公司既没有取得高息的动机，对中间人获得的高息在案发前也不知情。

粮油公司将本案所涉 1000 万元款项存入通许农行后，通许农行出具了无记名存单，并通过以存单底联质押的方式，将660万元资金贷给通玉公司使用。粮油公司合法持有存单，有权主张存单项下的权利，并且粮油公司既没有指定通玉公司为用资人，也没有从通玉公司或通许农行取得高息额息差。故本案不符合以存单为表现形式借贷纠纷的特征，应当按照一般存单纠纷处理。通许农行关于粮油公司与通玉公司之间属借款关系，与通许农行不存在存款关系，通许农行不应承担责任的主张，因与事实不符，本院不予支持。原判认定本案为以存单为表现形式借贷，属于定性不当；认定粮油公司虽未实际取得217.03万元高息，但已通过其他途径主张权利与事实不符；判处217.03万元高息充抵本金，以及通许农行对通玉公司不能偿还的本金承担百分之七十的赔偿责任，属适用法律错误，均应予纠正。1996年8月20日、26日，通许农行国际业务部分别与通玉公司签订的两份抵押担保借款合同，当事人意思表示真实，内容亦不违反法律规定，该两份借款合同均应认定为合法有效。但因合同签订后，通玉公司并未将上述两张存单交给质权人通许农行，通许农行不持有质押物，根据《担保法》第七十六条的规定，上述两份抵押贷款合同中有关质押的条款并未生效。因此，虽然通许农行用存单底联复印件已在通许县公证处办理了公证，并与通玉公司达成民事调解协议，但因质押条款并未生效，通许农行不享有质押权。所以，通许农行从上述两张存单上直接扣款还贷及处分其余款项的行为，因没有法律依据，而应认定为无效民事行为。通许农行应将该两张存单项下的款项返还给存单所有人粮油公司。通许农行与通玉公司之间的债权债务关系，应另行解决。本院根据《民事诉讼法》第一百五十三条第一款第（二）项的规定，判决：一、撤销原判；二、通许农行在本判决送达之次日起十日内，偿付粮油公司存款1000万元及利息（存期内按存单载明的起止日期及利息计付；存期届满之次日至实际给付之日，按中国人民银行规定的同期逾期贷款利率计付）。

上述案例，二审法院改判了一审法院的判决，其中主要争议焦点是抵押合同中的质押条款是否生效？通许农行是否享有质权？《担保法》对质押合同的生效作了规定，《担保法解释》第八十六条、第八十七条、第八十八条对质押合同的生效和不生效及出质人应当承担的法律责任作了进一步规定。

二、质权合同的形式与生效

根据我国《物权法》第二百一十条第一款规定，设立质权，当事人应当采取书面形式订立质权合同。因此，质权设定行为是要式行为，应当以书面形式为之。

对于书面质权合同的形式，《物权法》没有明确规定。《担保法》第九十三条规定："本法所称保证合同、抵押合同、质押合同、定金合同可以是单独订立的书面合同，包括当事人之间的具有担保性质的信函、传真等，也可以是主合同中的担保条款。"因此，《物权法》所要求的书面质权合同，既可以是独立于主债权合同之外单独签订的书面合同，包括当事人之间具有质权设立性质的信函和传真等，也可以是主债权合同中的一项或几项有关质权设立的条款。

实践中存在设立动产质权合同未采用书面形式的情形。对此，不应当一概确认为没有成立。我们认为，法律之所以规定设立质权要采取书面形式，主要是考虑到口头合同一旦发生争议，不易证明其存在及具体内容，不利于事实的查明和纠纷的解决，而不是为了单纯地否定非书面形式的合同。如果当事人以口头形式订立质权合同后，一方已经履行主要义务，对方也已经接受的，应当依据《合同法》第三十六条的规定，认定该合同成立。对于质物已经交付给质权人的，可以认定该质权已经设立。

质权合同是出质人与质权人就质物移交给质权人占有以作债权的担保而明确相互之间的权利义务关系的协议。质权为担保物权，设定质权的质押之性质如何，在学理和立法例上存在差异。依照德国民法，出质人和质权人订立的质押契约，为债权行为，质押契约并不具有设定质权的效力；质权的设定属于物权变动，物权变动惟能因物权行为而发生，出质人和质权人设定质权的质押行为，性质上为不同于质押合同的物权行为，即质权因为出质人向质权人移转质物的占有的物权行为而成立。但依照法国民法，物权的变动仅是债权发生效力的结果，除变动物权的当事人合意之外，并不存在独立的物权行为。我国民法不承认物权的独立性和无因性，设定质权的合同本身为债权行为，在质押合同之外并不存在所谓的设定质权的“物权契约”，出质人向质权人交付质物而“公示”质权设定的行为，为质押合同内容的履行；质权的设定为质押合同履行的结果。所以，我国民法上设定质权的合同，为债权行为；质权因出质人转移质物的占有而发生效力。质权合同依法成立时，即生法律效力。这一点，应当特别注意，是《物权法》将质权合同与质权的设立的区分原则的体现。

三、质权合同的主要内容

合同只有具备必要的条款，其内容才能加以确定，质权合同也是如此。为了使质权合同能够明确质权人和出质人的权利义务，为实现合同目的以及将来处理当事人之间的纠纷奠定基础，《物权法》第二百一十条对合同主要条款做出了规定。需要注意的是，该条规定的合同内容与《担保法》第六十五条相同，但其更加突出了提示性、指导性和非要式的特点。根据该条规定，质权合同一般包括下列条款：

1. 被担保债权的种类和数额。被担保债权，通常被称为主债权。主债权的种类、数额等情况往往是确定质权发生的依据，也是实现质权时优先受偿范围的确定基础，需要首先在质权合同中加以明确。主债权的种类，从合同标的角度分为金钱债权、特定物给付债权、种类物给付债权以及以作为或不作为为标的之债权等，从合同性质上还可以分为买卖、租赁、借款等等。至于数额，则是指主债权以金钱加以衡量的数量；不属于金钱债权的，可以明确债权标的额的数量、价款等内容。

2. 债务人履行债务的期限。一般而言，债务人履行债务的期限届满但债务人没有履行债务，构成质权人行使质权的条件。因此，主债务的履行期限对质权人的利益维护至关重要，有助于准确确定债务人债务清偿期届满的时间，明确质权人实现质权的时间，保证质权人及时实行质权。故法律特别指导当事人在质权合同中载明债务人履行债务的期限。

3. 质押财产的名称、数量、质量、状况。质押财产是质权法律关系的标的物。没有质物，则不可能产生质权；质权的实现，最终也要以质物的变价为满足。所以，质权合同应当对质押财产的情况有明确的约定和描述。具体而言，一是要载明质物的名称，以确定质物为何种物；二是要载明质物的数量、质量、状况，以确定质物的价值量。如果质押合同中对质押财产的约定不明，或者约定的出质财产与实际交付的财产不一致的，依据《担保法解释》第八十九条，应当以实际交付占有的财产为准。

4. 担保的范围。动产质权的担保范围，是指质权人实现质权时可以以质物变价优先受偿的范围。担保范围的约定对出质人和质权人均非常重要，因为担保范围既决定着出质人所承担的质押责任范围，也决定着质权人实现质权时获得担保清偿的范围，故需要在质权合同中加以协商约定。根据《物权法》第一百七十三条规定："担保物权的担保范围包括主债权及其利息、违约金、损害赔偿金、保管担保财产和实现担保物权的费用。当事人另有约定的，按照约定。"如果当事人对担保范围不作约定或者约定不明确时，可依据该条规定，确定担保范围包括主债权及其利息、违约金、损害赔偿金、保管质物和实现质权的费用。

5. 质押财产交付的时间。质权在出质人交付质押财产时发生效力，故质押财产的交付时间，是质权合同中的重要内容。当事人在质权合同中约定质物的交付时间，就可以明确出质人应当在何时将质物移转给质权人，质权人于何时接受质物，从而确定质权的效力以及质押财产灭失风险责任转移的时间。

四、流质契约的效力

所谓流质契约，是指质权人与出质人在合同中约定，债务履行期届满，质权人未受清偿时，质物的所有权归债权人所有。流质契约也称流质合同。关于流质契约的禁止，是现代各国民事立法的通例。我国《担保法》借鉴国外和我国台湾地区的立法经验，对流质契约作出了禁止性规定，该法第六十六条规定："出质人和质权人在合同中不得约定在债务履行期届满质权人未受清偿时，质物的所有权转移为质权人所有。"《物权法》第二百一十一条同样规定："质权人在债务履行期届满前，不得与出质人约定债务人未履行债务时质押财产为债权人所有。"

在司法实践中，应当注意的问题：

1. 正确确认流质契约的效力

质权人和出质人在质押合同约定债务履行期届满，质权人未受清偿时，质物的所有权为债权人所有的内容无效。若该内容的无效不影响质押合同其他内容的权力，质押合同的其他部分内容有效，出质人仍应当承担担保责任。若在债务清偿期届满后，质权人和出质人订立契约，以质物折价取得质物所有权的有效，因为根据《物权法》第二百一十九条规定："债务人不履行到期债务或者发生当事人约定的实现质权的情形，质权人可以与出质人协议以质押财产折价，也可以就拍卖、变卖质押财产所得的价款优先受偿。质押财产折价或者变卖的，应当参照市场价格。"

2. 注意区分质押财产的折价与流质契约

债务人可以通过质押财产的折价取得质押财产的所有权。但必须符合两个条件：一是债务履行期届满债权人未受清偿；二是质权人与出质人协议以折价取得质押财产的所有权。债务履行期届满后债权人未受清偿的，质权人可以与出质人协议以质押财产折价取得质押财产，折价涉及与质押财产有利害关系的各方当事人的利益，因此应当对通过协议取得质押财产予以限制：一是质权人与出质人签订取得质押财产的合同。因为，出质人享有质押财产的所有权或支配权，质权人只能通过签订协议取得质押财产；二是当事人须在质权所担保的债权已届清偿期后，才能签订取得质押财产的协议。如果在债权清偿期届满前订立，则属于流质契约；三是不得损害其他质权人和债权人的利益。同一财产上并存多个质权的，前手的质权人与出质人签订契约以低廉的代价取得质押财产的，损害顺序在后的担保物权人和其他债权人利益的，人民法院可以适用《合同法》第七十四条、第七十五条的有关债权人撤销权的规定。

3. 注意区分质押财产的拍卖、变卖与流质契约

若当事人在签订质权合同时即约定，债务履行期届满质权人未受清偿的，质权人有权直接委托拍卖机构拍卖质押财产。这种约定不是通过私力转移质押财产的所有权或归属权，不属于流质契约。质权的行使必须依照法定程序，或者通过与出质人协议，或者通过法院诉讼，否则质权人无权擅自处分质押财产。质押财产的拍卖，首先由当事人双方协议解决，协议不成的，质权人可以向法院提起诉讼，由法院依照民事诉讼法的规定，决定是否将质押财产公开进行拍卖。质权的实行采用协议方式的，容易损害其他债权人的利益。通过法律程序变卖质押财产，能对质押财产的价格作出合理的评估，有效地保护了质押财产的所有人或归属者的利益。经法院裁定准予变卖质押财产的，既可以通过法律程序审查主合同债权、质权是否合法有效，质权人能否变卖质押财产，也可以保证质押财产的买受人日后不受追索，避免了无效合同的出现，同时也会减少因质押财产变卖而发生的纠纷以及不必要的诉讼。

五、审判实践中应当注意的问题

1. 口头质押合同效力的认定。对此看法不一：有学者认为，质押合同为要式合同，必须以书面形式订立，方得成立。如果当事人以口头约定的方式订立质押合同，则因该约定不符合质押合

同的形式要件而不能成立①。也有学者认为，质押合同是法定的书面合同，如果当事人采用口头订立质押合同，该质押合同无效②。

笔者认为，应当承认口头质押协议的效力。其理由是：我国《担保法》第六十四条第一款“出质人和质权人应当以书面形式订立质押合同”之规定采用了“应当”一词而非“必须”。可见，是否以书面形式订立质押合同并非质押合同成立或生效的必要条件。因此，若债务人或第三人与债权人口头约定由前者提供质物给后者设定动产质权，债权人能够证明其与债务人或第三人之间的合同关系，则人民法院应当确认质押合同已经成立；若债权人不能举证，则质押合同应当推定为没有成立；而且，即使债权人能证明其与债务人或第三人之间的质押合同，但若尚未实际占有债务人或第三人的动产，仍不能认为动产质押合同已经生效。值得注意的是，即使债权人已经占有债务人或第三人的动产，但若不能证明其与债务人或第三人之间的质押关系，仍不能认为质押合同的成立及生效。债务人或第三人有权向债权人主张不当得利返还请求权，债权人以其债权中的相应数额对债务人主张债的抵销，但不能对第三人主张。之所以应当采取此种司法态度，是为了督促质权人与出质人自觉地采取书面形式订立质押合同，维护债务人及第三人的合法利益。

2. 出质人没有按质押合同约定的时间将质物移交质权人占有，此时，质押合同成立而不生效。出质人逾期移交质物，质权人接受质物予以占有的，质押合同自质权人实际接受质物时生效。但是，根据《担保法解释》第八十六条规定，债务人或者第三人未按质押合同约定的时间移交质物的，因此给质权人造成损失的，出质人应当根据其过错承担赔偿责任。

① 孔祥俊主编：《担保法例解与适用》，人民法院出版社 1996 年版，第 473 页。

② 高言、张占良主编：《担保法理解适用与案例评析》，人民法院出版社 1996 年版，第 172 页。又见唐德华主编：《合同法审判实务》（下册），人民法院出版社 2000 年版，第 1292 页。

3. 质权人若在质押合同订立前已经占有质物的，不是以实际占有而生效，因为此时出质人尚未有质押担保的意思表示，应当在质押合同书面订立时生效。根据《担保法解释》第八十八条的规定，出质人以间接占有的财产出质的，质押合同自书面通知送达占有人时视为移交。占有人收到出质通知后，仍接受出质人的指示处分出质财产的，该行为无效。

4. 在质押合同中约定由出质人代质权人占有质物的，视为质押合同不生效，因为质物未发生转移并由质权人占有，因此应视为质押合同不生效。对此，根据《担保法解释》第八十七条的规定，出质人代质权人占有质物的，质押合同不生效；质权人将质物返还于出质人后，以其质权对抗第三人的，人民法院不予支持。因不可归责于质权人的事由而丧失对质物的占有，质权人可以向不当占有人请求停止侵害、恢复原状、返还质物。

六、对引言案例的评析

就本案来说，1996 年 8 月 20 日、26 日，通许农行国际业务部与通玉公司签订的两份抵押担保借款合同，当事人意思表示真实，内容亦不违反法律规定，该两份借款合同均应认定为合法有效。但合同关于通玉公司以编号为 4364209、4364282 的两张无记名存单作为出质权利凭证，通玉公司不能偿还借款本息时，通许农行有权处理出质存单的约定条款，因合同签订后，通玉公司并未将上述两张存单交给质权人通许农行，通许农行不持有质押物，根据《担保法》第七十六条关于以存款单出质的，应当在合同约定的期限内将权利凭证交付质权人，质押合同自权利凭证交付之日起生效的规定，上述两份抵押贷款合同中有关质押的条款并未生效。因此，虽然通许农行以存单底联复印件已在通许县公证处办理了公证，与通玉公司达成的民事调解协议已为河南省开封市中级人民法院（1997）汴民初字第 71 号民事调解书、（1997）汴民初字第 72 号民事调解书所确认，但因质押条款并未生效，通许农行不享有质押权。所以，通许农行从上述两张存单上直接扣划款项的行为，因没有法律依据，而应认定为无效民事行为。通许农行应返还该两张存单项下的款项。

同时，在本案中，不能认定粮油公司指定了用资人。因为，一是本案所涉1000万元最终并未进入通玉公司，而是成为张朴实个人名下的存款；二是通玉公司获得了660万元人民币，不是粮油公司直接交付的，而是通玉公司以存单底联复印件作为质押，向通许农行借贷的。双方形成质押贷款关系。所以不能认定粮油公司指定了用资人，也不能认定粮油公司直接将款项交给了通玉公司使用。粮油公司持有存单，是存单项下款项的合法所有权人。粮油公司将面额为300万元、700万元的银行汇票交中介人王中、张以文，由该两人到通许农行办理存款业务。该两张汇票解付进入通玉公司874000117的账号后，通许农行为通玉公司办理了现金支票；该款项进入张朴实的个人名下后，通许农行出具了形式要件齐备的存单。该两张存单是否记名，并不影响存单的合法性、有效性。存单项下的款项应为存单合法持有人所有。粮油公司持有该两张存单，是该两张存单项下款项的合法所有权人，有权依据该两张存单向通许农行主张权利。

第三节　质权的设定

一、引言

质权的取得方式较多，但实践中绝大多数质权的设立是基于质权合同。质权合同是当事人在特定物上以设立质权为目的的协议，是质权设立的基础原因。但质权合同生效并不意味着质权设立。质权的设立，必须经过公示，即转移质物的占有或进行质权登记。诸如：

质权纠纷案

某市华中文印部刘瑛因文印业务的需要，欲购进一台速印机，价值20000元，资金缺口5000元，刘瑛便提出以自己价值6000元的两条白金项链作担保。刘瑛与王倩签订了质押借款协议书，并明确约定，借款期限3个月，刘瑛以其两条40克价值约6000元的白金项链作质押担保，两条项链由刘瑛保管，并约定不按期还款，王倩可将两条项链按市场价变卖折抵借款。协议签订后，王倩给了刘瑛借款5000元，并由刘瑛出具了收据。在经营过程中，刘瑛需购进一批材料，仍需借款，刘瑛便托其兄刘威帮助其借款，刘威找到邻居李东协商借款事宜。后刘瑛与李东达成质押借款协议，由李东借给刘瑛款4500元，期限2个月，质押担保方式为刘瑛的两条40克价值约6000元的白金项链。协商签订的当日，刘瑛将两条白金项链移交给李东占有，李东给刘瑛出具了收条。同时，李东将款4500元支付给刘瑛。王倩借款到期后，要求刘瑛支付借款，刘瑛无款支付。王倩便要求以刘瑛的两条白金项链折抵借款，刘瑛以项链又质押给李东为由而折抵不成，形成纠纷。

上述案例，是否符合质权设立的要件。本文就质权的设立的有关问题予以研究。

二、质权的取得方式

所谓质权的取得，是指因一定的事实或行为而获得的质权。质权的取得方式大致有两种：一是质权的原始取得（初始取得）；二是质权的继受取得。

（一）质权的原始取得

质权的原始取得，是指因一定的事实或行为而产生或创设的质权。质权的原始取得主要有如下两种情形：

1. 约定质权

所谓约定质权，是指依照法律行为而取得的质权。这里的法律行为主要表现为当事人订立质押合同的行为，并使质押合同生效。民法上的质权，一般为约定质权，因为当事人的合意而发生。我国《担保法》第六十四条第一款规定："出质人和质权人应当以书面形式订立质押合同。"《物权法》第二百一十二条规定"质权出质人交付质押财产时设立。"

质权是依照当事人的意思而创设的权利，质权的发生称之为质权的设定。设定质权的人为债务人或第三人，债权人为质权人。质权之标的可以由债务人提供，也可由第三人提供，提供质物的人为出质人。但无论何者，于一般情形，出质人须为质物的所有人，只有转质的情形为一例外。①

2. 法定质权

所谓法定质权，是指依照法律规定而取得的质权。法定质权是法律直接运作的结果，因此，各国民法均对法定质权作了严格限制，法定质权仅限于个别情形，非有法律的明确规定，不得发生。《德国民法典》第1257条规定："关于因法律行为设定的质权的规定，准用于法律规定而成立的质权。"第233条规定，债权人于提存时，对提存的金钱或有价证券，取得质权；如此项金钱或有价证券转入国库或提存处指定的机构所有时，债权人就返还请求权取得质权。在我国，有学者认为，《担保法》第七十三条规定："质权因质物灭失而消灭，因灭失所得的赔偿金，应当作为出质财产。"由该条的规定可知，质物的灭失而生赔偿金，仍为出质财产，是一种权利质权，又该权利质权系因法律规定而

① 郑玉波：《民法物权》，第301页。

自然发生，因而又谓法定质权。[①] 而笔者认为，《担保法》第七十三条之规定是质权的物上代位性的法律表现，并非法定质权。正如有的学者认为，我国民法尚无法定质权的规定。[②]

3. 依时效取得质权

民法理论认为，质权为财产权，且以标的物的占有为成立要件，如债权人以行使质权的意思公然、和平地占有债务人的财产（动产），达一定年限，即可取得质权。国外民法有此规定，而我国民法未设取得时效制度，因此在我国债权人无法依时效而取得质权。

（二）质权的继受取得

质权的继受取得，是指通过继承、承受或受让而获得已经存在的质权。质权的继受取得主要有如下情形：

1. 质权的继承。所谓质权的继承，是指当质权人死亡后，继承人在继承质权的债权的同时，可以继承债权人的质权。质权可否因继承而取得，我国《担保法》未作明文规定。而笔者认为，质权可因继承而取得。其理由：质权作为一种担保物权，仍然为财产权。当继承人继承被继承人的债权时，继承人同时取得为该债权而担保的质权，因为《担保法》第七十四条规定，质权与其担保的债权同时存在。因此说，继承人享有继承质权人的质权的权利。当然，继承人继承被继承人债权的同时，亦可抛弃所担保债权的质权，则是对自己民事权利的处分，应当准许。

2. 质权的承受。所谓质权的承受，是指当质权人作为法人发生合并或分立时，由合并后或分立后的法人取得的质权。主要根据：一是《民法通则》第四十四条第二款规定："企业法人分立、合并，它的权利和义务由变更后的法人享有和承担"；二是

---

① 参见孙鹏、肖厚国：《担保法律制度研究》，法律出版社1998年版，第213页。

② 邹海林、常敏：《债权担保的方式和应用》，法律出版社1998年版，第245页。

质权具有从属性、不可分性的特征。因此，在《担保法》中未明文规定质权的承受取得，但在理论和实务上应当承认质权的承受取得。

3. 质权的受让。所谓质权的受让，是指债权发生转让时，质权可以附债权一并转让与受让人享有。质权的受让是由于质权具有从属性而决定的，但质权人只有将质物交给受让人占有时，受让人才能有效地取得质权。若债权转让时，质权人未将质物交给受让人占有，则不发生质权的受让效力。《德国民法典》第1241条、1243条对质权的合法让与的效力、违法让与作出了明确规定。我国《担保法》虽未明文设定质权的受让，但应当承认质权的受让取得。

三、质权的有效设立

根据《物权法》的规定，出质人和质权人之间应当以书面形式订立质押合同，质权尚须履行一定的法律手续才能生效，即质权以质物或权利凭证移交质权人占有为生效要件，债务人或第三人与债权人仅有设立质押的意思表示，且形成合意，而未移交质物或权利凭证的，则质权不生效。法律规定应当进行登记的，质权自登记时起生效。具体地说：

1. 动产质权自质物移交于质权人占有时设立。否则，质权不生效。

2. 以汇票、支票、本票、债券、存款单、仓单、提单出质的，当事人应当订立书面合同。质权自权利凭证交付质权人时设立。没有权利凭证的，质权自有关部门办理出质登记时设立。

3. 以基金份额、股权出质的，当事人应当订立书面合同。以基金份额、证券登记结算机构登记的股权出质的，质权自证券登记结算机构办理出质登记时设立。以其他股权出质的，质权自工商行政管理部门办理出质登记时设立。

4. 以注册商标专用权、专利权、著作权等知识产权中的财产权出质的，当事人应当订立书面合同，质权自有关主管部门办理出质登记时设立。

5. 以应收账款出质的，当事人应当订立书面合同，质权自信贷征信机构办理出质登记时设立。

在司法实践中，还应当注意如下几点：一是出质人没有按质押合同约定的时间将质物移交质权人占有，质权不生效。出质人逾期移交质物，质权人接受质物予以占有的，质权自质权人实际接受质物时生效。但是，根据《担保法解释》第八十六条之规定，债务人或者第三人未按质押合同约定的时间移交质物的，因此给质权人造成损失的，出质人应当根据其过错承担赔偿责任。二是质权人若在质押合同订立前已经占有质物的，不是以实际占有而生效，因为此时出质人尚未有质押担保的意思表示，应当在质押合同书面订立时生效。三是在质押合同中约定由出质人代质权人占有质物的，视为质权不生效，因为质物未发生转移并由质权人占有，故应视为质权不生效①。

四、对引言案例的评析

在本案中，争议的焦点就是刘瑛与王倩、刘瑛与李东之间的两个质权的效力问题。

刘瑛与王倩之间虽签订了质押借款协议，虽质押的约定成立，但不生效，因而，对双方当事人没有法律约束力。《担保法》第六十四条第二款规定，质押合同自质物移交于质权人占有时生效。在本案中，刘瑛与王倩约定，质物两条白金项链由刘瑛保管，而没有移交王倩占有，因此刘瑛与王倩之间的质押意思表示一致，但没有发生法律效力。双方之间不存在质押法律关系，王倩不能要求以刘瑛的两条白金项链受偿，刘瑛未按期偿还借款，当属违约行为，王倩只能以普通债权的求偿方式要求刘瑛承担责

① 《担保法解释》第八十七条规定："出质人代质权人占有质物的，质押合同不生效；质权人将质物返还于出质人后，以其质权对抗第三人的，人民法院不予支持。因不可归责于质权人的事由而丧失对质物的占有，质权人可以向不当占有人请求停止侵害、恢复原状、返还质物。"

任。正如，允许设定人继续质物的使用收益，而成立质权，则等于无公示方法的动产抵押的设定，不免有害于善意取得其物的所有权或质权的第三人的利益，而不利于一般动产交易的安全，所以各国民法一般规定质权人不可以使出质人代自己占有质物。依此方法设定的质权，不生效力。此与《担保法解释》第八十七条之规定相同。

刘瑛与李东之间达成的质押借款协议成立，并依法生效，对刘瑛和李东均具有法律约束力。因为，刘瑛与李东签订质押借款协议的同时，已将质物两条白金项链移交给李东占有，符合动产质权的生效要件，所以，刘瑛与李东所达成的质押借款协议有效。王倩不能因其与刘瑛订立了质押借款协议而对抗李东，相反，李东却能以其与刘瑛之间的有效质押借款协议而对抗王倩。

在本案中，王倩就质押借款协议中质押条款部分可以其信赖利益受损要求刘瑛承担缔约过失责任。由于刘瑛将两条白金项链另向李东设立质押，刘瑛有违诚实信用原则，其过错是显而易见的。我国《合同法》对缔约过失责任作了明确规定，即该法第四十二条“当事人在订立合同过错中有下列情形之一，给对方造成损失的，应当承担损害赔偿责任：（三）有其他违背诚实信用原则的行为。”

在本案中，可以受到这样的启示——只能“一物一质”，而不会“一物多质”。因为，动产质押以移交动产占有为债权担保，同一物不可能同时支付数个质权人占有，所以，一物多质是不可能的，也是不合法的，而只能是一物一质。这一点与抵押是不同的，抵押可设再抵押，重复抵押，一物会存有数个抵押权。

第四节　质物

一、引言

质物分为动产质物和财产权利质物；金钱以特户、封金、保证金等形式特定化后，可以作为质物出质。诸如：

本案质权是否有效设立[①]

原告：洛阳玻璃股份有限公司（以下简称洛玻公司）。

被告：广东发展银行郑州分行商城支行（以下简称广发行商城支行）。

第三人：广东发展银行郑州分行银基支行（以下简称广发行银基支行）。

洛玻公司诉称：广发行商城支行为银基房地产公司提供2185万元贷款，洛玻公司在该合同上作为担保人签章，同意提供质押担保。同时，洛玻公司还与广发行商城支行签订了一份质押合同，合同约定洛玻公司为银基房地产公司贷款提供质押担保，担保期限自合同生效之日起至主合同贷款期满后两年，但未对质物予以明确。1998年12月30日，洛玻公司在广发行郑州分行银基分理处存入了2300万元定期存款，广发行郑州分行银基分理处开具了《单位定期存款开户证实书》，该证实书同时注明，本证实书仅对存款人开户证实，不得作为质押的权利凭证。存款关系成立后，洛玻公司将该开户证实书作为质物交给了广发行商城支行。存款到期后，洛玻公司认为质押合同未发生法律效力，《单位定期存款开户证实书》质押无效，遂要求广发行商城支行返还该证实书并支付存款本金及利息，但被广发行商城支行以银基房地产公司逾期未偿还贷款本息，担保人应承担担保责任为由拒绝，洛玻公司遂诉至本院，请求：(1) 确认原、被告双方所签《质押合同》、《广东发展银行贷款合同》的担保条款未生

① 案例由笔者好友河南省高级人民法院民三庭审判长、梁慧星老师的博士生王少禹提供。他在主审该案时，多次与笔者交流，受益匪浅。据悉，最高人民法院二审判决认为质押合同未生效，但洛玻公司应当在借款人银基房地产公司不能偿还部分的50%范围内承担赔偿责任。

效，质押担保不成立；(2) 判令广发行商城支行返还《单位定期存款开户证实书》，并立即将存款2300万元及其利息86.94万元返还洛玻公司；(3) 判令广发行商城支行支付逾期付款违约金304.29万元，利息235.4625万元，其他损失74万元等；(4) 本案的诉讼费及因诉讼产生的其他费用由被告承担。在本院审理期间，洛玻公司向本院提出了追加广发行银基支行为第三人的申请。

广发行商城支行答辩称：1998年12月30日，双方所签《质押合同》依法成立并已生效，洛玻公司应当承担合同约定的担保责任。洛玻公司以质押为目的将2300万元款项专门交存我行，取得证实书后又将此证实书交给我行，我行对此质物交付行为已予以接受，这充分说明双方以特定金钱为质物而非以定单为质物的意思表示是明确的、一致的，请求驳回洛玻公司的诉讼请求。

第三人广发行银基支行答辩称：我行原称广发行郑州分行银基分理处，业务上隶属于商城支行，2000年1月28日，经人民银行批准升格为银基支行，本案所涉《质押合同》虽然是洛玻公司和广发行商城支行所签，但具体是由我行履行的。在银基房地产公司贷款到期未偿还的情况下，根据《质押合同》，我行可以扣划洛玻公司在我行的存款，即使我行无权扣划，广发行商城支行也可以去扣划，因为本案质押合同是依法成立和生效的。

经审理查明，1998年12月30日，广发行商城支行与银基房地产公司及洛玻公司签订的借款担保合同约定，由广发行商城支行向银基房地产公司贷款2185万元，期限12个月，贷款日期自1998年12月30日至1999年12月30日。并约定由洛玻公司为该笔贷款提供质押担保。同时，广发行商城支行还与洛玻公司签订了一份《质押合同》，该合同作为上述借款担保合同的附件，其中约定，洛玻公司以“质押物清单”所列之动产（或权利）为质物设定质押，质押担保期限为1998年12月30日至2001年12月30日，但在该合同所附的质押物清单一栏为空白。1998年12

月30日，洛玻公司将其2300万元款项转存入广发行郑州分行银基分理处，银基分理处为其开具了编号为IXVⅡ00005818号的《单位定期存款开户证实书》，该证实书标明存入日为1998年12月30日，到期日为1999年12月30日，年利率3.78%，在备注栏内标明，本证实书仅对存款人开户证实，不得作为质押的权利凭证。1998年12月24日，洛玻公司出具了一张承诺函，内容为："洛玻公司有1998年12月30日所开出定单一张，号码为00005818，金额为2300万元，现将此定单质押给广发行郑州分行商城支行，为银基房地产公司办理贷款提供担保。担保期限为一年，在一年内若银基房地产公司不能按时偿还本息，广发行商城支行可凭此定单支取款项用于归还贷款。在一年内若银基房地产公司偿还该贷款本息，洛玻公司可随时动用这笔存款。此定单不挂失，不提前支取，特此承诺"。1998年12月30日广发行银基分理处将2185万元贷款支付给了银基房地产公司，贷款到期以后，银基房地产公司未能及时归还贷款，2001年10月份，广发行银基支行将洛玻公司在该行的存款予以扣划用以还贷。另外，2000年12月31日，洛玻公司聘请的香港毕马威华振会计师事务所在对广发行银基支行进行银行询证时，广发行银基支行出具证明称洛玻公司在该行有定期存款2300万元。

另查明，广发行银基支行于2000年1月18日经中国人民银行郑州中心支行批准由广东发展银行郑州分行银基分理处升格而来，之前（1996年1月26日至2000年1月18日）的业务隶属于广发行商城支行，广发行商城支行于1998年12月30日贷给银基房地产公司的2185万元原由广发行银基分理处管理，广发行银基分理处升格之后，该笔业务由广发行银基支行管理。

河南省高级人民法院认为，洛玻公司在广发行商城支行与银基房地产公司的借款合同中，承诺为银基房地产公司贷款提供担保，又向广发行商城支行出具承诺函，同意为银基房地产公司的贷款提供质押担保。洛玻公司与广发行商城支行签订质押合同，仍表示愿对银基房地产公司贷款提供质押担保。1999年12月30

日，洛玻公司将其在广发行商城支行的存款2300万元转存入该行131031—620—01—0000049账号，广发行商城支行为其开具了编号为IXVⅡ00005818的《单位定期存款开户证实书》，后洛玻公司将该证实书交给广发行商城支行，属于第三人以特户将金钱特定化后移交债权人占有作为债权的担保，从证实书交付时起，双方之间的质押合同即已生效，洛玻公司称质押合同未发生法律效力，本院不予采纳。依据《担保法解释》第八十五条的规定，在债务人银基房地产公司到期不履行还款义务的情况下，债权人广发行银基支行有权扣划该笔存款用以优先受偿。洛玻公司认为本案质押合同的质押物是《单位定期存款开户证实书》，该质押行为违反了中国人民银行的有关规定，因此本案质押合同无效，缺乏法律依据，其要求广发行商城支行和广发行银基支行返还开户证实书，支付存款本金及利息，赔偿有关损失的请求本院不予支持，依法应予驳回。依据最高人民法院关于适用《中华人民共和国担保法》若干问题的解释第八十五条的规定，判决如下：驳回洛阳玻璃股份有限公司的诉讼请求。本案诉讼费160045元由洛阳玻璃股份有限公司承担。

上述案例，涉及到质押合同的标的物，即质物问题。依据《担保法》的规定，质物分为动产质物和财产权利质物，而对金钱能否作为质物，争议很大，《担保法解释》第八十五条规定："债务人或者第三人将其金钱以特户、封金、保证金等形式特定化后，移交债权人占有作为债权的担保，债务人不履行债务时，债权人可以以该金钱优先受偿。"第八十九条规定："质押合同中对质押的财产约定不明，或者约定的出质财产与实际移交的财产不一致的，以实际交付占有的财产为准。"

二、动产质物

我国《担保法》第九十二条对不动产和动产的含义作出了明确规定，不动产是指土地以及房屋、林木等地上定着物；动产是指不动产以外的物。从该条可以看出，《担保法》对动产下定义时是用排除法来规定的。

动产质权的客体是以动产为限，但并非所有的动产均可成为质物。作为动产质物应当具备下列条件：

1. 动产质物必须具有交换价值。因为质押的目的是担保债权的实现，若债权届期未获清偿，则债权人以其所支配或管领的质物的交换价值优先受偿。质物若是无交换价值的物，则质权人于债务人届期未清偿债务时，不能从质物中得以补偿，从而担保目的落空。因此，动产质物必须有交换价值。

2. 动产质物必须具有可让与性。可让与性是指该财产能够移转。在质押中，质权人享有的是对动产质物交换价值的支配权，而不得让与的财产，如各种法律禁止流通的物，不能作为质押的标的。因为质权本身是一种变价权，质权人最后的手段在于将质物变卖，而就其价金优先受偿。若以法律禁止转让的财产设定质押，则债务人不能清偿债务时，质权人就难以通过变卖质物而实现其权利。

3. 动产质物必须为特定物。动产质权仅移转质物的占有，而不移转质物的所有权；当动产质权担保的债权得到实现时，质权人应将质物返还给出质人，因此质物只能限于特定的动产，即为特定物。如果物尚未特定，即不能确定特定的质物从而使债权缺乏特定的对象，同时，不特定的物也不能移转占有。

三、财产权利质物

权利质权的最重要的特点在于其标的非为有体物而是无体之权利。但并非所有的权利均可为质权的标的，依学界通说及各国立法规定之精神，可作为质押标的的权利应符合下列要求：

1. 须为财产权

财产权是指具有经济价值而能以金钱估价的权利。权利质权系以质押标的的变价价值优先受偿债权的权利，自然尤为关注标的的交换价值，并基于此而要求其标的须为具有变价可能的财产权。而人格权、身份权等权利，并无经济和交易上的价值，尽管某些人身权与经济利益相关联，并且在受到损害后可以得到一定的经济补偿，仍不能改变其原本性质，故非财产性的人身权利由于不具有市场交换价值，不合担保物权优先受偿的目的而不能作为权利质权的客体。至于一些兼具人身权与财产权双重内容的权利如知识产权，仅得以其中的财产权为限，设定权利质权。

2. 须有让与性

让与性要件是指作为权利质权标的的财产权利具有变价转让的可能。不可让与的权利，由于不能变价，无以实现质权的目的，自然也就不能入质。所以法律多明文规定不得转让的权利，不得设定权利质权。不得让与的财产权可分为三类：其一是基于自身性质不得转让的财产权，如与人身关系密切相关的继承权及退休金、赡养费请求权，注重合同当事人个性的雇佣合同债权等；其二是依当事人的特约不得让与的财产权，如特别约定不得转让的债权；其三，是法律出于政策性考虑而规定禁止转让的财产权，如养老保险金、医疗保险金请求权等，均不得转让，也不允许用以质押。又由于权利质权的实现将导致权利的变价转移，因此许多国家的法律还规定权利质权的设定应依权利让与的规定为之。至于非不得转让但法律附有让与条件限制的权利，得比照限制流通物的规定，可以成为质押标的。

3. 须适于设定质权

虽为可让与的财产权，但依其本身的特点与担保物权体系的设计，不适合设定质权的，也不能成为权利质权的标的。我们认为，可以让与但不适于设定质权的财产权，主要有三类：（1）无独立价值的从属性权利，如担保物权，无独立的价值，不能与所担保的债权分离而单独转让或为其他债权设定担保（当然，其可以与所担保的债权一并设立权利质权）；（2）价值甚微不足以满足担保债权需要的权利，如仅余几元钱存款的存款单或邮品价值甚微的邮寄单以及票面金额甚小的邮票（当然，邮票等有价证券，票面金额虽小但有相当收藏价值的，仍适合质押，但其性质已非权利质权而应属动产质权)；(3) 实现的可能性甚小的权利，如所附延缓条件成就的可能性极其飘忽不定的债权等；其四，不合质权的性质与法律关于担保物权体系设计的权利。如依质权设定的公示性要求，权利质权的设定也应以适当方式公示（当然，可以采用与动产质权有别的多种方式乃至变通的方式)，而不能以适当方式公示质权设定之情事的权利（如企业、宾馆、饭店、娱乐场所等基于现有之商业经营所可能发生的价金请求权等)，即不宜承认其可为质权的标的。[①] 至于出于担保物权体系设计的因素来规范哪些财产权适于设定质权，哪些不适合，学说见解与各国立法规定未尽一致。如承认不动产质权的立法上，一般也认许以不动产上的用益物权作为质权的标的，而否认不动产质权的立法上，则通常认可以不动产上的用益权设定抵押权而不许其作为权利质权的标的；以知识产权中的财产权设定担保，有的规定可以设定质权，有的则规定可以设定抵押权，等等。对此情况，应依物权法定的原则来认识和处理。

综上所述，非财产性的权利，依权利的性质及法律的规定不得让与性的财产权利，依权利的状况及法律关于担保物权体系的设计不适于设质的权利等，均不得或不宜作为权利质权的标的。在此，有必要重点提及不动产用益物权是否可为权利质权标的的问题。

四、审判实践中应当注意的问题

1. 质物约定不明的处理。根据《担保法解释》第八十九条的规定，质押合同中对质押的财产约定不明，或者约定的出质财产与实际移交的财产不一致的，以实际交付占有的财产为准。这是由于，质押合同所担保的债权要通过质物的折价或者变价来实现，因此，质物必须特定化，在质押合同中明确质物的名称、数

① 参见谢在全：《民法物权论》(下)，中国政法大学出版社 1999 年版，第 808 页。

量、质量、状况，这些是评估质物价值的依据。合同法的原则是“合同标的不特定，合同不能成立”，质物是质押合同的标的，只有关于质物的条款明确，质押合同才成立。

2. 法律规定禁止流通的物，如专属于国家所有的文物、军用武器弹药、毒品、麻醉药品、淫秽物品等均不能作为质物，若作为质物，应当认定无效，并追究有关人员的法律责任。

3. 法律规定限制流通的物，可以作为质物，不能因为质物为限制流通物而认定质押无效，只不过在实现质权时，应由政府有关部门收购，而不能由质权人进行拍卖。《民法通则意见》第一百一十三条明确规定：“以法律限制流通的财产作为抵押物的，清偿债务时，应当由有关部门收购，抵押权人可以从价款中优先受偿。”因当时《民法通则》并没有区分抵押和质押，而把质押纳入到抵押之中，所以说，该条司法解释应对限制流通的质物亦应适用。

4. 国家机关的财产不得质押。《担保法解释》第三条规定：“国家机关和以公益为目的的事业单位、社会团体违反法律规定提供担保的，担保合同无效。因此给债权人造成损失的，应当根据《担保法》第五条第二款的规定处理。”因此，国家机关在自己拥有的财产上设定质权的行为无效。

5. 学校、幼儿园、医院等以公益为目的的事业单位、社会团体的教育设施、医疗卫生设施和其他公益设施不得质押。《担保法》第三十七条规定，学校、幼儿园、医院等以公益为目的的事业单位、社会团体的教育设施、医疗卫生设施和其他公益设施不得抵押，该原则适用于质押应无疑问。

6. 不动产及其用益权不得质押。土地、房屋、桥梁等建筑物以及土地使用权等属于不动产及其用益权，不得出质。但不动产收益权依照《担保法解释》第九十七条的规定可以出质，由于不动产及其用益权不得出质，不动产收益权的出质性质属于债权出质，归入权利质押的范畴。

7. 船舶、航空器不得质押。对于船舶、航空器是否可以质押，我国法律并无规定，笔者认为，由于船舶和航空器具有准不动产的性质，质押影响它们使用价值的体现，并增加债权人维护、管理上的困难，禁止船舶、航空器的质押与禁止不动产质押在立法意图上相当，均为“防止影响出质人的正常生活和生产经营活动”，所以，按照我国担保法规定的禁止不动产质押的精神，船舶、航空器应当禁止出质。船舶、航空器可以按照海商法和民用航空法的规定设定抵押。

车辆属于一般动产，作为出质物应当没有异议，但由于车辆也可以抵押，因此以车辆出质的，质权人应当要求出质人同时交付车辆的权利凭证，以免出质人在车辆上重复设定抵押权。根据《担保法解释》第七十九条第一款的规定，由于车辆抵押权是法定登记的抵押权，无论设定于何时均优先于质权人的质权，因此，在质物上设定重复的抵押对质权人影响甚巨。

8. 金钱可否成为质物？从性质上看，金钱当属于动产，但又是一种特殊的动产——货币，一旦取得占有，则可取得其所有权。而质押原则是质物仅转移占有，而不转移所有权。可见，金钱在一般情况下不能设定质押，但根据《担保法解释》第八十五条“债务人或者第三人将其金钱以特户、封金、保证金等形成特定化后，移交债权人占有作为债权的担保，债务人不履行债务时，债权人可以以该金钱优先受偿”的规定，若将金钱予以特定（诸如金钱的种类、面额、号码特定）而设立质押时，符合质权的法律特征，以特户、封金、保证金、押金等形式的交付可以确认为质押。但是，属于权利质权还是动产质权，取决于其是否特定化。如果金钱特定化，属于动产质权，如果金钱非特定化，属于权利质权。实践中对特定化的形式可以是多样的，如利用特户形式，将一定数额的金钱转移占有，控制在质押合同约定的账户以满足特定化的要求，可以对抗其他债权人。货币不发生返还请求权与占有回复请求权，仅能基于合同关系、不当得利、或者侵权行为提出请求。

9. 明确出租车营运证不适于出质。实践中，有的银行为了抢占市场份额，加大贷款投放的力度，开展出租车营运证质押贷款业务。但出租车营运证是一种行政许可，虽然这种行政许可有一定的价值，但它并不是一种财产权利，在未得到主管机关的认可的情况下，不能转让，因此不宜作为质押或抵押的标的物。就出租车营运证设定的质押无效，办理质押的银行将承受巨大的法律风险。

10. 明确财产保险单不适于出质。《最高人民法院关于财产保险单能否用于抵押的复函》法函〔1992〕47 号认为：财产保险单不是有价证券，也不是可以折价或变卖的财产，因此财产保险单不能用于抵押。[①] 此外财产保险单转让的前提一般是保险标的的转让和保险人的同意，而且一旦保险标的物发生保险事故，则标的物的担保物权人享有的权利依“物上代位原则”必然存在于保险赔偿金上，这就可能导致保险单质权人的权利难以实现，因此其不宜于设立质权。

人身保险单能否出质，要区别情况对待。非以死亡为给付条件的人身保险如养老保险、医疗保险等健康保险和伤害保险，由于关涉到被保险人的生存利益和公共政策，类似社会保障费用，故该种保险单不适于出质。就人寿保险单而言，一般具有现金价值，有类似有价证券的效用，适于出质。但根据《保险法》第五十五条的规定：“以死亡为给付保险金条件的合同所签发的保险单，未经被保险人的书面同意，不得转让或质押。”因此人寿保险合同中以被保险人死亡为保险事故的保险合同的死亡保险合同，在经过被保险人书面同意的情况下，方得出质。

五、对引言案例的评析

本案争议焦点是，《存款开户证实书》能否用于质押，质押合同是否生效。笔者赞同王利明先生的规定，即银行的存款开户

---

① 李国光等：《关于适用〈中华人民共和国担保法若干问题的解释〉理解与适用》，吉林人民出版社 2000 年版，第 500 页。

证实书不能用于质押。理由如下：

1. 证实书不同于存单。中国人民银行于 1997 年 4 月 2 日发布的《关于暂停存单质押贷款业务就进一步加强定期存款管理的通知》第二条规定："各金融机构不再给存款单位开具存单，改为出具单位定期存款开户证实书。"可见证实书与存单是两种不同的文书。中国人民银行于 1997 年 11 月 15 日发布的《人民币单位存款管理办法》第十条规定："证实书仅对存款单位开户证实，不得作为质押的权利凭证。"第十一条规定："存款单位支取定期存款只能以转账方式将存款转入其基本账户，不得将定期存款用于结算或从定期存款账户中提取现金。"证实书和存单的区别表现在：前者是一种开户证明，一种证明文书，不是证券，更不是有价证券，后者则是一种有价证券，标示特定的权利；前者是一种债权证明，不能转让，后者则是一种证券化的权利证书，可以转让。前者性质为证书，后者性质为证券，正是因为两者的区别，所以存单可以质押，而证实书不能质押。《担保法》第七十七条提到的可以质押的存款单，仅指存单，而不包括开户证实书。

2. 中国人民银行先后发布了三个文件（即 1997 年 4 月 2 日发布的《关于暂停存单质押贷款业务和进一步加强定期存款管理的通知》第二条、1997 年 11 月 15 日发布的《人民币单位存款管理办法》第十条、1999 年 9 月 3 日发布的《单位定期存单质押贷款管理规定》第三条）都规定证实书仅对存款单位开户证实，不得作为质押的权利凭证。该规定对各个商业银行包括工商银行都有拘束力，该规定也属于银行内部的业务操作规程，工商银行在从事业务活动中理应遵循这一规定，不得违反银行内部的业务操作规程将禁止质押的证实书用于质押。

3. 中国人民银行关于禁止将证实书用于质押的规定已经印制在开户证实书上。开户证实书上也明确载明："本证实书仅对存款人开户证实，不得作为质押的权利凭证。"由于证实书也是一种存款合同的凭证，因此在证实书上载明上述条款，表明当事人双方都同意不得将开户证实书用于质押。既然证实书不能用于质押，所以当事人的这种质押行为是无效的。[①]

因此，本案二审法院改判质押合同不生效，是正确的。但笔者认为，二审法院直接判令洛玻公司承担一度的赔偿责任，有待商榷。虽质押合同未生效，洛玻公司有过错，应当承担缔约过失责任，但只能在债权人广发行商城支行起诉借款人银基房地产公司和洛玻公司的借款担保案件中承担责任。本案债权人并未起诉，也未反诉，而判决承担承担赔偿责任，显然，有违“不告不理”的法治原则。

第五节　动产质权的善意取得

一、引言

出质人以其不具有所有权但合法占有的动产出质的，质权人不知出质人无处分权的，可以取得质权。诸如：

本案质权人善意取得质权

林某外出深圳打工，临走前林某将其43英寸的长虹彩电委托给其朋友马某保管。马某在保管期间，未经林某同意，擅自将长虹彩电质押给信用社，由信用社借给马某款2300元。林某从深圳回来过春节，便找其朋友马某要回长虹彩电，马某以长虹彩电已质押给信用社为由而不能退回彩电。林某和马某一块去找信用社讨要彩电，马某此时才告知信用社质押的彩电为林某所有，林某以是彩电的所有人，马某以自己无处分权为由，二人便要求

① 参见王利明：《民法疑难案例研究》，中国法制出版社2002年版，第570—571页。

信用社退回彩电，信用社要求马某还款而马某称借款期限未到，且手中资金紧张为由拒付。林某和马某、信用社便形成纠纷，林某以马某为被告、信用社为第三人而诉至某区人民法院。

一审法院审理后认为，林某将其彩电委托马某保管，马某在合法占有的情况下，将彩电质押给信用社，并与信用社签订了质押担保借款合同，因信用社为善意，根据《担保法解释》第八十四条“出质人以其不具有所有权但合法占有的动产出质的，不知出质人无处分权的质权人行使质权后，因此给动产所有人造成损失的，由出质人承担赔偿责任”的规定，该质押担保借款合同为有效合同。马某擅自处分林某彩电，构成对林某违约行为，应当予以赔偿。根据《合同法》第一百零七条、《担保法解释》第八十四条的规定，判决：一、马某与信用社的质押担保借款合同有效；二、马某赔偿林某损失2300元。

上述案例，涉及法律关系复杂，其中主要争议焦点是本案是否适用动产质权的善意取得，《担保法》对此未作规定，而《担保法解释》第八十四条则作了规定，即“出质人以其不具有所有权但合法占有的动产出质的，不知出质人无处分权的质权人行使质权后，因此给动产所有人造成损失的，由出质人承担赔偿责任。”

二、动产质权的善意取得

动产质权的设定属于对物的处分行为，原则上出质人对出质财产应当具有处分权方能为之。对于出质人以无权处分的他人财产而设定的质权，法律以质权人善意取得质物的占有为限，承认其效力。此为质权的善意取得。

对于出质人以无权处分的他人财产设定质权的，各国立法往往按照动产所有权的善意取得制度对质权人予以保护。《德国民法典》第1207条规定，物不属于出质人的，对此质权的设定准用动产所有权善意取得之规定，即：物不属于让与人，受让人得依其和让与人移转物的所有权的合意，因让与人交付物的所有权的行为而成为物的所有人，但受让人在取得物的所有权时为非善意的，不在此限。[①]《瑞士民法典》则直接规定了质权的善意取得，并以其为动产的善意取得的内容之一。该法第884条第2款规定，“质物的善意取得人，即使出质人无处分该质物的权利，仍取得质权。但第三人因更早的占有而享有权利的，不在此限。”我国台湾民法第886条规定：“质权人占有动产，而受关于占有规定之保护者，纵出质人无处分其质物之权利，质权人仍取得质权。”

动产的善意取得制度，起源于日耳曼法中的“以手护手”原则。根据这一原则，权利人将自己的财产让与他人占有的，只能向占有人请求返还占有物；如果占有人将财产转让给第三人时，权利人不得请求第三人返还，而只能要求占有人（转让人）赔偿损失。[②]虽然各国承认动产质权的善意取得乃基于出质人的“占有”这一权利外形，但透过其表面，受让人善意受让质权的真正的合理性乃为交易安全与便利，此为法律建立动产质权善意取得的真实基础[③]。

近些年来，我国有关法律、法规和司法解释陆续出台了一些具体的有关善意取得制度的规定。如《民法通则意见》第九十六条规定了非法处分共有财产时的善意取得问题：“部分共有人擅自处分共有财产或者非所有权人擅自处分所占有的财产，如果第三人是善意、有偿、依法定手续取得该财产所有权的，第三人不负返还义务，由擅自处分财产的人对所有权人予以赔偿。法律另有规定的除外”。《担保法解释》第八十四条则明确肯定了动产质权的善意取得，规定：“出质人以其不具有所有权但合法占有的动产出质的，不知出质人无处分权的质权人行使质权后，因此给动产所有人造成损失的，由出质人承担赔偿责任。”我国《拍卖

---

① 《德国民法典》第922条、第923条、第934条。
② 王利明：《物权法研究》，中国人民大学出版社2002年版，第261页。
③ 孙鹏、肖厚国：《担保法律制度研究》，法律出版社1998年版，第241页。

法》第五十八条规定“委托人违反本法第六条的规定，委托拍卖其没有所有权或者依法不得处分的物品或者财产权利，应当依法承担责任。拍卖人明知委托人对拍卖的物品或者财产权利没有所有权或者依法不得处分的，应当承担连带责任。”该条的规定体现了《拍卖法》对善意取得制度的肯定态度。我国《担保法》第四十三条第二款规定“当事人未办理抵押物登记的，不得对抗第三人”，这里的“第三人”应当是指善意的第三人，这也说明《担保法》并不否认善意取得制度。虽我国司法实践中承认善意取得制度，但尚未从立法角度确认善意取得制度，对善意取得制度作出完善的系统的规定。善意取得在实践中大量涌现，也迫切需要我国从立法上确认善意取得制度。有鉴于此，《物权法》借鉴各国立法例，适应社会发展和经济生活的实际需要，正式确立了我国的善意取得制度。其第一百零六条规定：“无处分权人将不动产或者动产转让给受让人的，所有权人有权追回；除法律另有规定外，符合下列情形的，受让人取得该不动产或者动产的所有权：（一）受让人受让该不动产或者动产时是善意的；（二）以合理的价格转让；（三）转让的不动产或者动产依照法律规定应当登记的已经登记，不需要登记的已经交付给受让人。受让人依照前款规定取得不动产或者动产的所有权的，原所有权人有权向无处分权人请求赔偿损失。”“当事人善意取得其他物权的，参照前两款规定。”从而使作为他物权之一的动产质权有了适用善意取得制度的法律依据。

三、动产质权善意取得制度的构成要件

动产质权的善意取得的确立，必然导致对质物的原所有人权益保护的相对削弱，善意取得动产的质权人则取得担保物权。因此，对动产质权的善意取得应当符合下列要件：

1. 出质人的主体资格受到限制，且必须是无处分权人。作为动产质权的善意取得中不可缺少的主体之一的出质人，必须是同时具有民事权利能力和民事行为能力的人，这是对出质人主体

资格的限制。因为，在善意取得中，出质人通常实施了对原物所有人的民事侵权行为，或者构成不当得利，在善意取得效力得以确认之后，出质人必须以承担对原物人履行侵权之债或者不当得利之债，若他不具有民事行为能力，则原物所有人无法追究其民事责任，这样，对原物所有人是不利的。而受让人从无民事行为能力的转让人手中取得财产，应当推定他知道对方无处分标的物的权利而根本不能言之“善意”，当然也就不能构成动产质权的善意取得。动产质权的善意取得一般都发生在无权处分的场合。所谓无权处分，是指无权处分权人处分他人的财产权利。处分财产只能由享有处分权的人行使，无处分权人处分他人财产则构成对他人财产的侵害。无处分权人处分包括如下情形：(1) 出质人本来就无处分财产的权利，如出质人仅是财产的承租人、借用人、受寄人等。(2) 出质人虽拥有所有权，但处分权受到限制。如被人民法院查封扣押的财产，此时，财产所有人虽拥有所有权，但已失去处分权，所有人仍不能转让该财产。(3) 共有人中的一人或数人未经其他共同共有人的同意擅自处分共有财产。由于无权处分人非法处分他人的财产，物的原所有人基于其所有权而追回其物，善意取得的质权人便可基于善意取得制度而取得该物的质权，并根据质权的效力而占有，留置质物，债权未获清偿前有权拒绝返还质物。

2. 质权人已经占有质物，且必须是处于善意。质权的发生以质权人取得质物的移转占有为要件，动产质权的善意取得，同样应以出质人已经将质物的占有移转于质权人，否则，质权的设定不发生效力，但质权人占有质物必须是出于善意。所谓善意，就是不知情，即质权人在设定质权时，不知道出质人无权设定质押担保。动产质权善意取得制度之设立乃在于保护交易这一动的安全，动的安全之维护不可避免地会给物权人带来不利益的负担。然动的安全与静的安全之维护乃法律的双重任务，但二者有不能兼顾的时候，当二者冲突时，法律应两相较量而选择其一加以突出。在动产质权的善意取得下，法律赋予动的安全以压倒静的安全之效力，实在是物权人原有权益的一种有限的否定，因此这种动的安全的优先效力的基础须为善意。但若质权人明知出质人无权处分而设定动产质权，或出质人和质权人恶意串通，损害质物的所有人利益，均应认定为无效。

3. 动产质权的善意取得的质物必须为法律允许流转的动产。动产质权的善意取得的质物必须为法律允许流转的动产，法律禁止或限制流转的物，因不能在市场上交换，自然不得适用善意取得制度。因此，不动产设有登记制度，其权利主张应登记而定，不适用善意取得制度。建有登记制度的动产，也不适用善意取得制度。因此，适用善意取得制度的动产只能是不受登记的法律允许流转的动产。

4. 须以设定担保为目的。出质人将该动产交由债权人占有非为其他目的而是为担保债权，由此动产质权始有善意取得的可能。①

四、对引言案例的评析

在本案中，标的额不大，但法律关系复杂，主要涉及下列法律问题：

1. 林某与马某之间系委托保管关系。在本案中，林某外出打工，将其 29 英寸的长虹彩电委托朋友马某保管，马某承诺了保管义务，因此，林某与马某之间系委托保管的法律关系，委托保管应为合法有效，马某应当履行其妥善保管彩电的义务。

2. 马某和信用社之间系质押借款关系。马某和信用社之间签订了书面的质押借款协议，由信用社借给马某资金 2300 元，并约定了借款期限和利息，马某以其代管的彩电移交给信用社占有，因此，马某和信用社之间系质押借款关系。

3. 马某和信用社之间所签订的质押借款协议中借款部分有效，但对质押部分存在着两种意见，一种意见认为，马某无权处

① 杨与龄：《民法物权》，第 216 页。

分林某的彩电，其质押属无效，另一种意见认为，虽马某无权处分，但信用社属善意取得的动产质权，应认定质押有效。笔者同意后一种观点，认为在该案中，信用社取得动产质权符合善意取得的要件，即出质人马某系具有民事权利能力和民事行为能力的人，且是无处分权人，质权人信用社已经占有了长虹彩电，且信用社系为善意，本案中的质物长虹彩电系为法律允许流转的动产，马某设置质押担保的目的是为了担保自身所借信用社的款项。因此说，本案应当适用善意取得制度，确认质押有效。若认定无效，则势必会损害债权人信用社的利益。

4. 林某的诉讼请求如何保护。在本案中，应当适用动产质权的善意取得，确认质权有效，则又会损害长虹彩电的所有人林某的利益，那么，林某的权益如何保护？林某与马某系委托保管关系，林某只能向马某追回彩电，马某负赔偿义务，信用社在债权未获清偿前，不负返还彩电义务。因此，林某仅能向马某主张权利，而不得向信用社主张权利。

第六节 动产质权的转质权

一、引言

质权人在质权存续期间，为担保自己的债务，经出质人同意，以其所占有的质物为第三人设定质权的有效。转质权的效力优于原质权。诸如：

本案转质权的效力如何

张伟与王军签订质押担保借款协议，张伟向王军借款30000元，约定借款期限3个月，借款利率为月息2分。同时，协议中明确约定张伟用其松花江牌面包车作质押担保。协议签订的同时，张伟即将面包车移交给王军占有，由王军负责保管。在质权存续期间，王军因做期货急需资金，便向张伟要其借款，张伟以借款未到期为由而拒付。随之，王军便向邻居李明借款 25000 元，王军经张伟同意将质物松花江牌面包车质押给李明，并签订了借款质押协议，借款期限 2 个月。王军亦将面包车移交给李明占有，李明给王军出具了收据。张伟、王军的借款均到期后没有还款，李明与王军形成纠纷，李明以王军、张伟为被告而诉至法院，请求判令王军限期付款，并依法对张伟的质物享有优先受偿权。

一审法院审理后认为，王军在质权存续期间为自己的债务经张伟同意，将其质物质押给李明，根据《担保法解释》第九十四条“质权人在质权存续期间，为担保自己的债务，经出质人同意，以其所占用的质物为第三人设定质权的，应当在原质权所担保的债权范围之内，超过的部分不具有优先受偿的效力。转质权的效力优于原质权”的规定，该转质有效，且转质权的效力优于原质权。根据《担保法》第六十四条、《担保法解释》第九十四条的规定，判决：一、王军偿还李明借款 25000 元；二、李明对王军的质物依法享有优先受偿权。

上述案例，争议焦点是转质问题。所谓转质，是指质权人为担保自己的债务将质押物再行设定质权的行为。质权人这样以原质押物作为自身债务的担保而将其占有权移转给自己的债权人的权利即为转质权。转质行为是基于两个债权债务关系而形成了一个质物上的两个质权并存，从而产生出质人、质权人、转质权人三方主体的权责利互动关系。根据转质是否经过出质人同意，在法律上可将转质分为承诺转质和责任转质。我国《担保法解释》第九十四条规定：“质权人在质权存续期间，为担保自己的债务，经出质人同意，以其所占用的质物为第三人设定质权的，应当在原质权所担保的债权范围之内，超过的部分不具有优先受偿的效力。转质权的效力优于原质权。质权人在质权存续期间，未经出质人同意，为担保自己的债务，在其所占有的质物上为第三人设定质押的无效。质权人对因转质而发生的损害承担赔偿责任。”《物权法》第二百一十七条规定：“质权人在质权存续期间，未经出质人同意转质，造成质押财产毁损、灭失的，应当向出质人承担赔偿责任。”由此看来，从司法解释到物权立法，承认了承诺转质和责任转质。

二、承诺转质

所谓承诺转质，又称同意转质，是指质权人经出质人同意，为担保自己的债务或他人的债务，以其占有的质押标的物为第三人再设定质权的行为。质权人在转质时取得了出质人的同意，意味着出质人已将质物质押的处分权利授予了原质权人，因它贯彻了当事人的意思自治原则，虽我国《担保法》未明文规定承诺转质，只要法律未予禁止，应承认承诺转质的效力。

（一）承诺转质应具备的条件

1. 质权人转质时必须经出质人同意，即得到出质人的承诺。若质权人转质时未经出质人同意，则不构成承诺转质。

2. 转质人和转质权人必须达成一致的意思表示，意思表示一致是转质成立的有效要件。

3. 转质人必须将质物移交给转质权人占有。移转占有亦是转质依法生效的有效要件，若质物未移交占有，则转质而不生效力。

4. 质权人设定转质必须有被担保的债权存在。若无被担保的债权存在，则转质毫无实际意义。因此说，承诺转质必须具备上述四个要件方能成立并生效，缺一不可。

在处理涉及承诺转质的纠纷的案件时，应注意如下两点：(1) 正确区分原质和转质的法律关系，并应正确确认承诺转质的法律效力，承诺转质只要不是被欺诈、胁迫或者乘人之危所为而又无其他违法情形的，应承认其效力，以便尊重当事人的意思自治。(2) 出质人清偿债务时，原质权消灭，转质权并不因此而受到影响。质物的所有人只有以转质人的地位清偿转质权人的债务时，才能取回质物。

(二) 承诺转质的法律效力

根据《担保法解释》第九十四条第一款的规定，承诺转质的法律效力表现在：

1. 出质人在质权设定时，作出转质承诺，即产生法律效力，出质人不得撤销或撤回承诺。

2. 质权人转质的，应当在原质权所担保的债权范围之内，超过的部分不具有优先受偿的效力。

3. 承诺转质的后果直接指向出质人。出质人不仅要承担出质的风险，而且要承受转质带来的风险，并受到转质权的拘束。

4. 转质权人的质权优先于原质权人的质权，即质权人受到转质权人的质权优先效力的制约。此优先效力表现在：一是转质权人对于质权人的债权若已届清偿期，则无论质权人的债权是否届期，转质权人均可直接行使质权，从质物变价中优先受偿；二是质权人的质权因债权届期而到达实行期时，其债权可以消灭，但转质权人的质权不消灭，如质权人征得转质权人同意行使自己的质权，必须从质物中扣除对转质权人的担保债权额，仅就其剩余额来满足自己债权以清偿。

三、责任转质

所谓责任转质，是指质权人在质权存续过程中，不经出质人同意而将质物转质于第三人，并由质权人承担责任。《担保法解释》第九十四条第二款明确否定承诺转质的效力："质权人在质权存续期间，未经出质人同意，为担保自己的债务，在其所占有的质物上为第三人设定质权的无效。质权人对因转质而发生的损害承担赔偿责任"。但应当注意的是，本法在本条不仅规定了责任转质，而且明确承认责任转质的效力，并规定了责任转质场合质权人对出质人所承担的损害赔偿责任。究其理由，应当是：转质是质权人为担保自己或者他人债务而在质物上设定新质权的行为，性质上属于质权的再设定，只不过新设定的转质权所支配的标的仍为原质权支配的标的，转质权就质物取得更优先的支配力而已。因此承认责任转质，对于质权人充分利用质物的交换价值有重要的意义，而对出质人的利益并无明显的不利影响，所以没有必要完全否定责任转质的效力。①

责任转质的效力基本上涉及三方当事人，即出质人、质权人（即转质人）和转质权人。

（一）责任转质对于出质人的效力

我们知道，转质权是为我国《物权法》所承认的可以由质权人就其质物新设的质权，因此是一种物权。其不仅对于转质权人和转质人（质权人）有效力，而且对于出质人也有效力。在责任转质场合，出质人要想清偿债务并取回质物，便应当先向转质权人清偿；倘若清偿转质权所担保的债务有剩余的，则应再向质权人清偿。否则，其清偿对于转质权人不生效力。另外，被担保债权的存在既然是质权成立的基础，则该担保债权的债务人即使不是出质人，仍然是质权关系的一环，在质权人将质物转质时，由于转质权是物权。因此，转质权对于原质权所担保的债权的债务人也应当具有效力，所以即便在责任转质场合，该债务人如果没有征得转质权人的同意就向质权人进行清偿时，也不可以之对抗转质权人。

（二）责任转质对于质权人（转质人）的效力

关于此问题，有两点需要明确：其一，转质人对于因转质所遭受不可抗力的损失，也应当负责。具体而言，转质人对于转质

① 王闯：《理论争鸣与制度创新——关于最高法院担保法司法解释的若干问题》，载梁慧星主编：《民商法论丛》（第19卷），第327页。

后，不但就质物因其故意或过失所致之损失，对于出质人当然应负赔偿责任；而且因事变或不可抗力所致的损失，也应负赔偿责任。因为责任转质是未征得出质人的同意而以自己的责任进行的，因此应当加重其责任。况且质权人本应自己保管质物，现因为转质的结果而将质物交第三人保管，所以也应当加重其责任。其二，质权人转质后应当受转质权的约束，易言之，即负有不得消灭其所支配的交换价值的义务，所以不得抛弃其质权，免除质权所担保的债权，或受清偿、抵销等。原质权所担保的债权超过转质权所担保的债权额时，就超过范围的差额也是一样。因为转质权人的债权在未受到清偿之前，可能有利息以及违约金等继续发生，因之其差额还处于未确定状态，而且基于质权的不可分性，质权人所支配的全部交换价值当然应受到转质权约束。另外，不言而喻，转质人在转质之后已经没有质权实行权。转质权消灭时，无论基于任何原因，上述约束自当归于消灭。

（三）责任转质对转质权人的效力

1. 转质权人对于质物取得新质权，不仅取得一般质权人的权利，而且负担一般质权人的义务。就留置权能而言，转质权人可以占有质物，且在自己的债权（以原质权所担保债权的金额内为限）未受清偿之前，可以留置质物，拒绝出质人或原质权人返还质物的请求。

2. 转质权人可以行使质物的变价权。只是这项权利的行使不仅需要自己的债权已经届至清偿期，而且需要原质权所担保的债权也已经届至清偿期。因为转质权人所取得的是债权人所支配的交换价值，必须在该交换价值具备现实化的要件时，转质权人所取得的交换价值才能现实化，因此，转质权实行的条件应当受到原质权的限制。而且，转质是质物的再出质，而不是以债权与质权共同设定权利质权，所以转质人不能直接向原质权人的债务人收取债权。至于转质权的实行方法，则与原质权相同。

3. 转质权人就质物卖得价金也有优先受偿权，而且优先于质权人。之所以如此，是因为转质并非有出质人就同一质物设定第二次序的质权，当然不能以发生先后的次序决定。鉴于其本质是原质权人就其所支配的质物担保加之赋予了转质权人，所以转质权人所取得的优先受偿权应当优先于质权人；但是其应当受原质权所担保债权额的限制。具体言之，质权人就质物卖得价金在原质权所担保的债权额内有优先于原质权人受清偿之权，而且在受清偿的期限内，转质权人对于原质权人的债权与原质权人对其债务人的债权都归于消灭。前者是基于质权实行的效力，后者是原质权人的债权有和自质物获得满足的同一结果。（原质权人因有优先受偿权而有权取得质物的价金，以清偿对转质权人的债务，所以，在转质权人受清偿范围内，自己的债权同时获得清偿）从而，转质权与原质权担保的债权额相同时，转质权人就质物所卖得的价金受到全部清偿后，转质权与原质权以及各自担保的债权都归于消灭，价金如果有剩余，当然应当返还给出质人。反之，转质权所担保的债权额少于原质权所担保的债权额时，原质权人就剩余的价金可以基于自己的质权优先受偿，这时如果有不足，就未受清偿部分的债权，则成为普通债权。这在转质权人未受全部清偿时也是一样的。① 当然其债务人并不是原质权人的债务人。

在司法实践中，应当注意：一是关于转质权所担保的债权范围的限制问题。转质权与原质权是相互独立的，因转质而取得质权的权利人为转质权人，转质权人的质权优先于原质权人的质权。因此，转质权所担保的债权范围，应当在原质权所担保的债权范围之内。转质权人在原质权所担保的债权额范围内，于自己债权受清偿前，对质押财产享有留置、占有权，而质权人则丧失该权利。转质权人对于转质人的债权如果已届清偿期，无论转质人的债权是否已届清偿期，均可以直接实现其质权。在实现质权时，应以质押财产的变价价款优先清偿转质权人的债权，然后再

① 谢在全：《民法物权论》（下），台湾地区商务印书馆 1991 年版，第 305 页。

以其余额清偿转质人的债权。出质人向转质人清偿债务后，原质权消灭，但转质权并不因此而消灭。转质人不能清偿转质权人的到期债务时，质押财产所有人可以第三人的身份向转质权人清偿转质人的债务，取回质押财产，从而抵销原债务人对质权人的债务。二是责任转质的效力问题。因责任转质造成质押财产毁损灭失的，质权人应当向出质人承担赔偿责任。这种规定是非常合理的，因为此时如果要求出质人不通过质权人而直接向转质权人主张赔偿责任，出质人将因信息不对称等原因而存在困难和障碍。根据民商法上的权利义务相一致的原则，在赋予质权人以转质的便利之同时，要求质权人因转质权人的过错造成质押财产毁损、灭失向出质人承担赔偿责任，可谓实现了双方当事人的利益均衡。

四、审判实践中应当注意的问题

1. 注意把握责任转质的构成要件

责任转质毕竟是质权人对出质人财产的一种处置，出于保护出质人的利益考虑，法律对之有严格的限制。一般认为，责任转质的成立应具备以下条件：（1）须在原质权的存续期间设定和存续。转质权衍生于原质权，因此，必须以原质权的有效存在为前提，原质权已消灭者，不得转质。（2）转质权所担保的债权数额，必须在原质权所担保的债权范围内，且转质权所担保之债权的清偿期不得长于原质权所担保债权的清偿期。这是因为，未经同意任何第三人不能为他人创设义务是民法的基本原理，对于责任转质亦得遵循。所以，责任转质不但必须以原质权的存在为前提，并且不能超出原质权的范围，否则就会加重出质人的义务。转质权所担保的债权额超过原质权担保的债权额的，超过部分无效。（3）须以自己的责任进行。由于责任转质无须经原出质人同意即可进行，自应加重转质人的责任以保护原出质人。因此，对质物转质所生的一切损害，无论有无过错，转质人均应负责。（4）具备质权成立的一般要件。质权人和转质权人对于质物的转质，应当订立质权合同。质权人应当向转质权人移转质物的占有，否则，转质权人不能取得对该质物的质权。质权的设定以被担保的债权存在为条件，转质亦同。

2. 注意区分责任转质与承诺转质的区别

责任转质与承诺转质的不同之处，主要体现在以下几个方面：(1) 是否需经出质人同意不同。承诺转质需征得出质人的同意，而责任转质不需要出质人的同意。(2) 能否超出原质权范围不同。承诺转质中，被担保的债权数额及其清偿期，无须在原质权范围内，可以超过原质权的范围转质；责任转质中，被担保的质权数额及清偿期必须在原质权范围之内。(3) 转质人责任承担不同。承诺转质中，因征得出质人的同意，转质人的责任不会加重；而在责任转质，转质人的责任因未经出质人同意而加重，就质物因转质所受不可抗力而发生的损失，转质人也要承担责任。(4) 质权消灭对转质权影响不同。在承诺转质，质权因清偿或其他原因而消灭时，转质权不受影响；而在责任转质，于质权消灭时，转质权随之消灭。(5) 转质权实现条件不同。承诺转质中，如果转质权人自己的债权具备了实现条件即可实行转质权。即使原质权还不具备实行质权的条件，转质权人也可以径行实行其转质权；而在责任转质，转质权人须待自己的质权与原质权均具备实行条件时，才可以实行转质权。

3. 注意区别转质与质权善意取得

转质需要质权人以“质权人”的名义，在质物上另行设定新的质权。如果质权人以“所有人”的名义设定质权，并不发生转质，此时有可能发生质权的善意取得。发生质权善意取得时，债权人取得的是质权而非转质权，善意取得质权人实现质权时并不受原质权的任何影响。

五、对引言案例的评析

在本案中，主要涉及到下列法律问题：

1. 转质的性质为承诺转质还是责任转质

承诺转质和责任转质的根本区别标志是是否经出质人同意，若转质是经过出质人的同意，则为承诺转质，若未经出质人同意，则为责任转质。就本案而言，王军将松花江面包车经该车所有人张伟同意质押给李明，并将该面包车移交给转质权人李明占有，因此，本案的转质当属承诺转质。

2. 承诺转质是否有效

在本案中，首先，张伟与王军之间的原质权是合法有效的，王军以其与张伟的质押担保借款协议并占有了质物松花江牌面包车而取得了质权。其次，王军与李明之间的转质是符合承诺转质的条件，即质权人王军转质是得到了出质人张伟的同意，转质人王军与转质权人李明之间签订有借款质押协议，转质人王军将面包车移交给了转质权人李明占有，质权人王军设定转质有其自身债务即向李明借款 25000 元。因此说，该案的承诺转质应当认定为合法有效。

3. 本案诉讼主体的确定

在本案中，转质权人李明作为原告人的诉讼主体资格是合格的。转质人王军作为王军与李明之间的借款债权债务关系中系主债务人，则王军作为被告是合格的。出质人张伟作为松花江牌面包车的所有人，有人认为，张伟应当作为无独立请求权的第三人，而笔者认为，张伟与王军的诉讼主体地位相同，应当作为共同被告，因为，张伟的地位实际处于担保人地位，因此，张伟作为担保人应当为被告地位。

4. 转质权人李明的诉讼请求应当予以支持

在本案中，张伟、王军的借款均到期后而没有还款，李明享有诉权。在承诺转质法律关系中，王军作为债务人，王军负有偿还李明借款 25000 元的义务，王军依法享有对质物松花江牌面包车的优先受偿权，因此说，李明的诉讼请求应当得到人民法院的支持。本案在实际执行过程中，因为存在着原质权和转质权法律关系，所以，若王军偿还了李明的借款，李明则应当将面包车返还给王军，而不能返还给张伟，王军对该车享有优先受偿权，只有在张伟还清了王军的借款后，才能将面包车取回；若张伟替王军偿还了李明的借款，李明亦应将面包车返还给王军，只有张伟将王军的借款还清后（张伟替王军所还借款应当与张伟借李明的款项相抵销）才能取回面包车；若王军、张伟均未按期履行义务，则拍卖面包车所得价款，应当首先清偿李明的款项，而后清偿王军的借款，尚有余额再返还给张伟。

第七节　动产质权的效力

一、引言

所谓动产质权，是指债务人或者第三人将其动产移交债权人占有，以作为债权的担保，债务人不履行债务时，债权人有依法以该动产折价或者以拍卖、变卖该动产的价款优先受偿的担保物权。而动产质权的效力就是动产质权设定后所产生的法律后果。

在研究动产质权的效力之前，先看两则案例，并思考之：

案例一：质押担保范围纠纷案

某县华兴制药有限责任公司（以下简称华兴公司）与该县城市信用社协商借款事宜，城市信用社要求华兴公司提供担保，华兴公司便找到长年业务户该县医药公司为其提供质押担保。某年8月3日，华兴公司、城市信用社、医药公司三方签订了借款质押担保协议，主要约定：城市信用社贷给华兴公司20万元，贷款用途为流动资金，月息8厘，借款期限2个月。担保方式为质押担保，质物为医药公司提供的2000型九成新桑塔纳轿车一部，质押担保的范围为华兴公司所借城市信用社贷款20万元本金中的17万元。合同签订的当日，医药公司将其小轿车移交于城市信用社占有后，城市信用社当即支付给华兴公司贷款20万元。

借款到期后，华兴公司因大量外欠款未收回而无力偿还贷款。医药公司为急需使用小轿车，替华兴公司偿还借款17万元后，医药公司要求城市信用社将小轿车返还。城市信用社以华兴公司尚欠贷款未还清而拒绝返还。医药公司便以城市信用社为被告诉至该县人民法院而形成纠纷。

案例二：质押期间，质物损害赔偿纠纷案

某市某化妆品经营部周某因需去深圳购进一批化妆品而急需资金，经其朋友介绍，周某从铁某处借款8000元，并出具了借条，且写明月利息3分，借款期限3个月，应铁某的要求，周某将其价值12000元的光阳125型摩托车质押给铁某，双方并签订了质押协议。质押协议主要约定，质物为周某的光阳125型摩托车一辆，质押担保的范围是8000元借款和利息，在质押期间，铁某不得使用摩托车。并约定在借款逾期10日内周某不偿还借款，光阳摩托车即归铁某所有。在质押协议签订的同时，周某将其光阳125型摩托车交给铁某保管，铁某给周某出具了收据。在质押期间，铁某用周某所提供的光阳摩托车学开摩托，不慎将该车撞毁。借款到期后，周某连本带息将铁某的借款还清。周某要求铁某返还摩托车时，铁某才说出摩托车被撞毁的事由。双方因赔偿金额达不成一致意见而形成纠纷，周某以铁某为被告而诉至该市人民法院。

上述案例，涉及到动产质权的效力问题。本文就动产质权的效力予以论述。

二、动产质权所担保的债权范围

我国《物权法》第一百七十三条规定：“担保物权的担保范围包括主债权及其利息、违约金、损害赔偿金、保管担保财产和

实现担保物权的费用。当事人另有约定的，按照约定。”由此可见，动产质权所担保的债权范围，首先应当以当事人约定为准，若无约定，则适用本条的规定，作为补充。即有约定按约定，未约定按法定的原则。

值得注意的是，《物权法》之所以要规定上述质押担保范围，是为了避免当质押合同没有约定质押担保范围或虽约定但并不明确时，质权人与出质人之间产生不必要的纷争。因此，根据现代民商法中的私法自治原则（或称意思自治原则），出质人与质权人可以就质押担保的范畴另作其他约定，从而排除《物权法》前段对质押担保范围的规定。

三、动产质权对质物范围的效力

动产质权对质物的支配，实际是对质物交换价值的支配。质权人具有直接支配质物的交换价值的权利，在债务人不履行已界清偿期的债权时，可以依法变价质物而优先受偿。动产质权以其标的物的全部和物上代位性担保债权的受偿。动产质权对标的物的支配不以质物本身为限，动产质权的效力还及于质物的从物和孳息。

1. 质物本身。质物是质权的标的物，当然属于质权的效力所及。在动产质权中，质物限于动产；不动产和权利不包括在内。

2. 质物的从物。动产质权的效力范围问题。除合同另有约定外，物权法规定动产质权效力及于孳息，却未对是否及于质物的从物、添附物作出明确规定。我们认为，质权的效力原则上及于质物的从物，但动产质权的效力并非当然及于从物，必须将从物移交质权人占有时，才能为质权的效力所及。在质押期间，由于质权人不得使用质物，出质人亦无法使用质物，因而质物与他人发生添附的可能很小。根据《担保法解释》第九十一条之规定，动产质权的效力及于质物的从物。但是，从物未随同质物移交质权人占有的，质权的效力不及于从物。

3. 孳息。《担保法》第六十八条规定："质权人有权收取质物所生的孳息。"《物权法》第二百一十三条规定："质权人有权收取质押财产的孳息，但合同另有约定的除外。前款规定的孳息应当先充抵收取孳息的费用。"也就是说质物在债权人占有期间所生的孳息属于质权效力所及的标的物范围之内。在债务履行期届满债权未受清偿，质权人享有对质物的变价权优先受偿时，包括对质物孳息的变价优先受偿。孳息属于质权效力所及的标的物范围虽为必然，但依《担保法》和《物权法》的规定，质押合同当事人对此却有排斥限制权，即所谓"质押合同另有约定的，按照约定"，此便为私法自治原则的体现。《担保法解释》第六十四条规定："债务履行期届满，债务人不履行债务致使抵押物被人民法院依法扣押的，自扣押之日起抵押权人收取的由抵押物分离的天然孳息和法定孳息，按照下列顺序清偿：（一）收取孳息的费用；（二）主债权的利息；（三）主债权。"以此为参照，分析本条关于质权人可以收取孳息之规定的本意，应当是质权人因收取孳息而取得对孳息的质权，即质权效力范围扩展至所收取的孳息之上，以实现质权担保之目的，因此，在解释上应当认为：质权人所收取的孳息充抵质权人收取孳息的费用后，其次可以充抵主债权利息，再次可以充抵主债权。

4. 质物的代位物。《担保法》第七十条规定："质物有损坏或者价值明显减少的可能，足以危害质权人权利的，质权人可以要求出质人提供相应的担保。出质人不提供的，质权人可以拍卖或者变卖质物，并与出质人协议，将拍卖所得的价款用于提前清偿所担保的债权或者向与出质人约定的第三人提存。"《物权法》第二百一十六条规定："因不能归责于质权人的事由使质押财产毁损或者价值明显减少的，质权人有权要求出质人提供相应的担保；出质人不提供的，质权人可以拍卖或者变卖质押财产，并与出质人通过协议将拍卖或者变卖所得的价款提前清偿债权或者提存。"由此可知，当质物提前拍卖或者变卖以后，质权依然存在于其代位物即价金上。同时，《担保法》第七十三条规定："质权因质物灭失而消灭。因灭失所得的赔偿金，应当作为出质财产。”该条规定的“因灭失所得的赔偿金”一语所称之“灭失”，解释上不以质物的“灭失”为限，应当包括质物的“毁损”、“被沿用”等能够取得赔偿金或者补偿金的情形。

四、动产质权对质权人的效力

动产质权设定后，质权人享有占有权和留置质物，收取质物孳息，变价质物、优先受偿权利，并负有妥善保管质物和返还质物的义务。

（一）质权人的权利

1. 对质物的占有权和留置权。各国立法均规定质权人享有占有质物的权利。质权人占有质物并留置质物是质押法律关系成立的条件。而占有与留置是不可分的，对质物的占有既是质权的成立的要件，也是质权得以存续的要件。质权的留置效力表现在债务未履行前质权人继续占有质物，且即使质物的所有权已让与他人，质权人的留置权并不受影响，质权人在其债权受偿前，对于第三人交付质物的请求有权拒绝。《担保法解释》第九十五条第一款对此作出了规定，即债务履行期届满质权人未受清偿的，质权人可以继续留置质物，并以质物的全部行使权利。出质人清偿所担保的债权后，质权人应当返还质物。

2. 收取孳息权。收取孳息为质权人的权利，若当事人无相反约定，质权人得以行使此项权利。《物权法》第二百一十三条规定，质权人有权收取质押财产的孳息，但合同另有约定的除外。前款规定的孳息应当先充抵收取孳息的费用。

3. 质权的优先受偿权。质权的实质和担保的作用在于质权人通过占有质物并在债务履行期届满而债权未得清偿时，把质物变价优先受偿，所以这项权利是质权人的最重要的权利，是动产质权的核心内容和实质所在。

4. 质权人享有质权保全权。我国《物权法》第二百一十六条规定：“因不能归责于质权人的事由使质押财产毁损或者价值明显减少的，质权人有权要求出质人提供相应的担保；出质人不提供的，质权人可以拍卖或者变卖质押财产，并与出质人通过协议将拍卖或者变卖所得的价款提前清偿债权或者提存。”根据本条文之规定，当质物有损坏或价值明显减少的可能，并足以危害质权人的权利时，质权人享有质权保全权。

5. 质权人享有停止质权侵害权和损害赔偿请求权。在质物遭受侵害时，质权人的利益也受到侵害。因此，质权人可以质权存在为理由有除去及停止侵害的请求权，并可向侵权人提出损害赔偿请求，以保障质权的完整性，从而保护债权人的合法权益。

（二）质权人的义务

1. 质权人负有质物保管义务。质权人有保管质物的义务。质权人占有质物是为自己的利益而非债务人的利益，应当对质物的保管承担责任，即履行善良管理人的注意义务。《物权法》第二百一十五条规定：“质权人负有妥善保管质押财产的义务；因保管不善致使质押财产毁损、灭失的，应当承担赔偿责任。质权人的行为可能使质押财产毁损、灭失的，出质人可以要求质权人将质押财产提存，或者要求提前清偿债权并返还质押财产。”

2. 质权人负有返还质物的义务。我国《物权法》第二百一十九条第一款规定：“债务人履行债务或者出质人提前清偿所担保的债权的，质权人应当返还质押财产。”质权人占有质物，乃在于借其留置效力促使债务人届期履行债务，一旦债务人届期履行其债务而使质权人的债权获得满足，债权消灭，质权亦随同消灭，质权人即无继续占有质物的必要与理由，故得返还质物于有受领权人。所谓受领权人当然为出质人，但如质物已转让给他人时，则该他人为受领权人。此时如发生了返还质物的费用，则质权人有权请求受领者支付。

3. 质权人负有提存质物的义务。所谓提存，是指债权人无正当理由而拒绝接受债务人的履行，或债权人下落不明，而无法履行，经债务人申请和人民法院或主管机关批准可将标的物提交有关机关保存；如标的物不宜长期保存，也可以变卖后将价金存入银行而消灭债务的一项制度。而《物权法》第二百一十五条第二款“质权人的行为可能使质押财产毁损、灭失的，出质人可以要求质权人将质押财产提存，或者要求提前清偿债权并返还质押财产”之规定，与上述意思不同，它是出质人要求质权人将质物交付提存机关，目的在于维护质物交换价值的稳定，并有利于出质人的利益，因此，质权人负有提存质物的义务。

五、动产质权对出质人的效力

（一）出质人的权利

1. 质物孳息的收取权。由于出质人须将质物的占有移转给质权人，故出质人原则上对于质物没有使用、收益的权利。但是依据《物权法》第二百一十三条第一款的规定，“质权人有权收取质押财产的孳息，但合同另有约定的除外”。所以，出质人可以与质权人通过合同，约定仍然保留自己对于质物所生孳息的收取权。

2. 质物的处分权。出质人虽然将质物移交质权人占有，但并不因此丧失其对质物的所有权。出质人仍然可以用指示交付的方式将质物予以让与，或者在同一质物上再设定动产抵押权，以担保其他债权的履行。此时，原有的质权并不因此而受影响。所以，动产上设立质权后，出质人仍然有权处分该动产。不过，此种“处分”只能是法律上的处分，而非事实上的处分。因为出质人在丧失对质物的占有之后，已经无法对质物进行事实上的处分，并且此种处分也有害于质权人的利益。

3. 保全质物的权利。为防止质物在质权人占有下发生毁损、灭失而给出质人造成损害，法律赋予了出质人保全质物的权利。如果质权人的行为可能使质押财产毁损、灭失的，出质人有权要求质权人将质押财产提存，或者要求提前清偿债务并返还质押财产（《物权法》第二百一十五条第二款、《担保法》第六十九条第二款）。如果质权人在质权存续期间，未经出质人同意，擅自使用、处分质押财产，给出质人造成损害的，应当承担赔偿责任（《物权法》第二百一十四条）。

4. 请求质权人及时行使质权的权利。出质人有权请求质权人在债务履行期届满后及时行使质权；质权人不行使的，出质人可以请求人民法院拍卖、变卖质押财产。出质人请求质权人及时行使质权，因质权人怠于行使权利造成损害的，由质权人承担赔偿责任。（《物权法》第二百二十条、《担保法解释》第九十五条第二款）。

5. 物上保证人的代位权。在理论上，当出质人是主债务人之外的第三人时，也被称之为“物上保证人”。在代债务人清偿债务之后或者因质权的实现而丧失质物的所有权时，物上保证人享有代位权，可以向债务人追偿。《担保法》第七十二条规定：“为债务人质押担保的第三人，在质权人实现质权后，有权向债务人追偿。”

（二）出质人的义务

1. 交付质物的义务。质押合同生效后，出质人应当按照质押合同的约定将质物移交质权人占有。若出质人拒绝移交质物给债权人造成损失的，出质人有违诚实信用原则，应当承担违约责任。

2. 出质人就质物存在的瑕疵负有担保义务。因质物存在隐蔽的瑕疵造成质权人其他财产损害的，应由出质人承担赔偿责任。但是，质权人在质物移交时明知质物有瑕疵而予以接受的除外（《担保法解释》第九十条）。

3. 当由于质物本身的性质造成质物价值明显减少，对质权人的权利构成威胁时，质权人要求出质人提供相应担保的，出质人应当提供。

六、审判实践中应当注意的问题

1. 动产质权所担保的债权范围比抵押权广泛

除了主债权及其利息、违约金和实现质权的费用以外，动产质权所担保的债权范围还另外包括了质物的保管费用和质物瑕疵损害赔偿金。这主要是由于质权的成立与存续以质权人占有质物为必要，质权人可能有保管费用的支出，而且质物移转于质权人后，因质物隐有瑕疵致质权人受损害时，出质人还应负损害赔偿责任。而在抵押权中，则无此类情况。

2. 应当以质权人实际占有的动产为质押财产

《担保法解释》第八十九条规定："质押合同中对质押的财产约定不明，或者约定的出质财产与实际移交的财产不一致的，以实际交付占有的财产为准。"由于质权存在于质押财产之上，质权在出质人实际移交质押财产时设立。因此，实际交付的质押财产是质权存在的标志，也是质权人得以对质押财产占有而对抗第三人和获得优先受偿效力的来源。总之，应当认为质权人实际占有的质押财产属于质权的效力范围。

3. 注意出质人提前履行债务给债权人造成损失的处理

根据《物权法》第二百一十五条第二款和《担保法》第六十九条第二款的规定，在质权人的行为可能使质押财产毁损、灭失的情况下，出质人可以要求质权人将质押财产提存，或者要求提前清偿债务并返还质押财产。一般情况下，债务人提前履行债务如果对债权人没有不利的，债权人应当接受。但如果提前履行债务给债权人造成损失时如何处理？实值讨论。从尊重合同自由的角度看，如果当事人双方事先存在约定，可以按照约定执行。但若当事人没有约定，由于此处出质人要求提前履行债务的前提是"质权人的行为可能使质押财产毁损、灭失"的情形，所以，应当由质权人承担提前履行带来的不利益。也就是说，在出质人根据以上条款行使提前履行债务的权利时，无论是否会带来债权人的损失，只要双方没有特殊约定的，质权人不得拒绝受偿。同时需要注意的是，《担保法解释》第九十二条进一步指出："按照担保法第六十九条的规定将质物提存的，质物提存费用由质权人负担；出质人提前清偿债权的，应当扣除未到期部分的利息。"

4. 注意出质人请求质权人行使权利时的方式

根据《物权法》第二百一十九条第二款的规定："债务人不履行到期债务或者发生当事人约定的实现质权的情形，质权人可以与出质人协议以质押财产折价，也可以就拍卖、变卖质押财产所得的价款优先受偿。"也就是说，质权的实现包括折价、拍卖和变卖三种方式。据此，出质人依照《物权法》二百二十条请求质权人在债务履行期届满后及时行使质权的，可以采取以上三种方式，即可以与质权人协议以质押财产折价来实现债权，也可以与质权人协议采取拍卖或者变卖质押财产来实现债权。在质权人不同意采取上述协商方式，即质权人怠于行使权利时，出质人有权诉诸法院，请求法院拍卖、变卖质押财产，以便及时实现债权、避免损失。

5. 注意变价权行使的条件和方法

根据我国《物权法》第二百一十六条规定，质权人物上代位权的行使条件和方法是：（1）发生因不能归责于质权人的事由可能使质押财产毁损或者价值明显减少，足以危害质权人权利的情形。（2）质权人不能直接将质物拍卖或变卖，必须先要求出质人提供相应的担保；出质人不提供的，质权人才能拍卖、变卖质押财产。（3）质权人可以与出质人通过协议将拍卖、变卖所得的价款提前清偿债务或者加以提存以取代质物。

6. 注意质物孳息余额的处理

按照《物权法》第二百一十三条第二款的规定，质权人收取质物的孳息应当先充抵收取孳息的费用。若孳息在冲抵收取孳息费用之后尚有剩余应如何处理？《物权法》没有明确规定。根据《担保法解释》第九十六条，动产质押准用该解释第六十四条之规定。该第六十四条规定："债务履行期届满，债务人不履行债务致使抵押物被人民法院依法扣押的，自扣押之日起抵押权人收取的由抵押物分离的天然孳息和法定孳息，按照下列顺序清偿：（一）收取孳息的费用；（二）主债权的利息；（三）主债权。”据此，质权人所收取的孳息在冲抵质权人收取孳息的费用后，其次可以冲抵主债权利息，再次可以冲抵主债权。

7. 质权人放弃质权，不得有损于其他利害关系人的利益

根据《物权法》第二百一十八条规定，“债务人以自己的财产出质，质权人放弃该质权的，其他担保人在质权人丧失优先受偿权益的范围内免除担保责任，但其他担保人承诺仍然提供担保的除外。”于此情况下，本着公平的原则，在质权担保的是主债权的全部时，质权人放弃质权的，其他担保人免除全部担保责任；在质权担保的是主债权的部分责任时，质权人放弃质权的，其他担保人免除质权人放弃质权范围所承担的担保责任。当然，如果其他担保人自愿承受质权人放弃质权所产生的不利影响并承诺愿意继续提供担保的，意味着其同意质权人放弃质权的处分行为，法律自无加以干涉的必要。

七、对引言案例的评析

（一）对案例一的评析

在本案中争议的焦点是质押担保的范围问题，本案涉及下列法律问题：

1. 华兴公司、医药公司与城市信用社所签订的借款质押担保协议合法有效，对三方当事人均具有法律约束力。医药公司与城市信用社在借款质押担保协议中明确约定了质押担保的范围为华兴公司所借城市信用社贷款 20 万元本金中 17 万元，医药公司并将质物 2000 型九成新桑塔纳轿车移交给城市信用社占有，根据《担保法》第六十四条、第六十七条之规定，质押生效。医药公司与城市信用社约定的质押担保范围亦有效。

2. 医药公司在华兴公司借款到期后，主动为其偿还城市信用社贷款 17 万元，履行了医药公司与城市信用社在借款质押担

保协议中所约定的质押担保范围，根据《担保法》第七十二条“为债务人质押担保的第三人，在质权人实现质权后，有权向债务人追偿”之规定，此时担保人医药公司便享有对债务人华兴公司追偿的权利。

3. 医药公司在履行了质押担保义务后，要求城市信用社将其小轿车返还，而城市信用社以华兴公司尚欠贷款未还清拒绝返还的理由于法无据，不应得到支持，医药公司的起诉理由成立，城市信用社应限期将质物桑塔纳轿车返还给医药公司。

（二）对案例二的评析

在本案中，主要涉及到质权消灭后质物在质押期间损坏的责任归属和赔偿问题。

1. 周某和铁某所签订的质押协议，除其中“约定在借款逾期10日内周某不偿还借款，光阳125型摩托车即归铁某所有”为《物权法》第二百一十一条“质权人在债务履行期届满前，不得与出质人约定债务人未履行债务时质押财产为债权人所有”的禁止性规定无效外，其他条款均为有效，对双方有法律约束力。周某履行了借款义务，双方债权债务关系消灭，铁某对周某的光阳125型摩托车的质权也消灭，因此，双方的质押担保关系亦消灭。

2. 根据质押协议的约定，在质押期间，铁某不得使用摩托车，[①] 铁某违背协议约定，擅自使用质物摩托车，并造成撞毁，其责任全部在铁某，铁某的行为属于违反质押协议的民事责任，又属于一种民事侵权行为，此时，铁某的行为是违反合同的民事

① 我国《担保法》对质权人在质押期间是否享有对质物使用权，未作明文规定，一般认为，从立法本意说，质权人是无权使用质物的，质押权从性质功能来讲为了保证债权人顺利实现其债权，着重的是质物的交换价值，即在主债务不能按期履行时，将质物通过拍卖、变卖、折价等方式所得价金优先受偿。质押权性质上属于担保物权，而不是用益物权，故质权人不得自行使用质物。但基于发挥质物使用价值的角度，在取得出质人同意的情况下，质权人可以使用质物。《担保法解释》第九十三条作出了规定：质权人在质权存续期间，未经出质人同意，擅自使用、出租、处分质物，因此给出质人造成损失的，由质权人承担赔偿责任。

责任与侵权的民事责任发生竞合。

3. 周某可依据《物权法》第二百一十四条“质权人在质权存续期间，未经出质人同意，擅自使用、出租、处分质押财产，给出质人造成损害的，应当承担赔偿责任”的规定请求铁某赔偿损失，损失数额可参照市场价确定。

第八节　动产质权的实行及消灭

一、引言

动产质权的核心是质权人依法对质物享有优先受偿权，而优先受偿权的实现是通过动产质权的实行，因此，动产质权的实行亦有必要探讨之。在研究动产质权的实行及消灭之前，先看司法实践中所遇到的一则案例，并思考之：

该案质权人是否应当担责

1月6日，甲公司与某信用社签订了为期3个月的借款合同，借款金额30万元，乙公司以价值33万元的动产作质押担保。借款逾期后，甲公司未还分文。6月6日，乙公司给信用社书面通知，其内容为：因为甲公司担保的质物有降价的趋势，请贵社在7月1日前及时行使权利，否则，因质物降价而造成我公司所受的损失，贵社负赔偿责任。信用社接此通知后，至8月1日与乙公司就质物折价。按此时市场行情双方协商将质物折价为21万元。出质人乙公司认为信用社在接到通知后，怠于行使权利致使质物价值下跌12万元，应由信用社负赔偿责任。而信用社拒绝赔偿，形成纠纷，乙公司将信用社诉至法院。

在司法实践中，债务履行期届满后，一般说来，质权人为实现债权，总是积极行使质权，但亦有出质人请求质权人及时行使权利，而质权人却怠于行使权利给出质人造成损害，上述案例可谓典型。

二、动产质权实行的意义及条件

（一）动产质权实行的意义

所谓动产质权的实行，又称之为动产质权的实现，亦称之为动产质权的行使，是指质权人在债权已届清偿期而债务人不履行债务时，处分质物以优先取偿的行为。质押担保的目的在于确保债权的清偿；受质押担保的债权不能如期受清偿时，质权人有必要行使质权而优先清偿其债权。动产质权的行使，为动产质权的主要效力。我国《担保法》第七十一条第二款和第三款规定："债务履行期届满质权人未受清偿的，可以与出质人协议以质物折价，也可以依法拍卖、变卖质物。""质物折价或者拍卖、变卖后，其价款超过债权数额的部分归出质人所有，不足部分由债务人清偿。"各国立法例对动产质权的行使均有相似的规定。动产质权的行使，为质权人的权利而非义务。所以，质权人在行使动产质权前，可以请求债务人清偿债务，而债务人不得以质权人先就质物行使权利进行抗辩；质权人还可以先就债务人的其他财产取偿，不足部分再行使质权以就质物的价值取偿。

（二）动产质权的实行条件

我国《物权法》第二百一十九条第二款规定："债务人不履行到期债务或者发生当事人约定的实现质权的情形，质权人可以与出质人协议以质押财产折价，也可以就拍卖、变卖质押财产所得的价款优先受偿。质押财产折价或者变卖的，应当参照市场价格。"根据该条款的规定，质权人行使动产质权的前提条件是债务人在债务履行期届满时未履行债务，或者发生当事人约定的实现质权的情形。这就有必要要求主合同中的主债务的履行期限应当明确；若无约定履行期间或履行期间约定不明的，可根据《民法通则》第八十八条第二款第（二）项、《合同法》第六十二条第一款第（三）项之规定进行，即履行期限不明确的，在给对方当事人以必要的准备时间的前提下，债权人随时可以主张债权，债务人也可以随时履行债务。

当然，根据《物权法》第二百一十九条第一款“债务人履行债务或者出质人提前清偿所担保的债权的，质权人应当返还质押财产”的规定，出质人也可以提前清偿债务。但根据《担保法解释》第九十二条之规定，出质人提前清偿债权的，应当扣除未到期部分的利息。出质人提前清偿债务使质权人的质权得以实现，质权人应当及时返还质物，否则，出质人有权请求质权人返还质物。

三、动产质权的实行方法

根据我国《物权法》第二百一十九条第二款规定“债务人不履行到期债务或者发生当事人约定的实现质权的情形，质权人可以与出质人协议以质押财产折价，也可以就拍卖、变卖质押财产所得的价款优先受偿。质押财产折价或者变卖的，应当参照市场价格”的规定，动产质权的实行方法有两种：即质物折价、拍卖或变卖质物。

1. 质物折价

质物折价是指质权人和出质人订立合同，由质权人依质物的价格取得质物所有权。质物的折价须由双方事后通过订立合同方式确定，而不得事先在合同中约定在债务履行期届满质权人未受清偿时，质物的所有权移转给质权人所有，否则将构成流质契约，并应被宣告无效。质物在折价以后，如果质物所折价的价格高于质权担保的债权数额，质权人必须向出质人返还差额。如果低于担保的债权数额，质权人仍有权请求债务人清偿差额部分。不过，由于质权人已接受折价，因此该差额部分将成为无担保的债权。

2. 拍卖或变卖质物

拍卖质物，是指按照法定的拍卖程序，以拍卖质物所得价金清偿债权的方法。拍卖质物为动产质权实行的主要方法。因为拍卖的性质不同，拍卖质物分为一般拍卖和强制拍卖。质权人和出质人委托拍卖人拍卖质物的，为一般拍卖。我国《拍卖法》第三条规定："拍卖是指以公开竞价的形式，将特定物品或者财产权利转让给最高应价者的买卖方式。"依照我国《物权法》的规定，质权人可与出质人协议拍卖质物。质权人和出质人依照《拍卖法》的规定，在债务人不履行债务时，委托拍卖人拍卖质物，质权人自买受人取得质物所支付的价金中优先清偿其债权。质权人和出质人不能达成协议委托拍卖人以拍卖质物，质权人可以向人民法院提起诉讼。质权人以诉讼请求人民法院拍卖质物的，属于强制拍卖。

变卖质物，是指将质物变卖后，以其价款清偿债务。变卖质物的优点是快捷、灵活、节省费用，对出质人和质权人都较为有利。需要说明的是，根据《物权法》的规定，质物折价、拍卖或变卖质物只要依法进行，无须出质人同意即可。

在司法实践中，应当注意的是，一是质权人"怠于行使权利"的要件。不能质押财产价格一下跌即裁判质权人承担赔偿责任，否则将增加债权实现上的风险，损害质权人的合法利益。由于质权人在质权得以行使后，可以在相当长的时间内自由选择行使质权的时机，所以判断质权人"怠于行使权利"比较困难。本条规定了一个前提，即以"出质人请求质权人及时实现质权"为前提，至少我们可以得出这样一个结论，即在出质人向质权人提出行使质权的请求之前，不能下质权人"怠于行使权利"的结论。此外，质权人承担责任的性质应为一种法定的侵权赔偿责任；二是出质人请求质权人行使质权的，可以与质权人协议以质押财产折价或者采取拍卖、变卖质押财产的方式来实现质权。根据《物权法》第二百二十四条的规定，债务人不履行到期债务，质权人可以与出质人通过协议以质押财产折价，也可以就拍卖、变卖质押财产所得的价款优先受偿，即质权行使的方式包括折价、拍卖和变卖三种方式。因此出质人依据本条规定，请求质权人行使质权时，可以采取与出质人协议以质押财产折价来实现质权，也可以与质权人协商一致采取拍卖或者变卖质押财产来实现质权。在质权人不同意采取前述协商方式时，出质人有权诉诸法院，请求法院拍卖、变卖质押财产，以便更迅捷地实现质权。

四、动产质权的消灭

质权的消灭，是指质权人对质物具有的支配力的终止。质权是担保物权，因法律规定或者当事人之约定之原因而消灭。

1. 质权因被担保的债权消灭而消灭。担保物权是因主债权的存在而设立的，对于主债权而言，担保物权属于从权利。因此，当其被担保的债权消灭时，质权也就失去了其存在的基础，质权即归于消灭。这时，质权人应将质物返还给出质人。《担保法》第七十四条规定："质权与其担保的债权同时存在，债权消灭的，质权也消灭。"

2. 质权因物权消灭的原因而消灭。质权为物权的一种，因为物权之通常原因而消灭。因为质物的混同①、标的物丧失、标的物被征收、权利人放弃权利等原因的发生，质权消灭。标的物灭失为物权消灭的一般原因，质权为支配质物的担保质权，质物灭失，使得质权丧失而取得的赔偿金具有支配力，即因灭失所得的赔偿金，应当作为出质财产，质权并未消灭。

3. 质权因返还质物而消灭。质权的设定和存续，以质权人占有质物为要件，若质权人将质物返还给出质人，不论质权人返还质物的原因如何，质权人丧失对质物的占有，质权的存续要件欠缺，质权应当归于消灭。

4. 质权因质权人丧失占有且不能返还而消灭。质权以债权人取得出质人财产的占有为要件，并以占有的保持为存续要件。

---

① 质物的质权和所有权的混同是否为质权的消灭的原因之一，《担保法》中未设明文，《担保法解释》中第七十七条规定了所有人抵押权，而未对所有人质权作出规定。

质权人丧失了对质物的占有，并且因此不能行使请求返还权的，质权消灭。

5. 质权因实行而消灭。质权人行使质权，设立质权的目的实现，这样质权即可归于消灭。即使质物被拍卖、变卖后所得价金不足以清偿债务，质权也归于消灭。但债务人对债权人的债务应继续履行，不因质权消灭而免除。

6. 因混同而使质权消灭。因混同而使质权消灭的情形有两种：其一，债权人与债务人归于一人时，债权债务各不存在质权也自然归于消灭。其二，债权人与出质人（此时出质人非为债务人本人，而是物上保证人，即第三人）混同，而使质权消灭。

五、对引言案例的评析

在本案中，甲公司与信用社所签订的借款合同有效，乙公司与信用社所签订的质押合同亦有效。问题的关键是，质权人信用社在接到出质人乙公司请求行使质权时，而信用社怠于行使权利，确已给乙公司造成了财产损害，即价值下跌 12 万元，信用社应否承担责任。

根据《物权法》第二百二十条第二款“出质人请求质权人及时实现质权，因质权人怠于行使权利造成损害的，由质权人承担赔偿责任”及《担保法解释》第九十五条第二款“债务履行期届满，出质人请求质权人及时行使权利，而质权人怠于行使权利致使质物价格下跌的，由此造成的损失，质权人应当承担赔偿责任”之规定，债务履行期届满后，信用社怠于行使权利，自应承担赔偿责任，当无疑问。

第九节 票据权利质权

一、引言

权利质权，是指出质人将其所有的可转让的财产权利凭证移交债权人占有，在债务人届期不履行债务时，债权人有权将该权利转让以优先受偿。在权利质押法律关系中，债务人或者第三人为出质人，债权人是质权人。第二百二十三条规定：“债务人或者第三人有权处分的下列权利可以出质：（一）汇票、支票、本票；（二）债券、存款单；（三）仓单、提单；（四）可以转让的基金份额、股权；（五）可以转让的注册商标专用权、专利权、著作权等知识产权中的财产权；（六）应收账款；（七）法律、行政法规规定可以出质的其他财产权利。”

在研究票据权利质权之前，先看一则案例：

票据质押纠纷案①

1998年5月4日，白银有色金属公司（下称白银金属公司）签发银行承兑汇票三张，银行承兑汇票记载的收款人均为重庆创意有色金属总公司（下称重庆金属公司）、金额均为500万元、到期日均为同年11月4日。上述三张银行承兑汇票均由中国农业银行白银市分行营业部（下称农行营业部）予以承兑。5月5日，白银金属公司原财务处经办人寇振国（在逃）将上述银行承兑汇票交给重庆金属公司，重庆金属公司于当日将上述银行承兑汇票背书转让给重庆创意有色金属材料有限公司（下称创意公司）。5月7日，创意公司与中国光大银行重庆分行（下称光大银行）签订借款合同一分，约定创意公司向光大银行借款2000万元，借款用途为经营周转，借款期限为5月7日至11月19日，由创意公司提供担保，担保方式为质押。同时创意公司还与光大银行签订质押合同一份，约定创意公司以上述三张银行承兑汇票以及创意公司在光大银行账户上的500万元存款作质押，合

① 案例来源于李国光主编：《经济审判指导与参考》（第4卷），法律出版社2001年版，第176—187页。

同项下的质物或者权利凭证于5月7日由创意公司交给光大银行，光大银行在处分合同项下质押的权利时有权依据有关法律的规定，对质押的权利进行转让，以取得价款或者将其兑现价款。光大银行于5月6日向农行营业部查询上述三张银行承兑汇票的真实性，农行营业部电报答复光大银行称上述三张银行承兑汇票均属实，请受理。质押合同签订的当日，光大银行即将2000万元贷款转入创意公司的账户内。创意公司虽然向光大银行交付了上述三张银行承兑汇票，并作为背书人签章，但是均未在三张银行承兑汇票上背书记载“质押”字样，而是事后在上述三张银行承兑汇票上的背书栏内追记载了“委托收款”字样。同年11月2日，光大银行以委托收款的方式要求农行营业部付款，农行营业部拒绝付款并于11月7日以创意公司作为被告向甘肃省高级人民法院提起诉讼，请求判令本案所涉票据无效，创意公司不享有票据权利。光大银行于同年12月22日以本案涉及该行权益为由向甘肃省高级人民法院提出申请，要求作为有独立请求权的第三人参加诉讼。甘肃省高级人民法院经审查将其列为第三人。在审理中查明，创意公司在重庆金属公司原期货部基础上成立的有限责任公司，其人员均是原重庆金属公司的期货部人员。根据白银市公安局提供的讯问笔录，重庆金属公司与创意公司的法定代表人均明确表示重庆金属公司与白银金属公司之间、重庆金属公司与创意公司之间无真实的商品交易关系，白银金属公司签发的银行承兑汇票，都是由重庆金属公司委托创意公司向银行办理贴现或抵押贷款，然后将款项交给白银金属公司的经办人寇振国，由其在重庆金属公司作期货买卖。

甘肃省高级人民法院认为，本案涉及的三张银行承兑汇票记载事项齐全，符合《票据法》第二十二条的规定，因此，农行营业部请求判决确认上述三张银行承兑汇票无效不当，依法不予支持。创意公司虽然背书取得了上述银行承兑汇票，但是创意公司是在明知白银金属公司与重庆金属公司、创意公司与重庆金属公司之间无真实商品交易关系的情况下取得的，违反了《票据法》

有关票据的取得应遵守合法与诚实信用的原则。由于创意公司、重庆金属公司名为两个独立法人，但人、财、物不分，实为一个主体，重庆金属公司的民事行为亦即创意公司的民事行为。因此，上述票据的背书转让，其票据的原因关系之间有直接的联系，基于公平和诚实信用的原则，本案票据原因关系仍对票据关系起作用。因此，农行营业部关于创意公司不享有上述票据权利的主张应予以支持。由于创意公司在银行承兑汇票即将到期前追加记载了“委托收款”字样，依据该票据记载，光大银行基于票据关系是代理人，而不是票据权利人，其虽持有票据但不是真正的持票人，而只能是代行背书人的权利，故创意公司仍然是该案三张银行承兑汇票的持票人。光大银行虽然与创意公司签订借款合同与质押合同，但因创意公司未在票据上记载“质押”字样，而是记载为“委托收款”，这一文义记载表明光大银行基于票据关系不享有票据权利。光大银行不是本案的票据当事人。判决：一、驳回农行营业部关于本案所涉三张银行承兑汇票无效的请求。二、创意公司不享有票据权利。三、驳回光大银行的诉讼请求。

一审宣判后，农行营业部、创意公司和光大银行均不服一审判决，向最高人民法院提出上诉。

最高人民法院终审判决认为，本案所涉三张银行承兑汇票形式完备，各项必要记载事项齐全，应认定为有效票据。票据是一种文义证券，所谓票据的文义性，是指票据行为的内容完全以文字记载为准，不允许票据当事人以票据所载文字以外的证据对票据上的记载事项作出变更或补充。基于票据的文义性，根据《票据法》第三十五条的规定，本案所涉三张银行承兑汇票上均记载了“委托收款”字样，据此创意公司与光大银行之间存在委任背书的票据关系。委任背书不产生票据权利转让的效力，本案所涉票据的持票人仍是创意公司，光大银行基于委任背书关系仅是票据关系人而不是持票人。光大银行关于是本案所涉汇票的持票人、享有票据权利的上诉主张，不予支持。本案票据基础关系中，白银金属公司与重庆金属公司之间、重庆有色金属公司与创意公司之间没有真实的商品交易关系，其票据的签发及背书转让的目的都是为了套取银行资金进行期货交易。对此，农行营业部是明知的，上述行为均违反了中国人民银行《关于禁止金融机构进入期货市场的通知》的规定，故创意公司不应享有票据权利。一审判决创意公司不享有票据权利并无不当。光大银行与创意公司之间形成质押借款担保关系，光大银行向承兑人农行营业部查询汇票的真实性，农行营业部予以确认，光大银行对出质人及其前手之间的票据基础关系没有法律上的审查义务，承兑人农行营业部在诉讼过程中也没有证据证明光大银行在质押借款过程中存在恶意的相关证据。因此光大银行支付了对价，作为善意第三人的民事权利应当受到法律保护。鉴于原审法律已准许光大银行进入本案诉讼，为避免讼累，本案将票据关系与借款关系一并审理。光大银行在得到营业部“三张银行承兑汇票均属实、请受理”的答复后，与创意公司签订了质押合同，并取得了涉案的三张银行承兑汇票，该质押关系依法成立，光大银行依法享有质权，其对营业部兑付银行承兑汇票的主张予以支持。判决：农行营业部以其承兑的三张银行承兑汇票向光大银行兑付到期的票据及相应的利息。

本案例的焦点问题是，未在票据上进行质押背书，但签订有质押合同，是否构成票据质押。票据质押问题在票据法的理论和实务中一直存在着较大的争议。《票据法解释》第五十五条规定出质人未在票据上记载“质押”字样而另行签订质押合同的，不构成票据质押。此规定出台后，质押背书是票据质押的生效要件或对抗要件的争论更加激烈。

二、票据的法律意义

票据的含义有广义和狭义之分。广义的票据是指商业活动中的一切凭证，如发票、仓单、提单、支票等。狭义的票据只限于以支付一定金额为目的的特种证券。《票据法》上所称的票据是仅就狭义的票据而言的，是出票人依法签发的，由自己或指定他人按票面所载明的时间、地点无条件支付一定金额的有价证券。票据包括汇票、本票和支票。

我国《票据法》第二条第二款规定："本法所称票据，是指汇票、本票和支票"。该法第十九条第二款规定："汇票分为银行汇票和商业汇票。"可见，银行汇票、商业汇票、本票、支票合称为票据，均为有价证券。在我国台湾地区，这些证券又称指示证券，即指由出质人指示付款人，按票据上记载的金额向收款人或持票人支付金钱的证券。票据具有如下法律特征：

1. 票据是一种设权证券。有价证券的一个显著特征，即它是一种权利凭证，能证明当事人权利的存在。票据这一有价证券所反映的权利是由票据行为所创设。票据以证明的权利是票据形成后新创设的权利，不是在票据形成前所有的权利。

2. 票据是一种完全证券。权利和权利凭证合为一体的，为完全证券。权利和凭证可以分离而存在的，为不完全证券。因而票据权利人向票据债务人行使权利必须出示票据。如《票据法》第四条第二款规定：持票人行使票据权利应出示票据；票据权利人转让票据权利的，须交付票据。

3. 票据是一种无因证券。票据的签发、背书、承兑、保证等往往基于一定的原因关系。然而原因关系的无效、被撤销或者票据的签发、背书等无原因关系并不影响票据的效力，这就是票据的无因性。

4. 票据是一种要式证券。《票据法》第一百零九条规定："汇票、本票、支票的格式应当统一。票据凭证的格式和印制管理办法，由中国人民银行规定。"票据交易的程序，是票据签发、背书、承兑、保证等票据行为的程序。票据债务人在实施这些行为时，必须依照法律规定的方式进行，并符合法定的形式要件，否则无效。

5. 票据是一种文义证券。票据行为属法律行为。意思表示又以效果意思、表示意思、表示行为为要素。通常表意人通过表示行为表现出来的效果意思与表意人的内心的意思是一致的，然而，表示上的效果意思与内心的效果意思不一致的情形时有发生。票据是一种按票载文义确定效力的证券。即便是票据上的所作记载与实际不一致，仍应以票载的文义确定其效力。

6. 票据是一种流通证券。票据从先前的主要用于银钱输送，演变为主要作为信用工具使用后，票据的流通性便成为票据的主要特征之一。

三、票据质押的效力认定

1. 票据质押的生效要件

《票据法》第三十五条第二款规定：“汇票可以设定质押；质押时应当以背书记载“质押”字样。被背书人依法实现其质权时，可以行使汇票权利。”《票据法》第八十一条、第九十四条分别规定，本票与支票适用汇票的规定。而《担保法》第七十六条规定：“以汇票、本票、支票……出质的，应当在合同中约定的期限内将权利凭证交付给质权人。质押合同自权利凭证交付之日起生效。”可见，《票据法》与《担保法》在设立票据质押方面的规定不尽一致。《票据法》要求出质人在票据上为“质押”背书并将票据交付给被背书人后，被背书人才取得质权，强调的是背书记载与交付。而《担保法》则仅要求出质人按合同约定将票据交付后即设立质权，强调的是合意与交付。由于票据背书行为的发生一般都以背书人与被背书人之间的合意为基础，因此两者的区别关键在于票据质押是否以背书“质押”字样为要件。

2. 记载“不得转让”票据质押的效力

票据的“不得转让”记载，又称为票据的禁转记载。《票据法》第二十七条、第三十四条分别规定：“出票人在汇票上记载“不得转让”字样的，汇票不得转让”；背书人在汇票上记载“不得转让”字样，其后手再背书转让的，原背书人对后手的被背书人不承担保证责任”。以上规定的效力同时也及于本票和支票。

可以看出，票据的禁转记载有两种情形，即出票人的禁转记载和背书人的禁转记载。

记载“不得转让”的票据能否质押，其质押效力如何，我国《票据法》、《担保法》均未作出明确规定，司法实践中对此看法不一。[①] 笔者认为，记载“不得转让”的票据质押并非票据权利的转让，质权人因与出质人的质押行为而取得的对票据的一定期间的占有权及待主债权届清偿期后而未获清偿时取得票据的权利，应受法律保护，即记载“不得转让”的票据质押时，应当承认其效力。具体理由如下：

（1）票据禁转记载是对票据流通性的限制，对依其他民事法律行为取得的票据权利，法律未作禁止。根据《票据法》第二十七条的规定，出票人的禁转记载产生以下法律效力：票据丧失流通性，收款人不得依背书方式转让票据权利，否则，受让票据的人不能取得票据权利，不能发生票据法上的权利转移和资格证明等效力。该法第三十四条规定：“背书人在汇票上记载“不得转让”字样，其后手再背书转让的，原背书人对后手的被背书人不承担保证责任。”即记载“不得转让”的背书人的后手仍然可以背书转让票据，原背书人不承担保证责任而已。由上可见，票据禁转记载使票据的流通性受到了限制。

---

① 《票据法》第二十七条二款作出了“禁转背书”的规定，所谓禁转背书是指出票人或者背书人在票据上记载“不得转让”等类似文句，以禁止票据权利的转让。那么，禁转背书的票据一经转让将产生怎样的法律后果，背书“不得转让”的汇票还能否设定质押呢？这个问题在法学界和审判实践中一直存在很大的分歧，《人民法院案例选》总第二十一期、第二十二期先后刊登了两个案例，案件事实基本相同，判决观点和结果截然不同。在第二十一期中刊登的原告“中国投资银行天津分行诉天津市轻工业对外贸易公司确认记载‘不得转让’字样汇票质押效力案”中认为，记载“不得转让”字样的银行承兑汇票可以再设定质押。理由是？“不得转让”并不是单纯禁止将票据作为权利凭证移交他人占有，其目的是对票据权利的“禁止”转让。而质押并不转让票据权利，因此票据质押是有效的。《人民法院案例选》第22期刊登的“沈阳石化公司诉辽宁石油公司以‘不得转让’汇票向招商银行沈阳分行设定质押无效案”中（就是本案前述的案例），认为“不得转让”汇票是一种禁止转让、限制流通的票据，如果允许设定质押，在设质人不能偿还债务时，票据权利由设质人转让给质权人，出现了票据权利转让的结果，造成与不能转让相矛盾的事实，因此，“不得转让”汇票设定质押是无效的。

（2）禁转记载的票据质押并非票据权利转让，不产生票据转让的法律后果。禁转记载的票据旨意的效力主要体现在设定质权上，并非将《票据法》上的票据权利转让给被背书人（质权人），而是将票据本身的占有权移转给质权人，质权人将取得的质权作为债权的担保。质权人可以在实现质权时行使一定的票据权利，包括付款请求权，从票据金额优先偿付被担保债权。质权人权利的取得是基于“将一定的票据权利授予他人行使”而非“转让”。因此，质押与转让是两个完全不同的概念，票据的付款人以票据的禁转记载来抗辩质权人行使质权不应受法律保护。

（3）承认记载“不得转让”的票据的质押效力，符合国际立法和商业交易习惯，禁转票据的质押效力已为许多国家的票据立法所确认，如《日内瓦统一汇票、本票法》第19条规定：如背书载有“担保价值”、“抵押价值”或其他抵押的声明，持票人得行使汇票上所有的一切权利，但只能以代理人资格背书。承担责任的各当事人不得以其与出票人或前手持票人之间的个人关系发生抗辩。对抗持票人，但持票人在接收汇票时明知其行为有害于债务的除外。《日本票据法》第19条亦规定：（1）背书有“因担保”，“因设质”和其他表示设定质权字句时，执票人得行使汇票上的一切权利。（2）债务人不得以基于对背书人的个人的关系抗辩对抗执票人。但执票人明知有害于该债务人而取得票据权的，不在此限。实践中将主债务人持有的票据出质给债权人，有利于督促债务人及时履行债务，充分保障债权的实现。因此，认定禁转票据质押有效，不仅能够及时保护质权人的合法权益，也符合国际方法和商业习惯。

因此，就前述案例来说，一审法院和二审法院均认为，“不得转让”的汇票设定质押无效。基于上述理由，笔者倾向认为，“不得转让”的票据质押有效。

四、票据质押的无效情形

1. 主合同无效，票据质押合同无效。《担保法》第五条规定："担保合同是主合同的从合同，主合同无效，担保合同无效。"票据质押合同是主合同的一种担保方式，它是以主合同的存在为前提的，其存在的目的在于一方面担保主合同的债务人履行义务，另一方面是担保债权人的利益不致遭受损失。而对出质人来说，既然主合同中权利人的权利不合法，那么，出质人与债权人所约定的权利义务关系自然不能受到法律保护。

2. 出质人系恶意或重大过失取得票据，又通过设质背书将票据质押者，若质权人系善意取得票据，则质押关系有效；若质权人不具有善意，则质押关系无效。按照票据法原理，取得票据必须处于善意。善意取得票据的人，不对票据让与人的权利瑕疵负责。同理，只要债权人在取得票据质权时是善意的，则不论出质人取得票据时是否促成恶意或重大过失，质押合同仍然有效，票据债务人不得已对抗背书人的事由对抗作为背书人的质权人。因为质权人是以自己名义，为自己的利益行使权利，抗辩被切断。但若质权人明知出质人系恶意或重大过失取得票据，仍同意一次设质的，则质押合同应依法确认无效。

3. 出质人故意以作废的或无效的票据为质物，使债权人在违背自己真实意思的情况下与之订立票据质押合同的，应依法确认该质押合同无效。

五、票据质权的行使

票据质押所确立的是设质背书的被背书人一种附条件行使票据权利的资格。这种条件不是质权的成立条件，而是行使条件。也就是说质权人只享有对票据权利行使的期待权。当设质背书完成后，被背书人虽然已经取得完整的票据权利，但是这种权利却不能马上由作为质权人的被背书人行使，必须等到条件成就时，被背书人行使票据权利方为合法。这时的条件可以理解为期限，即主债务到期的期限。在主债务到期前，票据权利人一般是不能行使票据权利的。但债务到期的事实仍然不足以保证票据质权人行使票据权利，还必须有债务人的到期不还债的事实予以证明，才能视为条件的真正成就。一般而言，当以上条件成就时，除前文所述的票据转让外，票据质押权人实现质权的方式主要有如下几种：

1. 向付款人请求付款，并以所得款项优先满足自己的债权

当主债务到期未还而票据又已到期时，票据质押人作为主债权人，即可以依背书的连续性证明自己权利的存在，持票据提示付款人付款。如果该票据已经付款人、第三人承兑或保付，承兑人、保付人则成为票据主债务人负有绝对的保证票据兑付的义务，其余债务人则退居其次而成为第二债务人。若票据主债务人拒绝付款，票据质押权人可以直接向法院起诉，要求其履行义务，而不必马上行使追索权。如果付款人、承兑人或保付人将票款支付给票据质押人，在票据法上，票据质押关系应当已经完成但是根据质押合同的规定，质押人只能收取与债权相等的部分数额，其余则须退还给出质人。根据我国《担保法》第七十七条的规定，当票据已经到期而其所担保的主债务尚未到期时，质权人也应有权兑付票款，并将票款提存，或与出质人商定提前偿还债务。

2. 行使票据追索权，并用所得款项优先满足自己的债权

当票据到期未获付款，或在到期前不获承兑，或有其他法定原因时，票据质押权人在进行了行使或保全票据权利的行为后，可以向其前手追索，请求偿还票据金额及其他法定款项。由于票据关系人发行、转让、质押票据所承担连带担保责任是对内的一种连带关系，相对于付款人、承兑人来说则只是一种补充担保，所以只有当票据请求权不能实现或无法得到满足时，持票人才能行使追索权。使其前手承担连带担保责任。正因为如此，可以认为，追索权是付款请求权的一种补充或保障性的权利，为第二次请求权。它有效地起到了保障票据债权流通、票据制度规范运行的作用。倘若票据质权人能够通过行使追索权而获得票款，则可优先满足自己的债权，即使是对出质人行使追索权时也是如此。追索的标的是票据所载的全部票款，而不是主债权的数额，因此票据债务人不能以主债权数额小于票面金额予以抗辩。不过在所

有的被追索对象中，只有出质人可以依票据原因关系的瑕疵而抗辩质权人的追索权。

六、对引言案例的分析

在本案中，一审法院和二审法院均认为，票据有效，创意公司与重庆光大银行之间存在委任背书的票据关系，基于票据的文义性，本案所涉票据的持票人仍是创意公司。一审法院认为，重庆光大银行不是本案票据的当事人，其付款请求权应适用民法上的有关规定；二审法院则认为，根据票据文义，重庆光大银行不享有票据权利，但重庆光大银行支付了对价，并与创意公司签订了质押合同，该质押关系合法成立，重庆光大银行依法享有质权。我们认为本案的二审判决在以下两个方面值得商榷：

1. 一方面基于票据的文义性，认定持票人仍然是创意公司，光大银行仅仅是受托的委托收款银行，同时又依据质押合同认定光大银行享有质权，这与最高人民法院民二庭论证质押背书是票据质权的对抗要件的逻辑存在不一致的地方。既然认为根据票据法第三十一条的规定，非经背书转让，而以其他的合法方式取得汇票的，可以依法举证，证明其汇票权利，那么，为何不可直接依据该逻辑认定其享有质权？

2. 依据票据文义认定光大银行不得享有票据权利与依据质押合同认为其享有质权的结论也存在矛盾。因为质权最终的实现途径是依据《票据法》第三十二条的规定“行使票据权利”，光大银行最终还是享有票据权利，前后两个票据权利的内涵又是相同的，因此与前面依据文义认定不享有票据权利的结论存在矛盾。

第十节　存单的核押

一、引言

以存款单出质的，签发银行核押后又受理挂失并造成存款流失的，应当承担民事责任。诸如：

核押流于形式吞苦果①

1996年1月5日，鼎盛达集团向西城农行申请贷款500万元，期限自当月8日至同年7月25日，月利率为12.06‰。西城农行同意后，与鼎盛达集团签订了一份抵押合同，约定鼎盛达集团提供定期储蓄存单作为借款的抵押财产，其按期归还借款本息时，抵押权自动撤销，西城农行应将存单退还鼎盛达集团；鼎盛达集团未经西城农行同意擅自处分抵押财产的行为无效。合同签订后，鼎盛达集团将一张户名为宏达公司、号码为0854131、金额为1000万元、期限为1年的定期整存整取储蓄存单（下称存单）交与西城农行。该存单所有人宏达公司于1996年1月3日向西城农行出具授权书，写明：鼎盛达集团在西城农行贷款，宏达公司同意将号码为0854131、金额为1000万元的存单抵押给西城农行，并承诺在贷款期间内不挂失、不提前支取，贷款到期后，如鼎盛达集团失约，宏达公司随时接受西城农行对存款的支取。1996年1月4日，青岛市华鑫城市信用社（下称华鑫信用社）向西城农行书面表示：宏达公司在华鑫支行存款1000万元，存款日期为1995年11月20日至1996年11月20日，存单号码为0854131，此存单可在西城农行抵押，贷款抵押期间，华鑫信用社保证对该存单不办理挂失、不提前支取，自存款到期日起，凭该存单支取此款，华鑫信用社保证支付。1996年1月8日，西城农行向鼎盛达集团提供贷款500万元。同年3月4日，鼎盛达集团归还西城农行借款本金300万元。1996年4月23日，宏达公司以存单丢失为由向华鑫信用社就0854131号存单申请办理挂失并提前支取。华鑫信用社于1996年5月28日为宏达

① 案例来自于最高人民法院网。

公司办理了提前兑付。1996 年 11 月 26 日，鼎盛达集团向西城农行致函表示：鼎盛达集团尚欠西城农行 200 万元未还，原抵押物，即在华鑫信用社的 1000 万元存单，已于同年 5 月 8 日提前支取，并表示在同年 12 月 30 日前还清 200 万元欠款本息。华鑫信用社主任于秀平在该函上签名。现宏达公司、鼎盛达集团去向不明。鼎盛达集团尚欠西城农行借款 200 万元及 1996 年 12 月 21 日至今的贷款逾期利息。华鑫信用社现已撤销，其债权债务由华鑫支行承担。1998 年 7 月，华鑫支行变更为第一支行。

一审法院审理后认为，西城农行与鼎盛达集团之间的借贷行为有效，双方所签订的借款抵押合同亦为有效。鼎盛达集团未按约定按期偿还借款本息，应承担逾期归还贷款的违约责任。宏达公司作为抵押担保人，在鼎盛达集团不能按期偿还借款本息时，在抵押范围内对西城农行负有连带付款责任，宏达公司违反其向西城农行作出的保证，未经抵押权人西城农行同意，擅自申请挂失及提前支取抵押的存款，应承担过错责任。华鑫信用社向西城农行出具对宏达公司抵押的存款单不提前支取、不挂失的保证函，华鑫信用社的法定代表人在鼎盛达集团的还款计划上签字的法律事实，证明其与西城农行之间已形成法律上的权利义务关系。华鑫信用社未经抵押权人西城农行同意，自行为宏达公司办理定期存单的挂失及提前兑付，致使西城农行无法对抵押物实现抵押债权，负有过错责任。现华鑫信用社已撤销，华鑫支行作为债务承担者，应承担相应的赔偿责任，在鼎盛达集团、宏达公司不能偿还西城农行贷款时，赔偿西城农行经济损失。华鑫支行提出的从未向西城农行出具过保证函，不同意西城农行诉讼请求的答辩意见证据不足，本院不予支持。综上所述，依照《民事诉讼法》第一百三十条，《民法通则》第五十七条、第八十四条、第八十九条第二款，《经济合同法》第六条、第二十九条，《担保法》第三十三条、第四十六条的规定，判决如下：一、被告鼎盛达集团于本判决生效后 10 日内归还原告西城农行 200 万元，并偿付贷款逾期利息（自 1996 年 12 月 21 日起至给付之日止，按中国人民银行逾期还贷有关规定计算)。二、被告宏达公司在被告鼎盛达集团未履行本判决第一项规定的义务时,承担连带偿还责任。三、被告华鑫支行在被告鼎盛达集团、被告宏达公司不能偿还原告西城农行贷款时,赔偿原告西城农行经济损失。诉讼费用 20756 元,由被告鼎盛达集团、宏达公司、华鑫支行负担。

上诉人华鑫支行上诉称华鑫信用社从未出具过担保函,于秀平在鼎盛达集团的还款计划书上签字并不代表华鑫信用社。要求撤销原审法院判决第三项、驳回西城农行对华鑫支行的起诉。

二审法院审理后认为,鼎盛达集团与西城农行签订的合同虽然名为抵押合同,但因鼎盛达集团依合同将抵押物交于了西城农行,因此该"抵押"行为实际系质押行为,"抵押"合同亦系质押合同。此合同及双方之间的借贷行为未违反国家有关法律规定,应属有效。鼎盛达集团未依约按期还清借款,应承担逾期归还借款的违约责任;宏达公司作为质押担保人,在鼎盛达集团不能按期偿还借款本息时,应在质押范围内对西城农行负有还款责任,其违反向西城农行作出的保证,未经质押权人西城农行同意,擅自就用质押的存单申请挂失及提前支取质押的存款,应承担过错责任;因鼎盛达集团向西城农行提供的、证明宏达公司在华鑫信用社存款 1000 万元的 0854131 号存单真实有效,因此西城农行在要求鼎盛达集团归还所欠借款的同时,凭该存单主张由华鑫信用社承担相应的责任,理由正当,应予以支持。华鑫信用社未经严格审查,即为宏达公司办理挂失及提前兑付,对造成西城农行凭存单无法实现质押权负有过错责任。因华鑫支行承担了华鑫信用社的债权债务后,又变更为第一支行,所以原华鑫信用社的民事责任应由第一支行承担。现第一支行以其从未出具过担保函,于秀平在鼎盛达集团的还款计划书上签字不代表华鑫信用社为由,请求本院撤销原审法院判决第三项,驳回西城农行对华鑫支行的起诉,证据不足,本院不予支持。综上,原审法院对本案处理并无不当,应予维持。依照《民事诉讼法》第一百五十三条第一款第一项的规定,判决如下:驳回上诉,维持原判。一审诉讼费 20756 元，由鼎盛达集团、宏达公司、第一支行负担；二审诉讼费 20756 元，由第一支行负担。

上述案例，涉及到存单经过核押后，又被擅自支取，存款行是否承担责任的问题。对此，《担保法》第一百条规定："以存款单出质的，签发银行核押后又受理挂失并造成存款流失的，应当承担民事责任。"

核押，在我国是存单质押关系中存在的一种行为，通常是债权人拿存单到开出存单的银行（简称开出行）询问存单的真实性，开出行在存单上注明"已核押"字样或加盖核押章。依照《担保法》的规定，存单的质押并不需要经过核押这个必经程序，当事人签订存单质押合同，并交付存单给质权人后，质权就成立。当事人核押与否，并不影响债权人享有存单质权。但在司法实践中核押具有独特的法律意义，对存单质押关系中的当事人有重要影响。鉴于司法实践中对核押的认定和法律意义认识不一，2001 年 12 月 11 日最高人民法院民二庭审判长会议对核押的法律意义和构成要件作了讨论和研究，供参考。①

二、核押的法律意义

存单质押性质属于权利质押，出质人以存单所代表的债权作为出质权利出质给债权人，以担保债权的实现。依照《担保法》第六十四条、第七十六条的规定，出质人应当与债权人订立书面质押合同，并在约定的期限内将存单交付给债权人，质押合同自存单交付之日生效。担保法没有涉及核押行为，那么，核押所具有的法律意义究竟是什么呢？我们根据实践中核押行为的内容，结合域外法在同类问题上的规定，分析认为核押的法律意义有二：

① 详见李国光主编：《民商审判指导与参考》（总第一卷），人民法院出版社 2002 年版，第 83—86 页。

1. 核押具有民事诉讼证据上的意义

因存单属于权利凭证，容易被伪造、变造，实践中经常有当事人因为接受了假存单质押而受到损失的。但由于存单所代表的债权是权利而非实在之物，所以当债权人持出质存单向开出行核押，开出行对存单所代表的债权予以承认的话，即便存款事实并未发生，开出行也应对其承诺的债权凭证的真实性负责。核押所具有的民事诉讼证据上的意义在于，债权人可以凭存单已核押来证明所享有的存单质权的真实性、有效性，债权人接受已核押的存单出质，属于善意无过失，开出行即便可以证明存单虚假，也因其核押行为而不能对抗质权人。因此最高人民法院《关于审理存单纠纷案件的若干规定》（本书以下简称《存单若干规定》）第八条规定“以金融机构核押的存单出质的，即便存单系伪造、变造、虚开，质押合同均为有效，金融机构应当依法向质权人兑付存单所记载的款项。”司法解释该条规定的本意在于，存单质押属于权利质押，权利的存在依赖于义务人的承诺，开出行核押存单即等同于承诺存单所记载的债务，权利即被视为存在。依《担保法》第七十七条关于存单质押的规定，义务人有“兑现义务”。

2. 核押具有通知义务人的法律意义

权利质押应当通知出质权利的义务人，这是大陆法系各国法律在权利质押方面的共同规定。比如以存单质押的，质权人应当通知存单开出行；以仓单质押的，质权人应当通知存储人。我国担保法对此未作规定，应属于立法漏洞，权利质押中的质权人常因此不能实现权利。在此我们不作详细论述。通知出质权利的义务人的法律意义在于，义务人相对于质权人而言属于第三人，其对质权人无法律义务。但权利非实物，无义务人的配合权利不能实现，法律赋予质权人有将权利质押通知义务人的义务，义务人因此也产生对质权人“负责”的义务。具体来说：

（1）义务人在接受出质通知后不得再向原权利人履行，比如银行不得向存款人兑付存款，存储人不得向委托人交付货物。包括不得以挂失方式向原权利人履行。

（2）在质权人行使质权的条件成就时，义务人有向质权人履行的义务，配合质权人实现权利。在存单质押中，质权人核押存单，等同于履行了向开具存单的金融机构的通知义务，该金融机构就不得再向存款人支付存单上的款项，不允许挂失，此时质权人是真正的权利享有者，而存款人只是“虚有权利人”，不能行使提款的权利。金融机构对存单进行了核押，在债务人到期不清偿债务时，金融机构可以依质权人的申请向质权人兑付存款，配合质权人实现债权。反过来看，如果当事人没有进行核押，开具存单的金融机构因为不知存单已经被质押的事实，当存款人背着质权人到金融机构声称存单丢失而要挂失时，金融机构依照法规、规章和营业惯例是不能拒绝的。如存款因存款人恶意挂失而被支取，金融机构属于无过失，将不承担民事责任。

三、核押的构成要件

由于核押具有重要的法律意义，对民事权利影响较大，因此，当事人就应当遵循核押的法律意义来进行核押，否则不能产生核押的法律后果。这就存在一个如何认定核押，即核押的构成要件的问题。实践中就有当事人持存单私下找金融机构的工作人员在存单上盖核押章，这能否产生核押的法律后果呢？根据上述对核押法律意义的分析，我们认为，核押的构成要件应当包括两部分：一是形式要件，二是实质要件。

形式要件指对核押的形式要求，包括质权人向义务人提示核押的形式和义务人向质权人答复的形式。由于我国现有的法律法规对此没有规定，因此，核押的形式要件应当属于当事人意思自治的范畴，允许当事人自行确定。比如，质权人可以口头，也可以书面向义务人提示核押，义务人可以在存单上加盖核押章，也可以出具核押书，甚至由义务人的授权人在存单上签注“核押”字样。因此，核押一般不因形式上的原因作无效认定，但也存在例外。比如核押的形式违反当事人一般交易习惯，当事人有充足的证据证明核押事实不存在的，核押应当作对当事人无法律效力认定。

实质要件指对核押的内容要求。根据核押的法律意义，核押的内容应当包括对出质权利的真实性的查询和对该权利已被出质的申明两部分。义务人对出质权利的真实性予以核实，具有上述民事诉讼证据上的意义；义务人受权利已被出质的申明，则具有权利质押已通知义务人的法律意义。如果核押内容仅有对出质权利的真实性的查询，义务人核实出质权利的真实性并不带来权利质押已通知义务人的法律后果，义务人没有前述“义务人在受出质通知后不得再向原权利人履行”和“在质权人行使质权的条件成就时，义务人有向质权人履行”的义务。如果核押仅有通知内容，义务人在接到通知后无任何答复的（比如未在存单上加盖核押章，未签注“核押”字样），核押虽具有权利质押已作通知的法律意义，但并不带来民事诉讼证据上的意义。

根据以上对核押构成要件的分析，当事人进行核押应当符合核押的要求，否则不能产生或不能完全产生核押的法律意义。比如上面提到的当事人持存单私下找金融机构的工作人员在存单上盖核押章的行为，因不符合核押的实质要件，不能产生核押的效果。简单地说，核押必须具备上述实质要件，并应当向义务人（银行）的授权部门的授权人提出，由授权人员进行核押。当事人也可以向义务人的法定代表人或负责人提出，依照法人制度的一般规定，法人的代表人或负责人有代表权。实践中也遇到存单上盖假核押章的情况，对这种情况，要区别对待。当事人如果是向义务人（银行）的授权部门的授权人提出核押，由授权人员盖核押章的，章的真假不影响核押的真实性，因为盖章仅为核押手续，核押程序的正当是认定核押法律意义的关键；如果是向义务人的法定代表人或负责人核押，所盖核押章是假的，应当按照《合同法》第五十条规定的“代表人责任”来认定。即，如果法定代表人或负责人确系超越权限，当事人又知道或应当知道其超越权限的，核押行为无效；如果当事人向义务人（银行）的非授权人员提出核押，无论核押章真假，核押行为都无效，其中的理由已在前面作了分析，不再赘述。

四、对引言案例的评析

1. 本案担保的性质

本案鼎盛达集团向西城农行借款，以宏达公司的存单作为担保。在鼎盛集达团与西城农行的合同以及宏达公司向西城农行出具的授权书中，都将该担保称为“抵押”，但这并不能说明该担保就是抵押。对一项法律行为的性质的认定，要看该法律行为的本质，而不能根据其表面称谓。存单是一种债权凭证，表明存单持有人对签发存单的金融机构享有一笔债权，因此，以存单出质，其性质是以债权出质，属于权利质押。一审判决将本案担保称为抵押，明显错误。二审法院对此进行了纠正，认为“因鼎盛达集团依合同规定将抵押物交予了西城农行，因此该‘抵押’行为实际系质押行为”，是正确的。因此说，本案名为抵押合同，实为质押合同，完全符合《担保法》第七十六条“以存款单等出质的，应当在合同约定的期限内将权利凭证交付出质人。质押合同自权利凭证交付之日起生效”的规定，该质押合同生效。

2. 宏达公司、第一支行所应承担的责任

本案共有三个被告：鼎盛达集团、宏达公司、第一支行。鼎盛达集团作为借款人，与西城农行是借款合同法律关系，其到期未全额履行还款义务，应当承担违约责任。但法院判决宏达公司承担鼎盛达集团的连带责任、第一支行承担补充赔偿责任是否妥当，则值得探讨。宏达公司以自己的存单为鼎盛达集团向西城农行借款提供担保，是出质人，质押成立后，为了保证质押权的实现，其在存单质押期内不得支取、提前支取或者申请挂失该存单。本案中，宏达公司通过挂失存单提前支取，侵犯了西城农行的质权，应当承担侵权责任，即在质押存单的金额范围内赔偿西城农行因质押权落空而遭受的损失。而连带责任是指因违反连带债务或共同侵权行为所应承担的民事责任，其承担必须基于合同或法律的直接规定。宏达公司作为出质人，与主债务人鼎盛达集团之间并不存在连带债务；由于鼎盛达集团在本案中存在违约行为，其与宏达公司之间也不可能成立共同侵权行为。所以，判决要求宏达公司与鼎盛达集团承担连带责任在法理上是欠妥的。

第一支行作为质押存单的签发银行，已明确向西城农行承诺贷款期间该存单不挂失、不提前支取，也就是说已进行了核押，但其仍然允许宏达公司通过挂失支取存单，就侵害了西城农行的质权，而且，该侵权行为与宏达公司的侵权行为构成了共同侵权行为，第一支行与宏达公司应当承担连带责任。当然，从现实效果上看，法院的判决同样能使西城农行的利益得以实现。

需要补充的是，因为在存单质押法律关系中，质权人在其债权到期未受清偿的情况下，可直接向存单债务人（也就是签发存单的银行）要求兑付存单，以实现质权，所以西城农行也可直接向第一支行提起给付之诉。

本案中，西城农行能够在借款人和出质人去向不明的情况下落实自己的债权，关键就在于质押存单的签发银行履行了核押程序。《存单若干规定》第八条规定：以金融机构核押的存单出质的，即便存单系伪造、变造、虚开，质押合同均为有效，金融机构应当依法向质权人兑付存单所记载的款项。核押后，签发银行即已被告知存单被出质的事实，在质押权存续期间内，其不得再向存款人支付存单上的款项，也不得允许挂失。《担保法解释》第一百条规定："以存款单出质的，签发银行核押后又受理挂失并造成存款流失的，应当承担民事责任。"如不经过核押，则质权对存单签发银行不产生约束力，其按照正常的挂失支付程序向存款人兑付存款，将不受法律追究。按照《担保法》的规定，核押并不是存单质押的必经程序，当事人签订质押合同，出质人将存单交付给质权人后，质押就成立，是否核押并不影响存单上存在的质权。但从核押具有的法律意义来看，核押是质权人保护权利安全的必要手段。所以，银行在办理存单质押贷款时，一定要履行核押程序，决不能因为法律没有将核押规定为存单质押的生效条件而有所忽视。

第十一节　存单质押

一、引言

存单持有人以伪造、变造的虚假存单质押的，质押合同无效；存单持有人以金融机构开具的、未有实际存款或与实际存款不符的存单质押，该质押无效；以金融机构核押的存单出质的，即便存单系伪造、变造、虚开，质押合同均为有效，金融机构应当依法向质权人兑付存单所记载的款项。诸如：

存单质押纠纷案[①]

1994年6月2日，发展公司向长沙农行借款人民币1000万元，并以发展公司在交通银行的1000万元存款作为质押。同日，发展公司到交通银行将1000万元人民币转为整存整取定期储蓄，定期3个月，支取日期为1994年9月3日。该存单上预留了长沙农行信贷员的印章，发展公司将存单交给了长沙农行信贷员，并将存单的编号和账号填入质押借款申请书中的说明栏内。同年9月3日，存单到期后，发展公司同长沙农行信贷员到交通银行，将该存单转为活期的通知存款存折，未留长沙农行信贷员的印章，并将该存折交长沙农行信贷员。1995年2月11日，发展公司向长沙农行信贷员要出存折，到交通银行将该存折账号中的1000万元存款及利息取出后，又将1000万元本金以活期通知存款的形式存入该行，也未预留长沙农行信贷员的印章，仍将存折交给了长沙农行信贷员。同年3月30日，交通银行以发展公司

① 金剑锋：《存单质押未尽通知义务不得对抗第三债务人》，载《人民法院报》2004年3月28日。

为其下属公司华吴公司的借款人民币 1000 万元提供担保，尚未清偿 1995 年第一季度借款利息 40 万元为由，直接从发展公司的存折上扣划 40 万元本金及利息。同年 6 月 26 日，交通银行以华吴公司未还 1995 年第二季度借款利息 35 万元为由，又从上述存款上扣划 35 万元本金及利息。同年 7 月 3 日，交通银行根据发展公司的挂失止付申请，办理了存折的挂失手续。同年 7 月 17 日，交通银行根据发展公司的要求，将挂失后的存折上尚存的 925 万元本金及利息划入华吴公司在本行所开的账号上。同日，交通银行以收贷为名，将已划入华吴公司账户的 925 万元人民币直接扣划归还本行的贷款。长沙农行向发展公司索款未果，向湖南省高级人民法院提起诉讼，请求判令发展公司归还借款本金 1000 万元及其利息，第三人交通银行归还侵权扣划的本金及其利息。

湖南省高级人民法院经审理后认为，发展公司与长沙农行的质押担保借款合同有效，长沙农行对发展公司质押的 1000 万元存单依法享有优先受偿权。根据《担保法》第七十五条、第六十三条的规定，判决：一、发展公司归还长沙农行借款本金人民币 1000 万元，并支付合同约定的利息。二、上述由发展公司归还长沙农行的本息，从交通银行在发展公司存款账上所取得的人民币 1000 万元及法定利息中支付，不足部分由发展公司负责偿还。案件受理费 68010 元，由发展公司承担 62909.25 元，由交通银行承担 5100.75 元。

交通银行不服一审判决，向最高人民法院提起上诉。

最高人民法院经审理认为，交通银行对 1000 万元的存单、存折作为“质物”产生的后果并不承担义务。交通银行未超出其职权范围，也未超出其应得利益范围，不构成对长沙农行的侵权。因此，交通银行关于其按照储户的申请办理挂失，按储户要求办理转账、扣收贷款的行为是有效民事行为的上诉理由成立，应予以支持。原审判决认定交通农行扣收贷款无效，并判决交通银行返还已扣收的 1000 万元存款本息不当，应予纠正。根据

《民事诉讼法》第一百五十三条第一款第（一）、（二）项的规定，判决：维持原判第一条，撤销第二条。

在上述案例中，争议焦点是真实存单质押后，出质人又挂失，偿还了存款行的贷款，损害了质权人长沙农行的利益，存款行是否承担责任的问题。关于存单质押，《存单若干规定》第八条作了原则性的规定，我们应当从如下方面理解与适用：[①]

二、存单质押的性质

为债权的实现设定担保，有多种形式，以存单出质担保债权的实现，其法律依据是《担保法》第四章“质押”中的关于“权利质押”一节，其性质为以权利质权担保债权的实现。由于存单性质为债权凭证，表明存单持有人对出具存单的金融机构享有一笔债权，因此，以存单出质，其性质为以债权出质，即在一个特定的、证券化的债权上设定质权，以担保另一个普通债权的实现。从这种债权出质的角度看，存单出质与票据的出质本质相同，均为债权出质，产生的质权也均为债权质权。在制定《存单若干规定》的时候就存在的“存单是否有票据性质”的争论，有学者主张存单属于票据，国外的相关理论也有主张“存款单是不可流通的票据……大额存款证是可任意流通转让，现已在很大程度上取得了流通证券的地位”（H. P. 希尔顿《银行实务与法律》）。为避免引起司法实践中的分歧，在制定司法解释的时候就直接以存单的债权凭证的本质为基础展开，没有涉及存单是否有票据性这种分歧问题。因此，存单质权是债权质权，存单出质属于债权出质。与票据这种债权出质相比，具有共性。

① 本部分的理解与适用是最高人民法院经济庭庭务会于1999年11月26日对存单纠纷案件的讨论，具有很强的指导性、实践性。载李国光主编：《经济审判指导与参考》（第2卷），法律出版社2000年版，第138－146页。

三、以虚开的存单进行质押的效力

虚开的存单，是指确属金融机构出具但无实际存单内容或与实际存款不符的真实存单。无实际存款内容的存单，是指空存单，即“存款人”根本未存入任何款项；与实际存款内容不符的存单指套取的存单，比如，实际存100元，在金融机构存款底联上是100元，但在存单上却另行记载（手写或打印）100万元。无论是哪一种存单，它们都有一个共同的特点，即存单外表真实，形式要件齐备，一个普通的局外人在通常情况下不能辨别存单的真实情况，不能获悉存单持有人的实际存款状况。虚开存单属于涉嫌刑事犯罪行为，必须有金融机构的内部工作人员的帮助才能完成。虚开存单，存单持有人和金融机构内部工作人员在主观上属于串通，而且是恶意，存单持有人虽持有存单，但也并不表明其与金融机构之间存在任何债权债务关系。存单持有人不仅没有任何应受法律保护的民事权利，而且应当受到法律的制裁。然而，由于存单可以质押，存单持有人如以虚开的存单出质向他人借贷或担保某合同的履行，就可能会造成接受存单出质的当事人的财产损失，这在中国担保法不要求存单出质应向金融机构进行核押的法律背景下，这种情况尤其容易出现。对于以虚开存单出质骗取或占有他人财产的处理，根据《存单若干规定》第八条的规定，该质押关系无效，利用存单骗取或占有他人财产的存单持有人对侵害他人财产负责赔偿责任。认定质押关系无效，是因为作为出质标的的出质债权自始不存在，属于债权出质性质的存单质押关系自始不存在。至于金融机构应承担的责任，按照《存单若干规定》的规定，金融机构与出质人承担连带赔偿责任。因为，无论是金融机构虚开存单，还是其工作人员虚开存单，虽然虚开存单的行为非法，不存在有合法授权的可能，但接受存单质押的债权人并不知情，虚开的存单是存单持有人骗取或占有接受存单出质人的财产的重要手段。对侵害债权人的合法权益，虚开存单的金融机构和存单持有人应视为有共同故意。另外，为区分不同情况，《存单若干规定》第八条规定，如接受存单质押的人明知存单是虚开的而接受质押的，金融机构不承担民事赔偿责任。因为该当事人在明知的情况下接受存单质押，实际为套取金融机构信用，主观上有恶意，其损失的产生与金融机构虚开的存单无必然联系。但虚开存单毕竟违反金融管理规定，人民法院可以视情况建议有关部门对这种行为给予处罚。

接受存单质押的人在审查存单的真实性上有重大过失的，《存单若干规定》考虑了部分减轻金融机构的责任，即规定开具存单的金融机构对所造成的损失承担补充赔偿责任。接受存单质押的人在审查存单的真实性上的重大过失，指存单的真实性上存在明显瑕疵，而相对人未尽到必要的注意义务。即一般有理性的人都可以发现的瑕疵，而作为债权人的相对人却未能发现。根据过错责任理论，未尽到一般的注意义务，属于重大过失，应相应减轻金融机构的责任。故在这种情况下，金融机构承担补充赔偿责任，以区别于前面的连带责任。值得注意的是，《存单若干规定》在处理中没有要求接受存单出质的债权人尽善良管理人的义务，体现了对善意或仅有轻过失的债权人的充分保护。

四、以伪造、变造的假存单质押的处理

按照《存单若干规定》第八条的规定，以伪造、变造的假存单出质的，质押合同因标的物虚假，质权自始不能设立。质押合同为无效合同，质权不成立。如质权人以存单质押为由起诉金融机构，应判决驳回其诉讼请求，并可告知其另案起诉出质人。比较对以虚开存单质押的处理可以发现两者的处理差别很大，以伪造、变造的假存单质押，金融机构不承担民事责任，由存单出质人单独承担民事责任。因此，对假存单的界定就成为关键。认定假存单应当十分慎重，一般对当事人自己单独伪造、变造的，在样式、印鉴上区别于真实存单的存单，认定为假存单。样式与真实存单相同，但印鉴虚假的，也应当认定为假存单。

对接受伪造、变造的存单质押的债权人不予保护，原因是：

(1) 持单人与金融机构之间没有产生任何法律关系，金融机构对伪造、变造存单的持单人，不负清偿之债，接受存单质押的债权人在接受存单出质时的主观状态是恶意还是善意对处理结果不产生影响；(2) 假存单因样式、印鉴虚假，应认定该债权凭证上不存在金融机构的意思表示，对该债权没有金融机构的承诺，无论当事人单独伪造或与金融机构工作人员串通伪造，均属于个人行为，不代表金融机构。值得注意的是，认定假存单的前提是存单代表的债权自始不存在，如存单是假存单，但对金融机构的债权真实存在的，金融机构对持单人，仍负清偿之债，接受存单质押的债权人仍应受到保护。依据是《存单若干规定》第五条之二确立的"双重真实性原则"。比如，存款人在金融机构存款并将款项交付给金融机构的业务人员后，业务人员给存款人开具作废存单侵吞钱款，按照《存单若干规定》第五条之二确立的以存单的真实性和存款关系的真实性的双重真实性处理案件的"双重真实性原则"，如存款查证属实，存单的虚假不影响存款人与金融机构之间存款关系的成立，金融机构仍应对其业务人员的行为负民事赔偿责任。

五、以借用存单进行质押的处理

实践中，债务人用存单出质作担保以实现自己的经济目的，有用自己的存单出质，也有用他人的存单出质，如借他人的存单出质。以他人的存单出质，性质上属于第三人提供出质权利，因此，应当有该第三人以存单债权为他人进行担保的真实意思表示。权利人自愿以自己的存单为他人提供担保，性质上属于权利人对自己的财产权设定限制，是权利人的处分行为，在法律上不受限制。即便权利人在存单被出质时不知，但事后追认该出质行为的，对质押关系的有效性也不存在质疑。然而，如果没有该权利人为他人的债权提供担保的真实意思表示，权利人不知情，事后不予追认并要求确认质押无效，返还存单，比如，以拾得的存单出质、以借用的存单出质、丈夫以妻子的存单出质等，该质押行为是否有效，债权人能否取得质权，值得研究。从实际发生的情况看，以第三人存单出质但无第三人提供担保的意思表示的情形有两种：一是以不法占有的他人存单出质；二是以合法占有的存单出质的。如偷、抢、骗、捡的存单出质的，债权人无论在主观上对出质人不法占有存单的状态知悉还是不知，质押行为均为无效行为，债权人不能取得质权。因为不符合质权的善意取得理论。根据质权的善意取得理论，出质人以合法占有的他人财产出质，当债权人不知该财产的真实所有关系、实属善意时，债权人可以在该财产上取得质权。以偷、抢、骗、捡的不法占有的存单出质，不符合质权的善意取得理论，因此，应认定债权人不能取得质权。对于以合法占有的存单出质的处理，主要针对债权人接受存单出质时知道存单不属于出质人的，能否存在适用表见代理的可能。分述如下：

债务人以合法占有的存单出质（如以借用的存单出质），当债权人对存单的真实所有关系不知情，根据上述质权的善意取得理论，债权人属于善意接受出质，是可以取得质权的，质押关系应属有效。但这种情况在司法实践中较少见。因为存单绝大多数是记名存单，债权人在接受存单出质时应当注意到存单记载的存款人。当债权人明知存单记载的存款人与出质人不是同一人而接受存单出质的，债权人就不属于善意，不能取得质权。债权人如宣称没有注意到存单的记载事项，是不成立的。只有在过去不记名的存单的情况下，善意取得存单质押的情况才可能成为现实。

债务人以合法占有的存单出质（如以借用的存单出质，丈夫以妻子的存单出质），当债权人在接受存单出质时对存单的真实所有关系知情，债权人能否取得质权？分两种情况。第一种情况，债权人在接受出质时知道存单不属于出质人所有，但出质人与存单的权利人之间有关于出质存单的代理关系，出质人有真实的代理权，出质的结果由权利人承担，质权关系有效。（反之，接受存单出质的债权人知道存单不属于出质人所有，出质人没有代理权，债权人也无任何正当理由相信出质人有代理权，质押关系当然无效。）对此，讨论中不存在分歧意见。第二种情况，接受存单出质的债权人知道存单不属于出质人所有，出质人也没有代理权，能否适用表见代理的规定来认定质押关系的法律效力？存在分歧意见：一种意见认为，债权人如有正当理由相信出质人有代理权，根据表见代理的规定，出质人的出质行为是代理存单权利人的代理行为，出质的结果应由权利人承担，质押关系应当有效；另一种意见认为，存单上记载有真实的权利人，已经排除了表见代理的适用，因为接受存单出质的债权人在明知存单不属于出质人所有的情况下，债权人相信有代理权存在的任何理由都不能成为正当理由，不符合表见代理的规定。庭务会在经过讨论后采纳了第一种意见。主要是考虑到质押关系也是一种合同关系。《合同法》第四十九条关于表见代理的规定应当适用于质押合同。担保法对合同关系的规定相对于合同法的规定属于特别规定，在担保法自身没有规定的情况下适用合同法的规定，应当没有问题。但最高人民法院民二庭庭务会一致认为，在承认存单质押可以适用表见代理的前提下，要严格掌握债权人接受存单出质的正当理由，不能扩大表见代理的适用。表见代理的适用应当局限在一些特定的环境中，如前面提到的丈夫以妻子的存单出质可以存在表见代理的情况。存单绝大多数是记名的，在这种情况下法庭如不能发现有充分证据证明存在表见代理的事实，应当认定表见代理不成立，债权人与出质人之间的质押关系无效，债权人不能取得质权，即：存单的权利人要求人民法院确认质押无效，返还存单的请求应当得到法庭的支持。

六、返还存单的后果

实践中有质权人返还存单给出质人的情况，通常是质权人为避免行使质权时的麻烦而返还存单给出质人，让出质人自己向银行行使取款权，再由出质人向质权人清偿。所谓“行使质权时的麻烦”，是指银行常以质权人不是存单记载的权利人为由而拒付。这种情况在我国担保法未规定质权义务人的义务和前面提到的出质不通知义务人而引起的，应属于一种立法漏洞。返还存单对质权人和出质人来说是不受限制的，但问题出在出质人如果不向质权人清偿债务，而是重新处分存单项下的权利或向第三人清偿，质权人的权利必然落空，这时质权人的质权还能否存续并有对抗第三人的效力？最高人民法院民二庭庭务会在讨论中一致认为，存单出质属于有权利凭证的出质，权利凭证的返还是质权丧失的一种情形，质权人的质权在权利凭证返还时消灭，质权人不能再主张质权，只能行使其债权请求权。1998 年 6 月 26 日修改的《德国民法典》第 1278 条对此也有相同的规定。

实践中要注意，返还存单是指质权人依自己的意思表示返还存单，而不是被骗的结果。如果质权人在丧失对存单的占有后能够提起返还之诉的，质权并不消灭。但在存单丧失占有期间第三人取得存单项下的权利的，除第三人与出质人恶意串通外，质权人仍然不能对抗该第三人已取得的权利。

七、存单质权的实现方式

质权人的债权到期未受清偿，质权人可直接向存单债务人（也就是开具存单的银行）要求兑付存单，以实现质权。此时，权利凭证的持有就显得非常重要。如果银行拒绝向质权人兑付存单（在我国很常见，银行常见的理由是质权人不是存款权利人，不能单独取款），质权人可以向银行提起给付之诉。司法实践中遇到的问题是，质权人起诉银行要不要将出质人列为共同被告，质权人单独起诉银行能否得到法庭的认可。这个问题在司法实践中的认识中有个发展过程。起初司法界主张不能撇开债务人而单独起诉存单债务人，以免影响对债务人债务的真实性审查。后来随着发展，司法界越来越认识到质权人向存单债务人提起的诉讼构成单独的诉讼，对债务人的债务的审查可以通过庭审调查来进行，不一定要将债务人列为案件当事人。最高人民法院民二庭庭务会在讨论中一致认为，应当允许质权人在行使质权遇到障碍时单独起诉存单债务人，即开具存单的金融机构，如果质权人将债务人、出质人（当第三人出质时的情形）、金融机构一起起诉，也是质权人的诉讼权利，不受法律的限制。单独起诉存单债务人的案件中，如金融机构对存单所担保的债权的真实性提出疑义，法庭应当传债务人到庭接受询问，并根据案件情况要求有关当事人提供证据。

八、真实存款单质押后，出质人又挂失将款项支取，存款行是否承担责任

在司法实践和现实生活中，诸多存款单均为记名式存款单，存款人（也即出质人）在为他人债务或自身债务设定质押时，出质人将存款单交于质权人占有后，出质人又到存款行办理存款单挂失手续，挂失期满后便将款项支取，待质权人实现质权时，才得知存款单上的款项被支取，造成质权落空。同时，《担保法解释》第一百条规定，以存款单出质的，签发银行核押后又受理挂失并造成存款流失的，应当承担民事责任。从该条规定来看，言外之意，以存款单出质的，未经签发银行核押的，存款人申请挂失并将款项取走的，存款银行不承担民事责任。

在上述情形中，一是质权人实现质权不能，存款行是否承担民事责任问题。笔者认为，存款行在不知存款单被质押的情形下，遵循“存款自愿，取款自由”的原则，给存款人支付存款，没有任何过错，因此，存款行不应承担民事责任；二是质权人如何防止这种情形的发生？笔者建议，以存款单出质的，质押合同由出质人和质权人双方签字，并通知存款行（要有存款行的签字回执），以免发生质权落空的现象。若质权人将存款单质押情况告知了存款行（质权人负有举证责任），存款行而仍被出质人将款项支取，则存款行的行为侵害了质权人质权，应负侵权民事责任。此时，存款行仍负有按质权人所持存款单兑付款项的责任。

九、对引言案例的评析

本案质押的存单是交通银行出具的真实的、合法的存单，出

质人发展公司对质押存单享有合法的所有权，有权为其借款合同设定质押。出质人发展公司根据合同约定将存单交付给质权人长沙农行作为借款合同的担保，根据我国《担保法》第七十六条的规定，出质人向质权人交付存单后质押合同生效。出质人交付或者移转存单的占有，既关系到存单质权是否成立和生效的问题，也关系到存单质权的公示和存续问题，即以一定的方式将存单质权存在的事实表现于外部而使他人知道，以防止第三人不知而产生不利后果。

本案发展公司以其在交通银行的存单为长沙农行设定质权，发展公司既是债务人又是出质人，长沙农行为质权人，交通银行为第三债务人。存单质权的设定是否以通知第三债务人交通银行为必要，存单质押的实质属于债权出质，根据我国合同法的规定，债权转让要通知债务人。未经通知，该转让对债务人不生效力。我国担保法规定存单质押，出质人应当向质权人交付存单后质押合同生效，并未规定以存单等债权凭证出质时应当通知第三债务人。由于出质债权的债务人在债权质押中的利害关系，债权出质可能给出质债权的债务人带来不利，出质债权的债务人可能对质权造成危害，因此，以债权出质时，应当通知出质债权的债务人，即第三债务人。

本案发展公司与长沙农行以存单设定质押关系时，只签订了质押合同，既未在存单背书记载质押字样，也未通知第三债务人，又未经第三债务人核押，存单质权的效力当然不及于第三债务人交通银行。实践中可挂失的存单出质后，出质人又到存单签发银行挂失，然后提取存款，侵害债权人的利益，使质权人的质权落空。为防止这种情况的发生，以存单出质的，应当通过合同或者背书、核押或者登记程序予以公示。以存单出质的，出质人与质权人应当订立质押合同或者在存单上背书记载质押字样，质押合同自存单交付之日起生效。如果存单没有背书记载“质押”字样，或者订立了质押合同未通知存款银行，存款银行对出质存单挂失兑现不承担民事责任。我们认为，以存单设定质押的，应当在存单上背书记载，未经背书质押的存单，不得对抗第三人。存单出质经签发银行进行核押或者登记的，再行挂失造成存款流失的，签发银行应承担民事责任。存单核押，是指存款银行对存单的真实性予以确认的行为。通过存单核押可以达到通知第三债务人的目的。既未背书质押，也未核押登记的存单，不得对抗第三人。我国担保法对于存单出质的核押程序未作规定。存单核押的意义在于，经过核押的存单既不能通过挂失方式提前支取，也不能转让给第三人，这样存单的流通性受到限制，质权人的权利得到了保障。对此，《担保法解释》第一百条规定，以存款单出质的，签发银行核押后又受理挂失并造成存款流失的，应当承担民事责任。未经背书质押的存款单，当事人以存款单出质对抗第三人的，人民法院不予支持。本案发展公司与长沙农行以存单设定质押时，既未通知第三债务人交通银行，也未经签发银行交通银行核押，因此，交通银行对出质存单予以挂失后，经出质人发展公司同意直接扣收贷款的行为，不承担民事责任。

本案存单两次转存，质权人长沙农行都将存单返还给出质人发展公司，让发展公司自己向交通银行取款转存。返还存单对质权人长沙农行存在一定的风险，如果发展公司取得存单项下的款项而不向长沙农行清偿债务，长沙农行的质权可能落空。但发展公司每次转存后都将存单交付给了质权人长沙农行，存单始终控制在长沙农行手中。依照我国法律和司法解释的有关规定，恢复质物的继续占有后的质押合同仍然有效。如果长沙农行返还存单于发展公司，那么长沙农行的质权因返还而消灭，长沙农行丧失存单的占有而不能行使质权，只能主张债权的请求权。在这种情况下，长沙农行的质权不能对抗第三人债务人交通银行。因为，质权生效和存续的前提条件是长沙农行占有权利凭证。

交通银行扣收贷款没有侵犯长沙农行的权益。发展公司将已经出质的存单予以挂失，侵害了长沙农行的合法权益，发展公司应当承担民事责任。长沙农行取得存单质押，并在定期存单转为活期存折后，长沙农行信贷员未在交通银行预留印鉴，也未作书面声明，在存款期间，交通银行先后从存款账卡上划走 40 万元本金及利息、35 万元本金及利息，并将其中的 925 万元直接扣收了自己的贷款。交通银行扣收贷款的行为，均取得了发展公司的同意。发展公司将已出质的存单予以挂失的行为虽然构成了民事欺诈，但是，不能对抗第三债务人交通银行，交通银行的扣收贷款行为是善意且无过失的，同时也没有证据证明交通银行知道存折质押给长沙农行的事实，因此交通银行的扣收贷款行为并未对长沙农行构成侵权。

第十二节　仓单质押

一、引言

以仓单质押的，出质人与质权人应当以书面形式订立质押合同，并应当在合同约定的期限内交付仓单。在实践中，债权人一般应采取与仓储保管人签订相关协议的方式来使仓单质押的效力及于仓储保管人。因仓单所记载的提货日期与质押所担保的债权的清偿期有所不同，仓单质权的实现途径也有不同。诸如：

仓单质押纠纷案[①]

2000 年 11 月 29 日，十堰轩和物资有限公司（下称轩和公司）、中国农业银行十堰市车城支行（下称车城支行）与东风农用车有限公司（下称农用车公司）之间签订了一份协议书，约定：经轩和公司申请，车城支行为其签发收款人为农用车公司的银行承兑汇票 1000 万元，期限为 6 个月，用于轩和公司购买农

---

① 详见奚晓明主编：《中国民商审判》2002 年第 2 卷，法律出版社 2003 年版，第 291 页。

用车公司的农用车；轩和公司同意以其所有的票面金额为1000万元的农用车公司提货单作质押担保；农用车公司收到银行承兑汇票后，根据轩和公司提出的构成需求和车城农行退还轩和公司的汽车提货单，分期分批交付农用车。协议生效后，农行依约签发了汇票，签订合同的同时出具了价值1000万元的农用车公司的汽车提货单作质押担保。此后轩和公司向农行付款700万元，车城农行退还给轩和公司汽车提货单701.5万元，尚有价值298.25万元的汽车提货单质押在车城农行。2001年7月16日，轩和公司自愿以上述质押物抵偿了其所欠车城农行的汇票款及违约金。2001年7月20日，车城农行与十堰市泰宇装饰工程有限公司（下称泰宇公司）之间签订了一份汽车购销合同，约定车城农行将其合法所有的收贷收回的汽车销售给泰宇公司。2001年9月12日，泰宇公司持上述汽车提货单到农用车公司提车，农用车公司以车城农行与泰宇公司之间的买卖合同无效为由，拒绝了泰宇公司的提车要求，双方为此发生纠纷。

上述案例，在我国，以汽车大票（提货单）作为质押融资是汽车经销商融资的一种主要手段，本案争议的焦点即在于此种质押是否有效。由于汽车大票在性质上属于物品证券，在交付后即发生了所有权的转移，在性质上类似于仓单。在汽车大票发出之后，由于其物品证券的性质，汽车所有权已经发生了移转，汽车的实际占有人应当可以解释为汽车的保管人，那么汽车大票作为一种提货单应当可以解释为仓单的一种。因此以汽车大票为标的的质押合同应为有效，且已经现实交付，产生质权设定的效力。

二、仓单质押的法律意义

仓单是指仓储保管人在接受仓储物时向存货人签发的表示收到一定数量仓储物的单据，是存货人与仓储保管人之间仓储关系的证明文件。关于仓单的性质，由于仓单是以给付一定的物品为标的的，故为物品证券；同时由于仓单上所记载货物的移转，必须移转仓单始生所有权转移的效力，故仓单又成为物权证券或处分证券。因为仓单上记载的事项，须依法律的规定而作成，故为要式证券。仓单的记载事项决定当事人的权利义务，当事人须以仓单上的记载主张权利义务，故仓单为文义证券、不要因证券。又因为仓单是由保管人自己填发的，由自己负担给付义务，所以仓单为自付证券。①

因为仓单上所记载的权利与仓单不可分离，即仓单上所记载的货物，非由货物所有人在仓单上背书，并经保管人签名，不发生所有权移转的效力，所以仓单是其所代表的一定数量货物的化身，具有财产价值，可以转让，适于出质。我国《担保法》第七十五条和《物权法》第二百二十三条也明定仓单可以作为质押的标的。

仓单质押作为一种新型的担保方式，对其中涉及的三方当事人均具有积极的意义，既可以解决货主企业流动资金紧张的困难，同时保证了债权人发放贷款的安全性，又能拓展仓储企业的仓库服务功能，增加货源，提高效益。

对于货主企业来说，利用仓单质押作为担保向银行申请贷款，可以解决经营融资问题，获得更多的流动资金周转，实现经营规模扩大和发展，提高企业自身经济效益。同时，由于仓单质押作为权利质押，以交付权利凭证即仓单为合同生效的要件，免去了使用动产质押时的登记费、评估费等，融资成本较低。

对于债权人尤其是银行等金融机构来说，开展仓单质押业务可以增加发放贷款的机会，培育新的利润增长点。同时，如果选择好了合适的仓储物和仓储保管人，仓单质押也使得贷款的风险度大大降低。

对于仓储保管人来说，可以利用能够为货主企业办理仓单质押融资的优势，吸引更多的货主企业进驻，保持稳定的货物存储数量，提高仓库空间的利用率。

---

① 崔建远主编：《合同法》，法律出版社2000年版，第494页。

总之，随着我国仓储企业和物流企业的发展壮大，仓单质押逐渐成为一种风险较小的担保手段，日益受到信贷机构的青睐。其推行有利于解决中小企业融资难的问题，可以达致贷款方、银行和仓储业三方共赢的结果。

三、仓单质押的设立

仓单质押是以仓单为标的物而成立的一种质权，其设立必须依照法律的有关规定进行。我国《物权法》第二百二十四条规定，“以汇票、支票、本票、债券、存款单、仓单、提单出质的，当事人应当订立书面合同。质权自权利凭证交付质权人时设立。”因此，设立仓单质押，出质人与质权人应当以书面形式订立质押合同，并应当在合同约定的期限内交付仓单，仓单质押也与动产质押一样，以仓单的交付为成立要件。在一般情况下，仓单应交付给质权人，当事人也可以协商交付给第三方占有，但不得以占有改定的方式，由出质人仍占有仓单。此种情况下出质人仍占有仓单的，设质无效。

《担保法》及《物权法》中并没有对仓单质押是否需要背书做出明文规定，但根据《合同法》第三百八十七条的规定，即“仓单是提取仓储物的凭证。存货人或者仓单持有人在仓单上背书并经保管人签字或者盖章的，可以转让提取仓储物的权利”，仓单的转让要经过背书并且通知仓储人，否则不能对抗仓储人和其他第三人。而权利质权的设定应依照有关权利让与的规定为之，那么设立仓单质押也应背书。仓单作为一种有价证券，其性质与票据类似，为切实保障债权人债权的安全，债权人在接受仓单质押担保方式发放贷款时，除了与出质人签订质押合同并交付仓单外，还应要求出质人在仓单上背书注明出质人已将仓单质押给债权人等字样，以产生对抗第三人的效力，避免产生纠纷。①

---

① 参见李国光等主编：《关于适用〈中华人民共和国担保法〉若干问题的解释理解与适用》，吉林人民出版社 2000 年版，第 357 页。

以仓单出质时，出质人和质权人背书中未记载“质押”字样的，质权同样可以成立，只是不得对抗善意第三人，质权人为质权目的以外的行为时，对第三人可发生效力。例如，质权人背书转让仓单的，善意受让人可取得证券上的权利；质权人以仓单持有人向保管人主张权利的，保管人不得以其仅有质权而为抗辩，并得因其向仓单持有人履行义务而免责。①

四、仓单质押的效力

仓单质押与一般动产抵押、一般动产质押的不同之处在于仓储企业作为第三方加入质押关系，而且它扮演着极为重要的角色。因为质权人要核实仓单的真实有效性、检查仓储物、提取仓储物等均离不开仓储保管人的配合，否则，仓单质押将成为不现实。故而仓储保管方的仓储能力、履约信誉、履约能力等均是债权人应考虑的因素。

在实践中，债权人一般应采取与仓储保管人签订相关协议的方式来使仓单质押的效力及于仓储保管人，此协议涵盖以下内容方可保证债权人仓单项下权利的实现：

1. 仓储保管人对仓单项下货物（品种、数量、价值等）的核实与确认。

2. 仓储保管人作为仓储物的监理方，对仓单项下货物的保管负责，保证仓单与货物货单一致，手续完备，货物完好无损。

3. 仓单是提取货物的唯一凭证，质押权存续期间，仓储保管人不接受出质人类似于挂失等方式要求的提货行为，没有质权人的指令，仓储保管人不得随意提取或许可他人提取货物，更不能随意私自处置货物。

4. 当出质人不能如期履行债务时，仓储保管人有义务积极协助配合质权人实现质押权。②

---

① 参见郭明瑞：《担保法原理与实务》，中国方正出版社 1995 年版，第 293 页。

② 参见霍冰：《仓单质押法律问题浅析》，载《金融理论与实践》2005 年第 11 期。

五、仓单质权的行使

仓单作为提货凭证，一般会记载仓储期间。仓单设质后，仓单质押所担保的债权会有一个清偿期，从而，两个期间的届至会有先后，当然也不排除同时届至的可能性。而在仓单实行时会因仓单上记载的提货日期先于、后于或者同时与仓单质押担保的债权的清偿期届至而有所不同。因此，在仓单质押中，质权人实行质权时须区分以下三种情况：

1. 仓单所记载的提货日期先于质押所担保的债权的清偿期届至的，依《担保法》第七十七条的规定，质权人可以在债权清偿期届满前提取仓储物，并与出质人协议将提取的仓储物（通过拍卖、变卖、折价等方式取得的价款）用于提前清偿所担保的债权，或者向与出质人约定的第三人提存，质权的效力仍然及于该提存物上。在此情况下，仓单质押变为动产质押。当然如果债务人另行提供了担保，则不发生质权人提取仓储物这一后果，而为质权人返还仓单给出质人，从而使仓单质押消灭。至于质权人返还仓单后出质人是否提取已届期的仓储物，则不属于仓单质押问题。①

2. 仓单所记载的提货日期后于质押所担保的债权的清偿期的，根据《担保法解释》第一百零二条的规定，质权人只能在提货日起届满时提取货物。但《合同法》第三百九十二条明确规定，存货人提前提取货物的，不减收仓储费，这就赋予了存货人自由提取货物的权利，不受提货期间的限制。所以我们认为质权人有选择权，他可以在接受一定仓储费损失的条件下提前提取货物，以清偿债权；也可等待提货期限届满再提取货物。这取决于他对货物价格升降的合理判断。

3. 仓单所载提货日期与质押所担保的债权的清偿期同时届至的，因为在所担保的债权清偿期届至时，债务人未能清偿债

---

① 房绍坤、赵志毅：《论仓单质押》，载《法制与社会发展》2001年第4期。

务。因此，质权人自可依法实现质权。在仓单质押中，质权人实现质权时，以向仓储物的保管人提示仓单为必要。质权人向保管人提示仓单请求提取仓储物时，保管人不得拒绝交付仓储物。质权人可依法处分所提取的仓储物，从而优先清偿其到期债权。

第十三节 股权质权

一、引言

所谓股权质权，是指在出资证明书、股票等股权证明上设定的质权。出资证明书、股票所代表的股东权有财产内容，具有交换价值，因此，可以作为质押的标的。随着我国《公司法》、《证券法》的实施，股票市场的繁荣，以出资证明书、股票设定质押将会成为质押的重要方式。

在研究股权质权之前，先看一则案例，并思考之：

股票出质纠纷案[①]

上诉人（原审原告）：中国建设银行洋浦分行（下称洋浦建行）。

被上诉人（原审被告）：海南金泰工贸开发公司（下称金泰公司）。

被上诉人（原审被告）：海南舒泰药业有限公司（下称舒泰公司）。

1994 年 9 月 22 日，原告与被告金泰公司签订一份借款合同，合同约定：被告金泰公司向原告借款人民币 300 万元。借款期限为一年，即从 1994 年 9 月 8 日至 1995 年 9 月 8 日。贷款利

① 海南省洋浦经济开发区中级人民法院（2001）浦中经终字第 5 号民事判决。

息，自支用贷款之日起，以支用额按月息9.36‰计算，按季结息。被告金泰公司不按期归还贷款，逾期部分加收利息20%。在本合同有效期内，如国家调整利率，从调整之日起，按调整后贷款利率计算贷款利息。同时，双方还签订了《资产抵押协议书》，约定被告金泰公司以海口市海甸岛沿江四路东美丰别墅A3、B2作为向原告申请贷款的财产抵押物。借款到期后，被告金泰公司未依约偿还借款，原告于1996年12月24日向原审法院起诉。在诉讼过程中，因被告舒泰公司愿为被告金泰公司的借款提供担保，原告与被告金泰公司达成了和解，并于1997年4月2日向原审法院提出撤诉申请。同年4月9日，原告与被告舒泰公司签订了（贷款）质押合同一份，合同约定：被告舒泰公司质押担保的贷款金额300万元，贷款期限自1994年9月8日至1995年9月8日。被告舒泰公司应于当日将质押财产（即海南高速公路股份有限公司100万法人股和海南南山电力股份有限公司50万法人股）交原告占用。此后，双方分别于1997年4月11日和1997年8月26日在海南证券交易中心对质押财产南山电力50万法人股和高速公路100万法人股进行质押登记。1997年4月16日，原审法院裁定准许原告撤回起诉。此后，被告金泰公司一直未向原告偿还欠款，原告在经多次催收未果的情况下，于1999年4月23日在《海南日报》上刊登催款公告，要求被告金泰公司自公告之日起十日内履行还款义务，但被告金泰公司并未履行还款义务，而形成纠纷。

一审法院认为，原告与被告金泰公司签订的借款合同，双方主体合格，内容合法，应系有效合同。原告因被告金泰公司未按合同约定履行还款义务而曾于1996年12月24日向法院起诉，但在诉讼过程中，被告舒泰公司愿为被告金泰公司的借款提供质押担保，并与原告签订了（贷款）质押合同。由于被告舒泰公司质押担保是出于被告金泰公司的请求而提供的，因此，原告与被告舒泰公司办理质押财产出质登记的最后时间即1997年8月26日应系诉讼时效中断之时，诉讼时效自此时起重新计算。1999

年4月23日，原告通过《海南日报》刊登催款公告要求被告金泰公司履行还款义务，此时距诉讼时效重新起算之日并未超过二年。尽管使用这种方式主张权利，法律上并未有明确规定，但原告是在多次向被告催收未果，且被告金泰公司已下落不明的情况下，才采取这种方式明示要求被告金泰公司履行还款义务的。因此，原告的该行为应视为其已对被告金泰公司提出了还款的要求。此事由已引起诉讼时效的再次中断，诉讼时效也应自此时起重新计算。综上，原告向法院请求保护其民事权利的诉讼时效并未超过二年，其起诉请求被告金泰公司履行还款义务的权利应受法律保护。被告金泰公司的抗辩理由不能成立，不予支持。在借款合同的有效期内，被告金泰公司未按合同规定履行还款义务，属违约行为，应承担违约责任。但对于原告提出要求加收罚息的主张，不予支持。因为该贷款自1995年9月8日之后转为逾期贷款，根据中国人民银行的有关规定，逾期贷款利息按日万分之四计算，因此，该逾期贷款不再计收罚息。被告舒泰公司系为担保被告金泰公司向原告履行债务而与原告签订（贷款）质押合同的，其担保之时，被质押担保的贷款300万元并未得到展期，是一笔逾期债权，而并非将来要实现的债权，因此，原告与被告舒泰公司以早已到期的债权债务关系作为质押合同的担保内容，违反了《中华人民共和国担保法》第六十五条第一款第（二）项关于“质押合同应当包括债务人履行债务的期限”的规定，因而应认定无效。为此，原告对被告舒泰公司的诉讼请求，不予支持。依照《中华人民共和国经济合同法》第七条第一款第二项、第四十条第一款第二项和《中华人民共和国担保法》第六十五条第一款第（二）项的规定，原审法院判决如下：一、被告金泰公司应于判决生效后十日内向原告偿还借款本金300万元和支付利息249，6960元；二、驳回原告的其他诉讼请求。

原告洋浦建行不服，以一审判决认定事实不清，适用法律不当，请求二审法院依法改判，判令两被上诉人承担连带清偿责任，以偿还贷款本息为由而提起上诉。

二审法院认为，根据《民事诉讼法》第一百五十一条，以及最高人民法院《关于民事、经济审判方式改革问题的若干规定》第三十五条的规定，第二审民事、经济案件的审理应当围绕当事人的上诉请求范围进行，当事人没有提出请求的，不予审查。所以对于被上诉人金泰公司在二审答辩中提出的上诉人主张权利的期限已过诉讼时效的答辩理由，因不属上诉请求范围，本院不予审理。对于上诉人与被上诉人舒泰公司签订的质押担保合同，从双方当事人的意思表示看，被上诉人舒泰公司自愿为被上诉人金泰公司的贷款提供质押担保，且担保的债权是明确的，即金泰公司 1994 年 9 月 22 日向洋浦建行贷款的 300 万元人民币及其利息等。正是基于被上诉人舒泰公司提供质押担保，洋浦建行才于 1997 年 4 月 2 日向法院撤回对该项贷款的起诉，所以双方签订质押合同的意思表示真实明确。舒泰公司与洋浦建行签订质押合同后，出质人舒泰公司将质押财产（股票）交给了质权人洋浦建行，并且到证券登记机构办理了出质登记。根据《担保法解释》第一百零三条的规定，双方签订的质押合同已生效。《中华人民共和国担保法》第六十五条第一款第（二）项虽然规定："质押合同应当包括债务人履行债务的期限"，但该条款属指导性条款，不属强制性条款。舒泰公司与洋浦建行签订的质押合同虽无此内容，但属合同形式要件的不完善，而非法定必要要件之欠缺，并不能导致该质押合同无效。因此原判认定该质押合同无效不正确，应予纠正。上诉人的上诉请求有理，本院予以支持。据此，依照《中华人民共和国担保法》第七十一条第二、三款，《中华人民共和国民事诉讼法》第一百五十三条第一款第（二）项的规定，判决如下：一、维持原判第一项；撤销原判第二项；二、被上诉人舒泰公司在其出质财产（海南高速公路股份有限公司 100 万法人股和海南南山电力股份有限公司 50 万法人股）范围内对上述还款承担连带责任；三、驳回上诉人洋浦建行的其他诉讼请求。

上述案例，涉及到股份质押问题。关于股权质权，《物权法》第二百二十六条规定："以基金份额、股权出质的，当事人应当订立书面合同。以基金份额、证券登记结算机构登记的股权出质的，质权自证券登记结算机构办理出质登记时设立。以其他股权出质的，质权自工商行政管理部门办理出质登记时设立。"《担保法》第七十八条规定："以依法可以转让的股票出质的，出质人与质权人应当订立书面合同，并向证券登记机构办理出质登记。质押合同自登记之日起生效。股票出质后，不得转让，但经出质人与质权人协商同意的可以转让。出质人转让股票所得的价款应当向质权人提前清偿所担保的债权或者向与质权人约定的第三人提存。以有限责任公司的股份出质的，适用公司法股份转让的有关规定。质押合同自股份出质记载于股东名册之日起生效。"《担保法解释》第一百零三条规定："以股份有限公司的股份出质的，适用《中华人民共和国公司法》有关股份转让的规定。以上市公司的股份出质的，质押合同自股份出质向证券登记机构办理出质登记之日起生效。以非上市公司的股份出质的，质押合同自股份出质记载于股东名册之日起生效。"第一百零四条规定："以依法可以转让的股份、股票出质的，质权的效力及于股份、股票的法定孳息。"

二、股份、股票的含义

我国《公司法》第一百二十六条规定："股份有限公司的资本划分为股份，每一股的金额相等。公司的股份采取股票的形式，股票是公司签发的证明股东所持股份的凭证。"该法第四条规定："公司股东作为出资者按投入公司的资本额享有所有者的资产受益、重大决策和选择管理者等权利。"可见，股份是股份有限公司资本的组成部分，又是股东权利义务的表示；股份既体现为一定的财产权，还具有一定的人身权，如股东有权参加股东大会，有选举权、表决权等。可以作为质押标的的只能是股份的财产权部分，即通过限制出质人转让股份的权利，以担保债权人的债权能够得到按期实现。而股份中的人身权，不属于质押的标的范围，股东仍然可以正常行使，不受出质的限制。

股份是股份有限公司特有的概念。但是根据《担保法》第七十八条第三款“以有限责任公司的股份出质的，适用公司法股份转让的有关规定”的规定，作为质押标的的股份，不单指股份有限公司的股份，还包括有限责任公司股东的出资。因此，《担保法》把股份和股票并列地规定为质押的标的。既表明有限责任公司的股东可以以其股份（出资）作为质押物出质，又表明股份有限公司的股东也可以以其所持有的股票（股份）出质。

三、股权质权的标的范围

我国《担保法》第二百二十三条第（四）项规定，“可以转让的基金份额、股权”可以质押，表明了可作为股权质权的标的的股份、股票必须具备两个条件：其一，不为法律所禁止，其二，具有可转让性。这是由于质权是一种价值权，以不可让与的股份、股票作为标的物，质权人无法实现其质权，不能以质物的变价优先受偿。据此，股份有限公司股份、股票原则上有完全流通性。可转让性，可以作为质押标的。但是法律明文禁止转让的股份有限公司的股份、股票、因法律禁止而使此类特别的股份、股票失去可转让性，因此不可质押。

四、股权质权的设定

根据《物权法》第二百二十六条的规定，以基金股权出质的，当事人应当订立书面合同。以证券登记结算机构登记的股权出质的，质权自证券登记结算机构办理出质登记时设立。以其他股权出质的，质权自工商行政管理部门办理出质登记时设立。

根据《担保法解释》第一百零三条“以股份有限公司的股份出质的，适用《中华人民共和国公司法》有关股份转让的规定。以上市公司的股份出质的，质押合同自股份出质向证券登记机构办理出质登记之日起生效。以非上市公司的股份出质的，质押合同自股份出质记载于股东名册之日起生效”的规定，质押合同自股份出质向证券登记结构办理出质登记之日起生效。出质的股权必须是依法可以转让的股份，包括有限责任公司的出资和股份有限公司的股票。依据《公司法》第一百四十条、第一百四十二条的规定，并非所有的股份[①]、股票都可以质押，在法律限制自由转让的范围内，以股份出质的，也应当受到限制。因为，股权质押可能出现股权转移的法律后果，则就要求股权转移必须符合股权转让的法定条件。

五、股权质权的无效情形

1. 主合同无效，股份、股票质押合同无效。我国《物权法》明确规定“担保合同是主合同的从合同，主合同无效，担保合同无效。”股份、股票质押合同是主合同的从合同，它是以主合同的存在为前提的，其存在的目的在于一方面担保主合同的债务人履行义务，另一方面是担保债权人的利益不致遭受损失。而对出质人来说，既然主合同中权利人的权利不合法，那么，出质人与质权人之间所约定的权利义务关系当然不能受到法律的保护。

2. 以依法不得转让的股票设定质押的，股权质权无效。根据《公司法》及有关法律的规定，下列几种股票不得转让：（1）发起人持有的本公司股份自公司成立之日起3年内不得转让。（2）公司董事、监事、经理所持有的本公司的股票在任职期间内

① 《公司法》第一百四十条规定：“记名股票，由股东以背书方式或者法律、行政法规规定的其他方式转让；转让后由公司将受让人的姓名或者名称及住所记载于股东名册。股东大会召开前二十日内或者公司决定分配股利的基准日前五日内，不得进行前款规定的股东名册的变更登记。但是，法律对上市公司股东名册变更登记另有规定的，从其规定。”第一百四十二条规定：“发起人持有的本公司股份，自公司成立之日起一年内不得转让。公司公开发行股份前已发行的股份，自公司股票在证券交易所上市交易之日起一年内不得转让。公司董事、监事、高级管理人员应当向公司申报所持有的本公司的股份及其变动情况，在任职期间每年转让的股份不得超过其所持有本公司股份总数的百分之二十五；所持本公司股份自公司股票上市交易之日起一年内不得转让。上述人员离职后半年内，不得转让其所持有的本公司股份。公司章程可以对公司董事、监事、高级管理人员转让其所持有的本公司股份作出其他限制性规定。”

不得转让。(3) 采取发起方式设立的公司，公司股权证的转让必须在法人之间进行，不得向个人转让。(4) 采取定向募集方式设立的公司，其股权证按其原持有人身份，可在法人之间以及公司内部职工之间转让，但不得向公司以外的任何个人转让。(5) 本公司内部职工持有的股权证要严格限定在本公司内部，不得向公司以外的任何个人转让。(6) 各种法人均不得将持有的公司股份、认股权证和优先认股权转让给本法人单位的职工，不得将以集体福利基金、奖励基金、公益金购买的股份派送转让给职工。(7) 公司内部职工的股份（除离职和死亡者的股份外），在公司配售后三年内不得转让。(8) 公司股份自公司清算之日起不得转让。法律作上述规定，是为了公司的经营与稳定、保护其他股东的权益。因此，债务人或第三人将依法不可以转让的股票作为质物订立的质押合同，违反了《担保法》第七十五条的规定，应认定为无效。

3. 公司接受本公司的股票质押，股权质权无效。我国《公司法》第一百四十三条第三款规定："公司不得接受本公司的股票作为抵押权的标的。"这是因为：(1) 如果公司以自己的股票作为质物，那么，在债权未获得清偿且收质的股票无法售出时，必将使公司资本存在流失的危险，违反了注册资本充实的原则。(2) 如果公司负责人与社会不法分子相互勾结，那么，公司财产极有可能受到损害。公司收购自己的股票，最终可能使公司股东和债权人的利益受到损害。从而不利于社会交易的安全与公正。(3) 当公司的债权得不到偿还时，公司有权对出质人的股票进行变卖、转让。但是，如果公司以本公司的股票作为质权的标的，就起不到质押的作用。

4. 以法律禁止买卖股票的人的股票质押，股权质权无效。根据《股票发行与交易管理暂行条例》的规定，法律禁止买卖股票的人有以下三种：一是证券业从业人员、证券业管理人员和国家禁止买卖股票的其他人员（包括党政干部）。二是为股票发行出具审计报告、资产评估报告、法律意见书等文件的有关专业人员，在该股票承销期内和期满后6个月内，不得购买或者持有该股票。三是为上市公司出具审计报告、资产评估报告、法律意见书文件的有关专业人员，在其审计报告、资产评估报告、法律意见书等文件成为公开信息前，不得购买或者持有该公司的股票；成为公开信息后的5个工作日内，也不得购买该公司的股票。以上人员违反法律规定，购买的股票为质物的股票质押合同应认定无效。

5. 未经股东大会讨论通过，所设定的股权质权无效。这是根据《公司法》第十六条“公司向其他企业投资或者为他人提供担保，依照公司章程的规定，由董事会或者股东会、股东大会决议；公司章程对投资或者担保的总额及单项投资或者担保的数额有限额规定的，不得超过规定的限额。公司为公司股东或者实际控制人提供担保的，必须经股东会或者股东大会决议。前款规定的股东或者受前款规定的实际控制人支配的股东，不得参加前款规定事项的表决。该项表决由出席会议的其他股东所持表决权的过半数通过”的规定，由有限责任公司的特点所决定的。有限责任公司是人合公司，其经营活动的信用基础在于股东个人的信用，如果以股份出质，就有可能更换股东，损害公司的信用基础。有限责任公司的股东以其股份出资的，该股东并不能独立地作决定，必须经过股东大会讨论决定，并获得全体股东过半数的同意，否则，股份质押合同无效。

六、股权质权的行使

股权质权的实现一般有以下方式：

1. 依法处分入质的股权，通过变卖、折价、转让等方式依法处分担保物，并从处分所得价款中优先受偿，是担保物权实现的共同方式，同样也适用于股权质权。

2. 收取入质股权的收益，质权人有权在被担保债权到期时向股份所在公司收取股份应得的收益。

需要明确的是，股权质权的实现即变价受偿应以被担保债权清偿期到来后才能行使。这一点不同于其他权利质权，如债权质权不以被担保债权是否到期，入质债权清偿期到来，质权人即可行使入质债权，入质债权清偿期先于被担保债权的，债权人也可与出质人协商将行使入质债权所得财产提前清偿或向第三人提存。

七、对引言案例的评析

在本案中，一审法院以原告洋浦建行与舒泰公司以早已到期的债权债务关系作为质押合同的担保内容，违反了《担保法》第六十五条第一款第（二）项关于“质押合同应当包括债务人履行债务的期限”的规定，应认定无效。因此免除了被告舒泰公司的担保责任。二审法院认为洋浦建行与舒泰公司签订的质押担保合同，从双方当事人的意思表示看，被上诉人舒泰公司自愿为被上诉人金泰公司的贷款提供质押担保，且担保的债权是明确的，即金泰公司 1994 年 9 月 22 日向洋浦建行贷款的 300 万元人民币及其利息等。正是基于被上诉人舒泰公司提供质押担保，洋浦建行才于 1997 年 4 月 2 日向法院撤回对该项贷款的起诉，所以双方签订质押合同的意思表示真实明确。舒泰公司与洋浦建行签订质押合同后，出质人舒泰公司将质押财产（股票）交给了质权人洋浦建行，并且到证券登记机构办理了出质登记。根据《担保法解释》第一百零三条的规定，双方签订的质押合同已生效。因此，二审判决舒泰公司在其出质财产（海南高速公路股份有限公司 100 万法人股和海南南山电力股份有限公司 50 万法人股）范围内对上述还款承担连带责任。

因此，二审法院的处理是正确的。根据《担保法》第七十八条“以依法可以转让的股票出质的，出质人与质权人应当订立书面合同，并向证券登记机构办理出质登记。质押合同自登记之日起生效。股票出质后，不得转让，但经出质人与质权人协商同意的可以转让。出质人转让股票所得的价款应当向质权人提前清偿所担保的债权或者向与质权人约定的第三人提存。以有限责任公司的股份出质的，适用公司法股份转让的有关规定。质押合同自股份出质记载于股东名册之日起生效”和《担保法解释》第一百零三条“以股份有限公司的股份出质的，适用《中华人民共和国公司法》有关股份转让的规定。以上市公司的股份出质的，质押合同自股份出质向证券登记机构办理出质登记之日起生效。以非上市公司的股份出质的，质押合同自股份出质记载于股东名册之日起生效”的规定，本案的质押合同符合法律规定，应为有效，应当承担担保责任。

第十四节　知识产权质权

《物权法》第二百二十七条对知识产权质权作出了规定，即“以注册商标专用权、专利权、著作权等知识产权中的财产权出质的，当事人应当订立书面合同，质权自有关主管部门办理出质登记时设立。知识产权中的财产权出质后，出质人不得转让或者许可他人使用，但经出质人与质权人协商同意的除外。出质人转让或者许可他人使用出质的知识产权所得的价款，应当向质权人提前清偿债权或者提存。”

一、商标专用权质权

商标专用权、又称商标专有权、注册商标专用权或商标权，是指商标注册申请人，对其经商标主管机关核准注册的商标享有的独占、使用和处分的民事权利。商标专用权具有如下特征：时间性、地域性、专有性。

设立商标专用权质权，出质人与质权人应当订立书面质押合同。合同内容包括主债权的种类、数额、债务人履行债务的期限，注册商标专用权人及其注册商标、注册号、担保的范围，以及需要约定的其他条款等。书面质押合同订立后，并不当然生效，应当向商标管理部门办理出质登记。根据我国商标法的规定，国务院工商行政管理部门商标局是商标专用权的管理机关。

质权自登记之日起生效。

二、专利权质权

专利权是指按照专利法的规定，国家专利机关授予发明创造人对其发明创造在一定期限内享有的专有权。专利权的客体包括三种：(1) 发明，它是对产品、方法及其改进所提出的新的技术方案；(2) 实用新型，它是对产品的形状、构造或其结合所提出的适于实用的新的技术方案；(3) 外观设计，它是对产品的形状、图案、色彩或其结合所作出的富有美感并适于工业运用的新设计。

专利权人对其专利享有独占权、实施许可权、转让权、排除侵害权等，这些权利都具有一定的财产内容。根据担保法的规定，专利权中的财产权依法可以设定质押。

设立专利权质权，出质人与质权人应当订立书面合同。在专利权质押合同中，应当写明专利权人、专利号、被质押的权利范围以及其他内容。质押合同签订后，应当向我国专利局办理出质登记。质权自登记之日起生效。

三、著作权质权

著作权，也称版权，是指公民、法人或者非法人单位依照法律规定对文学、艺术和科学等作品所享有的人身权利和财产权利。著作权的客体是作品。我国《著作权法》第三条规定的受法律保护的作品是文字作品；口述作品；音乐、戏剧、曲艺、舞蹈作品；美术、摄影作品；电影、电视、录像作品；工程设计、产品设计图纸及其说明；地图、示意图等图形作品；计算机软件；法律、行政法规规定的其他作品。我国著作权法还规定了著作邻接权。著作邻接权是指与作品相联系，邻接于著作权，是传播作品的人应享有的权利。它包括出版者权、表演者权、录音录像者权、播放权四种。著作权和著作邻接权都具有一定的财产内容，依法可以作为质押的标的，设立质押。

设立著作权质权，出质人与质权人应当订立书面质押合同。合同内容应当写明质押的标的是《著作权法》所指的哪一种作品或者著作邻接中的哪一项、质押的权利范围以及其他需要约定的条款等。以著作权中的财产权出质的，应向有关管理部门办理出质登记。按照《著作权法》的规定，国务院著作权行政管理部门及各省、自治区、直辖市的人民政府的著作权行政管理部门是著作权的管理机关。质押合同自登记之日起生效。

著作权质押合同登记与著作权产生登记不同。著作权可以自动产生，也可以登记产生；而著作权质押合同必须向管理机关办理登记，否则，质押合同不发生法律效力。

第十五节　不动产收益权质押

一、引言

以公路桥梁、公路隧道或者公路渡口等不动产收益权出质的，属于《担保法》第七十五条第（四）项规定的“依法可以质押的其他权利”。诸如：

广电网络收费权质权纠纷案[①]

2000年12月28日，原告陕西省西乡县农行与被告西乡县广电局（简称广电局）签订借款合同，借款金额250万元，期限3年，年利率3%。西乡农行当日依约向广电局发放了借款250万元。2003年12月5日，广电局申请对该笔即将到期的贷款展期18个月，经协商双方签订借款展期协议，对该笔借款展期到

① 魏西霞：《广电网络收费权质押贷款合同效力的认定及质权的实现》，载《人民法院报》2007年11月2日。

2005年6月28日。2002年6月6日，广电局申请将2001年5月31日借款中的170万元转贷，双方协商后于6月27日签订了借款合同，借款金额170万元，期限2年，年利率7.13%，用途为光缆加芯费。以上两笔贷款，双方均签订了权利质押合同，以广电局事业性收费权中个户网络建设费和光纤电视收视费作为质押担保。

2003年4月，广电局依省有关规定将其“资产经营权、服务收费权、人事管理权”移交给被告陕西省广播电视信息网络公司（简称网络公司），并以其广电资产作价出资566万元，持有网络公司股份566万股，每年分得红利5至6万余元。广电局未告知西乡农行其资产经营权移交情况，亦未告知网络公司其收费权已质押的情况。2005年5月，西乡农行得知广电局、网络公司之间网络资产经营权等移交的情况。西乡农行在贷款到期未得到偿还的情况下，诉至法院，要求判令广电局归还借款420万元及利息；宣告广电局擅自将在西乡农行设立的贷款质押权利移交给网络公司的行为无效；网络公司对借款本金及利息承担连带清偿责任。

陕西省高级人民法院依照合同法、担保法的有关规定，判决：一、西乡广电局于本判决生效之日起30日内偿付中国农业银行西乡县支行借款本金420万元及2005年12月31日前的利息292951.70元。2006年1月1日起至本判决履行之日止的利息按中国人民银行利率管理规定的利率计息；二、西乡广电局未清偿部分由网络公司以在西乡广电局原收费权范围内所收取的费用优先偿付上述债务。网络公司在承担清偿责任后，有权向西乡广电局追偿。该判决已发生法律效力。

上述案例，广电网络收费权是否可以质押，法律未明确规定。因该权利具有财产性、可让与性、管理性，符合可出质权利的一般特性要求而可设定质押，经公示登记后质押合同生效，并具有对抗第三人的法律效力。在法律适用上参照《担保法解释》

第九十七条的规定，即“以公路桥梁、公路隧道或者公路渡口等不动产收益权出质的，按照担保法第七十五条第（四）项的规定处理。”

二、不动产收益权质押的法律意义

不动产收益权质押为权利质押的一种，属于担保物权，具有担保物权所具有的一般法律特征：如具有从属性、不可分性、优先受偿性、价值权和变价权等等。但是，不动产收益权质押是一种新型的权利质押，具有其他权利质押所不具有的特殊法律特征：

1. 权利标的的特殊性。作为不动产收益权质押标的的收益权，实际上是一种投资收益权，具体体现为收费权。对于高速公路、污水处理设施等投资金额巨大的社会公益性项目，在中国目前的投资体制下，单纯依靠私营企业和个人投资是不现实的，需要政府积极参与，甚至政府也可以直接作为投资主体。那么，既然是一种公益事业的投资，其收益如何体现呢？就只有通过收费权来实现了，如作为高速公路受益者的车辆使用者、作为污水处理收益者的居民就应缴费。因此，这种作为投资收益的收费权不同于政府为实现政治的经济的职能而运用的行政管理收费权，两者在性质上是截然不同的，前者是一种民事财产权，具有可让与性，适于设质，能够成为权利质押标的；后者是一种行政权，不具有财产性、可让与性与适于设质性，不能成为质押标的，这是需要特别加以区别的。

2. 主体的特定性。由于不动产收益权质押涉及的项目大多都是投资金额巨大的社会公益项目，在中国目前的投资体制及国情条件下，绝不能指望企业动辄出资几亿甚至几十亿上百亿元资金搞基础设施建设。因此，不动产收益权质押的一方当事人即质权人在目前多为银行等金融机构。不动产收益权质押所涉及的另一方当事人即出质人亦为代表国家的政府。政府为筹集资金加强基础设施建设而以不动产收益权为质押标的，其成为质押另一方当事人，自是不容质疑。在市场经济条件下，同银行相比政府拥有日益扩张的行政权力，银行处于相对弱者的地位。这就要求政府在质押中与银行应处于平等的法律地位，政府无权将自己的意志强加给银行，不得强令银行等金融机构提供质押贷款。银行是否向政府提供质押贷款，应由银行根据实际情况及可行性自主决定，政府不得干涉。

3. 质权实现方式的独特性。在传统的权利质押中，质权的实现一般是在债权人不履行债务时，质权人得以留置其占有的权利并以该权利折价或者以拍卖、变卖该权利的价款优先受偿。而不动产权收益权质押中质权的实现则明显不同。在不动产收益权质押中，当借款人未履行相应义务，贷款银行需要实现质权时，质权人即贷款银行可以代为行使收费权，并控制收费账户内的资金流出，直至贷款本息得以偿还完毕为止。尤其值得强调的是，不动产收益权质押在不动产未竣工投产之前绝无可能提前实现质权。

4. 程序更趋严格性。不动产收益权质押中，除了要求当事人双方签订书面的质押合同外，并需要依法向政府主管机关办理质押登记后不动产收益权质押生效。

三、不动产收益权标的物的范围

根据《担保法解释》第九十七条的规定，可以设定质押的收费权为公路收费权，包括公路桥梁、公路隧道、公路渡口的收费权等。国务院《关于西部大开发若干政策措施的实施意见》第十三条明确规定："扩大以基础设施项目收益权或收费权为质押发放贷款的范围。继续办好农村电网收益权质押贷款业务，开展公路收费权质押贷款业务，创造条件逐步将收费权质押贷款范围扩大到城市供水、供热、公交、电信等城市基础设施项目。对具有一定还贷能力的水利开发项目和城市环保项目（如城市污水处理和垃圾处理等），探索逐步开办以项目收益权或收费权为质押发放贷款的业务。"国家发展计划委员会、中国人民银行批准农村电网改造工程电费收益权可以设定质押。鉴于不动产和自然资源、能源上的金钱收益权的收益比较确定，操作也切实可行，因此，为了扩大公益事业融资渠道，促进公益事业发展，保障银行资产安全，人民法院应当认可农村电网建设与改造工程电费收益权的权利质押形式。因此，不动产收益权质押的标的物范围主要包括：

1. 公路收费权

公路交通基础设施建设是我国鼓励发展的产业。近几年，我国在公路建设（包括公路、桥梁、隧道）上大量引入外商投资建设模式，对建成通车的公路赋予投资者在一定年限内享有经营权。公路经营权，按交通部 1996 年《公路经营权有偿转让管理办法》的规定，是指依托在公路实物资产上的无形资产，是经省级人民政府批准，对已建成通车 40 公里四车道以上的公路路段及 500 米四车道以上独立的大型桥梁、隧道等公路设施车辆通行费的收费权和公路沿线规定区域内的饮食、加油、车辆维修、商店、广告等服务设施的经营权。公路经营权是基于公路实物资产产生的不动产收益权，主要是指公司投资者的收费权，它以财产内容为核心，具有可出质性。但并非任何公路收费权都可以质押，出质的公路收费权必须依法设立，并且出质人享有合法处分权。根据《公路法》第五十九条的规定，符合国务院交通主管部门规定的技术等级和规模的下列公路，可以依法收取车辆通行费：（1）由县级以上地方人民政府交通主管部门利用贷款或者向企业、个人集资建成的公路；（2）由国内外经济组织依法受让前项收费公路收费权的公路；（3）由国内外经济组织依法投资建成的公路。除该条规定的公路，不得收取车辆通行费。未经批准擅自设卡、设点进行收费，因自始不存在权利依据，而将所谓“收费权”进行质押，其质押无效。

2. 农村电网收益权

电费收益权是指电网经营企业，按国家有关规定，经国家有关主管部门批准，以售电收入方式获取一定收益的权利。电费收益权质押，是指电网经营企业以其拥有的电费收益权作担保，向银行申请贷款用于农村电网建设与改造的一种担保方式。采用电费收益权质押贷款必须具备以下条件：(1) 出质人须有国家有关部门批准的电网经营许可证和工商行政管理部门颁发的营业执照。(2) 以地方电力企业为出质人的，必须在承贷银行开立基本账户。(3) 出质人须与贷款承担银行签订代收电费协议。对出质人未在承贷银行开立基本账户的，应与其基本账户银行、承担银行共同签订电费划转协议。(4) 符合贷款人要求的其他条件。

四、不动产收益权质权的设立

不动产收益权不同于票据、债券、存款单、仓单、提单等有价证券，财产价值依附于权利凭证本身，谁持有证券，谁就享有权利，所以证券化的权利质押，以实际交付权利凭证为生效要件。而收益权是一种政府特许的权利，其权利的获得要经过严格的审批程序，况且收益权的价值实质上依附于实物资产，如电网、公路等资产，并不直接依附于权力凭证，持有权利凭证并不能代表其所有的权利。因此，转移权利凭证（有关批准文件和相应许可证书）并不能导致质押生效。因此收费权质押应该采取登记生效主义，即质押事项经相应的行政主管部门登记后生效。

1. 公路收益权质押的登记

参照交通部《公路经营权有偿转让管理办法》对公路经营权转让批准机关的规定，对于含有中央车辆购置附加费或中央财政性资金投资建成的公路及国道公路的经营权质押，由省级交通主管部门报经交通部登记；全部由地方规费或地方财政性资金投资及自筹资金等建成的省道以下公路的收费权质押，由省级交通主管部门登记。经质押登记，质权即行生效。由于公路经营权属于限制流通的财产权利，其转让须经国家有关行政主管部门批准，对转让事项的可行性、受让方的从业实力、资信证明等问题进行实质审查，但收益权出质不涉及到权利的根本处分，因为质押并不直接导致公路经营权主体的变更，主债务人主动履行债务，使债务归于消灭，质押担保责任也随主债务消灭而终止。主债务人未主动履行债务，债权人可就公路收费直接行使质权，实现优先受偿。因此，收益权质押无须进行行政实体核准，采取形式备案登记制度即可，登记机关只对质押事项进行形式审查。

2. 农村电网收益权质押登记

目前尚无具体的规章办法明确规定农村电网收益权质押的登记机关，国家计委颁布的《农村电网建设与改造工程电费收益权质押贷款管理办法》第四条虽然规定“借款人和贷款人应以书面形式订立电费收益权质押合同，并于合同签订后10日内到登记部门办理登记手续。”但到底哪个部门是登记机关并未明确。我们认为，农村电网收益权质押应在质押人所在的电力主管部门登记。

此外，需要注意的是，中国人民银行发布的《应收账款质押登记办法》已于2007年10月1日开始实施，其第四条第二款第四项规定“公路、桥梁、隧道、渡口等不动产收费权”均属于应收账款，因此在2007年10月1日之后的不动产收益权的出质登记应统一在人民银行的信贷征信机构进行，并且可以采用电子网络的形式。这对于降低当事人的登记和查询成本，鼓励当事人利用此种方式进行融资，提高此类融资的效率，保护交易安全等都有重要意义。

五、不动产收益权质权的行使

权利质押核心为对质押标的交换价值的支配，以实现质押对债权的担保。收益权质权有效设立后，满足了被担保的主债权履行期届满及债务人未按主合同履行债务这两个条件，质权人便有权实现其质权。在实践中，需要注意下列问题：

1. 分期履行债务中，不动产收益权质权的行使。不动产收益权质押发生在基础设施建设项目中，其担保的债务一般数额较大，期限较长，一般常约定分期履行。由于不动产收益权质押的出质人基本上都是重大基础设施的投资者，如公路投资者、农村电网改造工程投资者，这些投资项目具有一定的公益性，回收期长，为稳定公益事业融资渠道，促进公益事业发展，为避免过早实现质权而给出质人（投资者）带来不利，进而影响基础工程的进度，质权应在最后履行期限届满时行使为妥。

2. 收益权质押的行使方式。收益权质押属于权利质押中的一种，权利质权的实现方式除以折价、拍卖或变卖入质权利并以卖得价金优先受偿外，尚有另一类方式，即取代出质人的地位，向入质权利的义务主体直接行使入质权利，并通过直接行使入质权利使被担保的债权优先受偿。由于收费权质押的标的是一种权利而非实体物，所以折价方式不适用于收益权质权。另外，由于收益权属于政府特许的权利，属于制性流通物，只有经省级交通主管部门授权所属的公路经营公司才可将经批准的公路经营权，在一定期限内转让给具有法人资格的境内、外单位经营。公路经营权中的车辆通行收费权和服务设施的经营权可整体转让，也可以只转让车辆通行收费权。因此，不动产收益权质押的行使不宜采取拍卖、变卖的方式，只能由质权人直接就收费权产生的收益享有优先受偿权。

六、对引言案例的评析

在本案中，争议的焦点问题是：以有线网络收费权作质押的担保合同是否有效以及本案的质权如何行使。广电网络收费权能否作为财产权利进行质押法律没有规定，实践中认识不一致。有意见认为，不能作为财产权利出质，质押合同应属无效。理由是：首先，按照物权法定原则，在法律没有规定此种收费权利可以质押的情况下，不宜认定这种质权有效。其次，此种权利不能通过市场交易转让，存在难以变现问题，不适宜设定质权。最后，此种收费权是国家机关批准并经物价部门核准的，行政批给谁就是谁的，他人不能去行使，否则，收费就乱了。如果要变更行使收费权的主体，应由行政机关重新调整。本案正是行政行为将收费权收归统一成立的网络公司。因此，网络资产收费权可以质押，质押合同有效。

关于可以质押的权利，担保法第七十五条列举规定可以质押的权利为证券债权、股权债权、知识产权和依法可以质押的其他权利。《担保法解释》第九十七条规定“以公路桥梁、公路隧道或者公路渡口等不动产收益权出质的，按照担保法第七十五条第（四）项的规定处理”。本案权利质押合同的标的物是有限电视网络的收费权，这种新型的不动产收益权，是否属于“依法可以质押的其他权利”，担保法未作规定，司法解释对普通债权之质押范围未作明确规定。但分析该权利，其具有财产性，属于私法上的财产权；具有可让与性，在一定范围内可以转让，并且是有特定的管理机构管理的财产。其符合可以出质权利的一般特性要求，类似于上述司法解释第九十七条规定的几项不动产收益权，可以作为权利质押的标的物。此种权利属性质上不能以交付权利凭证而设定质权的财产权利，是以登记为质押合同生效的要件。本案的权利质押合同是当事人真实意思表示，内容未违反法律、行政法规的强制性规定，并依法办理了质押登记，该权利质押合同应认定有效，且具有对抗第三人的法律效力。①

第十六节　应收账款质押

一、应收账款质押的法律意义

（一）应收账款的法律意义

根据2007年9月30日中国人民银行颁布《应收账款质押登记办法》第四条第一款，应收账款是指权利人因提供一定的货物、服务或设施而获得的要求义务人付款的权利，包括现有的和

① 参见魏西霞：《广电网络收费权质押贷款合同效力的认定及质权的实现》，载《人民法院报》2007年11月2日。

未来的金钱债权及其产生的收益，但不包括因票据或其他有价证券而产生的付款请求权。由此可见，应收账款在性质上属于一般债权，包括尚未发生的将来债权，但仅限于金钱债权。此外，《应收账款质押登记办法》第四条第二款对应收账款的具体内容进行了正面列举，（1）销售产生的债权，包括销售货物，供应水、电、气、暖，知识产权的许可使用等；（2）出租产生的债权，包括出租动产或不动产；（3）提供服务产生的债权；（4）公路、桥梁、隧道、渡口等不动产收费权；（5）提供贷款或其他信用产生的债权。

概而言之，应收账款具有以下法律特征：

1. 应收账款为一般债权。传统民法理论将债权分为一般债权和证券债权。证券债权是指以有价证券表彰之债权，此种债权之设质以有价证券为出质标的。一般债权即民法上的债权，也称普通债权。区分二者最重要的意义在于证券债权可以以证券为载体自由流通，而一般债权却不可以流通。虽然某些一般债权可以成为债权让与的标的，但让与和流通却差别甚大。

2. 应收账款为金钱债权。在债权人与数个不同债务人订立的数个合同中，或者债权人与一个债务人订立的数个合同中，债权人的义务依合同的类型和内容而定，可能是交付标的物，移转标的物的所有权，或者提供符合合同约定的服务，但债务人因合同所负担的义务却无一例外，均是支付一定数量的金钱（表现为价款或者服务费）给债权人。也就是说，债权人的合同权利为接受一定数量金钱的给付。

3. 应收账款系由合同而产生。因侵权行为、不当得利、无因管理产生的损害赔偿请求权、返还请求、给付请求权等，尽管可能为金钱形态，但均不是所谓的应收账款。

（二）应收账款质押的法律意义

所谓应收账款质押，是指应收账款的债权人将其对债务人的应收账款之债权向银行等信贷机构提供质押担保并获得贷款的行为，这种担保应属于权利质权中的普通权利质权。与其他权利质权相比，应收账款质押有自己的明显的特点：

1. 应收账款质押的标的仅限于金钱之债，而不包括非金钱债权。因此，当债务人不履行债务时，质权人可以直接请求第三债务人（即应收账款债务人）向自己给付相应款项（谓之直接收取权），从而避免了其他类型的质权在实现时通常需要的评估、折价或拍卖、变卖质物等繁琐程序。

2. 作为质押标的的应收账款，可以是既已存在的债权，也可以是有稳定预期的未来债权。既已存在的债权无论到期或未到期，将来的债权无论成立的条件是否完全具备，均无妨作为质押标的，而且实践中运用较多、从融资角度看价值更大的恰恰是未来债权的质押。而其他权利质权中的标的，则均是既已存在的财产权利。以未来发生的应收账款设定质押，还使得这种权利质权遇到自身特有的一些问题，如风险的评估与控制、决算期等。

3. 作为普通债权质权的一种，应收账款质权兼具物权和债权两种特性。一方面，其为一类担保物权，当债务人破产时债权人可以就此应收款项优先受偿。此种物权性之彰显，须依靠公示机制的建立。另一方面，应收账款质权实质上是以一种请求权担保另一种请求权的实现，这层质押担保的外壳看似坚固，实则主债权人的债权能否实现，最终依赖于第三债务人的履行能力即其全部责任财产的多少，这显然不如以特定的有体物担保安全可靠。因此，其担保功能有限，实质上仍带有信用保证的痕迹。

正因如此，在我国应收账款的融资实践中，银行等信贷机构为了降低自身风险，所接受的通常为实现较为可靠的优良债权（第三债务人多为电力、电信和其他一些资金雄厚的名牌企业等），且常常要求在银行内部设立应收账款质押专户，以方便对其直接监控和划转。

二、应收账款质权的设定

1. 签订书面质权合同

应收账款质权设定协议是质权设定的基础，但关于该协议的形式，各国规定不尽相同，有的要求出质双方以书面形式达成协议，而有的则不作此要求。例如，《日本民法典》第363条规定，以债权为质权标的，如有债权证书时，质权的设定，因证书的交付而发生效力。至于当事人所达成的协议是采取书面形式还是其他形式，法律并未强行规定。持同样立场的还有《德国民法典》第1280条的规定。而我国台湾地区“民法”第904条规定：“以债权为标的物之质权，其设定应以书面为之”；《瑞士民法典》第900条：“无契约证书或仅有债务证书的债权，须以书面形式订立质权契约，始得出质”。持同样立场的还有《意大利民法典》第2800条和《法国民法典》第2074条的规定。很多国家之所以对一般债权质权的设定采要式规定，其目的是出于慎重，因与证券债权相比，一般债权入质的公示性较差，对此，法律要予以弥补。我国《物权法》第二百二十八条第一款规定：“以应收账款出质的，当事人应当订立书面合同。”

2. 办理应收账款出质登记

由于应收账款在性质上属于债权，具有相对性，难以为外部第三人所知晓，作为质押的客体，应收账款质押应当具备法定的公示方式，才能对第三人产生效力。在目前的理论和实践中，有三种公示方式，一是债权证书的移转，二是债权证书的移转与通知第三债务人，三是登记。按照传统民法的解释，债权证书的移转代表债权占有的移转，但是，债权证书只是用以证明债权存在的文件，与债权本身是形式与实质的关系，债权证书的灭失并不必然表明债权本身的消灭。因此，在债权质权设定时，即使无债权证书的交付仍然能够成立债权质权，此时不存在债权占有的移转问题，即以债权证书的移转作为债权占有标准的做法并不合乎逻辑。而且，债权证书的返还还不会导致质权的消灭。所以，单纯以移转债权证书作为公示方式并不妥当。第二种方式与第一种的区别重点在于对第三债务人的通知。在未为通知之前，即使出质人和质权人已经订立以该一般债权为标的的质押合同，第三债务人对出质人的履行仍属有效，除非第三债务人恶意。通知之时，第三债务人基于与出质人之间的债权债务关系对出质人的请求权享有的抗辩权，可向质权人主张。以上种种，无疑有利于第三债务人利益的保护。但在同一债权上设立多个质权的场合，如一项应收账款为多个债权人设定了质押，善意第三人（后顺序的质权人）的利益极易受到损害。第二种公示方式无法满足对善意第三人利益的保护需要，也不足取。鉴于上述两种公示方式的弊端，考虑到登记的公示效果最强，有利于第三人迅速、便捷、清楚地了解应收账款上存在的权利质权，更能保护质权人和其他第三人的利益。《物权法》采纳了第三种方法，即质权自办理出质登记时设立。

根据《应收账款质押登记办法》第二条，中国人民银行征信中心是应收账款质押的登记机构。征信中心建立应收账款质押登记公示系统，办理应收账款质押登记，并为社会公众提供查询服务。《应收账款质押登记办法》第七条对登记申请采取了单方登记原则，即应收账款质押登记由质权人办理。质权人也可以委托他人办理登记。值得注意的是，应收账款质押存在登记期限，《应收账款质押登记办法》第十二条规定，质权人自行确定登记期限，登记期限以年计算，最长不得超过 5 年。登记期限界满，质押登记失效。

三、应收账款质权的效力

由于应收账款质押的标的仅限于金钱之债，而不包括非金钱债权。因此，当债务人不履行债务时，质权人可以直接请求第三债务人（即应收账款债务人）向自己给付相应款项（称为直接收取权），从而避免了其他类型的质权在实现时通常需要的评估、折价或拍卖、变卖质物等繁琐程序。在这里需要注意应收账款（出质的债权）的履行期限和被担保债权（主债权）的履行期限不一致时应如何实现质权的问题。当出质的债权先于主债权到期的，出质人与质权人可以协商由债务人向质权人清偿债务或向约定的第三人提存；当出质的债权晚于主债权到期的，质权人自出质债权到期时才能行使质权，以保护第三债务人的期限利益。

此外，我国《担保法》是禁止当事人在质押合同中约定流质条款的，《物权法》也延续了这一规定。但在应收账款质押中，基于金钱债权的特点，恰恰有必要允许质权人采取流质清偿的方式来实现其债权。即在被担保债权届期未受清偿时，允许质权人取代出质人在出质债权中的地位直接向第三债务人要求清偿但这与流质条款的禁止并不矛盾。因为禁止流质的目的在于防止债权人利用优势地位获得超额经济利益，而在实行应收账款质权后，如质权人收取的款项超过了主债权额，其需要将剩余部分返还给出质人，这并无显失公平之处。从这个角度也可以看到，应收账款质押在实质上是一种附条件（以债务人不履行债务为条件）的和附固定数额（以主债权额为限）的债权转让。

最后，当第三债务人不履约时，质权人该如何实现自己的权利呢。质权人此时实际上处于一种尴尬的境地。他拥有两个债权：一个是对主债的债务人所享有的债权，另一个是基于质权人的身份对第三债务人所享有的债权。而这两个债的债务人都不履行债务。要解决这一问题，我们认为，在司法实务中，可以将出质人和第三债务人作为质权人的连带债务人看待。出质人以其享有的债权担保质权人债权的清偿，在出质人对第三债务人享有的债权数额范围内，第三债务人对质权人的债权清偿负连带责任，因此质权人提起诉讼时，可以将二者作为共同被告。在一方破产时，质权人可以一般债权人的身份加入到破产债权的清偿中，但同时这并不妨碍对另一方的追偿，因为破产债权可能得不到充分的受偿，为避免可能给质权人带来的损失，就必须使其对两方具有同时追偿的权利，但对第三债务人追偿的数额不得超过出质债权的数额，对两方追偿的数额的总和不得超过其本身的债权数额。[①]

四、应收账款质权的行使

在实行应收账款质权时，最大问题在于被担保债权与入质债权清偿期未必完全一致，这使得应收账款质权的实现变得更加复杂。应收账款质权中涉及两个债权，因此，涉及两个债权的清偿期，而这两个日期以不一致为常见，其不一致有以下两种情形。

1. 入质债权的清偿期先于质权所担保债权的清偿期

《物权法》第二百二十五条规定了汇票、支票、本票、债券、存款单、仓单、提单的兑现日期或者提货日期先于主债权到期的，质权人可以兑现或者提货，并与出质人协议将兑现的价款或者提取的货物提前清偿债务或者提存。但是对于应收账款设立质权时，入质债权的清偿期限与主债权到期时如何处理，物权法没有规定。我们认为，在质权合同中就质押权的实现有约定时按照约定处理，质权合同中没有约定，质押权人和质押人又对于实现方式达不成一致意见的，质押权人可以要求将入质债权的标的物提存，以免除第三债务人的责任。

2. 入质债权的清偿期晚于质权所担保债权的清偿期

此种情况下，被担保债权清偿期先至，而标的债权的清偿期尚未届至，质权人并不能直接请求第三债务人向其履行，这是因为，标的债权关系为一独立债权关系，不因债权人将其入质而丧失其全部独立性，第三债务人仅负有债务届期而偿还的义务，其期限利益应予保护。就质权人而言，对于标的债权的期限迟于被担保债权期限的情形在设定质权时应该知悉，知悉而接受以之入质，应视为自愿承受此期限的不利益，不能转嫁他人。而且，此时质权人可以向自己的债务人请求清偿，如不获清偿，债务人应负迟延责任。在标的债权届满时，质权人可作为代位债权人，成

---

① 陈本寒、黄念：《一般债权质押问题之探讨》，载《法学评论》2006年第4期。

为第三债务人的债权人，直接向第三债务人请求给付，如系金钱债权，则可于被担保债权额度范围内直接收取。给付物为动产时，质权人有收取全部的权能，此时债权质权变为动产质权，适用动产质权的规定。

五、审判实践中应当注意的问题

1. “顶收费”可否质押？在司法实践中和现实生活中，大量存在因商铺生意较好，转手时可以高出原承租价格的价格顶出就产生了一种“顶收费”的说法。其实，“顶收费”既相当于应收账款，也类似于债权，但其特点是具有不特定性。由于“顶收费”随行就市，并非具有一定的可计算性或一定的市值，故对此应当采取审慎的态度，不宜将其作为应收账款一类用于债权的质押。只有当确实有了一个市场定价之后，有了公认的基准的前提下，才可以将这类顶收费用于质押。①

2. 正确把握“应收账款”。应收账款是一个宽泛性的名词，不是仅仅指某一类的收费权，尽管收费权是应收账款的重要组成部分。从法律的立法精神来看，从原则上规定，从更广泛的领域规定，提前预测未来可能发生的问题，更符合立法的超前性原则。就目前已知的收费权来说，公路、桥梁、隧道、水、电等收费权纳入质押范畴并无争议，而像景区入门收费权则不是简单的收费问题，既涉及环境保护，也涉及文物、文化遗产保护，涉及若干不同管理机构，需要加以慎重研究对待。

3. 法院出具的债权凭证可否用于质押。在司法实践中，法院为了提高案件的直接率，由法院给债权人出具债权凭证，该债权凭证是否可以质押？由于人民法院对于生效裁判文书应当依法强制执行，若不能执行，则依法裁定中止执行或者终结执行，法院不能出具债权凭证。因此，债权凭证的存在，是“缓兵之计”。

---

① 参见吴庆宝主编：《最高人民法院专家法官阐释民商裁判疑难问题（续）》，人民法院出版社2008年版，第24页。

没有存在的法律土壤，自然就没有质押的可能。

4. 生效的裁判文书明确的债权可否用于质押？法院生效的裁判文书所确认的债权，虽然是有效债权，但其实现具有很大的不确定性，一般不能作为质押的标的。如果该债权有把握实现，只是时间上是分期的，似可以质押标的物。作为司法机关的人民法院，其基本任务是处理各类案件，并不具有办理民事行为登记的职能，也不便于从事与审判业务无关的登记业务。

第五章　留置担保

第一节　留置担保概说

一、引言

我国《物权法》总结了司法实践经验和理论研究的成果，借鉴国外的成功立法例，在第十八章共用了11个条文，较为详细地规定了留置权，形成了留置担保法律制度。

所谓留置担保，是指债权人按照合同约定或法律规定合法占有债务人的财产，当债务人不履行合同，给付款项超过约定期限或不履行法定给付义务时，占有财产的债权人得以留置财产，依照法律的规定以留置的财产折价或者以拍卖、变卖该财产的价款优先受偿的一种担保方式。其中，被留置的动产是留置物；债权人所享有的权利，即为留置权；享有留置权的债权人，即为留置权人。

在研究留置的几个一般性问题之前，先看一则案例，并思考之：

加工承揽合同留置担保纠纷

2002年6月1日，某县星光地毯厂（以下简称星光厂）和地毯加工户王平签订地毯加工承揽合同，星光厂为定作方，王平为承揽方，双方在合同中约定；星光厂委托王平加工5×8规格的800道地毯一块，原料均由星光厂提供，加工期限为10个月，加工费为每平方尺250元，计加工费为10000元，王平必须严格按图纸加工，保质、保量、保期完工。如有一方违约，按《加工承揽合同条例》的规定承担违约责任。双方在合同中还约定，地毯加工完毕之后，承揽方王平通知定作方星光厂在3个月内领取地毯，并支付加工费10000元，逾期王平依法有权将定作物地毯变卖偿付加工费和保管费。合同签订后，王平即到星光厂领取加工原料，开始履行合同。2003年3月25日，王平向星光厂发出通知，让星光厂在7月1日前领取地毯，并支付加工费，逾期3个月，有权变卖地毯而偿付加工费。星光厂因资金困难，在2003年7月1日前未领取地毯。2003年7月6日，王平将加工的地毯以31000元的价格卖给他人，王平扣除加工费10000元、逾期付款违约金1000元、保管费1000元后将下余款项退给了星光厂。星光厂以不应支付违约金1000元、保管费1000元为由请求王平将其所扣的2000元退回而形成纠纷，诉至某县人民法院。经双方和解，王平自愿退给星光厂1500元后，星光厂撤诉，纠纷得以解决。

上述案例，涉及到留置担保的有关问题。本文就留置担保的几个一般性问题予以论述。

二、留置和留置权

留置为民法规定的一种债的担保方法。当债权人占有债务人的财产时，若债务人尚未履行债务，债权人可以拒绝债务人返还物之占有的请求，并继续占有债务人的财产，称之为留置。留置是债权人以继续占有债务人的财产的方法迫使债务人履行债务的担保方式。

根据《担保法》第八十二条“本法所称留置，是指依照本法第八十四条的规定，债权人按照合同约定占有债务人的动产，债务人不按照合同约定的期限履行债务的，债权人有权依照本法规定留置该财产，以该财产折价或者以拍卖、变卖该财产的价款优先受偿”和《物权法》第二百三十条“债务人不履行到期债务，债权人可以留置已经合法占有的债务人的动产，并有权就该动产优先受偿。前款规定的债权人为留置权人，占有的动产为留置财产”的规定，留置权是指在法律规定可以留置的合同中，债权人按照合同约定占有债务人的动产，债务人不按照合同约定的期限履行债务的，债权人有权依法留置该财产，以该财产折价或者以拍卖、变卖该财产的价款优先受偿的担保物权。

民法规定的留置权制度，是公平原则发生作用的结果。债权人占有债务人的财产，若债务人的给付请求权与该财产有牵连关系（如因为同一合同关系而发生），在债权人的债权未受清偿前，允许债务人请求给付占有物而使债权人负担即时给付占有物的义务，对于债权人和债务人之间的利害关系的平衡，并不十分有效，违反公平。相反，若法律给予债权人相应的手段，在其债权未受清偿前，可以留置债务人的财产以迫使债务人履行其债务，在债务人仍不履行其债务的情形下，使债权人有机会就留置物取偿而满足其债权受偿，才符合公平。[①] 因此，留置权制度是为实现公平原则而设立的法定担保物权制度。

根据我国《担保法》、《物权法》的规定，留置物限于“债权人按照合同约定占有债务人的财产”，动产作为留置权的标的物

① 谢在全：《民法物权论》（下册），中国政法大学出版社 1999 年版，第 850 页。

已为各国立法所承认。[①] 而瑞士、日本等国立法或民法学说对不动产和有价证券作为留置权的标的物普遍予以认可，如《瑞士民法典》第 895 条第 1 款规定，留置物可以是动产，也可以是有价证券。《日本民法典》第 295 条规定，留置物为物，在学说解释上认为物可以是动产，也可以是不动产，还可以是有价证券。因此，从现行法律规定来看，我国留置权的标的物要比国外的留置权的标的物狭窄，仅限于动产，所以说，留置权为动产物权。

三、我国留置权的法律特征

我国民法的留置权制度具有如下法律特征：

1. 留置权具有法定性。留置权是一种法定权利。留置权是依照法律规定的条件而直接发生的，其成立、效力也是法律所明确规定，当事人不能通过合同约定与法律明确规定相异的所谓“留置权”，这也是大陆法系的民法原则。因此，我国民法上的留置权是一种直接管领物并享有其利益的排他性的物权，即法定担保物权。

2. 留置权具有从属性。留置权是为担保债权受偿而依法发生的物权，具有从属于被担保债权的属性。留置权的发生、转移或者消灭，从属于被担保债权的存在、转移或者消灭。留置权的依法成立是以债权的依法存在为前提。留置权不可与被担保的债权分离，因债权的受偿取得对留置物的占有，已经发生的留置权因为债权的转移而发生转移。受留置权担保的债权，因为清偿、提存、抵销、免除、混同等原因消灭的，留置权随之消灭。

3. 留置权具有二次发生效力性。留置权于其债权未受清偿先得留置债务人的财产，以促使债务人履行其义务。留置权人就其所占有的留置物于债务人履行债务前有继续占有的权利，对于债务人等基于债权或物权的返还请求权，均可以排除。此谓留置

① 唐德华、奚晓明等编著：《最新担保法条文释义》，人民法院出版社 1995 年版，第 173 页。

权的第一次效力。留置权人于债务人超过一定期限仍不履行其义务时，得依法以留置物的变价优先受偿。此谓留置权的第二次效力。留置权的二次发生效力性也是与抵押权、质权的区别之处。

4. 留置权具有不可分性。不可分性可以说是担保物权的共同特征，留置权也属于担保物权，也具有不可分性。留置权人的债权不论多少，均对担保标的物的全部行使留置权。留置权的效力及于债权人所留置占有的债务人的财产的全部。但是，我国《物权法》第二百三十三条规定："留置财产为可分物的，留置财产的价值应当相当于债务的金额。"说明为了公平原则，留置权人占有的财产为可分物的，债权人留置占有的留置物的价值应当相当于债务的金额。

5. 留置权具有物上代位性。留置权同其他担保物权一样，具有物上代位性。留置权的权利内容在于留置并支配留置物的交换价值，留置权作为担保物权，具有支配留置物交换价值的效力，还可追及于变形物或者替代物。留置权具有物上代位性，留置权对担保标的物因损害或者灭失而取得之赔偿、其他对待给付或者保险给付享有优先受偿的权利。

6. 留置权的实体公平性。民法之所以设立留置权制度，乃基于公平之原则。因为债权人既占有债务人之物，对债务人之债权对该物有牵连关系存在，则于债权未受清偿前，若须先返还占有物，则使债权难于甚至无从获得清偿，此非公平之道。[①] 故法律乃给予债权人，于债权未受清偿前，可以留置其物的权利，以间接迫使债务人清偿债务。倘债务人仍不履行，则可就留置物折价、变价、拍卖并优先受偿，以使其债权获得满足，如此方能维持其公平，不致于一方履行债务而置他方之债务于不顾。可见，留置权具有极强的实现公平之权能，为民法公平原则之具体表现。

---

① 郑玉波：《民法物权》，第 342 页。

四、留置权的适用范围

依据《民法通则》第八十九条第四项，留置权只能用于担保合同之债，而不能担保因侵权行为、无因管理或不当得利而产生的债权。此外，依据《担保法》第八十四条，并非所有的合同之债的债权人都能够依法享有留置权，而仅限于法律明确规定的几种合同之债：（1）保管合同、运输合同、加工承揽合同之债。（2）仓储合同之债。（3）行纪合同之债。此外，《海商法》第二十五条第二款对船舶留置权作了规定，《信托法》第五十七条对信托财产留置权作了规定。[①] 可见，在物权法颁布之前，我国立法对留置权的适用范围采取了严格限制的态度，只有法律明确规定情形下才可以设立留置权。我国《物权法》删除了《担保法》将留置权的范围仅仅局限于几类合同债权的规定，仅仅要求“债务人不履行到期债务”，对债务发生原因的类型未明文规定。因此，从文义上解释，适用留置权的场合不仅包括合同行为，因侵权行为、无因管理、不当得利产生的债权也可以设置留置权，例如，甲发现一头迷路的牛闯进自家菜园并踩坏菜苗，甲便将此牛牵回家替失主看管并饲养起来，圈进牛棚，同时也使自家的菜地免遭损失。本例中甲的行为就构成了无因管理，如果牛的主人找到该牛并要求返还，牛的主人如果拒绝偿还甲为此而支付的看管饲养牛的费用，甲就有权留置该牛来补偿他为此而支付的费用。[②]

五、留置财产的范围

关于留置财产的范围，我国《物权法》仅规定为“债务人的动产”，而对留置财产的范围作出列举，在解释上，法律上未禁

---

① 参见曹士兵：《中国担保诸问题的解决与展望》，中国法制出版社 2001 年版，第 327 页。

② 王诚、唐奎：《诌议留置权的适用》，载 http：//lawkj. com/studywqf/9895web. html.

止的动产均可作为留置权的标的物。

1. 留置财产仅限于动产。我国《物权法》第二百三十条第一款规定："债务人不履行到期债务，债权人可以留置已经合法占有的债务人的动产，并有权就该动产优先受偿。"由此可见，留置财产仅限于动产，不动产和有价证券等都不能成为留置财产。

2. 法律规定不得留置或当事人明确不得留置的动产不能作为留置财产。我国《物权法》第二百二十三条规定："法律规定或者当事人约定不得留置的动产，不得留置。"法律规定不得留置的动产不属于留置财产的范围，例如禁止流通物不得设立留置权。《担保法》、《合同法》以及《物权法》都允许当事人通过约定排除留置权的适用。例如承揽合同双方当事人预先约定排除留置权，在定作人不给付加工费时，承揽人均不得留置标的物。

3. 留置财产是否仅限于债务人所有的财产。《物权法》中所谓的"债务人的动产"是否仅限于债务人拥有所有权的动产，值得研究。该问题在《担保法》起草的过程中就曾引发过争议。一种意见认为，法律规定留置权的目的就是为了促使债务人履行合同规定的给付义务，保障债权的实现，如果留置的动产不是债务人所有的动产，债务人就无权用它来承担民事责任，也不利于维护第三人的合法权益；另一种意见认为，债务人的财产不局限于债务人所有的动产，如果是债务人合法占有的财产也可以成立留置权，因为此时可以适用动产善意取得制度。例如，甲将乙借给其用的收音机摔坏了，于是将之交给丙修理，如果乙不支付修理费用，尽管甲并非该收音机的所有权人，但是丙仍有权留置该收音机。

从比较法上来看，多数国家都认为留置权可以善意取得，但是对于究竟是一般性的适用还是仅适用于特定的情形，则有所不同。《日本民法典》第295条规定，留置物并不以债务人所有为要件，他人之物亦可，而《日本商法典》第521条规定，商事留置权的标的限于债务人的动产。由此可见，日本民法承认民事留置权的善意取得，而日本商法则对商事留置权的善意取得持否定态度。而德国、奥地利没有设立一般留置权，且对于特定的法定质权也仅于商法中承认少数情形下的善意取得。①

《担保法解释》第一百零八条一般性的承认了留置权的善意取得，该条规定："债权人合法占有债务人交付的动产时，不知债务人无处分该动产的权利，债权人可以按照担保法第八十二条的规定行使留置权。"从该条规定来看，司法解释认为只要是债务人占有的财产而债权人在合法占有债务人交付的该动产时不知道债务人属无处分权之人，即可善意取得留置权。结合我国《物权法》第一百零六条关于善意取得的规定，我们认为，留置权可以适用善意取得制度，因此，在债务人占有的他人动产上也可以设立留置权，"债务人的动产"并非专指债务人所有的动产。尽管属于第三人所有的动产，但只要为合法的占有人交付债权人，且债权人合法占有该动产，在债权人为善意的条件下，亦可成立留置权。

六、留置权与同时履行抗辩权、抵销权的区别

（一）留置权与同时履行抗辩权的区别

我国《合同法》第六十六条对同时履行抗辩权作出了明确的法律规定，即同时履行抗辩权是指"当事人互负债务，没有先后履行顺序的，应当同时履行。一方在对方履行之前有权拒绝其履行要求。一方在对方履行债务不符合约定时，有权拒绝其相应的履行要求。"留置权与同时履行抗辩权均系基于民法上之公平原则而生，都是为了保护已经履行的一方，使其不会在履行后不能得到对方履行。但是，二者之间存在着明显的区别：

1. 目的不同。留置权是债权未受偿之前，留置对方财产，以在约定期限以后债务人仍不支付其应付款项时，依法以留置财

① 程啸：《物权法·担保物权》，中国法制出版社 2005 年版，第 496 页。

产折价或以变卖该财产的款项优先受偿，其目的是担保合同债务履行。而同时履行抗辩权的发生和行使主要目的不在于担保债务履行，而在于谋求双方同时履行，以维护利益的公平。

2. 性质不同。留置权为担保物权，是为担保债务人履行其合同债务而设立的，留置权人可以按照留置的债务人的财产的价值优先受偿。而同时履行抗辩权不具有物权性质，是债权性质的权利，它只能对抗双务合同中对方当事人的请求权，在对方未为对待给付以前或者履行不适当时，有权拒绝履行自己的义务。

3. 根据不同。留置权必须是在一方按照合同约定占有对方的财产、对方不按照合同交付应付款项并超过约定期限时发生。而同时履行抗辩权的发生根据是双务合同在债务履行上的牵连性，即对方未履行给付义务，才可行使抗辩权。在通常情形下，同时履行抗辩权发生时一方并不占有对方的财产。

4. 适用范围不同。留置权的适用范围仅限法律明文规定的合同，我国《担保法》第八十四条所规定的保管合同、运输合同、加工承揽合同发生的债权，债务人不履行债务的，债权人有留置权。根据我国《合同法》第三百九十五条、第四百二十二条之规定，仓储合同、行纪合同亦适用留置权。法律未作明文规定的合同，债权人不得行使留置权。而同时履行抗辩权适用于双务合同的场合，当事人双方基于交换关系相互负担给付义务，这种双方的义务不仅是基于同一法律关系而发生，而且互为对价，因而当一方不履行义务时，另一方得拒绝履行请求。如买卖、互易、租赁、承揽、保险、雇佣合同等。

5. 效力不同。留置权的效力是物权效力，既可以对抗债务人，也可以对抗合同之外的其他任何第三人，包括任何第三人对于留置权的物权请求权和债务人的其他债权人的债权请求权。而同时履行抗辩权的效力仅及于当事人之间，不具有对抗合同以外的第三人的效力，只能就合同的对方当事人的债权请求权行使。

6. 实行不同。留置权在债务人经催告而不为给付时，即可依一定程序实行。而同时履行抗辩权只能消极阻止对方请求，并非积极实现自身债权的手段，同时履行抗辩权仅为一种拒绝给付权能，并不具备独立权利之地位。

（二）留置权与抵销权的区别

所谓抵销权，是指二人互负债务时，各以其债权充当债务之清偿，而使其债务与对方的债务在对等额内相互消灭的权利。依通说，留置权和抵销权均源于罗马法上的恶意的抗辩权，是法律基于公平观念所确认的民法制度。[①] 但两者有着明显的区别：

1. 性质不同。留置权的性质是法定担保物权，留置权在双方当事人履行债务前，仅有一时的留置其自己应交付的标的物的效力，即是变价权，也是将留置物可以变卖，并就其变价款优先受偿，并不能直接使相互间的债务终局的消灭。抵销权是债权的性质，是双方当事人之间有对待债务，且为相同种类时，得相互抵销，避免交换给付，是清偿的特殊方法，具有终局的使相互间的债权债务消灭的效力。

2. 效力不同。留置权有对于标的物的支配权能，具有支配留置物的效力。而抵销权在性质为形成权，因抵消权的行使，当事人之间的对待债务于等额内相互消灭。

3. 债权依据不同。留置权是当事人之间因关于物的交付债务与基于该物所生的债务的对立而发生，对立的两个债务是一个债权债务关系，即双务合同，即使是两个债务，其债务的性质也不相同。抵销权所依据的债权，均为合法存在的债权，是两个债权法律关系，是依当事人之间有同种给付的债务的对待而发生，两种对待债务的性质必须相同。

4. 实行条件不同。留置权在法定条件出现后，得变卖、拍卖留置物或以留置物折价，优先清偿其所担保的债权。而抵销权的行使，以意思表示向他方为之即可。

---

① 杨立新：《民法判解研究与适用》（第三集），中国检察出版社 1997 年版，第 489 页。

5. 消灭原因不同。留置权可因债务人提供相当的担保而消灭。而抵销权消灭则不因债务人提供担保而消灭。

七、对引言案例的评析

在本案中，主要涉及下列法律问题：

1. 加工承揽合同、留置担保的约定，均不违反法律和公序良俗，应当认定加工承揽合同、留置担保的约定均为有效。留置物则为动产地毯，王平为享有留置权的债权人，即为留置权人。

2. 王平留置地毯是否符合条件。根据我国《担保法》第八十二条之规定，留置权的成立须具备一定的条件（笔者将作专题论述，此处为分析案例之需要仅列举要件）：（1）须债权人按照合同约定占有债务人的动产，（2）须债务人不按照合同约定的期限履行债务，（3）须债权人的债权与债务人的债务有直接关联，并且，债权人占有的留置物与债务间也须有关联关系，也就是说，只有债权债务及债权人对于标的物占有的取得，均基于同一原因事实即同一个合同而发生的，才可成立留置权。

在本案中，星光厂未按加工承揽合同的约定，支付加工费，王平依照合同的约定占有动产地毯，且地毯和加工费有直接的关联。因此，本案留置权成立，王平依法享有留置权。

3. 王平行使留置权是否合法。从前文已论述，留置权具有法定性，二次发生效力性的法律特征，王平依据加工承揽合同中约定的留置担保条款，在其加工费未受清偿前得留置星光厂的地毯，并给星光厂以合理期限 3 个月内支付加工费，领取加工物地毯，逾期之后，王平依法变卖地毯，当属依法行使留置权。至于星光厂和王平以违约金、保管费而发生争议，并诉至人民法院，则属次要问题，经双方和解，王平自愿退款 1500 元，使纠纷得以圆满解决。

第二节 留置权的设立

一、引言

留置权的设立，又称留置权的发生、留置权的原始取得，是指债权人对其占有的债务人的财产，因法定事由的具备而发生“留置”该财产并对抗债务人的给付请求之效力。债权人因法定或者约定事由占有债务人的财产，但留置权的发生不能仅以占有为必要，还应当满足法律规定的其他要件。

关于留置权的成立要件，我国《民法通则》、《担保法》、《物权法》都采用定义的形式作了规定，如我国《担保法》第八十二条规定“依照本法第八十四条的规定，债权人按照合同约定占有债务人的动产，债务人不按照合同约定的期限履行债务的，债权人有权依照本法的规定留置该财产。”可见，留置权是基于法律规定而产生的一种担保物权，而不是由当事人设定的。在我国学术界，对于留置权成立要件的表述，主要分为两种主张：一是分为积极要件和消极要件的主张，二是不分积极要件和消极要件的主张。

第一种主张，郭明瑞先生认为，留置权成立的积极要件为：一是须债权人占有一定的财产；二是债权人占有的应为债务人的财产；三是须债权人的债权与债务人的债务间有关联；四是须债权已届清偿期。留置权成立的消极要件为：一是须当事人事先无不得留置的约定；二是须留置债务人的财产不违反公共秩序或善良风俗；三是须留置权与债权人所承担的义务不相抵触；四是须留置财产与对方交付财产前或交付财产所为的指示不相抵触。[①]

史尚宽先生对于留置权成立的要件的表述与此相似，分为成

---

① 郭明瑞：《担保法原理与实务》，中国方正出版社 1995 年版，第 322—333 页。

立要件和行使要件，前者为：一是须债权人占有一定之动产；二是须为债务人之动产；三是标的额为动产；四是占有人须有债权；五是须债权之发生与动产有牵连关系；六是须债权已届清偿期。后者为：一是动产之留置须不违反公共秩序或善良风俗；二是动产之留置须不与债权人所承担之义务相抵触；三是动产之留置须不与债务人于交付动产前或交付时所为之指示相抵触；四是须当事人未预为留置权行使之排除。[①]

第二种主张留置权的成立不分积极要件和消极要件，如有学者认为，留置权的发生应当具备三个条件：债权已届清偿期、债权人占有债务人的财产、债权和占有的财产之间存在牵连关系。[②]

上述各种主张并无原则差异，笔者采纳第二种主张对留置权成立要件作以剖析。在研究留置权的设立要件之前，先看一则案例，并思考之：

加工承揽合同留置担保纠纷

本案是否符合留置权设立的要件[③]

1999年11月15日，华联大酒店与市第二建筑工程公司签订了《建设工程施工合同》一份，合同的甲方（建设方）为华联大酒店，乙方（施工方）为市第二建筑工程公司。该合同除约定了有关工程的质量、进度、付款方式等基本内容外，在违约责任一栏中约定了："按建设工程施工合同条件第28执行。"在双方均认可的省建设厅监制的《建设工程施工合同条件》中，第二十八条第二款内容为"由于甲方违反有关规定和约定，经办银行不

① 史尚宽：《物权法论》，中国政法大学出版社2000年版，第491—495页。
② 梁慧星主编：《中国物权法研究》，法律出版社1998年版，第1011页。
③ 案例来源于郑州中院宋华、范淑娟：《在建筑物上约定的留置权是否有效》，载郑州法院网。

能支付工程款，乙方可留置部分或全部工程并予以妥善保护，由甲方承担保护费用。”工程完工且验收合格后，由于华联大酒店未按约定支付相应的工程款，造成市第二建筑工程公司留置了该建筑工程的部分房屋。在双方多次协商未果的情况下，华联大酒店将市第二建筑工程公司告到了法院。华联大酒店认为：市第二建筑工程公司强行占据所有权属于自己的房屋，构成了侵权，市第二建筑工程公司应当赔偿强占房屋期间给酒店所造成的经济损失。市第二建筑工程公司认为，我公司依据双方在《建设工程施工合同》的相关约定行使留置权，不构成侵权，不应承担给对方造成的经济损失。

一审法院经审理认为，市第二建筑工程公司以华联大酒店欠其工程款为理由，强占归原告华联大酒店的房屋，显属不妥，构成侵权，因此被告市第二建筑工程公司应当赔偿其占据房屋期间给原告所造成的经济损失。判决：市第二建筑工程公司退还所侵占的房屋，并赔偿损失40万元。

宣判后，市第二建筑工程公司不服，提起了上诉。

二审法院经审理认为：市第二建筑工程公司因华联大酒店未按约定支付工程款，因而留置所承建的部分房屋，不违反《中华人民共和国合同法》的相关规定，不构成侵权。判决：驳回华联大酒店的诉讼请求。

上述案例，涉及到留置权成立的要件问题，即债权人可否依法行使留置权。留置权基于法律的明确规定而产生，因此留置权的成立须符合法律所规定的相应要求。依据《物权法》第二百三十条及《担保法解释》第一百零八条、第一百零九条的规定，取得留置权须符合以下构成要件：

二、债权人必须依法占有债务人的动产

留置权是以担保债权实现为目的，其权利主体为债权人，义务主体为债务人，留置权的客体是留置权。《物权法》第二百三

十二条规定："法律规定或者当事人约定不得留置的动产，不得留置。"留置权的性质是担保物权，因此其权利的主体为债权人。留置权的客体，应为属于债务人的动产。对于留置的动产是否具有让与性，学界有不同的认识。有学者认为，留置物无须一定具有让与性，因为留置权的作用主要在于留置，其次才是优先受偿，尽管不具有让与性的留置物不能实现优先受偿，但不影响留置效力的发挥。我们认为，留置物应当具有让与性。因为，当就留置物变价时，不可避免地要求留置物必须具有让与性，否则留置权人的利益无从实现。留置物应为债权人占有的动产。占有的方式则不限于直接占有，间接占有也可。但留置物的交付与质物一样也不能通过占有改定的方法移转占有，因为在占有改定的情况下，债务人仍然现实地占有质物，而作为留置权人间接占有留置物是无法实现留置效力的。

《物权法》第二百三十条中的债权发生并不一定是基于合同关系，与《担保法》的规定不同。《担保法》第八十四条规定："因保管合同、运输合同、加工承揽合同发生的债权，债务人不履行该债务的，债权人有留置权。"留置权只产生于保管、运输与加工承揽等合同关系，而不适用其他法律关系。《物权法》并未对此作出限制，因此，应当认为留置权的适用并不受债权范围的限制，可以基于合同之债，也可以是不当得利之债、无因管理之债或者侵权之债。

需要明确的是，根据《担保法》第八十四条之规定和我国《合同法》的有关规定，债权人按照合同占有债务人的财产，有可能发生留置行为的合同有如下几种：

1. 保管合同

保管合同，又称寄托合同、寄存合同，是指双方当事人约定一方当事人保管另一方当事人交付的物品，并返还该物的合同。其中保管物品的一方为保管人，或称受寄托人，其所保管的物品为保管物，交付物品保管的一方为寄托人，或称寄存人。

我国《合同法》第三百八十条对保管合同的保管人所享有的

留置权作了明确规定，即“寄存人未按照约定支付保管费以及其他费用的，保管人对保管物享有留置权，但当事人另有约定的除外。”只要寄存人向保管人支付保管费以及其他费用在合同中明确约定，寄存人未按约定支付保管费以及其他费用的，保管人对保管物则享有留置权，以该保管物折价或者以拍卖、变卖该保管物的价款优先受偿。

2. 仓储合同

仓储合同，又称仓储保管合同，是指当事人双方约定由仓库管理人（又称保管人）为有存货人保管储存的货物，有存货人为此支付报酬的合同。我国《担保法》第八十四条明文规定了保管合同，而没有规定仓储合同，但解释上认为，根据我国法律规定和实践，保管合同可分为一般保管合同、仓储保管合同及小件寄存合同。①

虽我国《合同法》第二十章关于仓储合同规定中未明文规定保管人享有留置权，但该法第三百九十五条规定“本章没有规定的，适用保管合同的有关规定”。又由于仓储合同系由一般的保管合同发展、演变而来，系一般保管合同的变种，在法律上对仓储合同有特别的规定时，应适用特别规定，在法律对其未设特别规定的，法律关于一般保管合同的规定对其有适用余地。因此说，仓储合同中保管人得享有留置权。

3. 运输合同

根据我国有关货物运输的法律规定，托运方与承运方签订的合同依法成立后，承运方按合同约定完成运输任务，并在货到约定地点发出了货到通知后，收货人拒绝收货或找不到收货人，承运人又通知了托运人在期限内处理该货物并支付有关费用，如托运人在期限内不予处理，承运人即有权按照留置担保的规定行使留置权，对托运的货物折价拍卖、变卖以清偿运输费用和保管费

---

① 唐德华、奚晓明等编著：《最新担保法条文释义》，人民法院出版社 1995 年版，第 177—178 页。又见孔祥俊主编：《担保法例解与适用》，人民法院出版社 1996 年版，第 554 页。

用以及承运过程中所发生的应由托运人承担的其他费用。

我国《合同法》第十七章对运输合同作了专章规定，根据该章的规定，运输合同可分为客运合同、货运合同、多式联运合同。该法第三百一十五条对承运人可以对所运输的货物行使留置权作出了明确规定，即“托运人或者收货人不支付运费、保管费以及其他运输费用的，承运人对相应的运输货物享有留置权，但当事人另有约定的除外。”根据该条的规定，承运人行使货物留置权时应符合下列条件：（1）托运人或者收货人未支付的运费、保管费及其他运输费用必须是因所要留置的货物产生的。（2）承运人必须占有货物。（3）承运人必须在“合理限度”内留置货物。（4）运输合同没有不允许留置货物的约定。将《担保法》的规定和《合同法》的规定相一致起来，《担保法》中的运输合同应与《合同法》中的货运合同是一致的。

4. 加工承揽合同

依照《合同法》，加工承揽合同不包括建设工程承包合同，而是接受建设工程以外的物品加工、定做、房屋和其他物品的修缮，在定做方与承揽方之间签订合同。这些合同的履行，承揽方应当保质保量地如期完成加工、定作、修缮任务，加工方应当支付报酬。如果加工方不支付报酬，承揽方有权留置加工物、定作物、修缮物。《合同法》第二百六十四条对承揽人的留置权作了明确规定，即“定作人未向承揽人支付报酬或者材料费等价款的，承揽人对完成的工作成果享有留置权，但当事人另有约定的除外。”

5. 行纪合同

《合同法》第二十二章对行纪合同作了专章规定，该法第四百一十四条明确规定的行纪合同的定义，即“行纪合同是行纪人以自己的名义为委托人从事贸易活动，委托人支付报酬的合同。”其中以自己名义为他方办理业务者，为行纪人；由行纪人为之办理业务，并支付报酬者，为委托人。我国《担保法》并未规定行纪人所享有的留置权，而《合同法》第四百二十二条对此作了明确规定，即“行纪人完成或者部分完成委托事物的，委托人应当向其支付相应的报酬。委托人逾期不支付报酬的，行纪人对委托物享有留置权，但当事人另有约定的除外。”各国立法对行纪人的留置权都有规定，以德国商法规定行纪人有法定质权；瑞士债务法规定行纪人对于委托物及卖得价金有留置权；英美法也有行纪人的留置权的规定。[①]

6. 法律规定的其他合同

《担保法》对留置权范围采取了严格的控制，范围是窄的，只有在法有明文规定的情况下才得享有留置权。

建设工程合同中，发包人在工程建设完成以后，对竣工验收合格的工程应予以接受，并应当按照合同约定的方式和期限进行工程结算，向承包人支付价款。发包人未按照合同约定的期限支付价款的，承包人可否享有留置，有人认为，承包人可以成立留置权，以维护承包人的合法权益。如《民法通则》没有明文排除不动产可以成立留置权，建筑承包商对其承运的房屋等建筑物，应可以发生留置权。[②] 笔者认为，承包人不可成立留置权，是因为：一是留置权的标的物一般应当为动产，而建设工程为不动产；二是留置权的成立条件之一是债权人占有标的物，而在发包人不支付价款时，一般承包人已经不再占有标的物，是由于工程已验收并支付给发包人。但承包人可根据《合同法》第二百八十六条“发包人未按照约定支付价款的，承包人可以催促发包人在合理期限内支付价款。发包人逾期不支付的，除按照建设工程的性质不宜折价、拍卖的以外，承包人可以与发包人协议将该工程折价，也可以申请人民法院将该工程依法拍卖。建设工程的价款就该工程折价或者拍卖的价款优先受偿”之规定，依法享有优先

① 李国光主编：《合同法释解与适用》，新华出版社 1999 年版，第 1940 页。

② 邹海林、常敏主编：《债权担保的方式和应用》法律出版社 1998 年版，第 327 页。又见奚晓明等《担保法司法解释中的几个重要问题》，载《人民司法》2000 年第 1 期，第 11 页中认为，我国《合同法》已规定了不动产留置权，将留置财产的范围扩大到不动产，适用于建设工程合同。

受偿权，其优先受偿权的实质是法定抵押权。[①]

在司法实践中，值得注重的是：一是当事人在《担保法》第八十四条规定的范围以外约定留置权的，应当认定为无效。因为留置权是依法律规定而产生；二是当事人虽在《担保法》第八十四条规定的合同中没有约定留置权，债权人依法仍可对占有的留置物行使留置权。但合同双方当事人预先约定排除留置权的，债权人不得行使留置权；[②] 三是债权人善意受取债务人提交他人动产并加以占有的，能否成立留置权？我国《担保法》、《物权法》未作规定。而《瑞士民法典》第895条第3款之规定："债权人对善意取得之不属于债务人所有的物，有留置权。"因此，我们也可根据公平原则、诚实信用原则、保护善意第三人的原则，应承认债权人对其善意占有的非债务人所有的动产享有留置权。对此，《担保法解释》第一百零八条作了明文规定，即"债权人合法占有债务人交付的动产时，不知债务人无处分该动产的权利，债权人可以按照担保法第八十二条的规定行使留置权"；[③] 四是债权人占有的留置物必须是动产。根据《担保法》、《物权法》的有关规定，债权人占有的留置物必须是动产，若债权人占有债务人的不动产，则不能成立留置权。如在建筑工程合同中，建筑工程的施工方对建筑物享有优先受偿权，而不是留置权。

三、债权已届清偿期而未获清偿

留置权是为了保护债权人的利益而设立的，债权人对占有债务人的动产是否享有留置权，关键是债权必须已届清偿期而未得到清偿的，债权人才享有留置权。如果债务履行期未到，债务人是否履行尚不得而知，谈不上留置问题。"占有标的物者之债权

---

① 参见王利明：《抵押权若干问题的探讨》，载《法学》2000年第11期。

② 《担保法解释》第一百零七条规定："当事人在合同中约定排除留置权，债务履行期届满，债权人行使留置权的，人民法院不予支持"。

③ 《中国物权法草案建议稿》第三百九十三条规定："债权人占有债务人交付的动产时，不知债务人无处分该动产的权利的，仍可以依照第三百九十二条的规定取得留置权。"社会科学文献出版社2000年版。

尚未届清偿期，其物应返还之义务先届履行期时，如就占有标的物认为留置权，则结果债务人之债务虽未届清偿期，而于期前将依留置权间接地被强制执行，甚为不公。”① 因此，只有在债务履行期已经届满，债务人未履行债务时，债权人才能行使留置权。债务人不履行债务，既包括债务人有能力履行而不履行，也包括债务人无能力履行而不履行两种情况。总之，债权人对依据合同合法占有债务人的动产实行留置，只取决于债务人是否履行债务，不必问其债务人不履行债务的原因。

债权已届清偿期，应当是无条件的，若依照法律规定债务人没有即时履行债务的责任，不得认为“债权已届清偿期”，不发生债权人的留置权。债权没有约定履行期的，债权人可以随时要求债务人履行，但双务契约的债务人可以要求债权人同时履行合同，债务人主张同时履行抗辩权的，债权不得视为已届清偿期。依照约定，债务人应当先履行义务，但债权人有不能履行对待给付义务的事实发生，债务人主张不安抗辩权的，债权人对债务人履行义务没有提供相当的担保，债务人在约定的债务履行期到来时，没有履行义务的责任，不得认为债权已届清偿期而发生留置权。总之，若债务人主张同时履行抗辩权的，占有标的物的债权人不得主张留置权；对于债务人的履行，若债权人受领给付迟延或者拒绝受领给付，亦不得主张留置权。②

在司法实践中应当注意：（1）债权是否已届清偿期，可根据双方当事人在合同中的约定。若无约定时，可根据当事人的催告或法定方式确定。（2）在债务人无支付能力时，留置权人即使其债权未届清偿期的，为了保护债权人的利益，亦可承认债权人的留置权。（3）债务人有抗辩权的，留置权人的债权即使已届清偿期，债权人不可行使留置权，（4）债权人未经事前通知债务人于确定的期限履行债务的，不得实现留置权；若无法通知债务人

---

① 史尚宽：《物权法论》，中国政法大学出版社 2000 年版，第 500 页。
② 谢在全：《民法物权论》（下册），中国政法大学出版社 1999 年版，第 868 页。

的，债务人于2个月内仍不履行义务的，留置权人可以实现留置权；若债权人与债务人在合同中有宽限期限的约定的，则留置权人可以不予通知。

四、债权的发生必须与该动产存在着牵连关系

我国《担保法》第八十四条第一、二款规定："因保管合同、运输合同、加工承揽合同发生的债权，债务人不履行债务的，债权人有留置权。法律规定可以留置的其他合同，适用前款规定。"可见，《担保法》所采取的牵连关系的认定标准是留置物与债权来自同一特定的合同关系。而《担保法解释》第一百零九条对此做了修正，其规定："债权人的债权已届清偿期，债权人对动产的占有与其债权的发生有牵连关系，债权人可以留置其所占有的动产。"即对牵连关系采取了一种抽象的规定模式，具体哪些情形可以认定为有牵连关系还需要在司法实践中法官自由裁量。此种规定在可操作性上可能稍差一些，但这至少给我们这样一个提示：《担保法解释》降低了《担保法》所规定的留置权的牵连关系认定标准，牵连关系的构成已不限于债权和留置物来自同一特定合同关系。或许是基于增强法律规定的可操作性，《物权法》第二百三十一条规定："债权人留置的动产，应当与债权属于同一法律关系，但企业之间留置的除外。"因为法律关系即为法律在调整人们行为过程中所形成的社会关系，也就是法律上的权利义务关系，所以本条规定的牵连关系仅仅要求留置物与其担保的债权来自于同一个法律上的权利义务关系即可构成，而不必限定在特定的合同关系。这种要求债权人和债务人对对方的请求权基于同一法律关系的做法，包含着一方当事人在对方未履行义务时有权拒绝自己履行的内容，所以此种留置权应当是同时履行抗辩权的一种特例。[①]

---

① 参见刘保玉、吕文江主编：《债权担保制度研究》，中国民主法制出版社2000年版，第453页。

这个留置物与它所有担保的债权必须来源于上述的同一特定法律关系（比如原《担保法》所承认的保管合同、运输合同、加工承揽合同等），比如甲因与乙运输合同关系（即甲为承运人，乙为托运人）而占有乙的货物，而乙未支付这批货物的运费，此时甲的运费债权和对乙的货物的占有是基于同一个运输合同，因此甲可以就该运费债权对乙的这批货物相应留置权。如果没有这种密切的特定合同关系，则不可以取得留置权，比如小孩踢球时，球破窗而入，此时受到损害的人（如玻璃的破碎），不可以就这个皮球主张留置权；某人因为他人所欠价款一直未还而将其家中的汽车扣押而主张留置权也是不可以的。在前一种情形，受有损害的人可以将球短暂的扣押（这在法律上属于自力救济的范畴），但是不可以就这个球的价值来赔偿其玻璃破碎的损失（即不可以以此球来优先受偿）；于后一种情形，债权人可以通过申请法院予以诉讼保全的途径来保障自己债权的实现，但不可主张留置权。

《物权法》对牵连关系的一般认定标准，采取了留置物与债权属于同一法律关系的直接关联模式，对牵连关系的认定在修正《担保法》规定的同时又较《担保法司法解释》做了一定的限制，系一种科学合理的选择。但是其"企业之间留置的除外"的但书条款却大幅度降低了商事留置权牵连关系的认定标准。我们认为这至少存在以下两个方面的硬伤：其一，将商事留置权界定为"企业之间"不够科学：在我国企业的形态繁多且具有不确定性，仅以是否具有企业的形态来决定留置权的享有与否对当事人孰不公平，且有轻率之嫌。其二，"企业之间留置的除外"意指企业之间留置的就可以不是来自于同一法律关系，甚至可以是非同一的生活关系也可以导致留置权的发生，此并不以瑞士法、德国法等的"营业关系"作为限定，将会使"企业之间的留置"无限的扩张，对留置物之所有人及留置权人以外的其他债权人甚至以留置物为标的的其他担保物权人有失公允。

如何判定债权的发生与该动产存在着牵连关系，学者们一般认为，发生牵连关系的原因有三种：

1. 债权是由于该动产本身而发生。如货物寄存处因寄存所寄存的货物有瑕疵而遭受财产损害或人身损害时，在未获赔偿之前，可以留置该寄存的货物。

2. 债权与该动产的返还义务是基于同一法律关系而产生。如甲与乙签订加工承揽合同，甲将一批布料委托乙加工成服装，乙的加工费和交付服装基于加工承揽合同约定而发生的，在甲未清偿加工费之前，乙有权留置该批服装。

3. 债权与该动产的返还基于同一合同关系而产生的。如甲、乙在商店各误拿了对方的雨衣，双方都有返还雨衣的请求权和将误拿的雨衣返还给对方的义务，但双方在对方无返还雨衣前，都可留置对方的雨衣。我国《担保法》将债权与留置动产之间的牵连性仅限于债权人按法律规定的合同约定中债务人的动产。

按照史尚宽先生的见解，债权的发生与物有牵连关系，应解释为，就物所生的事实为债权发生的直接或间接原因之一时，其物与债权的发生为有牵连关系。他列举了 8 项有牵连关系的情况：

(1) 物之修缮请求权、物之运费请求权、物之保管费请求权，系以就物所为之契约为原因，其物与债权的发生为有关连。

(2) 因物有瑕疵对于占有人加以损害时，其损害赔偿债权，以其物有瑕疵之事实为原因而发生，其物与债权之发生为有关连。

(3) 因所有人毁损债权人占有之物，或出租人妨害承租人为租赁物之使用，所生质权人或承租之损害赔偿请求权，系以就物所为之侵权行为为原因，其物与债权之发生为有关连。

(4) 他人之物的占有人，就其物支出必要或有益的费用时，其费用偿还请求权，系以就其物为费用支出的事实为原因，其物与债权的发生为有关连。

(5) 因物的偶然误换所发生的所有人相互间的返还请求权，以其物误换的事实为原因，其物与债权的发生为有关连。

（6）因买卖无效所生的价金返还请求权或租赁无效所生的预交租金返还请求权，系直接以合同的无效为原因、间接以物的买卖或租赁合同为原因而发生，其物与债权的发生为有关连。

（7）因物的购入或出卖的委托，其受托人的报酬请求权，系直接以委托为原因，间接以物的购入或出卖为原因而发生，其物与债权的发生为有关连。

（8）因物的让与所发生的债权，其让与价金债权之间为有关连。但动产以交付而转移所有权，除依占有改定方法外，出卖人只得行使同时履行抗辩权，无行使留置权的余地。[①]

五、不得行使留置权的情形

留置权的行使，需要具备一定的条件。但遇到下列情形之一的，债权人不得行使留置权：

1. 法律规定不得留置的情形

《物权法》大大扩展了留置权的适用范围。《担保法》第八十四条规定："因保管合同、运输合同、加工承揽合同发生的债权，债务人不履行该债务的，债权人有留置权。法律规定可以留置的其他合同，适用前款规定。当事人可以在合同中约定不得留置的物。"由此可以看出，《担保法》规定的留置权的适用范围限于合同，而且主要是保管、运输、加工承揽三种典型合同。对于其他合同，也应当在法律有明确规定的情况下，才有留置权之适用。《物权法》则扩大了留置权的适用范围，留置权的适用不再局限在合同的范围内，而是只要债权人合法占有债务人的动产与债权属于同一法律关系即可成立留置权。留置权扩大后，虽然有利于督促债务人履行债务，加强对债权人利益的保护，但也不可避免地会出现一些因留置权的行使而损害社会公共利益或者他人利益的情形，有时也会造成债权人与债务人之间的利益失衡，为有效预防此种不利后果的出现，《物权法》明确规定了不得留置的情

---

① 史尚宽：《物权法论》，中国政法大学 2000 年版，第 498—499 页。

形。“法律规定不得留置”情形。“法律”应当解释为狭义的法律，全国人民代表大会及其常务委员会制定的法律，不包括行政法规、地方法规和行政规章等广义上的“法律”。“法律规定不得留置”的情形包括：一是法律直接规定不得留置的情况，既包括现有法律中已经规定的不得留置的情形，也包括将来立法中规定的不得留置的情形。例如，《中华人民共和国海关法》第三十七条规定：“海关监管的货物，未经海关许可，不得开拆、提取、交付、发运、调换、改装、抵押、质押、留置、转让、更换标记、移作他用或者进行其他处置。”二是对于禁止流通物，不得留置。禁止流通物是依照法律规定，不允许在商品交换领域为实现其价值而流通的物。例如，武器、弹药等国家专有物，淫秽书画和音像、鸦片等危害身心健康的物。这些物依照法律都不能作为留置物。

2. 双方当事人在合同中已明确约定排除留置权，债权人不得行使留置权

留置权为法定担保物权，不得依照当事人的合意而成立。依照物权法定主义，债权人和债务人不得约定变更留置权发生的要件。但是，物权法定主义，并不排斥当事人可以在留置权发生的要件之外，另为附加新条件，以限制留置权的发生；因此，当事人合意使留置权成立的要件更为困难的约定，应当是有效的约定。[①] 例如，当事人可以对留置权的发生约定停止条件，债权人占有债务人的财产惟有在约定的停止条件成就时，才能发生留置权。当事人可以约定债权人不得留置的财产，如加工承揽合同中当事人可约定，无论发生何种违约，承揽人均不得留置标的物，此约定应为有效。依照我国《担保法》第八十四条第三款的规定，“当事人可以在合同中约定不得留置的物”，《物权法》第二百三十二条规定：“法律规定或者当事人约定不得留置的动产，不得留置。”若当事人对不得留置的物已有约定，则当然排除留

① 史尚宽：《物权法论》，中国政法大学出版社 2000 年版，第 503 页。

置权的发生。

3. 动产的留置违反公序良俗，债权人不得行使留置权

公序良俗，在我国现行法上称作社会公共利益和社会公德，不得违反。留置权的成立也不例外，若违反公序良俗，则不得成立留置权。如运输赈灾粮食的交通运输经营者，以未付运费为由而扣押粮食是有违社会公共利益的。《瑞士民法》第896条，我国台湾地区《民法》第930条均规定，动产的留置，如违反公共秩序或善良风俗的，不能行使。如身份证、工作证、毕业证书等不可留置。

4. 动产的留置与债权人所承担的义务相抵触的，债权人不得行使留置权

债权人所承担的义务是指债权人占有动产时所负担的义务。法律允许留置权人占有他人的财产，是为了促使债务人履行债务，但是若留置权人在占有他人动产的同时，还负有交付该动产的义务，如果动产的留置与债权人所承担的债务相抵触，则不得成立留置，否则与诚实信用的原则相悖。如加工承揽合同中的债权人不能因主张留置权而不加工物品，他只有在履行了自己的义务，将物品加工成成品而未被支付加工费用时留置该物品。如果加工方的占有是由债权人侵权行为所致的，债权人不得行使留置权。留置权是基于公平原则使留置权人继续占有动产，以促使债务人清偿债务。因此，债权人占有的动产必须是合法的占有，才受法律保护。若债权人因侵权行为而非法占有债务人的动产，则不得设立留置权。《担保法解释》第一百一十一条规定："债权人行使留置权与其承担的义务或者合同的特殊约定相抵触的，人民法院不予支持"。

5. 债权人占有依法不得转让的动产

如承运人在收妥全部运费前，对其承运的法律禁止流动的财

产，不得予以留置。[①]

6. 留置权人丧失对留置物的占有

《物权法》第二百四十条规定，留置权人对留置财产丧失占有或者留置权人接受债务人另行提供担保的，留置权消灭。

六、对引言案例的评析

在本案中，二审法院认为市第二建筑公司留置该建筑工程的部分房屋，不违反法律规定，不构成侵权。其主要理由是：一是只有认定双方当事人在建筑物上约定的留置权为有效，才更能体现法律创设留置权的意义并保障其目的的真正实现。在我国及其他各国的立法例中，尽管在对留置权标的物方面的规定有所不同，但这只是由于各国法律体系不同，在实现留置权意义及其目的方法方式上有所区别而已，这并不表示法律创设留置权的目的不同。在本案的建设施工合同中，施工方在完成自己的劳动成果即建筑物后，具有占有债务人财产即建筑物的前提条件，满足行使留置权的三个积极要件之一。施工方是在所建工程验收合格且建设方未按合同约定支付工程款的前提下才占据其所建的房屋，即满足行使留置权的三个积极要件之二。建设方所占据的是与施工方所欠工程款有牵连关系的建筑物，即满足行使留置权的三个积极要件之三。可见，施工方在建设方拖欠其工程款的情况下占据该建筑物，是满足行使留置权三个积极要件的。在此钟情况下，债权人对建筑物行使留置权，是为了保障其债权实现的合理行为，正体现了法律创设留置权以实现公正的目的。如果施工方在建设方欠其工程款未付又占有建设方财产的前提下，不能行使对该财产的留置权，施工方的工程欠款就无从得到保障，此对施

---

① 《中国物权法草案建议稿》第三百九十九条规定："有下列情形之一的，债权人对其占有债务人的动产，不得行使留置权：（1）债权人占有债务人不得转让的动产；（2）债权人留置其占有的动产，违反债权人承担的义务的；（3）债权人留置其占有的动产，违反债务人移交动产占有时的意思表示的；（4）债权人留置债务人的动产，违反公共秩序或者善良风俗的。"社会科学文献出版社 2000 年版。

工方显非公平，也使法律已创设的留置权失去了意义。二是当事人在合同中所约定的建筑物上的留置权是意定而非法定。法定留置权是指因法律规定而发生的法定担保物权，无需合同当事人在合同中约定而是由法律规定而产生的权利。而本案所争议的留置权是建设方与施工方在《建设工程施工合同》中约定的权利，只要建设方未案约定支付工程款，施工方即可以对建筑物行使留置权。可见本案的留置权是意定留置权。法定留置权与意定留置权是有区别的：法定留置权是基于法律的规定而产生，意定留置权是基于合同双方当事人的约定而产生；法定留置权成立的标准是法律是否有明确规定，而意定留置权能否成立则要看双方当事人的约定是否有效。在审理本案中，一审法院用法定留置权成立的标准来衡量意定留置权是否有效，显属不妥。三是双方当事人在建筑物上约定的留置权不违反法律、行政法规强制性的归定，应认定为有效。由于本案所涉及的留置权系意定而非法定，应依据《合同法》的有关规定确定其效力。该留置权的约定是建设方与施工方真实意思的表示，且不违反法律强制性和禁止性的规定。《担保法解释》中规定，当事人对由民事关系产生的债权，在不违反法律、法规强制性规定的情况下，以担保法规定的方式设定担保的，可以认定为有效。可见，我国现行的民事法律尽管不倡导当事人在不动产上约定留置权，但对该行为并不反对与禁止，这正是民法中当事人意志自由原则的表现，因此认定双方当事人在建筑物上约定的留置权为有效才更符合我国现行法律体系的要求。

笔者认为，建筑物上不得设置留置权，其理由：（1）《合同法》第二百八十六条所规定的建设工程承包人的优先受偿权，通说为法定抵押权，而非成立法定留置权。（2）《担保法》第八十四条明确规定留置权为法定担保物权，并且明确规定只有法律规定的合同才能成立留置权。显然，建设工程施工合同不属于法律规定可以行使留置权的合同。（3）根据物权法定原则，建筑物上设立留置权，没有任何法律依据。（4）留置权的客体是动产，而建筑物是不动产。因此说，本案市第二建筑工程公司以建筑的部分房屋而行使留置权，违反法律规定，构成侵权，应当承担侵权责任。可见，二审法院改判错误，而一审判决是正确的。

第三节　留置权的效力

一、引言

留置权一经成立，便具有法律效力。留置权的法律效力表现在：留置权对所担保的债权范围的效力、留置权对留置物的效力、留置权对留置权人的效力、留置权对被留置人的效力、留置权的对抗效力。

留置权的消灭，是指留置权人对留置物具有的支配力终止。留置权为法定担保物权，因为法律规定或者当事人约定之原因而消灭。留置权消灭后，债权人负有返还留置物的义务的，因可归责于债权人之原因致使留置物返还不能的，债权人应当承担损害赔偿责任。

在研究留置权的效力之前，先看一则案例，并思考之：

邓某诉货运公司赔偿损失纠纷案

某市邓某和该市货物运输有限责任公司（以下简称货运公司）于农历腊月20日签订了货物运输合同。合同主要约定：邓某和货运公司一块去湖北省洪湖市拉鲜鱼50000斤，在腊月24日前运回该市，逾期一天，每天按5000元赔偿损失，若在腊月28日前未运回鲜鱼，则按50000斤的单价4元计算赔偿金200000元。运费6000元，由邓某在签订合同的同日支付2000元，下余4000元运费待鲜鱼运回该市后立即支付，若未支付下余运费，货运公司可以及时变卖鲜鱼中价值相当于4000元的部分，下余鲜鱼则应交给邓某。合同签订后，邓某随即支付运费2000元。邓某和货运公司所派的两辆货运车一块去到湖北省洪湖市拉鲜鱼，腊月23日夜，货运公司将邓某的50000斤鲜鱼从湖北省洪湖市拉回。腊月24日早晨，邓某要求卸鲜鱼时，货运公司要求邓某按合同约定立即支付下余运费4000元，邓某以暂时无款支付为由拒付，并要求货运公司留置价值相当于4000元的鲜鱼，双方未能形成一致意见。货运公司卸给邓某45000斤鲜鱼后，便留置了5000斤鲜鱼，并要求邓某在腊月27前将所欠的4000元运费付清，但邓某在腊月27日前未付所欠的4000元运费。由于天气气温较高，货运公司未妥善保管，又未按合同约定及时变卖，致使留置的5000斤鲜鱼有40%腐烂变臭。27日晚，邓某将所欠运费4000元付给货运公司，将所留置部分鲜鱼3000斤拉走。邓某要求货运公司赔偿2000斤鲜鱼的损失，货运公司拒绝赔偿，双方形成纠纷。邓某诉至该市某区人民法院。案件在审理过程中，邓某和货运公司均认可腊月28日邓某的鲜鱼价格平均为2.5元/斤，但货运公司认为邓某有过错而不愿承担赔偿责任。

上述案例，就体现了留置权的效力问题。本文就有关留置权的效力予以论述。

二、留置权对所担保债权范围的效力

留置权所担保的债权，仅以与债权人占有的留置物有牵连关系的债权为限，因与留置物有牵连关系而发生的原始债权，固属留置权担保之范围，应无疑义。原始债权所发生的利息、原始债权行使不能发生的违约金或赔偿金请求权以及债权人保管留置物、行使留置权的费用，与债权人占有的留置物之间存在直接或者间接的关联，应当属于留置权所担保的债权范围。我国《物权法》第一百七十三条规定：“担保物权的担保范围包括主债权及其利息、违约金、损害赔偿金、保管担保财产和实现担保物权的费用。当事人另有约定的，按照约定。”因此，债权人享有的原始债权及其利息、违约金、损害赔偿金、保管留置物的费用、实现留置权的费用等请求权，均可以留置物为担保向债务人请求给付。

三、留置权对留置物的效力

留置权对留置物的效力，传统民法与我国《民法通则》、《担保法》均无直接规定，《物权法》作了些规定。在解释上认为包括主物、从物、孳息和代位物。

1. 留置物的主物。留置物的主物，是留置权的标的物，留置权自然应对其发生效力，当无疑义。主物为单一的独立物，其效力及于物的全部，不可分割。主物为数个独立物，以所担保的债权范围为限，对其一个或数个独立物发生效力，并不对全部的合同标的物发生效力，债权人只需留置与其所担保的债权范围相适应的标的物，不必将全部标的物予以留置。我国《物权法》第二百三十三条规定：“留置财产为可分物的，留置财产的价值应当相当于债务的金额。”

2. 留置物的从物。从物与主物常同其命运，及所谓“从随主”原则，留置物若为主物，则其从物亦应为留置权效力所及。当然，留置权以占有标的物为成立要件，可得留置之从物，亦必须以已为债权人占有为其成立要件。但有以下合同情况：(1) 债权人只占有留置物的主物而未依合同占有其从物时，不得对其从物予以占有后再予以留置，即留置权的效力不及于未经占有的留置物的从物；(2) 债权人依合同既占有留置物的主物又占其从物时，如果主物、从物不可分离，则留置权的效力及于留置物的全部，包括主物和从物，如果主物和从物可以分离且不影响其价值的，则只可按其被担保的债权价值，留置其中的主物或从物，不可留置其全部。

3. 留置物的孳息。传统民法中一般有规定，债权人有收取留置物所生孳息之权，可见留置物之孳息，亦应在留置权效力范围之内。《物权法》第二百三十五条规定："留置权人有权收取留置财产的孳息。前款规定的孳息应当先充抵收取孳息的费用。"

4. 留置物代位物。留置权为担保物权之一种，具有担保物权之物上代位性，从而留置权因留置物灭失所受之赔偿金，即学说上所称之代位物或代替物，亦为留置权效力所及。《物权法》在担保物权的一般规定中已作了明确规定。

四、留置权对留置权人的效力

（一）留置权人的权利

1. 留置物的占有权

占有标的物即为留置标的物。留置权人在其债权未受清偿时有留置标的物的权利。留置权一经成立，就发生留置标的物的效力，称第一层次法律效力，留置权人有权在债权未获清偿前继续占有对方财产，并以此对抗对方返还财产的请求权。留置权人的占有权是一种持续占有权，受到民法占有制度的保护，当其留置物被侵夺时，留置权人得行使占有物返还之诉请求返还。而债务人对该物的返还请求，无论是基于债权或物权，留置物只要不是侵权行为占有的，留置权人均可以拒绝返还。

由留置物的所有人提起所有物返还请求之诉，留置权人主张留置权，法院是判决驳回原告的诉讼请求，还是支持被告提出原告应当履行的债务，由原告履行后返还该留置物呢？债权人不必提出返还留置物，就可以诉请债务人清偿债务，但债务人不能不提出返还留置物，而请求判令留置物的返还。如债务人有同时履行的抗辩权，即使占有人的债权已届清偿期，占有人也不可以行使留置权。所以，同时履行的原则，不因留置权的行使而被破坏。

2. 留置物孳息收取权

留置权人对留置物所生孳息，享有收受权。留置权人有权收取留置物产生的自然孳息和法定孳息以充抵债权，孳息的收受权实际上产生于留置权对孳息优先受偿的孳息留置权。留置权人收取留置物的孳息以充抵其债权，对债务人并无不当，并对留置权担保债权受偿具有补充意义。因此，《物权法》对留置权人对留置物的孳息享有收受权作出明确规定，说明留置权效力应当及与留置物的孳息，留置权人享有对留置物孳息的收受权。

3. 留置权人保管留置物上的使用权

留置权为担保物权，而非用益物权。因此，留置权人原则上对留置物不享有使用权。但是，留置权以善良管理人的注意保管留置物时，在必要的范围内应当享有使用留置物的权利。如《日本民法典》第 298 条第 2 款对此作出了明确规定，即留置权人未经债务人同意，不得使用、租赁留置物，亦不得以之提供担保，但是为保全该物而进行必要使用的，不在此限。实际上留置权人在必要时使用留置物，在性质上仍然属于对留置物的保管，并应当以保全留置物的使用价值和交换价值为目的。留置权对留置物的保管使用所产生的利益，可视为孳息，应当用以充抵债权。

4. 必要费用的求偿权

留置权人享有必要费用的求偿权，是指留置权人对保管留置物所支出的必要费用，得向其物之所有人请求偿还的权利。《担保法》第八十三条规定留置物的保管费用为留置权的担保范围，即为必要费用求偿权的法律体现。在理解留置权人的费用求偿权时，应注意如下问题：（1）求偿权人必须为债权人，即留置权人，且如原留置权人的留置权消灭后，继续占有标的物并支付必要费用，仍不能享有该种费用求偿权，至于能否以不当得利或无因管理为求偿，则另当别论。[①]（2）须为保管留置物所支付之必要费用，所谓必要费用，系指为维持或保管留置物之现状所不可或缺之费用，包括通常必要费用与临时必要费用，通常必要费用指通常情况下为正常保管所必须之费用，或者指因临时事变（如自然灾害），于正常保管费用之外所必须支出之费用。（3）求偿权之相对人为物之所有人，因为留置权于设立时虽所有人即为债

① 史尚宽：《物权法论》，中国政法大学出版社 2000 年版，第 508 页。

务人（善意取得留置权者除外），但其后债务人仍有将其让与第三人的可能，从而使债务人与所有人分离，而享有债权人支付该必要费用之利益者，仍为所有人。

5. 留置权人的优先受偿权

前文已阐述了留置权具有二次发生效力性，第一层次的法律效力是留置该动产，第二层次法律效力是优先受偿。留置的第一层次效力。留置权一经成立，即发生第一层次的法律效力，留置权人有权继续占有对方的财产，并以此对抗对方返还财产的请求权。留置权人继续占有债务人的动产，拒绝对方返还请求，系基于担保物权的留置权。若无留置权，则无此效力。如加工承揽合同双方预先约定排除留置权，在定做人不给付加工费时，承揽人只能依债权本身的效力提起追索加工费及违约金之诉，而不能继续占有加工物。

留置权的第二层次效力。根据《物权法》第二百三十六条规定："留置权人与债务人应当约定留置财产后的债务履行期间；没有约定或者约定不明确的，留置权人应当给债务人两个月以上履行债务的期间，但鲜活易腐等不易保管的动产除外。债务人逾期未履行的，留置权人可以与债务人协议以留置财产折价，也可以就拍卖、变卖留置财产所得的价款优先受偿。留置财产折价或者变卖的，应当参照市场价格。"即为留置权的第二层次效力。在留置权的效力之间，第一层次效力和第二层次效力不能同时行使。必须依第一层次效力继续占有留置物，在经过一定期间而对方仍未偿付款项时，方可依第二层次的法律效力将留置物折价或变卖优先受偿。当在第一层次效力占有留置物期间，如果债务人提供其他担保，并被债权人接受时，此时第一层次的法律效力即应终止，留置权人应当返还留置物，第二次效力也就无发生之根据，整个留置权因留置物的返还而予以消灭。

留置权第二层次的法律效力的核心是优先受偿。根据《物权法》的规定，留置权人行使留置权的第二层次效力必须在第一层次效力继续占有留置物，债务人在债务履行期满后不少于两个月的期限内未履行债务的，方可将留置物折价或变卖优先受偿。

在司法实践中应当注意：(1) 债权人与债务人在主合同中约定债权人留置债务人财产后，债务人少于两个月的期限内履行债务，若债务人主张期限权利的，该约定为无效。因为《物权法》第二百三十六条规定的“债务人应当在不少于两个月的期限内履行债务。”(2) 留置权在其所担保债权已届清偿期而未受清偿时，留置权人应当书面通知债务人在两个月以内的期限内履行债务。“两个月以内期限”应当从债务人收到债权人的书面通知以后起算。债务人在两个月的期限内不履行债务的，债权人可依法将留置物以合理的价格折价、拍卖、变卖后，优先受偿。(3) 根据《担保法解释》第一百一十三条之规定，债权人未按《物权法》第二百三十七条规定的期限通知债务人履行义务，直接变价处分留置物的，应当对此造成的损失承担赔偿责任。(4) 根据《担保法解释》第一百一十三条的后段规定，债权人和债务人按照《物权法》第二百三十六条的规定合同中约定宽限期的，债权人可以不经通知，直接行使留置权。

留置权人优先受偿的方式，根据《物权法》第二百三十六条的规定，留置权人可以与债务人协议，以该留置物折价清偿留置权人的债权，若债务人不同意折价，留置权人依法拍卖或变卖留置物，此时不需要债务人的同意，留置权人可以自己选择拍卖或者变卖。

6. 留置权人留置权的转让权

留置权是财产权，具有可让与性，应允许留置权人将其转让。只是因留置权为担保物权，从属于主债权，所以必须与债权一同转移，加之留置权以占有为要件，尚须将留置物的占有与债权一同转让于受让人。

（二）留置权人的义务

1. 留置物的保管义务

我国《物权法》第二百三十四条规定：“留置权人负有妥善

保管留置财产的义务；因保管不善致使留置财产毁损、灭失的，应当承担赔偿责任。”是对留置权人保管义务及义务违反时民事责任之规定，不过对义务的程度与民事责任的性质语焉不详。传统民法一般以留置权人之保管义务为善良管理人之注意，我国法律亦可作相同解释。因为留置物既然在留置权人占有之中，且其占有又系为留置权人自己之利益，而非兼为债务人之利益，故不仅应为保管，且应尽较重之保管义务，即善良管理人之注意义务，留置权人违反此项义务致债务人受到损害时，自应负担损害赔偿责任。

一般认为留置权人保管留置物的义务，包括三个方面的内容：(1) 保障标的物的安全。留置权人应当采取必要的措施确保留置物不受损失。留置物因为留置权人的过错毁损或者灭失的，留置权人应负赔偿责任。(2) 保障标的物的利益收取。留置权人对标的物的孳息和其他利益有收取保管的义务，因过错而怠于收取的，应当负损害赔偿责任。(3) 不为自己的利益利用标的物。留置权人非以“必要的使用”为目的，不经债务人同意，不得使用、出租留置物或者以留置物向他人提供担保，否则，留置权人应当负义务不履行之损害赔偿责任。①

2. 留置权人不得擅自处分留置物

留置权人未经债务人同意，不得使用、出租留置物，也不得以之为其他债权提供担保，但留置权人为保全留置物而为的必要使用不在此限。所有人对于留置权人出租或设质的承诺，是以处分的让与为其内容的。留置权人依此承诺，取得处分权，从而该处分权与留置权人的资格，并无不可分离的关系，以后留置权虽消灭，基于所有人承诺而作的租赁及担保设定，不因此而受影响。

留置物所有人限定一定期间允许留置权人使用、出租留置物或以留置物提供担保的，留置权人在该期间经过后，不能再就留

① 梁慧星主编：《中国物权法研究》，法律出版社1998年版，第1039页。

置物继续使用、出租或提供担保。留置权人未得到所有人的承诺，不是出于保管的必要而使用，出租留置物或用留置物提供担保，致使留置物损害时，对于物的所有人，应负债务不履行的损害赔偿责任。

3. 留置权人负有返还留置物的义务

留置权消灭时，留置权人丧失留置物的占有权，应将留置物返还于被留置人。这种返还义务准确地说应是给付合同标的物的义务，因为留置权一经消灭，留置权人即为债务人，应负给付合同标的物的义务。对此，债权人必须履行。违背这一义务，债权人为非法占有，应负民事责任。

4. 留置权人负有剩余价款返还的义务

留置权人实现留置权，是以处分留置物的价款优先受偿其债权。根据《物权法》第二百三十八条“留置财产折价或者拍卖、变卖后，其价款超过债权数额的部分归债务人所有，不足部分由债务人清偿”的规定，留置权人负有返还剩余价款的义务。

五、留置权对被留置人的效力

被留置人是留置权的义务主体，是留置权所担保的债权关系的债务人，因其不履行给付义务，留置权人依法留置该合同由债权人占有的合同标的物。因而，在留置权法律关系中，原债权的债务人称之为被留置人。

1. 被留置人仍享有留置物的所有权。留置物被留置以后，被留置人并不丧失对留置物的所有权，留置物所有人仍对留置物享有所有权，留置物经营权人仍对留置物享有经营权，留置物合法占有人仍对留置物享有相应的权利。被留置人依其权限范围可以处分留置物，或出卖，或赠与，或作其他转让，但留置权并不因此而受影响，留置权仍对留置物发生效力，债权人的留置权也不消灭，留置物也不转移占有，只是留置权人与留置物的受让人之间产生留置权法律关系，受让人成为新的被留置人。

2. 被留置人行使留置物的权利受到限制。留置权一经成立以后，被留置人对留置物的权利虽仍然存在，但却必然会受到限制。首先，受到限制的是占有、使用、收益权，被留置人丧失对留置物的占有，也无法进行使用，这两项权能是受到了完全的限制。收益的权能，则部分受限制，因为留置物的孳息、经被留置人承诺的使用而发生的利益，均由留置权人收取，但权属仍对被留置人。其次，受限制的是出质权。从理论上说，被留置人如果是留置物的所有权人、经营人，有权将留置物出质设定的质权，但因质权以质物的占有为要件，虽被留置人可以将其对留置权人的返还请求权让与质权人，使其取得间接占有，而使质权成立，但由于该返还请求权已因有留置权的存在而不完整，自不会有人愿意接受之而成立质权。① 因而，出质权受到限制。再次，被留置人的租赁权受到限制，其可以把留置物出租，与承租人签订租赁合同，但因无法交付租赁物，而使租赁权受到限制。

3. 被留置人不得阻扰留置权人行使留置权。留置物被留置以后，被留置人有两种选择，或者及时清偿债务而要求返还留置物，或者承认留置权人的留置，待其对留置物变价后优先受偿。被留置人无论作何种选择，都必须尊重留置权人行使留置权的事实，不得干扰、阻碍留置权人行使权利，必要时尚须予以协助。

4. 被留置权人负有偿付留置物的必要费用。根据我国《担保法》第八十四条之规定，留置权人为保管留置物所支付的必要费用应当由被留置人负担，这也正是被留置人违反合同所应当承担的民事责任。

六、留置权的对抗效力

在同一标的物上存在着留置权和其他担保物权时，留置权的对抗效力如何？我们认为，留置权是法定担保物权，具有对抗其他担保物权的效力。具体分为如下几种情形：

1. 同一动产上抵押权与留置权同时设立时，如果留置权人

① 郑玉波：《民法物权》，第352页。

是善意取得留置物的，其留置权优先于抵押权。因为，留置权为法定担保物权，抵押权为意定担保，留置权的发生与否，并不取决于当事人之间的约定。留置权人行使权利可以有效对抗标的物所有人对物的处分行为至留置物是否已经附有抵押权，则非所问。但是，当事人利用留置权的对抗效力，恶意约定债权人对标的物的占有而成立留置权，以妨碍或者排除在标的物上已存的抵押权的，应不受法律保护，因法律仅保护善意取得，而不保护恶意取得。

2. 同一动产上先设定抵押权后再成立留置权的，留置权优先于抵押权。《物权法》对此未作明确规定，而我国《海商法》第二十五条规定："船舶优先权先于船舶留置权受偿，船舶抵押权后于船舶留置权受偿。"可见，留置权的效力原则上优先于抵押权。

3. 同一动产上先成立留置权后设定抵押权的，留置权人未经留置物所有人同意，以留置物设定抵押权的，抵押行为无效；留置权人经留置物所有人同意以留置物设定抵押权的，抵押权优先于留置权。因为，此时应视为留置权人对留置权优先于抵押权的抛弃。

4. 留置权人未经留置物所有人同意将留置物设定质权的，除善意取得质权的外，其设定行为无效；留置权未经留置物所有人同意成立留置权的，第三人基于留置权的成立善意取得留置权的，留置权优先于质权。

5. 留置权与优先权同属法定担保物权，留置权的效力则后于优先权。我国法律规定的优先权，主要有船舶优先权和民用航空器优先权及建筑工程承包人优先权。如《海商法》第二十五条规定"船舶优先权先于船舶留置权受偿"，因此，留置权不具有对抗优先权的效力。

七、留置权的消灭

留置权的消灭，是指留置人对留置物的支配力终止。留置权为法定担保物权，留置权消灭后，债权人负有返还留置物的义务，因可归债权人的原因致使留置物返还不能的，债权人应当承担损害赔偿责任。根据《物权法》第二百四十条“留置权人对留置财产丧失占有或者留置权人接受债务人另行提供担保的，留置权消灭”的规定，结合司法实践，留置权可以因下列原因而消灭：

1. 留置权因被担保的债权消灭而消灭。留置权为担保物权，目的在于担保债权的受偿。受留置权担保的债权的存在，是留置权的要件，若债权因清偿、提存、抵销、免除、混同等原因全部消灭时，留置权随之消灭。但值得注意的是，留置权所担保的债权部分消灭的，留置权并不消灭，这是留置权具有不可分性所决定的。

2. 被留置人另行担保而消灭。留置权因债务人另行提供担保且为债权人所接受而消灭。债权人留置债务人之动产的目的在于实现其债权，若债务人另行提供担保，能够保证债权人实现其债权，债权人接受担保的，债权人对占有的债务人的动产不再享有留置权。

3. 留置权因留置物的消灭而消灭。留置权丧失其标的，也随之消灭。若留置物的灭失是由于留置权人保管不善造成的，留置权人还应当赔偿债务人因留置权使留置物灭失所受到的损失，或者以留置物的价值折抵债务人所欠债权人的债务。

4. 留置权因债权人丧失对留置物的占有而消灭。因占有的丧失而使留置权的消灭是经常发生的，但还不是终局的。如果留置权人日后再取得对该留置物的占有，且具备留置权成立要件，可以在该物上为同一债权人重新设立留置权。

5. 留置权因债权人放弃留置而消灭。根据民法的规定，当事人有权处分自己的民事权利。如果债权人放弃留置权，是对自己民事权利的处分，应当尊重其意思表示，予以允许。留置权也因此而消灭。

6. 留置权与所有权混同而消灭。他物权与所有权混同，是他物权消灭的共同原因。留置权与所有权混同，也消灭留置权，因为债权人不能留置自己的财产以担保债权。例如，被留置人将留置物的所有权转让给留置权人，留置权即因混同而消灭。这种混同，债权人与债务人之间必对其债务关系作出约定，依其约定处理债权债务关系即可。

7. 留置物被征用而消灭。物权标的物被征用，该物权消灭。留置权同样如此，不过，留置物为动产，被征用的可能性很小。留置物被征用以后，国家给予的补偿，应当优先偿付留置物担保的债权，有剩余的，归还债务人，不足部分，由债务人另行清偿。

八、对引言案例的评析

在前述案例中，主要涉及到留置权人货运公司留置邓某的鲜鱼的价值与所欠运费 4000 元的关系和留置权人货运公司应当负有妥善的保管义务。在本案中主要涉及下列法律问题：

1. 货物运输合同的效力问题。在本案中，邓某与货运公司所签订的货物运输合同，是双方当事人的真实意思表示，双方对合同的权利和义务约定明确，又不违反法律强制性的规定，因此，该货物运输合同为有效合同。在实践中，有人认为，合同中约定的逾期每天按 5000 元赔偿损失，若在腊月 28 日前未运回鲜鱼，则按 50000 斤的单价 4 元计算赔偿金 200000 元的约定无效，笔者认为，该案中标的物鲜鱼的特殊性，易腐烂变质，时间的特殊性，快过春节系销鱼旺季，错过春节，则鲜鱼难以销售。因此说，结合该案标的物的特殊性、时间的特殊性，不易将合同中双方当事人所约定的违约金、赔偿金认定为无效。

2. 货运公司依法享有留置权。货运公司按货物运输合同的约定，将邓某的鲜鱼 50000 斤从湖北省洪湖市运至该市，履行了货物运输合同的义务，而邓某却未将下欠的 4000 元运费付给货运公司，货运公司依据货物运输合同的约定留置邓某的鲜鱼，当属依法享有留置权。

3. 货运公司行使留置权时，应当与4000元运费相当。我国《担保法》第八十五条明确规定：“留置的财产为可分物的，留置物的价值应当相当于债务的金额。”此项规定，是由留置财产的目的所决定的，留置财产的目的，是为了清偿债权，只要留置物的价值相当于债务金额，就能够保证债权得到实现，因此，没有必要留置过多的财产，否则，会对债务人的合法权益造成损害。在本案中，邓某和货运公司所签订的货物运输合同的标的物为鲜鱼，鲜鱼是可分物，经分割变卖不会损害其经济用途或失去其价值，货运公司可以留置相当于4000元运费的鲜鱼，并变卖得到债权实现，且双方在合同中对此也已明确约定。但货运公司却留置了5000斤鲜鱼，远远超过邓某所欠的4000元运费，与《担保法》第八十四条规定相违背。

4. 货运公司未尽妥善保管义务，应当承担赔偿责任。我国《担保法》第八十六条明确规定：“留置权人负有妥善保管留置物的义务。因保管不善致使留置物灭失或者毁损的，留置权人应当承担民事责任。”同样，《物权法》也作出了同样规定。在本案中，货运公司留置邓某的5000斤鲜鱼未尽妥善保管义务，也未按合同约定及时变卖所留置的5000斤鲜鱼以抵偿邓某所欠的4000元运费，致使有40%的鲜鱼腐烂变质。双方在庭审过程中，均认可2002年腊月28日鲜鱼的价格平均为每斤2.5元，货运公司的过错致使邓某的鲜鱼损失2000斤，计款5000元，货运公司依法应当承担赔偿责任。

第四节　留置权的行使

一、引言

根据《物权法》第二百三十六条的规定，留置权人与债务人应当约定留置财产后的债务履行期间；没有约定或者约定不明确的，留置权人应当给债务人两个月以上履行债务的期间，但鲜活易腐等不易保管的动产除外。债务人逾期未履行的，留置权人可以与债务人协议以留置财产折价，也可以就拍卖、变卖留置财产所得的价款优先受偿。

留置财产折价或者变卖的，应当参照市场价格。

在研究留置权行使之前，先看一则案例：

本案的留置权应当如何行使？

原告：南通金鼎印染色织集团有限公司（下称金鼎集团公司）

被告：深圳市深房保税贸易有限公司（下称深房贸易公司）。

金鼎集团公司与深房贸易公司于2000年5月10日签订了一份承揽合同，合同约定由金鼎集团公司为深房贸易公司加工70×92被壳2100件，每件单价为53元；91×98被壳3300件，每件单价为73元；109×98被壳1320件，每件单价为87元；20×26枕套3300只，每只单价为7元。质量要求按部颁标准，面料按确认样生产，成品按定作方提供的样品加工，所用包装由定作方提供，定作方验收合格后出厂，交货期限及数量为定金到账后55天交货50%，之后的20天将剩余的50%交清。合同签订后，深房贸易公司于5月19日向金鼎集团公司支付定金74 000元。后双方又对数量、交货日期等通过电传进行了修改商定。因深房贸易公司未依约及时验收提货，金鼎集团公司经电催无果而向通州市人民法院起诉。该院立案受理后，根据金鼎集团公司的申请，对深房贸易公司的财产采取诉讼保全措施，冻结了其银行存款430 000元。

金鼎集团公司诉称：其根据双方于2000年5月10日签订的合同已完成了加工义务，因深房贸易公司未依约提货，构成违约，请求法院判令深房贸易公司继续履行合同，提取货物并支付价款416 734.8元、赔偿利息损失28 239.26元。

深房贸易公司辩称：金鼎集团公司严重违约：（1）未能在定金到账后55天及之后的20天分别各交50%的货；（2）其加工生产的货物质量不合格，导致外商拒收，法院应当驳回其诉讼请求。同时提出反诉请求：（1）解除双方于2000年5月10日所订立的合同；（2）判令金鼎集团公司双倍返还定金148 000元；（3）判令金鼎集团公司赔偿错误冻结我公司银行存款的经济损失50 000元。

金鼎集团公司辩称：2000年7月5日前第一批50%的货已准备好，并发传真告之，但其于2000年7月15日前从未派员来验货，后多次催促也未来提货，请求法院驳回其反诉的诉讼请求。并针对深房贸易公司在开庭时明确表示不再接受定作物后，又当庭变更诉讼请求，要求其赔偿损失396 689.59元。

一审法院在审理过程中，对定作物是否存在质量问题，委托南通市纺织产品质量监督检测所对本案标的物缝制质量、规格尺寸、包装唛头进行了检验，结果为该批产品所检项目符合国家标准规定的一等品技术要求。该检验报告经庭审质证后，金鼎集团公司委托通州拍卖行对其加工的全部被壳、枕套进行了拍卖，得款48000元。扣除其支付的公告费1700元、拍卖佣金2400元；实得43 900元。

通州市人民法院经审理认为：原、被告双方于2000年5月10日所签订的加工承揽合同，系双方真实意思表示，合法有效，双方应共同遵守。造成金鼎集团公司迟延交货的原因是深房贸易公司未能及时确认面料和提供辅料的违约所致。金鼎集团公司加工生产的产品经质检部门检验达到了合同约定的要求，深房贸易公司认为产品质量不合格，导致外商拒收货物的辩称因缺乏事实根据而不能成立。深房贸易公司依法应当承担继续履行、采取补救措施或赔偿损失等违约责任。金鼎集团公司在诉讼中申请诉讼保全并无不当，深房贸易公司要求赔偿错误冻结其银行存款的经济损失50000元以及双倍返还定金148 000元的反诉请求，不予支持。因金鼎集团公司多次要求深房贸易公司履行合同无果，深房贸易公司也明确表示不再履行合同，所以，合同应予解除。金鼎集团公司要求深房贸易公司赔偿损失符合法律规定，应予支持。依照《中华人民共和国合同法》第九十四条第一款第（四）项、第一百零七条的规定，作出判决：一、原、被告双方于2000年5月10日所签订的承揽合同予以解除；二、深房贸易公司赔偿金鼎集团公司损失470689.59元，74 000元定金冲抵后，实际应当支付396 689.59元；三、驳回深房贸易公司要求金鼎集团公司双倍返还定金148 000元的反诉请求；四、驳回深房贸易公司要求金鼎集团公司赔偿损失50000元的反诉请求。

深房贸易公司不服，向江苏省南通市中级人民法院提起上诉，认为金鼎集团公司未提供合格定作物，且逾期交货，应承担违约责任；金鼎集团公司违法拍卖标的物，应自担损失，请求改判。

江苏省南通市中级人民法院经审理认为，深房贸易公司与金鼎集团公司签订的承揽合同于法不悖，应认定有效。根据双方合同约定，本案所涉标的物，是按部颁标准并根据深房贸易公司确认的面料生产，成品按深房贸易公司提供样品加工验收。但深房贸易公司未能提供交付样品的证明，应承担不能举证的责任。原审委托鉴定符合法定程序，该鉴定结论应予采信。深房贸易公司无正当理由拒收标的物，已构成违约，应承担违约责任，其交付的定金依法不予返还。我国法律规定，因加工承揽合同发生的债权，债务人不履行债务的，债权人有留置权。债权人与债务人未在合同中约定留置的，债权人留置财产后，应当确定两个月以上的期限，通知债务人在该期限内履行债务。债权人未按此规定通知债务人履行债务，直接变价处分留置物的，应当对此造成的损失承担赔偿责任。根据法律规定，两个月以上的宽限期应从债权人行使留置权时起算。金鼎集团公司催促深房贸易公司提货、增加预付款，不能认为有留置财物的意思表示。本案中的宽限期应从2001年9月20日金鼎集团公司向深房贸易公司发出拍卖电报通知时起算。但金鼎集团公司在电报发出后10天内即拍卖留置物，属于行使留置权不当。应当承担拍卖留置物所造成的损失。根据《中华人民共和国担保法》第八十七条第一款、第八十九条，《最高人民法院关于适用〈中华人民共和国担保法〉若干问题的解释》第一百一十三条，《中华人民共和国民事诉讼法》第一百五十三条第一款第（一）项、第（三）项的规定，该院于2002年3月22日作出判决：一、维持原判第一、三、四项，撤销原判第二项；二、驳回金鼎集团公司要求深房贸易公司赔偿损失396689.59元；三、金鼎集团公司对深房贸易公司的已付定金74000万元不予退还。[①]

上述案例，涉及到留置权的行使问题。本文就留置权的行使予以论述。

二、留置权行使的程序

我国《物权法》对留置权行使的程序作了规定。《担保法》第八十七条规定："债权人与债务人应当在合同中约定，债权人留置财产后，债务人应当在不少于两个月的期限内履行债务。债权人与债务人在合同中未约定的，债权人留置债务人财产后，应当确定两个月以上的期限，通知债务人在该期限内履行债务。债务人逾期仍不履行的，债权人可以与债务人协议以留置物折价，也可以依法拍卖、变卖留置物。留置物折价或者拍卖、变卖后，其价款超过债权数额的部分归债务人所有，不足部分由债务人清偿。"《担保法解释》第一百一十一条规定："债权人行使留置权与其承担的义务或者合同的特殊约定相抵触的，人民法院不予支持。"第一百一十二条规定："债权人的债权未届清偿期，其交付占有标的物的义务已届履行期的，不能行使留置权。但是，债权人能够证明债务人无支付能力的除外。"第一百一十三条规定：

① 案例来源于施汉嵘主编：《疑案精析100例》，人民法院出版社2004年版，第411—414页。

"债权人未按担保法第八十七条规定的期限通知债务人履行义务，直接变价处分留置物的，应当对此造成的损失承担赔偿责任。债权人与债务人按照担保法第八十七条的规定合同中约定宽限期的，债权人可以不经通知，直接行使留置权。"

留置权人行使留置权的程序是：先通知债务人在一定期间内履行债务、债务人不履行债务时处分留置物两个步骤。债权人在债务履行期届满后，债务人迟延履行债务时可以依法留置债务人的财产，但债权人不能随即处分留置物，首先，债权人必须通知债务人在合同约定的期间或法律规定的期间履行债务。我国《物权法》规定在留置权人留置财产的两个月后或留置权人通知债务人履行债务的两个月后，债务人仍不履行债务的，留置权人可以处分留置物。其他立法例也有规定留置权行使期限的，如我国台湾地区"民法"规定，留置权人应当给予债务人六个月的履行期后，才能行使留置权。当然，也有立法例不规定期间的，只要债务履行期届满，债权人通知债务人履行债务后，留置权人在任何时候均可以行使留置权，如瑞士民法。

留置权人通知债务人履行债务的通知，是否必须到达债务人才能生效，对此《担保法》没有规定。依照大陆法系的通说，留置权人仅通知债务人即可，债务人是否收到通知并不成为留置权人行使留置权的条件。根据该通说，笔者认为，在我国也应当仅对留置权人通知债务人履行债务的通知作形式上的要求，不应以债务人收到通知为条件，因为留置权成立以债务履行期届满，债务人迟延履行债务为要件，债务人已经违约在先。而我国债务人往往以未收到通知为由逃债，如果强调通知的到达，则不利于留置权人行使留置权，对保障债权不利。因此，债务人履行债务的两个月的宽限期，应当自留置权人向债务人发出债务履行通知之时开始起算。

在债务人下落不明时，留置权人可以免于对债务人的通知义务。在债务履行期届满，债务人下落不明时，债权人留置债务人的财产后经过两个月的，债权人即可以处分留置物。

债权人与债务人在合同中按照《物权法》规定约定了债务人履行债务的宽限期的（不少于两个月），债权人也可免于对债务人的通知义务，在约定的宽限期届满后，留置权人即可以处分留置物。约定的债务履行宽限期自债务履行期届满后即开始计算。债权人与债务人在合同中约定的宽限期少于两个月的，视为未约定。债权人留置债务人财产后，应重新确定不少于两个月的宽限期。

留置权人在约定或法律规定的期限届满之前行使留置权，留置权人行使留置权的行为并非无效，如果留置物的性质不适于保留两个月的，留置权人行使留置权不仅有效，而且并不产生对债务人的赔偿责任；如果留置物依其性质可以在期间届满后处理而于期满前被处理的，留置权人处分留置物的行为也不能被宣告无效，但留置权人应对由此造成的债务人的损失承担民事赔偿责任。《担保法解释》第一百一十三条也规定，债权人未按《担保法》第八十七条规定的期限通知债务人履行义务，直接变价处分留置物的，应当对此造成的损失承担赔偿责任。

留置权人实现留置权与质权人实现质权的方式相同，均属于自力救济，行使留置权无须通过法院。债权人可以与债务人协议以留置物折价，也可以依法拍卖、变卖留置物，以价款优先受偿。留置物折价或者拍卖、变卖后，其价款超过债权数额的部分归债务人所有，不足部分由债务人清偿。留置担保的范围包括主债权及利息、违约金、损害赔偿金、留置物保管费用和实现留置权的费用。

三、留置权的行使限制

债权人留置债务人交付的物，不得违背公序良俗原则，比如不得在战争时期留置军用物资，不得留置有损人的善良感情、人格权利的物，不得有乘人之危的留置等等。例如债权人不得留置他人的尸体、身份证、工作证、残疾人的工具等。我国担保法对此虽未作规定，但依我国民法的基本原则，应当认为我国法律要求留置权人行使留置权必须符合公序良俗原则的要求。

债权人行使留置权也不得与债权人所承担的义务或者当事人在合同中的特殊约定相抵触。《担保法》对此虽未作规定，但《担保法解释》第一百一十一条规定："债权人行使留置权与其承担的义务或者合同的特殊约定相抵触的，人民法院不予支持。"这与各国民法的一般规定相吻合。具体来说：(1) 当事人事先约定排除留置权的，或者债权人事先明示放弃留置权的，不得行使留置权。(2) 留置财产与债权人所承担的义务相抵触时，不得行使留置权。例如运输合同中的承运人未将承运的货物运到目的地，仅运到半途，托运人未支付运费时，承运人不得留置承运的货物。(3) 留置财产与合同的特殊约定相抵触的，不能行使留置权。比如，修理合同中，债权人与债务人特约在债务人试用修理物两天后，如未发现瑕疵，债务人再支付修理费的，"试用修理物两天"为特殊约定，在债务人试用之前，债权人不得留置修理物。

留置权的行使，是否受债权诉讼时效效力的支配？在德国民法上，留置权的性质为债务履行的抗辩权，留置权并非担保物权，因此适用消灭时效的规定。因为，债权罹于消灭时效，债务人取得对抗债权人的请求之时效抗辩权，债务人有权拒绝给付，债权人不得以债务人拒绝给付而拒绝自己应为之给付。因此，债权罹于消灭时效的，留置权人不得行使留置权。[①] 但是，作为担保物权的留置权，则与之不同。留置权作为担保物权的一种，不同于债权。担保物权的消灭时效和债权的消灭时效并不相同。例如，《日本民法典》第300条规定："留置权的行使，不妨碍债权消灭时效的进行。"以此作相反的说明债权消灭时效的完成，对留置权的行使不发生影响。我国台湾地区"民法"第145条规定："以抵押权、质权或留置权担保之请求权，虽经时效消灭，

① 邹海林：《留置权基本问题研究》，载《法学研究》1991年第2期，第49页。

债权人仍得就其抵押物、质物或留置物受偿。前项规定，于利息及其他定期给付之各期给付请求权，经时效消灭者，不适用之。”依此规定，留置权人的权利并不因为债权罹于消灭时效而当然行使不能。我国《民法通则》规定的诉讼时效较为原则，没有规定留置权的行使不受时效限制的例外。但是，考虑到：留置权因为债权已届清偿期、债务人不履行债务、债权人占有债务人的财产而发生效果，只要债权人占有而不给付（返还）留置物，留置权始终处于有效形式状态，留置权人对留置物享有的权利没有计算诉讼时效的余地。所以，留置权的行使不受债权的诉讼时效是否完成的影响，债权罹于诉讼时效，留置权人仍得行使其留置权。

四、留置权行使的方式

债权人实现留置权的方法，具体包括：

1. 债权人可以与债务人协议以留置物折价。所谓折价就是指经债权人与债务人协议，或者协议不成时经由人民法院审理后判决，按照留置物自身的品质、参考市场价格，把留置物的所有权由债务人转移给债权人，从而实现留置权的一种方法。

2. 债权人可以依法拍卖留置物。如果债权人与债务人就拍卖留置物协商一致，则可以自行委托拍卖机构进行拍卖。如果当事人就拍卖没有达成一致，则只能通过法院依据《民事诉讼法》以及最高人民法院有关司法解释的规定进行强制拍卖。

3. 债权可以依法变卖留置物。变卖是对标的物进行换价的一种比拍卖更为简易的方式，它不需要经过竞价，而是由当事人或法院直接将标的物以相当的、合理的价格出卖。当事人可以通过协商将留置物变卖，协商不成的，留置权人可以向法院起诉，在获得胜诉判决后通过法院的强制执行程序将留置物拍卖或变卖。但是，司法实践中，为了确保公平公开公正，人民法院一般是以拍卖为原则，而以变卖为例外。

五、对引言案例的评析

我国《担保法》第八十七条第一款规定，债权人与债务人应当在合同中约定，债权人留置财产后，债务人应当在不少于两个月的期限内履行债务。债权人与债务人在合同中未约定的，债权人留置债务人财产后，应当确定两个月以上的期限，通知债务人在该期限内履行债务。根据《担保法解释》第一百一十三条的规定，债权人未按《担保法》第八十七条规定的期限通知债务人履行义务，直接变价处分留置物的，应当对此造成的损失承担赔偿责任。债权人与债务人按照《担保法》第八十七条的规定在合同中约定宽限期的，债权人可以不经通知，直接实现留置权。这就是留置权实现的条件。本案的债权人金鼎集团公司向债务人深房贸易公司发出的多次电传中，都是催促提货、增加预付款，却没有告之其已行使了留置权，也没有明确符合法定要求的宽限期，因此其在尚不具备实现留置权的条件的情形下，委托拍卖行拍卖留置物，违反了《担保法》及其司法解释的规定，因此，应当由其自己承担拍卖留置物所造成的损失。一审法院将该损失判由深房贸易公司承担，是没有法律依据的，二审改判该损失由金鼎集团公司自己承担符合法律规定，因而是正确的。

本案债权人金鼎集团公司向法院提起诉讼，并申请法院对债务人深房贸易公司的财产采取诉讼保全。法院立案受理后，已根据该公司的申请，冻结了债务人银行账户的存款，债权人还能否行使留置权？留置权是一种法定担保物权，其成立和消灭都由法律明确规定。根据《担保法》第八十八条的规定，留置权因债权消灭或债务人另行提供担保并被债权人接受的情况下消灭。财产保全是人民法院在诉讼中根据一方当事人的申请或以职权对另一方当事人的财产所采取的查封、冻结等强制性措施，债权人对被保全的财产不享有担保物权。因此，债权人在提起诉讼，并申请人民法院保全了债务人的其他财产后，仍可以行使留置权。对债权人在诉讼中拍卖、变卖留置物的，仍应依照法律规定的条件和程序进行，受理案件的人民法院应当从维护双方当事人利益的角度出发，根据个案的具体情况，依法正确引导留置权人对留置物的拍卖、变卖行为，以减少实现债权的成本和各方当事人不必要的损失。本案的债权人和一审法院均错误地认为催促提货、增加预付款的电函即为行使留置权的通知，从而造成违法拍卖处置留置物，导致行使留置权不当，由此给深房贸易公司造成经济损失，应当由留置权人金鼎集团公司承担。

第六章　定金担保

第一节　定金的性质与种类

一、引言

定金作为担保合同履行的一种方式，是一项较为古老的制度。古罗马法规定："定金指债务人交付一笔钱和其他物，债务人如果未履行主债，则不得将其索回。"近代民法对于定金担保制度，一度沿用古罗马法的制度。我国唐朝，在买卖和定作的场合，已有先付定金的制度。宋元以后，定金被称为定金、定银、定钱或定洋。现代大陆法系的国家中，在延续罗马法的基础上，形成了较完备的定金担保制度。多年来，我国一直比较重视定金担保，1981 年通过的《经济合同法》明文规定了定金内容；1986 年通过的《民法通则》中也规定了定金担保。《担保法》在总结以往立法及司法实践经验的基础上设专章规定了定金担保制度。

我们在研究定金担保之前，先看一则案例：

本案的预约金是否具有定金性质

张某与甲房地产开发有限公司（下称甲公司）于 2006 年 6 月 6 日订立了商品房认购书一份，主要约定：(1) 预约认购人张某，联系电话；(2) 预约登记物业为住宅，某楼某单元某层某户，面积 130 平方米，销售单价每平方米 1500 元；(3) 预约登记物业建筑面积以房管局测绘大队为准，付款方式、大修基金、办证税费等，在开发商正式销售时按销售政策办理；(4) 预约有效期：自本预约登记书签订之日起至预约物业正式预售之日后 15 日止；(5) 在预约有效期内，预约登记人具有优先购买权。房屋开始预售后，预约人在有效期内决定是否购买，若购买则签订正式购房合同，预约登记金抵作房款；若不购买，开发商退还预约金。双方约定，该预约登记书自预约登记人交纳预约金 20000 元之日起生效。同日，张某交付 20000 元，甲公司出具了收据。同年 12 月 26 日，甲公司开始预售，并在当地报纸上发布公告，要求预约登记人在发出公告之日起 15 日内到公司办理相关手续，逾期将视为自动放弃购买权。逾期后，甲公司将该房屋以每平方米 1900 元的价格卖给第三人李某。后张某要求返还预约金 20000 元、并承担承担 20000 元的赔偿责任、赔偿房屋差价损失 42000 元损失。

上述案例，双方当事人均主张适用定金罚则，而结果是双双被驳回。其中，双方争议的焦点之一是定金问题。《担保法》第八十九条规定，当事人可以约定一方向对方给付定金作为债权的担保。债务人履行债务后，定金应当抵作价款或者收回。给付定金的一方不履行约定的债务的，无权要求返还定金；收受定金的一方不履行约定的债务的，应当双倍返还定金。《担保法解释》第一百一十五条规定，当事人约定以交付定金作为订立主合同担保的，给付定金的一方拒绝订立主合同的，无权要求返还定金；收受定金的一方拒绝订立合同的，应当双倍返还定金。该解释第一百一十六条规定，当事人约定以交付定金作为主合同成立或者生效要件的，给付定金的一方未支付定金，但主合同已经履行或者已经履行主要部分的，不影响主合同的成立或者生效。该解释第一百一十七条规定，定金交付后，交付定金的一方可以按照合同的约定以丧失定金为代价而解除主合同，收受定金的一方可以双倍返还定金为代价而解除主合同。对解除主合同后责任的处理，适用《中华人民共和国合同法》的规定。对《担保法解释》的上述规定，可从如下方面理解：

二、定金的法律性质

在民法学界，对定金含义的界定也不尽相同，诸如：一是认为，定金是合同当事人为了确保合同的履行，依据法律规定或者当事人双方的约定，由当事人一方在合同订立时或订立后、履行前，按合同标的额的一定比例，预先给付对方当事人的金钱或其他代替物。[①] 二是认为，定金是当事人在合同订立时或代价支付期限以前，由一方向对方支付的金钱，俗称定钱。[②] 三是认为，定金是合同当事人一方预先支付给另一方的一笔金钱，其目的在于担保合同债的履行。[③] 四是认为，定金谓当事人于契约订立时或代价支付以前，由一方交付于他方之金钱或其他代替物也。[④]

上述定金的定义不尽相同，笔者认为，根据我国《担保法》第八十九条的规定，定金是指合同的一方当事人以担保其债务的履行为目的，而向对方给付的一定金钱。债务人履行债务后，定金应当抵作价款或者收回。给付定金的一方不履行约定的债务

---

① 王利明、崔建远：《合同法新论·总则》，中国政法大学出版社 1996 年版，第 624 页。

② 高言、张占良主编：《担保法理解适用与案例评析》，人民法院出版社 1996 年版，第 260 页。

③ 王家福主编：《中国民法学·民法债权》，法律出版社 1991 年版，第 125 页。

④ 史尚宽：《债法总论》，中国政法大学出版社 2000 年版，第 511 页。

的，无权要求返还定金；收受定金的一方不履行约定的债务的，应当双倍返还定金。

定金担保的标的，亦有分歧：有学者认为，“其他适于为定金之物，亦得为定金，”① “定金是……交付一定数量的金钱或其他代替物”②；多数学者认为，定金就是金钱。笔者同意此种观点，并认为，其他代替物，若为动产，则构成动产质押，若为权利凭证，则构成权利质押，并应符合权利质押的生效要件。因此，定金担保的标的只能为金钱，或称为货币。

定金担保的当事人为主合同的当事人，提供定金作为合同履行的担保的人，为定金给付人；接受定金并愿意承担双倍返还定金义务的相对人，称为定金接受人。定金给付人和定金接受人因为定金合同的生效，相应取得定金担保利益。

从定金的内容和《民法通则》、《合同法》、《担保法》等关于定金的规定来看，定金不是担保物权，也不是保证担保，而是一种特殊的金钱担保。定金具有如下法律性质：

1. 定金具有从属性。定金是从属于主债权的从债。收受定金的一方当事人为主债的债权人，交付定金一方当事人为主债的债务人。定金的从属性表现为定金的是否有效存在要以主债是否有效存在为前提，当主债无效时，定金之债也应无效。当然，定金之债无效时，主债权并非因此而无效。

2. 定金具有象征性。定金的实质在于通过交付定金来发挥某种担保作用。定金担保对于债权来说，只具有一种外在的担保功能，在债务不履行情况下，债权人不能从定金中充分获得债权清偿。可见，定金担保债权的实现远不如抵押、质押、留置担保债权的实现的保障性强，定金担保具有象征性。

3. 定金具有实践性。定金担保合同不仅需要双方当事人的意思表示一致，而且还需要实际交付定金，定金担保合同才能生

① 史尚宽：《债法总论》，中国政法大学出版社 2000 年版，第 513 页。

② 王利明、崔建远：《合同法新论·总则》，中国政法大学出版社 1996 年版，第 624 页。

效。因此，定金具有实践性。当双方当事人仅订立了定金合同和在主合同中含有定金条款，而没有实际交付定金，此时，定金合同和定金条款就不生效，对双方当事人就不发生定金的法律效力。在司法实践中，定金的交付应当在主合同履行前交付。

4. 定金具有双向性。《担保法》第八十九条“……给付定金的一方不履行约定的债务的，无权要求返还定金；收受定金的一方不履行约定的债务的，应当双倍返还定金”之规定，表明定金担保具有双向性。而保证、抵押、质押、留置担保，则不具有这些特性，即担保功能是单向的，只有债务人向债权人提供担保，债权人主张担保权益，当债权人违约时，则不如定金担保那样有约束力。

5. 定金具有预付性。定金在主合同履行前交付，便具有担保功能。在债务人履行债务后，定金可以抵作价款，此时，定金相当于预付款，计入债务履行额度。

6. 定金具有违约金性。在定金合同有效的情形下，定金交付以后，主合同双方当事人无论哪一方未按合同履行，定金就会对违约方进行制裁，并可补偿债权损失，此时，定金就相当于预先交付的违约金。

7. 定金具有任意性。定金是一种约定的担保方式，双方当事人对定金的数额原则上应自由约定，但不得超过主合同标的额的20%。定金的任意性还表现在双方对定金的种类可作出任意约定。

三、定金的种类

依定金设立的目的和作用不同，可分为立约定金、成约定金、证约定金、违约定金、解约定金。

（一）立约定金

所谓立约定金，是指为保证合同的正式订立而在主合同订立前交付的定金，给付定金的一方拒绝订立主合同的，无权要求返还已经交付的定金；收受定金的一方拒绝订立合同的，应当将其已收的定金双倍返还给交付定金方。《担保法解释》第一百一十五条明确规定了立约定金的适用条件。当事人约定以交付定金作为订立主合同担保的，双方当事人一般都已对主合同的主要内容达成一致认识，并为合同的订立作了准备，只是由于一些特殊情况不能马上订立合同，为确保将来订立正式合同而采用立约定金。因立约定金适用定金罚则保证双方当事人将来订立正式的合同，所以立约定金具有担保的性质，但是该担保性质显然不同于通常意义上的“债权担保”或“债的担保”。债权担保，是指以特定财产或第三人的一般财产来确保特定债权实现的法律制度，即债的担保以保障债务履行、债权实现为直接目的，是保障特定债权实现的措施、是对债的效力的加强和补充①。立约定金则是约束双方当事人并确保当事人订立正式合同的措施，并无保障债务履行、债权实现的功能，因此立约定金不属于债权担保方式。

通常，立约定金成立时，当事人应当约定订立正式合同的明确期限，从而促使双方尽快订立正式合同，也便于及时确定拒绝订立合同的原因和责任。如果当事人未约定订立正式合同的期限或者约定不明的情况下，为了避免双方的民事权利义务长期处于不确定状态，应当根据具体情况确定订立合同的合理期限。在合理期限届满时，拖延或拒绝订立合同的一方丧失定金或者双倍返

① 刘保玉、吕文江主编：《债权担保制度研究》，中国民主法制出版社出版，第17—19页。

还定金给另一方，另一方有权及时寻求其他订立合同的机会。[①]

（二）成约定金

当事人约定或法律规定以定金的交付作为合同成立或生效的要件，该定金为成约定金。一方当事人拒绝交付定金，合同不成立或者不生效。反之，一方当事人交付定金，并且合同满足法律规定或当事人约定的其他成立要件或生效要件时，合同成立或生效。也就是说，交付成约定金，合同不一定成立或生效；但是不交付成约定金，合同一定不成立或者不生效。

目前，各国民法多已不明文规定成约定金，但依合同自由原则，当事人可以订立附条件合同，以定金作为合同成立的条件未尝不可，所以实际生活中成约定金大量存在。我国《担保法解释》第一百一十六条确认了成约定金的合法性，同时规定给付定金的一方未支付定金，但主合同已经履行或者已经履行主要部分的，不影响主合同的成立或者生效。成约定金与立约定金、违约定金和解约定金不同，其不适用定金罚则。成约定金仅是当事人约定的合同成立或者生效的要件之一，定金交付后，合同因其他原因不成立或者不生效时，交付定金一方可以请求返还定金，但不能要求双倍返还定金；收受定金的一方应当返还定金给交付定金一方，不得以合同未成立或未生效为由将定金归为己有。合同成立或生效后，定金可以抵作合同价款，也可以返还给交付定金一方，在约定不明的情况下，为简化交易程序，可以直接抵作合

---

① 《人民法院报》2008年7月27日报道的《定金真正一字千金》：王某与李某于2006年10月20日口头达成了一项约定，李某将一套建筑面积为120平方米的房屋以82万元的价格出售给王某，双方在三日后签订正式书面购房合同，同时一并协商买卖合同的其他条款。为了确保双方签订正式的房屋买卖合同，王某与李某签订书面协议，约定由王某付给李某5万元定金。王某当场向李某支付了5万元定金，但李某收受定金后并未就合同其他条款与王某协商，也没有与王某签订书面房屋买卖合同，反而于2006年10月31日将该房屋卖与赵某。王某要求李某履约遭到拒绝，遂向法院起诉，要求李某双倍返还定金10万元。李某抗辩称，定金合同是从属合同，以存在有效的主合同为前提，现双方没有订立房屋买卖合同，故不存在有效的主合同，双方约定的定金合同自然无效。法院审理后认为，原、被告之间的定金合同属于立约定金，合法有效，遂判令被告双倍返还定金10万元。

同价款。

（三）证约定金

所谓证约定金，是指为了证明合同的成立而在合同成立后交付的定金，设立证约定金的目的是避免当事人以合同未成立为由不履行合同。罗马法中的完全定金附约即证约定金。由于证约定金仅仅作为一种合同成立的证据而存在，所以也不适用定金罚则，在合同履行后或充抵价款、或予以返还。

通常，如果当事人订立了书面合同，就没有必要交付证约定金，所以证约定金往往适用于仅有口头合同的情况。例如，消费者在商场购买家具，在钱款未带足的情况下，可与商家约定交付一定数额的金钱作为证约定金。实践中，由于上述情况下消费者还可以预付款、保证金、押金、违约定金、解约定金的形式证明合同的成立，所以证约定金单独存在的实践意义不大。而且实务界多认为我国《民法通则》和《担保法》规定的定金均为违约定金，违约定金同时也具有证明合同成立的功能，所以在当事人认可成立合同，但对定金的类型约定不明的情况下，我们倾向于认定该定金为违约定金，证约定金的适用范围也因此更显狭小。那么，我们能否因此否认证约定金存在的必要性、合理性呢？我们认为，在不违反法律法规强制性规定的前提下，如果双方当事人在收取定金的单据上注明“该定金仅用于证明合同成立”的类似表示，或者双方当事人均认可交付的定金为证约定金，那么应当认定当事人关于证约定金的约定合法有效。目前，虽然法律、法规或司法解释尚未规定证约定金，但是我们必须承认证约定金作为独立的一种定金类型存在，并适用相关的民法理论解决因证约定金而产生的相关问题。

（四）解约定金

所谓解约定金，是指当事人为了保留单方解除主合同的权利而交付的定金，交付定金的一方可以放弃定金为代价解除主合同，收受定金的一方可以双倍返还定金为代价解除主合同。解约定金成立后，交付定金的一方和收受定金的一方均得以丧失定金利益为代价取得解除主合同的权利。我国《担保法解释》第一百一十七条规定了解约定金的适用规则。

由于解约定金赋予了当事人单方解除主合同的权利，所以设定解约定金原则上应当采取书面方式由当事人在合同中明确约定。我国《民法通则》和《担保法》规定的定金均为违约定金，如果当事人不明确约定定金的性质为解约定金，双方当事人又对定金的性质争执不下时，法院或仲裁机关无法认定定金的性质为解约定金，当然也不能依据合同赋予当事人解除主合同的权利。

（五）违约定金

所谓违约定金，是指作为当事人违反合同的救济方法而支付的定金，定金交付后，交付定金的一方不履行合同时，收受定金的一方得没收定金；收受定金的一方不履行合同时，应向支付定金的一方双倍返还定金。违约定金的作用类似于违约金，通过使违约方丧失定金利益来间接保证债的履行。

关于我国《民法通则》和《担保法》规定的定金的性质问题，学界认识不一，主要有违约定金说、解约定金说、双重属性说、多重属性说等观点，其中尤以违约定金说和解约定金说最为有力。

有学者认为我国定金的性质主要是解约定金，当事人双方得以丧失或双倍返还定金为代价解除合同。理由是我国法律中并未规定，在丧失或双倍返还定金后，一方当事人要求继续履行合同的，另一方当事人应继续履行。从立法例上说，我国法上规定的定金罚则与日本法上的规定相同，即为解约定金，而非德国法上的定金制度；从法理上说，既然于当事人依法不履行合同时，对方得解除合同并保留或者双倍返还定金，那么，在合同履行期限届满前当事人也可以丧失或者双倍返还定金为代价而解除合同。[①] 况且，对于给付定金的一方来说，若其另有机会能获得更大的利益，理应允许他以定金的抛弃而解约，去实现比此更大的利益，对于获得定金一方来说，因其获得了定金，其利益已得到填补，对其并无不利。[②] 实践中，还有人认为，只有合同解除的情况下才能适用定金罚则。如果合同关系不解除，当事人均受合同拘束，非违约方可以要求违约方继续履行合同，那么就不存在法律规定的一方当事人“不履行”合同义务的情形，只存在迟延履行的问题，当然不能适用定金。《担保法解释》第一百二十条规定，因当事人一方迟延履行或者其他违约行为，致使合同目的不能实现，可以适用定金罚则。合同目的不能实现的结果就是解除合同，所以该情形实质也是在合同目的不能实现而致合同解除的情形下才适用定金罚则。《民法通则》和《担保法》关于定金的规定中明确定金罚则适用于不履行合同的情形，这样看来，《担保法解释》与《民法通则》、《担保法》的规定是一致的。也就是说，只有在当事人不履行合同导致合同解除的情形下，才能适用定金罚则。上述观点的实质也是认为我国法律规定的定金性质为解约定金，即合同不解除就不适用定金罚则，接受定金罚则，就应当解除合同。

笔者认为，根据我国《担保法》、《合同法》的规定，定金兼有证约定金和违约定金的性质，又根据私法自治原则，当事人对定金性质另有约定，亦应准许，且《担保法解释》认为，现行法律关于定金的规定并非强制性规定，而是任意性规范，是对定金的一般属性作出规定，并不排除当事人约定其他性质和类型的定金。

---

① 郭明瑞：《担保法》，中国政法大学出版社 1998 年版，第 319 页。

② 刘心稳主编：《中国民法学研究述评》，中国政法大学出版社 1996 年版，第 501 页。

四、定金制度与相关制度的关系

（一）定金与预付款

1. 定金与预付款相同之处。预付款是合同一方当事人为实现其经济目的以预先支付的形式给予对方一定数额的金钱。从形式上看，定金和预付款都是合同当事人双方约定的由一方在合同金额内先给付对方的一定款项，在合同履行后，定金可抵作价款，此时便具有预付款的性质，但两者性质不同。

2. 定金与预付款的主要区别。表现在：

（1）目的不同。给付定金的目的在于担保主合同的履行，这是定金担保制度的宗旨，我国法律并不承认不以担保为目的“定金”制度。当然，当事人也可以约定立约定金、证约定金、成约定金等。而预付款则不具有担保主合同履行的目的，而在于履行合同约定的付款义务，作为收取预付款的一方，目的在于先取得部分合同价款，而在实践中，预付款的给付多适用于紧俏商品和物资的购销行为。

（2）性质不同。定金合同是主合同的从合同，而预付款的约定则是主合同内容的一部分，且为诺成式的协议。

（3）效力不同。双方当事人签订定金合同或在主合同中签订有定金条款，并在合同履行前交付定金，定金合同或定金条款生效。若收取定金的当事人不履行合同，应当向交付定金的当事人双倍返还定金。这是由于定金既有担保合同的履行的效力，又有制裁违约方的效力所决定的。预付款的给付仅具有履行合同约定的预付款义务的效力，当事人负担的预付款给付义务是由预付款的支付而消灭。接受预付款的当事人不履行合同的义务，应当承担违约责任，而不是双倍返还预付款。

（4）适应范围不同。定金可广泛适用于各类合同，但借款合同除外。而预付款适用时受到法律限制，一般认为，预付款主要适用于金钱履行义务的合同。

（二）定金与押金

1. 定金与押金相同之处

定金与押金在一般情况下均属于金钱担保的范畴，都是一方当事人按照约定给付对方的金钱，在合同履行后，都发生返还的法律后果。有人认为，押金不具有担保功能，而我们认为，押金具有一定的担保功能。比如，甲与乙签订财产租赁合同，甲将财产交付给乙租赁使用，乙方负有支付租赁费用和返还财产的义务。乙为了保证财产能够完整无损地（除正常使用外）返还给甲，乙在领取财产时要按合同的约定支付一定押金。当租赁期满后，乙将财产完整无损地返还给甲，甲要将所收的押金返还给乙，或者折抵乙使用期间的租赁费用，当乙不能完整无损地返还财产时，甲有权将押金折抵赔偿财产损失。由此可见，押金亦具有担保功能，因押金以实际交付占有为特征，与质押的交付占有的特征相一致，因此押金在本质上当属于质押担保的范畴，只不过押金的标的物一般为金钱，是质押中的特殊情形。因此，我们说押金也具有一定的担保功能。

2. 定金与押金的区别

表现在：

（1）付款时间不同。定金的给付一般在合同订立之前或者订立后交付，但必须在主合同义务履行之前交付定金。而押金的交付可在订立合同之前、合同订立后或在合同履行过程中，押金的给付时间也无明确的限制性规定。

（2）给付数额不同。定金给付的数额一般由当事人约定，但其约定的数额不得超过主合同标的额的 20%，若超过了 20%，其超过部分为无效。而押金的数额由当事人约定，但并没有数额上的具体限制，完全由当事人自由作出约定。

（3）法律效力不同。定金的法律效力主要表现在定金具有违约金性，即当事人可以约定一方向对方给付定金作为债务的担保，债务人履行债务后，定金应当抵作价款或者收回，给付定金的一方不履行约定的债务的，无权要求返还定金；收受定金的一方不履行约定的债务的，应当双倍返还定金。而作为押金虽具有担保功能，但对违约方的制裁与定金是截然不同的，给付押金的人不履行合同义务的，无权收回押金，但收受押金的人不履行合同义务的，仅是返还押金，不存在双倍返还押金问题。

（三）定金与违约金

1. 定金与违约金的相同之处

根据我国《合同法》第一百一十四条的规定，违约金是合同当事人约定的，一方违约时，即不履行或履行合同不符合合同约定条件时，应根据违约情况向对方当事人支付一定数额的货币。违约金的法律特征表现为：一是违约金的数额是预先确定的。二是违约金是一种违约后才生效的补救方式。三是违约金的支付是独立于履行行为之外的给付。

定金和违约金的共同点表现为：

（1）担保作用。定金的主要属性是一种金钱担保。定金是通过一方当事人向对方当事人交付一定数量的金钱，把合同是否履行与定金的得丧联系起来，使当事人产生心理压力，积极、适当地履行合同，从而发挥担保作用。违约金的惩罚性以及违约金的可预先性，使当事人可以预知不履行的后果，并对合同订立后违约可能造成的损失及承担责任的范围事先有所了解，使当事人适当履行合同，最终起到督促当事人严格履行合同的目的，即担保合同的履行的作用。可见，虽然定金和违约金起担保作用的方式不同，但就担保性质来说，并无实质区别。

（2）作为违约责任形式的作用。定金和违约金协议都是属于附属于主合同的从合同。在当事人一方违约时，另一方当事人可根据定金罚则或违约金获得补偿。但定金和违约金的性质都不仅仅是补偿性的，而且还有惩罚性。我国《合同法》中的定金都是违约定金，给付定金的一方不履行合同的无权请求返还定金，接受定金的一方不履行合同，应当双倍返还定金。其惩罚性可见一斑。而违约金本身就有惩罚性违约金和补偿性违约金之分，且补偿性违约金和惩罚性违约金本身都是为了制裁违约行为而设，故违约金的违约责任作用十分明显。

2. 定金与违约金的区别

在合同不履行时，定金实际上起着违约金的作用。但定金并不等于违约金，二者有着明显的区别：

（1）交付时间不同。定金是当事人双方在订立合同时约定的，在合同履行前支付；而违约金是根据法律规定或者当事人双方在合同中的约定（但不得违反法律、法规的规定），在发生违约行为后确定其数额并交付。

（2）担保力度不同。定金是预先支付，担保作用明显；违约金是违约后支付，能否支付还要取决于违约方的情况，因此，违约金的担保力度不如定金担保力度强。

（3）作用不同。定金除具有担保作用外，定金还具有证约和预先给付作用；而违约金则无此作用，只有惩罚作用。

（4）数额不同。定金的数额不得超过主合同标的额的20%；违约金是因违约形式不同而不同，不履行合同的违约金是按违约部分标的额计算的，迟延履行的违约金是按迟延履行部分的天数计算的。违约金的数额既可能小于主合同标的额的20%，也可能大于主合同标的额的20%。

（5）设立不同。定金一般只能由当事人双方协商合意设立，并以实际交付定金为生效要件；而违约金既可以由当事人双方合意设立，也可以由法律规定设立，按《合同法》的规定，违约金应当以当事人约定为主要内容。但违约金并不以实际交付为生效要件，而是以合同的合法有效存在为前提。

（四）定金与赔偿损失

所谓赔偿损失，是指合同当事人不履行或不完全履行合同义务，给权利方造成财产上的损失时，根据法律规定，由违约的一方以其财产赔偿对方所蒙受的财产损失的一种违约责任形式。我国《合同法》中的赔偿损失主要是金钱赔偿，也有以实物赔偿的，但仅限于以合同标的物以外的物品予以赔偿，否则，即为实际履行。赔偿损失具有补偿性，在某些特定情形下还具有惩罚性。

定金与赔偿损失关系如何，因定金性质不同而各异。解约定金，作为合同解除的代价，实际上有没收定金或双倍返还定金以弥补损失的作用，除适用定金罚则外，不能再请求其他赔偿。违约定金若是损害赔偿总额的预定，则不履行合同，毋须举证损失多少，没收的定金或双倍返还的定金即是损害赔偿额。若违约定金是损害赔偿的最低预定，则不履行合同，没收定金或双倍返还定金已能弥补损失的，不发生损害赔偿问题；若不足以弥补损失，还要进行赔偿。若违约定金是违约罚金性质，未规定违约金的，则损失多少赔偿多少；规定了违约金的，应视具体情况而定，如果违约方支付违约金总额不足以弥补损失，尽管加上定金已能够弥补损失，仍应要求违约方支付违约金的不足部分，以完全弥补对方的损失。

五、对引言案例的评析

在本案中，涉及到司法实践中常见的、争议较大的几个问题：商品房预约登记书的性质如何？该预约登记书能否视为商品房买卖合同？预约金的性质如何？本案民事责任是按照商品房买卖的惩罚性赔偿，还是违约责任，还是缔约过失责任？

1. 商品房预约登记书的法律性质为预约合同

商品房预约登记书的法律性质一直存有争议：一是担保说，签订认购协议的主要目的是担保将来买卖合同的订立，认购协议中主要内容为定金条款，其内容符合《担保法》的有关规定；二是从合同说，认购协议相对于买卖合同而言，具有从属性，是买卖合同的从合同，两者之间存在一种制约关系；三是意向说，认购协议是当事人洽谈房屋买卖事项形成的初步文件，双方仅达成合意的初步意向，不具有法律效力；四是附条件的民事法律行为说，预售商品房买卖双方签订认购协议时常常对交房的日期、办理房屋产权证书的期限、预售商品房质量标准等上不能确认，约定在签约条件成就时双方再签订正式的预售商品房买卖合同，故认购协议的性质是附条件的预售商品房买卖合同，其实质是待到认购协议约定条件成就时正式的预售商品房买卖合同才生效。五是预约说，认购协议的合同性质为预约合同，是一份独立有效的合同，因为签订认购协议时，预售商品房买卖行为还未发生，还处在预售商品房买卖前契约阶段，而签订认购协议则属于预售商品房买卖前契约阶段所实施的民事行为，其目的在于将来订立预售商品房买卖合同。

我们赞同预约说，认为本案的商品房预约登记书的法律性质是预约合同。预约登记书与正式的预售商品房买卖合同的关系为预约与本约的关系。在合同分类中，存在本约与预约之分。民法理论认为预约是指将来订立一定契约的契约，或者认为它是当事人一方或双方为将来订立确定性本合同达成的书面允诺或协议。尽管我国现行立法没有规定预约制度，但基于契约自由的精神，不应否认交易双方以订立预约的方式为订立本约做准备，认购协议即为一类非常典型的预约。一是预约登记书系平等主体张某与甲公司之间为设立预售商品房买卖权利义务订立的协议，符合《合同法》第二条关于“合同”的定义，为独立合同，既不同于因缺乏合意而不具有法律效力的要约，也不同于缺乏明确意思的初步意向。预约登记书的成立、生效、变更并不以预售商品房买卖合同为基础，其本身具有独立性，只要双方当事人意思表示不存在瑕疵，不违反法律禁止性规定，预约登记书认定为有效；二是预约登记书主要是对签订正式买卖合同的相关事宜进行约定，并非直接确认预售商品房买卖的结果，且订立预约登记书时，买卖合同的签订条件大多尚不具备、时机尚未成熟，存在缺失条款和不确定条款，需待条件成熟后再予以填充和确定，故预约登记书在通常情形下不能等同于正式的买卖合同；三是担保合同作为从合同，以主合同的有效成立为前提，而预约登记书签订时，正式的预售商品房买卖合同并未成立，而买卖合同一旦成立后，预约登记书即失去法律效力，故将预约登记书认定为担保合同或从合同显然不当。

2. 预约登记书认定为商品房买卖合同的条件

《最高人民法院关于审理预售商品房买卖合同纠纷案件适用法律若干问题的解释》（下称《商品房买卖解释》）第五条规定："预售商品房的认购、订购、预订等协议具备《预售商品房销售管理办法》第十六条规定的预售商品房买卖合同的主要内容，并且出卖人已经按照约定收受购房款的，该协议应当认定为预售商品房买卖合同。"该条款规定了认购协议直接认定为买卖合同（本约）的两个条件：一是认购协议内容具备《预售商品房销售管理办法》第16条的主要内容；二是出卖人已按约收受购房款。《商品房销售管理办法》第十六条规定了商品房买卖合同应当具备13项主要内容：（1）当事人基本情况；（2）商品房基本状况；（3）商品房的销售方式；（4）商品房价款的确定方式及总价款、付款方式、付款时间；（5）交付使用条件及日期；（6）装饰、设备标准承诺；（7）供水、供电、供热、燃气、通讯、道路、绿化等配套基础设施和公共设施的交付承诺和有关权益、责任；（8）公共配套建筑的产权归属；（9）面积差异的处理方式；（10）办理产权登记有关事宜；（11）解决争议的方法；（12）违约责任；（13）双方约定的其他事项。预约登记书一旦符合了这些内容，即具备了预售商品房现实交易的可能性，克服了预约转化为本约过程中存在的事实或法律上的障碍，因而没有再签订本约的必要。故在此情形下，预约登记书在性质上不再是预约，而应直接认定为本约。从前述案例来看，预约登记书不具备商品房买卖合同所规定的13项主要内容，并且双方约定双方的权利义务以签订正式的商品房预售合同为准。因此。预约登记书只能是预约合同。

《商品房买卖解释》第五条规定"出卖人已按约定收取购房款"，表明预约登记书已进入了实际履行阶段。最高人民法院认为将“出卖人已按约定收取购房款”作为预售商品房买卖合同成立的要件之一，主要考虑到预售商品房交易实务中，出卖人与买受人签订认购协议多是订有日后再签订正式买卖合同的条款，尽管预约登记书具备本约内容，但合同当事人的真实意思是签订预约合同，故附加买受人交纳全部或部分房款的合同才转化为正式的预售商品房买卖合同，以此方式区分预约和本约，符合我国预售商品房销售市场的实际情况，也符合预约合同理论的逐步完善。从本案情况来看，张某仅仅支付了20000元的预约金，双方在预约登记书中并没有约定该20000元系付购房款，因此从该条件来看，预约登记书亦不具备商品房预售合同的要件。

3. 预约金的性质取决于预约登记书中的约定

购房者认为，定金在未签订买卖合同时应当双倍予以返还。其实，“订金”属于预付性质的款项，是在交易尚未完全达成的情况下，买方为表达诚意，使卖方对交易具备一定信心而先期履行部分义务而支付的款项。在交易最终未能完成时，该订金应该退还购房者。而“定金”则属于担保方式的一种，关于定金的具体操作，《合同法》、《担保法》及其司法解释均有明确规定。当然，根据《担保法解释》第一百一十八条“当事人交付留置金、担保金、保证金、订约金、押金或者订金等，但没有约定定金性质的，当事人主张定金权利的，人民法院不予支持”和《商品房买卖解释》第四条前段规定“出卖人通过认购、定购、预订等方式向买受人收受定金作为订立商品房买卖合同担保的，如果因当事人一方的原因未能订立商品房买卖合同，应当按照法律关于定金的处理”的规定，预约金的性质完全取决于双方在预约登记书中的约定，如果具备了定金性质，任何一方当事人违约，均可按照《担保法》第八十九条的规定适用定金罚则。如果不具备定金性质，则预约金只能作为预付房款，若签订正式的预售合同则抵作房款，若没有签订正式预售合同则退回预约金。

从本案的实际情况来看，预约登记书中对预约金的约定是，若签订商品房买卖合同，则预约金抵作房款，否则预约金退回。

因此，预约金并没有定金罚则性质的约定，不得适用定金罚则，只能尊重双方当事人在预约登记书中的约定，由甲公司退回预约金 20000 元给张某。

4. 本案民事责任承担的性质为缔约过失责任

在本案中，甲公司承担商品房买卖的惩罚性赔偿责任，还是违约责任、缔约过失责任？颇具争议。根据《合同法》第四十二条“当事人在订立合同过程中有下列情形之一，给对方造成损失，应当承担赔偿责任：（一）假借订立合同，恶意进行磋商；（二）故意隐瞒与订立合同有关的重要事实或提供虚假情况；（三）有其他违背诚实信用原则的行为”的规定，预约登记书是预约合同，违反预约登记书的义务主要是违反诚信谈判义务，对双方当事人来说，造成的损失只能是机会的损失，应当承担《合同法》第四十二条项下所规定的缔约责任。缔约责任赔偿的是守约方信赖利益的损失。信赖利益通常是法律行为无效或可撤销，相对人信赖其为有效，却因无效或被撤销的结果所蒙受的不利益，又称为消极利益或消极合同利益，信赖利益赔偿的结果为如同合同未曾发生一样。据此，守约方可以要求违约方赔偿其在订立预约登记书及其在签订本合同过程中的损失，使其得以弥补恢复到预约登记书未曾发生以前的状态。

在本案中，张某和甲公司所签订的预约登记书打的性质为预约合同，并没有签订正式的商品房买卖合同，因此张某不能按照预约合同追究甲公司的违约责任。同时，由于双方没有签订正式的商品房买卖合同，因此不能适用《商品房买卖解释》第八条所规定的张某要求甲公司返还已付的购房款及不超过已付购房款一倍的赔偿责任、赔偿差价损失，即惩罚性赔偿。因此，张某只能要求甲公司承担缔约过失责任。就本案而言，甲公司应当按照约定退回张某的预约金 20000 元，同时甲公司还应当赔偿张某所遭受的信赖利益损失，即张某已付的预约金 20000 元所占总房款 195000 元的乘以差价损失 42000 元的部分，即为 4307.69 元。这样处理，就衡平了双方当事人的利益，对当事人双方来说是公正公平的。

第二节 定金合同的生效

一、引言

定金应当以书面形式约定。定金合同自交付之日起生效。实际交付的定金数额多于或者少于约定数额，视为变更定金合同；收受定金一方提出异议并拒绝接受定金的，定金合同不生效；当事人约定的定金数额超过主合同标的额20%的，超过的部分，人民法院不予支持。诸如：

定金合同纠纷案①

2001年5月22日，食品厂与冷藏厂签订了一份买卖带鱼合同。合同约定：食品厂购买冷藏厂带鱼一批，货款共计25.5万元，同年5月30日提货；食品厂付定金20万元。合同还对双方的其他权利义务作了约定。合同签订后，食品厂于当日交付定金20万元。后来，双方对合同的履行产生争议，合同未实际履行。因双方对违约责任及定金的处理存在分歧，食品厂遂诉至法院，主张其按约定时间去提货，但冷藏厂未按约供货，延误了其加工出口业务，因此，要求冷藏厂双倍返还定金40万元。冷藏厂主张货已备好，但食品厂未按时提货，无权要求返还定金。

法院经审理认为，双方签订的买卖合同系双方当事人的真实意思表示，除定金部分约定无效外，其余合同条款合法有效。货款总额为25.5万元，双方约定交付定金20万元，违反了《中华

① 案例参见秦国栋：《定金数额约定过高法院判决部分无效（案件报道）》，载《市场报》2001年9月17日第6版。

人民共和国担保法》第九十一条“定金的数额由当事人约定，但不得超过主合同标的额的20%”和《担保法解释》第一百二十一条“当事人约定的定金数额超过主合同标的额百分之二十的，超过的部分，人民法院不予支持”的规定，超出规定部分为无效，定金数额应认定为货款总额的20%即5.1万元，其余14.9万元应视为预付款。同时，食品厂没有证据证实按合同约定时间提货，构成违约，无权要求返还定金。但因双方未实际履行合同，冷藏厂应返还食品厂的预付款14.9万元。据此，法院依法判决冷藏厂返还食品厂预付款14.9万元，驳回了食品厂要求双倍返还定金的诉讼请求。

上述案例，涉及到定金合同的生效问题。根据《担保法》第九十二条的规定：“定金合同应当采用书面形式。当事人在定金合同中应当约定定金交付的期限，定金合同从实际交付定金之日起生效”。该法第九十一条：“定金的数额由当事人约定，但不得超过主合同标的额的20%。”《担保法解释》第一百一十九条规定：“实际交付的定金数额多于或者少于约定数额，视为变更定金合同；收受定金一方提出异议并拒绝接受定金的，定金合同不生效。”该解释第一百二十一条规定：“当事人约定的定金数额超过主合同标的额百分之二十的，超过的部分，人民法院不予支持。”

二、定金合同的生效

根据《担保法》及其司法解释的有关规定，定金的生效应当具备如下要件：

1. 当事人必须对设立定金担保意思表示一致

意思表示是所有法律行为的一般成立要件，合同是一种双方法律行为，其一般成立要件则是双方的合意即当事人意思表示一致。定金担保作为合同的一种，也应当是双方当事人意思表示一致的结果。

根据《担保法》第九十二条的规定，当事人设立定金担保的意思表示一致应当采用书面形式。当定金合同以口头形式订立时，其效力如何？尚有分歧。有学者认为，定金合同是要式合同，必须以书面形式订立，口头约定无效。[①] 我们认为，《担保法》仅规定了定金合同“应当”采用书面形式，而没有规定“必须”采用书面形式，亦未规定以“口头形式”订立的定金合同无效，且定金合同自定金给付人向定金接受人交付定金之日起生效。因此，在解释和实务上不能简单地认为，以口头形式订立的定金合同无效。正如“对于定金合同，原则上应以书面形式订立，当事人亦积极采用，但如果未以书面形式而以口头形式或其他方式约定定金，只要当事人能够举证且无相反证明，则亦应认定定金有效成立。”[②]“若当事人举不出相应的证据，则不能确认定金合同成立”。[③]

2. 当事人必须交付定金

定金合同为实践性合同，而不是诺成性合同，此为公认的法理。因此，作为定金成立的要件，还必须有定金之交付，定金才能有效成立，定金担保权利义务关系才能成立。《担保法》第九十二条规定“当事人在定金合同中应当约定交付定金的期限”，应当在约定的期限内交付定金，定金法律行为才能成立。若当事人在合同中未约定定金的交付期限，定金的交付应当在合同义务履行之前交付，交付后定金生效。

从我国《担保法》第九十条所规定的“……定金合同从实际交付定金之日起生效”来看，应解释为定金交付为定金合同的生效要件。然而多数学者认定交付定金是定金合同成立的要件。认为定金契约之成立，以定金交付为必要，仅有定金的合意尚为未

① 杨立新：《民法判解研究与适用》（第三集），中国检察出版社 1997 年版，第 459 页。

② 孔祥俊主编：《担保法例解与适用》，人民法院出版社 1996 年版，第 581 页。

③ 唐德华、奚晓明等：《最新担保法条文释义》，人民法院出版社 1995 年版，第 188 页。

足。依定金之交付，定金契约始成立，故为要物契约。[①] 否则，如认为定金合同依合意而成立，其后当事人交付定金即为履行合同，定金的效力无从体现；如果当事人不交付定金，又怎样追究违约责任呢?[②] 所以，认定交付定金是合同成立的要件，亦符合实践合同的特征。

定金的交付是仅移转定金的占有，还是移转定金的所有权，存在着分歧。有人认为，定金交付后转移的只是占有权，在合同履行期间双方均无处分权，定金处于一种“禁治”状态，只有当合同履行完毕，定金才依所有者意志转移或者收回。[③] 有人认为，定金所有权应随交付而转移。[④] 有人认为，定金交付是所有权与其权能分离的结果，定金交付后，定金的占有、使用及一定的处分权能都转移给接受方，但支付方仍保留了定金最终所有权。[⑤] 我们赞同定金的支付是转移了定金的所有权。因为，在定金以金钱为标的时，法谚有“货币属于其占有者”之说，意指货币的所有权与占有融为一体，取得货币的占有即取得货币的所有权，丧失货币的占有即丧失货币的所有权，这是由货币的本质、货币的价值和交易的需要决定的。[⑥] 定金由接受者收取后可任意处分的事实也证明了上述结论的正确性。

3. 定金的数额不能超过法定限额

根据我国《担保法》第九十一条的规定，定金的数额不得超过主合同标的额的20%。因而，定金的数额也是定金合同成立的必要条件。当定金的数额的约定超过主合同标的额的20%时，其超过部分无效，定金罚则的适用应当遵循“就高不就低”的原

---

① 史尚宽：《债法总论》，中国政法大学出版社2000年版，第513页。

② 王利明等：《民法新论》（下册），中国政法大学出版社1988年版，第325页。又见王家福主编：《中国民法学·民法债权》，法律出版社1991年版，第126页，认为“定金合同为实践性合同，定金的成立，不仅要有合同当事人的合意，而且要有定金的现实交付”。

③ 肖龙、赵彬：《浅论定金和预付款》，载《法学研究》1986年第4期。

④ 警言：《定金所有权应随支付而移转》，载《法学研究》1987年第1期。

⑤ 孙鹏、肖厚国：《担保法律制度研究》，法律出版社1998年版，第328页。

⑥ 郑玉波：《民法物权》，第417—418页。

则，按主合同标的额的20%适用，超过的部分，人民法院不予支持。

只有同时具备了上述条件，定金方能成立。

三、定金的效力

定金依法成立，并实际交付，便产生了法律效力。定金的法律效力，是指定金合同有效成立后在当事人之间产生的相应权利义务关系。依照《担保法》第八十九条的规定，定金的法律效力表现在两方面：（1）债务人履行债务后，定金应当抵作价款或者收回。此为主合同得以履行情况下所表现的效力。（2）在发生违约情况下，给付定金的一方不履行约定的债务的，无权要求返还定金；收受定金的一方不履行约定的债务的，应当双倍返还定金。

在司法实践中，定金的效力可因定金担保的种类不同而不同，证约定金只有证明合同成立的效力。解约定金，是为保留合同的解除权而支付的定金，交纳人可以因履行或抛弃定金而解除合同，接受人是否也可以解除合同，应依当事人的意思及交易上习惯而定。立约定金因作为合同成立的要件，具有创设合同权利的效力。立约定金具有约束当事人签订正式合同的效力，定金给付人不订立正式合同时，不得请求定金的返还；定金接受人不订立正式合同时，应当双倍返还定金。违约定金以债务不履行的制裁为目的而交付的，在债务人不履行债务时，定金接受人可以保留其定金，具有预付违约金的性质。

四、对引言案例的评析

在本案中，食品厂与冷藏厂在签订买卖合同中约定了定金条款，主合同的标的额为25.5万元，而双方在合同中约定定金为20万元，并交付了定金，则定金生效。但是，该定金的约定违反了《担保法》第九十一条所规定的“不得超过主合同标的额的20%”，依据《担保法解释》第一百二十一条“当事人约定的定金数额超过主合同标的额20%的，超过的部分，人民法院不予支持”的规定，买卖合同的标的额为25.5万元的20%是5.1万元，而交付定金20万元中只能认定5.1万元是定金，适用定金罚则，14.9万元只能视为预付款。因此，本案的处理是正确的。

第三节 定金罚则的适用

一、引言

因当事人一方迟延履行或者其他违约行为，致使合同目的不能实现，可以适用定金罚则。但法律另有规定或者当事人另有约定的除外。当事人一方不完全履行合同的，应当按照未履行部分所占合同约定内容的比例，适用定金罚则。诸如：

本案如何适用定金罚则[①]

原告：桓台县果里镇巨力卷板机厂（下称巨力厂）。

被告：上海正豪金属制品有限公司（下称正豪公司）。

2004年3月9日，巨力厂与正豪公司签订了购销合同一份。合同约定：正豪公司以29万元的价格购买巨力厂三辊卷板机一台，同年3月28日在巨力厂厂内交货；正豪公司预付定金10万元，提货时付货款10万元，余款9万元正豪公司以延期一个月的汇票一张予以交付。合同签订后，正豪公司于2004年3月15日前支付定金10万元。3月26日，巨力厂发电要求正豪公司按约定时间提货。4月3日，正豪公司带款10万元及一张延期一个月的金额为9万元汇票到巨力厂处提货。因该汇票在山东境内不能使用，双方经再次协商达成补充协议：巨力厂先行将货物装

① 案例参见桓台法网。

车及时起运，正豪公司回沪即向巨力厂汇款7万元。巨力厂依约将货物运抵上海，但正豪公司未按约汇款即将货物卸下。5月1日，正豪公司致电巨力厂称设备有质量问题。同日，巨力厂回复询问具体质量问题，正豪公司至今未予答复。5月3日、4日，淄博市公证处对正豪公司所购巨力厂设备状况进行了现场查看，并于2004年6月11日出具设备正常运转的公证。巨力厂为此支付差旅费及摄像费2620.30元、饭费1383元、公证费4000元。巨力厂索款不成，遂提起诉讼，要求正豪公司支付货款148000元，并赔偿经济损失8003.30元。

法院经审理认为，正豪公司在收到货物后未按约定汇款构成违约，应当承担违约责任。但双方约定的定金数额超过法律规定的范围，其超出部分无效。而且，因正豪公司属于部分违约，根据《担保法解释》第一百二十条第二款"当事人一方不完全履行合同的，应当按照未履行部分所占合同约定内容的比例，适用定金罚则"的规定，应当按照其违约部分适用定金罚则。据此，法院判决：一、正豪公司欠巨力厂货款108000元（已扣除不予退还的定金18200元），于本判决生效后十日内付清。二、正豪公司赔偿巨力厂经济损失6620.30元（公证费4000元，摄像费及差旅费2620.30元）于本判决生效后十日内付清。三、驳回巨力厂的其他诉讼请求。①

上述案例，涉及到定金罚则的适用问题。对此，《担保法》第八十九条规定："……给付定金的一方不履行约定的债务的，无权要求返还定金；收受定金的一方不履行约定的债务的，应当双倍返还定金。"《担保法解释》第一百二十条规定："因当事人一方迟延履行或者其他违约行为，致使合同目的不能实现，可以适用定金罚则。但法律另有规定或者当事人另有约定的除外。当事人一方不完全履行合同的，应当按照未履行部分所占合同约定

① 案例参见桓台法网。

内容的比例，适用定金罚则。”定金担保主要体现在定金罚则的适用，因此，必须正确理解和适用定金罚则：

二、立约定金、成约定金、解约定金的定金罚则适用

立约定金，依当事人的约定，担保的是当事人在将来正式缔约，所以立约定金的定金罚则适用是当事人违背承诺拒绝订立合同，属于接受定金的一方拒绝订立合同的，应当双倍返还对方定金；属于交付定金的一方拒绝订立合同的，对方以扣收定金作为赔偿，定金不予退还。

成约定金，是被当事人作为合同成立或生效标志的定金，交付定金的一方拒绝交付定金，合同即不成立或不生效。如当事人交付定金，合同成立并生效后，成约定金继续发挥担保作用。在当事人违反合同义务时，成约定金与违约定金的作用相同，用来对违约一方进行处罚。成约定金的处罚条件与违约定金相同。

解约定金，依当事人约定，是作为对解除合同行为的制裁，解约定金发挥担保作用是担保当事人不解除合同，因此，解约定金的罚则适用条件非常单一，即当事人解除合同。只要当事人一方单方面解除合同，就构成解约定金罚则适用的前提。解约定金区别于违约定金，它不担保合同的履行，当事人一方违反合同义务，不构成解约定金罚则适用的条件。只有当一方当事人违约并构成法定解除合同的原因时，对方当事人根据法律规定解除合同，可以适用解约定金的罚则。在房屋租赁合同中，承租人交付给出租人的押金，约定作为承租人或出租人不提前解除租赁合同的担保。该押金具有解约定金的性质。如果承租人和出租人不解除合同，即便承租人未按期支付租金，出租人也不能扣收押金。当承租人不按期支付租金构成出租人解除合同的原因时，出租人必须先解除合同，才有权扣收押金作为赔偿。也就是说，出租人不能两全其美，既维持租赁合同效力，又扣收押金。

三、违约定金的罚则适用

《担保法解释》第一百二十条规定："因当事人一方迟延履行或者其他违约行为，致使合同目的不能实现，可以适用定金罚则。但法律另有规定或者当事人另有约定的除外。当事人一方不完全履行合同的，应当按照未履行部分所占合同约定内容的比例，适用定金罚则。"这是司法解释专门对如何适用违约定金罚则的解释。

定金合同生效后，在定金合同约定的条件成就时，进行双倍返还定金或对定金的扣收处罚方法，通常称为定金罚则。由于定金罚则与不同定金的性质相关，也与主合同的履行相关，所以在适用上情况也不同。违约定金的处罚与其他定金相比更为复杂，违约定金也是最常见的定金形式，所以司法解释针对违约定金的处罚条件专门作了规定。具体包括：

1. 适用违约定金处罚的条件

《担保法解释》第一百二十条第二款规定"因当事人一方迟延履行或者其他违约行为，致使合同目的不能实现，可以适用定金罚则。但法律另有规定或者当事人另有约定的除外。"其内容分为两层。一是明确了适用违约定金罚则适用的条件，一是但书，对例外情况作规定。适用违约定金罚则的条件是：当事人一方迟延履行或者有其他违约行为，致使合同目的不能实现，也被称为合同目的落空。当事人有违约行为是适用定金罚则的必要条件，但仅有违约行为还不够，还必须有违约行为致使合同目的的落空的结果。在适用定金罚则上，违约行为和合同目的落空两个条件缺一不可。所谓合同目的落空指当事人缔结合同的主要目的因违约行为而不能实现。合同目的指的是主合同的目的，当事人订立主合同的目的可能有主要目的，也可能有次要目的，有直接目的，也有间接目的。作为有法律意义的合同目的则仅指合同的直接目的和主要目的。致使合同的直接目的和主要目的落空的违约，在合同法理论上被称为根本违约。合同法理论认为根本违约是适用定金罚则的条件。简单地说，违约行为致使合同主要、直接的目的落空时，即构成根本违约时，可以适用定金罚则。担保法司法解释规定根本违约为定金罚则的条件，与其他国家立法例有相同之处。如英国、日本等。联合国货物销售公约也规定合同目的是否落空，是衡量是否构成根本违约的标准。

能够导致合同目的落空，构成根本违约的违约行为很多，司法解释列举的迟延履行是一种，除此之外，拒绝履行、不能履行是最起码的根本违约行为，瑕疵履行、不完全履行、权利上瑕疵履行也均有可能导致根本违约。但是，虽有违约行为但合同目的可以实现或主要目的可以实现时，根本违约就难以构成，也就不能适用定金处罚或不能全部处罚。如某合同约定甲方向乙方购买煤炭1000吨作冬季取暖用，10月30日交货。为保证按时交货，甲方要求乙方支付定金50万元，乙方同意并交付定金于甲方。交货期至时，乙方交货950吨，缺50吨，构成不完全履行合同，属于违约，甲方要求扣收乙方的定金。对于这种情况下甲方扣收乙方的定金，法律不予认可。因为就该合同的性质和履行情况而言，已供的950吨煤炭可以被合理地使用，甲方购买煤炭取暖的合同的主要目的，不因少50吨而不能实现，少供50吨货并不构成根本违约。

《担保法解释》第一百二十条但书部分规定的“但法律另有规定或者当事人另有约定的除外”是将其他性质的定金从违约定金中排除出来。因为该条解释是针对违约定金的处罚而言，定金处罚条件针对违约定金来说的。对于其他性质的定金，如解约定金、立约定金等，均有其定金处罚条件，不适用本条一款的解释内容。

2. 主合同部分履行的定金罚则的适用

主合同部分得到履行，部分没有履行也可能构成合同目的的落空，可以适用定金罚则。虽然在定金罚则问题上一般分歧不大，但司法实践中也发现合同部分已履行时当事人实际损失的判断存在一定的难度。考虑到如果全部定金被罚的话，当事人的利益难以平衡，可能造成新的不公，所以，《担保法解释》认为“当事人一方不完全履行合同的，应当按照未履行部分所占合同约定内容的比例，适用定金罚则。”这是专门针对不完全履行合同如何处罚定金而规定的。

该条司法解释按照合同履行的比率来处罚定金，目的是平衡当事人之间的利益，尽可能实现当事人之间的公平。过去最高人民法院在经济审判的解答中也有过相同的表述，可以说有一定的历史渊源。从适用来看，这种方法还是有一定的实用性，司法解释对此予以采纳。但是，如果合同本身没有标的额，不能区分比率的，则无法适用该条提供的比例方法来进行处理。另外，按照比例方法适用定金罚则，与按照是否构成根本违约来适用定金罚则存在着适用上的协调问题。如果当事人不完全履行合同的违约行为已经形成了根本违约，那么是对定金全部进行处罚，还是按照比例进行处罚，便成为问题。假设对方当事人接受不完全履行的结果，按照比例处罚定金还可行的话，那么如果对方当事人根本不接受部分履行行为，则无从使用比例方法处罚定金。因此，协调比例处罚方法和因根本违约全部处罚方法，在定金罚则上的冲突，需要再引入“部分根本违约”的概念。在不完全履行合同量变质变为“全部根本违约”时，全部适用定金罚则；在不完全履行构成“部分根本违约”时，部分适用定金罚则，即按比例适用定金罚则；在不完全履行尚不构成“根本违约”时，不适用定金罚则。

四、免于适用定金罚则的情形

免于适用定金罚则的情形，《担保法解释》第一百二十二条明确规定有不可抗力和意外事件两种，并排除第三人过错。该条规定：“因不可抗力、意外事件致使主合同不能履行的，不适用定金罚则。但是，因合同关系以外第三人的过错，致使主合同不能履行而适用定金罚则的，受定金处罚的一方当事人，可以依法向第三人追偿。”因不可抗力、意外事件而造成合同不能履行的情况下，免于适用违约定金处罚以及第三人原因导致违约如何处理，仅针对违约定金而言。在约定有违约定金的场合，违约是适用违约定金罚则的一般原则，至于造成违约的原因则不予考察。无论是因为当事人主观的因素，还是客观的因素造成违约的，均可以适用违约定金罚则。但是也有例外，即“因不可抗力、意外事件致使主合同不能履行的，不适用定金罚则。”具体包括：

1. 不可抗力与定金罚则

司法解释认为不可抗力致使合同不能履行免于适用定金罚则，这样解释的依据是我国《合同法》第一百一十七条关于不可抗力的规定。《合同法》规定，“因不可抗力不能履行合同的，根据不可抗力的影响，部分或者全部免除责任，但法律另有规定的除外”。不可抗力可以免除违约责任是合同法的一般原则，定金罚则也属于因违约产生的责任的一部分，依照合同法规定的精神，也应当在可以免除之列。需要说明的两个问题是：（1）因不可抗力不能履行合同也包括不能按期履行合同，也即包括因不可抗力造成迟延履行的情况。因此，在因不可抗力造成不能履行和迟延履行两种情况下，均可以免除定金处罚；（2）合同法根据不可抗力的影响区分部分或全部免除责任，但在定金处罚上，只能全部免除定金处罚。因为定金作为金钱质权是一个整体，不可分离。就其整体性而言，接受定金的一方返还部分或全部定金，可以导致定金质权的全部或部分丧失。

2. 意外事件与定金罚则

司法解释认为意外事件致使合同不能履行，也可免于适用定金罚则。将意外事件与不可抗力同等看待。意外事件是相对复杂的一个概念，我国法律没有规定意外事件的定义和范围。理论上认为对意外事件有客观说、主观说、折衷说三种理解。客观说认为意外事件是与当事人有特殊内在联系的情况，即事件与当事人的行为存在一定程度上的因果关系；主观说认为意外事件是特定当事人主观上不能预见和不能防止的情况；折衷说认为应当结合主观说和客观说，从主客观因素出发确定意外事件。从司法实践来看，现行的理论无法提供区分不可抗力和意外事件的可行方法。笔者从实际需要分析认为，认定意外事件应当结合不可抗力和第三人原因，主张凡是不属于不可抗力，又没有第三人原因的情况，致使合同不能履行的，即属于意外事件。不可抗力在我国法律规定中是有定义和范围的。我国《民法通则》和《合同法》均规定不可抗力是“不能预见、不能避免、并不能克服的客观情况”，通说认为不可抗力的范围一般限于自然灾害、战争、社会动乱、政府行为等。第三人原因所致的违约既不属于不可抗力，又不属于意外事件，司法解释也将第三人原因单列出来，作为一个单独的类型，与不可抗力、意外事件相并列。需要特别留意的是，外表像意外事件，但背后有第三人原因的，均不能看作意外事件。

五、审判实践中适用定金罚则应注意的问题

1.《担保法解释》第一百一十八条规定的适用

该条规定：“当事人交付留置金、担保金、保证金、订约金、押金或者定金等，但没有约定定金性质的，当事人主张定金权利的，人民法院不予支持。”由此可见，在司法实践中，支付定金的一方虽以货款、预付款、保证金、留置金、担保金、押金、订金等名义支付，但支付数额、时间与定金合同约定的权利和义务一致的，不影响定金合同的效力。[①] 比如：甲欲购买乙的一批家具，双方订立了购销合同，并在合同中约定：甲预付给乙款2000元，若甲违约，便丧失预付款2000元，若乙违约，便双倍返还预付款4000元，合同签订之时，甲交给乙预付款2000元，而在合同履行中，乙却将甲所要的家具出售给丙，造成合同不能履行，此时，甲请求乙双倍返还预付款4000元。甲的请求是否能得到支持存在两种意见：一种意见认为，预付款不是定金，乙

① 《担保法解释》第一百一十八条规定：当事人交付留置金、担保金、保证金、订约金、押金或者定金等，但没有约定定金性质的，当事人主张定金权利的，人民法院不予支持。

只能返还预付款2000元，另一种意见认为，虽合同中写明为预付款，而实际约定的权利与义务和定金的效力相同，因此，此时的预付款应视为定金，这样，尊重当事人在合同中的意思自治。我们同意后一种意见。[①]

2. 因第三人的原因造成合同不能履行的，仍可适用定金罚则

我国《合同法》第一百零七条规定："当事人一方不履行合同义务或履行合同义务不符合约定的，应当承担继续履行、采取补救措施或者赔偿损失等违约责任。"一般认为，该条采用了无过错原则，当事人不履行合同义务或者履行不符合约定就应当承担违约责任，除法定免责的除外。[②]因此，当事人一方不履行合同义务或履行合同义务不符合约定的，就可适用定金罚则。但由于第三人的原因造成合同不能履行的，是否适用定金罚则，存在着分歧。有人认为，因第三人的原因导致合同不能履行的不适用定金罚则。

而笔者认为，根据《担保法解释》第一百二十二条"因不可抗力、意外事件致使主合同不能履行的，不适用定金罚则。因合同关系以外第三人的过错，致使主合同不能履行的，适用定金罚

① 《人民法院报》2004年5月7日报道的《订金与定金虽有一字之差照样双返定金》：2003年6月26日，看中了一套房子的俞某同上海物宁房产签订了一份房屋转让意向书，约定：物宁房产承诺在收到俞女士相关证件后办理有关交割变更手续，签订正式转让协议书。俞某支付2000元作为对房屋转让意向的定金。三天后，物宁房产向俞女士出具了一张2000元的收据，收款事由为代收购买上述房屋的"订金"。因最终未能得到这套房屋，俞某诉至法院，请求物宁房产双倍返还定金4000元。物宁房产辩称其未能交房的原因是房屋产权人要求提高价款，他们收取的2000元是"订金"而不是"定金"，是用于看其他房屋的。经审理一审法院认为，房屋产权人要求提高价款导致的交易不成功不能构成买卖合同违约的免责事由。俞某向物宁房产支付2000元钱的行为，是她在履行意向书中的定金条款。为此，法院判决物宁房产双倍返还定金4000元。物宁房产不服原审判决，向上海二中院提起上诉。二审法院认为，由于在双方签订意向书后，俞某向物宁房产交付了2000元，而物宁房产也出具了收据。收据上载明这笔钱是因俞某相中的房屋而收取的"订金"，俞某当然有理由相信她支付的2000元就是意向书中约定的定金。俞某要求没能交房的物宁房产承担违约责任，双倍返还定金是有法律依据的。因此，上海二中院维持了一审法院的判决。

② 李国光主编：《中国合同法条文释解》，新华出版社1999年版，第238页。

则。受定金处罚的一方当事人，可以依法向第三人追偿”的规定，因第三人的原因导致合同不能履行的，违约方仍应承担定金责任。

3. 定金和违约金能否并用问题

根据我国《合同法》第一百一十六条的规定，“当事人既约定违约金，又约定定金的，一方违约时，对方可以选择适用违约金或者定金条款。”但对该条的解释亦不尽相同，有认为，本条的规定，违约金和定金不能同时适用，即一方违约时，对方可以选择适用违约金条款或者定金条款，不能既请求支付违约金又请求执行定金罚则。[①] 亦有认为，违约金和定金能否并罚，取决于定金的种类和性质，也取决于违约金的性质和完全赔偿原则。并认为，违约定金与违约金不能并罚，证约定金、成约定金、解约定金和违约金可以并罚。[②] 笔者认为，由于我国尚未从立法上或司法解释上对定金性质作出明确规定，而实务中和学理上一般认为属违约定金，因此，同意前一种观点，严格按《合同法》第一百一十六条之规定要么选择违约金条款，要么选择定金条款，在法律、司法解释尚未明确规定前，不得并用。

4. 定金与赔偿金可以并用

由于定金的数额《担保法》已作了限制性的规定，因此，一方当事人不履行合同给对方当事人的损失较大，超过定金罚则的数额时，超出的部分还可以要求违约方赔偿经济损失，即请求赔偿金。所以说，定金与赔偿金可以并用。

5. 定金合同无效的处理

定金合同无效、不生效的，担保人的民事责任问题。一是主合同无效或被撤销，定金合同也不成立。但是，作为主合同成立要件的定金合同，可以与主合同分离而存在。因主合同无效或被

---

① 李国光主编：《中国合同法条文释解》，新华出版社 1999 年版，第 257 页。又见全国人大法工委研究室：《合同法释义》，人民法院出版社 1999 年版，第 185 页。

② 李国光主编，最高人民法院经济审判庭编著：《合同法释解与适用》，新华出版社 1999 年版，第 488 页。

撤销造成损害的，有过错的一方当事人应当承担因缔约过失而承担的赔偿责任；二是主合同有效，而定金合同无效时，担保人有过错的仍应承担缔约过失责任。三是约定给付定金的一方没有在约定的期限内给付定金，说明其没有履行合同的诚意，另一方享有拒绝履行合同的抗辩权，有权拒绝履行合同，因此遭受损失的，有权根据缔约过失责任的规定要求对方赔偿损失。

6. 定金能否形成别除权

别除权，又称破产程序外的优先偿付权，它是指对破产人财产中的特定财产所卖得的价金，可不依一般的破产程序而先于普通债权人受清偿的权利。按照我国《企业破产法（试行）》，唯有财产担保的债权，才可在破产程序中转化为别除权。

定金是《民法通则》中确定的担保形式之一，那么企业破产法中所谓的“有财产担保的债权”是否包括了以定金为担保的债权？理论界对此颇有争议。有认为，我国法律规定的定金是合同的担保形式之一，应该适用有关别除权的规定。① 笔者持否定态度。理由是：（1）能享有别除权的担保物权的客体，必须是特定的物，一旦这个物丧失，别除权也就消失。而定金以货币为担保，即不是以特定物担保，而是以种类物担保。由于定金不是就特定物设立的权利，也就无法通过物权性限制来保障债权人的利益，起不到物权担保的作用。所以定金既不能防止债务人丧失清偿能力，也不能保证在债务人不丧失清偿能力时债权人仍可得到有保障的清偿。（2）给付定金的一方不履行债务的，无权要求返还定金，这里带有惩罚性的规定，而别除权的目的在于优先补偿债权人的损失，是补偿性的而非惩罚性的。我国《企业破产法（试行）》第二十八条第二款规定，破产人已作为担保物的财产不属于破产财产，担保物的价款超过其所担保的债务数额的，超过部分属于破产财产。这就要求已设立担保的财产必须是特定物，

① 徐瑞柏、汤树华主编：《经济审判实用全书》，中国经济出版社 1995 年版，第 223 页。

才可能与破产财产区分开，从而使别除权与破产债权行使权利的财产范围不相交叉，避免利害冲突。由于定金担保财产是非特定物，也就根本无从判断担保物的价款是否高于担保债权，而且也不存在因担保物灭失而导致担保债权丧失优先受偿的情况。所以，如承认定金担保的别除权，实际上等于是以债务人的全部财产为其债权抵押担保，这既与破产法等法律规定不符，也不利于公平维护破产债权人的正当利益。（3）只有当债务人如约履行时，定金才抵作价款。所以定金不能作为别除权对待。

7. 只约定一方担保义务的定金条款和约定返还定金利息的效力

（1）只约定一方担保义务的定金条款的效力。依我国《民法通则》和《担保法》，定金是一种双方担保形式，即给付和接受定金的合同双方当事人都必须承担义务。但在实践中，有些当事人在合同中约定，仅一方当事人承担定金担保义务，如在买卖合同中约定，买方不履行合同，无权要求返还定金，卖方不履行合同则应原数返还定金。此时，应当认为，定金担保为双方担保，该合同关于卖方不履行合同时，应原数返还定金的约定无效。但是，如果是当事人双方因为法律上的认识错误，在合同中将押金、保证金说成了“定金”的，则处理纠纷时，不应按定金对待。

（2）返还定金利息的约定的效力。我国《民法通则》和《担保法》及有关法律规定，接受定金的一方当事人违约时，应当双倍返还定金，而没有提及返还利息问题。即我国现行立法规定的双倍返还，是不包括利息的。其理由：一是接受定金的一方往往是风险较大或者先履行义务的一方，双倍返还而不包括利息，可以视为对先履行的风险的一种“补偿”。二是定金虽然不是预付款，但毕竟在一定程度上可以起到预付款的作用，为履行合同创造条件，合同履行完毕后，支付的定金可以折抵为价款。三是作为预先约定的担保方式，不宜过于复杂，不计算利息便于操作，易处理纠纷。

六、对引言案例的评析

在本案中，根据《担保法解释》第一百二十条规定，因当事人一方迟延履行或者其他违约行为，致使合同目的不能实现，可以适用定金罚则。但法律另有规定或者当事人另有约定的除外。当事人一方不完全履行合同的，应当按照未履行部分所占合同约定内容的比例，适用定金罚则。巨力厂先发货至上海，正豪公司回上海后马上付款。但正豪公司却拒付货款，构成部分违约，应当部分适用定金罚则，即按照被告未履行部分占应履行部分的比例确定了定金罚则的适用比例31.0348%，即18200元。

同时，本案中，当事人约定的定金数额明显高于法律限定的合同总价款的20%。因此，其超出部分无效，不能成为定金罚则适用的范围。法院在判决中将当事人约定的定金数额100000元裁减为58000元，并以此确定当事人的定金责任是正确的。